MORCEAUX CHOISIS

DES

CLASSIQUES FRANÇAIS

(XVIᵉ, XVIIᵉ, XVIIIᵉ ET XIXᵉ SIÈCLES)

POÈTES

A LA MÊME LIBRAIRIE :

Morceaux choisis des classiques français des XVIe, XVIIe, XVIIIe et XIXe siècles, à l'usage des classes de troisième, seconde et rhétorique. — *Prosateurs* . . . . 4 fr.
Les Mêmes. — *Poètes* . . . . 4 fr.

CORNEILLE. — **Horace.** *Tragédie.* Nouvelle édition conforme au dernier texte revu par Corneille, avec les principales variantes, une notice sur la pièce, un commentaire historique, philologique et littéraire. In-18 jésus, cart. . . . . 60 c.

MOLIÈRE. — **L'Avare,** *Comédie.* Nouvelle édition conforme au dernier texte revu par Molière, avec les principales variantes, une notice sur la pièce, un commentaire historique, philologique et littéraire. In-18 jésus, carte. . . . . 1 fr.

SALLUSTE. — **Catilina et Jugurtha, cum selectis historiarum fragmentis et duabus epistolis ad Cæsarem,** avec une notice historique sur Salluste, des sommaires et des notes en français et une étude sur le style et la langue de Salluste. In-18 jésus, cart . . . . 1 fr. 50 c.

MORCEAUX CHOISIS

DES

CLASSIQUES FRANÇAIS

(XVIe, XVIIe, XVIIIe ET XIXe SIÈCLES)

à l'usage

DES CLASSES DE SIXIÈME, CINQUIÈME ET QUATRIÈME

PAR

F.-L. MARCOU

PROFESSEUR AU LYCÉE LOUIS-LE-GRAND,
ANCIEN PROFESSEUR SUPPLÉANT DE POÉSIE FRANÇAISE A LA FACULTÉ
DES LETTRES DE PARIS

POÈTES

RECUEIL CONFORME AUX PROGRAMMES DU 22 JANVIER 1885

QUATRIÈME ÉDITION

PARIS

GARNIER FRÈRES, LIBRAIRES-ÉDITEURS

6, RUE DES SAINTS-PÈRES, 6

1887

AVERTISSEMENT

Nous disions au début de l'*Avertissement* qui précède le recueil de morceaux choisis de prosateurs, publié avant le présent recueil de morceaux choisis de poètes, et destiné aux mêmes classes :

— Les programmes officiels prescrivent pour les classes de sixième, cinquième et quatrième « la Lecture, l'Explication et la Récitation d'auteurs français, » et mentionnent, en tête de la liste des ouvrages ou parties d'ouvrages français qui doivent y être étudiés, des « Morceaux choisis de prose et de vers des classiques français. » Ils prescrivent, pour la classe de cinquième particulièrement, la « Traduction en français moderne de passages d'auteurs du XVIe siècle, » et des « Compositions sur des sujets à développer d'après une lecture faite en classe ; » pour la classe de quatrième particulièrement, des « Notions sommaires d'histoire littéraire, à l'occasion des auteurs français expliqués. »

Le présent recueil a pour objet de satisfaire à ces diverses prescriptions. —

Le recueil poétique que nous donnons aujourd'hui a le même objet et a été composé sur le même plan :

les raisons qui nous ont dicté le choix de ce plan restent les mêmes. Nous avons préféré à un classement par genres, où il entre toujours, quoi qu'on fasse, un peu d'incertitude et d'arbitraire, le classement par siècles et par auteurs, qui a l'avantage d'offrir au jeune lecteur, dans la succession même des morceaux mis sous ses yeux, les grandes divisions et les principaux linéaments de l'histoire de notre littérature, réunis et coordonnés déjà dans les tableaux d'ensemble qui précèdent chacun des quatre siècles où s'enferme le recueil.

Ce classement, naturel et logique, répond, plus exactement qu'un autre, aux diverses nécessités de l'enseignement tel que l'ont reconstitué les programmes de 1880. Le programme de la classe de quatrième mentionne des « Notions d'étymologie française » et prescrit l'explication des « Lois qui ont présidé à la formation des mots français. » L'élève, éclairé et guidé par les leçons de son professeur, pourra suivre de siècle en siècle, dans les exemples multiples que lui offriront les morceaux du recueil, l'application successive de ces lois ; les notes qui accompagnent ces morceaux contribueront à les lui signaler.

Comme dans notre recueil de prosateurs, nous avons dû réduire beaucoup les citations des écrivains dont les programmes mettent les ouvrages ou certains ouvrages entre les mains des élèves, tels que les *Fables* de La Fontaine en sixième, les *Satires* de Boileau en cinquième, ses poésies complètes en quatrième, en cinquième et en quatrième l'*Esther* et l'*Athalie* de Racine. Mais cette réduction ne pouvait être une exclusion : l'absence de La Fontaine et de Boileau dans le cadre du XVIIᵉ siècle eût rompu l'économie et altéré gravement la vérité du tableau.

Nous avons, parmi les morceaux de poésie que leur perfection imposait à notre choix, donné, autant que possible, la préférence à ceux qui, par leur sujet, par les idées qu'ils expriment, par les mœurs qu'ils peignent, se rattachent à l'histoire des peuples de l'antiquité étudiée dans les classes auxquelles s'adresse notre recueil.

Nous avons, à la fin de chacun des quatre siècles, immédiatement avant le dernier des chapitres qui lui est consacré et qui renferme le groupe varié de morceaux empruntés aux poètes qui n'ont point eu antérieurement une place à part, réuni sous un même coup d'œil les fabulistes qui s'y sont fait le plus goûter. On estimera sans doute que ce genre de poésie peut avoir un attrait et une utilité particulière pour de jeunes lecteurs dont bon nombre sont encore voisins de l'enfance.

Enfin, pour répéter encore sur un point particulier ce que nous disions dans l'*Avertissement* du recueil de prosateurs : — Nous avons respecté scrupuleusement l'orthographe des écrivains du XVIᵉ siècle; elle éclaire l'histoire de l'origine et de la formation des mots. Dans le siècle suivant, l'orthographe devient flottante et disparate : il nous a semblé qu'il n'y aurait eu qu'inconvénient à la suivre dans ses divergences nombreuses, et à risquer de jeter la confusion dans l'esprit des jeunes lecteurs; nous avons, pour les écrivains des XVIIᵉ et XVIIIᵉ siècles, établi uniformément l'orthographe de nos jours. Nous n'avons maintenu que deux usages constants : l'un est la suppression du *t* au pluriel des participes présents et des substantifs ou adjectifs terminés en *ant, ent, ment*, etc. ; l'autre est l'emploi de l'*o* combattu en vain par Voltaire dans les imparfaits et conditionnels, et dans plusieurs mots, *paroître, connoître, foible, François, Anglois*, etc., orthographe que n'avait pu changer le changement de la prononciation. —

MORCEAUX CHOISIS
DES
CLASSIQUES FRANÇAIS

XVIᵉ SIÈCLE

LA POÉSIE AU XVIᵉ SIÈCLE

Le moyen âge avait donné à notre littérature poétique les nombreuses épopées des XIᵉ, XIIᵉ et XIIIᵉ siècles, la plus riche et la plus puissante production du génie national; la poésie lyrique des trouvères de la langue d'oil et des troubadours de la langue d'oc (XIIᵉ siècle); la poésie allégorique et souvent pédantesque du *Roman de la Rose* (XIIIᵉ et XIVᵉ siècles); la poésie allégorique, satirique et populaire des nombreux romans de *Renart* (XIIIᵉ et XIVᵉ siècles) et des fabliaux; les poèmes moraux de Christine de Pisan (XIVᵉ siècle) et d'Alain Chartier (XVᵉ siècle); les *vaux de Vire* d'Olivier Basselin, le chansonnier du XIVᵉ siècle; les rondeaux et les ballades d'Eustache Deschamps (XIVᵉ siècle) et de Charles d'Orléans (XVᵉ siècle); les poésies diverses, animées d'une inspiration plus personnelle, de Villon (XVᵉ siècle); enfin la poésie dramatique des « mystères », des « farces », des « soties » et des « moralités ».

Quand s'ouvrit le XVIᵉ siècle, une partie de cet héritage poétique était perdue : la poésie lyrique était oubliée; la poésie épique s'était transformée et noyée dans la prose des romans de chevalerie; les fabliaux s'étaient versés, sans d'ailleurs y émousser leur pointe, dans la prose des contes et nouvelles. Restaient les formes toujours cultivées de la ballade et du rondeau, le goût toujours prononcé de l'allégorie, la passion toujours vivace des œuvres et des représentations dramatiques.

L'histoire de la poésie au XVIᵉ siècle se divise en deux périodes qui le partagent à peu près exactement. La première continue et finit le moyen âge, en cultivant et en perfectionnant les formes qu'il en a héritées et conservées; la seconde, appelée proprement la « Renaissance », substitue brusquement aux formes poétiques du moyen âge celles de l'antiquité.

Deux noms résument ces deux écoles, dont la seconde supplanta la première, Marot et Ronsard.

I. *Ecole de Marot.* — Clément MAROT (1495-1544) fut le dernier et le plus brillant représentant de notre ancienne poésie qui allait être répudiée. Ce qui fait son originalité propre, c'est d'avoir, en restant fidèle aux traditions du passé, mis tout le sel et toute la grâce de cet esprit gaulois, qui de lui passa à La Fontaine et à Voltaire, dans des genres poétiques qu'il tenait de l'antiquité, l'épître et l'élégie, l'épigramme et l'églogue. Il y resta lui-même; il y fut, sans parti pris, dans la franchise de son allure et la liberté de son génie, un des précurseurs de cette Renaissance qui va devenir un système exclusif et intolérant. Il mourut à la veille de cette révolution, chef d'une école qui, au milieu de trente noms oubliés aujourd'hui, doit au moins laisser dans notre souvenir ceux de MARGUERITE D'ANGOULÊME (1492-1549), de BONAVENTURE DES PÉRIERS (?-1544), et surtout de MELIN DE SAINT-GELAIS (1486-1558).

II. *Ecole de Ronsard.* — Cinq ans après la mort de Marot, au milieu du siècle, en 1549, sortit du fond du collège de Coqueret, où, sous la direction de Daurat, de jeunes et ardents esprits étudiaient avec passion l'antiquité, un manifeste éloquent et passionné, intitulé *Deffense et illustration de la langue françoise.* Joachim DU BELLAY (1525-1560) y « défendait » la langue nationale contre ceux qui la croyaient incapable de s'élever à la perfection des langues anciennes, et appelait tous les Français « patriotes » (le mot lui est attribué) à l' « illustrer » par des œuvres inspirées d'un esprit nouveau. Il fallait pour cela laisser là les ballades, rondeaux, virelais et autres « espisseries » gauloises, ne plus revenir aux Mystères qu'un arrêt du Parlement venait fort à propos d'interdire (17 novembre 1548), « dévorer les anciens, les convertir en sang et en nourriture », les imiter pour les égaler ou les vaincre, et, sur les traces de l'Italie qui nous avait devancés dans cette voie, aborder hardiment odes, épopées, tragédies, comédies, églogues, satires.

Après le manifeste, l'action : la nouvelle école se met aussitôt à l'œuvre. Du Bellay, son héraut et son porte-drapeau, inaugure la satire; RONSARD (1524-1585), son chef, bientôt son héros et son dieu, écrit des odes, des hymnes, des églogues, des « discours » qui sont des satires, et essaie une épopée (la *Franciade*, inachevée). JODELLE (1532-1573), GRÉVIN (1540-1570), MONTCHRESTIEN (1575-1621), Jean et Jacques DE LA TAILLE, Robert GARNIER (1534-1590), écrivent, qui des comédies, qui des tragédies, qui des unes et des autres. Tous les poètes groupés autour de Ronsard, sous le nom modeste d'abord de « brigade », ensuite plus brillant de « pléiade » (après Ronsard, Du Bellay et Jodelle, ce sont DAURAT, Antoine DE BAÏF (1532-1589), RÉMI BELLEAU (1528-1577), PONTUS DE THYARD); — tous les poètes qui, de loin ou de près, les yeux fixés sur lui, sont ses admirateurs et ses imitateurs (tels que AMADIS JAMYN, JEAN DE LA PÉRUSE, OLIVIER DE MAGNY, TAHUREAU, SCÉVOLE DE SAINTE-MARTHE, et, le premier de ceux-là, VAUQUELIN DE LA

Fresnaye (1536-1607) ; — tous, fidèles au mot d'ordre de Du Bellay et à l'exemple de Ronsard, font, comme eux, des poésies à l'antique et des poésies à l'italienne (madrigaux, sonnets par milliers, « bergeries » allégoriques, lyriques et dramatiques). — Quelques-uns essaient bien de railler ou de protester : mais ils cèdent en grondant, ou, comme le vieux Melin de Saint-Gelais, en souriant.

Ce fut une période ardente, joyeuse et féconde, d'enthousiasme, de travail, d'improvisation et d'exubérance poétique, mais aussi d'aventureuses et malencontreuses violences faites à la langue nationale. Ronsard, dans son audacieuse et indiscrète copie du grec et du latin, força et dénatura la langue qu'il fallait « illustrer » Avec lui et après lui, Baïf et Du Bartas (1544-1590), dont la subite renommée alarma son amour-propre, dans leur aveugle imitation du maître, firent plus et pis. Ronsard paya pour tous : il mourut déjà discrédité, sauf auprès de quelques fidèles obstinés dont les derniers survivants lui élevèrent en 1623 un monument posthume dans une édition magistrale qui ne put raviver une réputation morte.

Le public goûta davantage quelques poètes qui n'avaient pas son imagination et sa puissance, mais que sa chute avait avertis et, dit Boileau, « retenus », tels que Desportes (1546-1606) que l'imitation de la grâce italienne garantit du pastiche grec et latin, Bertaut (1552-1611) qui mania avec harmonie et fermeté l'alexandrin ; quelques indépendants qui assaisonnaient du meilleur sel gaulois leur érudition française et leurs vers ou latins ou français, tels que Nicolas Rapin (mort en 1608), Estienne Pasquier (1529-1615), Jean Passerat (1534-1602), — voire les bons vieux poètes moralistes, Pibrac (1529-1584) et Mathieu (mort en 1621), dont les *Quatrains* furent au xviie siècle, avec les *Vies* de Plutarque, la lecture et l'école de l'enfance ; — et enfin, à un rang plus haut, deux des plus libres et des plus vigoureux génies poétiques du xvie siècle, l'un qui dans un poème original et puissant éleva presque la satire à la hauteur de l'épopée, l'auteur des *Tragiques*, Agrippa d'Aubigné (1550-1630), l'autre qui fut le précurseur de Boileau et qui reste peut-être le maître de la satire française, Mathurin Régnier (1573-1613).

III. *Malherbe.* — Quelques tempéraments que, dans leur imitation ou dans leur indépendance, ces poètes eussent apportés à l'école de Ronsard, dont tous relevaient plus ou moins, vers la fin du siècle rien ne trouva grâce devant un vigoureux et rigoureux esprit qui, après avoir, lui aussi, « italianisé » à ses débuts, converti sur le tard, à 48 ans, déclara la guerre aux « pédanterie, latinerie, pindarisme et pétrarchisme » ; il biffa tout Ronsard, le « pindarisant », et éplucha tout Desportes, le « pétrarquisant ». C'est Malherbe (1555-1628). Il disciplina la langue, la versification et l'inspiration. « Tyran des syllabes », il ramène à une sévérité ombrageuse le choix des mots, l'emploi de la mythologie et de la métaphore antique ; il proscrit l'hiatus, l'élision, l'enjambement, la rime à l'hémistiche, la rime des simples et des composés ; il pourchasse la cheville ; il est exigeant pour la césure, impitoyable pour les transpositions, inflexible sur l'harmonie. En haine de l'improvisation et de la prolixité, il aligne, tout compte fait, trente-quatre vers par an ; il apprend à la petite école qui se réunissait chez lui sur six chaises, à faire les vers difficilement, comme Boileau l'apprit à Racine : il s'impose au présent, à l'avenir il léguera son autorité et son exemple. C'est lui qui, la mine hautaine, ses premières odes en main, ouvrira le XVIIe siècle.

Ier APPENDICE

ÉCLAIRCISSEMENTS SUR QUELQUES PARTICULARITÉS DE LA LANGUE DU XVIe SIÈCLE.

L'orthographe des mots et le genre des substantifs se signaleront d'eux-mêmes. Des notes signaleront quelques particularités, par exemple le genre primitif du mot *affaire*, le double genre de *feuille*, *ombre*, *silence*, etc., et, au besoin, préviendront les confusions possibles. Elles donneront aussi le sens et l'étymologie des mots. Nous noterons seulement, sur ce premier point, pour éviter les redites dans les notes : — que *baye* = tromperie ; *estat* = très souvent : profession, condition, classe de la société ; *heur* (racine *augurium*) = bonheur ; *part* = endroit, lieu ; — que *rien* se prend dans son sens étymologique de *quelque chose*.

Nous nous bornerons aux éclaircissements généraux nécessaires pour faciliter la lecture des textes.

I. ARTICLES ; DÉMONSTRATIFS ; ADJECTIFS.

Li (ille, illi) = *le, les*, au cas sujet. Ce sens étymologique explique le pléonasme apparent encore employé au XVIIe siècle : Qui prendroit garde au vent de si près, jamais il (celui-là) ne semeroit. (BOSSUET).

Les pronoms démonstratifs *icest, icel, cest, cel, ce, cestuy, celtuy, iceluy, yceluy, celuy, celluy* = celui ; *ceste, cette, celle* = celle ; *iceulx, ceux, icelles* = ceux, celles.

Les adjectifs démonstratifs *cil, celuy, cest, cestuy* = ce, cet ; *celle, ceste* = cette.

Aucun est employé où nous dirions *quelque* et *quelqu'un ; quelque* où nous dirions *aucun*.

II. RELATIFS.

Esquels = dans lesquels (*ès* = en les).
Où tient la place d'un relatif précédé des prépositions *dans, à, vers, sur, chez, auprès de,* etc. = Cette substitution est encore fréquente chez Corneille et chez Racine :

> Que même cette pompe où je suis condamnée...
> (*Esther*, I, 4.)

Que, conjonction, joue le même rôle dans : *le temps que, l'heure que,* etc.

Le relatif a pour antécédent *on*. (Qui ne vous sert bien, *on* vous trahit = l'homme qui ne vous sert pas bien vous trahit).

Le relatif peut relier à la proposition principale une incidente déjà subordonnée (latinisme). Cf. CORNEILLE (*Pompée*, v. 911) :

> ... Ces craintes trop subtiles
> Qui m'ôtent tout le fruit de nos guerres civiles
> Où l'honneur seul m'engage, *et que pour terminer*
> Je ne veux que celui de vaincre et pardonner.

III. VERBES.

Il suffira de signaler :

1º Certains verbes qui, ou aujourd'hui neutres, sont actifs : *jouir* une chose, *lutter* un homme ; — ou, aujourd'hui actifs, sont neutres : *favoriser à* quelqu'un ; — ou, aujourd'hui pronominaux, ne le sont pas : *écrier ;*

2º L'accord du participe présent ;

3º La pluralité du verbe après un sujet collectif : *une foule vinrent ;*

4º La substitution du verbe *faire* à un verbe dont il évite la répétition. Cf. BOSSUET : Il falloit cacher la pénitence avec le même soin qu'on eût *fait* (caché) les crimes (*Orais. funèbre de la Reine d'Angleterre*) ;

5º L'emploi logique de *fût que* (où nous mettons *soit que*) quand le verbe principal est au passé ;

6º L'emploi, imité du latin, de l'imparfait du subjonctif dans le sens du conditionnel passé ou de : *Plût à Dieu que...*

7º L'emploi de l'indicatif où la grammaire demande aujourd'hui le subjonctif : Je crains que *c'est* un traître (AMYOT). Il est possible que l'action de la vue *s'estoit* hébétée (MONTAIGNE).

> Je suis tout effrayé
> Que mille fois leur chef *n'est* foudroyé.
> (RONSARD.)

Et réciproquement : Je sçay assez que vous *n'ayez* pas peur (MAROT). Aucuns songent que nous *ayons* deux âmes (MONTAIGNE). Pensant que ce *fust* une conjuration (AMYOT). (Il semble qu'il y a un reste de doute dans cette croyance qui n'est qu'une hypothèse). Comme un capitaine se *glorifiast* (AMYOT, *Thémistocle.* Voy. notre

Recueil de Prosateurs, p. 31, et la note 1.). Assimilation à *cùm* suivi du subjonctif latin, malgré l'étymologie de *comme* (*quomodo*).

Ces particularités se trouvent encore dans la langue du XVIIe siècle. J'apprehende qu'il *sera* plus difficile (BALZAC). Il se peut faire qu'il *est* déjà venu (MALHERBE).

Seigneur, qu'a donc ce bruit qui vous *doit* étonner?
(RACINE.)

Je crois qu'il *soit* fou (MALHERBE). De même chez CORNEILLE, RACINE, MOLIÈRE, BOILEAU, LA BRUYÈRE. Voy. des exemples dans la *Grammaire française* de M. CHASSANG, Cours supérieur, § 291.

IV. ADVERBES ET LOCUTIONS ADVERBIALES.

à coup = tout à coup.
ainsin = ainsi (primitivem. *issi, ensi,* de *in sic.*)
à l'heure = alors.
à tant = aussitôt.
d'avantage = de plus, en outre.
de mode = de façon, de manière, de sorte.
du tout = tout à fait.
guères = beaucoup.
jà = déjà.
meshuy = désormais.
mesmement = surtout.
moult (multum) = beaucoup.
ne = ni.
oncques (unquam) = jamais.
ores = maintenant.

pieça (il y a une pièce, une partie du temps) = il y a longtemps.
pourtant = pour cela.
prou = assez, beaucoup.
quand et quand = en même temps.
quelque fois = une fois.
si = les choses étant ainsi, alors, ou toutefois.
tandis (non suivi de *que*) = pendant ce temps. — *Et si* = et pourtant. — *Si est-ce que* = et pourtant il est vrai que.
tantôt = promptement.
tant seulement = seulement.
trop = beaucoup.
voire mais (veré magis) = vraiment même, vraiment oui.

Des adjectifs sont pris adverbialement, par exemple :

doux, pour doucement.
gaillard, pour gaillardement.

petit, pour un peu.
premier, pour premièrement.

V. PRÉPOSITIONS ET LOCUTIONS PRÉPOSITIVES.

de = que, après un comparatif, (Nul mieux *de* moi..., Plus grand *de* moi...).
dedans = dans
dehors = hors de
dessous = sous
dessus = sur
} usité encore au XVIIe siècle
dernier = derrière.
emmy = au milieu de.

ensemble = avec.
ès = dans.
joignant = auprès de.
ou = en le...
pour = à cause de.
près à = occupé à.
quand et = avec.
sus = sur.

VI. CONJONCTIONS.

a fin que = afin que.
a ce que = afin que.
adonc = alors.
ains = mais.
ainsi que = pendant que, au moment où.
cependant que = alors que.
combien que, ousque (alors que) = quoique.
comme remplace *que* après autant, aussi, tant, tel.
comme ainsi soit que = comme il est vrai que.
comme = comment (fréquent encore dans Corneille, Molière, etc.).
comment que = de quelque manière que.
de quoi = parce que, de ce que.
devant que = avant que.
dont = à cause ou par suite de quoi.
en manière que = de quelque manière que.
jasoit que (déjà soit que) = bien que.
par quoi = donc.
pour autant que = parce que.
pourquoi = c'est pourquoi, aussi.
pour ce que = parce que.
quand bien (quand bien même), se trouve suivi du mode indicatif (futur).
que = sinon.
premier que = avant que.
quand et = en même temps que.
si que = si bien que, de sorte que.
soudain, subit que = aussitôt que.

VII. NÉGATION.

Mie, non mie = ne pas.

La logique, qui appelle aujourd'hui la négation dans : J'ai plus de livres que vous *n*'en avez (c.-à-d. vous n'en avez *pas* autant que moi), l'appelait aussi dans d'autres tournures qui ont un sens négatif : « Quelle rage *ne* (ni) quelle fureur vous incite à..? » (AMYOT, *S'il est loisible de manger chair*), c.-à-d. il *n*'y a *pas* de rage ni de fureur qui vous autorise à.

VIII. ELLIPSES.

— De l'article devant les noms propres de pays (France, Allemagne); — devant certains noms communs (homme, femme, chose, mort, fortune, etc.); devant le superlatif (les choses plus belles, pour les choses les plus belles).

— De la proposition *à* (Si Dieu plaît); de la préposition *de* (Qu'est-il plus blâmable que...? Il n'y a rien si vrai que... Quelque chose plus beau).

— Du pronom personnel (Depuis que *suis* au monde. Je m'assure que *voudriez*. Et leur *dit*, etc.).

— De ce antécédent du relatif: On sait *que c'est* que mentir; tour fréquent encore chez Corneille: on disait aussi *que c'est de*.... Qu'est le principal = ce qui est... Il ment, qui est un grand défaut. Il lui demanda *qu'il vouloit* devenir (AMYOT.). — Ce tour peut aussi être considéré comme une imitation de l'interrogation indi-

recte du latin. (Voyez Chassang, *Gramm. franç.*, Cours supérieur, 25°, rem. x).
— De *il* impersonnel (Y a longtemps que...)
— De la négation avec *nul*.
— De *ne* avec *point*, de *point* avec *ne*.
— Du pronom dans l'interjection (Viendra Pierre? pour : Pierre viendra-t-il?)
— Du verbe *dire* devant *que* suivi d'une proposition, quand l'idée de *dire* est comprise implicitement dans ce qui précède (ellipse très fréquente en latin devant la proposition infinitive.)
— De *de sorte* devant *que* (ellipse latine de *ut* devant *ita*).

IX. INVERSIONS.

Peuvent se placer :
L'adjectif possessif après le substantif (Un livre *mien*);
L'adverbe avant le verbe (*Plus* est blâmable celui qui...);
Le complément du substantif avant le substantif (*Du monde* la dixième partie);
Le complément direct ou indirect du verbe avant le verbe (Dieu *les hommes* a sauvé. *Courir* je veux. Prenez votre livre et *me* laissez le mien. Pour *ce* faire);
Le verbe avant son sujet (*Dirent* alors les soldats que...).
Le verbe avant la proposition relative qui détermine son sujet (*Celui ment qui* dit...).
Le pronom régime d'un second verbe avant le verbe qui précède immédiatement celui-ci (Je *le* veux croire. Il *se* peut faire): usage constant encore au xvii° siècle.

X. ORTHOGRAPHE ET PROSODIE.

1° — Le *v* se confond dans l'écriture et l'impression du xvi° siècle avec l'*u*; c'est-à-dire que les deux lettres *u* et *v* s'emploient toutes deux indifféremment, soit pour le son voyelle *u*, soit pour le son consonne *v*.

« L'*i* s'emploie aussi avec la valeur de *i* voyelle et de *j* consonne.
« Le grammairien Ramus (1502-1572) proposa d'employer le *v* pour la consonne *v*, le *u* pour la voyelle *u*, le *i* pour la voyelle *i*, le *j* pour la consonne *j*. Les lettres *ramistes* ne pénétrèrent décidément en France qu'au xvii° siècle, après avoir été adoptées par les imprimeurs français de la Hollande. » (A. Darmesteter et A. Hatzfeld, *Le seizième siècle en France*, p. 215).

« Chez les Romains, l'*i* et le *j* n'avaient à l'origine qu'un seul et même son : Quintilien nous l'affirme, et cette indécision a longtemps persisté dans l'écriture ; les anciens manuscrits, comme les livres imprimés jusqu'au milieu du xvii° siècle, confondent l'*i* et le *j*, et ce n'est qu'en 1750 que l'Académie reçut le *j* dans son dictionnaire comme une lettre nouvelle. » (A. Brachet, *Grammaire historique de la langue française*, p. 115.)

2° — L'*y* n'est pas toujours employé dans les mots dérivés du grec, où il représente l'upsilon : hi*d*ropisie, ph*i*sionomie ; ni dans les mots où aujourd'hui il représente deux *i* : envo*i*er, lo*i*al. Par contre, on l'emploie souvent au commencement et au milieu des mots, sans autre raison que de « rendre l'écriture plus lisible » (A. DARMESTETER, *loc. cit.*, p. 205) : *y*ver, *y*vre, j'envo*y*e ; ordinairement dans les diphtongues finales : mo*y*, ira*y*, ennu*y*, je su*y*s ; et aussi dans n*y*, ic*y*, voic*y*, parm*y*, etc.

3° — L'orthographe des indicatifs présents : je *di* (ou *dy*), je *ren*, je *voi* (ou *voy*), je *sui* (ou *suy*, ego sum) ; — des impératifs *voi*, *ren* ; — de la terminaison des imparfaits en *oie* (ou *oye*), puis *oi* (l'*o* indiquant la prononciation, l'*e* équivalant à l'*a* de la finale latine *bam*), — est conforme à l'étymologie latine.

4° — On trouvera d'autre part certaines dérogations à l'étymologie : a*v*anture, *a*nthousiasme, *t*ans (temps), cler, p*l*ain, *r*andre, resplandir, tramper, *v*anger, etc. — Au contraire, si l'on écrivait indifféremment, même au XVIIe siècle, *compter* (faire un *compte* ou un *conte*) et *conter* (faire un *conte* ou un *compte*), c'est que ces deux verbes viennent de *computare*, dont une orthographe rappelle l'étymologie et que l'autre réduit malgré l'étymologie.

5° — Vaugelas ne donne d'autre règle que l'usage pour choisir entre *grande* et *grand'* devant certains substantifs féminins. Amyot écrit indifféremment *grande peine* et *grand'peine*. L'histoire de l'orthographe établit la logique de *grand peine*.

6° — *Tout* prend au pluriel l'accord de l'adjectif (*tous*) là où nous lui donnons aujourd'hui la logique invariable de l'adverbe (des habits *tous* blancs).

7° — *Tres* (étymol. *trans*) ne fait souvent qu'un mot avec l'adjectif qui le suit : *tresbrave*.

8° — Fréquence de l'hiatus.

9° — Elision de la voyelle finale du relatif *qui*, de la conjonction *si* devant une voyelle.

10° — Suppression de l'*e* muet final devant la consonne initiale d'un mot : *avecq'*, *doncq'*, *ell'*.

11° — D'autre part l'*e* muet final compte comme syllabe devant la consonne initiale d'un mot, et même n'est pas élidé devant une voyelle initiale.

12° — Comptent pour une seule syllabe : les deux voyelles *ie* à la fin des mots (meurtrier, grief, hier, voudriez, mot que MOLIÈRE réduit encore à deux syllabes dans l'*Etourdi*, I, 2) ; — les cinq dernières lettres de fai*neant* ; — les trois premières de *paisan*. — *Train* (tra-in) peut former deux syllabes.

IIe APPENDICE

DÉFINITION DE QUELQUES GENRES POÉTIQUES DU MOYEN AGE, OU AUTRES, USITÉS AU XVIe SIÈCLE.

I

Les genres poétiques du moyen âge pratiqués pendant la première moitié du xvie siècle (école de Marot) sont :

1° La *ballade*, petit poème de trois strophes, huitains ou dizains, suivis d'un envoi de quatre ou cinq vers, sur des rimes pareilles. La *ballade double* ou *redoublée* est de six strophes. Toutes les strophes et l'envoi sont terminés par le même vers qui sert de refrain. On appelle aussi ballade, dans un sens plus moderne, un récit en vers disposé en strophes régulières et souvent reproduisant des traditions ou des légendes. Schiller, V. Hugo, etc., ont écrit des ballades. C'était primitivement un poème à chanter et à danser : (Etym. : *baller*, danser).

Des nombreuses ballades de Charles d'Orléans et de Villon, la plus célèbre est la suivante de Villon, que nous donnons comme exemple.

BALLADE DES DAMES DU TEMPS JADIS.

Dictes-moy où, n'en quel pays
Est Flora, la belle Romaine ;
Archipiada [1], ne Thaïs,
Qui fut sa cousine germaine,
Echo, parlant quand bruyt on maine
Dessus riviere ou sus estan,
Qui beauté eut trop plus qu'humaine ?
Mais où sont les neiges d'antan [2] ?

Ou est la tres sage Héloïs
Pour qui fut chartré [3], et puis moyne,
Pierre Esbaillart [4] à Saint-Denys
(Pour son amour eut cest essoine [5]) ?
Semblablement où est la royne [6]
Qui commanda que Buridan
Fut jetté en un sac en Seine ?
Mais où sont les neiges d'antan ?

---

1. Nom défiguré ; peut-être Archippa, célèbre à Athènes au temps de Sophocle.
2. De l'an dernier (*ante annum*).
3. Emprisonné, de *chartre* (étym. : *carcerem*), prison ; d'où la locution *tenir en chartre privée*, séquestrer de son autorité privée.
4. Héloïse et Abélard.
5. Empêchement, peine (étym. saxonne). Est resté jusqu'au xviiie siècle comme terme de pratique judiciaire, sous la forme *exoine*, dans le sens de *excuse*.
6. Marguerite de Bourgogne (xive siècle). C'est le sujet d'un célèbre drame d'A. Dumas père : *la Tour de Nesle*.

La royne Blanche comme ung lys [1]
Qui chantoit à voix de sereine [2];
Berthe au grand pied, Bietris, Allys,
Harembourges [3], qui tint le Mayne;
Et Jeanne, la bonne Lorraine,
Qu'Anglois bruslèrent à Rouen :
Où sont-ils, vierge souveraine ?
Mais où sont les neiges d'antan ?

Envoi.

Prince, n'enquerez de sepmaine
Où elles sont, ne de cest an,
Que ce refrain ne vous remaine :
Mais où sont les neiges d'antan ?
(François VILLON, 1431-1484.)

2° Le *chant royal*, qui diffère de la ballade en ce qu'il comprend cinq strophes de onze vers, ordinairement décasyllabes. L'envoi est de cinq vers, presque toujours adressé à un prince.

3° Le *triolet*, qui se compose de deux quatrains. Le premier vers se répète après le troisième; le premier et le deuxième vers se répètent après le sixième.

1.

On doit le temps ainsi prendre qu'il vient :
Tout dit que pas ne dure la Fortune;
Un temps se part et puis l'aultre revient.
On doit le temps ainsy prendre qu'il vient.

Je me conforte en ce qu'il me soubvient
Que tous les mois avons nouvelle lune.
On doit le temps ainsi prendre qu'il vient :
Tout dit que pas ne dure la Fortune.
(FROISSARD, 1337-1410.)

2.

Du iour qu'ay veu mon roy partir,
Voyle des nuicts couvre le monde.
Esles du Temps croy s'allentir
Du iour qu'ay veu mon roy partir.

Ne peulx rester, ne peulx sortir
Qu'entour de moy tout ne responde :
« Du iour qu'a veu son roi partir
« Voyle des nuicts couvre le monde. »
(CLOTILDE DE SURVILLE, 1405-?).

On remarquera le léger et ingénieux changement apporté, dans l'avant-dernier vers, au premier vers de la pièce.

---

1. Blanche de Castille, mère de saint Louis.
2. Sirène.
3. Héroïnes de chansons de geste, épopées du moyen âge.

4° Le *rondel*, qui se compose de 14 vers sur deux rimes, divisés en trois strophes, deux quatrains et un sixain. Les deux premiers vers du premier quatrain forment les deux derniers du second quatrain et les deux derniers du sixain.

> Le Temps a laissié son manteau
> De vent, de froidure et de pluye,
> Et s'est vestu de broderye,
> De soleil raiant[1], cler et beau.
>
> Il n'y a beste ne oiseau
> Qu'en son iargon ne chante ou crye :
> Le Temps a laissié son manteau
> De vent, de froidure et de pluye.
>
> Riviere, fontaine et ruisseau
> Portent en livrée iolye
> Gouttes d'argent d'orfaverie ;
> Chascun s'abille de nouveau.
> Le Temps a laissié son manteau
> De vent, de froidure et de pluye.
> (Charles d'Orléans [2]).

Le *rondeau*, dérivé du rondel, l'a supplanté dans l'école de Marot. Il se compose de treize vers sur deux rimes, divisés en trois strophes, dont deux de cinq vers, séparées par un tercet. Les premiers mots du premier vers se répètent à la fin du tercet et à la fin de la dernière strophe, mais sans rimes et sans entrer dans le compte des vers.

Le *rondeau redoublé* comprend six quatrains. Les quatre vers du premier quatrain font l'un après l'autre le quatrième vers des quatre suivants. Au sixième s'ajoutent comme refrain les premiers mots du rondeau.

II.

Les genres poétiques du moyen âge que ne pratique pas le xvi° siècle sont :

1° Le *lai* (mot voisin de l'allemand *Lied*, chanson), petit récit en vers de huit syllabes. — Lais de Marie de France (xiii° siècle).

2° Le *virelai*, en petits vers sur deux rimes ; il commence par quatre vers dont les deux premiers se répètent dans le cours de la pièce. — Etym. : *virer* (de *gyrare*, tourner) et *lai :* lai en rond. Voisin du rondeau.

3° La *pastourelle*, chanson rustique en couplets. Le refrain n'y était pas obligatoire.

---

1. De *rayer*, depuis rayonner. *Rais* (rayons) est encore employé par La Fontaine. Etym.: *radius*.
2. 1391-1464. Fait prisonnier à Azincourt, c'est en Angleterre, pendant une captivité de vingt-trois ans, qu'il composa ses poésies.

III.

Les genres poétiques du moyen âge pratiqués pendant tout le XVIe siècle (école de Marot, école de Ronsard) sont :

1º La *chanson*, caractérisée par le refrain. — Les chansons d'OLIVIER BASSELIN (XVe siècle) étaient appelées par lui *vaux de Vire* (du nom de cette petite rivière de Normandie), origine, croit-on, de *vaudeville*. — Chansons de Ronsard, Desportes, etc.

2º La *villanelle*, chanson ordinairement rustique, en une suite de tercets ou de quatrains, avec refrain obligatoire. — La plus célèbre est la *villanelle de Rozette*, de Desportes.

3º La *fable*.

4º La *complainte* dont l'étymologie explique le caractère. — Nous détachons trois strophes (1, 3, 10) des dix qui composent la suivante.

LA COMPLAINTE DE FRANCE.

France, iadis on te souloit nommer
En tous pays le tresor de noblesse;
Car ung chascun povoit en toy trouver
Bonté, honneur, loyaulté, gentillesse,
Clergie [1], sens, courtoisie, proesse;
Tous estrangiers aimoient à te suir [2] :
Et maintenant voy, dont i'ay desplaisance,
Qu'il te convient maint grief [3] mal soustenir,
Tres crestien, franc royaume de France.

Ne te veuilles pourtant desesperer,
Car Dieu est plain de mercy, à largesse;
Va t'en vers luy sa grace demander,
Car il t'a fait, deia pieça, promesse;
Mais que faces ton advocat Humblesse,
Que tres ioyeux sera de toy guerir;
Entièrement metz en lui ta fiance.
Pour toy et tous, voulu en croix mourir,
Tres crestien, franc royaume de France.

Et ie, CHARLES DUC D'ORLÉANS, rimer
Voulu ces vers, ou [4] temps de ma jeunesse;
Devant chacun les vueil bien advouer,
Car prisonnier les fis, ie le confesse;
Priant à Dieu, qu'avant qu'aye vieillesse
Le temps de paix partout puist avenir,
Comme de cueur j'en ai la desirance,
Et que voye tous les maulx brief finir,
Tres crestien, franc royaume de France.
(CHARLES D'ORLÉANS.)

1. Instruction, savoir. De *clerc* (*clericus*). Cf. *clergé* (*clericatus*).
2. T'imiter. *Suir*, *suivir*, enfin *suivre*.
3. Ne forme qu'une syllabe (voir l'APPENDICE Ier, x, 12). De même *brief* (strophe 10º).
4. En le.

IV.

Les genres poétiques innovés dans la première partie du xvie siècle, et pratiqués encore dans la seconde, sont :

1º L'*étrenne*, petite pièce de vers offerte en souhait de nouvel an et en étrenne (en latin *strena*). *Etrennes* de Marot, Passerat, etc.

2º La *mascarade*, composée par les personnages qui figurent dans les mascarades ou danses exécutées par des gens déguisés et masqués. Genre fort cultivé par Ronsard.

V.

Les genres poétiques innovés dans la première partie du xvie siècle, et abandonnés dans la seconde, sont :

1º Le *blason*, fantaisie de Marot, plutôt que genre poétique, qui eut la vogue, comme au xviie siècle le *portrait* en prose, au xixe ce qu'on a appelé *physiologie*, et qui participe de l'un et de l'autre. Les amis et imitateurs de Marot font à l'envi les *blasons* du cœur, de l'esprit, du soupir, de la larme, du front, de l'œil, de la main, des cheveux, etc. Cela pouvait être mis au nombre des « espisseries », contre lesquelles se fâchait Du Bellay, à meilleur titre que les vieilles poésies gauloises.

2º Le *coq à l'âne*, discours en vers sur tout sujet « sautant du coq à l'âne ». Du Bellay en indique le caractère quand il demande qu'on le remplace par la *satire*, dont l'étymologie latine (*satura lanx*, plat farci) exprime l'idée de la variété des sujets qu'elle traite. — C'est ce que, d'ailleurs, le moyen âge avait déjà pratiqué dans les *fatrasies* (*fartus*, de *farcio*, qui a produit *farce*, et a précisément le même sens que *satur*.)

VI.

Un genre poétique, le *sonnet*, fut importé d'Italie par le dernier représentant de l'école de Marot, Melin de Saint-Gelais, et fut cultivé avec passion et avec succès par toute l'école de Ronsard et par le xviie siècle.

Le sonnet « se compose de deux quatrains et de deux tercets. Les deux quatrains se construisent sur deux rimes qui doivent être embrassées [1]. Les deux tercets se construisent sur trois rimes ; le dernier vers du premier tercet doit rimer avec le second vers du deuxième tercet. Le sonnet commencé sur une rime féminine doit se terminer sur une rime masculine. » (M. Becq de Fouquières, *Traité élémentaire de prosodie française*.) Telles sont les « rigoureuses lois » que Boileau a résumées en quatre vers (*A.P.*, ii, 85-88).

---

[1]. Deux rimes en embrassent deux autres quand celles-ci, se suivant, sont comprises entre les deux qu'elles séparent.

CLÉMENT MAROT

1495-1544

Clément MAROT, né à Cahors de Jean Marot qui y était venu de Caen, sa patrie, suivit à Paris son père fixé à la Cour par les fonctions de secrétaire d'Anne de Bretagne. Il y étudia, puis fut successivement clerc de procureur, page chez M. de Villeroy, valet de chambre de Marguerite d'Angoulême, sœur du roi François Ier, et valet de chambre du roi. Il fut blessé et pris à Pavie (1525), puis rendu à la liberté. Dès lors, persécuté à plusieurs reprises comme huguenot, emprisonné, délivré par la protection de François Ier, hôte de Marguerite, devenue reine de Navarre, à Pau, de Renée de France à Ferrare, il abjura en 1536. Sa traduction des *Psaumes* de David que chantèrent les huguenots fut le signal d'une nouvelle persécution (1543). Il mourut à Turin l'année suivante.

En faveur ou en disgrâce, il ne cessa d'écrire, d'abord des poésies mythologiques et allégoriques inspirées du Roman de la Rose, qu'en 1532 il réunit, publia et dédia au roi, son protecteur, sous le nom d'*Adolescence clémentine;* puis l'*Enfer* (c'est le Châtelet) daté de la prison de Chartres (1526); et, pendant toute sa vie, *ballades, chants royaux, chansons, complaintes, épitaphes* (réunies sous le nom de *Cimetière*), *rondeaux, épigrammes* (elles comprennent de nombreux madrigaux), *églogues, élégies, épîtres*. — « Il a tout le sel et toute la grâce de l'esprit gaulois... Ce n'est pas que ce génie vif, alerte et délicat ait manqué de feu et d'énergie : il avait tout de l'abeille, le miel, l'aiguillon et même les ailes. » (GÉRUZEZ, *Hist. de la litt. franç.*, III, 1).

Nous citons l'édition de La Haye, 6 vol. in-12, 1731.

ÉPÎTRES

I

« Au Roy. Pour le delivrer de prison[1] »

1527

Roy des Françoys, plein de toutes bontez,
Quinze iours a, ie les ay bien comptez,
Et dès demain seront iustement seize,
Que ie fus faict confrere au diocese

---

1. Au mois d'octobre 1527, Marot s'avisa de tirer des mains des archers un homme qu'ils conduisaient en prison. On l'y mit. Au bout de quinze jours, il adressa au roi l'épître suivante pour solliciter son élargissement. Le roi écrivit lui-même à la cour des aides le 1er novembre pour l'ordonner.

De sainct Marry, en l'esglise sainct Pris [1] :
Si vous diray comment ie fus surpris,
Et me desplaist qu'il faut que ie le die.

Trois grands pendardz [2] vindrent à l'estourdie
En ce palais me dire en desarroy [3] :
« Nous vous faisons prisonnier par le Roy. »
Incontinent [4], qui fut bien estonné?
Ce fut Marot, plus que s'il eust tonné [5].
Puis m'ont monstré vn parchemin escript [6],
Où n'y auoit seul mot de Iesus Christ :
Il ne parloit tout que de plaiderie [7],
De conseillers et d'emprisonnerie.

« Vous souvient-il, ce me dirent ilz lors,
Que vous estiez l'aultre iour là dehors
Qu'on recourut [8] vn certain prisonnier
Entre noz mains? » Et moy de le nier :
Car soyez seur [9], si i'eusse dict ouy,
Que le plus sourd d'entre eux m'eust bien ouy :
Et, d'autre part, i'eusse publicquement
Esté menteur : car pourquoy et comment
Eussé ie peu vn aultre recourir,
Quand ie n'ai sceu moy mesmes [10] secourir?

1. Double jeu de mots : 1º la prison du Châtelet (auj. place du Châtelet) était sur la paroisse de Saint-*Merry* (rue Saint-Martin), changé ici en *Marry*, adj., fâché et attristé (voyez LA FONTAINE, VII, 10, vers 24) ; 2º l'église Saint-*Pris* est le Châtelet où il est *prisonnier*. Ce dernier jeu de mots était d'ailleurs populaire, mais appliqué aux *paralytiques, pris des jambes.*
2. Dignes de la pendaison, hyperbole comique. « Ces pendardes-là, » dit Gorgibus de sa fille et de sa nièce. (MOLIÈRE, *Les Précieuses*, IV.)
3. En grand désordre et confusion. Etym. : *dés, arroi*, train, équipage. Un beau funèbre arroy (MAROT), cortège funèbre.
4. *In continenti [tempore]*, ou *continuo*, sans interruption ni délai, aussitôt.
5. *Estonné*, étourdi, ébranlé comme par un coup de tonnerre (*ex-tonare*). Cf. *attonitus*, près de qui le tonnerre est tombé. BOSSUET, *Or. fun. de Madame:* O nuit effroyable où retentit comme un éclat de *tonnerre* cette *étonnante* nouvelle; Madame se meurt, Madame est morte!
6. Peau de mouton préparée pour écrire, fabriquée d'abord à Pergame. Etym. : le latin *pergamena [charta]*. Cf. *infrà*, RONSARD, p. 45, n. 7.
7. *Plaiderie*, procès (voy. MOLIÈRE, *Misanthr.*, I, 1, v. 197). *Plaidoirie*, art, profession, action de plaider. *Plaidoyer*, discours prononcé devant un tribunal pour soutenir le droit d'un plaideur. — Etym. : *plaid* (de *placitum*) : 1º assemblée où se jugeaient le procès, sous le régime féodal; 2º audience d'un tribunal (voy. RACINE, *Plaid.*, I, 1, v. 22).
8. (Etym. : *recurrere*.) Courir pour reprendre. N'est resté actif que dans le terme de chasse : recourir une bête. RABELAIS parle de l'instinct qui porte le pigeon à « recourir et secourir ses pigeonneaulx ».
9. *Seur*, sûr, de *securus*; comme *meur, mûr*, de *maturus*. V. p. 26, v. 1 et 2.
10 Successivement *meismes, mesmes, mesme, même*. L's est expliquée par l'étymologie *metipsissimus*, superlatif de *metipse*.

Pour faire court, ie ne sceu tant prescher,
Que ces paillardz [1] me voulsissent lascher.
Sur mes deux bras ilz ont la main posée [2],
Et m'ont mené ainsi qu'vne espousée [3],
Non pas ainsi, mais plus roide vn petit [4].
Et toutesfoys i'ay plus grand appetit
De pardonner à leur folle fureur,
Qu'à celle là de mon beau procureur [5];
Que male mort [6] les deux iambes lui casse!
Il a bien prins [7] de moy vne becasse,
Vne perdrix et vn leurault aussi :
Et toutesfois ie suyz encor icy.

Encor ie croy, si i'en enuoyois plus,
Qu'il le prendroit : car ils ont tant de glus
Dedans leurs mains, ces faiseurs de pipée [8],
Que toute chose où touchent est grippée [9].

Mais, pour venir au poinct de ma sortie,
Tant doulcement i'ay chanté ma partie,
Que nous auons bien accordé ensemble :
Si que n'ay plus affaire, ce me semble,

---

1. Qui couche sur la paille, vagabond, vaurien.
2. Cf. MALHERBE, infrà, Prière pour le roi Henri IV, v. 2, et CORNEILLE, Horace, III, 5 :

>   Aucun estonnement n'a leur gloire flétrie.

Ibid., V, 3 :

>   Un homme dont l'épée
>   De toute ma famille a la trame coupée.

3. C.-à-d. en cérémonie. *Marcher comme une épousée*, proverbe, marcher lentement.
4. Un peu. J. DU BELLAY :

>   Et ne m'etoit de toute ma richesse
>   Rien demeuré qu'un petit de jeunesse.

On dit encore *petit à petit* pour *peu à peu*. — Cf. infrà, DESPORTES, Prière, v. 3.

5. (*Pro, curare*). auj. avoué, l'officier public qui a pouvoir d'agir en justice pour le plaideur. *Beau* est ironique, comme dans *mon bel ami! la belle affaire!* LA FONTAINE, VII, 8 : Pendant *ce beau discours*...
6. Ou *malemort*, mort funeste, *Mal, male* est resté adjectif dans : bon gré, mal gré; bon an, mal an; malefaim, malencontre ; à la male heure! (imprécation). Voy. p. 32, n. 1.
7. *Prins* est celle du latin : *prehensus, prensus*. — Les juges mêmes acceptaient des plaideurs des présents, d'abord dragées, confitures, appelées *epices*. Le mot s'est conservé quand les cadeaux se sont faits en argent.
8. *Pipée*, chasse dans laquelle on siffle (*pipare*) avec les lèvres ou au moyen d'un chalumeau (*pipeau*), pour imiter le cri de la chouette et attirer les oiseaux sur des branches enduites de glu (plur. *pipeaux*). On les trompe (d'où le sens figuré de *piper*) et on les prend. Prendre à la pipée. Faire une pipée. Cf. infrà, RONSARD, p. 42, n. 5.
9. *Gripper* (prendre avec des griffes) et *griffer* ont la même origine; gothique *greipan*, haut allemand *grifan*, saisir. — D'où *agriffer* et *agripper*.

Sinon à vous. La partie est bien forte[1] ;
Mais le droict poinct, où ie me reconforte,
Vous n'entendez procès, non plus que moy :
Ne plaidons poinct, ce n'est que tout esmoy[2].
Ie vous en croy si ie vous ai mesfaict[3].
Encor posé le cas[4] que l'eusse faict,
Au pis aller n'y cherroit[5] qu'vne amende.
Prenez le cas que ie vous la demande,
Ie prendz le cas que vous me la donnez :
Et si plaideurs furent oncq[6] estonnez
Mieulx que ceulx ci[7], ie veulx qu'on me delivre
Et que soubdain en ma place on les livre.
Si[8] vous supply, Sire, mander par lettre
Qu'en liberté vos gens me vueillent mettre :
Et, si i'en sors, i'espere qu'à grand peine
M'y reuerront, si on ne m'y rameine.
Tres humblement requerant[9] vostre grace
De pardonner à ma trop grande audace
D'auoir emprins[10] ce sot escript vous faire :
Et m'excusez, si pour le mien affaire[11]
Ie ne suy point vers vous allé parler ;
Ie n'ay pas eu le loisir d'y aller.
(*Epîtres*, XXVII. — T. II, p. 87).

1. *Partie* est employé successivement dans le sens de : 1º ce qu'une voix chante dans un ensemble, ici dans un duo avec le roi ; 2º adversaire dans un procès. (Votre partie est forte, dit Philinte à Alceste, MOLIÈRE, *Mis.*, I, 1.)
2. Voyez page 21, note 8.
3. *Méfaire*, mal faire. *Més*. *mé*, préfixe péjoratif, venant de *minus*. Cf. *mesestimer*, *mésaventure*, *mésintelligence*, *mécompte*, *médire*, *méfiance*, *mépriser*, etc.
4. Supposé, en supposant que.
5. N'y arriverait (*cheoir*, *choir*, de *cadere*, tomber, échoir, arriver : cette fête tombe tel jour ; cela tombe mal (*accidit*). On dit bien en ce sens : Il y va pour moi d'une amende. Cf. p. 23, n. 7.
6. *Unquam*, jamais, c.-à-d. quelquefois. (A-t-on jamais vu rien de tel ?)
7. Et si, sur cette belle hypothèse qui renverse plaisamment les rôles, ceux qui me font procès (*ces plaideurs-ci*) ne sont pas stupéfaits, je veux.... — Badinage un peu compliqué peut-être, mais à la fois gai, fin et hardi. — On pourrait dire, avec Boileau :

Et le roi, que dit-il ? — Le roi se prit à rire.

8. *Sic*, les choses étant ainsi, donc.
9. Cette conclusion par le participe présent est une imitation des formules de requêtes judiciaires, exploits, significations, etc.
10. Entrepris. *Emprise* se disait pour *entreprise*.
11. *Affaire* (écrit aussi *afaire*) venant de *à faire*, a été, et logiquement, comme tous les infinitifs pris substantivement, masculin. Ce genre lui était encore conservé, au xviiie siècle, dans le langage de la chancellerie. — C'est probablement la terminaison féminine de ce mot qui aura induit à le faire féminin, comme l'a été *silence* : Feut silence faicte ; escoutant en bonne silence. (RABELAIS.)

II

« *A Monseigneur le Dauphin, du temps de son exil* [1]. »

En mon viuant, n'apres ma mort auec [2],
Prince royal, ie ne tournay le bec [3]
Pour vous prier : or, deuinez qui est ce
Qui maintenant en prend la hardiesse ?
Marot banny, Marot mis en requoy [4],
C'est luy sans aultre : et sçavez vous pourquoy
Ce qu'il demande il a voulu escripre ?
C'est pour aultant qu'il [5] ne l'ose aller dire :
Voilà le poinct, il ne fault pas mentir,
Que [6] l'aer de France il n'ose aller sentir :
Mais s'il auoit sa demande impetrée [7],

---

1. Marot, exilé en 1534, avait trouvé accueil et protection à Ferrare auprès de la duchesse Renée de France, fille de Louis XII :

> Les oyselletz des champs en leurs langages
> Vont saluant les buyssons et boscages
> Par où ilz vont : quand le navire arriue
> Auprès du Haure, il salue la riue
> Auecq le son d'un canon raccourcy (petit) :
> Ma Muse doncq, passant ceste court cy,
> Fait elle mal, saluant toy, Princesse ?
> Toy à qui rit ce beau pays sans cesse,
> Toy qui de race aymes toute vertu.
> Et qui en as le cueur tant bien vestu
> Toy dessoubz qui fleurissent ces grands plaines,
> De biens et gens si couuertes et pleines :
> Toy qui leurs cueurs a sceu gaigner tres bien.
> Toy qui de Dieu recognois tout ce bien.
> (*Ep.* L, d *Madame la duchesse de Ferrare*, 1535. — T. II, p. 177.)

De Ferrare il adressa à François Ier une épitre touchante et fière, victime, dit-il, « plutôt de malheur que de vice » :

> J'abandonnay, sans avoir commis crime,
> L'ingrate France, ingrate, ingratissime
> A son poëte : et, en la délaissant,
> Fort grand regret ne vint mon cœur blessant
> Tu ments, Marot ; grand regret tu sentis,
> Quand tu pensas à tes enfants petits.
> (*Ep.* XLVIII, 1535. — T II, p. 171.)

C'est de Venise qu'en 1536 il sollicita du roi, par l'entremise du dauphin, un sauf-conduit pour venir voir ses enfants. Le dauphin mourut le 12 août ; mais le roi accorda au poète sa demande, et même, avant la fin de l'année, son retour.

2. Ni non plus depuis que l'exil m'a comme frappé de mort.

3. Je ne remuai les lèvres. Ailleurs MAROT : Vostre bec tenez coi ; clore le bec. RÉGNIER, *Sat.*, X :

> O Muse, je t'invoque ; emmielle-moi le bec.

4. En repos, à l'écart. Etym. : *requietus*. Cf. *coi* (JOINVILLE, FROISSARD : *Quoi*), tranquille, de *quietus* : se tenir coi. Voyez p. 31, n 6.

5. Voyez l'APPENDICE Ier, VI.

6. C'est qu'il n'ose aller sentir l'air de France.

7. *Impetrare*, obtenir.

Iambes ne teste il n'a si empestréc [1],
Qu'il n'y volast [2] . . . .
Ce que ie quiers [3] et que de vous espere,
C'est qu'il vous plaise au Roy, vostre cher pere,
Parler pour moy, si bien qu'il soit induict [4]
A me donner le petit saufconduict
De demy an que [5] la bride me lasche,
Ou de six moys, si demy an lui fasche...

Je verrai mes enfants, dit-il, je dirai adieu à mes amis, je pourrai encore une fois « accoler » (embrasser)

La court du Roy, ma maistresse d'escolle.
Si ie vay là, mille bonnetz ostez,
Mille bons iours viendront de tous costez,
Tant de Dieu gards [6], tant qui m'embrasseront,
Tant de salutz, qui d'or point ne seront [7].
Puis ce dira quelque langue friande :
« Et puis Marot, est ce une grand' viande
Qu'estre de France estrangé et banny?
— Par Dieu, monsieur, ce diray ie, nenny [8], »
Lors que de chere [9] et grandes accollées

1. *Empestrer*, c'est mettre une entrave (*pastorium*) à la bête qui pâture. *Dépêtrer*, la lui ôter.
2. Voilà un de ces heureux enjambements, vifs et expressifs, fréquents chez Marot, et, à son imitation, dans les vers de huit et de dix syllabes de La Fontaine et de Voltaire. — Voyez encore, par exemple, le vers 34.
3. Voyez page 23, note 9.
4. *Inductus, adductus*, amené à...
5. Pendant lequel. Cet emploi de *que* équivalant à un relatif précédé d'une préposition est encore constant au xviie siècle (Voyez CORNEILLE, MOLIÈRE, etc.) après *temps, moment, heure, jour, an*, et autres analogues. MOLIÈRE, *Fourb. de Scapin*, II, 8 : A l'heure que je parle. *Étourdi*, I, 6 : Le terme venu que nous devons le rendre (l'argent). Et même, *Et.*, II, 4 : En l'état qu'il est; *Tartuffe*, IV, 5 : De l'air qu'on s'y prend.
6. Auj. mille « bonjours ». « Dieu vous gard'! » formule d'abord et de salutation. Voyez MOLIÈRE, *F. Sav.*, II, 2, vers 1.
7. Jeu de mots. *Salut*, monnaie frappée sous Charles VI : elle portait gravée la Salutation Angélique, ou Annonciation de l'Ange Gabriel à la Vierge. Cf. *Ep.* XLII, début :
   Je t'envoye un grand million
   De salutz, mon amy Lyon :
   S'ils estoyent d'or, ils vauldroyent mieulx.
8. Quelque fine langue (*Friand*, 1° qui flatte le palais, 2° qui apprécie les bons morceaux, comme ici) insinuera, pour qu'on ne me laisse pas repartir : « Est-il si important et si nécessaire (cf. *viande creuse*, chose de peu de profit, de peu de résultat, de peu d'importance ; *ce n'est pas là ma viande*, ce n'est pas ce à quoi je tiens) que Marot soit éloigné de France (*Étranger*, écarter. SAINT-SIMON l'emploie encore en ce sens. A vieilli) ? — Non, non, répondrai-je, je partirai. » — Le poëte fait entendre qu'il ne prétend pas se prévaloir du bon accueil de ses amis pour chercher à prolonger le séjour octroyé.
9. Étym. : bas-latin *cara*, κάρα, tête ; visage (AMYOT : Avec une chere basse et morne, sans mot dire), d'où accueil, et repas offert, suite de l'accueil, puis repas (faire *bonne chère*).

Prendray les bons, laisseray les vollées[1] :
« Adieu messieurs ! — Adieu doncq mon mignon[2] ! »
Et cela faict, voirrez le compaignon
Tost desloger, car, mon terme failly[3],
Ie ne craindroys, sinon d'estre assailly
Et empaulmé[4]. Mais si le Roy vouloit
Me retirer[5], ainsi comme il souloit,
Ie ne dy pas qu'en gré ie ne le prinse :
Car vn vassal est subiect à son Prince.

Il le feroit s'il sçauoit bien comment
Depuis vn peu ie parle sobrement :
Car ces Lombards[6], auec qui ie chemine,
M'ont fort apprins à faire bonne mine,
A vn mot seul de Dieu ne deuiser,
A parler peu et à poltronniser.
Dessus vn mot vne heure ie m'arreste :
S'on parle à moy, ie respond de la teste[7].
Mais ie vous pry mon saufconduict ayons,
Et de cela plus ne nous esmayons[8] ;
Assez auons espace d'en parler,
Si vne fois vers vous ie puyz aller.

Conclusion : Royale geniture,
Ce que ie quiers n'est rien qu'une escripture,
Que chascun iour on baille[9] aux ennemys;

---

1. De ces accolades je prendrai ce qu'il y a de sincère; je laissera celles qui seront données à la légère, à la volée. — *Voler* dans le sens de *dérober* ne date que de la fin du xvɪᵉ siècle. Il a remplacé *embler*. Tous deux dérivent de *involare*.

2. Notez l'absence de virgule: Que Messieurs (soient) à Dieu. — *Mignon*, ami. Etym. : haut allemand *minni*, amour. Un primitif celtique a le même sens.

3. Manqué. Si je manquais à observer la limite fixée. *Faillir, falloir*; étym. : *fallere*. Ce qu'*il faut* c'est ce qui, non fait, manquerait, ferait défaut. — Cf. δίομαι (je manque), δεῖ (il faut).

4. Tout ce que je craindrais, ce serait d'être... n'entendez pas : arrêté par ordre de justice, mais : circonvenu et retenu par mes amis, qui, me renvoyant de l'un à l'autre, m'empêcheraient de partir. *Empaumer*, recevoir, au jeu de paume (*palma*, main) la balle et la renvoyer.

5. *Retrahere*, me ramener en arrière et me retenir en France.

6. Venise possédait alors Vicence et Vérone, pays Lombard.

7. Cf. J. Du Bellay à Rome, *Regrets*, sonnet 86 :
   Balancer tous ses mots, respondre de la teste.
— On ne peut faire plus habilement amende honorable pour le passé et promettre « d'être sage » pour l'avenir, sans demander ce qu'on voudrait se faire accorder, le retour.

8. Se mettre en émoi (d'abord *esmai, esmay*), en inquiétude, crainte. Etym. : *es, magan* (haut allemand) être fort ; proprement action d'ôter force et pouvoir, d'énerver, de troubler.

9. *Bailler*, donner. Etym. : *bajulare*, porter ; d'où tenir, garder, gouverner (d'où *bailli*), disposer de, donner. Bailler des soufflets (Molière, *Amphitr.* I, 2).

On la peult bien octroyer aux amys.
Il ne fault ià qu'on ferme la Champaigne
Plustost à moy qu'à quelcque Iean d'Espaigne [1] :
Car quoy que né de Paris ic ne soys,
Point ie ne laisse à estre bon Françoys :
Et si de moy, comme espere, l'on pense,
I'ay entreprins pour faire recompense [2]
Un œuure exquis [3], si ma Muse s'enflamme,
Qui, maulgré temps, maulgré fer, maulgré flamme,
Et maulgré mort, fera viure sans fin
Le Roy Françoys, et son noble Dauphin [4].
(*Epîtres*, XLIX. — T. II, p. 172).

PARAPHRASE DU PSAUME XXXVIIe DE DAVID

Ne soys fasché si durant ceste vie
Souuent tu vois prosperer les meschans ;
Et des malins aux biens ne porte enuie [5],
Car, en ruine à la fin tresbuchans [6],
Seront fauchez comme foin en peu d'heure [7],
Et secheront comme l'herbe des champs...

---

1. A quelque pauvre porte-balle (on dit encore un Jean porte-balle), se rendant, par exemple, de Franche-Comté (alors espagnole) aux foires de la Champagne. Allusion aux franchises accordées aux marchands qui les fréquentaient. Jean a été dans plusieurs locutions un nom de dérision : Jeanjean, Gros-Jean, etc. (Voir LITTRÉ). Cf. *infrà* RÉGNIER, *Sat.* X, v. 145.

2. Pour payer en retour (*rependere*) la grâce que j'aurai reçue. — Si cette œuvre magistrale, que promet par anticipation sa reconnaissance, a été « entreprise », elle n'a pas vu le jour.

3. Œuvre, au sens d'ouvrage littéraire, est encore masculin dans LA FONTAINE (Si maint œuvre de moi, *Songe de Vaux* ; un œuvre imparfait, *Fabl.*, XII, 2) ; BOILEAU (Ce grand œuvre, *Lutr.* IV), VOLTAIRE (Préface de *Zaïre*). — Auj. ne se dit, au masculin singulier, que de l'ensemble des ouvrages d'un artiste graveur, peintre, musicien.

4. HOMÈRE a « fait vivre » Achille ; VIRGILE le promet à Nisus et à Euryale :

> Nulla dies unquam memori vos eximet ævo.
> (*Æn.*, IX, 446.)

LUCAIN à César :

> Venturi me teque legent : Pharsalia nostra
> Vivet...
> (IX, 985.)

HORACE à tous les obligés de la Muse :

> Musa vetat mori.
> (*Od.*, IV, 8.)

Comme Marot, OVIDE défie la foudre, le temps, le feu, la flamme (*Met.*, fin), et HORACE, le tout, et la Mort (*Libitinam*, *Od.*, III, 30).

5. Inversion : Ne porte pas envie aux biens des méchants (*maligni*).

6. Perdre l'équilibre (Étym. : *tra*, *buc*, torse dans l'ancien français) et tomber. AMYOT, *Pélopid.*, 53 : Faire tresbucher le tyran en totale ruine. LA NOUE : Erreurs qui font tresbucher en de manifestes ruines.

7. *Sic* : En une petite partie d'heure, comme on dit : peu de temps, en

Remetz en Dieu et toy et ton affaire [1] ;
En luy te fie, et il accomplira
Ce que tu veux accomplir et parfaire :
Ta preud'hommie [2] en veuë il produira
Comme le iour, si que [3] ta vie bonne,
Comme un midi, par tout resplandira.

Laisse Dieu faire, atten le [4], et ne te donne
Soucy aucun, regret, ne desplaisir,
Du prosperant qui à fraude s'adonne.
Si dueil en as, vueille [5] t'en dessaisir;
Et de te ioindre à eux n'aye courage [6]
Pour faire mal et suiure leur desir.

Car il cherra [7] sur les malins orage :
Mais ceux qui Dieu attendront constamment [8]
Possederont la terre en heritage :
Le faux faudra si tost, et tellement,
Que quand sa place iras cercher et querre [9]
N'y trouveras la trace seulement...

Dieu tous les pas du vertueux adresse [10],
Et au chemin qu'il veut suiure et tenir
Donne faueur, et l'unit et le dresse [11].

---

un rien de temps ; peu de chose. — AMYOT, *Lysand.*, 20 : Ilz eurent traversé
en peu d'heure ; *P. Emile*, 45 : En un moment d'heure... — En peu
d'*heures* signifierait : en un petit nombre d'heures. — N. B. Le 5e vers rime
avec le 1er et le 3e de la strophe suivante, comme on le verra dans les
trois strophes consécutives qui viennent après celle-ci.

1. Les deux vers suivants expliquent le sens de ce substantif : ce que
tu veux mener à bonne fin (*parfaire*).
2. *Prud'homme*, homme probe et sage, καλοκάγαθος. Etym. : *probus*? ou
prudens? d'où viennent aussi *preux* et *prude*. *Prud'homie* (sic) est
employé encore par MOLIÈRE et Mme DE SÉVIGNÉ. — Ont vieilli dans leur
ancienne acception. Il ne reste plus que *Conseil de prud'hommes*, mi-
parti de patrons et d'ouvriers, jugeant les différends entre les patrons et
les ouvriers.
3. Si bien que, de sorte que...
4. La prononciation élide l'*e* de *le*. MOLIÈRE, LA FONTAINE ont usé de
cette licence ; *Misanthr.*, I, 2 :
   Mais, mon petit monsieur, prenez-le un moins haut.
5. Auj. *deuil, veuille*. Cf. *vueil* (volonté), etc. — Cf. p. 28, n. 4.
6. *Courage*, cœur, désir, volonté.
7. Voyez page 18, note 5.
8. Avec une ferme confiance (*constantia*, fermeté).
9. *Cercher, cerchier, chercher*, vient de *circare*, parcourir, faire le tour
pour trouver ; *querre*, depuis *quérir*, de *quaerere*. — Voy. p. 20, n. 3,
et p. 25, n. 2.
10. Dieu dirige... CALVIN : Les pas de l'homme sont adressez à Dieu.
BOSSUET : ... Pour adresser nos pas à la bonne voie. — Etym. : *à, dresser*
(d'abord *drecier* ; de *de, rectiare*, tiré de *rectus*).
11. Rend ce chemin uni et droit.

Si de tomber ne se peut contenir,
D'estre froissé ne luy fault auoir crainte,
Car Dieu viendra la main luy soustenir...

I'ay veu l'inique enflé, et craint au monde,
Qui, s'estendant grand et haut, verdissoit
Comme vn laurier qui en rameaux abonde.
Puis repassant par où il florissoit,
N'y estoit plus, et le cherchay à force :
Mais ne le sceu trouver en lieu qui soit [1].
(*Cinquante psalmes de David.* — T. IV, p. 377.

PHŒBUS A PHAÉTON [2]

. . . .
« Si difficile est la voye premiere,
Que mes cheuaulx ont peine coustumiere
A la monter, partant au poinct du iour,
Combien qu'ilz soyent tout frais et de seiour [3].
Le hault chemin est du ciel au milieu :
D'où bien souuent moy mesmes, qui suy Dieu,
Tremble et fremy [4] de frayeur et d'esmoy,
Voyant la terre et la mer dessoubs moy [5].

. . . .
Aussi Tethys, qui en mer me reçoit,
Tousiours s'effraye alors qu'elle apperçoit
Que ie descendz [6], et entre en paour [7] subite
Que ie ne tombe, et ne me precipite.....

---

1. ...Et transivi, et non erat : et quæsivi eum, et non est inventu locus ejus. — Cf. Racine, *Esther*, III, 9.
   J'ai vu l'impie adoré sur la terre.
   Je n'ai fait que passer ; il n'étoit déjà plus.

2. Nous ne donnons pas le texte d'Ovide, traduit par Marot : les *Métamorphoses* sont entre les mains des élèves de quatrième.

3. *De séjour*, reposés. *Bête de séjour*, qui reste à l'écurie. Rabelais : Hommes las du repos et faschés du séjour. Montaigne : Chercher le séjour. C'est un grand séjour d'esprit de n'avoir à répondre que de soy.

4. Notez cette orthographe conforme à l'origine latine de la 1re personne du singulier dans le verbe. L's caractérise la seconde.

5. Ce vers pittoresque dans sa large simplicité, qui, à la fin de la période, arrête les yeux et fixe l'imagination sur un vaste tableau, est plus expressif que celui de l'original latin :

   Unde mare et terras ipsi mihi sæpe videre
   Sit timor....

6. Notez encore l'effet de ce rejet et de cette coupe, qui rendent le mouvement exprimé par les mots.

7. *Paor, peor, peour, pour* (xie-xiiie siècles) ; *paour* (xve et xvie ; Rabelais) ; *peur* (Montaigne, Amyot). Étym. : *pavorem*.

« Et n'est en toy pouuoir par nulz trauaulx
Du premier coup regir mes fiers [1] cheuaulx :
Fiers, pour le feu qui ard en leurs poitrines,
Et qui leur sort par bouches et narines.
Certes depuis que leurs aigres courages
Sont eschauffez, tant sont folz et volages,
Qu'à bien grand peine ilz souffrent pour leur guide
Ma propre main, et tirent à la bride.
« . . . O mon enfant trescher,
Peine pour don tu viens icy cercher [2] :
Qui te faict donc estre à mon col pendu ?
Oste tes bras, flateur mal entendu :
Tu obtiendras (et t'en tien asseuré,
Puis que les eaues d'enfer i'en ay iuré)
Ce que vouldras, tant soit la chose grande [3] :
Mais soys au moins plus sage en ta demande [4]. »

(*Livre second de la Métamorphose d'Ovide.* —
T. IV, p. 59.)

«DE TROIS ENFANS, FRERES»

D'un mesme dard [5], sous une mesme année,
Et en trois iours de mesme destinée,
Mal pestilent sous ceste dure pierre
Meit Iean de Bray, Banadventure et Pierre,
Freres tous trois, dont le plus viel dix ans
A peine avoit. Qu'en dites vous, lisans ?
Cruelle mort, mort plus froide que marbre,
N'a elle tort de faire choir de l'arbre

---

1. *Fiers*, farouches. Etym. : *ferus*. Cf. *ferit*, il *fiert* (frappe).
2. Voir page 23, n. 9.
3. Quelque grande que soit la chose.
4. Nous détachons de la suite quelques vers dont l'allure et la coupe sont expressives :

> Lors Phaëton de corps jeune et habile (souple, *habilis*)
> Saulta dedans le chariot mobile,
> Sur piedz se plante, et grand plaisir prenoit
> A manier la resne qu'il tenoit...
> Les fiers cheuaulx, deslogeants galoperent
> Parmi les aers. et les nues coupperent....
> Le chariot par le ciel hault et large
> Saulte et ressaulte. . . . .
> Quand sur le dos les cheuaulx la (la bride) sentirent,
> En s'escartant parmy les aers bondirent,
> Et librement d'allées et venues
> Vont galopant regions incognues....

5. D'un même coup. — *Dard*, arme formée d'un bâton garni d'une pointe de fer, qui se lance avec la main. Etym. celtique et germanique.

Un fruict tout ieune, un fruict sans meureté [1],
Dont la verdeur donnoit grand'seureté
De bien futur? Qu'a elle encores faict?
Elle a, pour vray, du mesme coup deffaict
De pere et mere esperance et liesse [2],
Qui s'attendoient resiouir leur vieillesse
Avec leurs fils : desquels la mort soudaine
Nous est tesmoin que la vie mondaine
Autant enfans que vieillars abandonne.
Il nous doit plaire, et puis que Dieu l'ordonne [3].
(*Cimetière* [4], XXIII.)

RONDEAU

D'estre content sans vouloir dauantaige,
C'est [5] vn tresor qu'on ne peut estimer ;
Auoir beaucoup et tousiours plus aimer,

On ne sçauroit trouuer pire heritaige [6].
Vn usurier trouue cela seruaige :
Mais vn franc cueur se doibt à ce sommer [7],
D'estre content.

---

1. Voyez page 16, note 9. — Cf. Rotrou *Saint-Genest*, II, 5:
   Ces *fruits* à peine éclos, déjà *mûrs* pour les cieux.
Virgile, *Æn.*, VI, 429, dit des enfants morts *prématurément* :
   Abstulit atra dies et funere mersit *acerbo*.
(*Acerba poma*, fruits aigres, verts). — Cf. *infrà*, A. Chénier, *la Jeune captive*, et, dans la note, *Tibulle*, III, 5 : *Modo nata poma*.
   2. Joie. Étym. : *lie*, joyeux, de *lætus*. La Fontaine :
   La galande fit chère lie (accueil joyeux). (III, 17).
   Aux noces d'un tyran tout le peuple en liesse. (VI, 11).
Être en liesse est resté.
   3. Il faut que nous le trouvions bon, d'autant plus que Dieu l'ordonne.
— *Il* signifie *cela*, comme dans *Il* est vrai.
   4. Les *Epitaphes* de Marot sont ordinairement satiriques. Son *Cimetière* est un recueil d'épitaphes sérieuses et louangeuses. — Étym. cœmeterium, κοιμητήριον, lieu de repos (κοιμάω, coucher, faire dormir).
   5. *D'être..., c'est... De* sert à annoncer ce qui va suivre. Tour très usité aux XVII° et XVIII° siècles. (Voyez Littré, *De* n° 21). Boileau, *Ep.*, I :
   Mais à l'ambition d'opposer la prudence,
   C'est aux prélats de cour prêcher la résidence.
Vous vous moquez, de leur parler de la sorte (Molière, *Méd. m. lui*, I, 8), équivaut à : De leur parler de la sorte, c'est se moquer.
   6. *Héritage* est pris dans le sens, fréquent alors, non de bien transmis, mais de bien possédé, fonds, propriété. Cf. Molière, *Av.* II, 8 : La dot, la propriété de Mariane, c'est, dit Frosine, « l'héritage d'un grand amour de simplicité de parure. — Cet emploi est encore usuel dans quelques contrées, en Picardie par exemple.
   7. Se borner. Étym. : *Somme*, total final, limite dernière (de *Summa*, qui vient de l'adj. *Summus*).

Qui veut auoir de richesse bon gaige [1],
Sans en ennuys la vie se consumer,
Pour en vertu se faire renommer,
Tasche tousiours d'auoir cet auantaige
    D'estre content [2].
    (*Rondeau* LXXIII. — T. VI, p. 259.)

EPIGRAMMES [3]

I

A Geoffroy Bruslard.

Tu peins ta barbe, amy Bruslard : c'est signe
Que tu voudrois pour ieune estre tenu.
Mais on t'a veu n'agueres [4] estre vn cigne [5],
Puis tout à coup vn corbeau devenu.
Encor le pis qui te soit advenu
C'est que la mort, plus que toy fine et saige,
Cognoit assez que tu es tout chenu [6]
Et t'ostera ce masque du visaige [7].
    (*Épigrammes*, CCXXXV. — T. III, p. 168.)

---

1. Se garantir la richesse, s'assurer de ne pas se croire pauvre.
2. Ce rondeau a été fait sur deux vers attribués à Enguerrand de Marigny, surintendant des finances (XIV° siècle) :

    Chacun soit content de ses biens;
    Qui n'a suffisance n'a riens. (*Sic.*)

Cf. SÉNÈQUE le Tragique, *Hercul. furens*, 166 :

    Hic nullo fine beatas
    Componit opes. . . . . .
    Et congesto pauper in auro est.

3. Au XVI° siècle le mot *épigramme* (à la fois masc. et fém.), fidèle à son étymologie grecque, fut, à l'imitation des anciens, une petite pièce sur les sujets les plus divers. Il avait aussi le sens d'inscription.
4. Récemment : Il n'y a guère (de temps). *Guère* signifie *beaucoup*. Étym. controversée.
5. *Cycnus*, κύκνος. Primitivement *cisne, cinne, cine*; puis *cigne, cygne*.
6. Blanchi par l'âge, *canus*. BOILEAU, *Ep.* X, 25 :

    .... la vieillesse venue,
    Sous mes faux cheveux blonds déjà toute chenue.

Puis au fig.: Alpes chenues (MALHERBE), blanches de neige; Ondes chenues (RACAN), blanches d'écume.
7. Imité de MARTIAL, III, 43 :

    Mentiris juvenem tinctis, Lentine, capillis,
    Tam subito corvus, qui modo cycnus eras.
    Non omnes fallis : scit te Proserpina canum :
    Personam capiti detrahet illa tuo.

II

« D'un usurier. »

Vn usurier à la teste pelée
D'vn petit blanc¹ acheta vn cordeau
Pour s'estrangler, si par froides gelées
Le beau bourgeon de la vigne nouueau
N'estoit gasté ². Après rauine d'eau ³,
Selon son veuil ⁴, la gelée survint,
Dont fut ioyeux; mais, comme il s'en revint
En sa maison, se trouua esperdu
Voyant l'argent de son licol perdu
Sans profiter : sçauez vous ce qu'il fit ?
Ayant regret de son blanc, s'est pendu
Pour mettre mieulx son licol ⁵ à profit.

(*Épigrammes*, CCLIII. T. III, p. 182.)

III

« De soy-mesme et d'un riche ignorant. »

Riche ne suys, certes, ie le confesse;
Bien né pourtant, et nourry ⁶ noblement.
Mais ie suys leu du peuple et gentillesse ⁷,
Par tout le monde, et dict on : « C'est Clément⁸. »

---

1. Petite monnaie de cinq deniers. LA FONTAINE, IX, 3 :
> Faire des tours de toute sorte,
> Passer en des cerceaux ; et le tout pour six blancs.

Le sou valant douze deniers, six blancs valaient deux sous et demi. En ce siècle les marchands d'œufs criaient encore dans les rues de Paris avant l'application du système décimal des monnaies : « Trois de six blancs les rouges et les blancs. »

2. La vendange perdue, le vigneron devait s'endetter au profit de l'usurier.

3. Grande pluie. *Ravine*, 1° torrent d'eau pluviale, 2° lieu creusé par un torrent. — Étym.: *rapina* (de *rapere*), qui a donné aussi *rapine*.

4. *Veuil* ou *vueil*, volonté, désir. Voyez p. 23, n. 5.

5. Ou *licou*. Étym.: *lier*, et *col* ou *cou* (*collum*).

6. Élevé. RACINE, *Bérénice*, II, 5 :
> Ma jeunesse nourrie à la cour de Néron.

7. *Gentillesse* se prenait dans le triple sens de son équivalent *noblesse*: 1° les grands, comme ici ; 2° la grandeur de la naissance; 3° la grandeur des sentiments, l'élévation, la dignité : la gentillesse de nature de Caton (AMYOT), l'excellence et gentillesse des arts et des sciences (MONTAIGNE).

8. PLIN. J., IX, 23 : Demosthenes jure lætatus est quod illum anus attica ita demonstravit: Οὗτός ἐστι Δημοσθένης.

Maintz viuront peu, moy eternellement [1].
Et toy tu as prez, fontaines et puytz,
Boys, champs, chasteaulx, rentes et gros appuys.
C'est de nous deux la difference et l'estre [2].
Mais tu ne peulx estre ce que je suys :
Ce que tu es, vn chascun [3] le peult estre [4].
(*Épigrammes*, CCXX. — T. III, p. 156.)

IV [5]

« *A monsieur le grand Maistre Anne de Montmorenci, pour estre mis en l'estat* [6] »

Quand par acquitz les gaiges on assigne [7],
On [8] est d'ennuy tout malade et fasché :
Mais à ce mal ne fault grand medecine ;

---

1. Tous les poètes ont promis à eux et à leurs héros. (Voy. p. 22. n. 4) l'immortalité, et, avant et après Horace, ont écrit dans quelque passage de leur œuvre leur *exegi monumentum*. Malherbe dira plus tard :

Ce que Malherbe écrit dure éternellement.

2. Manière d'être, condition, SAINT-SIMON : Vaudemont, sans biens, sans être, sans établissement.
3. Pléonasme : *unus, quisque unus* (étym. de *chacun*). Le latin dit seulement ou *quisque* ou *unusquisque*.
4. Imité de MARTIAL, V, 13.

Sum, fateor, semperque fui, Callistrate, pauper,
    Sed non obscurus nec male notus eques,
Sed toto legor orbe frequens. et dicitur : H o est ;
    Quodque cinis paucis, hoc mihi vita dedit.
At tua centenis incumbunt tecta columnis
    Et libertinas arca flagellat opes.
Magnaque Niliacæ servit tibi gleba Syenes,
    Tondet et innumeros Gallica Parma greges.
Hoc ego tuque sumus : sed, quod sum, non potes esse ;
    Tu, quod es, e populo quilibet esse potest.

5. MAROT fut toute sa vie besoigneux, endetté et quémandeur ; mais il se plaint et demande toujours avec esprit : les pièces suivantes en feront foi.
6. Le grand maître de la maison du roi dressait l'état (établissait la liste) des personnes attachées au service du roi, et, à ce titre, « gagées ».
7. *Assigner*, affecter un fonds à un paiement. *Acquit*, quittance. Il s'agit de l'ordre de paiement qui autorise, décharge et *quitte* (quitter, affranchir ; quitter une dette, quitter quelqu'un d'une dette) le trésorier, et non de la quittance que signera le prenant. On dirait auj. délivrer un mandat de paiement sur un trésorier.
8. Le premier *on* désigne celui qui ordonnance le mandat, le second celui qui l'attend avec inquiétude. Il faut éviter de rapporter *on* à deux personnes différentes. MOLIÈRE l'a fait plusieurs fois. *Misanthr*. I, 1 :

Mais la plus glorieuse (estime) a des régals peu chers,
Dès qu'*on* voit qu'*on* nous mêle avec tout l'univers.

« *On* qui voit n'est pas *on* qui mêle. Ceci est fautif. » (AUGER).
Ibid., I, 1 :

Et qu'eût-*on* d'autre part cent belles qualités.
On regarde les gens par leurs méchans côtés.

Tant seulement¹ fault estre bien couché²,
Non pas en lict, n' en linge bien seché,
Mais en l'estat du noble Roy chrestien.
Long temps y a que debout ie me tien,
Noble seigneur : prenez doncques envie
De me coucher à ce coup si tresbien
Que relever n'en puisse de ma vie.
            (*Épigrammes*, XXXIII. — T. III, p. 27.)

V.

A Monsieur de Juilly.

L'argent par terme recueilly
Peu de profit souuent ameine :
Parquoy, Monseigneur de Iuilly,
Qui sçauez le vent qui me meine,
Plaise vous ne prendre la peine
De diviser si peu de bien³ :
Car ma boete⁴ n'est pas si pleine
Que cinq cens frans n'y entrent bien.
            (*Épigrammes*, XXXVIII. — T. III, p. 30)

VI

Au Roy de Navarre.

Mon second Roy, i'ay une haquenée⁵
D'assez bon poil, mais vieille comme moy :
A tout le moins long temps a qu'elle est née,
Dont⁶ elle est foible, et son maistre en esmoy.
La pauvre beste, aux signes que ie voy,
Dict qu'à grand peine ira iusqu'à Narbonne.
Si vous voulez en donner une bonne,

---

1. Pour *seulement*. Pléonasme inusité aujourd'hui. Τοσοῦτον et *tantùm* (*autant*, et pas plus) se prennent dans le sens de *seulement*.
2. Coucher par écrit (BOILEAU, *Ep.* XI), coucher un nom sur un testament (REGNARD, *Legat*, I, 1), coucher un article en recette, en dépense, se disent encore. — Cette métaphore, en se continuant par « relever », amène l'ingénieux « badinage » de la fin.
3. De payer en termes ou échéances distinctes si faible somme.
4. On prononçait *bouète* (MOLIÈRE fait rimer ce mot avec *bête*, *Ec. des maris*, I, 8), comme mirouer, tirouer, etc.
5. Sujet du roi de France, Marot était aussi, en sa qualité de valet de chambre de Marguerite, reine de Navarre, sujet et commensal de la maison du roi son mari. — *Haquenée* (Etymol. germanique), proprement cheval docile et marchant à l'amble.
6. Par suite de quoi.

Sçauez comment Marot l'acceptera ?
D'aussi bon cueur comme [1] la sienne il donne
Au fin premier [2] qui la demandera.
(*Épigrammes*, XXXIII. — T. III, 19.)

VII

Dixain « qu'il perdit contre Helene de Tournon [3].

Pour un dixain que gaignastes mardy,
Cela n'est rien, ie ne m'en fais que rire [4] :
Et fuz tresaise alors que le perdy,
Car aussi bien ie vous voulois escripre [5] :
Et ne sçauois bonnement que vous dire,
Qui est assez pour se taire tout coy [6].
Or payez vous, ie vous baille dequoy [7]
D'aussi bon cueur que si ie le donnoye :
Que pleust à Dieu que ceulx à qui ie doy
Feussent contens de semblable monnoye.
(*Épigrammes*, C. — T. III, p. 73.)

MELIN DE SAINT-GELAIS

1486-1558

Gentilhomme de naissance, abbé, aumônier et poëte de cour, MELIN DE SAINT-GELAIS fut toujours prêt à rimer d'une main légère et piquante, quelquefois délicate, sur tout sujet et pour toute personne, dizains, quatrains, rondeaux, madrigaux, épigrammes. C'est lui qui naturalisa en France le sonnet italien. Le fin amuseur

---

1. Voyez l'APPENDICE Ier, VI.
2. Le premier de tous. *Fin*, dans certaines locutions, renforce le sens du mot auquel il est joint : le fin fond des forêts (MOLIÈRE, *Fâcheux*, II, 7), de la mer, etc. Fin seul (tout à fait seul). BOURSAULT (*Fabl. d'Esope*, comédie, II, 5) dit encore :

    D'un village ici près je suis le fin premier.

3. Enjeu qu'il devait payer s'il perdait dans un jeu de cour. L'académie écrit auj. *dizain*.
4. Je ne fais que m'en rire. Rire de..., se rire de... Railler, se railler de...
5. *Aussi bien*, dans le fait, réellement (il est également très vrai que...). — Je vous... L'usage s'est maintenu au XVIIe siècle de mettre avant un verbe le régime de l'infinitif qui suit ce verbe : Je vous viendrai voir.
6. Voyez page 19, n. 5.
7. Suppléez : vous payer. L'ellipse est encore plus forte dans : Ils trouveront aux champs assez de quoi (LA FONTAINE, I, 8); avoir de quoi.

de la cour de François Ier, le premier après Marot des poètes de l'ancienne école, fut un peu dépaysé, sous Henri II, au milieu de la jeune génération poétique. Il decocha des épigrammes ; on les lui rendit ; il les accepta de bonne grâce, et, gâté dans sa vieillesse comme il l'avait été en son beau temps, il mourut respecté, sans être converti par l'école nouvelle.

Nous citons l'édition de M. P. Blanchemain, 3 vol. in-12, 1873 ; Bibliothèque elzévirienne.

ÉPIGRAMME
en forme d'épitaphe.

Passe sans lire, et ne fais nul séjour,
En ce lieu plein de triste mal-encontre [1],
Et desormais marque de noir ce jour [2],
Pour detester [3] la veue et la rencontre
Du vil [4] tombeau que tu vois cy encontre [5],
Où gist un corps duquel l'odieux nom
J'eusse ici mis, mais il vault mieux que non,
Pour eviter ce malheureux presage ;
Car il ne fit onques bien de renom [6]
Fors que [7] que mourir, et si vesquit long aage.

(T. II, p 273.)

ÉPITAPHE
« de Madame Louise de Savoie, mere du roy François [8] »

Elle est ici ! ne va point plus avant :
Ces marbres grands sont de sa sepulture !
Tu vois où gist celle qui peu devant [9]
Fit voir au monde en une creature

1. Auj. *malencontre*. Cf. page 17, note 6.
2. Les Romains marquaient d'un caillou (*lapillus, calculus*) blanc les jours heureux, noirs les jours malheureux ; *diversus bicolorque*, dit MARTIAL (XII, 34).
3. Maudire.
4. *Vilis*, de peu de prix ; pauvre, misérable.
5. Ici en face. Cf. ci-en face, ci-entour, ci-dessous, etc. — On dit encore au propre : Marcher à l'encontre de l'ennemi ; au fig. : Je ne vais pas à l'encontre de ce que vous dites.
6. Il ne fit jamais action bonne et méritoire.
7. Excepté de, *hormis* (*foris missum*) de mourir. — Etym. : *foris*, dehors. — L'*f* et le *v* avec lequel il se confond (*vices*, fois ; *bovem*, bœuf, etc.) sont l'ancien digamma éolique des Grecs que remplaça l'aspiration de l'esprit rude (Ϝελένη, Ἑλένη, Hélène). Il s'échange souvent avec l'*h* aspirée, Esp. : *hablar*, parler, de *fabulari*, d'où hâbleur ; *horno*, de *furnus*, four ; etc. Portug. : *facanea*, haquenée.
8. Morte le 22 septembre 1531.
9. Le XVIIe siècle dit encore *devant* où nous disons *avant*. « On n'avait pas encore établi cette distinction que *devant* s'applique à l'espace, *avant* au temps. » (CHASSANG, *Gr. franç.*, § 416). L'application de *devant* au temps est restée dans la locution *ci-devant*.

Tout le pouvoir du ciel et de nature.
Si tu la vis, remercie tes yeux;
Car œil mortel jamais ne verra mieux,
Bien que de tant les restes soyent petites¹,
Et que l'esprit soit retourné aux cieux
Trop tost pour nous, et tard pour ses merites.

(T. II, p. 169.)

HUITAIN

« en² une peincture de feu monsieur d'Orléans, comme il estoit en sa conqueste de Luxembourg. »

Vous qui n'avez congnu que par renom
Le plus que grand Charles, duc d'Orleans,
Fils de François premier Roy de ce nom
Qui tant de gloire acquit en si peu d'ans,
Si ce pourtraict³ vous estes regardans,
Vous le voyez, tel qu'il estoit en armes;
Et si le mieux pouviez voir du dedans⁴,
Vous ne sauriez le regarder sans larmes⁵.

(T. II, p. 80.)

RONDEAU

Méconnaissance et oubli.

A vos amis nulle chose advenue
Onc ne pleut tant, que vous voir parvenue
Aux grands honneurs dont estes joüissante,
Car bien valoit beauté si florissante,
Estre des grands aimée et soustenue.

Mais du depuis⁶ que vous estes venue
A ces faveurs, vous estes devenue,

---

1. *Reste* était des deux genres. RABELAIS, AMYOT, MONTAIGNE le font masculin. Au XVIIᵉ siècle il n'était plus féminin que dans la locution, aujourd'hui perdue, *à toute reste*.
2. *Sur, in.* — Ce prince, troisième fils de François Iᵉʳ, n'avait pas vingt ans quand il prit en 1542 Luxembourg et d'autres villes de ce duché. Il mourut trois ans après.
3. Etym.: *pourtraire* (*protrahere*), tirer en avant, en continuant, d'une façon continue, les lignes d'un dessin, d'un *plan* (*pourtrait* d'une place forte), d'un visage.
4. Si vous pouviez voir les qualités, meilleures encore, de son âme.
5. Cette sensibilité n'est pas ordinaire à Saint-Gelais.
6. *Du depuis* se trouve encore dans le cardinal de RETZ : ... L'injustice qu'il m'avoit faite et qu'il avoit reconnue du depuis. — Etym.: *dès*, préfixe, *puis* (du latin *post.*) — Mot à mot : A partir du moment après que... (*depuis que...*)

Pardonnez-moy, un peu mesconnoissante
A vos amis [1].

Leur servitude et foy si bien tenue
Meritoit bien estre mieux recongnue,
Sans voir ainsi la vostre languissante ;
Au moins pleust-il à la bonté puissante
Donner oubli [2], et vous rendre incongnue
    A vos amis.
            (*Rondeaux*, v. — T. I, p. 306.)

COMPARAISON

Je vy naguere [3] un cheval qui prenoit
Son mors aux dents [4], et, quand on luy tenoit
La bride courte ainsi qu'on les arreste [5],
Il deslogeoit [6] comme foudre et tempeste ;
Puis, se sentant un peu lascher le frain [7],
Il s'arrestoit, et alloit petit train [8].

Ainsi est-il quand on nous veut retraire
De quelque cas : nous voulons le contraire,
Et sommes tous enclains, quand tout est dit,
A desirer ce qui est interdit.
Le patient [9] demande tout exprès.
L'eau deffendue, et est tousjours après
        (*Elégie d'Ovide paraphrasée*. — T. II, p. 178.)

---

1. Cf. page 18, note 3. — *Méconnaissant à...*, comme : je *vous* suis *reconnaissant*.
2. Plût à la bonté du Tout-Puissant que nous eussions pu vous oublier !
3. Voyez page 27, note 3.
4. Auj. : prendre le mors... Proprement, saisir le mors avec les incisives : dans l'usage, s'emporter, le mors restant dans sa position normale.
5. De la façon dont on use pour les arrêter.
6. Cf. CL. MAROT, page 5, note 4, vers 25.
7. Remarquez l'*a*, malgré l'étymol. fr*enum*. Cf. l'orthographe, fréquente aux siècles XIIe-XVIe, avanture (v*entum*), cler (cl*arum*), feiste (f*estum*) resplandir (spl*endere*), etc. — Voir l'APPENDICE Ier, x. 4º.
8. Comparez l'allure emportée et retentissante du 4e vers, avec l'arrêt de ce 1er hémistiche et l'allure ralentie du 2e.
9. Le malade. — SÉNÈQUE, *De Benef.*, II, 14 : Ut frigidam (aquam) ægris negamus, ...sic ea quæ nocitura sunt perseverabimus non dare. — *Estre après*, poursuivre sans relâche, d'où importuner.

JOACHIM DU BELLAY
1525-1560

Joachim DU BELLAY, né à Lyré, près d'Angers, d'une famille de capitaines, de diplomates et de prélats, mourut à l'âge de trente-cinq ans sans avoir eu le temps de disputer à Ronsard la première place qu'il eût peut-être conquise. Le dernier venu au collège de Coqueret d'où sortit l'école poétique de la Renaissance, il en a écrit le manifeste (*Deffense et illustration de la langue françoise*. 1549) qui lui assure un nom parmi les prosateurs du xvie siècle; il en a le premier appliqué les principes (même année) dans ses *Odes*; il a laissé dans ses *Antiquités de Rome*, premières impressions de son séjour en cette ville (1551-1554), et dans ses *Regrets*, souvenirs et appels de la patrie absente, les meilleurs sonnets d'un siècle qui en a produit beaucoup de bons; il a donné, dans son *Poète courtisan*, le premier modèle de la satire dans la patrie de Régnier et de Boileau. Ce n'est qu'une partie de son œuvre : elle suffit à lui faire un nom.

Nous citons l'édition de M. Marty-Laveaux, 2 vol., 1866-1867 (Collection de la Pléiade).

COMPARAISONS

I

LE LION

Vous auez prins [1] Calais, deux cents ans imprenable,
Monstrant qu'à la vertu rien n'est inexpugnable
Lors qu'elle est irritée, et que la passion
Luy fait imiter l'ire et le cœur du Lyon,
Qui au commencement de sa queuë [2] se flatte,
Et couche [3] de son long sur l'vne et l'autre patte,
S'irrite lentement : mais si du chien mordant
Ou d'vn autre animal il a senty la dent,
Il se leue en fureur et à course elancee
Déplie tout d'vn coup sa cholere amassee [4],

---

1. Auj. *pris.* — Etym. : *prehensus, prensus.* D'où *prinse*, subst., pour *prise* (cf. *infrà* le titre du poëme), Sur l'anomalie de l'*i*, voyez l'APPENDICE I, x, 3º. — Calais, prise par les Anglais en 1347, fut reprise par le François de Guise en 1558, sous le règne de Henri II.
2. Voyez l'APPENDICE I, x, 9. — *Se flatte,* se caresse.
3. *Coucher* a été primitivement neutre dans le sens de *se coucher.* Auj. il signifie *être* au lit. Et, activement, *mettre* au lit.
4. LUCAIN, 1, 207 :
   Subsedit dubius, totam dum colligit iram.
— On dirait auj. : *déploie.*

Déchire l'ennemy aux ongles et aux dents [1],
Allume de ses yeux les deux flambeaux ardents,
Remasche sa fureur [2], et d'vn regard horrible
Fait cracquer hautement [3] sa machoire terrible [4].
> (*Hymne au Roy sur la prinse de Calais*; voir la note 1. — T. I, p. 310.)

II

LA LIONNE

Comme on voit de chasseurs vne bande peureuse,
Trouuant du fier lyon la femme [5] genereuse,
Auecques ses petits, de la frayeur qu'elle a,
Sans passer plus auant, se retirer de là,
Et puis, se r'asseurant, d'vne tremblante audace
S'approcher peu à peu pour luy donner la chasse,
Faire vne longue enceinte [6], et de cris et d'abbois
Resonner [7] tout autour les antres et les bois :
Et, comme à ce grand bruit la magnanime beste
Craintiue pour les siens, vient à leuer la teste,
D'vn horrible regard roüant [8] ses yeux ardents,
Et d'vn horrible son faisant cracquer ses dents,
S'élance tout à coup, et du premier encontre [9]
Renuerse en foudroyant [10] tout ce qu'elle rencontre,
Démembre les veneurs, rompt les espieux ferrez,
Et déchire en passant les toiles et les retz,
Puis tourne en sa tesnière [11], et sent en son courage [12]

---

1. Ce tour est resté dans: mordre à belles dents.
2. Se repait d'une fureur toujours nouvelle.
3. A grand bruit.
4. On sentira facilement l'effet de plusieurs rejets expressifs et de l'harmonie générale de ces vers pleins et sonores.
5. C'est ainsi qu'HORACE dit (*Od.*, I, 17) des chèvres : Olentis *uxores* mariti.
6. *Indago, Inis*, disent les Latins,
7. Les antres résonner de cris... —*Résonner* s'emploie comme actif dans la langue poétique, mais il prend pour régime ce qui est entendu, non ce qui entend : Mes vers ne résonnent que plaintes (RÉGNIER), qu'amour (RACINE), que douleur (LAMARTINE).
8. Tournant. — MONTAIGNE .. Nous rouons sans cesse en ce cercle. — Primitivement *roer*, par suppression de la consonne médiane du latin *rotare*.
9. FROISSARD : Il y eut dur encontre (rencontre, choc).
10. *Foudroyer* s'emploie dans le sens de : renverser comme la foudre. AMYOT : Comme s'ils eussent deu foudroyer tout. BOSSUET : Louis foudroie les villes plus qu'il ne les assiège. — Cf. apri /ulminei ore (OVIDE), *fulmineis dentibus* (PHÈDRE), *ensem fulmineum* (VIRGILE).
11. *Thesnière, tesnière* (AMYOT), auj. tanière. On le croit une réduction de *taissonnière*, retraite du taisson ou blaireau.
12. Cœur. — BOSSUET (*Or. fun. de Condé*) : Il calma les courages émus.

Combattre en mesme temps et l'amour et la rage.
La rage qui la poingt [1] d'vne iuste fureur
Veut qu'elle emplisse tout et de sang et d'horreur :
Mais l'amour la retient, et, bien que sa nature,
Genereuse de soy, maluolentiers endure [2]
Qu'on ose de si près sa cauerne approcher,
Se contient toutefois au creux de son rocher,
Remasche sa fureur [3], et, quoy qu'elle desire,
Regarde ses petits au milieu de son ire [4].
  Ainsi quand [5]....
        (*Discours au Roy* (Henry II) *sur la Tresue de l'an
        MCLV* — T. I, p. 302.)

III.

SONNET

Comme on passe en été le torrent sans danger,
Qui vouloit en hyuer estre roy de la plaine,
Et rauir par les champs d'vne fuite hautaine [6]
L'espoir du laboureur et l'espoir du berger ;

Comme on voit les couards [7] animaux outrager
Le courageux lyon gisant dessus l'arene,
Ensanglanter leurs dents et d'vne audace vaine
Prouoquer l'ennemy qui ne se peut venger ,

Et comme deuant Troye on vit des Grecs encor
Brauer les moins vaillans autour du corps d'Hector :
Ainsi ceux qui iadis souloient à teste basse

Du triomphe Romain la gloire accompaigner [8],
Sur ces poudreux tumbeaux exercent leur audace,
Et ozent les vaincuz [9] les vainqueurs desdaigner.
        (*Antiquités de Rome*, sonnet XIV. — T. II, p. 270.)

1. *Pungit*. D'où *poignant*, *poincture* (V. CORROZET, 2e fable, v. 10).
2. N'endure pas volontiers.
3. Cf. page 36, note 2.
4. Vers expressif qui, arrêtant les yeux sur un tableau touchant, le fixe dans l'imagination.
5. Ce tableau est, comme le précédent, une comparaison. — On voit par ces passages quelle allure et quel accent J. DU BELLAY sait donner, en même temps que RONSARD, et avant BERTAUT et RÉGNIER, à l'alexandrin.
6. Course violente qui ne respecte rien.
7. Lâches Etym. : *cauda*. Les animaux craintifs portent la queue basse. Dans le *Roman de Renart Coart* est le nom du lièvre.
8. Suivre captifs le char du vainqueur dans les triomphes que célébrait l'ancienne Rome.
9. Les peuples modernes, descendants des peuples vaincus par Rome.

ALLÉGORIES [1]

I

SONNET

Vne Louue ie vy sous l'antre d'un rocher,
Allaictant deux bessons [2]; ie vy à sa mammelle
Mignardement iouër ceste couple iumelle
Et d'vn col allongé la Louue les lecher [3].

Ie la vy hors de là sa pasture cercher [4],
Et courant par les champs d'une fureur nouuelle
Ensanglanter la dent et la patte cruelle
Sur les menus troppeaux pour sa soif estancher [5].

Ie vy mille veneurs descendre des montagnes
Qui bornent d'vn costé les Lombardes campagnes,
Et vy de cent espieux luy donner dans le flanc [6].

Ie la vy de son long sur la plaine estendue,
Poussant mille sanglots, se veautrer en son sang,
Et dessus vn vieux tronc sa despouille pendue.

(Songe, sonnet VI. — T. II, p. 282.)

II

SONNET

Qui a veu quelquesfois vn grand chesne asseiché [7],
Qui pour son ornement quelque trophee porte,
Lever encor' au ciel sa vieille teste morte,
Dont le pied fermement n'est en terre fiché,

Mais qui, dessus le champ plus qu'à demy panché,
Monstre ses bras tous nuds et sa racine torte,

---

1. De l'histoire de Rome.
2. Jumeaux. Etym.: bas-latin *bisso, onis*; de *bis*, deux fois.
3. Cf. VIRGILE, *Æn.*, VIII, 630 sqq ; Vulcain, sur le bouclier d'Enée,
   Fecerat et viridi fetam Mavortis in antro
   Procubuisse lupam: geminos huic ubera circum
   Ludere pendentes pueros, et lambere matrem
   Impavidos; illam tereti cervice reflexam
   Mulcere alternos et corpora fingere linguâ.
4. Voyez page 23, note 9.
5. Conquête du monde.
6. Invasion des Barbares. — *Donner* (neutre), frapper. CORNEILLE, *Cinna*, I, 3:
   Et je veux pour signal que cette meme main
   Lui donne pour signal d'un poignard dans le sein.

De, par, avec.

7. Ne s'emploie plus que dans le langage technique des mines (actif: priver d'eau, asssécher un bassin) et de la marine (neutre: une roche assèche, devient à sec).

Et, sans fueille umbrageux [1], de son poids se supporte
Sur son tronc noüailleux [2] en cent lieux esbranché;

Et, bien qu'au premier vent il doiue sa ruine,
Et maint ieune à l'entour ait ferme sa racine,
Du deuot populaire estre seul reueré :

Qui tel chesne a peu voir, qu'il imagine encores
Comme entre les citez, qui plus [3] florissent ores,
Ce vieil honneur poudreux est le plus honnoré [4].
    (*Antiquités de Rome*, sonnet XXVIII. — T. II, p. 277.)

REGRET ET REPENTIR

SONNET

Las! où est maintenant ce mespris de Fortune ?
Où est ce cœur vainqueur de toute aduersité,
Cet honneste desir de l'immortalité,
Et ceste honneste flamme au peuple non commune?

Où sont ces doulx plaisirs, qu'au soir, soubs la nuict brune,
Les Muses me donnoient, alors qu'en liberté,
Dessus le verd tapy d'un riuage escarté,
Je les menois danser aux rayons de la lune [5] ?

Maintenant la Fortune est maistresse de moy,
Et mon cœur, qui souloit estre maistre de soy,
Est serf de mille maux et regrets qui m'ennuyent [6].

De la posterité ie n'ay plus de souci ;
Cette diuine ardeur, ie ne l'ay plus aussi,
Et les Muses de moy, comme estranges [7], s'enfuyent.
    (*Les Regrets*, sonnet VI. — T. II, p. 170.)

---

1. Produisant de l'ombre, non par le feuillage qu'il n'a plus, mais par son tronc. — *Ombrageux* (AMYOT: Pays ombrageux et couverts), qui porte de l'ombrage, n'a plus le sens figuré : qui porte ombrage ; et, en parlant du cheval, qui a peur de son ombre.
2. Voyez p. 53, n. 8. — *Lieux*, endroits, parties du tronc.
3. Le plus. Voyez l'APPENDICE Ier, VIII, début.
4. Cf. LUCAIN, I, 135 sqq. : il applique cette allégorie à Pompée:

>   Qualis frugifero quercus sublimis in agro
>   Exuvias veteres populi sacrataque gestans
>   Dona ducum ; nec jam validis radicibus hærens
>   Pondere fixa suo est ; nullusque per aera ramos
>   Effundens, trunco, non frondibus, efficit umbram ;
>   At, quamvis primo nutet casura sub Euro,
>   Sola tamen colitur.

5. Cf. RONSARD, page 41, note 1, et la fin.
6. On verra encore, au XVIIe siècle, *ennui* au sens de tourment.
7. Etrangères. Etym. : *extraneus*.

RONSARD
1524-1585

Pierre de Ronsard, né au château de la Poissonnière dans le Vendômois, successivement page de cour, secrétaire de diplomate en Allemagne, soldat dans les guerres du Piémont, atteint de surdité se retira, jeune encore, au collège de Coqueret, où, sous la direction de Daurat, savant et poète, ancien précepteur des pages du roi, d'ardents esprits étudiaient avec passion l'antiquité. De là sortit la révolution poétique dont Du Bellay fut le héraut (voir le tableau de la poésie au XVIe siècle) et Ronsard le coryphée. Ses *Odes* (1550-1552), ses *Hymnes* (1555), ses *Poèmes* (1560) et *Discours* en vers (1562), ses *Élégies* et *Bergeries* (1566), ses divers recueils de sonnets, etc., le mirent hors de pair. Il fut l'étoile la plus brillante de la « Pléiade »; il fut proclamé le roi de la poésie, et roi, les rois et les reines, comme Élisabeth d'Angleterre, les hommes d'État, comme l'Hôpital, les philosophes, comme Montaigne, les poètes, ses confrères, comme le Tasse qui le visita en 1571, lui rendaient hommage à l'envi.

Il mourut pleuré, chanté de tout ce qui tenait une plume, mais déjà, non pas oublié, mais délaissé du public. Il avait, par l'abus de l'imitation grecque et latine, fait à la langue nationale des violences dont elle était blessée et meurtrie. La première éclipse de cette gloire éclatante avait été, dès 1572, l'insuccès de la *Franciade*, qu'il laissa inachevée. Il avait été assez mal inspiré pour ne pas appliquer au poème épique conçu sur le modèle de l'antiquité, dont il ambitionnait de doter la France oublieuse de ses épopées originales du moyen âge, l'alexandrin dont il avait fait un si heureux usage dans ses discours, poèmes, élégies, etc., et qu'il a plus que personne contribué à tirer de l'oubli et à remettre en honneur. A ce mérite ajoutons celui d'avoir ouvert à la poésie française les genres littéraires cultivés et consacrés par les anciens ; d'avoir créé ces rythmes lyriques qui ont profité à Malherbe et aux poètes de nos jours; d'avoir eu « dans ses fictions de la grandeur » (Malherbe); et nous applaudirons à la réhabilitation qu'en ont faite les critiques et les éditeurs de notre siècle.

Nous citons l'édition de M. P. Blanchemain, 8 vol., 1858-1868 (Bibliothèque elzévirienne.)

LES BOIS ET LA POÉSIE

Je n'avois pas quinze ans que les monts et les bois
Et les eaux me plaisoient plus que la cour des Rois,
Et les noires forests épaisses de ramées,
Et du bec des oiseaux les roches entamées;
Une valée, un antre en horreur[1] obscurci,

---

1. *In horrorem* (Horror, 1o frissonnement, 2o peur, 3o aspect qui produit le frisson et la peur) de façon à frissonner. Lucain: Niger horror maris. Cf. Virgile, G. IV, 467 :
   Et caligantem nigrâ formidine lucum.
Chateaubriand : La religieuse horreur des églises gothiques.

Un desert effroyable estoit tout mon souci ;
A fin de voir au soir les Nymphes et les Fées
Danser dessous la lune en cote par les prés[1]...
J'allois après la dance[2], et craintif je pressois
Mes pas dedans le trac[3] des Nymphes, et pensois
Que pour mettre mon pied en leur trace poudreuse
J'aurois incontinent l'âme plus genereuse.

Euterpe lui apparaît un jour, lui prend la main, et l'encourage à chercher la gloire dans la poésie, à quitter, en suivant les Muses les chemins battus et à braver les railleries de la foule :

« N'espere d'amasser[4] de grands biens en ce monde.
Une forest, un pré, une montagne, une onde
Sera ton héritage, et seras plus heureux
Que ceux qui vont cachant tant de trésors chez eux[5].
Tu n'auras point de peur qu'un Roy de sa tempeste
Te vienne en moins d'un jour escarbouiller[6] la teste
Ou confisquer tes biens ; mais tout paisible et coi[7].
Tu vivras dans les bois pour la Muse et pour toy[8]. »

(*Les Hymnes*, II, 5. — T. V, p. 189.)

UNE JOURNÉE DE RONSARD

M'éveillant au matin devant que faire rien,
J'invoque l'Eternel, le pere de tout bien,
Le priant humblement de me donner sa grace,
Et que le jour naissant[9] sans l'offenser se passe ;

---

1. Auj. *cotte*, jupe. Voyez p. 47, n. 5. — Cf. Horace, *Od.*, I, 4 :
    Jam Cytherea choros ducit Venus
    Imminente lunâ,
    Junctæque Nymphis Gratiæ decentes
    Alterno terram quatiunt pede.
2. Je suivais le danse,
3. *Trace*. — Cf. Lucrèce, III, vers 3 :
    Inque tuis nunc
    Fixa pedum *pono pressis vestigia signis*.
4. Le XVIIe siècle met encore *de* suivi de l'infinitif après *espérer*, *souhaiter*, *desirer*, *aimer* ; Molière après *apprendre*, *chercher*, *conclure*, *inviter*, *s'obliger*, etc.
5.
    Car, puisqu'il faut mourir ou ce soir ou demain,
    Que sert d'amonceler tant d'escus en un coffre ?
    (*Les Poëmes*, II, 2 ; t. VI, p. 153.)
6. Écraser. Auj. vulgaire et supprimé par l'Académie. Se trouve dans Rabelais, Régnier, etc. — Etym. : réduire en petits morceaux de charbon, ou *escarbilles* ; d'où aussi *escarbiller*.
7. Etym. : *quietus*, qui a produit aussi *quitte*. — N'est plus usité que dans la locution *se tenir coi* (immobile et muet). Voyez p. 19, n. 5.
8. Cf. Virgile, *G.*, II, 474 sqq. ; La Fontaine, *Fabl.*, XI, 4 ; Joachim Du Bellay, *Regret et repentir*, page 59.
9. S'emploie ordinairement dans le sens de : la naissance du jour, l'aube. Ici le jour nouveau qui commence.

Qu'il chasse toute secte et toute erreur de moy,
Qu'il me vueille garder en ma premiere foy,
Sans entreprendre rien qui blesse ma province [1],
Tres-humble observateur des loix et de mon prince.
..... Si l'après-disnée est plaisante et sereine,
Je m'en vais pourmener [2], tantost parmy la plaine,
Tantost en un village, et tantost en un bois,
Et tantost par les lieux solitaires et cois [3].
J'aime fort les jardins qui sentent le sauvage,
J'aime le flot de l'eau qui gazouille au rivage :
Là, devisant sur l'herbe avec un mien amy,
Je me suis par les fleurs bien souvent endormy
A l'ombrage d'un saule, ou, lisant dans un livre,
J'ay cherché le moyen de me faire revivre,
Tout pur d'ambition et des soucis cuisans,
Miserables bourreaux d'un tas de mesdisans [4],
Qui font (comme ravis) les prophetes en France,
Pippans [5] les grands seigneurs d'une belle apparence...
  Puis, quand la nuict brunette [6] a rangé les estoilles,
Encourtinant [7] le ciel et la terre de voiles,
Sans soucy je me couche ; et là, levant les yeux
Et la bouche et le cœur vers la voûte des cieux,
Je fais mon oraison, priant la bonté haute
De vouloir pardonner doucement à ma faute.
Au reste je ne suis ny mutin, ny meschant
Qui fait croire ma loy par le glaive tranchant.
  Voilà comme je vy ; si ta vie est meilleure,
Je n'en suis envieux, et soit à la bonne heure [8].

(*Discours, — Réponse à des prédicants de
Genève*, 1563. — T. VII, p. 112.)

1. Latinisme, *provinciam meam*, ma fonction.
2. *Promener* a prévalu (Cf. *portendere*, de *pro, tendere*). AMYOT, *Aratus*. 7 : Il alla promener sur la place avec ses amis. Il n'est plus auj. qu'actif: promener quelqu'un, se promener.
3. Voyez page 19, note 4.
4. MALHERBE a repris cette expression de « tas de mesdisans ». Un vers de CORNEILLE (*Cinna*, V, 1) a consacré cet emploi de « tas » :
  Un tas d'hommes perdus de dettes et de crimes,
5. Voy. page 17, note 8.
6. Sur ce diminutif, v. p. 43, n. 5. — *Rangé*, disposé, mis à leur place.
7. Enveloppant. Et. : *courtine* (*cortina*, chaudière ; cavité ; bas-latin, petite cour) 1° rideau de lit, » mur entre bastions. De ces diverses acceptions ressort le sens général de renfermer, protéger.
8. Tant mieux pour toi ! — Mot à mot : que cela vous réussisse ! *Sit tibi propitium*. La *bonne* HEURE signifie proprement le moment favorable, d'où : le bon succès. — Le morceau ci-dessus cité n'est qu'un court fragment de la longue et verte réponse de Ronsard à divers écrivains, confondus

L'AUBÉPIN[1]

Bel aubespin verdissant,
    Fleurissant,
Le long de ce beau rivage,
Tu es vestu jusqu'au bas
    Des longs bras
D'une lambrunche[2] sauvage,

Deux camps drillants[3] de fourmis
    Se sont mis
En garnison sous ta souche;
Et dans ton tronc mi-mangé
    Arrangé
Les avettes ont leur couche[4].

Le gentil rossignolet,
    Nouvelet[5],
Avecques sa bien-aimée,
Pour ses amours alleger
    Vient loger
Tous les ans en ta ramée.

Sur ta cyme il fait son ny,
    Bien garny
De laine et de fine soye,
Où ses petits esclorront,
    Qui seront
De mes mains la douce proye.

par lui sous le nom de prédicants de Genève, qui l'avaient attaqué en vers et en prose à propos de son *Discours des misères de ce temps* (1563). Dans leur nombre se trouvaient deux poètes, Florent Chrestien et Grévin, qui avaient été ses amis. C'est à eux que s'adresse particulièrement ce fier et éloquent passage (p. 128):

> De ma plénitude,
> Vous estes tous remplis; je suis seul vostre étude;
> Vous estes tous issus de ma Muse et de moy;
> Vous estes mes sujects, je suis seul vostre roy;
> Vous estes mes ruisseaux, je suis vostre fontaine,
> Et plus vous m'épuisez, plus ma fertile veine,
> Repoussant le sablon, jette une source d'eaux,
> D'un surgeon (eau jaillissante) éternel, pour vous autres ruisseaux.

1. *Alba spina*. Le moyen âge dit aubespin et aubespine; MAROT, PALISSY, O. DE SERRES, RÉGNIER, etc., disent aubespin; A. PARÉ, aubespine.
2. Auj. *Lambruche* ou *lambrusque*, cep de vigne sauvage. Peu usité. VIRGILE, *Egl.*, V, 7:
> Antrum
> Silvestris raris sparsit labrusca racemis.

3. *Driller*, aller vite et légèrement. (Dict. de l'Acad., 1718). Auj. inusité.
4. O apettes, abeilles (*apis, apicula*). Ont arrangé leur couche dans...
5. RONSARD et R. BELLEAU ont prodigué ces diminutifs. Voyez la notice de R. BELLEAU, note 1.

Or vy, gentil aupespin,
　　Vy sans fin,
Vy sans que jamais tonnerre,
Ou la coignée, ou les vents,
　　Ou les temps,
Te puissent ruer[1] par terre[2].
　　　　(*Odes*, IV, 24. — T. II, p. 275.)

CONTRE L'OR [3]

. . . .
O bien-heureux le siècle où le peuple sauvage

---

1. *Ruer*, lancer, jeter. Ruer le tonnerre (MALHERBE). Ruer une pierre (MOLIÈRE). Ruer de grands coups. Cet emploi actif a vieilli. D'où : se ruer contre... Le cheval rue. (Ellipse de *se*). Cf. *ruere muros*, actif. *Ruere in hostem*. (Ellipse de *se*).

2. Ce rythme vif et gracieux, déjà employé par FROISSARD, l'a été de nos jours par TH. GAUTIER. Il donne beaucoup d'entrain au *Voyage d'Hercueil* (Arcueil), récit (106 strophes) d'une partie de campagne faite en 1549 par Ronsard et ses compagnons. Voici quelques strophes :

　　Io, comme ces saulayes
　　　　Et ces hayes
　　Sentent l'humide fraischeur,
　　Et ces herbes et ces plaines
　　　　Toutes pleines
　　De roussoyante blancheur !

　　Que ces rives escumeuses
　　　　Sont fumeuses
　　Au premier traict de Phœbus !
　　Et ces fontanies prées
　　　　Diaprées
　　De mille tapis herbus !

　　Io, que je voy de roses
　　　　Ja descloses
　　Dans l'Orient flamboyant !
　　A voir des nues diverses
　　　　Les traverses,
　　Voicy le jour ondoyant.

　　Voicy l'aube safranée
　　　　Qui jaunée
　　Couvre d'œillets et de fleurs
　　Le ciel qui le jour desserre (*recludit*, VIRG. G., IV, 521.)
　　　　Et la terre
　　De rosées et de pleurs.

. . . .

　　Chaqu'un ait la main armée
　　　　De ramée,
　　Chaqu'un d'une gaye voix
　　Assourdisse les campagnes,
　　　　Les montagnes,
　　Les eaux, les prés et les bois.
　　　　(*Gayetez*, t. VI, p. 358.)

3. Le poète maudit, comme J.-J. ROUSSEAU (voyez notre Recueil de prosateurs, p. 256 et la note, comme, avant eux, PLINE l'ancien XXX, 1) et SÉNÈQUE (*ad Lucil.* 44), la découverte et l'exploitation des mines, particulièrement d'or et d'argent. Les poètes, les philosophes et les utopistes sont sujets à ces fantaisies d'éloquente déclamation. HORACE (*Od.*, I, 3) et SÉNÈQUE (*Q. Nat.*, V, 18) ont médit de la navigation. Il faut croire à moitié seulement à leur sincérité, et pas du tout à leur philosophie. JUVÉNAL a dit (*Sat.* XIV, 183) avec plus de raison que Ronsard :
　　Gratæ post munus aristæ
　Contingunt homini veteris fastidia quercûs

Vivoit par les forests de gland et de fruitage [1] !
Qui sans charger sa main d'escuelle ou de vaisseau [2],
De la bouche tiroit les ondes d'un ruisseau [3] ;
Qui les antres avoit pour maisons tapissées,
Et pour robbe l'habit des brebis hérissées [4] !
Le velours [5] n'avoit lieu, la soye ny le lin,
Ny le drap enyvré des eaux du Gobelin [6].
Les marchez n'estoient point, ny les peaux des oücilles [7]
Ne servoient aux contracts ; les paisibles aureilles
N'entendoient la trompette ; ains la Tranquillité,
La Foy, la Prud'hommie [8], Amour et Charité
Regnoient aux cœurs humains, qui gardoient la Loi sainte
De Nature et de Dieu sans force ny contrainte.
L'ardente ambition ne les tourmentoit pas ;
Ils ne cognoissoient point ny Escus ny Ducats,
Nobles, ny Angelots, ny ces Portugaloises
Qui sement dans les cœurs des hommes tant de noises [9].
(*Elégies*, VIII. — T. IV, p. 259.)

« SUR LES MISERES DES HOMMES »

Mon Dieu ! que malheureux nous sommes !
Mon Dieu ! que de maux en un temps [10]

---

1. Toutes sortes de fruits bons à manger, dit le dict. de l'Acad. de 1696 — A disparu depuis.
2. *Vaisseau*, vase, premier sens du mot. Etym. : bas-latin, *vascellum*, diminutif de *vas*.
3. Latinisme, *trahere aquam*.
4. *Habitus* a le sens de vêtement. La laine qui revêt les brebis.
5. Etym.: bas-latin *vellutum* (de *villus*, poil).
6. Gilles Gobelin, de Reims, établi sur les bords de la Bièvre, pendant le règne de François Ier, y pratiqua la teinture des laines en écarlate de Venise. Louis XIV donna son nom à la manufacture royale de tapis qu'il fonda en 1667 à la place de la fabrique fondée par lui et transmise dans sa famille. — *Enivré* (*inebriatus*), qui a bu avec excès. Cf. *imbibé* d'eau.
7. Les peaux de brebis (*oueille*, et *ouaille*, resté seul, de *ovicula*), ou parchemins, « peaux de mouton, de brebis ou d'agneau, préparées pour écrire surtout les pièces que l'on veut conserver longtemps, telles que les titres des maisons et des terres... » (LITTRÉ). Le mot « se prend souvent pour contrats et titres. » (ID.). Cf. p. 16, n. 6.
8. Voir page 23, note 2.
9. *Ecu*, 1º bouclier des chevaliers au moyen âge ; 2º figure de l'écu représentant les armoiries ; 3º monnaie d'argent portant, en guise d'écu armorial, trois fleurs de lis. — *Ducat*, monnaie d'or, tirant son nom de l'effigie du prince qui l'a frappée, duc de Florence, de Gênes, etc. — *Noble*, monnaie d'or d'Angleterre. Le *noble à la rose* (LA FONTAINE, XII. 3) portait les roses des maisons d'York et de Lancastre. — *Angelot*, monnaie d'or frappée sous saint Louis, et depuis en Angleterre portant la figure de Saint-Michel. — *Portugalaise* ou *portugaise*, monnaie de Portugal. — *Noise* (Etym. *noxia*), querelle, d'où *chercher noise*.
10. En [un seul et] même temps.

Offensent [1] la race des hommes,
Semblable aux feuilles du printemps [2],
Qui vertes dedans l'arbre croissent,
Puis dessous, l'automne suivant,
Seiches à terre n'apparoissent
Qu'un jouet remoqué [3] du vent !

Vrayment l'Esperance est meschante :
D'un faux masque elle nous deçoit,
Et tousjours pipant elle enchante [4]
Le pauvre sot qui la reçoit ;
Mais le sage, qui ne se fie
Qu'en la plus seure verité,
Sçait que l'espoir de nostre vie
N'est rien que pure vanité.

Homme chetif [5] et misérable,
Pauvre abusé, ne sçais-tu pas
Que la jeunesse est peu durable,
Et que la Mort guide nos pas,
Et que nostre fangeuse masse [6]
Si tost s'esvanouyt en rien
Qu'à grand'peine avons-nous l'espace
D'apprendre le mal et le bien ?

(*Odes*, II, 11. — T. II, p. 152.)

ÉGALITÉ DEVANT LA MORT

Pourquoy, chetif laboureur, [7]
Trembles-tu d'un empereur [8]

---

1. Blessent, au propre (Cf. MONTAIGNE, II, 12 : Le lion me présentant sa patte offensée), sens que *offenser* n'a plus auj. qu'au fig. *Offendere* et *lædere* l'ont au propre et au fig.

2. Cf. HOMÈRE, *Il.* VI, 146 sqq. :

Οἵη περ φύλλων γενεή, τοιήδε καὶ ἀνδρῶν.
Φύλλα τὰ μέν τ' ἄνεμος χαμάδις χέει, ἄλλα δέ θ' ὕλη
Τηλεθόωσα φύει· ἔαρος δ' ἐπιγίγνεται ὥρη·
Ὣς ἀνδρῶν γενεὴ ἡ μὲν φύει, ἡ δ' ἀπολήγει.

3. Archaïque. *Se remoquer*, se moquer de nouveau, à plusieurs reprises.

4. Voyez *suprà*, p. 17, n. 8. Cf. *infrà* RÉGNIER, *Le repas ridicule*, vers 4, et la note.— *Enchante*, ayant un *charme* magique pour... (*Incantare* ; *carmen*). Cf. BOSSUET, *Panégyr. de saint Bernard* : De toutes les passions la plus *charmante*, c'est l'espérance.

5. Etym. *captivus*, captif, qui est le premier sens de *chétif*, d'où faible, misérable.

6. Notre corps de boue.

7. Voyez l'avant-dernière note.

8. Ne se dirait plus pour : Avoir peur de.— *De* exprime la cause, comme dans : trembler de peur, de colère, etc.

Qui doit bien tost, légère ombre,
Des morts accroistre le nombre ?
Ne sçais-tu qu'à tout chacun
Le port d'enfer est commun
Et qu'une ame impériale
Aussi tost là bas devale [1]
Dans le bateau de Charon
Que l'ame d'un bucheron ?

Courage, coupeur de terre [2] !
Ces grands foudres de la guerre [3]
Non plus que toy n'iront pas
Armez d'un plastron là bas [4]
Comme ils alloient aux batailles :
Autant leur vaudront leurs mailles [5],
Leurs lances et leur estoc [6],
Comme [7] à toy vaudra ton soc.

Car le juge Rhadamante,
Asseuré, ne s'espouvante
Non plus de voir un harnois
Là bas qu'un levier de bois,
Ou voir une souquenie [8]
Qu'une cape [9] bien garnie,
Ou qu'un riche accoustrement [10]
D'un roy mort pompeusement.

(*Ibid.*, IV, 12. — T. II, p. 269.)

---

1. 1° Faire descendre, 2° descendre. A vieilli. Dévaler au tombeau (MAROT). Un sac que je remplissois de fruits et que je dévalois à terre avec une corde (J.-J. ROUSSEAU). — Etym. : *de*, *val*; suivre la vallée. Cf. *avaler* 1° faire descendre, sens vieilli ; 2° faire descendre dans l'estomac. *Ravaler* un capuchon sur sa tête, sens propre qui a vieilli ; quelqu'un, le mérite de quelqu'un, sens figuré, le rabaisser.

2. Cf. *scindere* aratro.

3. Cf. VIRGILE. *Æn.*, VI, 842 : geminos, duo *fulmina belli*, Scipiadas.

4. Ἐκτὸς, dit Homère.

5. Leurs cottes (gaél. *cot* ; anglais, *coat*, vêtement ; allem., *kut*, tunique de mailles ; armure défensive tissue de mailles de fer. Cf. notre Recueil de prosateurs, p 34, note 9.

6. Epée droite et longue. Le premier sens est *souche*, Etym. : *stoc* gaéliq., bâton.

7. *Comme* se disait au lieu de *que*, après *autant*, *aussi*, *tant*, *si*, *ainsi*. Cf. p. 49, n. 5 ; p. 57, n. 6. RABELAIS : Tant à dextre comme à senestre Voyez encore MOLIÈRE, CORNEILLE :
  Qu'il fasse autant pour soi comme je fais pour lui.
    (*Pol.*, III, 3.)

8. Surtout de toile. MOLIÈRE (*Av*. III, 1) a dit *siquenille*. Auj. *souquenille*. Bas-latin, *soscania* ; grec σουκανία. Origine inconnue.

9. Et *chape*, manteau long. Etym.: *capere*, contenir, envelopper. — N'avoir que la cape et l'épée.

10. Ensemble du vêtement. Etym. controversée.

LA PAIX [1]

I

Aux chrétiens.

Non, ne combatez pas, vivez en amitié,
Chrestiens, changez vostre ire avecques la pitié;
Changez à [2] la douceur les rancunes ameres,
Et ne trempez vos dars dans le sang de vos freres.
Quelle fureur vous tient de vous entre-tuer,
Et devant vostre temps [3] aux enfers vous ruer [4]
A grands coups de canons, de piques et de lance?
La mort vient assez tost, helas! sans qu'on l'avance [5];
Et, de cent millions qui vivent en ce temps,
Un à peine vient-il au terme de cent ans.
Ah! malheureuse terre, à grand tort on te nomme
Et la douce nourrice et la mere de l'homme [6];
Par toy seule nous vient ce malheureux souci
De s'entre-guerroyer et se tuer ainsi!

Pour ce, nobles soldats, et vous, nobles gendarmes [7],
Et de bouche et de cœur detestez-moy les armes;
Au croc vos morions [8] pour jamais soient liez,
A l'entour l'araignée, en filant de ses piez,
Y ourdisse ses rets, et en vos creuses targes [9]
Les ouvrieres [10] du miel y déposent leurs charges;
Reforgez pour jamais le bout de votre estoc [11],

---

1. RONSARD, comme tous les poètes ses contemporains (Cf. *infrà* R. BELLEAU, VAUQUELIN; ajoutez BAIF, PASSERAT, etc.), n'a cessé de rappeler à la paix ses compatriotes engagés dès 1662 dans les guerres civiles dites « de religion ». Les passages que nous groupons sous le titre de « PAIX » montreront comment le poète revêt d'images sa pensée et déroule aux yeux du lecteur une suite de tableaux.

2. *Changer* 1° *avec*, contre (le latin diffère : *mutare rem re*, ou *pro re*); 2° *en* (*mutare in*); 3° *à*, construction poétique : LA FONTAINE, *Phil. et Baucis* :
   Cependant l'humble toit devient temple, et ses murs
   Changent leur frêle enduit *aux* marbres les plus durs.
RACINE, *Bérén.*, I, 2 :
   L'heureuse Bérénice
   Change le nom de reine au nom d'impératrice.

3. On dit de même: Son heure (l'heure de sa mort) est venue.
4. *Vous ruer*, actif et non pronominal. Voyez p. 44, n. 1.
5. Cf. SÉNÈQUE, *Q. Nat.*, V, 18 : Vocamus in nos fata cessantia. Miseri quid quæritis? Mortem quæ ubique superest?
6. *Nutrix, mater, alma parens.*
7. Les gendarmes (gens d'armes) combattaient à cheval.
8. Ancienne armure de tête, plus légère que le casque. Etym. espagnole.
9. *Targe* (Etym. scandinave et germanique), bouclier.
10. La finale *ier* ne compte que pour une syllabe (*ouvrier, meurtrier*, etc.). Le XVIIᵉ siècle n'en donnait souvent qu'une à *hier*.
11. *Estoc*. Voyez p. 47, n. 6.

Le bout de vostre pique en la poincte d'un soc ;
Vos lances desormais en vouges¹ soient trempées,
Et en faulx desormais courbez-moy vos espées².
(*Les Poëmes*, II, 11. — T. VI, p. 209.)

II

Au roi Henri II.

Ceux qui la gardent bien, le haut Dieu les regarde,
Et ne regarde point un Roy de qui la main
Tousjours trempe son glaive au³ pauvre sang humain⁴....
Sire, je vous suppli' de croire qu'il vaut mieux
Se contenter du sien, que d'estre ambitieux
Sur les sceptres d'autruy ; mal-heureux qui desire
Ainsi comme⁵ à trois dez hasarder son empire
Sous le jeu de Fortune, et auquel⁶ on ne sçait
Si l'incertaine fin doit respondre au souhait...
 Bien ! imaginez-vous des Flamans la victoire⁷ !
Quel honneur auriez-vous d'une si pauvre gloire,
D'avoir un Roy, chrestien comme vous, enchaîné,
Et par vostre Paris en triomphe mené⁸ ?
Il vaudroit mieux chasser le Turc hors de la Grèce⁹
Qui misérable vit sous le joug de destresse,

---

1. *Vouge* (Étym. inconnue) 1° lance, 2° épieu de chasseur, 3° serpe attachée à un long manche, comme ici. — *Trempées*, forgées et durcies par l'opération de la *trempe*.
2. Cf. Virgile, *G.*, I, 508 (il maudit la guerre qui change les faulx en épées) :

 Et curvæ rigidum falces conflantur in ensem.

3. *Tremper à*... Cf. *changer à* (p. 48, n. 2), *mêler à*, etc. L'usage s'est conservé au XVIIᵉ siècle de remplacer par le datif l'emploi des prépositions *en*, *dans*, *avec*, *pour*, *sur*, etc. Corneille, *Le Cid*, IV, 3 :

 De notre sang *au* leur font d'horribles mélanges.

Molière, *Ec. des F.*, IV, 4 :

 La place m'est heureuse *à* vous y rencontrer.

Bossuet : Insistons toujours *aux* mêmes principes.

4. *Ibid.* :

 Du pauvre sang humain on baigne les églises.

5. Voyez page 47, note 7.
6. Pour lequel on ne sait... ; au souhait duquel on ne sait si la fin répondra.
7. La victoire sur les Flamands. Voyez la note suivante.
8. Allusion à la captivité de Ferrand, comte de Flandre, vaincu par Philippe-Auguste (bataille de Bouvines, 1214).
9. C'est ainsi que Lucain dit, *Phars.*, I, 10 :

 Quumque superba foret Babylon spolianda tropæis
 Ausoniis, umbræque errarot Crassus inultâ,
 Bella geri placuit nullos habitura triumphos.

Que prendre un Roy chrestien, ou que meurtrir de coups
Un peuple en Jesus-Christ baptisé comme vous.
  Que souhaittez-vous plus? La Fortune est muable[1];
Vous avez fait de vous mainte preuve honorable.
Il suffit, il suffit; il est temps desormais
Fouler la guerre aux pieds et n'en parler jamais[2].
Pensez-vous estre Dieu? L'honneur du monde passe:
Il faut un jour mourir, quelque chose qu'on fasse,
Et après vostre mort, fussiez-vous empereur,
Vous ne serez non plus qu'un pauvre laboureur[3].
                    (*Ibid.*, 12. — T. VI, p. 217.)

III

Regrets du poète.

Hélas! De Foix[4], je voudrois volontiers
Avoir dormi trois bons ans tout entiers[5];
Je n'eusse vu, ô vengeance enragée!
Par ses enfants la France saccagée;
Je n'eusse vu les hommes, transportez
De passion, faillir des deux costez,
Sans plus avoir la raison pour leur guide
Comme un cheval qui gallope sans bride[6];
Je n'eusse vu nos peuples estonnez,
De cœur, de sens, d'esprit abandonnez,
Tous esperdus comme atteints de l'orage
Trembler de peur[7], sans force ny courage;
Je n'eusse vu nos terres desolées
De laboureurs[8], nos citez violées,

---

1. Voyez page 63, note 4.
2. Latinisme: *Tempus est* jam majora *conari* (Tite-Live, VI, 18).
3. Comparez *Odes*, IV, 12, page 47.
4. Conseiller au parlement de Paris, depuis ambassadeur en Angleterre. De la maison de Foix.
5. Ecrit en 1567.
6. Virgile termine de même sa patriotique et éloquente malédiction des guerres civiles (*G.*, I, fin):

   Ut, cùm carceribus sese effudêre quadrigæ.
   Addunt in spatia, et frustra retinacula tendens
   Fertur equis auriga, neque audit currus habenas.

7. *Estonnez, - esperdus comme atteints de l'orage, trembler...* Ce que le latin rend par le seul mot *attonitas*. Voy. p. 46, n 5.
8 *Désoler* un pays signifie en faire par les ravages une solitude, un désert. Ronsard l'employe plusieurs fois dans le sens de dépouiller de..., comme ici. — Cf. Virgile, *loco cit.*:

   ... Squalent abductis arva colonis.

Nos bourgs deserts, las! et si[1] n'eusse vu
Ny ravager, ny flamboyer le feu
Sur le sommet des maisons embrasées,
Ny nos autels profanez de risées,
Où nos ayeux en la bonne saison[2]
Souloient[3] à Dieu faire leur oraison.

    Mais, sommeillant sous la terre poudreuse,
J'eusse dormy d'une mort bien heureuse,
Et en ma part[4] je n'eusse point senti
Le mal venu d'un siecle perverti.
          (*Le Bocage royal*[5], I. 13. — T. III, p. 364.)

IV

A Catherine de Médicis [6]

Or maintenant il est temps de s'esbatre,
Et de jetter dedans l'air bien-avant
Tous vos ennuis sur les ailes du vent[7]...
De vostre grâce[8] un chacun vit en paix;
Pour le laurier l'olivier est espais
Par toute France, et d'une estroite corde
Avez serré les mains de la Discorde[9].

---

1. *Et si* s'est conservé même au XVIIe siècle dans le sens de *et cependant* (même les choses étant ainsi, καὶ οὕτως). Il signifie ici : Et ainsi « endormi pendant trois ans... » — On écrivait *vu* et *veu*.
2. Dans le bon temps.
3. *Solebant*. — Voyez page 39, 2e sonnet, vers 10.
4. Pour ma part, pour mon compte, pour moi.
5. Recueil de pièces adressées pour la plupart aux souverains, aux princes et princesses ; dédié à Henri III. Le titre rappelle les *Silves* (*Silvæ*) de STACE dont, dans une pièce préliminaire, le poète mentionne le nom.
6. Adressé, pendant une accalmie passagère des guerres civiles, à la reine mère qui avait fait visiter à son fils Charles IX (1565) les provinces du Midi.
7. Cf. VAUQUELIN, p. 57, vers 1 ; RACINE, *Esther*, I. 8 :
    Dieu que la lumière environne,
    Qui voles sur l'aile des vents,

LA FONTAINE, VI, 21 :
    Sur les ailes du Temps la tristesse s'envole.

RONSARD a de ces vives images, quelquefois resserrées dans un trait :
    La plume bien apprise
    Dresse son vol aux cieux.
              (*Od.*, I, 15.
    Le vin qui rit dedans l'or.
              (*Ib.*, I, 4).
    Craignant la serre et l'ombre de leur roi.
              (*Bocage royal*, I, 12.)

8. Grâce à vous.
9. Les anciens l'avaient personnifiée. VIRGILE la place au seuil des En-

Morts sont ces motz, papaux et huguenots[1];
Le prestre vit en tranquille repos,
Le vieil soldat se tient à son mesnage,
L'artisan chante en faisant son ouvrage,
Les marchés sont fréquentez des marchans.
Les laboureurs sans peur sèment les champs
En travaillant chacun fait sa journée;
Puis, quand au ciel la lune est retournée[2],
Le laboureur, délivré de tout soing,
Se sied à table et prend la tasse au poing.
Il vous invoque, et, remply d'allegresse[3],
Vous sacrifie ainsi qu'à la Déesse,
Verse du vin sur la place, et, aux cieux
Dressant les mains et soulevant les yeux,
Supplie à Dieu[4] qu'en santé très-parfaite
Viviez cent ans en la paix qu'avez faite.

(*Ibid.*, II, 2. — T. p. III, 383.)

REMI BELLEAU

1528-1577

Le « gentil », comme a dit le xvie siècle, entendez le charmant Remi BELLEAU, né à Nogent-le-Rotrou, mort à Paris avant l'âge de cinquante ans, a été appelé par Ronsard, dont il était l'ami de

fers avec les Furies :

Ferreique Eumenidum thalami, et Discordia demens
Vipereum crinem vittis innexa cruentis.
(*Æn.*, VI, 280);

et, avec elles, la déchaîne sur la terre à la bataille d'Actium :

Tristesque ex æthere Diræ
Et scissâ gaudens vadit Discordia pallâ.
(*Id.*, VIII, 701.)

La paix faite, il enchaîne la « Fureur » :

Claudentur Belli portæ : Furor impius intus,
Sæva sedens super arma et centum vinctus ahenis
Post tergum nodis, fremet horridus ore cruento.
(*Ib.*, I, 294.)

1. Cf. ce que disait le Chancelier de l'Hospital aux Etats-Généraux d'Orléans, le 13 décembre 1560. « Ostons ces mots diaboliques, noms de parts (partis), factions, seditions, lutheriens, huguenots, papistes : et changeons le nom de chrestien. »
2. Est revenue, a reparu dans le ciel.
3. Etym. : *alacritatem*.
4. Latinisme : *supplicare Deo*. AMYOT, *Pomp.*, 37 : Lui suppliant de leur vouloir pardonner. — *Prier à* se disait encore au XVIIe siècle, et s'est maintenu plus longtemps encore dans *prier à Dieu*.

prédilection, « le peintre de la nature. » Il trouve souvent, pour peindre tout ce qui chez elle brille et verdoie, l'expression précise et colorée ; il a souvent l'épithète heureuse et hardie qui saisit l'objet, le nuance et en fixe la forme dans les yeux, encore qu'on lui ait reproché les diminutifs mignards qu'il invente et prodigue [1] ; il fait chatoyer les reflets des ailes du papillon (*Petites inventions*, 1557), étinceler l'éclat de la pierre précieuse (Histoires allégoriques des *Pierres précieuses*, 1556) ; il fait sourire le printemps, onduler la moisson, bouillonner la vendange, tableaux qu'il excelle à encadrer au milieu de la description d'œuvres d'art, toiles, statues, tapisseries, galeries, perrons et balustres, dans la prose et les vers de ses *Bergeries* (1571) de châtelaines et de grands seigneurs en villégiature.

Nous citons l'édition Gouverneur, 1867, 3 vol. (Bibliothèque elzévirienne.)

L'ÉTÉ

Tout estoit en chaleur et la flamme etheree
Fendoit le sein beant de la terre alteree ;
Les fruits dessus la branche [2] à l'enui iaunissoyent,
Et les espiz barbus aux champs se herissoyent
En bataillons crestez [3], qui, de face gentille,
Monstroyent leurs flancs dorez aux dents de la faucille.
L'vn coupe, l'autre engerbe [4], et l'espiant glenneur
Va tallonnant les pas du courbe [5] moissonneur,
Pour amasser l'espy qui de ses mains suantes
Se desrobe en trompant les faucilles mordantes.
Les vns vont aux ruisseaux de chaud presque taris,
Pour refraichir [6] leur gorge et remplir leur baris ;
L'vn aguise [7] sa faux et les cornes poinctues
De sa fourche nouailleuse [8], et aux breches moussues

---

1. Par exemple : Rossignolet doucelet, bec mignardelet, ruisselet, gorgette, ruchette, Nymphete, etc. Voyez p 43., n. 5.
2. Voyez Appendice Ier, V.
3. On dit : barbe d'épi, blé barbu, l'aigrette de l'épi (ici crête). Cf. *Seges horret*. Et réciproquement la comparaison latine des bataillons armés d'épées et de lances avec les moissons d'épis. Virgile, G. II, 141 :

   Nec galeis densisque virûm seges horruit hastis.

Id, *Æn.*, VII, 526 :

   Horrescit strictis seges ensibus.

4. Met en gerbe (faisceau de blé coupé).
5. On a dit *glainer*, auj. glaner. — *Courbe*, courbé ; *curva senecta* (Tibulle, III, 5, vers 16).
6. *Sic*. Usité dans l'ancienne langue. — *Baril* ; et aussi *barrot* (Amyot), *barrau* (Ronsard).
7. Montaigne écrit *aiguiser* ; Amyot, *aguiser*. Etym. : *acutiare*, d'où *acutus, acus*.
8. *Noueuse*. Noueux vient de *nodosus*. Noailleux vient de *noiel, noiau* qui signifiait nœud, de *nodellus*, diminutif de *nodus*. — Voy. p 29, n. 2.

Des rateaux edentez il replante des dents;
L'autre de franc ozier tortille des liens [1]
Pour fagotter le poil [2], qu'il couppe et qu'il ratelle
Es prez tondus de frais; vn autre l'amoncelle
En poinctes le dressant de superbes meulons [3],
Le iouët quelque fois des venteux tourbillons.
La cigale chantoit, les coulantes riuieres
Inuitoyent les bergers, comme d'humbles prieres
Et de murmure doux, à se baigner dans l'eau;
Les pommes en tombant laissoyent leur verd rameau...
(*La premiere iournée de la Bergerie.* — T. II, p. 50.)

A LA PAIX

Ode à la Reyne [4]

Laisse le ciel, belle Astree [5]
En France tant desiree,
Vien faire ici ton seiour
   A ton tour :
Assez les flammes ciuiles
Ont couru dedans nos villes
Sous le fer et la fureur;
Assez la pasle famine,
Et la peste et la ruine,
Ont esbranlé ton bon-heur...

Monstre-nous ta face belle
En ceste saison nouuelle;
En pitié regarde-nous
   D'un œil doux :
Fay vn cœur de tous nos princes,
Et rasseure nos provinces,
Nous receuant dans ton sein,
Montrant ton front que j'honore

---

1. *Brèche* (le mot étymologique du haut allemand signifie rupture), ouverture faite à un mur, à une haie; cassure au tranchant d'une lame; puis les sens métaphoriques. — D'où *ebréché*. — *Moussues*, émoussées. — Les rimes *dents* et *liens* indiquent la prononciation d'alors.
2. *Poil*, pilus. Se disait de l'herbe des prés. Voy. LITTRÉ.
3. Ou meules (de foin). D'abord *moule*, de *metula*, diminutif de *meta*, borne : les meules étaient dressées en forme de cône.
4. Catherine de Médicis, reine-mère, régente alors de Charles IX.
5. Déesse de la Justice, comme Thémis sa mère. Elle habitait la terre pendant l'âge d'or; les crimes des hommes la firent remonter au ciel où elle prit place dans le Zodiaque sous le nom de la Vierge.

Et l'espy qui se redore
Toutes les nuits en ta main......
(*Ibid.* — T. II, p. 34.)

ESQUISSES

I

L'hiver.

L'hyuer palle de froid, au poil aspre et rebours [1],
Des fleuues languissans auoit bridé [2] le cours;
La bise commandoit [3] sur les tristes campagnes;
Les arbres sembloyent morts; le sommet des montagnes,
Les rochers et les bois, pour [4] la froide saison,
Portoyent de neige espaisse vne blanche toison;
On ne voyoit sinon [5] les riues descouuertes
Des marets paresseux [6], et les bordures vertes
Des fontaines d'eau viue et des coulans ruisseaux;
Dedans les chesnes creux se mussoyent [7] les oiseaux
Le pied dedans la plume, et la famine dure
Seule les tiroit hors pour chercher leur pasture.
(*La deuxieme iournee de la Bergerie.* — T. II, p. 272.)

II

Le printemps.

Et toy [8] qui d'aile passagere
Voles pour estre messagere
Du gaillard et nouueau Printemps,
Qui d'vne cotte parsemee

---

1. OVIDE, *Mét.*, II, 30 :
    Et glacialis hyems canos *hirsuta capillos.*
Rebours, 1º subst., contre-poil des étoffes; 2º adj., comme ici; ne s'emploie plus qu'au fig. au sens de revêche.— Étym. : *re*, allemand *borste*, poil. Cf. brosse, broussailles.
2. VIRGILE, *G.*, IV, 135 :
    Et cum tristis hyems........
    ......glacie cursus *frenaret* aquārum.
3. Auj. *régnait* sur....
4. *Pro*, en raison de, à cause de.
5. On ne voyait *que* les....
6. OVIDE, *Ex Ponto*, IV, 10, vers 61 :
    Stagno similis pigræque *paludi.*
7. *Se musser*, se cacher. Origine inconnue.
8. L'hirondelle.

De fleurs, et d'odeurs embaumee,
Fait rire les bois et les champs.....
(*Les Pierres precieuses*, — La pierre d'*arondelle*
(d'hirondelle). — T. III. p. 129.)

III

Le vin.

Qu'on aille voir ce Dieu coulant,
Ce Dieu qui rit dedans la tonne,
Ce Dieu nouueau qu'on emprisonne
De colere encor tout bouillant.
(*Odes d'Anacréon*, — *Description des
vandanges*. — T. I, p. 52.)

IV

Dieu.

Le seule maiesté du grand Dieu tout puissant
Est partout infinie, et son bras rougissant
De tonnere et d'esclair retient dessous la bride
De ce grand Vniuers et le plein et le vuide.
(*Discours de la Vanité*, pris de l'Ecclésiaste de
Salomon, II. — T. III, p. 168.)

VAUQUELIN DE LA FRESNAIE

1536-1607

VAUQUELIN DE LA FRESNAIE, Normand du pays de Falaise, appartint dans sa jeunesse à la « brigade » volante de Ronsard, ces volontaires de la révolution poétique qui, disséminés de Caen à Poitiers, propageaient avec enthousiasme dans la province et pratiquaient la doctrine du maitre. A dix-neuf ans, il publia ses *Foresteries*, fantaisies semi-bucoliques du goût le plus aventureux. Ses *Idillies* sont un mélange de poésies d'étendue, d'allure et de mètre fort divers, sur lesquelles se détachent nombre de ces petits tableaux mythologiques et autres, imités ou inspirés d'Horace, d'Anacréon, de Catulle, etc., qui ont donné leur nom au recueil. Magistrat à Caen, puis gentilhomme campagnard, il écrivit les deux œuvres qui le placèrent parmi les prédécesseurs les plus directs de Boileau : les cinq livres de ses *Satyres françoises* en vers de 12 ou de 10 syllabes, et un *Art poétique françois*, où, avant Boileau, il imita Horace.

Nous citons l'édition de M. J. Travers (Caen, 1869, 3 vol.) qui reproduit l'édition donnée par l'auteur deux ans avant sa mort, et de plus les *Idillies* que lui-même en avait exclues.

LA SAGESSE ET LE BONHEUR

A Hierôme Vauquelin, conseiller du Roy au Parlement de Rouen.

. . . .
Quand ie pense comment les ans des ailes ont
Pour s'enuoller de nous, et qu'enuieux ils sont
De nos iours accourcis [1], ie deplore sans cesse
De cet estre mortel la fâcheuse detresse.
L'homme est bien oublié [2], qui se flatte et deçoit
Pour estre [3] ieune et fort, et tandis [4] n'aperçoit
La mort à son talon; i'ay veu porter en biere
La fille pensant estre à sa mere heritiere,
Le ieune aller devant son grand pere chenu [5]
Dont en herbe il tondoit deia le reuenu.
La Mort commune à tous, sans fard ni tromperie,
Tient ainsi comme [6] aux rois au peuple hostelerie :
Chacun comme il arriue est assis en honneur,
Et le moindre souuent prefere le Seigneur [7]...
Si nous sommes contens de ce que nous auons,
Plus heureux mile fois que les rois nous viuons.
O qu'il vaudroit bien mieux avec sa pastourelle,
Dans vn buron couvert de bardeaux et d'aiselle [8],
Pasteur auprés des bois ne viure que de fruits,
Qu'estre en grande maison accompaigné d'ennuis,
Et cete breue vie, en prudence paisible,
Plaisamment en repos passer s'il est possible !
Las! comme on ne voit pas, après vn rude hyver,
Par le chemin du ciel l'irondelle arriuer,
On ne voit point venir la vieillesse chenue,

---

1. *Ævi brevis* (SALLUSTE, *Jug.*, I.). Vive memor quàm sis *ævi brevis* (HORACE, *Sat.*, II, 6, 97.) *Brevis dominus* (ID., *Od.*, II, 14. 24). Cf. p. 51, n. 7.
2. Entendez : Oublié de lui-même, qui s'oublie, oublieux.
3. Parce qu'il est... CORNEILLE, *Cinna*, III, 4 :
    Pour être plus qu'un roi, tu te crois quelque chose.
4. Voyez l'APPENDICE Ier, IV.
5. Voyez page 27, note 6.
6. Voyez page 47, note 7.
7. Voyez l'APPENDICE Ier, IX.
8. *Buron*, petite cabane. Etym. : *bûr*, haut allem., maison. — *Bardeau*, ais mince et court dont on se sert pour *couvrir* les maisons. Etym. : *barde*, armure en lames de fer qui *couvrait* le poitrail des chevaux : d'où *bardé de fer*. — *Aisselle*, diminutif de *ais*, planche de bois. Etym.: *assis*, planche.

Mais on est ebahi qu'on la trouue venue,
Et que, sans y penser, on voit d'un œil marri [1]
Desia de tous costez son chef estre fleury.....
  Or donc, cher Vauquelin, tousiours il nous faut suiure
En repos la vertu, s'eiouir et bien viure,
Se contenter du sien, porter d'vn cœur ioyeux
Et le bien et le mal de ce monde ennuieux.
Celuy qui vit ainsi fait que de sa memoire
Cent ans encore apres se raconte l'histoire.
               (*Satyres* [2] *françoises*, livre IV.)

VŒUX POUR LA PAIX [3]

Viendra iamais le temps que le harnois [4] sera
Tout couuert des filets que l'araigne [5] fera?
Que le rouil [6] mangera les haches emoulues,
Que les hantes [7] seront des lances vermoulues?
Que le son des clairons ne rompra nuict ne iour
Du pasteur en repos le paisible seiour?
Viendra iamais le temps que les amours iolies
Et les Muses ie voye en France racueillies [8],
Sans que de la discorde on parle desormais?
Viendra iamais le iour que retourne [9] la Paix,
La main pleine d'espics [10] avec l'oliuier pale,
La corne d'Amaltee, et qu'ici liberale,
Abondante elle seme vne moisson de bien
Qui remette la France en son heur ancien?
Que derechef encor les Bouffons on reuoye,
Masquez et deguisez, se brauer par la voye [11],

---

1. Voyez page 16, note 1.
2. Cette orthographe n'a pas prévalu contre celle qu'impose l'étymologie du latin *satura*, devenu *satira*. Le nom des *Satyres* a au contraire donné celui du *drame satyrique* des Grecs.
3. Cf. RONSARD, page 48, et la note 1.
4. Le sens étymologiq. est *armure de fer*.
5. Voir *infra* la première fable de GUÉROULT, et la note 1.
6. On a dit *ruil* (en deux syllabes), *ruille*, *rouil*, enfin *rouille*. Etym.: *robiginem, rubiginem*.
7. *Hanste, hante*, enfin *hampe*, bois de lance (comme δόρυ). Etym.: *hasta*.
8. Accueillies de nouveau.
9. *Retourne*, rapporte chez nous la corne d'Amalthée (chèvre qui avait nourri Jupiter enfant; il la mit au nombre des astres et donna aux Nymphes une de ses cornes comme source et symbole d'abondance) ou « corne d'abondance ».
10. Etym.: *spica*.
11. Les masques en temps de carnaval, s'apostropher et se défier dans les rues, et occuper leurs loisirs à la façon des Grecs pendant les Dionysiaques et des Latins pendant les Saturnales: il entend probablement, entre autres jeux, donner, comme les premiers, des comédies.

‹t, laissant leurs vieux ieux, à la façon du temps
Des Grecs et des Romains iouer leur passetemps?
(L'*Art poétique françois*, livre III.)

PORTRAIT

Le vaniteux.

Le sieur d'Auly, qui fut fait cheualier
Auant que d'estre à grand'peine escuyer,
S'enfle, se braue [1] et ses parens dedaigne,
Et des seigneurs seulement s'accompaigne [2].
Le souuenir de son nom luy desplaist;
Car son orgueil luy fait croire qu'il est
Ce qu'il n'est pas. . . . .
Il ne dit rien qu'en mots de seigneurie,
Et son estable il appelle escurie.
Il veut auoir vn friand cuisinier,
Maistre d'hostel, depensier, aumosnier;
Et, quand on veut luy faire vn grand service,
Il faut nommer sa depance [3] l'office.
Il veut auoir des chiens et des oiseaux,
Et veut bastir sur des desseins nouueaux.
Tous ses cheuaux ne sont que de manege [4],
Et tous les iours ses rentes il abrege;
Car sur le dos il porte son moulin [5]
Teint d'escarlate aux eaux de Gobelin [6].

1. *Braver* et *se braver*, auj. inusité en ce sens, se vanter, faire le brave.
MONTAIGNE: Oyez braver ce pauvre et calomnieux animal (l'homme).
N'ayant aultre auditeur de ses louanges, il se bravoit avec sa chambrière.
RONSARD :
Pourquoi te braves-tu de cela qui n'est rien?
La beauté n'est que vent, la beauté n'est pas bien.

2. Cf. MOLIÈRE, le *Misanthr.*, II, 5, *infrà* :
Jamais on ne le voit sortir du grand seigneur, etc.

3. 1º Argent employé à..., 2º Compte de l'argent employé à..., 3º Lieu où l'on serre les provisions, comme ici. — *Office*, subst. féminin, lieu où l'on prépare ce qui se met au dessert sur la table, et où l'on garde la vaisselle, le linge, etc. Etym.: *Office*, subst. masc., dont un des sens est la charge de préparer le service de la table : Entendre l'office. De *officium* charge.

4. Chevaux dressés. Le premier sens de *manège* est un exercice que l'on fait faire au cheval pour le dresser. L'étym. est italienne : *maneggio*, du l. tin *manus*.

5. Dans les fetes du camp du Drap d'Or que François Ier offrit au roi d'Angleterre Henri VIII (7 juin 1720), « Maints seigneurs portèrent leurs moulins, leurs forêts et leurs prés sur leurs epaules », dit un chroniqueur.

6. Voyez page 45, note 5.

Tantost il vend la grande metairie,
Et puis demain l'herbage ou la prairie,
Comme vn limas [1], en la belle saison,
Portant sur luy son fardeau, sa maison.
De mises [2] plus il a que de recettes,
Et ses habits lardez [3] de vieilles dettes.
Ce qu'en long temps son pere et ses ayeux
Auoient acquis d'un labeur soucieux
A pleines mains à l'abandon il iette,
Non peu-à-peu : la vie estant suiette
A tant de maux, trop ieune il n'aperçoit
Qu'on vit souuent bien plus qu'on ne pensoit.
(*Ibid.*, livre III.)

DESCRIPTION

Arma hic paries habebit [4]
(HORACE, *Od.*, III, 26).

Nos anciens François retournans [5] las et vieux,
Apres auoir vaillans deffendu les saints lieux
De la cité diuine et fait rougir la terre
Du sang des mescreans [6] qui leur faisoient la guerre,
Mettoient les armes ius [7] ; et les preux banerets
Depouilloient leurs haubers, greues et solerets [8],
Et l'ecu qui pendoit à la large couroye
Richement estoffé de grand' boucle et de soye [9],

---

1. VAUQUELIN confond le *limas* (masc.) ou *limace* (fém.) avec le *limaçon*, appelé aussi *colimaçon*, qui seul habite une coquille.
2. *Mise*, dépense. COMINES : Les mises de l'armée. On dit : La mise excède la recette.
3. *Larder*, 1° garnir de lardons, 2° percer comme avec une lardoire (larder de coups d'épée). Ici, soit : garnis, chargés de..., soit : comme percés, déchiquetés par...
4. Les soldats romains, au sortir du service, suspendaient leurs armes aux murailles ou aux portes des temples d'un Dieu et les lui consacraient.
5. Revenant (Voy. p. 52. n. 2) de la Croisade. — La « cité divine », Jérusalem. — Les « mécréants », les Sarrazins.
6. Voyez page 18, note 3.
7. Vieux mot signifiant *bas*. Etym.: *josum, jusum*, basse latinité ; de *deorsum*.
8. *Banerets*, seigneurs qui avaient droit de lever bannière pour composer une compagnie militaire de leurs vassaux. — *Preux*, voyez p. 23. n. 2. — *Haubert*, cotte de mailles à manches et gorgerin. Etym.: haut allemand *hals*, cou, *berc*, protection. — *Grève*, partie de l'armure qui protégeait la jambe. Etym.: l'arabe *djaurab* (prononcé *gaurab*) bas vêtement pour les jambes. — *Soleret*, chaussure de l'homme d'armes, composée de lames d'acier articulées. Diminutif de *soler* (depuis soulier) étym.: *subtalares*, sorte de souliers (*sub, talus*, talon).
9. *Ecu* ; voy. p. 45, n. 9. — *Etoffé*, garni. Roman de *Perceforest* xve siècle) : Plat etoffé de pain et de vin ; AMYOT : Armes magnifiquement

et la cotte de maille et l'armet[1] menaçant
  timbré[2] d'vn beau signal de la creste naissant,
Auec leurs coutelas, leurs banieres ployees,
  Et leurs cottes par tout de blasons armoyées[3].
Et amas ils mettoient aux églises voué,
  Comme un noble trophé de chacun auoué[4] ;
Et vieux se retiroient dans les champs soliteres
Ou bien religieux aux deserts monasteres.
                    (*Satyres françoyses*; I, *au Roy*.)

COMPARAISONS

Comme le voyageur, apres plusieurs detours
D'vn long chemin suiuis[5], qui voit les hautes tours
D'vne cité fameuse, où faut qu'enfin il rande
D'vn cœur deuotieux[6] vne deuote offrande,
S'esiouit et prend cœur, se sentant aprocher
Des murs de la cité dont il voit le clocher :
Ainsi fait le poëte, alors qu'il se repose
Ioyeux de voir de loin le but qu'il se propose
Et voir les arbres hauts qu'il a sceu remarquer
De peur qu'vn ombre obscur ne le fist detraquer[7].

Iamais d'enfans ioyeux vne brigade belle
Plus volontairement en la saison nouuelle
Ne se trouua parmi les vermeillettes[8] fleurs
Qu'vn pré d'email bigaré[9] en cent mile couleurs,
Que la Muse se plaist aux peines et aux veilles,

étoffées. Etym.: *stuppa*, étoupe, de στύππη, la partie de l'écorce du chanvre voisine du tronc ; στύπος, tronc. — *Boucle* a ici son sens étymologique : la bosse centrale du bouclier, *umbo* en latin. Etym.: *bucca, bucula*, parce qu'une bouche d'homme ou d'animal y était figurée.

1. Armure de tête.
2. Terme de blason : surmonté du *timbre*, ornement qui, placé au sommet de l'écu, indique la qualité de la personne (tiare pour le pape, chapeau de cardinal, casque, etc.). Ici le poëte l'applique à l'ornement qui surmonte, non l'écu armorial, mais le sommet (crête) de l'armet (casque) : ce sont figures symboliques (*signal*) d'animaux, etc.
3. *Blason*, 1° ensemble des armoiries ou signes particuliers des personnes, familles, villes, etc., représentées sur les armes ; 2° science des armoiries. — *Armoier* (auj. *armorier*) était le terme technique de la science du blason.
4. *Avoué*, reconnu.
5. Après avoir suivi les détours d'un long chemin.
6. Rotrou l'emploie encore.
7. Sur la vue desquels il s'est guidé dans l'ombre pour ne pas s'égarer.
8. Diminutif usuel chez les poëtes de l'école de Ronsard. Cf. p. 43, n. 5.
9. L'émail étant une composition susceptible de recevoir des colorations diverses, le mot exprime métaphoriquement la variété des fleurs exprimée aussi par *bigarré* (Etym.: *bis, variare*).

En recherchant des vers les secrettes merueilles ;
Et l'homme n'a iamais plus grand plaisir trouué
Que celuy du poëte en son œuure acheué.
(*L'Art poétique françois*, livre IIIe.)

DESPORTES
1546-1606

Philippe Desportes, né à Chartres, « l'abbé de Tiron », comme on l'appelait communément du nom de son abbaye du pays chartrain, grassement pourvu par les Valois de bénéfices que sa participation à la Ligue compromit et que lui rendit Henri IV, fut, pendant la première partie de sa vie, fort goûté à la cour des fils de Henri II, comme Melin de Saint-Gelais l'avait été à celle de leur père et de leur aïeul, pour ses poésies galantes (chansons, sonnets, élégies, complaintes, etc.). Dans sa vieillesse, il fit cette traduction des Psaumes (*OEuvres chrestiennes*, prières, psaumes, sonnets spirituels) qui fâcha le bourru Malherbe et qui brouilla avec lui l'auteur et son neveu Régnier.

Du Bellay avait recommandé, pour « illustrer » la langue française, et Ronsard avait pratiqué une double imitation, celle des Grecs et des Latins, et celle de la littérature italienne. Mais Ronsard « pindarisa » trop, Desportes aima surtout à « pétrarquiser ». Malherbe dans la critique qu'il a faite vers par vers (voir le IVe volume de l'édition de Malherbe dans la collection des Grands Écrivains de la France, édit. Lalanne) des poésies de Desportes, moins les Psaumes, a beau relever chez lui, entre autres défauts, bien des afféteries et des « drôleries » italiennes, il n'a pu persuader que Desportes, « rendu plus retenu », dit Boileau, par la chute rapide de Ronsard, n'ait pas su souvent mettre de la grâce et de la délicatesse à mélanger et à fondre avec les souvenirs d'Ovide, de Catulle et de Tibulle, ceux de Petrarque, de Sannazar et d'Arioste.

Nous citons l'édition A. Michiels, 1 vol. in-18.

PLAISIRS DES CHAMPS

O champs plaisans et doux ! O vie heureuse et sainte,
Où, francs de tout soucy, nous n'avons pas de crainte
D'estre accablez en bas, quand, plus ambitieux
Et d'honneurs et de biens, nous voisinons[1] les cieux !
Où nous vivons contens, sans que la chaude rage
D'avancer en credit nous brusle le courage[2] ;

---

1. *Voisiner* avait aussi et n'a plus aujourd'hui que le sens neutre de visiter souvent ses voisins.
2. Ec ansie et dévore notre *cœur*, sens qu'avait *courage*. Amyot dit Avoir courage lasche. Racine dira encore : Les courages timides ; Bossuet : Les courages émus.

Où nous ne craignons point l'effort des médisans,
Où nous n'endurons point tant de propos cuisans¹,
Où nous n'avons soucy de tant nous contrefaire
Et ployer le genouil, mesme à nostre adversaire ;
Où tant de vains pensers, d'erreurs, d'afflictions,
De veilles, de travaux, d'ennuys, d'ambitions,
De gesnes, de regrets, de desirs, de miseres,
De peurs, de desespoirs, de fureurs, de coleres,
De remords inhumains et de soucis mordans,
Comme loups affamez, ne nous rongent dedans,
Nous jaunissans la face, et la despite² envie
D'une seule douleur ne trouble nostre vie !
O gens bien fortunez, qui les champs habitez,
Sans envier l'orgueil des pompeuses citez !
. . . .

(A ses amis :)

Mais tant d'heureux plaisirs qu'icy je puis avoir,
Sans regret j'abandonne³, afin de vous revoir,
Et la beauté des champs, et l'abry des bocages,
Et la couleur des prez, et le frais des rivages ;
Car je vous aime plus cent et cent mille fois
Que les champs, que les prez, les rives et les bois.

(*Bergeries;* — *Discours,* p. 437).

L'INCONSTANCE HUMAINE

CHANSON

Las ! que nous sommes miserables
D'estre serves dessous les loix
Des hommes legers et muables⁴
Plus que le feuillage des bois !

Les pensers⁵ des hommes ressemblent
A l'air, aux vens et aux saisons,

---

1. Cf. *caustiques,* de καίω (κέκαυμαι, σαι, ται), brûler. On trouve dans le *Rom. de Renart :* paroles cuisanz; dans le *Rom. de la Rose :* langues cuisans. Le mot s'applique plutôt auj. à mal, souci, chagrin, douleur, remords.
2. Adj., qui a du dépit (Etym.: *d spectus*), maussade. Voir RABELAIS, MONTAIGNE. LA FONTAINE l'a employé inusité auj.
3. Latinisme : Tot gaudia, quot abire possum, relinquo...
4. De *mutabilem,* après la chute de la consonne médiane. BOSSUET l'emploie encore. *Immuable* s'est dit, à côté d'*immuable* qui seul est resté.
5. A. CHÉNIER dit encore :
   Sur des pensers nouveaux faisons des vers antiques.

Et aux girouëttes [1] qui tremblent
Inconstamment sur les maisons.

Leur amour est ferme et constante
Comme [2] la mer grosse des flots,
Qui bruit [3], qui court, qui se tourmente,
Et n'arreste [4] jamais en repos.

Ce n'est que vent que de [5] leur teste ;
De vent est leur entendement :
Les vens encore et la tempeste
Ne vont point si legerement.

Qui se fie en chose si vaine,
Il [6] sème sans espoir de fruit,
Il veut bastir dessus l'arene [7],
Ou sur la glace d'une nuit [8].

Ceux qui peuvent mieux faire accroire
Et sont menteurs plus asseurez [9],
Entr'eux sont eslevez en gloire,
Et sont comme dieux adorez.

Car ils prennent pour grand'loüange
Quand on les estime inconstans,
Et disent que le tans [10] se change,
Et que le sage suit le tans.

Sommes-nous donc pas miserables
D'estre serves dessous les loix
Des hommes legers et muables
Plus que le feuillage des bois ?

(*Diverses amours.* — p. 416.)

---

1. De *gyrare*, tourner (γύρος, *gyrus*, tour.)
2. C'est-à-dire : aussi peu que...
3. Verbe défectif. et peu usité. Il a l'infinitif, l'indicatif présent pluriel, l'imparfait, le futur et le conditionnel. Etym. incertaine.
4. Auj. : ne *reste* jamais en repos. Le sens neutre de *arrêter* est le plus conforme à l'étym. (*ad, restare*, verbe neutre).
5. Ce n'est que du vent que leur tête ; leur tête n'est que vent. Le premier *que*, avec *ne*, équivaut à *seulement*. Le second *que* est corrélatif de *ce* comme dans : c'est se tromper que de croire. *De*, comme dans cette dernière phrase et dans : Qu'est-ce que *de* nous ? (BOSSUET.)
6. Celui-là, *ille. Ille qui...* Cet antécédent se supprime dans les deux langues. *Errat qui putat* ; qui croit se trompe.
7. Cf. *infrà*, RACAN, *Stances à Tircis*, vers 8.
8. Sur la glace qui s'est épaissie en une nuit.
9. Cf. MAROT (*Au Roi*, Ep., I, 14) nous donne son « valet de Gascongne » pour « asseuré menteur ».
10. On a écrit tens, tems, tanz, tans, et enfin *temps*.

OMNIA VANITAS

SONNET

Le jour chasse le jour, comme un flot l'autre chasse,
Le temps leger s'envolle et nous va decevant [1],
Miserables mortels, qui tramons [2] en vivant
Desseins dessus desseins, fallace sur fallace [3].

Le cours de ce grand ciel, qui les astres embrasse,
Fait que l'age et le tans passent comme le vent ;
Et, sans voir que la mort de pres nous va suivant,
En mille et mille erreurs nostre esprit s'entrelasse [4].

L'un, esclave des grands, meurt sans avoir vescu,
L'autre de convoitise ou d'amour est vaincu ;
L'un est ambitieux, l'autre est chaud à la guerre.

Ainsi diversement les desirs sont poussez [5].
Mais que sert tant de peine, ô mortels insensez ?
Il faut tous à la fin retourner à la terre.
(*Œuvres chrestiennes;* — *Sonnets spirituels,* IV. — p. 503.

REPENTIR

SONNET

La vie est une fleur espineuse et poignante [6],
Belle au lever du jour, seiche en son occident;
C'est moins que de la neige en l'esté plus ardent [7],
C'est une nef rompue au fort de la tourmente.

---

1. L'usage s'est maintenu au XVIIe siècle de placer avant deux verbes qui se suivent le régime du second quand ce verbe est à l'infinitif: Je vous veux avertir ; je vous irai voir.
2. On dit *tramer* un *projet,* un *complot,* une *conspiration.* Cf. *nectere,* ὑφαίνω, qui ont le même sens et se prêtent au même emploi métaphorique.
3. *Fallacia ; fallere,* tromper. — Tombé en désuétude.
4. S'embarrasse ; *se irretit.* Auj. *entrelacer.* Etym.: lacs (*laqueus,* rets, filet), lacet, d'où lacer.
5. Les hommes dirigent, poussent en divers sens leurs désirs. Cf. ἐπιγων, ἵμαι. Mme DE SÉVIGNÉ : Pousser ses pensées au delà de la vérité. CORNEILLE, *Cinna,* II, 1 :

Et comme notre esprit jusqu'au dernier soupir
Toujours vers quelque objet pousse quelque desir.

6. *Poindre,* piquer. Vient de *pungere;* comme feindre, joindre, oindre, peindre, etc., viennent de *fingere, jungere, ungere, pingere,* etc.
7. Pour *le plus* ardent. Voyez l'Appendice Ier, VIII. — Cf. DU BELLAY :

Car le vers plus coulant est le vers plus parfait.

Cette suppression de l'article au sens superlatif est un archaïsme, que l'on trouve encore dans BOSSUET, MOLIÈRE, RACINE, LA BRUYÈRE et même au XVIIIe siècle. (Voyez notre Recueil de prosateurs, p. 302, n. 3.)

L'heur¹ du monde n'est rien qu'une roue inconstante,
D'un labeur eternel montant ou descendant² ;
Honneur, plaisir, profict, les esprits desbordant³,
Tout est vent, songe et nue et folie evidente.

Las ! c'est dont⁴ je me plains, moy qui voy commencer
Ma teste à se mesler⁵, et mes jours se passer,
Dont j'ai mis les plus beaux en ces vaines fumées ;

Et le fruit que je cueille, et que je voy sortir
Des heures de ma vie, helas ! si mal semées⁶,
C'est honte, ennuy, regret, dommage et repentir.

(Ib., XII. — p. 507).

PRIÈRE ET ESPOIR EN DIEU

Helas ! sois-moy propice, ô mon Dieu, mon refuge !
Puny-moy comme pere, et non pas comme juge,
Et modere un petit⁷ le martyre où je suis ;
Tu ne veux point la mort du pecheur plein de vice,
Mais qu'il change de vie et qu'il se convertisse ;
Las ! je le veux assez⁸, mais sans toy je ne puis.

Je ressemble, en mes maux, au passant miserable,
Que des brigans pervers la troupe impitoyable
Au val de Jericho pour mort avoit laissé ;
Il ne pouvoit s'aider, sa fin estoit certaine,

---

1. *Heur*. D'où bon heur (bonheur), mal heur (malheur). Etym.: *augurium*.
2. Roue qui monte et descend d'un (par un) labeur...
3. Dépassant les espérances.
4. Ellipse de l'antécedent *ce*. Cf. CORNEILLE :

    C'est dont je ne veux point de témoin que Valère.
(*Hor.*, V, 3.)
    Voilà dont le feu roi me promit récompense.
(*Don Sanche*, I, 3.)
    Le roi ne sait que c'est d'honorer à demi.
(*Hor.*, IV, 3.)
    Voilà, voilà que c'est d'avoir trop attendu.
(*Place Royale*, II, 3.)

et MOLIÈRE :

    Voilà, voilà que c'est de n'avoir vu Jeannette
(*Etourdi*, IV, 8.)

5. Les cheveux blancs se mêler aux cheveux noirs de ma tête.
6. Expressions métaphoriques qui rappellent le proverbe : On récolte ce qu'on a semé. — On dit grain semé dans un champ, et : champ semé de grain. De même ici : heures semées de mauvaises actions qui produisent de mauvais fruits.
7. Voyez page 17, note 4.
8. Assez (de *ad, satis*; cf. *satietas*) avait au moyen âge, et a ici le sens de *beaucoup*. On disait assez plus, assez mieux.

Si le Samaritain, d'une ame toute [1] humaine,
N'eust estanché [2] sa playe et ne l'eust redressé.

Ainsi sans toy, Seigneur, vainement je m'essaye ;
Donne m'en donc la force et resserre [3] ma playe.
Purge et guari [4] mon cœur que ton ire a touché,
Et que ta saincte voix, qui força la nature,
Arrachant le Lazare hors de la sepulture,
Arrache mon esprit du tombeau de peché.

Fay rentrer dans le parc ta brebis esgarée,
Donne de l'eau vivante à ma langue alterée,
Chasse l'ombre de mort qui vole autour de moy ;
Tu me vois nu de tout, sinon de vitupere [5] ;
Je suis l'enfant prodigue, embrasse-moy, mon pere !
Je le confesse, helas ! j'ay peché devant toy.

O Dieu tousjours vivant ! j'ay ferme confiance
Qu'en l'extresme des jours [6], par ta toute puissance,
Ce corps couvert de terre, à la voix se dressant,
Prendra nouvelle vie, et, par la pure grace,
J'auray l'heur de te voir de mes yeux face à face,
Avec les bienheureux ton sainct nom benissant.

(*Œuvres chrestiennes* — *Plainte.*
— p. 512.)

BERTAUT

1552-1611

Jean BERTAUT, de Caen, eut pour protecteurs deux rois dont la mort tragique lui a inspiré des regrets eloquents, Henri III et Henri IV : secrétaire et lecteur du premier, il reçut du second, à la conversion duquel il contribua, d'abord l'abbaye d'Aulnay, en

---

1. Auj. *tout* humaine. La règle grammaticale n'était pas encore fixée au XVIIe siècle, où CORNEILLE, BOILEAU, BOSSUET, FÉNELON, etc., écrivent *toute* entière.
2. *Arrêté l'écoulement* [du sang de sa blessure]. Tel est le sens premier du verbe. Etancher une source, une voie d'eau, les larmes. Au fig. : étancher la soif. AMYOT dit : Annibal ne pouvoit s'estancher de rire. (V. notre Recueil de prosateurs, p. 35). - Etym. probable, *stagnare*.
3. On dit auj. bander (serrer avec une bande) une plaie, une blessure, la tête, le bras, etc.
4. Etym. : haut allemand *werjan*, défendre. On connait le mot d'A. Paré : Je le pansay, Dieu le *guarit*.
5. Blâme, sujet de blâme. Ψόγος a ce double sens. *Vitupère, vitupérer, vitupéreux* sont auj. inusités.
6. Qu'au dernier jour du monde.

Normandie, puis revêché de Séez. Sa carrière poétique a des rapports frappants avec celle de Desportes, qui l'introduisit auprès de Ronsard, et dont le nom, depuis le vers de Boileau, appelle le sien. Comme lui abbé, il écrivit comme lui, d'abord des poésies galantes, puis des poésies chrétiennes. Mais de l'un à l'autre la langue poétique a fait un pas : Bertaut est plus proche de son compatriote Malherbe, dont il a souvent la netteté, l'harmonie et l'ampleur périodique : les extraits suivants en feront foi.

« HYMNE DU ROY SAINT LOYS[1] »

La crainte « des Dieux » et l'amour de la justice, dit le poète,

L'egalant aux plus rares esprits,
Luy firent dedaigner d'vn louable mespris
Les Rois qui se parant d'orgueilleux diadèmes
Regnoient sur tout le monde, excepté sur eux-mesmes :
Par l'vne il bienheura[2] son esprit genereux,
Et par l'autre il rendit son peuple bienheureux ;
Par l'vne, en devenant à soymesme seuere,
Il fist que son pouuoir le retint de mal faire,
Et par l'autre, en donnant aux loix vn libre cours,
Il en retint[3] son peuple, et veit durant ses iours
Le bonheur de la paix florir en son royaume
Et dans les palais d'or et sous les toicts de chaume.
Il n'avoit que douze ans quand le décret des cieux
L'assist dedans le thrône[4] acquis par ses ayeux,
Et mit entre les mains de sa virile enfance[5]
Le glorieux fardeau du grand sceptre de France.

Il servait Dieu,

N'ayant crainte de rien sinon de l'offenser,
Et portant cest oracle escrit en son penser,
Que le roy qui craint Dieu, le seruant sans se feindre,
Ne doit rien craindre au monde, et de tout se voit craindre[6].

---

1. On remarquera sans peine dans ces passages des pensées élevées, une émotion sincère, une « langue forte et saine » (M. Nisard), et une harmonie soutenue.
2. Ce verbe, fréquent dans l'ancienne langue, s'y écrivait aussi *bieneurer*.
3. Il retint de « mal faire » son peuple. Latinisme ; *retinuit à*...
4. L'usage constant du xviie siècle est encore de dire *dans*, et non *sur* le trône. Corneille, *Poly.*, IV, 3 :

Aujourd'hui dans le trône, et demain dans la boue.

5. Dans le cours du poème, je trouve :

Homme alloit pratiquant ce qu'enfant il apprit.

6. Racine, *Athalie*, I, 1 :

Je crains Dieu, cher Abner, et n'ai point d'autre crainte.

Il était « aux pauvres secourable » :

Maints rois s'armans les bras d'vn fer victorieux
Rendent par l'vniuers leur renom glorieux,
Brident de saintes loix la populaire audace,
Laissent de leur prudence vne eternelle trace,
Et gaignent tout l'honneur qu'on s'acquiert icy bas
Par les arts de la paix et par ceux des combats.
Mais peu daignent tourner leur superbe paupiere
Vers le pauure estendu sur la vile poussiere,
Et penser qu'en l'habit d'un chetif languissant
C'est Christ, c'est Christ luy mesme, helas, qui gemissant
Se lamente à nos pieds de la faim qui l'outrage [1]
Et promet pour du pain le celeste heritage.

Il allégeait le fardeau des impôts,

Detestant l'impitié [2] des autres potentats
Qui pour dorer l'orgueil de leurs pompeux estats [3]
Accabloient leurs suiets de tributs tyranniques,
Et puis les consumans en festins magnifiques,
Et se rians de ceux qu'ils auoient devorez,
Beuuoient sans nulle horreur en leurs vases dorez
Le miserable sang du chetif populaire,
Dont Dieu leur commettoit le soucy tutelaire.
« Quel oubly, quel mespris des loix du Tout-puissant,
Leur disoit ce bon prince aigrement les tençant [4],
Rend vostre oreille sourde aux sons de tant de plaintes ?
Inhumains, qui de sang ayant les ames teintes,
Mauuais pasteurs de peuple, ecorchez vos troupeaux
Pour changer en draps d'or leurs miserables peaux !
Pensez-vous que le ciel qui hait la tyrannie
Fauorise la vostre ou la laisse impunie ?
Non, non, il detruira votre iniuste pouuoir,
Et, faisant contre vous vos suiets s'emouuoir [5],
Ce courroux punisseur qui les regnes desole
Vous rendra de grands rois petits maistres d'escole [6],....

---

1. Le persécute, le pousse à bout (Etym. : *ultra*). Pris aussi, p. 115, n. 1, au sens de *maltraiter*. — Ne s'emploierait plus auj. que dans le sens moral de offenser. — Cf. Bossuet, dans notre Recueil de prosateurs, p. 121.
2. Dureté. Inusité auj. — Se trouve aussi dans Desportes.
3. Du luxe qu'ils déployaient. Tenir un *état*, représent r. *État* de prince. Cf. *apparatus*. — Voyez aussi l'Appendice Ier, 1 . — État dans le sens de royaume prend la majuscule.
4. Voyez page 78, note 6.
5. Se mettre en mouvement, se soulever.
6. Allusion à Denys de Syracuse, devenu maître d'école à Corinthe.

Et fera que, vostre or fondant entre vos mains,
Plus vous deuorerez et plus vous aurez faim..... »
  O qu'vn prince est heureux qui, reglant son pouuoir
Aux statuts que le Ciel propose à son deuoir,
S'esiouit de bien faire, et tout sage et tout iuste
Ne s'estime regner que quand vrayment auguste
Il a soin de son peuple et paie en l'escoutant
Ce que tout grand monarque à Dieu va promettant,
Quand le manteau royal, sous maints sacrez mysteres,
Entre les cris de ioye et les vœux populaires,
L'inuestit du pouuoir de qui sont mal vestus
Ceux qui sont dénuez des plus rares vertus !
De tels rois qui, prenant la raison pour escorte [1],
Mesurent leur grandeur aux fruits qu'elle raporte,
Non à l'heur du pouuoir qui les rend florissans,
Non aux peuples diuers sous leur ioug flechissans,
Estoit l'illustre prince à qui dans ce cantique
Nous payons ce qu'on doit à tout cœur héroïque [2].

  Il étoit vaillant et fier dans les combats; qui pourrait chanter dignement

La sainte maiesté que du thrône des cieux
Dieu fist descendre en terre et s'assoir en ses yeux,
Quand deux Mahumetans qui portoient leurs espees
Du sang de leur Soudan [3] encor toutes trempees,
Le voulant massacrer, sentirent de leurs mains
Secretement tomber leurs poignards inhumains,

---

1. Etym. (en passant par l'italien) : *ex, corrigere*, diriger. Peut s'appliquer, comme ici, à une seule personne : Je vous servirai d'escorte. — Au... on dirait plutôt *guide*.

2. Cette longue période se déploie avec aisance et ampleur. Bertaut, on le voit, donne déjà à la phrase poétique quelques-unes des qualités que Balzac après lui donnera à la prose. La période de Ronsard, dans les alexandrins de ses *Discours*, avait déjà un large mouvement, mais elle se tenait moins ferme et moins pleine : le remplissage y faisait des vides.
Voyez comme il déroule aussi la longue strophe de 8 alexandrins:

> Ah Dieu ! que de périls ont coniuré sa mort
> Durant les tristes mois que ses armes l'ont ceinte!
> Et que ceste valeur, qui contre tout effort
> Nous remplissoit d'espoir, nous a repris de crainte!
> Qu'on nous a veus souuent pallir au moindre bruit
> Que d'vn sanglant combat nous depeignoit l'image,
> Sçachant bien qu'és perils où l'honneur le conduit
> Il n'a point d'ennemi plus grand que son courage.
> (*Sur la reduction d'Amiens en l'obeissance du Rey.*)

3. Nom que les Occidentaux donnaient à certains souverains mahométans et particulièrement au souverain d'Égypte. Semble une dérivation de *Sultan*. — Voyez sur un des murs du transept septentrional, de l'église Sainte-Geneviève (Panthéon) la composition de M. Cabanel.

Et choir sur le paué la menaçante audace
De leur fureur meurtriere [1] au regard de sa face?

Il avait voulu « maistriser l'univers » sous « la puissance du Christ, »

Et sur l'idolatrie à iamais estoufee
Dresser vn triomphant et glorieux trophee.
Bruslant de ce desir il planta par deux fois
Sur les bords africains [2] l'estendart de la Croix,
Donna sa vie en proye aux hazards de la guerre,
Tenta mille dangers et par mer et par terre,
Alla chercher la mort et trouuer la prison
En des terres sans foy, sans pitié, sans raison,
Où ce luy fut regner et gaigner la victoire
Que de seruir à Christ et mourir pour sa gloire.

COMPLAINTE SUR LA MORT DU FEU ROY [3] FAITE PEU APRES SON TRESPAS

. . . .

Ah! bourreau desloyal, sentis-tu point trembler
Tes sacrileges mains, et ton sang se troubler
En tirant le couteau dont le fer detestable
S'apprestoit au hazard d'vn coup si lamentable?
Ton front à tout le moins pallit [4]-il point d'effroy [5]
Te sentant de la main meurtrir [6] ton propre roy
De qui la seule image en ta memoire empreinte
Deuoit remplir ton cœur de respect et de crainte?
Qu'esperoit ta fureur! que t'en promettois-tu [7]?
Quoy? le throne des loix par la guerre abatu

---

1. Voyez l'APPENDICE II, X.
2. 1re croisade de saint Louis en Egypte (1248-1250); 2me, en Tunisie (1270). Il fut fait prisonnier dans la première, et mourut de la peste dans la seconde. — Voyez, dans notre Recueil de prosateurs, p. 173 et 227, l'éloge de saint Louis par MASSILLON et VOLTAIRE.
3. Henri III, assassiné dans son camp devant Paris, à Saint-Cloud, le 1er août 1589, par le moine Jacques Clément. Ce meurtre, dit le poète,

    Comme il est sans excuse est aussi sans exemple.

4. Cette orthographe est conforme à l'étymol. *pallere*. On écrivait aussi *palle* (*pallidus*.)
5. Cf. RACINE, *Bajazet*, IV, 5 :

    Toi-même, je m'assure, as rougi, etc.

6. Tuer. MONTAIGNE : Ce tyran qui faisoit cruellement meurtrir tant de gens. — Auj. ne signifie plus que : Faire une meurtrissure, marque livide causée par une contusion.
7. Cf. CORNEILLE, *Cinna*, V, 1 :

    Quel étoit ton dessein, et que prétendois-tu
    Après m'avoir au temple à tes pieds abattu? etc.

S'alloit-il releuer par ceste mort cruelle,
Et faire naistre en France vne paix eternelle?
Quoy? l'amour de la foy, dont ton habit menteur
Te monstroit par dehors d'estre ardant zelateur [1],
Trouuoit-elle [2] en celuy que ta brute ignorance [3]
Voüoit pour successeur au sceptre de la France,
Plus de desir de voir son empire fleurir
Qu'en celuy que ton bras alloit faire mourir,
Prince qui constamment l'auoit tousiours suiuie,
Et cent fois pour sa gloire abandonné sa vie [4]?...

   Et toi [5], valeureux roy, la terreur des mutins,
La gloire de nos ans et l'heur de nos destins;
Prince à qui le grand roy que ce plomb enuironne [6]
En mourant resigna son sceptre et sa couronne,
Lors que ton bras armé de fer et de valeur [7]
Aura conduit tes pas triomphans du malheur
Dans ces rebelles murs [8], où sans peur de tes armes
Par mille feux de ioye on se rit de nos larmes,
Autant que te sont chers, autant qu'ont de pouuoir
Dessus toy ton honneur, ton salut, ton deuoir [9],
Puny ce parricide, et dessus les coupables
Lance de ta rigueur les traits plus [10] redoutables,
Tant que mesmes les morts deuz à ce chastiment
En fremissent de crainte au fond du monument [11].
Chasse alors de ton cœur ceste illustre clemence
Que l'on dit y reluire avec tant d'eminence.
Estre icy trop clement ce seroit cruauté.
Pense qu'aux rois trop bons nuit souuent leur bonté,

---

1. Montrer *de*, auj. inusité. COMINES : Le roy et la cour monstroient de lui vouloir aider. AMYOT : Disoit à ceux qui monstroient de s'esmerveiller de sa diligence. — Equivaut à *faire montre de*...
2. *Amour* était des deux genres. Il n'a plus conservé le genre féminin qu'au pluriel, en poésie.
3. Entendez : ton aveugle brutalité.
4. Voilà assurément le véritable ton de l'éloquence dramatique. L'émotion de Bertaut le lui a fait trouver dans cette tragique « aventure » comme dit MALHERBE en un sujet analogue (*Od.* à Henri IV au sujet d'une tentative de régicide, 1606).
5. Henri IV.
6. Enfermé dans ce cercueil de plomb.
7. Cf. HORACE, *Od.*, I, XV :

    .... Jam galeam Pallas et ægida,
    Currusque et rabiem parat.

8. Paris, assiégé par Henri III, pris par Henri IV.
9. Aussi vrai que... On dirait auj. : Si ton honneur, ton salut... te sont chers (*si* équivalant à s'il est vrai que, de même que, puisque).
10. Voyez l'APPENDICE Ier, VIII et page 65, note 7.
11. Employé fréquemment au sens de monument *funèbre*.

Que souuent le pardon les iniures conuie,
Que punir ce forfait c'est asseurer ta vie.
Souuien toy des propos que tu tins en pleurant
A ce genereux prince, alors que, lui iurant
D'vser à le vanger le fil de ton espee,
Tu luy baisois la main de tes larmes trampée.
Qu'à l'heure[1] tout sanglant il s'offre devant toy
Te demandant vangeance, et coniurant ta foy
De ioindre en vn mesme acte aussi saint que severe
A l'equité d'vn roy la piété d'un frere.

RÉGNIER

1573-1613

Mathurin RÉGNIER, fils d'un bourgeois de Chartres et neveu de Desportes, poète comme son oncle et malgré son père, eut les revenus de quelques benéfices, mais ne fut jamais d'église; il suivit à Rome plusieurs diplomates, mais n'« avança » guère : le désordre de ses mœurs, le demon de la poésie, son insouciance, et une indépendance qui ne se prêtait pas à plier, y mirent obstacle. Il était et il resta poète. Il mourut à quarante ans en laissant, outre les seize *Satires* qui lui ont fait un nom et le maintiennent haut à côté de celui de Boileau, trois *Epitres* et quelques *Elégies, Odes, Stances, Epigrammes*.

Malgré la sortie vigoureuse que dans sa ixe satire il fit contre Malherbe pour défendre Desportes, son oncle, et Ronsard, le maître de son oncle, il ne fut ni un « ronsardisant », ni un « italianisant »: il fut, ce qui valait mieux, lui-même, c'est-à-dire un franc et libre esprit. Son vers sonore et ferme, tout de jet et de verte venue, a l'accent, la verve et souvent l'éloquence. Regnier est plus voisin de Malherbe que de Ronsard, de Molière que de Malherbe. Il est de la lignée gauloise et française, entre Marot et La Fontaine.

LE REPAS RIDICULE

Un de ces jours derniers, par des lieux destournez,
Je m'en allois resvant[3], le manteau sur le nez,

---

[1]. Présentement, sans tarder. MOLIÈRE l'emploie encore ainsi; *Etourdi*, I, 9 :
 A l'heure même encor nous avons eu querelle.
[2]. Cf. HORACE, *Sat.*, II, 8 ; BOILEAU, *Sat.*, 3.
[3]. Etym. incertaine. *Songe, rêve, songer, rêver*, ont le sens propre et le sens figuré. De même *Somniari*. Cf. HORACE, *Sat.* I, vers 2 :
 Nescio quid meditans nugarum, totus in illis.

L'ame bizarrement de vapeurs [1] occupée,
Comme un poëte qui prend les vers à la pipée [2] :
En ces songes profonds où flottoit mon esprit,
Un homme par la main hazardément [3] me prit,
Ainsi qu'on pourroit prendre un dormeur par l'oreille,
Quand on veut qu'à minuict en sursaut il s'esveille.
Je passe outre d'aguet [4], sans en faire semblant,
Et m'en vois [5] à grands pas, tout froid et tout tremblant,
Craignant de faire encor' [6], avec ma patience,
Des sottises d'autruy nouvelle pénitence.
Tout courtois il me suit, et d'un parler remis [7] :
« Quoy, Monsieur, est-ce ainsi qu'on traite ses amis? »
Je m'arreste, contraint; d'une façon confuse,
Grondant entre mes dents je barbotte [8] une excuse.
De vous dire son nom, il ne garit de rien [9],
Et vous jure au surplus qu'il est homme de bien;
Que son cœur convoiteux d'ambition ne creve,
Et pour ses factions qu'il n'ira point en Greve [10] :
Car il aime la France, et ne souffriroit point,
Le bon seigneur qu'il est, qu'ont la mist en pourpoint [11].
Au compas du devoir il regle son courage,
Et ne laisse en dépost pourtant son advantage [12]...

1. Les vapeurs ou fumées humides offusquent l'atmosphère ; les vapeurs ou fumées du vin offusquent la raison ; les rêveries troublent et offusquent l'*esprit* qui y *flotte* (Cf. vers 3). On voit l'enchaînement des sens métaphoriques.
2. Attraper, au propre et au fig. — Etym.: *piper*. — Voy. p. 17, n. 8. On remarquera que *attraper* a aussi le double sens de prendre et de tromper.
3. Terme vieilli, et auj. inusité.
4. Loc. adverbiale, fréquente chez Régnier (*Sat.* VIII, XII ; XI :
   Je me tapis d'aguet derrière une muraille)
Auj. inusitée. Signifie : en embuscade, furtivement. Etym.: *à, guet* (de guetter ; haut allem. *wahtàn*, garder). Il n'en reste que : être aux aguets.
5 Et m'en *vais*. Voyez page 95, n. 3.
6. Allusion à sa patience avec un *fâcheux* (Sat. VIII).
7. Calme et posé. BOSSUET : Une contenance remise et posée.
8. Etym. incertaine. Au fig.: marmotter sans articuler.
9. Fig. et familier : Cela ne sert à rien. MOLIÈRE, *Bourg. gentilh.*, II, 2 : De quoi est-ce que tout cela guérit? — Sur *de vous dire...*, voyez p. 27, n. 5. — Sur *garit*, voy. p. 67, n. 4. — *Il* équivalant à *cela*. LAFONTAINE, X, 1 :
   Je vous louerois, Iris, *il* n'est que trop aisé.
Cf. *infrà* : *Il* n'ira pas ainsi. Cet emploi s'est conservé dans *Il est vrai*, placé entre deux virgules.
10. Il ne se fera pas pendre comme séditieux sur la place de Grève, place de Paris, à côté de l'Hôtel-de-Ville, sur le bord (grève) de la Seine, où se faisaient les exécutions judiciaires.
11. Au propre, dépouiller quelqu'un de son manteau et ne lui laisser que le pourpoint (qui couvrait le corps du cou à la ceinture). Au fig.: piller, ruiner.
12. Ne renonce pas à, ne sacrifie pas.

Sans gloser [1] plus avant sur sa perfection,
'ec maints hauts discours, de chiens, d'oyseaux, de bottes;
ue [2] les vallets de pied sont forts sujects aux crottes;
our bien faire du pain il faut bien enfourner;
i Dom Pedre est venu, qu'il s'en peut retourner [3] :
e Ciel nous fist ce bien qu'encor d'assez bonne heure
ous vinsmes au logis où ce Monsieur demeure,
ù, sans historier le tout par le menu [4],
me dict : « Vous soyez [5], Monsieur, le bien venu. »
pres quelques propos, sans propos [6] et sans suite,
vecq' un froid Adieu je minutte [7] ma fuitte,
lus de peur d'accident que par discretion.
 commence un sermon de [8] son affection,
e rid, me prend, m'embrasse, avec cérémonie :
« Quoy, vous ennuyez-vous en nostre compagnie?
on, non, ma foy, dit-il, il n'ira pas ainsi ;
't, puis que je vous tiens, vous souperez icy. »
e m'excuse, il me force, o Dieux! quelle injustice!
lors, mais las! trop tard, je cogneus mon supplice [9] !
Iais pour l'avoir cogneu, je ne peus l'esviter [10],
ant le destin se plaist à me persecuter !
  A peine à ces propos eut-il fermé la bouche,
Qu'il entre à l'estourdi un sot faict à la fourche [11],

1. S'étendre sur un sujet ironiquement. On le fait suivre aussi d'un régime direct (Voyez BOILEAU, Sat. IX, 151.) — Etym.: γλῶσσα.
2. L'idée de *dire que...* est comprise dans *discours*.
3. Suite de banalités de conversation. — Don Pèdre, vraisemblablement quelque ambassadeur espagnol dont les nouvellistes parlaient beaucoup.
4. Dans le détail. Etym.: *minutus*. On dit encore : Raconter par le menu. — Cf. note 7.
5. [Que] vous soyez ; soyez.
6. *Propos*, pris dans le sens, la première fois, de discours ; la seconde, de sujet (Hors de propos, à tout propos, etc.).
7. *Minute* Minuta scriptura), 1º petit caractère dont on écrivait les actes originaux et publics ; 2º brouillon, projet d'un acte. D'où *minuter*, 1º faire la minute d'un écrit, 2º au fig.: projeter. Cf. MOLIÈRE, *Fâcheux*, I, 1 :

   Minutant à tout coup quelque retraite honnête.

8. *Sermo de...* à m'entretenir de son affection.
9. BOILEAU, *loc. cit.*, vers 37.

   « Mais, puisque je vous vois, je me tiens trop content.
   Vous êtes un brave homme : entrez, on vous attend. »
   A ces mots, mais trop tard, reconnoissant ma faute....

10. *Pour* suivi d'un infinitif, joint à une phrase négative, comme ici, ou restrictive, peut signifier *quoique*. Cf. CORNEILLE, *Horace*, III. 4 :

   Pour aimer un mari, l'on ne hait pas ses frères.

1. Au fig. et familièrement, *faire à la fourche* signifie faire négligemment et grossièrement. Un sot mal bâti, à peine dégrossi.

Qui, pour nous salüer, laissant choir son chappeau,
Fist comme un entre-chat avec un escabeau [1];
Trébuchant sur ses pieds s'en va devant-derriere,
Et grondant se fascha qu'on estoit sans lumiere.
Pour nous faire sans rire avaler ce beau saut,
Le Monsieur sur la veuë excuse ce deffaut :
Que les gens de sçavoir ont la visiere tendre [2].
L'autre se relevant devers nous se vint rendre,
Moins honteux d'estre cheut que de s'estre dressé ;
Et lui demandoist-il s'il n'estoit point blessé.
  Apres mille discours dignes d'un grand volume,
On appelle un vallet, la chandelle s'allume :
On apporte la nappe, et met-on le couvert ;
Et suis parmy ces gens comme un homme sans vert [3],
Qui fait en rechignant [4] aussi maigre visage
Qu'un renard que Martin porte au Louvre en sa cage.
Un long temps sans parler je regorgeois d'ennuy.
Mais, n'estant point garand des sottises d'autruy,
Je creu qu'il me falloit d'une mauvaise affaire
En prendre seulement ce qui m'en pouvoit plaire [5].
Ainsi considerant ces hommes et leurs soins,
Si je n'en disois mot, je n'en pensois pas moins ;
Et jugé ce lourdaut [6], à son nez autentique [7],
Que c'estoit un Pedant, animal domestique,
De qui la mine rogue [8], et le parler confus,
Les cheveux gras et longs, et les sourcils touffus,
Faisoient par leur sçavoir, comme il faisoit entendre,
La figue sur le nez au Pedant d'Alexandre [9]...

---

1. En trébuchant sauta et fit sauter son escabeau. *Entrechat*, saut léger dans lequel les pieds battent l'un contre l'autre. Etym.: l'italien *intrecciare*, entrelacer (*treccia*, tresse).
2. Que... L'idée de *dire* est contenue dans *excuse*. Cf. p. 75, n. 2. — *Visière*, familièrement : vue. Avoir la visière courte, nette, etc.
3. Pris au dépourvu. Allusion proverbiale à un jeu usité alors au mois de mai. Ceux qui le jouaient devaient porter une feuille cueillie le jour même : le joueur surpris sans l'avoir payait une amende.
4. Faire une grimace de refus ou de dépit. Le premier sens est : montrer les dents. Etym. controversée.
5. Comme on dit aussi, faire contre mauvaise fortune bon cœur.
6. Formule d'arrêt judiciaire : Il fut jugé et prononcé par moi que...
7. *Authentique* (dont l'autorité est certaine) qui prouve incontestablement que... Etym.: αὐθεντικός de αὐθέντης (αὐτός, ἐντός, dedans), *qui est apud se*, qui agit par lui-même.
8. Arrogant et rude. Etym.: le celtique *rog*, fier.
9. Faire la figue, locution figurée et proverbiale : Se moquer de. Le geste consiste à montrer le pouce entre l'index et le médius. Le *pédant d'Alexandre*, Aristote. — *Pédant* est venu de l'italien *pedante*. Etym.: παιδεύειν, instruire les enfants.

Suit un trop long portrait (en 100 vers) du pédant au « teint jaune enfumé, de couleur de malade », aux « yeux bordez de rouge, esgarez », qui semblaient être,

L'un à Montmartre et l'autre au chasteau de Bicestre,

au « nez haut relevé », coloré de « maints rubis, tous rougissans de vin », aux dents qui sont « un rateau mal rangé », aux reins, à l'épaule « torte », à la tête paraissant « Osse entassé sur Pélion », à l'accoutrement délabré et pédantesque [1].

Il me parle latin, il allegue, il discourt,
Il reforme à son pied [2] les humeurs de la Court :
Qu'il a [3] pour enseigner une belle maniere,
Qu'en son globe il a veu la matiere premiere ;
Qu'Epicure est yvrongne, Hypocrate un bourreau ;
Que Bartole et Jason [4] ignorent le barreau ;
Que Virgile est passable, encor' qu'en quelques pages
Il meritast au Louvre estre chifflé [5] des pages ;
Que Pline est inegal, Terence un peu joly :
Mais sur tout il estime un langage poly.
Ainsi sur chaque auteur il trouve de quoi mordre.
L'un n'a point de raison, et l'autre n'a point d'ordre ;
L'autre avorte avant temps des œuvres qu'il conçoit.
Or' il vous prend Macrobe, et luy donne le foit [6].
Ciceron, il s'en taist, d'autant que l'on le crie
Le pain quotidien de la pedanterie.
Quant à son jugement, il est plus que parfait,
Et l'immortalité n'ayme que ce qu'il fait.
Par hazard disputant, si quelqu'un luy replique,
Et qu'il soit à *quia* [7] : « Vous estes heretique,

---

1. Cf. dans BOILEAU (*loco cit.*), qui est bien plus sobre, le « *hâbleur* » à la « mine étique », et « certain fat » au « maint en jaloux ».
2. *Pied*, au propre, mesure de longueur, usitée jusqu'à l'adoption du système métrique. Au fig., mesure. BOILEAU, *Sat.*, VIII, 180 :
   Est-ce au pied du savoir qu'on mesure les hommes ?
Cf. HORACE, *Ep.*, I, 7, 98 :
   Metiri se quemque suo *modulo ac pede* verum est.
3. Voyez p. 75, note 2.
4. Yvrongne, comme on écrivait besongne, Gascongne, grongner. — Hippocrate. — Bartole (1313-1356), Jason Maino (xve et xvie s.) jurisconsultes italiens.
5. Successivement *chiffler*, *cifler*, *sifler*, *siffler* et aussi *sibler*, *subler* ; du latin *sifilare* et *sibilare*.
6. Macrobe, philologue et polygraphe latin (ve siècle). — *Foit*, fouet. Etym.: *fouée*, fagot, du bas-latin *focata* (*focus*, foyer). — Cf. BOILEAU, *loco cit.*:
   A mon gré le Corneille est joli quelquefois
   En vérité pour moi j'aime le beau françois, etc.
7. Etre, mettre, réduire à *quia*, à la situation de celui qui dans une controverse, répond à une question *cur* par *quia*..., sans pouvoir aller plus loin.

Ou pour le moins fauteur [1] ; » ou « Vous ne sçavez point
Ce qu'en mon manuscrit j'ay noté sur ce point. »
Comme il n'est rien de simple, aussi rien n'est durable.
De pauvre on devient riche, et d'heureux miserable.
Tout se change. Qui fist [2] qu'on changea de discours.
    Apres maint entretien, maints tours, et maints retours,
Un valet, se levant le chapeau de la teste,
Nous vint dire tout haut que la souppe estoit preste.
Et, comme en une montre, où les passe-volans [3],
Pour se monstrer soldats, sont les plus insolens,
Ainsi, parmy ces gens, un gros vallet d'estable,
Glorieux de porter les plats dessus la table,
D'un nez de majordome, et qui morgue la faim [4],
Entra serviette au bras et fricassée en main ;
Et sans respect du lieu, du docteur, ny des sausses [5],
Heurtant table et treteaux, versa tout sur mes chausses.
On le tance [6], il s'excuse ; et moy tout résolu,
Puis qu'à mon dam [7] le Ciel l'avoit ainsi voulu,
Je tourne en raillerie un si fascheux mistere [8] :
De sorte que Monsieur m'obligea de s'en taire.
    Sur ce point on se lave, et chacun en son rang,
Se met dans une chaire [9], ou s'assied sur un banc,
Suivant ou son merite, ou sa charge, ou sa race.
Des niais, sans prier, je me mets en la place [10],

  1. Fauteur d'hérésie, qui la favorise et la propage.
  2. *Qui fit,* latinisme : *Quo factum est.* Suppression d'antécédent.
  3. Une *revue* militaire où... *Passe-volant* (qui passe et disparaît, homme qu'un officier, un jour de revue, faisait figurer dans sa compagnie pour tromper l'inspecteur sur son effectif, et dont il s'appropriait la solde. Louvois réprima sévèrement cet abus.
  4. *Majordome,* maitre d'hôtel. — *Morguer,* braver avec hauteur. RÉGNIER, *Sat.* VI :

    Morguant la destinée et gourmandant la mort.

Cf. MOLIÈRE, *infrà, Fâcheux,* I, 1.
  5. *Saulse, sausse, sauce* Etym. : *Salsa (aqua).*
  6. *Tancer,* gourmander. Flots courroucés que Neptune a tancé (MALHERBE). De *tancare?* de *tenere, tentus?*
  7. *Dam,* dommage ; usité seulement dans : à mon, à son, à votre, etc. dam. Etym. : *damnum.*
  8. *Mistère* et *mystère,* pris souvent. avant et pendant le XVIIe siècle au sens de ouvrage, office, semble venir de *ministerium,* qui a donné métier, aussi bien que de μυστήριον. On dirait auj. : Il a fait là un bel ouvrage. On peut l'entendre aussi dans le sens de service (*ministrare* est fréquent dans le sens de *servir à table.*)
  9. L'usage a établi entre *chaire* (Etym. : καθέδρα, siège d'où cathédrale, église du siège épiscopal) et *chaise,* qui est le même mot altéré par la prononciation de Paris, une distinction qui n'existait pas au XVIIe siècle. MOLIÈRE a dit, *Femmes sav.,* V, 3 :

    Les savants ne sont bons que pour prêcher en *chaise.*

  10. Proverbe : la meilleure place. Parce que le premier sens de niais

Où j'estois resolu, faisant autant que trois,
De boire et de manger, comme aux veilles des Rois...
   Devant moy justement on plante un grand potage
D'où les mousches à jeun se sauvoient à la nage :
Le broüet¹ estoit maigre, et n'est Nostradamus,
Qui, l'astrolabe en main, ne demeurast camus,
Si par galanterie, ou par sottise expresse,
Il y pensoit trouver une estoille de gresse².
Pour moy, si j'eusse esté sur la mer du Levant,
Où le vieux Louchaly³ fendit si bien le vent,
Quand Sainct Marc s'habilla des enseignes de Trace,
Je la comparerois au golphe de Patrasse,
Pource qu'on y voyoit, en mille et mille parts,
Les moûches qui flottoient en guise de soldarts⁴,
Qui morts, sembloient encor', dans les ondes salées,
Embrasser les charbons de galeres bruslées.

   Suit une description des méchants plats que, tout en discutant, dévorent les grotesques convives, qui, comme dit ailleurs Régnier (*Sat.* II),

            des dents discourant,
Semblent avoir des yeux regret au demourant.

   L'un

Estoit des suivans de madame Lipée,

(*nidiacem*, de *nidus*) est : le faucon qui n'a pas encore quitté le nid ? Ou parce que on appelle niais de Sologne un de ces niais qui ne se trompent qu'à leur profit ?
   1. *Brouet*, aliment liquide. LA FONTAINE, I, 18 : Le brouet étoit clair. Etym.: l'ancien français *breu*, bouillon ; du bas-latin *brodium*. Le celtique et le haut allemand ont un mot analogue.
   2. Et il n'y a pas d'astrologue qui ne fût demeuré embarrassé si... — Michel de Nostredame, dont le nom, resté populaire, est Nostradamus, médecin et astrologue provençal (1503-1566), qui publia un recueil de prédictions en vers et des almanachs de prédictions agricoles, et tira des horoscopes. — *Camus*, qui a le nez court et plat ; familièrement, ridicule et interdit (au contraire on dit aujourd'hui dans le même sens, qui a *un pied de nez*). Etym. probable : chamois, en espagnol *camusa*, qui a, comme la chèvre, un nez plat. — *Astrolabe*, instrument employé autrefois pour mesurer la hauteur des astres au-dessus de l'horizon. Etym.: ἄστρον, λαμβάνω. — *Expres, sse*, 1º exprimé, 2º fixé, arrêté, formel. — *Gresse* est l'orthogr. ordinaire au XVIᵉ siècle. Etym.: gras, de *crassus*, épais.
   3. Un des commandants de la flotte turque qui s'enfuit vaincu à la bataille de Lépante (gagnée le 7 octobre 1571 entre les golfes de Patras et de Lépante par les Vénitiens et les Espagnols. — Saint-Marc, patron de Venise, la personnifie : il « s'habilla » des drapeaux conquis sur les Turcs (maîtres de la Thrace, ou Roumélie).
   4. *Soldat, souldart, soudart, soudard*, qui reçoit une *solde*. Etym.: *solidus* [nummus], pièce d'or, d'où *sol* et *sou*.

c'est-à-dire un parasite « coureur de lippées », comme on disait poursuivant de « franches lippées », comme dit La Fontaine. L'autre

en sa mine altérée
Avoit deux fois autant de mains que Briarée.
. . . .
Esmiant (émiettant), quant à moy, du pain entre mes doigts
A tout ce qu'on disoit doucet je m'accordois [1],

dit notre poète, à qui la patience est plus d'une fois près d'échapper :

De rage, sans parler, je m'en mordois la lèvre,
Et n'est Job, de despit, qui n'en eust pris la chèvre [2].

Cependant la discussion s'échauffe, et, fâché

qu'un Jean, blessé de la logique [3],
Lui barbouilloit l'esprit d'un *ergo* sophistique,...
Le Monsieur [4] son pedant à son aide reclame
Pour soudre [5] l'argument.....

Et la bagarre qui va en résulter permettra au poète fourvoyé de s'esquiver. Ainsi finit également le Repas ridicule de Boileau.

Le pedant, tout fumeux de vin et de doctrine,
Respond, Dieu sçait comment. Le bon Jean se mutine;
Et sembloit que la gloire, en ce gentil assaut,
Fust à qui parleroit, non pas mieux, mais plus haut.
Ne croyez, en parlant, que l'un ou l'autre dorme.
« Comment! vostre argument, dist l'un, n'est pas en forme.»
L'autre, tout hors du sens : « Mais c'est vous, malautru [6],
Qui faites le sçavant, et n'estes pas congru [7].»

1. Cf. BOILEAU, *loc. cit.*:
A tous ces beaux discours j'étois comme une pierre,
Et, sans dire un seul mot, j'avalois au hasard
Quelque aile de poulet dont j'arrachois le lard.

2. On dit « patient comme Job ». — *Prendre la chèvre*, c'est se faire chèvre, avoir un *caprice* (*capra*) et s'impatienter, s'irriter. MOLIÈRE, *Bourg. gentilh*., III, 10 : Notre accueil l'a fait prendre la chèvre.
3. Un Jean, un « sot », (Voyez p. 22, n. 1) qui a la maladie de la logique, qui en a le cerveau blessé.
4. L'hôte, l'amphitryon, dira-t-on après la comédie de Molière (III, 5):
Le véritable Amphitryon
Est l'Amphitryon où l'on dine.
5. Résoudre. *Solvere, resolvere*.
6. *Malestrut, malautreu, malotru* qui est resté (Etym.: *male instructus*, mal pourvu, disgracié [de la nature] et disgracieux), maussade et mal bâti. Cf. LA FONTAINE, VII, 5, dernier vers.
7. Conforme (*congruus*) aux règles du langage ; exact et précis. S'appliquait aux choses ou aux personnes. Réponse congrue. RETZ dit de Mathieu Molé: Il n'étoit point congru dans sa langue. — A vieilli.

L'autre : « Monsieur le sot, je vous feray bien taire :
Quoi ? comment, est-ce ainsi qu'on frape Despautere[1] ? »
Quelle incongruité! vous mentez par les dents[2].
— Mais[3] vous. » Ainsi ces gens, à se picquer ardents,
S'en vindrent du parler à tic tac, torche, lorgne[4] :
Qui[5], casse le museau, qui, son rival éborgne ;
Qui, jette un pain, un plat, une assiette, un couteau ;
Qui, pour une rondache[6], empoigne un escabeau.
. . . .
Je cours à mon manteau, je descends l'escalier,
Et laisse avec ses gens Monsieur le Chevalier,
Qui vouloit mettre barre[7] entre ceste canaille.
Ainsi, sans coup ferir, je sors de la bataille,
Sans parler de flambeau, ny sans faire aucun bruit[8]...

(*Satire* X.)

POÈTE ET PHILOSOPHE

Dès le jour que[9] Phœbus nous montre la journée,
Comme un hibou qui fuit la lumière et le jour,
Je me leve, et m'en vay dans le plus creux séjour
Que Royaumont[10] recele en ses forêts secrettes,
Des renards et des loups les ombreuses[11] retraites ;

---

1. Qu'on « offense la grammaire » (MOLIÈRE, *F. Sav.*, II, 6) de Despautère. Jean Van Pauteren, né en Brabant, (1460-1520), écrivit en latin une grammaire qui était suivie dans les écoles de France.
2. Vous mentez *par la gorge*, autre formule pour accentuer le démenti.
3. Vous [mentez] *plus* (que moi). — Le premier sens de *mais* (Etym : *magis*) est *plus*. VILLON : C'est son parler ne moins ne mais. RONSARD : O prince, mais (ou plutôt) ô Dieu... — Ce sens est resté dans *n'en pouvoir mais*.
4. *Au tic-tac*, onomatopée exprimant le bruit des coups qui tombent drus et sonores. — *Torche, lorgne*, bats, frappe. — *Torcher*. Etym. : *torche*, chose roulée, de *torquere* ; bouchon de paille pour frotter ; d'où 1° frotter (au fig. battre), 2° battre. — *Lorgner* (Etym. inconnue ; autre verbe que *lorgner*, observer à la dérobée), frapper. BONAV. DES PÉRIERS (Voy. notre Recueil de prosateurs) :

Et à grands coups de poing il lorgnoit dessus luy.

5. *Qui* répété et employé distributivement signifie *les uns, les autres*. MOLIÈRE, *Méd. malgré lui*, II, 9 : Les médecins n'ont pas manqué de dire que cela procédoit, qui du cerveau, qui des entrailles, qui de la rate, qui du foie.
6. *Rondache*, ancien bouclier rond des hommes à pied.
7. Mettre une barrière entre..., séparer.
8. Cf. BOILEAU, *loc. cit* :

J'ai gagné doucement la porte sans rien dire.

9. Dès l'heure matinale où le soleil nous montre que la journée commence.
10. Abbaye du Vexin (auj. en Seine-et-Oise, au N. E. de Pontoise) dont le prieur était son ami.
11. Regretté par MARMONTEL, repris auj. par V. HUGO.

Et là, malgré mes dents[1], rongeant et ravassant[2],
Polissant les nouveaux, les vieux rapetassant[3],
Je fay des vers, qu'encor qu'Apollon les avoüe,
Dedans la Cour, peut-être, on leur fera la mouë[4];
Ou s'ils sont, à leur gré, bien faits et bien polis,
J'auray pour recompense : « Ils sont vrayment jolis. »
Mais moy, qui ne me regle aux jugemens des hommes,
Qui, dedans et dehors, cognoy ce que nous sommes,
Comme, le plus souvent, ceux qui sçavent le moins,
Sont temerairement et juges et témoins,
Pour blâme, ou pour louange, ou pour froide parole,
Je ne fay de leger[5] banqueroute[6] à l'école
Du bon homme Empédocle[7], où son discours m'aprend
Qu'en ce monde il n'est rien d'admirable et de grand,
Que l'esprit dédaignant une chose bien grande,
Et qui, roy de soy-même, à soy-même commande.
(*Satire* XV.)

O TEMPORA! O MORES[8]!

Peres des siècles vieux, exemples de la vie,
Dignes d'estre admirez d'une honorable envie,

---

1. *Malgré lui et ses dents*, expression proverbiale, signifie malgré ses efforts. *Maugré les dens* se trouve dès le xive siècle (voir LITTRÉ). VOLTAIRE : Je vous remercie tendrement malgré vous et vos dents, de toutes les bontés que vous avez pour moi. — Ici : maugréant contre les efforts que je fais.
2. Rongeant, mâchant et remâchant mes vers. — *Ravasser*, usité encore au xviie siècle pour *rêvasser*; de *rêver* (Etym. controversée : *rabies*? l'anglais *to rove*, errer?)
3. Raccommoder grossièrement de vieilles hardes. Au fig.; rapetasser son éloquence (PASQUIER), une tragédie (VOLTAIRE). — Etym.: re, à, *petacium* (bas latin), lambeau d'étoffe, d'où vient peut être *pièce*.
4. *Qu'* reliant à la proposition principale une incidente déjà subordonnée (latinisme). Voir l'APPENDICE Ier, II.
5. A la légère. MOLIÈRE, *Tart.*, IV, 6 :
   Mon Dieu! l'on ne doit point croire trop de léger.
6. Manquer à, au fig. — Etym. : italien *banca rotta* (du latin *ruptus*), banc rompu, parce qu'on rompait sur les marchés le banc du commerçant qui manquait à ses paiements. — Ailleurs, RÉGNIER :
   Je bannis les plaisirs et leur fais banqueroute.
CORNEILLE, *Le Menteur*, I, 1 :
   Et je fais banqueroute à ce fatras de lois,
7. Le vieux philosophe Empédocle, d'Agrigente, ve siècle av. J.-C. — Cf. le *bon* Homère, le *bon* Platon (LA FONTAINE).
8. C'est l'exclamation célèbre de CICÉRON, *Catil.*, I, 1. « O temps! ô mœurs! s'écrie Héraclite, ô malheureux siècle! siècle rempli de mauvais exemples, où la vertu souffre, où le crime domine, où il triomphe! » (LA BRUYÈRE, XII).

Si quelque beau desir vivoit encor en nous,
Nous voyant de là-haut peres, qu'en dites-vous ?
 Jadis, de vostre temps, la vertu simple et pure,
Sans fard, sans fiction, imitoit[1] sa nature,
Austère en ses façons, sevère en ses propos,
Qui dans un labeur juste esgayoit son repos ;
Et, sans penser aux biens où le vulgaire pense,
Elle estoit vostre prix et vostre recompense :
Où[2] la nostre aujourd'huy, qu'on revère icy bas,
Va la nuict dans le bal et danse les cinq pas,
Se parfume, se frise, et de façons nouvelles
Veut avoir par le fard du nom entre les belles ;
Fait crever les courtaux[3] en chassant aux forests ;
Court le faquin, la bague, escrime des fleurets[4] ;
Monte un cheval de bois, fait dessus des pommades[5],
Talonne le genet, et le dresse aux passades[6] ;
Chante des airs nouveaux, invente des balets ;
Sçait escrire et porter les vers et les poulets[7] ;
A l'œil tousjours au guet pour des tours de souplesse ;
Glose[8] sur les habits et sur la gentillesse ;
Se plaist à l'entretien, commente les bons mots,
Et met à mesme prix les sages et les sots.
 Et ce qui plus encor' m'empoisonne de rage,
Est quand un charlatan relève son langage,
Et, de coquin, faisant le Prince revestu[9],
Bastit un paranimphe[10] à sa belle vertu ;

1. Suivait sa nature.
2. Équivaut à *au lieu que*... le mérite, de notre temps, consiste à...
3. Courtaud se disait des chiens à qui l'on avait coupé les oreilles et la queue.
4. *Faquin* mannequin de bois ou de paille propre à l'exercice de la lance ainsi appelé parce que d'abord on se servait de quelque gros et robuste faquin (portefaix, *facchino*) armé de toutes pieces, contre lequel on courait. On disait courre (courir) le faquin, la bague (anneau suspendu à un poteau au bout d'une lice, qu'il fallait enlever en courant). — *Escrimer* (verbe neutre), s'exercer au maniement des armes avec des, au moyen des fleurets.
5. *Pommade*, tour qu'on fait en voltigeant et se soutenant d'une main sur le *pommeau* (arrondi en forme de *pomme*) de la selle.
6. Genêt, cheval d'Espagne, de petite taille, mais bien proportionné. — *Passade*, volte faite aux deux extrémités d'une piste.
7. Lettre galante.
8. Discourt sur la mode, et, comme on dirait auj., le « comme il faut ».
9. Et, coquin et gueux qu'il est, faisant le Prince qui se drape. On dit d'un homme de rien enrichi et insolent : C'est un gueux revêtu.
10. Paranymphe, m. et f., 1º ami du fiancé ou amie de la fiancée qui chez les Grecs l'accompagne le jour de ses noces, 2º celui qui, dans l'université de Paris, accompagnait et complimentait les licenciés nommés, 3º discours prononcé par ce dernier, 4º tout discours élogieux, comme ici.

Et qu'il n'est crocheteur, ny courtaut de boutique
Qui n'estime à vertu l'art où sa main s'aplique ;
Et qui, paraphrasant sa gloire et son renom,
Entre les vertueux ne vueille avoir du nom.
  Voilà comme à present chacun l'adulterise [2],
Et forme une vertu comme il plaist à sa guise...
Le blasme et la loüange au hazard se debite,
Et peut un jeune sot, suivant ce qu'il conçoit,
Ou ce que par ses yeux son esprit en reçoit,
Donner son jugement, en dire ce qu'il pense,
Et mettre sans respect nostre honneur en balance.
                                      (*Satire V*)

FABULISTES

On sait que La Fontaine avait intitulé son recueil « Fables choisies mises en vers ». Il puisa particulièrement dans le riche trésor des fables *ésopiques*, transmises sous bien des formes par l'antiquité (voir Edelestand Duméril, *Histoire de la fable ésopique*), mis à contribution avant lui, en France ou ailleurs, en langue latine ou en langue nationale, par les fabulistes de profession ou d'occasion du moyen âge et du xvie siècle. Le livre de la sagesse populaire n'est jamais fermé ni jamais fini. Chacun d'eux y inscrivait à la suite, soit une rédaction nouvelle d'une fable d'Ésope, fonds commun, soit ce qu'il tirait de son propre fonds et qui, dès lors, entrait dans le domaine public et dans la circulation.

Il est nombre de ces fabulistes du moyen âge que La Fontaine n'a pu connaître [3], à part les auteurs de fabliaux auxquels il a fait des emprunts directs ou indirects. Parmi ceux du xvie siècle, il faut citer le Parisien Gilles Corrozet, imprimeur-poète, le curé Normand Guillaume Haudent, le Rouennais Guillaume Guéroult et le Bourguignon Philibert Hégémon, dont les recueils, d'étendue

---

1. *Courtaud* (voyez page 83, note 3), personne grosse et courte.
2. Auj. *adultérer*, dénaturer, fausser, vicier.
3. On en trouvera la notice exacte dans l'ouvrage de M. C. Robert (1825. 2 vol.), *Fables inédites des xiie, xiiie et xive siècles, et Fables de La Fontaine rapprochées de celles de tous les auteurs qui avaient avant lui, traité les mêmes sujets ; précédées d'une notice sur les fabulistes*. L'auteur y transcrit particulièrement les fables du *Dict ou livre d'Ysopet* de Marie de France (xiiie siècle) et y publie pour la première fois les fables des anonymes des xiiie et xive siècles dont il désigne les recueils sous les noms de *Ysopet I, Ysopet-Avionnet* (Avienus est un fabuliste latin du ve siècle), *Ysopet II*. — Consulter encore : *Histoire de la vie et des ouvrages de La Fontaine*, par Walckenaër, page 603 ; *La Fontaine et les Fabulistes*, par Saint-Marc Girardin, leçons 2e-7e ; *La Fontaine et ses devanciers ou Histoire de l'apologue jusqu'à La Fontaine*, par P. Soullié.

très inégale, parurent, le premier en 1544, le deuxième en 1547, le troisième en 1550, le quatrième en 1583.

En voici les titres.

1. — *Les fables du très ancien Esope phrigien premierement escriptes en grec et depuis mises en rithme françoise*, 1544. [sans nom d'auteur]. — Elles sont au nombre de 100.

2. — *Trois centz soixante et six apologues d'Esope tresexcellent philosophe, premierement traduictz de grec en latin par plusieurs illustres autheurs comme Laurent Valle, Erasme et autres. Et nouuellement de latin en rithme françoise, par maistre Guillaume Haudent*, 1547. — Le premier livre contient 205 fables, le deuxième, 150.

3. — *Le premier livre des emblemes composé par Guillaume Gueroult*, 1550. — 29 emblèmes, suivis de 27 fables.

4. — *La Colombiere et maison rustique de Philibert Hegemon, de Chalon sur la Saone, contenant.... Du mesme autheur, ses fables morales et autres poésies*, 1583. — Les fables sont au nombre de 22.

— Le nom de l'auteur était *Guyde* : Hégémon ('Ηγέμων, guide; de ἄγω, conduire) en est la traduction grecque.

CORROZET

1510-1568

« DU RENARD ET DU CORBEAU [1] »

Vn noir Corbeau dessus une arbre [2] estoit,
Et en son bec vn formage [3] portoit,
Qu'il avoit pris. Vn Renard, d'auenture,
Passoit par là, qui cerchoit sa pasture [4];
Et, en voyant le Corbeau et sa proye,
La convoita; puis s'arreste en la voye,
Et, en loüant sainctement le Corbeau,
Dit : « Mon amy, que ton plumage est beau!
l'apperçoy bien à ceste heure que non
Est vray le bruit et le commun renom;
Car chacun dit que noir est ton plumage :
Mais il est blanc, voire blanc d'auantage

---

1. L'usage du moyen âge et du XVIᵉ siècle est d'intituler ainsi les fables : De... etc. — Cf. Ésope, 216; Phèdre, I, 13; Haudent, 22 ; La Fontaine, I, 2.

2. *Dessus* a été encore employé comme préposition au XVIIᵉ siècle. — Le genre féminin du latin *arbor* est aussi conservé à *arbre* par Calvin, Rabelais, etc.

3. *Formaige, fromaige, fromage*, de *formaticum*; parce qu'il prenait une *forme* dans les moules ou *formes* d'osier.

4. Sur la séparation de *qui* et du substantif, Cf. La Fontaine, I, 10 :

Un loup survint à jeun, qui cherchoit avonture.

Que neige n'est, ne laict, non plus les cignes;
I'en recognoy bien maintenant les signes.
Si donc, avec tes plumes, tu auois
Le chant plaisant et delectable [1] voix,
Certes, amy, je te jure ma foy [2]
Que tu serois sur tous oiseaux le roy. »
Lors le Corbeau, esmeu de gloire vaine,
Ouvre le bec et de chanter prend peine,
Et le formage alors chet promptement;
Renard le prend et fuit soudainement [3].
Le Corbeau crie en se voyant deçeu :
« Ie suis trompé, ie l'ay bien apperçeu,
Et cognois bien qu'on ne doit iamais croire
A un flateur qui donne vaine gloire [4]. »

(*Fable* XLI.)

---

1. Prairies salubres et délectables (AMYOT). Fruit d'un goût délectable (BOSSUET), d'un aspect délectable (VOLTAIRE). — Au XIIIe siècle BRUNETTO LATINI, le maître du Dante, écrit en français son *Trésor de Sapience*, « parce que la parlure en est plus *délitable* et plus commune à toutes gens. »
2. Attester par serment sa loyauté. Jurez-en votre foi (MOLIÈRE).
3. J.-J. ROUSSEAU (*Emile*, II) admirait fort, et justement, le vers de LA FONTAINE :

Il ouvre un large bec, laisse tomber sa proie.

« L'harmonie seule, dit-il, en fait image. Je vois un grand vilain bec ouvert ; j'entends tomber le fromage à travers les branches. » Il aurait pu signaler l'harmonie coulante du second hémistiche, — le fromage glisse, — et la rapidité de

Le Renard s'en saisit...

Je trouve les mêmes effets d'harmonie expressive dans ces trois derniers vers de CORROZET. Plus haut, ses rejets ne sont pas moins heureux (*Qu'il avoit pris, — La convoita*). Le commencement de la fable d'HAUDENT nous en offre un :

Comme un Corbeau plus noir que n'est la poix
Estoit au hault d'un arbre quelque foys (un jour)
Juché, tenant à son becq un fourmage...

4. Cf., dans la farce de PATHELIN (XVe siècle) : il s'agit des aunes de drap que l'avocat a extorquées au drapier.

PATHELIN.
Mais au fort, ay-ie tant bresté (*bretter, batailler*)
Et parlé, qu'il m'en a presté
Six aulnes.
GUILLEMETTE.
Voire, à jamais rendre.
PATHELIN.
Ainsi le devez-vous entendre.
Rendre ! On luy rendra le dyable !
GUILLEMETTE.
Il m'est souvenu de la fable
Du corbeau qui e toit assis
Sur une croix, de cinq à six
Toyses de hault : lequel tenoit
Un formaige au bec : là venoit
Un renard qui vit ce formaige :
Pensa à luy (*en lui-même*) : « Comment l'auray-ie ? »
Lors se mist dessoubz le corbeau ;

« DU CERF ET DES BŒUFS [1] »

Vn Cerf fuyoit deuant les chiens courans :
Pour se sauuer se meit en vne estable.
Leans [2] estoyent plusieurs Bœufz demourans ;
Si leur requiert qu'on luy soit fauorable,
Et qu'on permette en ce lieu secourable
De se mucer [3]. L'un des Bœufz luy va dire :
« Tu n'es pas bien, il n'est point de lieu pire
Que cestuy-cy pour y trouuer mercy [4] :
Car, si tu es trouué caché icy,
Tu souffriras la mortelle poincture [5]. »

> « Ha ! fist-il, tant as le corps beau,
> Et ton chant plein de mélodie ! »
> Le corbeau, par sa conardie (sottise),
> Oyant son chant ainsi vanter,
> Si ouurit le bec pour chanter,
> Et son formaige chet à terre ;
> Et maistre renard vous le serre
> A bonnes dents, et si l'emporte.
> Ain i e t-il, (ie m'en fais forte,)
> De ce drap : vous l'auez happé
> Par blasonner, et attrapé,
> En luy usant de beau langaige
> Comme fist renard du formaige.

— *Blasonner* (Etym. : *blason*, 1º l'ensemble de ce qui compose l'écu armorial, 2º l'explication des armoiries), expliquer, commenter, ordinairement médire, caqueter. Dans HAUDENT (II, 87, *De la Pie et de l'Aygle*), l'aigle éconduit la pie parceque

> De trop parler elle s'ingere
> Ayant la langue si legiere
> Qu'el' publiroit par son blason
> Tout le secret de sa maison.

Le fromage du corbeau est resté proverbial. Je lis dans une lettre de Ch. PERRAULT (à la suite de ses *Paralléles*, 4 vol., 1692 ; t. IV, p. 312) :

> En vain par votre doux langage
> Vous me voulez amadouer
> Je sçauray m'entendre louer
> Sans laisser tomber mon fromage.

1. Cf. PHÈDRE, II, 8 ; HAUDENT, 154 « D'un cerf et d'un veneur » ; LA FONTAINE, IV, 21. — Le titre seul de la fable de LA FONTAINE, « L'Œil du maitre », en annonce le sens et la moralité que ne dégage pas suffisamment celle de CORROZET. La fable de HAUDENT, très inférieure d'ailleurs, l'indique au moins dans un vers : il n'y a guère lieu de se réjouir, dit le Bœuf au Cerf, d'avoir échappé aux serviteurs

> Lesquelz ne sont fort grandz inquisiteurs.

Mais à part la fâcheuse lacune que nous signalons, que d'heureux rejets à la MAROT et à LA FONTAINE (Voy. vers 6, 12, 17) ! Quelle place expressive ont certains mots (Voyez la fin du vers 18, le commencement du vers 20) !

2. Là-dedans (*Illic* ; *ens*, de *intus*).
3. *Muchier* (se), *musser* (se), se cacher. Origine inconnue.
4. Grâce, faveur. Etym. : *mercedem*. Crier merci (demander grâce).
5. Le coup de la mort. Etym. : *punctura*, piqûre, de *pungere, punctum*. MONTAIGNE : Les poinctures de mouches, les poinctures de la peur.

Le Cerf fuytif, de crainte tout transi [1],
Y demoura, print le hazart [2] aussi
De vie ou mort pour derniere aduenture.
Le seruiteur, pour appaiser la faim
De tous ces Bœufs, leur vint donner repas.
Le Cerf estoit caché dedans le fein [3]
Si tres auant, qu'il ne le trouua pas.
Le maistre aussi vint apres, pas à pas,
Lequel, ainsi que dans le fein cercheoit [4],
Trouua le Cerf qui dessoubz se cachoit.
Là il fut prins et occis tout à l'heure [5].

(*Fable* XLII.)

« DU LOUP ET DU CHEUREAU [6] »

Vne Chieure alloit en pasture
Pour y prendre sa nourriture ;
Son cheureau dans le tect [7] enferme,
Luy commandant de poinct en poinct
Qu'à personne l'huis [8] n'ouvre point,
Et iusques son retour fust ferme.

Le Loup, ayant ouy cela,
A la porte du tect alla,
Feignant de la Chieure la voix :
« Ouure, dit-il, mon enfant doulx,
Ie veux entrer auecques vous,
Car i'ay assez esté au bois. »

Le Cheureau respond : « Non feray,
La porte ne vous ouuriray :

---

1. Fuitif (*fugitivus*) se trouve encore dans SCARRON (*Virgile travesti*) Brebis fuitives. — *Transi*, proprement *mort* (Enterrer les tranziz, *chanson de Roland*). Etym.: *transire*, passer [de la vie à la mort]. On dit encore je suis mort de froid, de peur..., pour : transi de...
2. Accepta le hasard, la chance.
3. Fo L, *fenum*. — Cf. *tela*, toile ; *velum*, voile ; *seta*, soie ; *serum*, soir ; *credo*, je crois ; *cresco*, je crois, etc. Primitivement *tela*, *seir*, etc.
4. Voyez [age 23], note 8.
5. Sur le champ, sur l'heure : mot à mot ; tout à fait à l'heure présente. C'est le sens que le XVIIe conserve : LA FONTAINE, I, 10 : Nous l'allons montrer tout à l'heure. S'emploie auj. dans le sens de : quelques instants avant ou après.
6. Cf. LA FONTAINE, IV, 15 ; et HAUDENT, 135 « D'un petit boucq et d'un loup ».
7. *Tectum*, toit, maison.
8. Etym.: *ostium*, porte. Resté dans : juger à huis clos. D'où *huissier*.

Car ie voy bien par vn pertuis [1]
Que vous estes un loup meschant,
Qui mon dommage allez cerchant [2] :
Allez frapper à vn autre huis. »

Ainsi le Cheureau se garda.
Il fist ce qu'on luy commanda.
Qui donc obeit aux parens,
Tout bien et tout honneur luy vient [3],
Aucun malheur ne luy suruient :
Tels exemples sont apparens [4].

(*Fable* XXIV.)

« DU CHEVAL ET DE L'ASNE »

Bien accoustré de frain [5], de selle et bride,
Vn beau Cheual marchoit sans quelque guide [6],
En hannissant [7] par fierté de courage,
Si rencontra d'aduenture au passage
Sous vn grand faix vn pauure Asne basté
Qui ne s'est point pour le cheual hasté
De faire voye [8], et le cheual par ire
En escumant luy commença à dire :
« Asne meschant et vilains [9], comment est-ce
Qu'encontre moy prens chemin et addresse [10] ?

---

1. Trou fait en perçant. Etym.: *pertundere* (*par*, à travers, *tundere*, frapper fortement), *pertusum*.
2. Voyez page 23, note 8.
3. Latinisme : *qui paret, illi contingunt bona*.
4. Clairs. — Autre et moins banale est la moralité de la fable de La Fontaine : « Deux sûretés valent mieux d'une. » Il faut au chevreau de La Fontaine, ontre le mot de guet, « patte blanche. » — Ajoutons que l'affabulation de Corrozet ne s'applique pas exactement à son récit ; son chevreau, trompé au son de la voix, pouvait ouvrir sans désobéir. S'il n'ouvre pas, ce n'est pas par obéissance, c'est parce qu'il a reconnu « par un pertuis » un « loup meschant ».
5. *Accoutré* (Etym. incertaine), habillé, au propre et au fig. On l'a bien accoutré, on l'a habillé de toutes pièces : on l'a maltraité en paroles. — *Frain*. Voyez APPENDICE Ier, X, 4, et page 34. note 7.
6. Voyez l'APPENDICE Ier, 1.
7. *Hennir* (Chanson de Roland); *hanir* (MAROT) ; auj. *hennir*. Etym.: *hinnire*.
8. *Facere viam*, livrer passage. — Notez l'humble rapidité du rejet, avec laquelle fait contraste l'allure hautaine du vers suivant.
7. *Meschéant, meschant, méchant* ; proprement, comme ici, qui a mauvaise chance (participe de *méchoir*), chétif, misérable. — Voyez encore le vers qui précède l'avant-dernier. — *Vilain* de *villanus*, paysan. Le cheval est le noble, le baron féodal. — Notez chez CORROZET l's étymologique.
10. *En face* de moi, tu prends *droit* ton chemin. — *Adresse*, Voy. p. 23, n. 9.

O paresseux ! ne sçais tu point l'honneur
Qu'il conuient faire à ton maistre et seigneur ?
Recule toy lors que ie passeray,
Ou par vengeance aux pieds te foulleray. »
L'Asne obeit[1]. — Or apres il aduint
Que le Cheual vieux et foible deuint ;
Ses ornemens son maistre luy osta,
Et au charroy des champs le deputa.
Et le uoyant l'Asne ainsi mis au bas
Et qu'il portoit pour selle d'or vn bas[2],
Menant aux champs le fiens[3] et l'ordure,
Luy dit : « Ami, d'où vient ceste aduenture ?
Où est ta selle ? Où est ton frain doré ?
Et ton harnois richement decoré ?
Ainsi, ami, à l'orgueilleux aduient
Qui en la fin pauure et meschant deuient,
Et est mocqué, contemné et repris
De ceux qu'il a iadis mis en despris[4]. »

(*Fable* XXXVII.)

HAUDENT

? - ?

« D'UN COQ, D'UN CHIEN ET D'UN REGNARD[5] »

Vn Coq et vn Chien s'entremirent[6]
D'aller en vn pelerinaige[7],
Et foy l'ung à l'autre promirent

---

1. Quel contraste encore entre cette obéissance rapide et muette et le ton des trois vers précédents ! Harmonie et coupe, tout est parfait. La FONTAINE n'eût pas mieux dit.
2. *Mis au bas*, abaissé, dégradé. — *Bas* (sic). Je sçai mieux où le *bas* m'en blesse (*Pathelin*). Ceux que le *bast* blesse (*Sat. Ménippée*). Auj. *bât*. Etym. : *bastum*, bas latin ; de βαστάζειν, soutenir, porter. Cf. *bâton*.
3. Auj. *fiente*. MONTAIGNE : La bourbe et le fien du monde, au fig. — *Fien, fiens*, de *fimus ; fiente*, de *fimetum*, lieu rempli de fumier.
4. Qu'il a *déprisés*. J.-J. ROUSSEAU emploie encore ce verbe, qui signifie diminuer le prix, retrancher (*de*) du prix ; *detrahere de aliquo*, dénigrer.
5. Cf. la fable latine de l'italien FAERNE (1500-1561). Ch. PERRAULT (voir *infrà*) l'a traduite (V, 8) : son renard ne s'en tire pas à si bon marché que celui d'HAUDENT :
   Le Chien le prit et l'étrangla sur l'heure.
6. Se mêlèrent d'... Voyez dans LITTRÉ de nombreux exemples de ce verbe suivi de la préposition *de*, aux XIIIe, XIVe, XVe siècles.
7. Ainsi font le chat et le renard de LA FONTAINE (IX, 14), « comme beaux petits saints. »

Comme on faict par commun vsaige.
Or, pendant qu'estoient en voyage
La nuict les est venu' surprendre.
Parquoy assez prez d'un villaige
Conuint à tous deux logis prendre.
 Sus vn arbre adonc s'est iuché
Le Coq pour y passer la nuict,
Et le Chien au pied s'est couché.
Puis quand ce vint sur la minuict [1],
Le Coq à chanter fut induict.
Pourtant [2] esueilla un Regnard
Qui accourut sans faire bruit,
Pour ce Coq auoir par son art.

Mais le coq est haut perché : « Il faut ruser pour avoir cette proie, » dit La Fontaine. Ainsi fait le Renard de Haudent; et, comme un de ses confrères, « J'ai grand désir de t'embrasser, » dit-il au coq, « grand désir aussi, » dit-il comme un autre au Corbeau, d'ouir

 « Ta douce et resonante voix. »
— Le Coq, entendant bien l'affaire,
Répond : « Ie ne le pourroye faire
Si premier [3] le portier n'esueilles,
Luy disant prez de ses aureilles
Qu'il me vienne la porte ouurir,
Et que pour vray tu t'appareilles [4]
Aulcun [5] secret me descouurir. »

Le renard comprend et s'en va.
 (1, 36.)

GUEROULT
? - après 1561

« DE L'ARAIGNE, DE LA GUESPE [6] ET DE LA MOUSCHE. »

L'Araigne auoit sa belle toille ourdye
Et l'acheuant pour vn temps la laissa.

---

1. Tout le xvie siècle donna à ce mot le genre féminin, le seul logique.
2. Voyez l'Appendice Ier, iv et page 95, vers 2.
3. Si d'abord... Voyez l'Appendice Ier, iv.
4. Tu te prépares à...
5. Voyez l'Appendice Ier, i.
6. *Aragne, araigne, iragne, iraigne* (de *aranea*), désignaient l'animal; *araignée, iraignée*, désignaient la toile (*araneata tela*). Araignée est

Mais il suruint vne guespe estourdie
Qui la rompist et par dedans passa.
L'Araigne adoncq bien fort se courrouça
De voir ainsi gaster son petit bien ;
Le sens deffaut à lors qu'on perd le sien [1].

Elle luy dist : « Qui te meut de deffaire
A coup [2] cela que i'ay faict à loisir ? »
Respond la Guespe : « Et qu'en as tu affaire ?
Ce que i'ay faict, ie l'ay faict par plaisir.
— Ha, dist l'Araigne, or voy ie bien gesir
Morte à l'enuers droicture et equité [3] :
Car de pescher les gros ont liberté. »

Bien tost apres une Mousche petite
Cuidant passer dedans s'enueloppa,
Dont folle feust : car l'Araigne despite [4]
Dedans ses retz promptement l'atrappa ;
Et si souuent son tendre corps frappa,
Qu'il demeura presque tout affollé [5].
Le plus petit est tousiours plus foullé.

(*Emblèmes*, IX.)

« DU COQ ET DU REGNARD [6] »

Le Regnard, par bois errant,
   Va querant,
Pour sa dent, tendre pasture,
Et si loing en la fin va,
   Qu'il trouua
Le Coq par mesauenture [7].

---

seul resté et a hérité du sens de araigne. — Cf. Vasconia, Gascogne, Bononia, Bologne, etc. — *Guêpe*, de *vespa*. Cf. vastare, *gâter* ; *vadum*, gué ; cavea, cage ; bis variare, *bigarrer* ; par contre, *gyrare*, *virer*.

1. On devient fou de colère (*vecors*) quand on perd son bien. Cf. « le mien et le tien. » J'y mettrai du mien. Tu y mettras du tien. Il faut y mettre du sien.
2. D'un coup, d'un même coup, tout à la fois. Employé en ce sens dans la première partie du XVIIe siècle (Balzac, Descartes, etc.).
3. La droiture gît (*gésir*, *jacere*) renversée (à l'envers) et morte.
4. Adjectif perdu auj. Signifie fâché et courroucé. Ainsi l'emploient Rabelais, Montaigne, Amyot, etc.
5. [Affoler (Etym.: fou), rendre fou. *Affolir*, auj. inusité, devenir fou.] Ici on a *affoler* (Etym : *fouler*), blesser ; auj. inusité. Affoler de coups (Rabelais). S'étant affolé un pied (Amyot).
6. Cf. Esope, 36 et 88 ; Haudent, I, 36 ; Hégémon, 14 ; La Fontaine, II. 15. — Notez l'emploi de cette strophe d'un ingénieux agencement, qu'on trouve déjà dans de jolis vers de Froissard, et plusieurs fois dans Ronsard. Voyez p. 43.
7. Voyez page 18, note 3.

Le Coq, de grand peur qu'il ha,
    S'en volla ¹
Sur vne ente ² haute et belle,
Disant que maistre Regnard
    N'a pas l'art
De monter dessus icelle.

Le Regnard, qui l'entendit,
    Luy a dit,
Pour mieux couurir sa fallace ³ :
« Dieu te gard, amy trescher !
    Te chercher
Suis venu en ceste place,

Pour te racompter ⁴ vn cas
    Dont tu n'as
Encores la congnoissance ;
C'est que tous les animaux,
    Laidz et beaux,
Ont fait entre eux alliance.

Toute guerre cessera ;
    Ne sera
Plus entr'eux fraude maligne ;
Seurement pourra aller
    Et parler
Avecques moy la geline ⁵.

Des bestes vn million
    Le Lyon
Mene ià par la campaigne ;
La brebis auec le loup
    A ce coup
Sans nul dangier s'accompaigne ⁶.

Tu pourras voir icy bas
    Grands esbats

---

1. *S'envoler*, *s'enfuir*, en un seul mot ; *s'en aller*, en deux, ont prévalu.
2. *Ente*, fém., primitivement masc., 1° greffe (Etym.: ἔμφυτον, de ἐν, dans, φύω, faire pousser), 2° branche, arbre greffé. D'où *enter*, greffer (LA FONTAINE, XI, 8.)
3. Voyez page 65, note 3.
4. Voyez l'APPENDICE 1ᵉʳ, x, 4°.
5. Poule. Etym.: *gallina*, de *gallus*, coq. D'où *gelinotte*, 1° petite poule, 2° oiseau des bois qui a de la ressemblance avec la perdrix.
6. Auj. *s'accompagner de...*, se faire suivre de... Se prend en mauvaise part : S'accompagner de gens de main pour faire un mauvais coup. Cet emploi a vieilli.

Demener¹ chascune beste :
Descendre doncq il te faut
  De là haut
Pour solenniser la feste. »

Or feust le Coq bien subtil :
  « I'ay, dist-il,
Grande ioye d'une paix telle,
Et ie te remercie bien
  Du grand bien
D'vne si bonne nouuelle. »

Cela dit, vient commencer
  A hausser
Son col et sa creste rouge,
Et son regard il espard
  Mainte part ²,
Sans que de son lieu ne bouge.

Puis dist : « I'entens par les boys
  Les abboys
De trois chiens qui cherchent proye.
Ho ! compere, ie les voy
  Près de toy ;
Va auec eux par la voye. »

Lors respond le Regnard caut ³ :
  « Il me faut
Prendre la course bien viste ;
Car si l'vn d'eux, quel qu'il soit,
  M'apperçoit,
I'y demourray pour le giste.

— Comment, dist le Coq crestu,
  Les crains-tu ?
M'as tu pas dict la nouuelle,
Que les bestes d'accord sont ?
  Qu'elles ont
Fait alliance nouuelle ?

— Ha, dist il, ceux cy n'ont pas
  Sceu le cas

---

1. Le verbe réfléchi *se démener* est seul resté.
2. De plusieurs (*maint*, étym. controversée).., de tous côtés.
3. Voyez page 96, note 1.

> Tout ainsi comment il passe [1].
> Et pourtant [2] pour ceste fois
>   Ie m'en vois [3],
> De peur que n'aye la chasse [4]. »

> Ainsi feust, par vn plus fin,
>   Mise à fin
> Du subtil Regnard la ruse.
> Qui ne veut estre deceu
>   A son sceu,
> D'un tel engin [5] faut qu'il vse [6].

(Ibid., II.)

1. Comme il arrive. Auj. en ce sens, *se passer*.
2. Par conséquent. Voyez page 93, note 3.
3. Je m'en *vais*. Voyez l'APPENDICE Ier, x, 3o, et page 74, n. 5.
4. Le coq de LA FONTAINE est plus narquois, et son renard moins verbeux. Il s'esquive en bête d'esprit, sans avouer sa peur et sans laisser percer qu'il s'est senti deviné :

> « ... Je vois deux lévriers
> Qui, je m'assure, sont courriers
> Que pour ce sujet on envoie :
> Ils vont vite, et seront dans un moment à nous.
> Je descends : nous pourrons nous entrebaiser tous.
> — Adieu, dit le renard, ma traite est longue à faire :
> Nous nous réjouirons du succès de l'affaire
>   Une autre fois. » Le galant aussitôt
>   Tire ses grègues....

5. *Engin* (Etym.: *ingenium*), 1o adresse, industrie (Proverbe : Mieux vaut engin que force) ; 2o instrument, machine, piège (engins de guerre, engins de chasse).
6. Le conseil est bon, mais vague et conclut froidement. LA FONTAINE se met de moitié dans la scène pour rire du renard avec son coq :

> Car c'est double plaisir de tromper un trompeur.

Et PERRAULT (Voy. p. 90, note 5) :

> C'est le vrai droit du jeu de tromper un trompeur.

HÉGÉMON a quelques vers heureux sur le même sujet (*Fable* XIV)

> « Certes, respond le Coq, ie n'aimois pas
> Que guerre fust. Donq', puis que paix est faite,
> Ie descendray vers toy tout de ce pas :
> Car aussi bien voy-ie bande complette
> De fort gros Chiens droict vers nous accourir,
> Auec lesquels pourrons nous esiouir. »
> De ce estonné le Regnard vint à dire :
> « De quel costé viennent ces chiens mordans
> — Par derrier toy, dit le Coq, sont venans, »
> Et le Regnard de l'austre costé tire.
> Alors le Coq, en se prenant à rire,
> Luy va disant : « Pourquoi fuis-tu, Regnard?
> Car, puis que paix ensemble nous attire,
> Craindre ne faut qu'on te graite ton lard.
> — Ha, compagnon, respondit-il, ceux-cy
> N'y sont comprins, ainsi comme ie croy.
> — Ie voy donc bien, dit le Coq, par cecy,
> Qu'il faut des Chiens pour se garder de toy. »

HÉGÉMON
1535-1595

« DU REGNARD ET DES POULES

En pleine nuict un Regnard caut [1] et fin
Vint droict à l'huis des Poules bas hurter [2]
En leur disant qu'vn coq proche voisin
L'y enuoyoit, tant pour les visiter
Que pour sçavoir de leur bon portement [3]
Comme un expert et fort bon medecin
Qui leur pouuoit donner allegement.
Lors d'elles l'une, esleuë à ce [4], sans bruit
Luy dit : « Amy, tres bien nous porterons
Lors que de toy plus eslongnees serons;
Car les mœurs sont, et non la belle langue,
Qui croire font cetuy-là qui harangue [5]. »

(Fable XI.)

« D'VN LOUP, D'VNE FEMME ET SON ENFANT [6] »

Vn Loup cherchant sa proye auec ardeur
Passa aupres du tect d'un laboureur

---

1. Prudent. De *cautus*, participe de *caveo* ; d'où *cautèle*, précaution mêlée de défiance et de ruse. — AMYOT, *Alcibiade*, 47: Homme malicieux et cault de sa nature. MALHERBE : Les jeunesses peu cautes.
2. Heurter. Etym. incertaine. En patois berrichon, *hurter*.
3. S'informer de leur santé, comment elles se portent. Demander à quelqu'un ses portements (patois berrichon, dans G. SAND). *Portement* a signifié au XVIe siècle, conduite. CALVIN : Folie et mauvais portement. Au XVIIe siècle, *déportement* (MOLIÈRE *passim*), conduite. *Déportements* mauvaise conduite (MOLIÈRE, *Don Juan*, IV, 5). Se déporter fièrement envers quelqu'un (AMYOT), se conduire. — Auj. *portement* n'est plus usité que dans *Portement de Croix* (J.-C. portant la Croix).
4. Choisie par ses compagnes pour cela, pour lui répondre. — Le texte ne contient pas de vers donnant une rime à *bruit*.
5. HAUDENT (livre II, fable 36 « D'un Regnard et des Poulles »), a quelques vers heureux :

<blockquote>
Vn Regnard ayant faim aux dentz (auj. avoir la faim aux...)
Trouva façon d'entrer dedans
Vng poullier, où estoit vn grand nombre
De poulles, auxquelles soubz l'ombre
D'amitié et de bonne amour
A toutes donna le bon iour...
</blockquote>

Il en voit une « malade en son nid », et lui demande comment elle se porte:

<blockquote>
« Bien me porteroye, à vray dire,
S'aultant tu estois loing de moy
Quo maintenant suis prez de toy. »
</blockquote>

6. Cf. ESOPE, 29 et 104 ; HAUDENT, 110 ; CORROZET, 102 ; LA FONTAINE, IV, 16 ; A. de BAÏF *Mimes*.

Où il ouyt vn Enfant qui crioit,
La Mere aussi, laquelle le tançoit [1],
Le menaçant de le donner au Loup ;
Lequel croyant que ce fust chose seure,
Il attendoit, pour le manger du tout [2].
Mais à la fin la Mere oyant qu'il pleure,
Le caressant et l'appaisant, disoit :
« Nenny, mon fils : que si le Loup s'approche,
Nous le tu'rons, quelque puissant qu'il soit.
Hai deuant, beste, qu'on ne t'accroche [3].
— Comment ! dit lors le Loup en s'en allant ;
Celle-cy a vn cueur double en parlant. »
Beaucoup de gens ont vne langue double ;
Car, disans d'vn [4], ils font tout autrement :
Dont bien souuent il aduient de grand trouble,
Où auec eux on perit pauurement [5].

(*Fable* XIII.)

1. Réprimander. Etym.: soit *tenere* (de τείνω), *tentus*, d'où *contentiare* (bas-latin), tenir, ne pas lâcher, malmener ; soit *tendere* (de τείνω), *tentus* et *tensus*, d'où *contendere*, *contentio*, lutte. — MALHERBE : Flots que Neptune a *tancés*. — Le père de RÉGNIER le *tance* (*Sat.* IV). Le magister *tance* l'enfant (LA FONTAINE, I, 19). Et (ID., IV. 16) :

» Biaux chères leups, n'écoutez mie
Mère tenchent chen fleux qui crie. » (Patois picard.)

2. Complètement, de tout point. Sens affirmatif qui a vieilli. BOSSUET : Cela est du tout admirable... Auj. il se joint avec *point*, *pas*, *rien*, pour renforcer la négation.
3. *Hai*, même exclamation que *Hé !* (Voyez MOLIÈRE, *F. Sav.*, II, 3). — *Devant*. Avance, va plus loin. — Prends garde qu'on ne t'arrête avec un croc.
4. Parlant d'une façon. *Un* semble une sorte de neutre, comme dans *dire l'un, faire l'autre. De*, comme dans il parle *d'or*, il dit *d'or*, parler *d'un ton*... MOLIÈRE, *Tartuffe*, I, 6 :

Vous les voulez traiter d'un semblable langage.

Cf. LA FONTAINE, IV, 16 :

» Dire d'un, puis d'un autre !

5. A. DE BAIF (*Mimes*, III) :

Un loup ayant fait une quête (chasse)
De toutes parts, enfin s'arrête
A l'huis d'une cabane aux champs,
Au cri d'un enfant que sa mère
Menaçoit pour le faire taire
De jeter aux loups ravissants.

Le loup qui l'ouit en eut joie,
Espérant d'y trouver sa proie,
Et tout le jour il attendit
Que la mère son enfant jette ;
Mais le soir venu, comme il guette,
Un autre langage entendit :

C'est la mère qui d'amour tendre
Entre ses bras alla le prendre,
Le baisant amoureusement,
Avecque lui la paix va faire,

POÈTES DRAMATIQUES

I. — Un arrêt du Parlement (17 novembre 1548), interdisant aux confrères de la Passion les sujets tirés de l'Ancien et du Nouveau Testament comme attentatoires à la dignité de la religion, mit fin aux Mystères du moyen âge, un an avant le manifeste par lequel Du Bellay provoqua le renouvellement du théâtre national par l'imitation de la tragédie antique. Un an après le manifeste, parut à Lausanne (1550) et fut joué à Genève, comme pour clore avec éclat l'ère dramatique du moyen âge, mais déjà avec le titre nouveau de « tragédie françoise », le chef-d'œuvre des Mystères bibliques, *Abraham sacrifiant*, mélange de grâce, de force, de naïveté et d'éloquence, écrit par un des représentants les plus considérables du protestantisme français, Théodore DE BÈZE (1519-1605). — Nous en donnons une scène.

II. — En 1552, Estienne JODELLE (1532-1573), un des plus jeunes poètes de la Pléiade, inaugura et la tragédie antique par sa *Cléopâtre*, suivie bientôt de *Didon se sacrifiant*, et la comédie par *Eugène ou la Rencontre*.

Après ces deux débuts de la poésie dramatique de la Renaissance, les progrès, sinon de l'art, au moins du style tragique, furent rapides. On en jugera par les extraits qui suivent, de Jacques GRÉVIN (1540-1570), né à Clermont en Beauvoisis ; de Robert GARNIER (1534-1590), qui vécut et mourut au Mans dans des fonctions judiciaires ; d'Antoine DE MONTCHRESTIEN (1575-1621), de Falaise. Nous leur donnons la première place parmi les poètes dramatiques qui, empruntant leurs sujets tantôt à l'antiquité biblique, tantôt, soit à l'histoire, soit au théâtre grec ou latin, tantôt même aux événements contemporains, témoin l'*Escossaise* de Montchrestien dont le sujet est la mort de Marie Stuart, ont élargi la voie ouverte par Jodelle.

Les progrès de la comédie furent moins sensibles malgré la *Trésorière* et les *Esbahis* de GRÉVIN, la *Reconnue* de R. BELLEAU, etc. C'est à un Italien francisé, Florentin d'origine par son père, Champenois et Troyen de naissance, Pierre DE LARIVEY (1540-1611), imitateur de la comédie latine et de la comédie italienne, qu'était réservé l'honneur de laisser le premier nom de la comédie française dans la seconde partie du xvie siècle. Une de ses comédies, les *Esprits*, relie à l'*Aululaire* de Plaute l'*Avare* de Molière. Il écrivit en prose.

Et le dorlotant pour l'attraire
Lui parle ainsi flattousement :

« Nenny, nenny, non, non, ne pleure ;
Si le loup vient, il faut qu'il meure ;
Nous tuerons le loup s'il y vient. »
Quand ce propos il ouit dire,
Le loup grommelant se retire :
« Céans l'on dit l'un, l'autre on tient. »

(Se retire en grommelant : « Céans... ») Les deux récits prêtent à une comparaison intéressante. *S'il y vient* est une menace. « *Qu'il y vienne ! »* eût été un défi plus accentué. L'apostrophe « *Hai ! devant !* etc. » est un trait excellent qui manque au récit de BAÏF. Il reprend l'avantage dans les deux derniers vers.

I
MYSTÈRES

THÉODORE DE BÈZE
(1519-1606)

DÉPART POUR LE SACRIFICE[1]

ABRAHAM, SARA, ISAAC.

SARA.
Nous avons cest enfant seulet
Qui est encore tout foiblet,
Auquel est toute l'asseurance
De nostre si grande esperance.

ABRAHAM.
J'espere en Dieu.

SARA.
      Laissez moy dire.

ABRAHAM.
Dieu se peut il jamais dedire ?
Partant, asseuree soyez
Que Dieu le garde, et me croyez.

SARA.
Mais Dieu veut il qu'on le hazarde ?

ABRAHAM.
Hazardé n'est point que Dieu garde.

SARA.
Je me doubte de quelque cas.

ABRAHAM.
Quant à moy, je n'en doubte pas.

SARA.
C'est quelqu'entreprise secrette.

---

[1] Abraham emmène son fils pour une destination inconnue à Sara. La mère est inquiète, et contenue dans son émotion ; le père, grave, triste, d'une résignation religieuse que perce quelquefois son angoisse, d'une réserve mystérieuse que le redoutable secret semble prêt à percer. L'attendrissement d'Isaac où n'entre pour rien la crainte de son sort, qu'il ne connait pas, ajoute un élément de plus au dramatique de cette scène simple et forte.

ABRAHAM.
Mais telle qu'elle est, Dieu l'a faicte.
SARA.
Au moins si vous sçaviez où c'est.
ABRAHAM.
Bientost le sçauray, si Dieu plaist [1].
SARA.
Il n'ira jamais jusques là.
ABRAHAM.
Dieu pourvoira à tout cela.
SARA.
Mais les chemins sont dangereux.
ABRAHAM.
Qui meurt suivant Dieu est heureux.
SARA.
Mieux vaut sacrifier icy.
ABRAHAM.
Mais Dieu ne le veut pas ainsy.
SARA.
Or sus, puis que faire le faut,
Je prie [2] au grand Seigneur d'en haut,
Monseigneur, que sa saincte grace
Tousjours compagnie vous face :
Adieu, mon filz.
ISAAC.
Adieu, ma mere.
SARA.
Suyvez bien tousjours vostre pere,
Mon amy; et servez bien Dieu,
Afin que bientost en ce lieu
Puissiez en santé revenir.
Voylà, je ne me puis tenir,
Isaac, que je ne vous baise.
ISAAC.
Ma mere, qu'il ne vous desplaise,
Je vous veux faire une requeste.
SARA.
Dictes, mon ami, je suis preste
A l'accorder.

---

1. Ne placet Deu! (*Ch. de Roland*); Pleust Deu! (*Roncevaux*). (certes) Dieu ne plaise (Amyot).
2. Voyez page 52, note 4.

ISAAC.
Je vous supplye
D'oster [1] ceste melancholie.
Mais, s'il vous plaist [2], ne plourez point,
Je reviendray en meilleur poinct [3],
Je vous pry de ne vous fascher [4].

ABRAHAM.
Enfans [5], il vous faudra marcher
Pour le moins six bonnes journees,
Voilà vos charges ordonnees [6].
Ce grand Dieu qui par sa bonté
Jusques icy nous a esté
Tant propice et tant secourable,
Soit à vous et moy favorable!
Quoy qu'il y ait, monstrez vous sage;
J'espere que nostre voyage
Heureusement se parfera.

SARA.
Las! je ne sçay quand ce sera
Que revoir je vous pourray tous.
Le Seigneur soit avecques vous!

ISAAC.
Adieu, ma mere.

ABRAHAM.
Adieu.

TROUPPE
Adieu.

ABRAHAM
Or sus, departons de ce lieu [7].

(*Abraham sacrifiant.*)

---

1. On dirait auj. de *bannir*.
2. On dirait auj. *Je vous en prie*.
3. Voyez page 28, note 3.
4. De ne vous point *affliger*, et non *irriter*. C'est un des sens que le XVIIe siècle donne encore à ce verbe.
5. Etym.: *infans*, ce qui explique l's de *enfans*.
6. Votre fardeau disposé et prêt. Isaac porte ce qui est nécessaire au sacrifice.
7. Maintenant (*ores*, *or'*, *or*, à l'heure) allons (*sus*, dessus, debout; adv., du latin *susum*, en haut). — *Départons*, partons. Le premier sens de *partir* (Etym.: *partiri*) a été partager, d'où *se partir*, se séparer d'un lieu, s'en éloigner, puis *partir* sans pronom réfléchi. De là *départir* qui a essentiellement le sens de partager, le 'seul qu'il ait conservé aujourd'hui.

II
TRAGÉDIES

GRÉVIN
1540-1570

CASSIUS A BRUTUS

MARC BRUTE, DECIME BRUTE, CASSIUS

CASSIUS.

Ie sen mon cueur, mon sang, mes esprits, mon courage
Et rompre [1] et bouillonner et brusler et bondir,
Tous coniurans en un [2], à fin de m'enhardir
A espuiser son sang [3], et de plus grande audace
Et de pieds et de mains l'aborder face à face.
Armé d'un tel uouloir ie ueulx, ie ueulx cacher
La dague en sa poitrine, et ne l'en arracher
Sinon avec la uie, à fin que puisse dire
Qu'auray tué d'un coup et Cesar et l'empire.
   Tout ainsi qu'un lion qui descendant d'un bois,
Apres auoir ouï une buglante [4] uoix,
Vient sur l'herbe affronter auecque sa furie
Le taureau dont à l'heure [5] il desrobe la uie;
Ainsi ie ueux sur luy ma fureur attiser,
Et par un mesme coup ceste guerre appaiser.
Ce traistre rauisseur de la franchise [6] antique,
Ce larron effronté de tout le bien publique [7],
Ne doit-il pas uomir sa rage auec le sang
Par une mesme playe, et estre mis au rang
Des haineurs [8] du pays? Il fault, il fault qu'il meure

---

1. Eclater, *erumpere*.
2. S'unissant de concert pour... Latinisme: *conjurans et conjuratus in unum*.
3. A tirer du corps de César jusqu'à la dernière goutte de son sang. *Exhaurire sanguinem*.
4. La voix d'un taureau. Le taureau *beugle* (Etym.: *buculus*, diminutif de *bos*).
5. Sur l'heure. aussitôt. Auj. *à l'heure même*.
6. Liberté, indépendance.
7. Larron, de *latro*. — MONTAIGNE: Un debvoir *publicque*.
8. Ni *haineur* ni *haïsseur* ne sont restés dans la langue.

Par ma main uangeresse, et ores qu'en mesme heure
Ie hazarde ma uie es mains des ennemis :
Car celuy meurt heureux qui meurt pour son pays.
  Mais qui uous entretient en si longue pensee,
Puis qu'il fault mettre fin à l'affaire pressee?
Si le soleil leuant uous a ueu tormenté,
Il fault qu'à son coucher il uoye liberté
Remise par nos mains en sa uigueur plus forte [1].
Ie suis appareillé pour uous y faire escorte [2],
Et mettre le premier, quand il sera besoing,
Le courage en mon sang et la dague en mon poing.
Parlez, que tardez-vous?. . . . .
                  (*Tragédie de César*, II, 1.)

R. GARNIER
1534-1590

UNE MÈRE [3]

I

ANDROMAQUE, HÉLÈNE, ULYSSE, ASTYANAX, LE CHŒUR

ANDROMAQUE.

Vlysse, bon Vlysse, ores vos piés i'embrasse,
Qui fus d'vn roy l'espouse, et de royale race.
Ces mains aux piés d'aucun ne toucherent iamais,
Et n'esperent encore y toucher desormais :
Prenez pitié de moy, mère tres miserable,
Receuez [4] mes soupirs, soyez moy pitoyable.
Et d'autant que les Dieux vous eleuent bien haut,

---

1. La plus forte. Voyez l'APPENDICE 1er, VIII, et page 65, n. 7.
2. Prêt à..... et muni, armé pour vous accompagner et vous seconder.
3. Andromaque, femme, puis veuve d'Hector, et mère d'Astyanax (cf. *infrà*, RACINE) est, depuis HOMÈRE et EURIPIDE, dans la poésie épique et dans la poésie dramatique, le type accompli de l'affection conjugale, de la fidélité au souvenir conjugal, et de l'amour maternel. SÉNÈQUE, dans ses *Troyennes*, où il combine les *Troyennes* et l'*Hécube* d'Euripide, feint que la veuve d'Hector et la veuve de Priam, après la prise et la destruction de Troie, défendent contre les Grecs la vie, l'une d'Astyanax son fils, l'autre de Polyxène sa fille. GARNIER dans sa *Troade* mêle à la pièce de Sénèque quelque chose des deux pièces d'Euripide. Chez lui, comme chez le poète latin, Andromaque, pour soustraire Astyanax aux recherches d'Ulysse, le cache dans le tombeau d'Hector. Cette retraite est devinée par Ulysse. Elle a recours aux prières.
4. Accueillez. Cf. (dernière note) le texte de SÉNÈQUE.

Soyez benin à ceux que le malheur assaut [1],
Estimant que du sort la main est variable,
Qui vous peut, comme à nous, estre vn iour dommageable.
Ainsi [2] le bleu Neptune vous prospere [3] au retour,
Et vous face bien tost reuoir le chaste amour
De vostre Penelope; ainsi vostre venuë
Deride de Laert la vieillesse chenuë [4],
Et le ciel puisse ainsi Telemaq' conseruer,
Et plus qu'ayeul, que pere, en honneur l'eleuer.
Vsez vers moy de grace : hé ! que mon fils ne meure,
Que pour mon reconfort, helas! il me demeure.
 I'ay perdu pere et mere, et freres, et mari;
Royaumes, libertez, tout mon bien est peri :
Rien ne m'est demeuré que ceste petite ame,
Que i'auois arrachee de la troyenne flamme.
Laissez-le moy, Vlysse, et qu'il serue [5] avec moy;
Hé ! peut-on refuser le seruice d'vn roy?

      ULYSSE.

Faites-le donc venir.

     ANDROMAQUE.

      Sortez, ma chere cure [6],
Sortez, chetif enfant, de cette sepulture.
Voyla que c'est, Ulysse : et n'est-ce pas dequoy,
Dequoy mettre auiourd'huy mille naus [7] en effroy ?
Sus, iettez-vous à terre, et de vos mains foiblettes
Embrassez ses genous, songez ce que vous estes;
Demandez qu'il vous sauue, il est vostre seigneur;
N'en faites pas refus, ce n'est point deshonneur.
Oubliez vostre ayeul, son sceptre et diadéme,
Oubliez vos maieurs [8] et vostre pere mesme [9],

---

1. L'indicatif présent de *assaillir* a été primitivement *j'assaus*. *Sic* dans MONTAIGNE, MALHERBE, etc.
2. Latinisme: *Sic, ita* (à cette condition, si vous m'exaucez), formule de souhait. Latinisme: Cf. HORACE, *Od.*, I, 3 : *Sic te Diva potens Cypri*....
3. Latinisme : *prosperare, fortunare*. *Prospérer* n'est plus auj. que neutre.
4. Voyez page 21, note 6.
5. Qu'il soit esclave. — Service, *servitium*, esclavage.
6. Latinisme. Cf. VIRGILE, *Egl.*, I, 58 :

    .... Raucæ, tua cura, palumbes.

— Cure, 1° souci, soin ; 2° objet du soin, de la tendresse. — AMYOT : Consumer de cures et d'ennui. — N'est resté que dans : N'avoir cure de...
7. *Naves*, navires.
8. *Majores*, vos ancêtres.
9. Andromaque dit de son fils vivant, dans RACINE (*Andromaque*, IV, 1):

  Qu'il ait de ses aïeux un souvenir modeste :
  Il est du sang d'Hector, mais il en est le reste.

POÈTES DRAMATIQUES 105

Portez-vous en esclaue¹, et humble, à deux genous,
Suppliez-le qu'il ait quelque pitié de vous².
(La Troade, Acte II.)

II

ANDROMAQUE, HÉCUBE, UN MESSAGER³

ANDROMAQUE.

O Dieux ! que vostre main est contre nous seuere !

1. Comportez-vous-en...
2. Cf. SÉNÈQUE, *Troades*, Act. III. (Nous soulignons les passages imités)

ANDROMACHE.
Ad genua accido
Supplex, Ulysse, quamque nullius pedes
Novere dextram pedibus admoveo tuis.
Miserere matris et preces placidus pias
Patiensque recipe ; quoque te celsum altius
Superi levarunt, mitius lapsos preme.
Misero datur quodcumque fortunæ datur.
Sic te revisat conjugis sanctæ torus ;
Annosque, dum te recipit, extendat suos
Laerta ! Sic te juvenis excipiat tuus,
Et vota incens vestra felici indole,
Ætate avum transcendat, ingenio patrem !
Miserere matris: unicum afflictæ mihi
Solamen hoc est.

ULYSSES.
Exhibe natum et roga.

ANDROMACHE.
Huc è latebris procede tuis,
Flebile matris furtum miseræ.
Hic puer, hic est terror, Ulysse,
Mille carinis. Submitte manus,
Dominique pedes supplice dextrâ
Stratus adora ; nec turpe puta
Quidquid miseros fortuna jubet.
Pone ex animo reges atavos,
Magnique senis jura per omnes
Inclyta terras ; excidat Hector ;
Gere captivum, positoque genu,
Si tua nondum funera sentis,
Matris fletus imitare tuæ......
Si pœna petitur, quæ peti gravior potest
Famulare collo nobili subeat jugum ;
Servire liceat. Aliquis hoc negat regi ?

3. Voyez la note 1 du morceau précédent.—Astyanax meurt, précipité du haut d'une tour. Son corps est apporté à sa mère et à son aïeule sur le bouclier de son père. Cette scène est dans EURIPIDE et SÉNÈQUE. Ici c'est non plus à Sénèque, mais à Euripide, que Garnier fait quelques emprunts, très discrets. — Le récit du messager, imité de Sénèque, qui précède les plaintes d'Andromaque, contient plusieurs vers frappants :

Là naguère Priam sur les cresneaux estoit
Dedans son trosne assis, pendant qu'on combattoit ;
De la voix et des mains, à bas sous les murailles,
Graue, en longs cheueux gris, arrangeoit les batailles,
Mignardant tendrement et tenant en ses bras
Le petit-fils d'Hector, luy monstrant les combats.....
L'enfant du fier Hector, d'vn visage rassis,
Regarde constamment les peuples espaissis,
Ondoyans par la plaine, ainsy qu'vne tourmente
De longs espis flottans, quand Zephir les euente.
De tous costés il tourne et retourne ses yeux,
Lançant de toutes parts vn regard furieux ;
Il monstre sur son front le despit de son ame :
De ses deux yeux sortoit vne brillante flame,
Vn desir de vengeance, et la severité
De son pere luisoit en son front irrité.
Ce braue naturel, superbe et magnanime,
Esmouuoit vng chascun, tous l'auoient en estime ;
Les peuples et les chefs à pleurer sont contraints
Et chascun essuyoit ses larmes de ses mains.

Meurtrir [1] ce pauure enfant, le faire torturer,
Auparauant qu'il sceust que c'estoit d'endurer [2] !
Me l'auiez-vous donné, me l'auiez-vous fait naistre,
Pour, de sa dure mort, les yeux grégeois [3] repaistre ?
Helas ! et ne m'étoit-ce assez d'affliction,
Que mes freres germains, que mon pere Etion,
Que mon époux aimé, que ma natale ville,
Thebes aux hautes tours, fussent destruits d'Achille [4],
Si ie n'auois expres un enfant par malheur,
Pour, de sa mort cruelle, enfieler ma douleur !
Enfant, où que tu sois, souuiens-toy de ta mere ;
Ne me laisse seruir en maison estrangere ;
Supplie, si tu peux, à la noire Atropos,
Que bien tost avec toy ie deuale [5] en repos,
Effaçant mes ennuis dedans l'onde oublieuse [6],
Les ennuis que me fait ceste vie odieuse,
(Ibid., Acte IV.)

ADIEUX DE CLÉOPATRE MOURANTE A SES ENFANTS

Or adieu mes enfans, mes chers enfans adieu [7],
La sainte Isis [8] vous guide en quelque asseuré lieu,
Loin de nos ennemis, où puissiez vostre vie
Librement deuider [9] sans leur estre asseruie.
Ne vous souuenez point, mes enfans, d'estre nez
D'vne si noble race, et ne vous souuenez
Que tant de braves rois, de ceste Egypte maistres,
Succedez l'un à l'autre [10], ont esté vos ancestres ;
Que ce grand Marc Antoine a vostre pere esté,

---

1. Voyez BERTAUT, *Complainte sur la mort du feu roy*, p. 71, n. 6.
2. Voyez l'APPENDICE Ier, VIII.
3. Grecs. Reste dans « le feu grégeois », employé par les Grecs dans leurs guerres contre les Sarrasins dès le VIIe siècle.
4. On sait l'emploi usuel de *de* après le passif.
5. Je *descende* aux enfers. Voyez page 47, note 1.
6. Le fleuve infernal du Léthé (de λήθη, oubli). — Sur *ennui*, v. p. 39, n. 6.
7. *Sic*, sans virgule après *Adieu* : [Que] mes enfants [soient] à Dieu. — Voyez page 21, note 2.
8. Divinité des Egyptiens.
9. Dérouler le fil de votre vie, sans qu'elle soit... — Le fil des jours est dévidé par les Parques, dit la fable grecque : Clotho file, Lachésis dévide, Atropos coupe le fil. HORACE, *Od.*, II, 3 : Sororum fila atra.
MALHERBE :
Les Parques d'une même soie
Ne dévident pas tous nos jours.

— Etym. : *dé*, *vider* (le fuseau). Le moyen âge a écrit *déviduer*, de *vuide* (vide, *viduus*).
10. Qui se sont succédé l'un à l'autre.

Qui, descendu d'Hercule, a son los [1] surmonté.
Car vn tel souuenir espoindroit vos courages [2],
Vous voyans si decheus, de mille ardentés rages...
Apprenez à souffrir, enfans, et oubliez
Vostre naissante gloire, et aux destins pliez.
Adieu mes enfançons [3], adieu, le cœur me serre [4]
De pitié, de douleur, et ia la mort m'enserre [5],
L'haleine me defaut; adieu pour tout iamais,
Vostre pere ny moy ne verrez desormais.
(*Marc Antoine*, Acte V.)

MONTCHRESTIEN

1575-1621

ORGUEIL ET COLÈRE D'AMAN [6]

AMAN, CIRUS, son confident.

AMAN.

L'vniuers reconnoist mon maistre pour son roy;
Mon roy ne veut auoir pour compagnon que moy;
A moy tant seulement [7] le Conseil se rapporte :
En effect ie suis roy [8]. Le tiltre ie n'en porte,
Mais baste, c'est tout un [9], si roy nommer se peut

---

1. Gloire, *laus*. MAROT à François Ier : Votre los et renom. AMYOT : Le plus grand los que l'on donne aux Gracques. — LA FONTAINE l'a employé.
2. Comme *poindre* (*pungere*, piquer); aiguillonnerait vos cœurs. — Cf. *suprà* le même sentiment exprimé par Andromaque; cf. RACINE, *Androm.*, IV. 1.
3. LA FONTAINE l'a employé encore.
4. Le cœur [se] serre en moi. On dirait auj.: Mon cœur se serre. Cf. ἄγχω, *ango*.
5. M'enferme, m'enveloppe. Au propre, AMYOT : Ils furent enserrez (investis); LA FONTAINE, VIII, 2 :

> ... Dans la cave il enserre
> L'argent et sa joie à la fois.

J.-B. ROUSSEAU, *Od.* I, 2 :

> Tout ce que leur (des cieux) globe enserre
> Célèbre un Dieu créateur.

6. Le sujet de la tragédie est celui de l'*Esther* de RACINE. Les rapports sont frappants entre cette scène et la 1re du second acte d'*Esther* : l'imitation est évidente.
7. Seulement : autant et pas plus. Cf. ὅσον μόνον, *tantum*.
8. Je suis effectivement, reellement roi.
9. C'est tout à fait la même chose. *Baste*, interjection qui indique qu'on se contente de... Etym. : l'italien *basta*, de *bastare*, suffire, qui a donné l'adjectif *bastant*, suffisant, employé encore par LA FONTAINE (Une somme bastante), SAINT-SIMON. La racine première se trouve dans βαστάζω, porter, d'où soutenir, durer. Cf. bât, bâtir, bâton.

Qui fait tout ce qu'il dit et dit tout ce qu'il veut.
Faut-il mettre en campagne une puissante armee
Contre une gente estrange¹ à la guerre animee?
Faut-il aux plus hardis apporter de l'effroy²?
Aux plus rebelles cœurs imposer une loy?
Resouldre en vn moment d'vn³ important affaire?
Tous recourent à moy ; chacun me le defere⁴.
Aussi quand ie chemine au milieu des guerriers
I'ay les palmes en main et au front les lauriers,
Et si par moy la paix au monde est redonnee
De rameaux d'olivier ma teste est couronnee.....

CIRUS.

Tout ce grand vniuers connoist bien que tu fais,
Ainsi comme il te plaist, et la guerre et la paix.

AMAN.

Ceux qui ne m'aiment point m'honorent par contrainte;
Ceux là qui m'aiment bien me reuerent sans feinte :
Mais tous bon gré mal gré me doiuent adorer
Puis que iusqu'à ce point le roy ueut m'honorer.
Si ce digne loyer⁵ à ma prouesse il paye,
Celuy là qui me l'oste ou me l'oster essaye,
Ozant bien enuier mes gestes vertueux ⁶,
Au moins, s'il n'est meschant ⁷, est trop presomptueux.....

CIRUS.

Quelqu'vn oseroit il vous faire cette iniure,
Vous que comble le ciel, que comble la nature ?

AMAN.

Grande n'est la grandeur qui n'a des enuieux :
Les plus grands aux petits sont tousiours odieux
Et ceux que la Fortune et le roy fauorisent
Sont ceux communement que les peuples mesprisent:
Peuples sans iugement, grossiers et mal appris ⁸,
Qui n'ont iamais connu la vertu ne son prix.

1. Voyez page 39, note 7.
2. Latinisme: *afferre* timorem, gaudium, etc.
3. Décider de... — Sur le genre de *affaire*, voy. p. 18, n. 11.
4. Latinisme: *deferre*, aller porter : déférer des honneurs, des titres, etc. S'en rapporter d'une chose à quelqu'un. Absolument: Déférer à quelqu'un, avoir pour lui de la déférence, du respect.
5. Prix, récompense. Etym.: *locarium*, prix du gîte.
6. Les actions, les exploits (*gesta*) qui témoignent de ce que je vaux (*vis, virtus*). Cf. VIRGILE: *Virtutem* extendere *factis*. (*Æn.*, VI, 807.)
7. S'il n'est pas sans valeur. Voyez page 89, note 9.
8. *Appris*, 1º qui a été étudié, 2º qui a étudié, instruit. Familièrement : un mal appris.

Ie voy taire pourtant la populaire ennuie;
I'apperçoy qu'à m'aimer nostre cour se conuie;
Et que tous les suiets qui viuent sous mon roy,
Pleins d'un humble respect, se courbent devant moy.
Vn miserable Iuif, un faquin¹, un esclaue,
Foule ma gloire aux pieds et sans cesse me braue.
Ni le rang que ie tien, ni ma propre vertu,
Ni cest habit royal dont ie suis revestu,
Ni cest edit nouueau commandant qu'on m'adore,
A l'exemple d'autruy ne font pas qu'il m'honore,
Encor qu'vn de ces points eust assés de pouuoir
Pour ranger² les plus fiers à cest humble deuoir.
Et quoy, verray-ie ainsi ma gloire raualee³?
Mon honneur mesprisé? ma dignité foulee?....
Moy qui fus ci deuant entre vous en tel prix,
Seroy-ie desormais de ce Iuif le mespris?
S'ouure plustost la terre et dans son sein me cache,
Qu'vne tache si noire à mon honneur s'attache!
Non, non, i'aimeroy mieux le trépas m'auancer⁴
Que sans m'en ressentir⁵ on me peust offenser.

CIRUS.

Autre bras que le mien n'en fera la vengeance,
Si la punition doit reparer l'offense.
Il faut que tout le monde apprenne par sa mort
Que le foible ne doit irriter le plus fort.

AMAN.

Seroit bien pour si peu ma vengeance assouuie?
Doit finir mon courroux par la fin de sa vie?
Faut-il point ma puissance estendre plus auant?
Ie le veux, c'est raison. Ne reste donc viuant
Vn seul de tous les Iuifs; que sans miséricorde
On employe contre eux l'eau, le fer et la corde...
Leur Seigneur eternel, leur grand Dieu des armees
Ne les sauuera pas de mes mains animees.
Ils ont beau dans le ciel espandre⁶ des sanglots:
Pour ne les point ouïr son oreille il a clos.

---

1. De l'italien *facchino* (origine inconnue), portefaix.
2. Réduire, soumettre à. — ranger à la raison, ranger sous son pouvoir.
3. Voyez page 47, note 1.
4. Avancer pour moi l'heure de la mort.
5. Sans que j'éprouve du ressentiment. On dit bien: J'ai ressenti vivement cette injure.
6. Epandre le sang (CORNEILLE). Un bruit s'épand (BOILEAU). Epandre des biens (LA FONTAINE), etc. Etym.: *expandere*.

Forment[1] tant qu'ils voudront des piteuses[2] complaintes,
Les ames n'en seront à la pitié contraintes.
Quoy qu'ils[3] tendent en haut leurs suppliantes mains
Pour faire rengainer les glaiues inhumains,
Nul, touché de leurs maux, nul ne leur fera grace.
Voilà ce qu'en mon ame à ceste gent ie brasse[4].
Ie veux dedans son sang esteindre mon courroux
Afin qu'à l'aduenir il soit connu de tous
Qu'Aman a sur les Iuifs sa cholere espanchee
Pour punir à son gré l'orgueil de Mardochee,
Et qu'vn peuple exilé, par le monde espandu,
Pour la faulte d'un seul a tout esté perdu.

(*Aman ou la vanité*, Acte Ier, Sc. Ire.)

XVIe SIÈCLE

(Suite)

VARIA VARIORUM

Nous réunissons sous ce titre plusieurs passages frappants de poètes, ou qui ont une importance secondaire, ou qui, comptant au premier rang parmi les écrivains du xvie siècle, seront, en raison de la nature des sujets qu'ils ont traités, étudiés plus complètement, et avec plus d'à-propos et de profit, dans les classes d'humanités.

Il y aura intérêt à juger par quelques échantillons ce qu'était déjà, dans la première partie du xvie siècle, la poésie, sous la plume du père et du devancier de Clément Marot, JEAN MAROT (1457-1523).
— Une fable de J.-A. DE BAÏF (1532-1589) peut se détacher de ses œuvres multiples et touffues d'un goût trop souvent contestable, et faire figure à côté des apologues cités antérieurement. — C'est encore une fable qui rappellera le nom de ce JACQUES DE LA TAILLE

---

1. Subjonctif : Qu'i's forment.
2. Dignes de pitié (Etym.: *pietatem*. Sentiment de tendresse et de dévouement, qui a donné aussi *piété*. Ne s'emploie plus qu'avec une nuance d'ironie : Piteuse mine, etc.
3. De quelque façon que. — Auj. on écrirait : Quoiqu'ils... — *Quoi* se sépare de *que* quand il est pronom, sujet ou régime du verbe suivant.
4. Le premier sens est : opérer les mélanges nécessaires pour faire la bière, brasser la bière ; d'où remuer, agiter ; puis pratiquer secrètement : brasser un complot, une menée (AMYOT). Etym.: *brasium, bracium, brace*, orge trempée dans l'eau. Orthographe primitive, *bracer*.

(1542-1562), mort à vingt ans, après s'être fait une place parmi les poètes dramatiques contemporains. — PASSERAT (Jean, 1534-1602) représentera le groupe des Ménippéens, les indépendants en poésie, qui ne relevaient exclusivement ni de Ronsard ni de Pétrarque, mais se rattachaient au vieux rameau gaulois. — Un passage de Théodore-Agrippa D'AUBIGNÉ (1550-1630) donnera un avant-goût de sa puissante épopée satirique des *Tragiques*. — Enfin cette revue dernière du XVIe siècle se terminera par les deux graves et honnêtes figures de Gui du Faur DE PIBRAC (1529-1584), président au parlement de Paris, auteur des *Quatrains moraux*, et de Pierre MATHIEU (1563-1621), historien et historiographe de Henri IV, auteur des *Quatrains de la vanité du monde* et des *Tablettes de la vie et de la mort*, dont la poésie saine et ferme, apprise encore par les enfants pendant le XVIIe siècle, a survécu au naufrage de tant de brillants poètes de l'âge précédent.

MARCHE EN BATAILLE

Banieres[1] on desploye, enseignes et guydons ;
Et lors firent beau bruit trompes, fiffres, bedons[2].
Chevaulx menoient ung bruit si tresimpetueux
Qu'il sembloit que la terre[3] deust fondre dessoubz eulx.
Ce jour beau temps il fit, le cler Phebus luysoit
Qui dessus les harnoys[4] ung grand lustre faisoit.
Bouletz, artillerie et tout aultre charroy[5]
Faisoit trembler la terre plus que fouldre ou beffroy[6] :
Echo du bruit resonne par boys, prez et forestz,
Par vaulx et par montaignes, rivieres et marestz.
Lors Jacques de Cabanes, seigneur de la Palice[7],
Tout devant l'avantgarde, la lance sur la cuisse,
Va cherchant ennemys, desirant les trouver
En bataille rengee pour sa vertu prouver.
Le roi marche en bataille. . . . .

1. *Banière*. Etym. : bas-latin *bannum*, drapeau, d'où *bande* de soldats marchant sous le drapeau — *Guidon*, étendard d'une compagnie de gens d'armes (cavaliers). — Voyez p. 60, n. 8.
2. *Fifre*, petite flûte d'un son aigu. Etym. : haut-allem. *pfifa*, du latin *pipare*. Voyez p. 17, n. 8. — *Bedon*, synonyme de tambour. Origine inconnue.
3. Voyez la fin de la dernière note.
4. *Harnais*. Le 1er sens a été : armure de fer d'un homme d'armes. Le 2me : équipement d'un cheval. Etym. celtique *harnez*, ferraille. — Dormir, blanchir sous le harnais.
5. *Carroi, carroy, charroy*, auj. *train* d'artillerie.
6. Plus que les détonations même de l'artillerie. C'est en ce sens que l'auteur emploie fréquemment *beffroi* (Etym. allemande), qui a signifié d'abord *tour* de défense, mettant en mouvement des engins de guerre.
7. Chabannes de la Palice, ou la Palisse, devint maréchal de France en 1515.

Là furent tous les Princes d'orfavrerie¹ couvers
Et drap d'or decoupé de long et de travers.
Si grant lustre donnoit le soleil sur les armes
Qu'il sembloit que la terre ne portast qu'hommes d'armes.
Or n'est-il cueur si triste, perplex ni esbahy²,
Qui de veoir tel triumphe ne feust tout esjouy.
Le bruit et la tempeste volla jusqu'aux oreilles
Du camp des ennemis³. . . . .

(JEAN MAROT⁴. — *Le Voyage de Venise*. — OEuvres de Clément, Jean et Michel Marot, 1731, t. V, p. 113.)

TRIBOULET

Triboulet fut ung fol, de la teste escorné⁶,
Aussi saige à trente ans que le jour qu'il fut né ;
Petit front et gros yeulx, nez grant, taillé⁷ à voste⁸,
Estomac plat et long, hault dos à porter hote.

1. Ainsi écrit le XVIe siècle, quoiqu'il dise orfevre. (Etym. : *auri faber*).
2. *Ebahi*, étonné, interdit, bouche ouverte (cf. *bayer*, *béer*, d'où bayer aux corneilles, bouche béante). — *Ebaubi*, étonné, interdit, bouche bégayante et finalement muette (Etym.: *balbus*, bègue).
3. Bien des vers expressifs pourraient être recueillis encore. Par exemple :

    Pouldres volloyent de courses de chevaulx.

(Cf. RACAN (*Ode au comte de Bussy*) :

    La gloire qui les suit après tant de travaux
    Se passe en moindre temps que la poudre qui vole
    Du pied de leurs chevaux.)

Et encore :

    Courciers volloyent soubz grandz coups d'esperons.

4. JEAN MAROT a de l'esprit et de la délicatesse dans maints rondeaux aux dames et au roi. Il en sème avec un peu de fantaisie dans *le Voyage de Gênes* et *le Voyage de Venise*, où il raconte, le plus ordinairement en vers de dix syllabes, quelquefois en strophes de quatre vers, et, par rare et remarquable exception, en vers alexandrins, les deux expéditions (1507, 1509) de Louis XII qu'il suivit en témoin et en poète. Ce sont deux journaux versifiés des belles chevauchées, des belles ordonnances de bataille, des charges et assauts, des marches et entrées triomphales qui l'ont mis en joie et en verve. Il ne tarit plus: « il décrivait, décrivait, décrivait » pourrait-on dire en changeant un peu un vers bien connu de Voltaire, sans beaucoup d'ordre ni de mesure, mais non sans verve et sans éclat. Quant à l'alexandrin, fort oublié depuis plusieurs siècles, et que Ronsard eut le mérite de remettre définitivement en honneur, Jean Marot qui l'essaie ne se doute pas encore de ses règles ; il n'a cure de l'alternance des rimes masculines et féminines; il allonge le premier hémistiche d'*e muets* qu'il ne compte pas dans la mesure (Voir l'APPENDICE Ier, x, 110).
5. Fou en titre d'office de Louis XII et de François Ier. VICTOR HUGO lui donne un rôle capital dans son drame intitulé *Le Roi s'amuse*.
6. Il n'avait pas la tête entière, toute sa tête à lui. RABELAIS : Un jour je trouvai Panurge quelque peu escorné (rêveur, la tête perdue) et taciturne.
7. L'*é* n'est pas élidé et compte dans la mesure du vers.
8. Voûté, recourbé. Etym.: *volutus*, *voltus*, de *volvere*, rouler.

Chascun contrefaisant, chanta, dança, prescha,
Et de tout si plaisant qu'onc homme ne fascha.

(ID., *ibid.*, p. 155.)

LE PAYSAN ET LE SERPENT[1]
FABLE

Un serpent avoit sa taniere
A l'huis d'un paisan[2] bucheron;
L'enfant du paisan ne s'avise
Qu'il marche la beste surprise[3],
Qui le mordit par le talon.
  Le venin dans les veines glisse;
Et soudain sa froide malice[4]
Montant jusqu'au cœur l'estouffa.
L'enfant mourut : le pauvre pere
Et de douleur et de colere
Contre le serpent s'eschauffa.
  Pour venger son fils, sa congnée
Il a sus le champ empongnée,
Se plante au goulet[5] du serpent,
Et tant attendre delibere[6]
Que celle mechante vipere,
S'elle sort, il tue l'attrapant.
  Elle, de son meffait coupable,
Cauteleuse[7] et non decevable
Guette autour devant que sortir.
Le pere, hastif de vengeance,

---

1. Imité d'ÉSOPE, fable 141.
2. *Paisan* forme deux syllabes. MOLIÈRE écrit encore (*Éc. des Femmes*, I, 1):

    Et la bonne paysanne, apprenant mon desir.

3. *Marcher* a eu primitivement le sens actif qu'il a conservé dans le langage de certains métiers (par exemple, marcher l'étoffe d'un chapeau), presser, fouler. On dit auj. : fouler du pied, fouler. MAROT dit :

    Le pied marché et le bras estendu,
    Prest à lascher une fleche aiguisée.

Surprise. Cf. VIRGILE, *Æn.*, II, 379 :

    Improvisum aspris veluti qui sentibus anguem
    Pressit humi nitens...

4. *Malice*, effet pernicieux. On dit auj.: *malignité* d'une fièvre, vapeurs *malignes*.
5. *Se plante*, se poste. Planter son camp (AMYOT). — *Goulet*, ouverture étroite du gîte de... Auj. se dit de l'entrée étroite d'un port. Diminutif de *goule*, forme primitive de gueule (*gula*). D'où *goulot*.
6. Et prend la résolution d'attendre que...
7. *Caut* (auj. inusité), prudent (*cautus*); *cauteleux*, de *cautèle*, prudence mêlée de défiance et de ruse. — Cf. page 96, note 1.

Un coup de sa congnée élance[1]
Cuidant la beste mipartir[2].
   Mais il la faillit[3] : car la teste
De la beste à se plonger preste
Dedans le trou se recacha.
La congnée à faute chassée[4]
D'une taillade en long tracée
La roche du goulet trencha.
   Ceste vermine ainsin evite
La vengeance et la mort subite.
A jamais du juste courroux
La marque sur le trou demeure
Qui l'advertist qu'il ne s'asseure.
Aussi ne fait le serpent roux.
   Car par le conseil de sa femme
Le paisan le serpent reclame[5]
Et le recherche à faire paix,
En mettant devant la taniere
De celle vipere meurtriere
Du pain et du sel tout expres.
   Mais le serpent qui ne s'y fie,
Caché dedans le trou, luy crie :
« Jamais la paix je ne croiray
Tant que la sepulture proche
De ton enfant et sus ma roche
Ce grand coup marqué je verray. »
       (J.-A. DE BAÏF. — *Les Mimes*[6], III.)

ÉPIGRAMME

« D'un Lion et d'un Renard[7]. »

Dedans vn antre vn Lyon d'auenture
Trouue un renard nauré[8] mortellement,

1. *Elancer* a été actif. Elancer et guinder son esprit (MONTAIGNE).
2. Partager en deux, couper en deux tronçons.
3. *Faillir* (σφάλλειν, *fallere* ; d'où vient aussi *falloir*), 1º actif, manquer : La navire faillit la Sicile (MONTAIGNE) ; 2º neutre, manquer à ; manquer : Le pied lui faillit.
4. Lancée en vain (auj. *à faux*), *incassum* (*in cassum*); manquant (faillant) son coup. — On dit : chasser une flèche ; la poudre chasse le plomb, etc.
5. Le paysan s'adresse au serpent, le sollicite.
6. Ainsi nommés parce qu'ils contiennent, comme les *Mimes* latins (petites scènes d'imitation de mœurs ; μιμεῖσθαι, *imitari*), un enseignement moral. Ce recueil, divisé en 4 livres, contient 1660 q'rains. On y treuve plusieurs fables que La Fontaine a imitées (I, 17; II, 5, 13; IV, 13, 16). — Voyez page 96, note 6.
7. Nous transcrivons le titre que l'auteur donne à cette jolie « fable».
8. *Navrer*, 1º blesser, sens auj. perdu, 2º Au fig. percer le cœur ; avec

Dont il s'approche, et voyant sa blessure :
« Qui t'a, dit-il, outragé¹ tellement?
Mais sors de là, permet tant seulement²
Que ie te leiche, et lors en moins de rien
Tu seras sain : tu ne sçais pas combien
Ma langue est bonne et puissante en cela. »
L'aultre respond : « Amy, ie le sçai bien,
Mais ie crains trop pour³ les voisins qu'elle a. »

(Jacques DE LA TAILLE.)

SUR LA FRANCE
SONNET

Ie sçay bien qu'icy bas rien ferme ne demeure,
Qu'il y a des estats un fatal changement,
Que tout aura sa fin qui a commencement,
Et que tout ce qui naist, il faut aussi qu'il meure.

Ie sçay que l'homme sage en fortune meilleure
Craint le mal-heur futur, qu'il porte doucement ;
Ie sçay que du hault Ciel tout suit le mouuement
D'une egale constance ; et inconstant ie pleure⁴.

Ie veux viure et mourir en ma première foy,
Ie ne veux point changer ny de lois ny de Roy :
Nonobstant tout cela ie ne puis voir sans larmes

En moins de six estés le mal-heureux François,
Butin de l'estranger, pour la troisiesme fois
Aiguiser contre soy son courage et ses armes⁵.

(PASSERAT.)

LA MORT ET L'IMMORTALITÉ
SONNET

Si leur foy esprouuée et leur amitié sainte,
Si leur naïue grace et leurs gentiles mœurs,

---

un complément : Navré de douleur ; absolument : Je suis navré, j'ai le cœur navré. — Etym. : des mots du haut allemand et du scandinave qui signifient instrument pour percer.

1. Maltraité. Cf. sur les sens de *outrager*, page 69, note 1.
2. Voyez page 107, note 7.
3. A cause de ses voisins, les dents. *Craindre pour* n'a auj. que le sens de : s'inquiéter pour le sort de...
4. Je pleure d'être inconstant : *inconstans doleo* ; cf. οἰμώγω suivi du participe.
5. Écrit pendant les guerres de religion, qui ouvraient la porte aux Espagnols et aux Allemands, appelés et soudoyés par les catholiques et les huguenots.

Si le desir d'honneur qui consumoit leurs cœurs,
Si toute leur clarté pour iamais est estainte :

Quelle ame ne seroit d'aspre douleur attainte,
Voyant tels fruits tombés auant que d'estre meurs [1] ?
Quel œil Gorgonien n'en ietteroit des pleurs [2] ?
Qui seroit le rocher qui n'en feroit la plainte ?

Mais si au pris du sang un honneur acheté
Fait monter l'homme au ciel, si l'immortalité
Suit une amour loyale et plus que fraternelle :

Pourquoi les pleurons-nous ? Pleurer on ne doit pas
Ceus qui, par leurs vertus affranchis du trespas,
Viuent là hault heureux une vie eternelle.

(ID.)

« AU ROY AVANT SON SACRE [3] »

Prince victorieux, le plus grand des humains,
Dieu lui-mesmes [4] a mis deux sceptres en tes mains,
Et t'a au throne assis de bien longue durée,
Maugré tous les efforts d'Espagne coniurée.
Les vœux des bons François à la fin sont ouys :
Tu régneras en paix, race de Saint-Louys.
Nul ne te peut oster ce que le ciel te donne :
Quand tu commanderois sans sacre et sans couronne,
Pour cela toutefois moins roy tu ne serois ;
C'est la vertu qui sacre, et couronne les rois.

(ID.)

ÉPITAPHE

de maître François des Nœus.

Des Nœus, tu n'as été qu'une fleur du printemps,
Que l'iniure du ciel soudain nous a ravie ;
Mais c'est plus grand malheur de vivre plus longtemps :
La plus courte, en ce siècle, est la meilleure vie.

(ID.)

---

1. Cf. page 26, note 1.
2. Les yeux de la Gorgone Méduse pétrifiaient ceux qui la regardaient: de là le sens de œil dur et farouche. — MOLIÈRE, *Don Juan*, V, 1 : Je *jette* des larmes de joie. — Auj. *verser* des larmes.
3. Henri IV.
4. Voyez, sur cette orthographe, page 16, note 10.

LA VERITÉ ET LA FLATTERIE DANS LES COURS

.......................La Verité bannie
Meurtrie et dechiree est aux prisons, aux fers ;
On esgare ses pas parmy les lieux deserts.
Si quelquefois un fol, ou tel au gré du monde,
La veut porter en cour, la Vanité [1] abonde
De moiens familiers [2] pour la chasser dehors.
La pauvrette soustient mille playes au corps,
L'injure, le desdain, dont elle n'est fachee,
Souffrant tout à plaisir, horsmis d'estre cachee.
Je l'ay prise aux deserts, et la trouvant au bord
Des isles des bannis, j'y ay trouvé la mort.
La voicy par la main [3], elle est marquee en sorte
Qu'elle porte un couteau pour celuy qui la porte [4] :
Que ie sois ta victime, o celeste Beauté,
Blanche fille du Ciel, flambeau d'eternité.
Nul bon œil ne la voit qui transy ne se pasme [5] ;
Dans cette pasmoison s'esleve au ciel toute ame.
L'antousiasme [6] apprend à mieux connoistre et voir ;
Du bien vient le desir, du desir vient l'espoir,
De l'espoir le dessein, et du dessein les peines,
Et la fin met à bien les peines incertaines [7].
Mais n'est-il question de perdre que le vent
D'un vivre malheureux [8] qui nous meurtrit souvent,
Pour contenter l'esprit rendre l'ame delivre [9]
Des bourreaux, des menteurs qui se perdent pour vivre ?
Mourons et en mourant laissons languir tous ceux
Qui, en flattant nos Roys, acheptent malheureux

---

1. Entendez la Fausseté, le Mensonge. *Vanitas* a ce sens.
2. Qui lui sont habituels.
3. Je l'amène et la presente au public dans mon livre.
4. Le signalement auquel vous la reconnaitrez est le couteau dont peut-être sera frappé celui qui ..
5. *Transir* exprime : 1° l'engourdissement produit par le froid, 2° au fig. le saisissement produit par la crainte, puis par le respect et l'admiration ; MONTAIGNE : Il s'estonnera, il se transira... Étym. : *trans*, *ire*. Le sens primitif a été mourir ; passer, dit-on aussi en ce sens. *Chanson de Roland* : Enterrer les transiz (les morts), CHRISTINE DE PISAN. Ainsi transit la gloire du monde. — *Pâmer*, *se pâmer* de douleur, de joie, de rire, d'admiration. Étym. : *spasme*.
6. Sur cette orthographe voir l'APPENDICE Ier, X, 4°.
7. On désire, on espère, on veut faire connaître la vérité, et, y réussissant, on est heureux de la persécution dont on a couru le risque (les peines *incertaines*).
8. S'il ne s'agit que de perdre le souffle d'une vie malheureuse (*vivre* pris substantivement, comme *boire*, *manger*, *lever*, *coucher*, etc.).
9. Libre affranchie.

Les plaisirs de vingt ans d'une eternelle peine.
Qu'ils assiegent ardens une oreille incertaine,
Qu'ils chassent halletans ; leur curée et leur part[1]
Seront dire, promettre, et un double regard....
O ploiables[2] esprits, o consciences molles,
Temeraires joüets des vents et des paroles !
Vostre sang n'est point sang, voz cœurs ne sont point cœurs[3]...
(D'AUBIGNÉ, *Les Tragiques*, livre II.)

QUATRAINS MORAUX

I

Cil qui ingrat enuers toy se demonstre
Va augmentant le los[4] de ton bien-fait :
Le reprocher maint homme ingrat a fait,
C'est se payer que du bien faire monstre.

Si quelquefois le meschant te blasonne[5],
Que t'en chaut-il[6] ? Helas ! c'est ton honneur :
Le blasme prend la force du donneur[7] ;
Le los est bon quand un bon nous le donne.

Point ne te chaille[8] estre bon d'apparence,
Mais bien de l'estre à preuue[9] et par effect :
Contre un faulx bruit que le vulgaire faict
Il n'est rempart tel que la conscience.

A l'enuieux nul tourment ie n'ordonne :
Il est de soy le iuge et le bourreau ;
Et ne fut onc de Denys le taureau[10]
Supplice tel, que celuy qu'il se donne.

---

1. *Curée*, la portion de la bête que les veneurs abandonnent aux chiens. « Leur part » reproduit l'idée et explique l'emploi métaphorique de « curée ».
2. *Ploiable* est encore employé par PASCAL dans ses *Pensées*.
3. Nombre de métaphores hardies montrent combien la passion exaltait l'imagination du poète.
4. Voyez page 107, note 1.
5. Voyez page 86, note 4.
6. De *chaloir*, être d'importance, causer du souci. N'est plus employé, et encore avec une affectation d'archaïsme, qu'à la 3e personne du singulier du présent de l'indicatif, et impersonnellement. PASCAL, *Provinc.*, IX: Que vous en chaut-il ? — Etym.: *calere*, être chaud, désirer ardemment.
7. Le blâme ne vaut que ce que vaut celui qui l'inflige: *Ea vis est...* Donneur ne se prend guère qu'en mauvaise part: Donneurs d'embrassades frivoles (MOLIÈRE, *Mis.*, I, 1); donneurs d'avis (J.-J. ROUSSEAU, *Confessi.*).
8. Voyez même page, n. 6.
9. De façon à le prouver par tes actes.
10. C'est à Phalaris, tyran d'Agrigente, que l'antiquité attribue l'invention de ce supplice : il fit fabriquer par Perille, d'Athènes, un taureau

Ie ne vis onc prudence auec ieunesse,
Bien commander sans auoir obey,
Estre fort craint et n'estre pas hay,
Estre tyran et mourir de vieillesse.
                    (PIBRAC [1], *Quatrains moraux*.)

II

La main n'oblige point si le cœur ne l'ordonne,
Ce qui ne vient de luy n'a grace ni faueur,
Celuy donne beaucoup qui soy-mesme se donne,
Celuy ne donne rien qui reserue le cœur.

La vie que tu vois n'est qu'vne comedie
Où l'vn fait le César, et l'autre l'Arlequin [2] :
Mais la mort la finit tousiours en tragedie,
Et ne distingue point l'empereur du faquin [3].

Dresse de tes vertus, non de tes iours, le compte ;
Ne pense pas combien [4], mais comme aller tu dois.
Voy iusques à quel prix ta besongne se monte :
On iuge de la vie et de l'or par le poids.

Si la Parque t'attend [5] et ton séjour prolonge,
Par forme d'intérêt [6] elle te fait sentir

---

d'airain où il enfermait ses victimes qui y périssaient brûlées. La première victime fut le constructeur lui-même ; la dernière, l'inventeur.

1. VOLTAIRE a écrit des « Stances ou quatrains, pour tenir lieu de ceux de Pibrac qui ont un peu vieilli. » Il les a « rajeunis » par des antithèses souvent trop ingénieuses. La mâle naïveté du vieux moraliste vaut mieux que ses élégances fleuries. Quelques-uns de ses vers font pourtant assez bonne figure, même à côté de ceux de son devancier.

> Tout annonce d'un Dieu l'éternelle existence :
> On ne peut le comprendre, on ne peut l'ignorer ;
> La voix de l'univers annonce sa puissance,
> Et la voix de nos cœurs dit qu'il faut l'adorer.
>
> Réprimez tout emportement ;
> On se nuit alors qu'on offense,
> Et l'on hâte son châtiment
> Quand on croit hâter sa vengeance.
>
> Par un humble maintien qu'on estime et qu'on aime
> Adoucissez l'aigreur de vos rivaux jaloux ;
> Devant eux rentrez en vous-même,
> Et ne parlez jamais de vous.

2. Personnage de la comédie italienne.
3. « Ces grandes pièces qui se jouent sur la terre ont été composées dans le ciel, et c'est souvent un faquin (italien *facchino*, portefaix) qui en est l'Atrée ou l'Agamemnon » (BALZAC, 1597-1654, *Le Socrate chrestien*, VIII.)
4. Combien de temps, *quamdiu*.
5. Si la Parque ne te presse pas, ne hâte pas ta mort.
6. De compensation. Elle te fait payer cette prolongation de ta vie par les tourments, etc.

Des tourmens en effet, de l'allégresse en songe ;
Et qu'vne longue vie est vn long repentir.

Ou premiers, ou derniers, à tous la piste[1] est faite ;
Ou tost ou tard il faut qu'on se rende à ce port :
Qui commande la charge ordonne la retraitte ;
La loy qui fit la vie a fait aussi la mort.

Il tarde au pelerin [2] d'acheuer son voyage ;
Le marinier voudroit n'estre plus sur les eaux ;
Tout ouurier s'esiouït au bout de son ouvrage :
L'homme pleure approchant de la fin de ses maux.

D'vn éternel repos ta fatigue est suiuie ;
Ta servitude aura une ample liberté ;
Où se couche la Mort, là se leve la Vie ;
Et où le Temps n'est plus, là est l'Eternité.
(MATHIEU, *Quatrains de la vanité du monde, et
Tablettes de la vie et de la mort.*)

1. Piste, port, charge et retraite, triple métaphore appliquée à la vie qui aboutit à la mort. — *Piste*, 1° trace des animaux ou de l'homme sur le sol où ils ont marché. 2° ligne marquée que les chevaux doivent parcourir. Etym.: *pistus*, participe de *pinso*, piler, broyer. Cf. *terere solum, trita via*.

2. Etym.: *peregrinus*. Cf. pa*l*efroi, pa*r*afredus ; épi*t*re, epis*t*o*l*a ; apô*t*re, aposto*l*us, etc.

XVIIe SIÈCLE

LA POÉSIE AU XVIIe SIÈCLE

L'histoire littéraire du xviie siècle, comme son histoire politique, l'histoire de sa poésie, comme l'histoire de sa prose, se partage en deux périodes distinctes. La première comprend la fin du règne de Henri IV, mort en 1610, le règne de Louis XIII (1610-1643), la minorité et la jeunesse de Louis XIV (1643-1661); la seconde comprend le règne personnel de Louis XIV, mort en 1715. La première est, en littérature comme en politique, celle des précurseurs, dont quelques-uns sont des maîtres; la seconde est celle de la monarchie triomphante et de la perfection littéraire. La première peut être appelée, du nom du grand ministre qui gouverna pour le roi Louis XIII, le siècle de Richelieu; la seconde a été appelée « le siècle de Louis XIV ».

Première période (1600-1661). — Le « siècle de Louis XIV » hérita de la première période les odes et les stances, les règles et l'exemple du premier de nos anciens poètes lyriques, MALHERBE (1555-1628); — les œuvres de prix de quelques-uns de ses disciples fidèles, à la tête desquels est RACAN [1] (1589-1670), suivi de près par MAYNARD (mort en 1646), de plus loin par GOMBAULD (mort en 1666) et par GODEAU, évêque de Vence (mort en 1672): — les *Eglogues* de SEGRAIS (1625-1701), qui, venu après eux, mais avant Boileau, est avec Racan le seul poète pastoral du siècle; — les vers piquants et spirituels de VOITURE (1598-1648) et quelques pièces de SARRAZIN [2] (1603-1654), qui s'est fait aussi une place honorable parmi les prosateurs; — le souvenir et les services de l'HÔTEL DE RAMBOUILLET, qui, ouvert en 1608, réunit pendant quarante ans dans le salon de la marquise la noblesse de la cour et la fleur de la bourgeoisie, et qui, avant de compromettre et même de « ridiculiser » par des

---

1. LA FONTAINE dit de Malherbe et de Racan (*Fables*, III, 1):
> Ces deux rivaux d'Horace, héritiers de sa lyre,
> Disciples d'Apollon, nos maîtres, pour mieux dire.

Et ailleurs (*Epître* VIII):
> Malherbe avec Racan, parmi le chœur des anges,
> Là-haut de l'Eternel célébrant les louanges,
> Ont emporté leur lyre...

2. Par exemple l'Ode sur la prise de Lens (1648)

raffinements de mauvais aloi le nom respecté de « précieux » et de « précieuses » et le « prix » de ceux que l'on en avait salués, contribua à polir la langue, les esprits et les mœurs ; — l'ACADÉMIE FRANÇAISE, qui, née en 1630 dans le salon de Conrart, y avait grandi sans nom, et qui, sur la présentation et sous la garantie de Richelieu, fut constituée par lettres patentes du 22 janvier 1635 pour représenter dans l'Etat les lettres françaises et commencer l'œuvre nationale de son dictionnaire ; — un théâtre qui, encombré, dans le premier quart du siècle, des innombrables improvisations dramatiques de HARDY (1560-1630), s'était enrichi des heureux essais de TRISTAN L'HERMITE, de MAIRET, de DU RYER, et des productions de celui que Corneille appelait son « père », ROTROU (1609-1650), pour s'élever enfin jusqu'à la hauteur où, depuis *le Cid* (1636) jusqu'à *Polyeucte* (1640), le porta Pierre CORNEILLE (1606-1684) ; — et aussi, au-dessous de ces noms brillants ou souverains, bon nombre de poètes d'une imagination aventureuse ou d'un pédantisme malencontreux, tels que THÉOPHILE DE VIAU (1590-1626), SAINT-AMAND (1593-1660), le chantre fantaisiste des « goinfreries » et de *Moïse sauvé*, Georges DE SCUDÉRY (1601-1667), le chantre présomptueux d'*Alaric*, le Père LEMOYNE (1602-1671), à peine sauvé par une belle page de son *Saint Louis*, CHAPELAIN (1595-1674), perdu par sa *Pucelle* (1656), qui tous, entre deux maîtres sévères, Malherbe et Boileau, avaient fait des offenses de toute sorte au bon goût, en attendant l'heure où Molière, La Fontaine, Boileau et Racine allaient lui rendre ses droits, en dicter les lois et en donner les impérissables modèles.

Deuxième Période (1661-1715). — Le « siècle de Louis XIV » commença avec le règne personnel du roi (1661), les débuts de Boileau (1660) et l'arrivée de Molière et de Racine à Paris (1658-1662), que devait suivre bientôt la publication du premier recueil de *Fables* de La Fontaine (I-VI, 1668).

Il manque à sa gloire, — et la poésie lyrique, qui ne peut revendiquer que les chœurs d'*Esther* et d'*Athalie*, — et la poésie épique, compromise plutôt qu'honorée par les auteurs oubliés d'un *Jonas*, d'un *David*, d'un *Charlemagne*, d'un *Childebrand*[1], etc., — et la poésie pastorale, dénaturée par les abstractions morales de Mme DES HOULIÈRES et par les mièvreries galantes de Fontenelle et de La Motte, qui sauront d'ailleurs, dans le siècle suivant, acquérir des titres sérieux ; — et nous ajouterions, la poésie élégiaque, n'était l'immortelle *Elégie aux Nymphes de Vaux* de La Fontaine, qui ne pouvait avoir le sort de ces élégies de Mme DE LA SUZE, écrites, dit Boileau, « avec un agrément infini » et cependant oubliées aujourd'hui.

Mais BOILEAU (1636-1711) lui donne la Satire et l'Epître, un poème didactique (*l'Art poétique*), un chef-d'œuvre dans le genre secon-

---

1. Voyez BOILEAU, *Sat.* IX, 91 sqq. ; *Ep.* IX, 170 ; *A. Poétiq*, III, 242 etc.

laire du poème héroï-comique (*le Lutrin*); — RACINE (1639-1699), la perfection de la Tragédie classique astreinte à la loi des trois unités, où Corneille, quoique « vieilli[1] », jette encore des éclairs, — MOLIÈRE (1622-1673), la perfection de la Comédie, n'était la hâte de quelques dénouements; — LA FONTAINE (1621-1695), la perfection de la Fable sans restriction; — et, si l'on veut encore, QUINAULT (1635-1688), le degré de perfection que peut ambitionner la poésie d'opéra.

Le théâtre a été la passion du XVIIe siècle tout entier. Après Racine et Molière, on n'a pas le droit d'oublier : — dans la tragédie, Thomas CORNEILLE (1625-1709), qui soutient honorablement un grand nom; LA FOSSE, DUCHÉ, CAMPISTRON, LONGEPIERRE, qui s'en font un passager, mais estimable; — dans la Comédie, les acteurs-poètes, MONTFLEURY, HAUTEROCHE, BARON, élevé par Molière; QUINAULT et BOURSAULT, avec lesquels Boileau finit par se réconcilier; BRUEYS et PALAPRAT, dont le *Grondeur* est, dit Voltaire, « supérieur à toutes les farces de Molière » et dont *l'Avocat Patelin* nous rendit la célèbre farce du XVe siècle; DUFRÉNY et DANCOURT, qui savent avoir de la verve, du naturel et de l'esprit. — Tous, qu'ils aient écrit en prose ou en vers, sont effacés par le second de nos poètes comiques, REGNARD (1655-1709), qui donna deux chefs-d'œuvre, l'un à la comédie d'intrigue (*le Légataire universel*), l'autre à la comédie de caractère (*le Joueur*), et qui faisait rire Boileau, vieux et difficile.

C'est sur ce nom que doit se terminer la revue des poètes du XVIIe siècle. Ceux du spirituel abbé de CHAULIEU (1630-1720); de l'élégant marquis DE LA FARE (1663-1712) et de l'ingénieux SENECÉ (1643-1737) relient, par le salon de la duchesse du Maine, ouvert avant, pendant et après la Régence, le siècle de Louis XIV au siècle de Voltaire.

MALHERBE

1555-1628

Rouen devait donner Pierre Corneille, Caen donne François de MALHERBE à la poésie française. Gentilhomme et catholique, il alla servir la Ligue en Provence; il y combattit, il s'y maria, il y fit des vers. Après avoir séjourné tantôt à Aix, tantôt à Caen, signalé à Henri IV comme « excellent poète », il fut attiré à la cour, où il appartint d'abord à la maison de M. de Bellegarde, grand écuyer, puis, en qualité de gentilhomme de la chambre, à la maison du roi. C'est en 1605 qu'il commença à Paris, entouré de quelques disciples, à jouer, en maître sévère et quelque peu intolérant, le rôle de réformateur de la langue et de la poésie, publiant à de

---

1. BOILEAU, *Ep.* VII, 42.

rares intervalles un petit nombre d'*odes*, de *stances*, de *sonnets*, etc., bagage mince, mais de haut prix, qui, malgré les brillantes rencontres des J.-B. Rousseau et des Le Brun au xviiie siècle, lui assure, jusqu'à l'éclatante rénovation du xixe, le premier rang dans notre poésie lyrique. Ces œuvres éparses, auxquelles il faut ajouter des traductions de Sénèque (*Des Bienfaits, Lettres à Lucilius*) et de Tite-Live (XXXIIIe livre), furent réunies pour la première fois après sa mort dans l'édition de 1630.

Nous suivons et citons l'édition de M. L. Lalanne (5 vol. in-8º, dans la collection Ad. Regnier des Grands Ecrivains de la France).

CONSOLATION À MONSIEUR DU PÉRIER [1]

gentilhomme d'Aix en Provence,

SUR LA MORT DE SA FILLE

STANCES [2]

Ta douleur, du Périer, sera donc éternelle,
    Et les tristes discours
Que te met en l'esprit l'amitié paternelle
    L'augmenteront toujours?

Le malheur de ta fille au tombeau descendue
    Par un commun trépas,
Est-ce quelque dédale [3] où ta raison perdue
    Ne se retrouve pas?

Je sais de quels appas [4] son enfance étoit pleine,
    Et n'ai pas entrepris,
Injurieux ami, de soulager ta peine
    Avecque son mépris [5].

---

1. François du Périer, fils d'un avocat au Parlement d'Aix, était un grand ami de Malherbe, qui en parle souvent dans ses lettres. Son neveu, Charles du Périer, fort goûté de Ménage, cultiva avec succès la poésie latine. — La date de ces stances doit être placée entre 1599 et 1607.

2. « Nombre déterminé de vers qui forment un sens complet, et qui sont assujettis, pour le genre de vers et pour la rime à un certain ordre qui se répète dans toute la pièce. » (LITTRÉ). — Le rythme des « Stances à Du Périer » (c'est sous ce nom qu'elles sont célèbres), se brisant deux fois sur le petit vers de 6 syllabes convient à l'expression de la douleur et des idées qui, comme celles qu'exprime Malherbe, s'y rapportent. Elle ne comporterait pas l'ampleur sonore des longues strophes et des larges périodes. — Cf. le distique formé de l'hexamètre et du pentamètre latins appropriés à l'élégie.

3. Le nom de Dédale, constructeur du labyrinthe de Crète, a passé à toute espèce de labyrinthe (comme le nom du Méandre, fleuve de Phrygie, est devenu synonyme de détours, sinuosités), et, au fig., signifie complications, embarras. Le dédale des lois (BOILEAU), des cœurs (LA FONTAINE). Dédale de difficultés, etc.

4. *Attraits*. C'est le pluriel de *appât*, dont s'est distingué, depuis le XVIIe siècle, *appâts* (Étym.: *ad, pastum*, de *pasco*, pâture pour attirer le gibier et le poisson).

5. En la dépréciant injurieusement.

Mais elle étoit du monde, où les plus belles choses
    Ont le pire destin ;
Et rose elle a vécu ce que vivent les roses,
    L'espace d'un matin [1].

Puis, quand ainsi seroit [2] que, selon ta prière,
    Elle auroit obtenu
D'avoir en cheveux blancs terminé sa carrière,
    Qu'en fût-il advenu ?

Penses-tu que, plus vieille, en la maison céleste
    Elle eût eu plus d'accueil [3] ?
Ou qu'elle eût moins senti la poussière funeste [4]
    Et les vers du cercueil ?

Non, non, mon [5] du Périer, aussitôt que la Parque
    Ote l'âme du corps,
L'âge s'évanouit au deçà [6] de la barque,
    Et ne suit point les morts...

Ne te lasse donc plus d'inutiles complaintes [7],
    Mais, sage à l'avenir,

---

1. Cf. *Les larmes de saint Pierre*, V, 191 :
    ... Si de faire bien ils n'eurent pas l'*espace*,
    Ils n'eurent pas le *temps* de faire mal aussi.

Spatium s'applique aussi aux lieux et au temps. — On raconte, dit M. Lalanne, que Malherbe avait d'abord écrit :
    Et Rosette a vécu ce que vivent les roses ;
qu'à l'imprimerie on déchiffra mal le manuscrit, et l'on mit *Roselle*; qu'en lisant l'épreuve à haute voix le poète fut frappé de ce changement et écrivit le vers tel qu'il est aujourd'hui. Cette anecdote semble, ajoute-t-il, démentie par la rédaction primitive imprimée ainsi :
    Mais elle étoit du monde où les plus belles choses
        Font le moins de séjour,
    Et ne pouvoit Rosette être mieux que les roses
        Qui ne vivent qu'un jour.
La fille de du Périer s'appelait d'ailleurs Marguerite. Le poète, bien inspiré, a refait son vers.

2. Quand même il serait arrivé qu'elle eût obtenu...

3. On dirait auj. qu'elle *eût reçu* plus..., qu'*on lui eût fait* plus d'accueil. *Mon accueil* s'emploie auj. dans le sens de l'accueil que je fais. Malherbe l'a employé ailleurs dans le sens de l'accueil que je reçois.

4. Moins ressenti le changement du cadavre (*funus*) en poussière.

5. Cet emploi de *mon* devant un nom d'ami est constant chez les poètes du XVIe siècle, Ronsard, Du Bellay, etc.

6. De ce côté-ci de..., avant d'entrer dans la barque. VAUGELAS : La Savoie est pour nous au deçà des Alpes. — Auj. *en deçà*.

7. *De* équivaut à *par*. Ne t'épuise pas en plaintes. Ne pas se lasser *de...* signifierait auj. : Ne pas renoncer par lassitude à... On dirait aussi, auj., dans le premier sens : Ne te lasse pas à te plaindre ; dans le second, ne te lasse pas *de* te plaindre. — Mais, actif, le verbe peut, dans le même sens, être suivi de *de* ou de *par* : lasser quelqu'un *de* ou *par* ses plaintes.
— *Complainte* ne s'emploie plus que dans le sens de : chanson populaire

Aime une ombre comme ombre, et des cendres éteintes
Éteins le souvenir.

C'est bien, je le confesse, une juste coutume [1]
　　Que le cœur affligé,
Par le canal des yeux vidant son amertume,
　　Cherche d'être allégé [2].

Même quand il advient [3] que la tombe sépare
　　Ce que nature a joint,
Celui qui ne s'émeut a l'âme d'un barbare,
　　Ou n'en a du tout point [4].

Mais d'être [5] inconsolable et dedans sa mémoire
　　Enfermer un ennui,
N'est-ce pas se haïr pour acquérir la gloire
　　De bien aimer autrui [6] ?

De moi [7] déjà deux fois d'une pareille foudre
　　Je me suis vu perclus [8] ;
Et deux fois la raison m'a si bien fait résoudre [9]
　　Qu'il ne m'en souvient plus [10].

---

sur quelque tragique événement. — MALHERBE blâme chez DESPORTES l'emploi qu'il fait lui-même ici de ce mot.

1. Malherbe dit ailleurs (*Consolation à Caritée*, stances) :
　　Pourquoi donc, si peu sagement
　　Démentant votre jugement,
　　Passez-vous en cette amertume
　　Le meilleur de votre saison (de votre vie),
　　Aimant mieux plaindre par *coutume*
　　Que vous consoler par raison ?
Malherbe s'est-il inspiré de la *Consolation à Marcia* de ce Sénèque, qu'il aimait à traduire ? « Ego confligere cum mœrore constitui, et defessos exhaustosque oculos, si verum audire vis, magis jam ex *consuetudine* quam ex desiderio fluentes, continebo, si fieri potuerit, te favente remediis tuis; sin minus, vel invita. » (I.)

2. Auj. chercher *à*, MOLIÈRE (*Don Juan*, III, 6) dit de même *chercher de* — Voyez page 41, note 4. — MALHERBE dit aussi *penser de* suivi de l'infinitif (*Poésies*, X).

3. Malherbe dit ailleurs *avienne, avenir*. *Advenir* a prévalu contre *avenir*; *aventure* contre *adventure*.

4. Pour *pas du tout*. MALHERBE l'emploie aussi en prose (trad. du *De Beneficiis* de Sénèque).

5. *De* suivi d'un infinitif annonce ce qui suit : tour fréquent au XVIIe siècle. Voyez page 26, note 5.

6. Sénèque, *loco cit.*, V : Ne, obsecro te, concupieris perversissimam gloriam infelicissimam videri. LA ROCHEFOUCAULD parle de « l'affliction de certaines personnes qui aspirent à la *gloire* d'une belle et immortelle douleur. »

7. [Quant à ce qui est] de moi, pour moi, auj. inusité.

8. Malherbe avait perdu un fils en 1587, une fille en 1599. — On dirait auj.: d'un pareil *coup de foudre*. — *Perclus*, paralysé. Etym. : *percludere*, clore, fermer entièrement. *Perclure* s'est dit. Perclus de ses membres. Perclus d'esprit (RÉGNIER). Cerveau perclus (BOILEAU).

9. *Résoudre*, pour *se résoudre*, est blâmé par MALHERBE chez DESPORTES.

10. Il ne se consola pas si facilement la perte de son fils Marc-An

Non qu'il ne me soit grief [1] que la tombe possède
    Ce qui me fut si cher ;
Mais en un accident [2] qui n'a point de remède
    Il n'en faut point chercher.

La Mort a des rigueurs à nulle autre pareilles :
    On a beau la prier ;
La cruelle qu'elle est se bouche les oreilles,
    Et nous laisse crier [3].

Le pauvre en sa cabane, où le chaume le couvre,
    Est sujet à ses lois ;
Et la garde qui veille aux barrières du Louvre
    N'en défend point nos rois [4].

De murmurer contre elle et perdre patience
    Il est mal à propos ;
Vouloir ce que Dieu veut est la seule science
    Qui nous met en repos.

                    (*Poésies*, XI.)

PRIÈRE POUR LE ROI HENRI LE GRAND ALLANT EN LIMOUSIN [5]

STANCES

O Dieu, dont les bontés de nos larmes touchées
Ont aux vaines fureurs les armes arrachées [6],

---

toine, tué en duel à l'âge de 27 ans en 1627. Il mourut deux ans après. — Voyez un sonnet, *infra*.

1. Lourd à supporter, douloureux. Etym. : *gravis*. S'est écrit et prononcé *gref*, d'où *grever*, et est encore ici compté pour une syllabe. — Voy. APPENDICE Ier, X, 120.

2. BOSSUET applique encore ce mot (1º événement fortuit, 2º événement malheureux), qui auj. serait insuffisant pour désigner un *malheur* de cette nature, à l'événement de la « nuit désastreuse », de la « nuit effroyable » qui enleva la duchesse d'Orléans : *étrange accident, tragique accident*, dit-il.

3. Variante :
    La Mort d'un coup fatal toute chose moissonne,
        Et l'arrêt souverain,
    Qui veut que sa rigueur ne connoisse personne,
        Est écrit en airain.

L'énergie de ce dernier vers ne suffit pas à faire regretter cette strophe, heureusement remplacée par l'originale familiarité de la strophe définitive.

4. Cf. HORACE, *Od.*, I, 4, 13 :
    Pallida Mors æquo pulsat pede pauperum tabernas
        Regumque turres.

5. En septembre 1605, Henri IV partit avec des troupes pour y tenir les « grands jours », assises extraordinaires de justice. Fléchier a raconté les « ⟨Gra⟩nds Jours d'Auvergne » tenus à Clermont-Ferrand en 1665-1666.

6. Voyez page 17, note 2.

Et rangé l'insolence aux pieds de la raison [1],
Puisque à rien d'imparfait ta louange n'aspire,
Achève ton ouvrage au bien de cet empire [2],
Et nous rends l'embonpoint comme la guérison [3]

Nous sommes sous un roi si vaillant et si sage,
Et qui si dignement a fait l'apprentissage
De toutes les vertus propres à commander,
Qu'il semble que cet heur nous impose silence,
Et qu'assurés par lui de [4] toute violence,
Nous n'avons plus sujet de te rien demander...

Un malheur inconnu glisse [5] parmi les hommes,
Qui les rend ennemis du repos où nous sommes :
La plupart de leurs vœux tendent au changement ;
Et, comme s'ils vivoient des misères publiques,
Pour les renouveler ils font tant de pratiques [6]
Que qui n'a point de peur n'a point de jugement.

En ce fâcheux état ce qui nous réconforte [7],
C'est que la bonne cause est toujours la plus forte,

---

1. *Ranger*, mettre en un rang, disposer, arrive au sens de ramener à, réduire, soumettre. Ranger à la raison, au devoir.

2. A est constamment employé dans le XVIIe siècle comme équivalent d'une préposition suivie de l'article. Ici *pour le* bien. Cf. *infrà*, paraphrase du psaume CXLV : Espérer aux promesses.

3. Quand deux impératifs se suivent, l'usage constant du XVIIe siècle est de faire précéder le second du pronom qu'il régit. V. APPEND. Ier, XI. — *Embonpoint*, substantif formé de *en bon point* (Cf. *mal en point*, LA FONTAINE, XII, 17), en bon état. Notez l'anomalie de l'orthographe qui, logiquement, serait *embompoint*. — Cf. page 101, vers 4.

4. Latinisme: *tutus à vi*. Auj. n'anrait que le sens de : certains de...

5. Le premier sens est: couler sur un corps gras ou lisse (Etym.: l'allem. *glitschen*). La première forme a été *glacier* et *glicier*, du latin *glacies*. — Au fig. pénétrer, s'insinuer, se répandre. FÉNELON, *Tél.*, VII : Ces paroles firent *glisser* l'espérance jusqu'au fond des entrailles de Calypso. RACINE, *Phèdre*, III, 1 :

Et l'espoir malgré moi s'*est glissé* dans mon cœur.

6. (Etym. *practica*, πρακτικός, de πράσσω) pris dans le sens de menées, intelligences secrètes avec l'ennemi, avec un parti. BOSSUET : Les sourdes pratiques des Tarquins. LA FONTAINE. V, 19 :

Le renard ménager de secrètes pratiques

RACINE, *Esth.*, I, 1 :

J'ai découvert au roi les sanglantes pratiques
Que formoient contre lui deux ingrats domestiques.

AMYOT, *Alex.* : Parmenion lui escrivit une lettre par laquelle il l'avertissoit qu'il se donnast bien garde de ce Philippus, pource qu'il avoit été *pratiqué et gagné* par Darius. — Le second verbe explique le premier. (Voyez notre Recueil de prosateurs, p. 33, n. 5.)

7. Avoir du réconfort, recevoir du réconfort (MALHERBE, *passim*). J'ai besoin de réconfort (Mme DE SÉVIGNÉ).

Et qu'un bras si puissant l'ayant pour son appui,
Quand la rébellion plus qu'une hydre féconde
Auroit pour le combattre assemblé tout le monde[1],
Tout le monde assemblé s'enfuiroit devant lui[2].

La rigueur de ses lois, après tant de licence,
Redonnera du cœur à la faible innocence,
Que dedans[3] la misère on faisoit envieillir[4].
A ceux qui l'oppressoient[5] il ôtera l'audace ;
Et, sans distinction de richesse ou de race,
Tous de peur de la peine auront peur de faillir[6].

La terreur de son nom rendra nos villes fortes,
On n'en gardera plus ni les murs ni les portes,
Les veilles cesseront au sommet de nos tours ;
Le fer mieux employé cultivera la terre[7],
Et le peuple, qui tremble aux frayeurs de la guerre,
Si ce n'est pour danser, n'orra[8] plus de tambours.

1. Allusion à l'hydre de Lerne dont les têtes renaissaient à mesure qu'on les abattait. La « dernière tête de l'hydre civile » (MALHERBE, VII). L'hydre du peuple (VOLTAIRE, *Mérope*). L'hydre toujours renaissante des alliés (ID., *Siècle de L. XIV*). L'hydre de l'hérésie (CHATEAUBRIAND). L'hydre des factions (V. HUGO). CORNEILLE, *Cinna*, IV, 3 :
    Rome a pour ma ruine une hydre trop fertile :
    Une tête coupée en fait renaître mille.

2. L'oreille sent facilement l'allure rapide du second hémistiche qui contraste avec la fermeté des deux hémistiches précédents. N'est-ce pas déjà la plénitude et le mouvement des amples et harmonieuses périodes de Racine ? Cf. *Esther*, 1, 3 :
    Et les foibles mortels, vains jouets du trépas,
    Sont tous devant ses yeux comme s'ils n'étoient pas.

3. Voyez APPENDICE Ier, v. — *Dedans* était et a cessé d'être préposition. Ceux qui ont la foi dedans le cœur (PASCAL). Je lis dedans son âme (MOLIÈRE). CORNEILLE, *Horace*, IV, 5 :
    Va dedans les enfers plaindre ton Curiace.
LA FONTAINE, II, 2 :
    Tant il en avoit mis dedans la sépulture.

4. Mot inusité auj., et à regretter. Je me suis envieilli et assagi (MONTAIGNE). Pêcheurs envieillis (PASCAL). Plaies envieillies (MASSILLON).

5. *Oppresser* a perdu auj. le sens d'*opprimer*, et n'a conservé que celui de 1° gêner la respiration, 2° comprimer et serrer, comme serre l'angoisse morale : le cœur oppressé de chagrin.

6. On a dit :
    Oderunt peccare mali formidine pœnæ,
HORACE avait dit (*Épîtres*, I, 16, v. 32) :
    Oderunt peccare boni virtutis amore.

7. Cf. RONSARD, page 48, et VAUQUELIN, page 58.

8. Futur de *ouïr*. Malherbe emploie encore : *oyant* ; *j'oi* (ou *j'ois*), il *oit* ; nous *oyons*, vous *oyez* ; il *ouït* (prétérit) ; il *orroit*, *oyez*. — LA FONTAINE, *ouït* ; CORNEILLE, *orra*, *oyez* ; RACINE, *ouïr* ; BOSSUET, *ouï* ; etc. — N'est plus usité que dans *ouï-dire*. — Étym. : *Audire*.

6e, 5e, 4e CL.

Loin des mœurs de son siècle il bannira les vices,
L'oisive nonchalance et les molles délices
Qui nous avoient portés jusqu'aux derniers hasards.
Les vertus reviendront de palmes couronnées,
Et ses justes faveurs, aux mérites données,
Feront ressusciter l'excellence [1] des arts.

La foi de ses aïeux, ton amour et ta crainte [2],
Dont il porte dans l'âme une éternelle empreinte [3],
D'actes de piété ne pourront l'assouvir.
Il étendra ta gloire autant que sa puissance ;
Et, n'ayant rien si cher [4] que ton obéissance,
Où tu le fais régner, il te fera servir.

Tu nous rendras alors nos douces destinées ;
Nous ne reverrons plus ces fâcheuses années
Qui pour les plus heureux n'ont produit que des pleurs.
Toute sorte de biens comblera nos familles ;
La moisson de nos champs lassera nos faucilles,
Et les fruits passeront la promesse des fleurs...

Qu'il vive donc, Seigneur, et qu'il nous fasse vivre !
Que de toutes les peurs nos âmes il délivre ;
Et, rendant l'univers de son heur étonné,
Ajoute chaque jour quelque nouvelle marque
Au nom qu'il s'est acquis du plus rare monarque
Que ta bonté propice ait jamais couronné !...

(*Poésies*, XVIII.)

ODES A LA REINE MARIE DE MÉDICIS [5]

I

Sur sa bienvenue en France (1600)

Peuples, qu'on mette sur la tête
Tout ce que la terre a de fleurs ;

---

1. La perfection.
2. *Ton, ta*, pris dans le sens passif : *tui amorem...*
3. *Impressa animo*, auraient dit les Latins.
4. Auj. *de si cher*. « Au XVIIe siècle *rien* et *personne* étaient suivis immédiatement de l'adjectif. » (CHASSANG, *Gr. fr.*, 405, IV.). — Dans le patois picard on dit encore : Je vous ai cher. Latinisme : Amare aliquem carumque habere (CICÉRON, *Ad. Famil.* IV, 7.).
5. Née en 1573, fille du grand-duc de Toscane ; veuve du roi Henri IV en 1610, elle exerça la régence pendant la minorité de son fils Louis XIII. — Malherbe qui a déroulé avec tant de puissance les stances de six ale-

Peuples, que cette belle fête
A jamais tarisse nos pleurs ;
Qu'aux deux bouts du monde se voie
Luire le feu de notre joie ;
Et soient dans les coupes noyés [1]
Les soucis de tous ces orages
Que pour nos rebelles courages
Les Dieux nous avoient envoyés [2]...

Ce sera vous qui de nos villes
Ferez la beauté refleurir,
Vous qui de nos haines civiles
Ferez la racine mourir ;
Et par vous la paix assurée
N'aura pas la courte durée
Qu'espèrent infidèlement [3],
Non lassés de notre souffrance,
Ces François qui n'ont de la France
Que la langue et l'habillement [4]....

(*Poésies*, XII, str. 1 et 10.)

II

Sur les heureux succès de sa régence (1610).

. . . .

Assez de funestes batailles
Et de carnages inhumains
Ont fait en nos propres entrailles
Rougir nos déloyales mains ;
Donne ordre que [5] sous ton génie

---

xandrins, ne déploie pas moins magistralement, après Ronsard, la plus heureuse des strophes lyriques de la poésie française, composée de dix vers de huit syllabes. La brièveté des vers, l'étendue de la période, l'habile agencement des rimes, font de cette strophe la plus propre à donner à l'expression de la pensée la vivacité du mouvement lyrique, l'ampleur du développement, la plénitude, la variété et la richesse de l'harmonie.

1. *Nunc est bibendum*, dit aussi HORACE, *Od.*, I, 37, vers 1.
2. *Ces orages.* Allusion aux longues dissensions civiles de la fin du siècle. — *Pour...*, en punition et en expiation de... — *Courages*, s'est employé longtemps encore au XVIIe siècle dans le sens de *cœurs*. Voyez page 62, note 2. — *Les Dieux.* L'usage a conservé ce pluriel illogique, imitation du latin, dans Grands Dieux ! Justes Dieux !
3. Infidèles à leur devoir, traîtres à leur roi et à leur patrie.
4. Le mariage du roi avec la nièce d'un pape avait été une mesure politique destinée à rassurer le parti catholique qui avait si longtemps, dans les guerres civiles et religieuses, appelé et introduit les Espagnols en France, pendant que le parti protestant y appelait les Allemands.
5. Mettre, donner ordre à..., ou que..., faire en sorte que, pourvoir à ce que. CORNEILLE, *Nicom.*, II, 3 : Donnez ordre qu'il règne.

Se termine cette manie [1];
Et que, las de perpétuer
Une si longue malveuillance [2],
Nous employions notre vaillance
Ailleurs [3] qu'à nous entre-tuer.

La Discorde aux crins [4] de couleuvres,
Peste fatale aux potentats,
Ne finit ses tragiques œuvres
Qu'en la fin même des Etats;
D'elle naquit la frénésie [5]
De la Grèce contre l'Asie,
Et d'elle prirent le flambeau
Dont ils désolèrent leur terre
Les deux frères de qui la guerre
Ne cessa point dans le tombeau [6].

C'est en la paix que toutes choses
Succèdent [7] selon nos désirs;
Comme au printemps naissent les roses,
En la paix naissent les plaisirs;
Elle met les pompes [8] aux villes,
Donne aux champs les moissons fertiles,
Et, de la majesté des lois
Appuyant les pouvoirs suprêmes,
Fait demeurer les diadèmes
Fermes sur la tête des rois.

(*Poésies*, LIII, str. 10, 11, 12.)

1. Que sous ton influence tutélaire cette folie prenne fin. Etym.: μανία, folie, égarement. *Manie*, avec différentes épithètes, a été appliqué aux transports de l'inspiration poétique.
2. *Sic.* Malveillance, comme tant d'autres mots, tels que ennui, gêne, étonner, etc., a auj. perdu de sa force. Il avait celle du latin *infensus animus, invidia.*
3. Autrement (sur un autre point, un autre objet) que...
4. *Crins*, appliqué à l'homme, est très familier en prose; appliqué à tout autre être que l'homme, est usité en poésie. LA FONTAINE: Phébus aux crins dorés. A. CHÉNIER: La comète aux crins étincelants. — Voyez RONSARD, page 51, note 9.
5. *Frénésie* (Etym.: φρήν, diaphragme, puis entrailles, cœur, esprit, pensée) a signifié d'abord une maladie, le délire; puis un emportement furieux de l'esprit.
6. Etéocle et Polynice. Les flammes, en s'élevant de leurs corps consumés sur le bûcher, se séparèrent, dit la légende.
7. Du latin *succedere*, aboutir, puis aboutir à bonne fin, réussir. Le substantif *succès* a aussi ces deux sens.
8. Fêtes pompeuses. Etym. *pompa*, πομπή (de πέμπω, envoyer), convoi, défilé, cortège brillant.

III

A l'occasion de la « guerre des princes » (1614)

Si quelque avorton de l'envie
Ose encore lever les yeux,
Je veux bander[1] contre sa vie
L'ire de la terre et des cieux ;
Et dans les savantes oreilles
Verser de si douces merveilles
Que ce misérable corbeau,
Comme oiseau d'augure sinistre,
Banni des rives de Caïstre[2],
S'aille cacher dans le tombeau.

Venez donc[3], non pas habillées
Comme on vous trouve quelquefois,
En jupe dessous les feuillées
Dansant au silence des bois[4].
Venez en robes, où l'on voie
Dessus[5] les ouvrages de soie
Les rayons d'or étinceler ;
Et chargez de perles vos têtes
Comme quand vous allez aux fêtes
Où les Dieux vous font appeler.....

Suit l'éloge de la reine et la glorification de sa régence. Nous en détachons deux strophes.

1. Tendre fortement comme un arc, *intendere iram in...* On dit : bander son esprit, *intendere animum*.
2. C'est-à-dire chassé de la société des poètes. Le Caïstre est un fleuve d'Asie Mineure qui se jette dans la mer près d'Ephèse. Les marais et les prairies de ses rives étaient le séjour d'oiseaux nombreux, et surtout des cygnes, emblèmes consacrés de la poésie (HORACE, *Od.*, IV, 2 : *Dircæum cycnum* (Pindare) ; VIRGILE a été dit le « cygne de Mantoue ». — Sur le Caïstre, voy. HOMÈRE, *Il.*, II, 459 ; VIRGILE, *G.*, I, 384.
3. Le poète s'adresse aux Muses, sans les nommer. Cette Ode, dont cette strophe et la précédente sont le commencement, tel que nous l'avons, n'est qu'un fragment, dit Ménage d'après Racan : ainsi s'expliquent les lacunes qu'on y trouve, et en particulier celle que nous signalons. — On remarquera un contraste frappant entre l'énergie hautaine de la première strophe et la grâce de la seconde.
4. Sur *où*, voyez p. 48, n. 2, et page 49, n. 3. — Cf. ces vers avec ceux de RONSARD, page 41.
5. Cf. *Dedans*, p. 129, n. 3. — *Dessus* et *dessous* ont cessé d'être prépositions, comme ils le sont, où on emploierait auj. *sur* et *sous*, dans :

Comme un mouton qui va dessus la foi d'autrui.
(LA FONTAINE, II, 10.)
Le lièvre étoit gîté dessous un maître chou.
(ID., IV, 4.)

Ce n'est point aux rives d'un fleuve,
Où dorment les vents et les flots [1],
Que fait sa véritable preuve
L'art de conduire les vaisseaux ;
Il faut en la plaine salée [2]
Avoir lutté contre Malée [3],
Et près du naufrage dernier [4]
S'être vu dessous les Pléiades [5]
Eloigné de ports et de rades,
Pour être cru bon marinier.....

La paix ne voit rien qui menace
De faire renaître nos pleurs ;
Tout s'accorde à notre bonace [6],
Les hivers nous donnent des fleurs ;
Et si les pâles Euménides [7],
Pour réveiller nos parricides,
Toutes trois ne sortent d'enfer,
Le repos du siècle où nous sommes
Va faire à la moitié des hommes
Ignorer que c'est [8] que le fer......

(*Poésies*, LXIV, str. 1, 2, 7, 13.)

1. Racine, *Iphig.*, I, 1 :
   Mais tout dort, et l'armée, et les vents, et Neptune.
2. *Salsum æquor*; *salis Ausonii æquor* (Virgile, *Æn.*, III, 385).
3. Promontoire de Laconie. Virgile, *Æn.*, V, 193 :
   .... Maleæque sequacibus undis.
4. S'être vu près de faire le plus terrible des naufrages. *Dernier* se prend dans le sens de *extrême*, ou le meilleur ou le pire. Les « dernières tendresses » (Molière, *Mis.*, I, 1). Les derniers malheurs, le dernier des crimes.
5. Groupe de six étoiles qui sont dans la constellation du Taureau, d'avril à novembre. Etym. : Πλειάδες, de πλέω, naviguer. Avec leur lever annuel commençait la navigation, et aussi les chances de tempêtes, d'où leurs épithètes *nimbosæ*, *procellosæ*, *tristes*, etc. — *Dessous*. Voyez p. 133, n. 5.
6. Tout concourt au calme de la paix. *Bonace*, proprement calme de la mer après un orage. Mot perdu, fréquent au sens figuré dans Malherbe, et employé par d'autres poètes. Corneille, *Le menteur*, II, 5 :
   Je changeois d'un seul mot la tempête en bonace.
7. Les Furies (Alecto, Mégère, Tisiphone), ainsi nommées par antiphrase et euphémisme (εὖ, bien ; μένος, cœur, caractère).
8. Voyez l'Appendice Ier, VIII.

PARAPHRASE DU PSAUME CXLV [1]

Vanité des grandeurs humaines

N'espérons plus, mon âme, aux promesses du monde :
Sa lumière est un verre [2], et sa faveur une onde
Que toujours quelque vent empêche de calmer [3].
Quittons ces vanités, lassons-nous de les suivre :
      C'est Dieu qui nous fait vivre ;
      C'est Dieu qu'il faut aimer.

En vain, pour satisfaire à nos lâches envies,
Nous passons près des rois tout le temps de nos vies
A souffrir les mépris et ployer les genoux [4];
Ce qu'ils peuvent n'est rien : ils sont, ce que nous sommes,
      Véritablement hommes,
      Et meurent comme nous.

Ont-ils rendu l'esprit, ce n'est plus que poussière
Que cette majesté si pompeuse et si fière
Dont l'éclat orgueilleux étonnoit [5] l'univers ;
Et dans ces grands tombeaux, où leurs âmes hautaines
      Font encore les vaines,
      Ils sont mangés des vers.

Là se perdent ces noms de maîtres de la terre,
D'arbitres de la paix, de foudres de la guerre [6] :
Comme ils n'ont plus de sceptre, ils n'ont plus de flatteurs ;
Et tombent avec eux d'une chute commune

---

1. Ou, plus exactement, de ses trois premiers versets. Cf. J.-J. Rousseau (I, 9) très inférieur à son devancier. — Le rythme, plein dans les quatre alexandrins, se brise brusquement sur deux vers d'une allure courte et ferme.

2. Cf. Corneille, *Polyeucte*, IV, 2 :

    Allez, honneurs, plaisirs, qui me livrez la guerre,
      Toute votre félicité,
      Sujette à l'instabilité,
      En moins de rien tombe par terre,
      Et, comme elle a l'éclat du verre,
      Elle en a la fragilité.

3. En termes techniques de marine, *calmer* se prend comme neutre : La mer a calmé.

4. *Ployer*, autre forme de *plier* (de *plicare*). On disait de même au moyen âge *lier* ou *loier*, *prier* ou *proier*. On pourrait ajouter que, dans l'usage, *plier* signifie mettre en deux ; *ployer* fléchir, courber. Le premier est le résultat du second. Cf. Desportes *Plaisirs des Champs*, v. 10.

5. Stupéfiait, tenait immobile et comme anéanti. Cf. p. 16, n. 5.

6. On voit que c'est « de *la* paix » qui a amené « de *la* guerre ». Ordinairement *foudre de guerre*. On a quelquefois appelé les canons foudres *de la* guerre.

> Tous ceux que leur fortune
> Faisoit leurs serviteurs[1].
>
> (*Poésies*, C.)

SONNET

Sur la mort de son fils [2] (1627)

Que mon fils ait perdu sa dépouille mortelle,
Ce fils qui fut si brave, et que j'aimai si fort,
Je ne l'impute point à l'injure du sort [3],
Puisque finir à l'homme est chose naturelle.

Mais que de deux marauds [4] la surprise infidèle [5]
Ait terminé ses jours d'une tragique mort,
En cela ma douleur n'a point de réconfort,
Et tous mes sentimens sont d'accord avec elle.

O mon Dieu, mon Sauveur, puisque, par la raison
Le trouble de mon âme étant sans guérison,
Le vœu de la vengeance est un vœu légitime,

Fais que de ton appui je sois fortifié.
Ta justice t'en prie ; et les auteurs du crime
Sont fils de ces bourreaux qui t'ont crucifié [6].

(*Poésies*, CII.)

---

1. Bossuet imite aussi ou paraphrase des versets de ce psaume dans l'*Or. fun. de Madame, duchesse d'Orléans* : ... Le vainqueur enflé de ses titres tombera lui-même à son tour entre les mains de la mort. Alors ces malheureux vaincus rappelleront à leur compagnie leur superbe triomphateur ; et du creux de leur tombeau sortira cette voix qui foudroie toutes les grandeurs : « Vous voilà blessé comme nous ; vous êtes devenu semblable à nous ». — Et plus bas : Elle va descendre à ces sombres lieux, à ces demeures souterraines pour y dormir dans la poussière avec les grands de la terre... On ne voit là que les tombeaux qui fassent quelque figure.—
2. Voir page 126, note 10.
3. *Imputare*, mettre sur le compte de *putare*, nettoyer, émonder, mettre au net, apurer un compte, compter, calculer, examiner, penser, *computare, supputare*). — *Injure*, injustice (*injuria*).
4. Origine inconnue. Villon : Dénué comme un marault. Montaigne : Ce maraud de Caligula.
5. Déloyale. Cf. page 131, note 3.
6. L'un des meurtriers, de Piles, était d'origine juive.

RACAN
1589-1670

Honorat de Bueil, marquis de Racan, était Tourangeau. Le protecteur de Malherbe, M. de Bellegarde, grand écuyer de France, son cousin et son tuteur, le fit entrer à seize ans dans les pages du roi; plus tard, capitaine, il servit, et servit vaillamment. Passionné pour le théâtre, où l'avait introduit de bonne heure son service de page du roi, il y donna, en 1618, une pastorale dramatique en cinq actes, *les Bergeries*, qui lui a assuré le premier rang parmi les poètes bucoliques du siècle. Il avait adapté, comme tant d'autres, au genre créé et illustré par Théocrite et Virgile, la forme sous laquelle il fut goûté en Italie et en France pendant le XVIe et la première partie du XVIIe siècle. Après lui, Segrais revint à l'« églogue » virgilienne. Il faut ajouter à son œuvre capitale un petit et précieux recueil d'*Odes*, *Stances*, etc., et la traduction de cent cinquante *Psaumes*.

Racan fut l'élève favori de Malherbe, et La Fontaine l'a proclamé un de ses maîtres. Son style abondant, harmonieux, souvent élevé et grave, n'a pas vieilli. De sa plume facile, quelquefois négligée, le vers coulait de source. Boileau (*Lettre à Maucroix*, 25 avril 1695) lui reconnaît « plus de génie » qu'à Malherbe, auquel ses vers coûtaient tant de travail et de temps.

Nous citons l'édition A. de Latour, 2 vol., 1857.

LA RETRAITE À LA CAMPAGNE [1]

STANCES

Thirsis, il faut penser à faire la retraite [2];
La course de nos jours est plus qu'à demi faite;
L'âge insensiblement nous conduit à la mort;
Nous avons assez vu, sur la mer de ce monde,
Errer au gré des flots notre nef [3] vagabonde:
Il est temps de jouir des délices du port.

Le bien de la fortune est un bien périssable;
Quand on bâtit sur elle, on bâtit sur le sable [4];

---

[1]. Le bonheur de la vie aux champs est, depuis Horace jusqu'à Boileau (*Épître* VI, à Lamoignon) un des lieux-communs de la poésie. Tous les poètes du XVIe siècle l'ont chanté: on trouvera, dans notre Recueil destiné aux classes d'humanités, les vers de Vauquelin, de Desportes, etc. — Les « Stances à Tircis » (elles sont communément désignées ainsi) en sont le modèle classique.

[2]. On dit plutôt: *faire retraite*; Molière, *Mis.*, IV, 4:
.... Monsieur, il faut faire retraite.
Mais on dira bien; ma retraite; faire sa retraite; faire une prompte retraite; sonner la retraite, au propre et au fig.

[3]. De *navis*; comme *bref*, de *brevis*, *œuf*, de *ovum*, etc. N'est resté que dans l'acception de *nef*, ou *vaisseau* d'une église.

[4]. Il ne sera pas hors de propos de faire remarquer que cette métaphore

Plus on est élevé, plus on court de dangers ;
Les grands pins sont en butte aux coups de la tempête,
Et la rage des vents brise plutôt le faîte
Des maisons de nos rois que les toits des bergers [1].

O bienheureux celui qui peut de sa mémoire
Effacer pour jamais ce vain espoir de gloire
Dont l'inutile soin traverse [2] nos plaisirs,
Et qui, loin retiré de la foule importune,
Vivant dans sa maison, content de sa fortune,
A, selon son pouvoir, mesuré ses desirs !

Il laboure le champ que labouroit son père ;
Il ne s'informe point de ce qu'on délibère [3]
Dans ces graves conseils d'affaires accablés ;
Il voit sans intérêt [4] la mer grosse d'orages [5],
Et n'observe des vents les sinistres présages
Que pour le soin qu'il a du salut de ses blés.

Roi de ses passions, il a ce qu'il desire ;
Son fertile domaine est son petit empire ;
Sa cabane est son Louvre et son Fontainebleau [6] ;
Ses champs et ses jardins sont autant de provinces,
Et, sans porter envie à la pompe des princes,
Se contente [7] chez lui de les voir en tableau.

usuelle n'est pas absolument juste, si l'on n'ajoute *mouvant* : les constructions établies sur fond de sable fixe sont reconnues des plus stables.

1. Cf. HORACE, *Od.*, I, 10 :
   Saepius ventis agitatur ingens
   Pinus, et celsæ graviore casu
   Decidunt turres, feriuntque summos
   Fulgura montes.

LUCRÈCE, V, 1130, avait dit :
   Invidiâ quoniam, ceu fulmine, summa vaporant.

2. *Traverser*, ici : se mettre en travers de, faire *obstacle* à... D'où « les traverses de la vie » (Mme DE SÉVIGNÉ), « les rudes traverses du sort »(CORNEILLE, *Hor.*, IV, 4). — Etym. : *transversus*, dont un des sens est : qui mis en travers, barre le chemin.
3. *Délibérer*, employé activement, signifie mettre en délibération : CORNEILLE, *Le Cid*, II, 9 :
   L'affaire est d'importance, et, bien considérée,
   Mérite en plein conseil d'être délibérée.

4. Sans en prendre souci, *incuriosus, securus*.
5. Cf. mare tumens, tumidum, *fetum* procellis.
6. Nos champs normands, dit VAUQUELIN DE LA FRESNAIE (voyez notre Recueil pour les classes d'humanités, p. 104), me sont
   Ma cour, mon Louvre et mon palais encor.
A. CHÉNIER, *Elég.*, XXIII :
   Mon Louvre est sous mon t it .

7. Ellipse de *il*. Cf. le 4e vers *infrà*. I ipse de *il* avec *semble* était

Il voit de toutes parts combler d'heur sa famille,
La javelle ¹ à plein poing tomber sous sa faucille,
Le vendangeur ployer sous le faix des paniers ;
Et semble qu'à l'envi les fertiles montagnes,
Les humides vallons et les grasses campagnes
S'efforcent à remplir sa cave et ses greniers.

Il suit aucunes fois un cerf par les foulées ²
Dans ces vieilles forêts du peuple reculées,
Et qui même du jour ignorent le flambeau ;
Aucunes fois des chiens il suit les voix confuses,
Et voit enfin le lièvre, après toutes ses ruses,
Du lieu de sa naissance en ³ faire son tombeau.

Il soupire en repos l'ennui de sa vieillesse ⁴
Dans ce même foyer où sa tendre jeunesse
A vu dans le berceau ses bras emmaillotés.
Il tient par les moissons registre des années,
Et voit de temps en temps leurs courses enchaînées
Vieillir avecque lui les bois qu'il a plantés ⁵.

Il ne va pas fouiller aux terres inconnues,
A la merci des vents et des ondes chenues ⁶,
Ce que nature avare a caché de trésors,

fréquente. COMINES : Et sembloit bien qu'ils escoutassent qui seroit le plus fort, du roy ou des seigneurs. — Elle est encore usuelle dans : Si bon vous semble. — Dans *se contente* elle n'est pas plus illogique que dans : Qui croit se trompe ; ellipse de *celui*, primitivement il (ille).

1 Etym. : *capulus* (diminutif, *capellus*) poignée (ainsi καμπτή a donné *jambe*), poignée de blé scié, qui sera relevée et mise en faisceau ou *gerbe*. MALHERBE :

La gloire des méchans est pareille à cette herbe
Qui, sans porter jamais ni javelle ni gerbe...

2. Trace légère que laisse la bête en passant sur l'herbe ou les feuilles qu'il *foule*.
3. Pléonasme qui n'est pas rare au XVIIe siècle. BOSSUET : ...Et de cela (l'instruction) les animaux en sont capables comme nous.
4. *Soupirer*, employé activement en poésie, dire, chanter avec tendresse et mélancolie. RACINE, *Esther*, I, 1 :

Toi qui...
M'aidois à soupirer les malheurs de Sion.

BOILEAU, *A. P.*, II :

Amour dictoit les vers que soupiroit Tibulle.

5. Cf. CLAUDIEN, *De Sene Veronensi:*

Frugibus alternis, non consule, computat annum....
Æquævumque videt consenuisse nemus.

et RONSARD. *Les Poèmes* (A Odet de Coligny). Voir notre Recueil pour les classes d'humanités, p. 55. — Il voit d'année en année le temps vieillir (employé activement) les bois... — Ou (?) : leurs courses [étant] enchaînées, les bois vieillir.

6. Voyez page 27, note 5.

Et ne recherche point, pour honorer sa vie,
De plus illustre mort ni plus digne d'envie
Que de mourir au lit où ses pères sont morts.

Il contemple, du port, les insolentes rages
Des vents de la faveur, auteurs de nos orages,
Allumer des mutins les desseins factieux ;
Et voit en un clin d'œil, par un contraire échange,
L'un déchiré du peuple au milieu de la fange,
Et l'autre à même temps [1] élevé dans les cieux.

S'il ne possède point ces maisons magnifiques,
Ces tours, ces chapiteaux, ces superbes portiques
Où la magnificence étale ses attraits,
Il jouit des beautés qu'ont les saisons nouvelles ;
Il voit de la verdure et des fleurs naturelles
Qu'en ces riches lambris l'on ne voit qu'en portraits [2].

Crois-moi, retirons-nous hors de la multitude,
Et vivons désormais loin de la servitude
De ces palais dorés où tout le monde accourt :
Sous un chêne élevé les arbrisseaux s'ennuient,
Et devant le soleil tous les astres s'enfuient
De peur d'être obligés de lui faire la cour.

Après qu'on a suivi [3] sans aucune assurance
Cette vaine faveur qui nous paît d'espérance,
L'envie en un moment tous nos desseins détruit ;
Ce n'est qu'une fumée, il n'est rien de si frêle ;
Sa plus belle moisson est sujette à la grêle,
Et souvent elle n'a que des fleurs pour du fruit.

Agréables déserts, séjour de l'innocence,
Où, loin des vanités de la magnificence,
Commence mon repos et finit mon tourment,
Vallons, fleuves, rochers, plaisante [4] solitude,

---

1. DESCARTES le dit encore pour : au même temps, en même temps.
2. Pour le mouvement de cette période, cf. LUCRÈCE, II, 24, sqq.; VIRGILE, *Géorg.*, II, 460, sqq.; DESPORTES, *Bergeries*, 1re pièce. (Voyez notre Recueil pour les classes d'humanités.) — *Lambris*, 1° Revêtement de menuiserie, de marbre, etc., sur les murs d'une salle ; 2° menuiserie ou maçonnerie d'un plafond ; 3° par extension, la décoration d'une maison riche. Lambris dorés. Riches lambris. (LA FONTAINE, XI, 4). Au fig. les célestes lambris (le ciel), lambris de verdure.
3. Latinisme : *suivre* signifie ici poursuivre, s'attacher à...
4. *Plaisant* a ici son sens étymologique, comme dans « la très plaisante histoire » de Bayart par le LOYAL SERVITEUR ; dans les vers de MARIE

Si vous fûtes témoins de mon inquiétude,
Soyez-le désormais de mon contentement[1] !

(T. I, p. 196.)

REMERCIEMENT À BALZAC[2]

ODE

. . . .
En vain dans le marbre et le jaspe[3]
Les rois pensent s'éterniser ;
En vain ils en font épuiser
L'une et l'autre rive d'Hydaspe[4] ;

STUART, « Adieu, plaisant pays de France »; dans MOLIÈRE, *Ec. des femmes*, II, 6 :
C'est une chose, hélas ! si plaisante et si douce.
— Cf. LA FONTAINE, XI, 4 :
Solitude, où je trouve une douceur secrète, etc.

1. Au sentiment profond de la campagne et de la solitude qui remplit ces stances d'une harmonie pleine, calme et douce, s'ajoute, dans les vers suivants, détachés d'une idylle, une nuance de mélancolie rêveuse qui rappelle Virgile, comme d'ailleurs quelques imitations directes, faciles à reconnaître :

« Plaisant séjour des âmes affligées,
Vieilles forêts de trois siècles âgées,
Qui recelez la nuit, le silence et l'effroi,
Depuis qu'en ces déserts les amoureux sans crainte
Viennent faire leur plainte,
En a-t-on vu quelqu'un plus malheureux que moi ?

« Soit que le jour, dissipant les étoiles,
Force la nuit à retirer ses voiles,
Et peigne l'Orient de diverses couleurs,
Ou que l'ombre du soir du faîte des montagnes
Tombe dans les campagnes,
L'on ne me voit jamais que plaindre mes malheurs. »
. . . .
Ainsi Daphnis, rempli d'inquiétude,
Contoit sa peine en cette solitude....

Ode, t. I, p. 104.)

Cf. VIRGILE, *G.*, IV, 468 :
Et caligantem nigrâ formidine lucum.
Eglog. I, 83 :
Majoresque cadunt altis de montibus umbræ.
(Et LA FONTAINE, *Philémon et Baucis*, *infrà*.)
IB., II, 3 :
Tantum inter densas, umbrosa cacumina, fagos
Assiduè veniebat : ibi hæc incondita solus
Montibus et silvis studio jactabat inani.

2. Il remercie Balzac de lui avoir assuré l'immortalité en lui donnant une place dans ses écrits. C'est à mes vers que tu devras l'immortalité, avait dit HORACE à Censorinus son ami (*Od.*, IV, 8) :
Dignum laude virum Musa vetat mori.
Mais la Muse de Balzac est celle de l'éloquence dans la prose.

3. Pierre dure et opaque, de la nature de l'agate. (Etym. ίασπις). Cf. *infrà VARIA VARIORUM*) un sonnet de Maynard.

4. Rivière que reçoit un des affluents de l'Indus, l'Hydraote.

En vain leur pouvoir nompareil
Elève jusques au soleil
Leur ambitieuse folie :
Tous ces superbes bâtimens
Ne sont qu'autant de monumens[1]
Où leur gloire est ensevelie.

Ces héros jadis vénérables
Par les âges nous sont ravis ;
Les Dieux mêmes qu'ils ont servis
N'ont plus de nom que dans nos fables.
Ni leurs temples ni leurs autels
N'étoient point honneurs immortels ;
Le temps a brisé leur images.
Quoi qu'espère la vanité,
Il n'est point d'autre éternité
Que de vivre dans tes ouvrages.

(T. I, p. 157).

PARAPHRASE DU PSAUME LXXX[2]

Les juges prévaricateurs [3]

. . . .
Vous de qui l'intérêt est le principal soin,
Sénat [4] où le bon droit croit trouver son refuge,

1. Voyez page 143, note 2.
2. Cette courte citation suffira à montrer avec quelle ampleur harmonieuse RACAN sait, à l'imitation de MALHERBE, son maître et son modèle, dérouler la plus large des vieilles strophes lyriques françaises (dix vers de huit syllabes). — Il déploie avec la même science de versification la longue période de la stance en dix alexandrins :

> Mettez votre espérance aux bontés du Seigneur,
> Et sachez qu'en vos champs ces fécondes richesses
> Qui comblent vos maisons et vos jours de bonheur
> Sont les fruits de vos vœux et ceux de ses largesses.
> Que votre seul plaisir en tout temps, en tout lieu,
> Soit d'admirer la gloire et les œuvres de Dieu ;
> Consacrez-lui vos cœurs avecque vos offrandes :
> Il deploira pour vous ses grâces et ses soins ;
> Sa libéralité préviendra vos demandes,
> Comme sa providence a prévu vos besoins.
>
> L'effort de peu de jours mettra dans le cercueil
> Ces contempleurs du ciel, ces tyrans de la terre,
> Le courroux du Seigneur, touché de leur orgueil,
> A déjà sur leur tête apprêté son tonnerre ;
> Leurs vains titres d'honneur seront anéantis,
> Leurs palais, leurs châteaux, si richement bâtis,
> A peine laisseront leurs traces dans les herbes,
> Tandis que vous verrez couvrir en la saison
> Vos côteaux de raisins, vos campagnes de gerbes,
> Et la paix en tout temps bénir votre maison.
>   (*Paraphrase du psaume* XXXVI.

3. Qui *prévariquent*, qui s'écartent de leur devoir (proprement de la ligne droite). Étym.: *prævaricare*, de *varus*, qui a les jambes arquées ou torses.
4. Ce nom romain a été donné oratoirement aux parlements français,

Apprenez qu'ici-bas vous avez pour témoin
Celui qui dans le ciel doit être votre juge.

Sur l'Eglise et sur vous la prudence des rois
Pose les fondemens de leurs pouvoirs suprêmes ;
Pour peu que vous penchiez sous le fardeau des lois,
Nous voyons sur leur front pencher leurs diadèmes.

Ce long habit de pourpre et ce grave ornement [1],
Qui vous égale aux dieux dans le siècle où nous sommes,
Ne vous empêche point au fond du monument
D'être mangés des vers comme les autres hommes [2].

Grand Dieu, quand tu les vois, enveillis [3] dans le mal,
D'une fausse candeur couvrir leur artifice,
Lève-toi de ton trône, et, sur le tribunal,
Viens te mettre en leur place, et nous rends la justice.

Que l'on t'y voie armé de foudres et d'éclairs,
Que ton autorité s'y montre tout entière,
Prononçant tes arrêts, pour les rendre plus clairs,
De cette même voix qui créa la lumière [4].

(T. II, p. 219.)

ÉPITAPHE

« Sur la mort de son fils [5] »

SONNET

Ce fils, dont les attraits d'une aimable jeunesse
Rendoient de mes vieux jours tous les desirs contens ;

cours supérieures de justice. FLÉCHIER (*Or. fun. de Lamoignon*) appelle celui de Paris « le plus auguste sénat du monde. »
1. Les conseillers des Parlements portaient la robe rouge, comme auj. les conseillers des cours d'appel, héritières des parlements — *Ornement*, costume.
2. *Monument*, tombeau. Ainsi l'emploient BOSSUET (« le triste monument », *Or. fun. de Condé*), LA FONTAINE, BOILEAU, MOLIÈRE (*Psyché*, II, 3.)

..... Cet affreux changement
Qui du haut d'une gloire extrême
Me précipite au monument.

— Cf. MALHERBE, *Paraph. du Psaume*, CXLV, 3e strophe, p. 133.
3. Cf. MALHERBE, *Prière pour le Roi*, etc., page 130, note 4.
4. Ce morceau a, dans des vers précis et fermes, plus d'une image grande et forte.
5. Tel est le titre. L'épitaphe (inscription sur un tombeau, ἐπί, τάφος), une des nombreuses espèces du genre *épigramme*, était une forme littéraire qui n'impliquait pas nécessairement la transcription sur la pierre de la

Ce fils, qui fut l'appui de ma foible vieillesse,
A vu tomber sans fruit la fleur de son printemps.

Trois mois d'une langueur qui n'eut jamais de cesse,
L'ont fait dans ce tombeau descendre avant le temps,
Lorsque, sous les couleurs d'une grande princesse [1],
Son âge avoit à peine atteint deux fois huit ans.

Tout le siècle jugeoit qu'en sa vertu naissante
La tige de Bueil, jadis si florissante,
Vouloit sur son declin faire un dernier effort.

Son esprit fut brillant, son âme généreuse ;
Et jamais sa maison illustre et malheureuse
N'en a reçu d'ennui [2] que celui de sa mort.

(T. II, p. 412.)

P. CORNEILLE

1606-1684

Pierre CORNEILLE, auquel fut donné le nom de *grand* « pour le distinguer, dit Voltaire, non seulement de son frère, mais du reste des hommes », naquit à Rouen. Le succès d'une comédie en cinq actes et en vers, *Mélite* (1629), lui fit quitter le barreau pour le théâtre et Rouen pour Paris. Là, par bon nombre de comédies et de tragi-comédies, et par sa tragédie de *Médée* (1635), il s'éleva au-dessus des autres poëtes dramatiques ; par le *Cid* (1636) il s'éleva au-dessus de lui-même et ouvrit une ère nouvelle au théâtre français. *Horace* (1640), *Cinna* (1640), *Polyeucte* (1640) le maintinrent à une hauteur d'où il put descendre sans tomber par *Pompée* (1642), *Rodogune* (1644), *Héraclius* (1647), *Don Sanche*, comédie héroïque (1650), *Nicomède* (1651). Poëte comique, il ne pouvait que grandir ; il le montra bien par le *Menteur* (1642) et la

tombe ; elle n'était souvent qu'une petite pièce de poésie «sur la mort» de celui qui en était l'objet. RONSARD fit l'épitaphe de Quélus « par dialogue » entre « le Passant et le Génie ». PASSERAT, qui en fit un bon nombre, a aiguisé en épigramme celle qu'il composa pour lui-même :

> Jean Passerat icy sommeille
> Attendant que l'Ange l'esueille,
> Et croit qu'il se resueillera
> Quand la trompette sonnera.
> S'il faut que maintenant en la fosse ie tombe,
> Qui ay tousiours aimé la paix et le repos,
> Afin que rien ne poise (pèse) à ma cendre et mes os,
> Amis, de mauvais vers ne chargés point ma tombe.

1. *Couleurs* se disait pour *livrées*. « Gens de couleurs », les pages, les laquais, etc.
2. Douleur. Voyez RACINE, *Iphig.*, IV, *infrà*.

Suite du Menteur (1643). La chute de *Perthwrite* (1652) l'éloigna du théâtre pendant six années consacrées à traduire en vers l'*Imitation de Jésus-Christ*. Il s'en releva, non pas dès son retour, mais plus tard, par *Sertorius* (1662), par quelques scènes d'*Othon* (1664), d'*Agésilas* (1666), de la comédie-ballet de *Psyché* (1671), qui associe son nom à ceux de Molière et de Quinault. Ses autres tragédies accusèrent la décadence du poète « vieilli » dont un jeune et heureux rival, son confrère à l'Académie, savait, dit Boileau (Ep. VII, à Racine, 1677), « consoler Paris. »

Le théâtre de Racine peint les passions du cœur ; le théâtre de Corneille peint les grandeurs de l'âme : tous les héroïsmes y sont représentés. Si Racine nous montre les hommes « tels qu'ils sont », dit La Bruyère, Corneille nous les montre « tels qu'ils devroient être ». Il fait mieux parler les Romains, a-t-on dit encore, qu'ils ne parlaient eux-mêmes. L'intérêt historique s'ajoute dans son théâtre à l'intérêt dramatique : l'ensemble de plusieurs de ses tragédies déroule sous nos yeux les grandes époques de l'histoire romaine. Pour ne parler que des plus significatives, *Horace* représente le patriotisme sous les rois ; *Nicomède* la politique extérieure du Sénat sous la République ; *Sertorius*, les guerres civiles et la résistance à la dictature de Sylla ; *Pompée* et *Cinna*, le dénouement des guerres civiles par la paix et la clémence ; *Othon*, la révolution militaire qui suivit la chute de la dynastie d'Auguste ; *Polyeucte* la lutte du christianisme et de l'empire ; *Attila*, l'invasion des Barbares ; *Héraclius*, les révolutions sanglantes de l'empire de Byzance.

DÉFENSE D'UN FILS PAR SON PÈRE [1]

D. FERNAND, D. DIÈGUE, CHIMÈNE, D. SANCHE, D. ARIAS,
D. ALFONSE. Gentilshommes castillans.

DON DIÈGUE.

... Qu'on est digne d'envie
Lorsqu'en perdant la force on perd aussi la vie !
Et qu'un long âge apprête aux hommes généreux,
Au bout de leur carrière, un destin malheureux !
Moi, dont les longs travaux ont acquis tant de gloire,
Moi, que jadis partout a suivi la victoire,
Je me vois aujourd'hui, pour avoir trop vécu,
Recevoir un affront, et demeurer [2] vaincu.

1. Don Rodrigue, gentilhomme castillan, surnommé depuis (voir le morceau suivant) le *Cid*, fils du vieux don Diègue, a tué en duel le comte de Gormas qui avait insulté son père. Chimène, fille du comte, demande à la justice du roi de Castille don Fernand, en présence de plusieurs gentilshommes de la cour, la condamnation et la mort du meurtrier. Don Diègue lui répond.

2. Verbe fort usité là où auj. on emploie plutôt *rester*. Corneille, *Cinna* II, 1 : Vous, Cinna, demeurez... ; V, 1 : Je demeure stupide. — Etym. : *demorari*. — Un usage populaire emploie même fautivement *rester*, pour *demeurer*, dans le sens de *habiter*.

Ce que n'a pu jamais combat, siège, embuscade,
Ce que n'a pu jamais Aragon, ni Grenade,
Ni tous vos ennemis, ni tous mes envieux,
Le comte en votre cour l'a fait presque à vos yeux,
Jaloux de votre choix [1] et fier de l'avantage
Que lui donnoit sur moi l'impuissance de l'âge.
Sire, ainsi ces cheveux blanchis sous le harnois [2],
Ce sang pour vous servir prodigué tant de fois,
Ce bras, jadis l'effroi d'une armée ennemie,
Descendoient au tombeau tout chargés d'infamie,
Si je n'eusse produit un fils digne de moi,
Digne de son pays, et digne de son roi :
Il m'a prêté sa main, il a tué le comte ;
Il m'a rendu l'honneur, il a lavé ma honte.
Si montrer du courage et du ressentiment,
Si venger un soufflet [3] mérite un châtiment,
Sur moi seul doit tomber l'éclat [4] de la tempête.
Quand le bras a failli, l'on en punit la tête.
Qu'on nomme crime ou non ce qui fait nos débats,
Sire, j'en suis la tête, il n'en est que le bras.
Si Chimène se plaint qu'il a tué son père,
Il ne l'eût jamais fait, si je l'eusse pu faire.
Immolez donc ce chef [5] que les ans vont ravir,
Et conservez pour vous le bras qui peut servir.
Aux dépens de mon sang satisfaites Chimène :
Je n'y résiste point [6], je consens à ma peine,
Et, loin de murmurer d'un rigoureux décret [7],
Mourant sans déshonneur, je mourrai sans regret.
                              (*Le Cid*, II, 8.)

1. Le roi avait choisi don Diègue pour les fonctions de gouverneur de l'infant, son fils.
2. Cette orthographe et la rime *fois* indique la prononciation ancienne du mot. Sur son étym. voyez p. 111, n. 4.
3. C'est le même mot qui s'emploie aux sens de l'instrument servant à souffler, et de coup du plat ou du revers de la main sur la joue. « La transition est le bruit produit sur la joue qui recouvre une cavité vide » comme l'est l'instrument à souffler (LITTRÉ).
4. *Éclat* signifie proprement: fragment de bois rompu ; puis 1º bruit brusque et violent, 2º vive lumière : l'un frappe les oreilles, l'autre les yeux.
5. Tête, de *caput*. Un chef tient la *tête*, est en *tête* de... Cf. p. 156, n. 1.
6. Je ne m'y refuse pas, je ne me défends pas contre cela. — Auj. c'est une locution usuelle qui signifie : Je ne puis supporter cela, au propre et au fig. ; d'où, au fig., je ne puis me contenir.
7. On dirait auj. arrêt. Une sentence de condamnation est un *arrêt*. Une ordonnance du pouvoir souverain est un *décret*. Mais il convient de remarquer que la *sentence* du *roi* sera l'un et l'autre.

LE PÈRE ET LE FILS

DON DIÈGUE, DON RODRIGUE

DON DIÈGUE.
Rodrigue, enfin le ciel permet que je te voie!
DON RODRIGUE.
Hélas!
DON DIÈGUE.
    Ne mêle point de soupirs à ma joie,
Laisse-moi prendre haleine[1] afin de te louer.
Ma valeur n'a point lieu de te désavouer;
Tu l'as bien imitée, et ton illustre audace
Fait bien revivre en toi les héros de ma race :
C'est d'eux que tu descends, c'est de moi que tu viens;
Ton premier coup d'épée égale tous les miens,
Et d'une belle ardeur ta jeunesse animée
Par cette grande épreuve atteint ma renommée.
Appui de ma vieillesse, et comble de mon heur,
Touche ces cheveux blancs à qui tu rends l'honneur,
Viens baiser cette joue, et reconnois la place
Où fut empreint l'affront que ton courage efface[2].

(*Ibid.*, III, 6.)

1. Don Diègue a erré pendant la nuit à la recherche de son fils :
    Tout cassé que je suis je cours toute la ville.
                                    (III, 5.)
— Don Diègue fait ailleurs un heureux emploi de la même expression. Quand (IV, 5) le roi veut remettre au lendemain le combat singulier de Rodrigue avec don Sanche, champion de Chimène, son père réclame un combat immédiat :
                    LE ROI.
Sortir d'une bataille (voir le morceau suivant) et combattre à l'instant!
                    D. DIÈGUE.
Rodrigue a pris haleine en vous la racontant.

2. On a signalé (v. page 168, n. 6) l'air de famille qu'ont entre eux les trois vieillards de CORNEILLE, Horace le père, don Diègue, et Géronte, père du *Menteur*; tous trois éloquents dans l'expression, l'un du patriotisme, les deux autres du sentiment de l'honneur; le premier souhaitant que son fils fût mort pour la patrie (Et que vouliez-vous qu'il fît contre trois ? — *Qu'il mourût*), le second envoyant le sien vaincre ou mourir pour venger son père et son nom *Meurs* ou *tue*, I, 5), le troisième protestant que son fils *ne mourra que de la main d'un père* s'il les déshonore tous deux par un nouveau mensonge; tous trois rudes et fiers, tous trois touchants et attendris jusqu'aux larmes, Géronte quand il espère se voir revivre dans un petit fils :
    Je pense en le voyant que je mourrai de joie (IV, 4);
don Diègue quand il cherche son fils vainqueur (Je nage dans la joie

148   CLASSIQUES FRANÇAIS.

RÉCIT DE RODRIGUE (*LE CID*)[1]

D. FERNAND, D. DIÈGUE, D. ARIAS, D. RODRIGUE, D. SANCHE.

DON RODRIGUE.

Sous moi cette troupe s'avance
Et porte sur le front une mâle assurance.
Nous partîmes cinq cents; mais, par un prompt renfort,
Nous nous vîmes trois mille en arrivant au port,
Tant, à nous voir marcher avec un tel visage,
Les plus épouvantés reprenoient de courage!
J'en cache les deux tiers, aussitôt qu'arrivés,
Dans le fond des vaisseaux qui lors[2] furent trouvés;
Le reste, dont le nombre augmentoit à toute heure,
Brûlant d'impatience, autour de moi demeure,
Se couche contre terre, et, sans faire aucun bruit,
Passe une bonne part[3] d'une si belle nuit.
Par mon commandement la garde en fait de même[4],
Et, se tenant cachée, aide à[5] mon stratagème;

III, 5) et le retrouve; le vieil Horace quand ses enfants le quittent pour aller combattre :

    Pour vous encourager ma voix manque de termes;
    Mon cœur ne forme point de pensers assez fermes.
    Moi-même en cet adieu j'ai les larmes aux yeux.
    Faites votre devoir et laissez faire aux Dieux;
                            (*Horace*, II, 8);

et quand il apprend que son fils est vainqueur et vivant :

    O mon fils! ô ma joie! ô l'honneur de mes jours!
    O d'un État penchant l'inespéré secours!
    Vertu digne de Rome, et sang digne d'Horace!
    Appui de ton pays, et gloire de ta race!
    Quand pourrai-je étouffer dans tes embrassemens
    L'erreur dont j'ai formé de si faux sentimens?
    Quand pourra mon amour baigner avec tendresse
    Ton front victorieux de larmes d'allégresse?
                               (IV, 2.)

1. A la fin de la scène précédente don Diègue a annoncé à son fils que les Maures ont remonté le Guadalquivir et que « le flux et la nuit » les amèneront à Séville; que cinq cents de ses amis sont réunis chez lui; qu'il doit se mettre à leur tête, et, en sauvant l'État, réduire

    Le monarque au pardon et Chimène au silence.

— Rodrigue fait au roi le récit du combat et de la victoire.
    2. *Aussitôt que...*, auj. à peine... — *Lors*, auj. alors. Ne s'emploie plus que précédé de *pour*, *dès*. Étym. : *à*, *l'ore* (l'heure). Cf. dorénavant (d'ores en avant).
    3. HORACE dit de même : *Bona pars* hominum.
    4. Fait de même à ce sujet. *En* se supprime auj.
    5. *Aider*, avec un nom de personne, est actif et neutre, sans que les grammairiens aient déterminé une différence précise entre les deux emplois : Aider quelqu'un; à quelqu'un (FÉNELON : J'aidai au Rhodien à se relever); Aider à quelque chose, concourir à, servir à... V. p. 152, n. 3.

Et je feins hardiment d'avoir reçu de vous [1]
L'ordre qu'on me voit suivre et que je donne à tous.
  Cette obscure clarté qui tombe des étoiles [2]
Enfin avec le flux nous fit voir trente voiles.
L'onde s'enfle dessous, et, d'un commun effort,
Les Maures et la mer montent jusques au port [3].
On les laisse passer : tout leur paroît tranquille;
Point de soldats au port, point aux murs de la ville.
Notre profond silence abusant leurs esprits,
Ils n'osent plus douter de nous avoir surpris :
Ils abordent sans peur; ils ancrent, ils descendent,
Et courent se livrer aux mains qui les attendent.
Nous nous levons alors, et tous en même temps
Poussons jusques au ciel mille cris éclatans;
Les nôtres au signal de nos vaisseaux répondent :
Ils paroissent armés; les Maures se confondent [4];
L'épouvante les prend à demi descendus;
Avant que de combattre ils s'estiment perdus.
Ils couroient au pillage, et rencontrent la guerre.
Nous les pressons sur l'eau, nous les pressons sur terre,
Et nous faisons courir des ruisseaux de leur sang,
Avant qu'aucun résiste ou reprenne son rang.
Mais bientôt, malgré nous, leurs princes les rallient :
Leur courage renaît, et leurs terreurs s'oublient;
La honte de mourir sans avoir combattu
Arrête leur désordre et leur rend leur vertu [5].
Contre nous de pied ferme ils tirent leurs alfanges [6],
De notre sang au [7] leur font d'horribles mélanges;
Et la terre et le fleuve, et leur flotte et le port,
Sont des champs de carnage où triomphe la mort.
  O combien d'actions, combien d'exploits célèbres [8]
Sont demeurés sans gloire au milieu des ténèbres,
Où chacun, seul témoin des grands coups qu'il donnoit,
Ne pouvoit discerner où le sort inclinoit [9] !

1. Feindre à, hésiter à. MOLIÈRE, Av., I,5 : Nous feignions à vous aborde.
2. Cf VIRGILE, Æn., IX, 373 : *Sublustri* noctis in *umbrâ*.
3. Il eût été plus rigoureusement logique de dire: La mer et les Maures le flux aidant les Maures.
4. Non pas se débandent, mais se troublent.
5. Latinisme : *virtus*, énergie, vaillance.
6. Cimeterre. Auj. inusité. Etym. le mot portugais *alfange*, de l'arabe *al khandjar*, coutelas; d'où kanjiar.
7. Voyez page 48, n. 2. et page 49, n. 3.
8. C'est le latin *clarus* qui s'emploie pour : qui mérite la célébrité, aussi bien que pour : qui a la célébrité.
9. Cf. TACITE, *Hist.*, III, 23 : Neutro inclinaverat fortuna.

J'allois de tous côtés encourager les nôtres,
Faire avancer les uns, et soutenir les autres,
Ranger ceux qui venoient, les pousser à leur tour;
Et ne l'¹ ai pu savoir jusques au point du jour.
Mais enfin sa clarté montre notre avantage;
Le Maure voit sa perte, et perd soudain courage :
Et, voyant un renfort qui nous vient secourir,
L'ardeur de vaincre cède à la peur de mourir.
Ils gagnent leurs vaisseaux, ils en coupent les câbles,
Poussent jusques aux cieux des cris épouvantables,
Font retraite en tumulte, et sans considérer
Si leurs rois avec eux peuvent se retirer.
Pour souffrir ce devoir ², leur frayeur est trop forte;
Le flux les apporta, le reflux les remporte;
Cependant que ³ leurs rois, engagés parmi nous,
Et quelque peu des leurs, tout percés de nos coups,
Disputent vaillamment et vendent bien leur vie ⁴.
A se rendre moi-même en vain je les convie ⁵;
Le cimeterre ⁶ au poing ils ne m'écoutent pas :
Mais, voyant à leurs pieds tomber tous leurs soldats,
Et que ⁷ seuls désormais en vain ils se défendent,
Ils demandent le chef ⁸; je me nomme, ils se rendent.
Je vous les envoyai tous deux en même temps;
Et le combat cessa faute de combattans ⁹.

(Ibid., IV, 3.)

1. *L'*. Où le sort inclinait.
2. Pour leur permettre de remplir ce devoir.
3. *Cependant* (cela étant pendant, en suspens) a signifié *pendant cela*, puis *néanmoins* (en même que cela est, quoique cela soit), comme *encore* (*hanc horam*) a donné *encore que* (même à l'heure où, quoique). — *Cependant que*, pendant que (*ce* est l'antécédent de *que*). Cf. p. 152, n. 2.
4. On dispute sa vie à l'ennemi, pour la conserver, comme on dispute un prix, pour le gagner. On *vend* bien, c'est-à-dire *chèrement*, sa vie, en tuant beaucoup d'ennemis : les morts des uns *paient* la perte de la vie de l'autre.
5. Inviter. Etym. controversée : *convivari*? *convitare* (par analogie avec *invitare*)? L'archaïsme *convi*, invitation, est encore dans SAINT-SIMON. — Cf. *Cinna*, V, 3 :
Soyons amis, Cinna, c'est moi qui t'en convie.
6. Sabre à lame large et recourbée. Mot venu, par l'intermédiaire de l'espagnol et du portugais, du persan *chimchir*.
7. Ces changements de tournure ne sont pas rares : ils ne sont pas à imiter. Cf. p. 153, n. 4 ; p. 155, n. 4.
8. Rodrigue ne dit pas qu'ils le saluèrent du nom qui lui est resté, *seid* (en arabe, seigneur), devenu *Cid*.
9. On sentira facilement dans ce récit nourri et serré, d'un mouvement varié et toujours approprié à la nature de l'idée, l'ardeur, contenue par la modestie et aussi par la réserve que commande la présence du roi, qui éclate dans des hémistiches significatifs : « ... Une bonne part d'une si belle nuit »; « Et courent se livrer, etc. »; « Nous nous levons alors... »

P. CORNEILLE

L'AMOUR DU PAYS NATAL

SABINE [1], JULIE, confidente de Sabine.

SABINE.

Je suis Romaine, hélas! puisqu'Horace est Romain;
J'en ai reçu le titre en recevant sa main:
Mais ce nœud me tiendroit en esclave enchaînée,
S'il m'empêchoit de voir en quels lieux je suis née.
Albe, où j'ai commencé de respirer le jour [2],
Albe, mon cher pays et mon premier amour,
Lorsqu'entre nous et toi je vois la guerre ouverte,
Je crains notre victoire autant que notre perte.
Rome, si tu te plains que c'est là te trahir,
Fais-toi des ennemis que je puisse haïr [3].
Quand je vois de tes murs leur armée et la nôtre,
Mes trois frères dans l'une, et mon mari dans l'autre,
Puis-je former des vœux, et, sans impiété,
Importuner le ciel pour ta félicité?
Je sais que ton État, encore en sa naissance,
Ne sauroit sans la guerre affermir sa puissance;
Je sais qu'il doit s'accroître, et que tes grands destins
Ne le borneront pas chez les peuples latins;
Que les dieux t'ont promis l'empire de la terre,
Et que tu n'en [4] peux voir l'effet que par la guerre.
Bien loin de m'opposer à cette noble ardeur,
Qui suit l'arrêt des dieux, et court à ta grandeur,
Je voudrois déjà voir tes troupes couronnées [5]
D'un pas victorieux franchir les Pyrénées.
Va jusqu'en l'orient pousser tes bataillons,
Va sur les bords du Rhin planter tes pavillons,
Fais trembler sous tes pas les colonnes d'Hercule:
Mais respecte une ville à qui tu dois Romule [6].

1. Rome et Albe sont en guerre (an 83 de Rome, 670 avant J.-C.). L'Albaine Sabine est femme du Romain Horace.
2. Ellipse d'une heureuse hardiesse. On respire l'air éclairé par la lumière du jour. On dit ordinairement *respirer* sans complément, ou *respirer l'air du jour*, ou *voir la lumière*.
3. « Vers resté en proverbe » (VOLTAIRE, *Commentaire sur Corneille*.)
4. L'effet des promesses des Dieux.
5. Suppléez: du laurier de la victoire. Ailleurs l'ellipse impliquera l'idée de la *couronne du martyre*: *Polyeucte*, II, 6:

Où déjà sa (de Dieu) bonté, prête à me *couronner*.

Même ellipse, autre métaphore, dans: Tu *couronnes* ton crime (*Cinna*, V. 1.)
6. Romulus était petit-fils de Numitor, roi d'Albe.

Ingrate, souviens-toi que du sang de ses rois
Tu tiens ton nom, tes murs et tes premières lois.
Albe est ton origine; arrête, et considère
Que tu portes le fer dans le sein de ta mère.
Tourne ailleurs les efforts de tes bras triomphans;
Sa joie éclatera dans l'heur de ses enfans,
Et, se laissant ravir à [1] l'amour maternelle,
Ses vœux seront pour toi, si tu n'es plus contre elle... [2]
  Tant qu'on ne s'est choqué [3] qu'en de légers combats,
Trop foibles pour jeter un des partis à bas,
Tant qu'un espoir de paix a pu flatter ma peine [4],
Oui, j'ai fait vanité [5] d'être toute Romaine.
Si j'ai vu Rome heureuse avec quelque regret,
Soudain j'ai condamné ce mouvement secret;
Et si j'ai ressenti, dans ses destins contraires,
Quelque maligne joie [6] en faveur de mes frères,
Soudain, pour l'étouffer, rappelant ma raison,
J'ai pleuré quand la gloire entroit dans leur maison.
Mais aujourd'hui qu'il faut que l'un ou l'autre tombe;
Qu'Albe devienne esclave, ou que Rome succombe,
Et qu'après la bataille il ne demeure plus
Ni d'obstacle aux vainqueurs, ni d'espoir aux vaincus,
J'aurois pour mon pays une cruelle haine,
Si je pouvois encore être toute Romaine.
Et si je demandois votre triomphe aux dieux
Au prix de tant de sang qui m'est si précieux [7].

---

1. Emploi de *à* avec *laisser* et un infinitif, fréquent dans CORNEILLE et tout le XVIIe siècle. BOSSUET: Le peuple se laissoit conduire à ses magistrats. FÉNELON: Ne vous laissez pas vaincre à votre malheur. Expliquez: laissant, promettant à l'amour maternelle de ravir soi. — *Amour* n'est plus resté auj. féminin qu'au pluriel, et dans le langage poétique.

2. Ici se place une interruption de Julie, à laquelle Sabine répond par les vers suivants.

3. On dit aussi *se heurter*. On dit le *choc* de deux armées. *Choquer* et *heurter* prennent, comme *offendere*, le sens figuré de *offenser*.

4. Adoucir mon chagrin. (Cf. *Misanthrope*, I, 2, vers 115.) VAUVENARGUES, *Clazomène*: Quand l'espérance trop lente commençait à flatter sa peine.

5. J'ai été fière de. *Ibid.*, II, 3:

  La solide vertu dont je fais vanité.

« On ne peut *faire vanité* de ce qui est *solide*, dit LA HARPE; il fallait dont je *fais gloire*.» La langue de Corneille n'attache de sens défavorable qu'à *tirer vanité de*...

6. Cf. *Polyeucte*, III, 5; et *Pompée*, III, 1:

  Quelque maligne joie en son cœur s'élevoit
  Dont sa gloire indignée à peine le sauvoit.

7. « Ce n'est pas ce *tant* qui est si précieux, c'est le *sang*. Il fallait dire: Au prix d'un sang qui... *Tant* est inutile » (VOLTAIRE).

Je m'attache un peu moins aux intérêts d'un homme ;
Je ne suis point pour Albe, et ne suis plus pour Rome ;
Je crains pour l'un et l'autre en ce dernier effort,
Et serai du parti qu'affligera [1] le sort.
Egale à tous les deux [2] jusques à la victoire,
Je prendrai part aux maux, sans en prendre à la gloire,
Et je garde, au milieu de tant d'âpres rigueurs,
Mes larmes aux vaincus, et ma haine aux vainqueurs.

(*Horace*, I, 1).

SERTORIUS [3]

SERTORIUS, POMPÉE.

SERTORIUS.

. . . . , ...
Est-ce être tout Romain qu'être chef d'une guerre
Qui veut tenir aux fers les maîtres de la terre ?
Ce nom, sans vous et lui [4], nous seroit encor dû ;
C'est par lui, c'est par vous, que nous l'avons perdu ;
C'est vous qui sous le joug traînez des cœurs si braves ;
Ils étoient plus que rois, ils sont moindres qu'esclaves ;
Et la gloire qui suit vos plus nobles travaux
Ne fait qu'approfondir l'abîme de leurs maux ;
Leur misère est le fruit de votre illustre peine [5] ;
Et vous pensez avoir l'âme toute romaine !
Vous avez hérité [6] ce nom de vos aïeux ;
Mais, s'il vous étoit cher, vous le rempliriez mieux [7].

POMPÉE.

Je crois le bien remplir quand tout mon cœur s'applique
Aux soins de rétablir un jour la république ;

---

1. Etym. : *ad*, *fligere*, lancer rudement contre, abattre ; auj. ce verbe ne signifie plus que *attrister*.
2. Impartiale. Cf. *æquus*, *iniquus* qui peut prendre le sens de partial.
3. Sertorius, maître de l'Espagne, y avait relevé le parti de Marius et fondé une république indépendante de Rome qui subissait la dictature de Sylla. Pompée, envoyé par le dictateur pour le réduire par les armes, tente, avant de commencer la guerre, une négociation. — Cette scène est la scène capitale de la tragédie, et « un des plus beaux morceaux de Corneille ». (VOLTAIRE, *Commentaire*.)
4. Sylla.
5. C'est le *labor*, *labores* des Latins.
6. Cet emploi actif de *hériter* n'est pas le plus usuel, mais il est régulier. LAMARTINE, *Méd.*, I, 7 :
   Les enfants héritant l'iniquité des pères.
7. *Remplir un nom*, expression employée encore par Corneille, c'est remplir les devoirs qu'il impose, répondre à l'idée qu'il renferme et à l'attente qu'il excite. Remplir sa naissance (CORNEILLE), son mérite (RETZ), ses talents (LA BRUYÈRE).

Mais vous jugez, seigneur [1], de l'âme par le bras,
Et souvent l'un paroît ce que l'autre n'est pas...
Enfin, je sais mon but, et vous savez le vôtre.

SERTORIUS.

Mais cependant [2], seigneur, vous servez comme un autre;
Et nous, qui jugeons tout sur la foi de nos yeux,
Et laissons le dedans à pénétrer aux dieux,
Nous craignons votre exemple, et doutons si dans Rome
Il n'instruit point le peuple à prendre loi d'un homme,
Et si votre valeur, sous le pouvoir d'autrui,
Ne sème point pour vous lorsqu'elle agit pour lui.
Comme je vous estime, il m'est aisé de croire
Que de la liberté vous feriez votre gloire,
Que votre âme en secret lui donne tous ses vœux;
Mais, si je m'en rapporte aux esprits soupçonneux,
Vous aidez aux Romains [3] à faire essai d'un maître,
Sous ce flatteur espoir qu'un jour vous pourrez l'être.
La main qui les opprime, et que vous soutenez,
Les accoutume au joug que vous leur destinez;
Et, doutant s'ils voudront se faire à l'esclavage,
Aux périls de Sylla vous tâtez leurs courages [4].

POMPÉE.

Le temps détrompera ceux qui parlent ainsi;
Mais justifiera-t-il ce que l'on voit ici?...
Ne vit-on pas ici sous les ordres d'un homme?
N'y commandez-vous pas comme Sylla dans Rome?
Du nom de dictateur, du nom de général,
Qu'importe, si des deux le pouvoir est égal?
Les titres différens ne font rien à la chose;
Vous imposez des lois ainsi qu'il en impose,
Et, s'il est périlleux de s'en faire haïr,
Il ne seroit pas sûr [5] de vous désobéir.

1. *Seigneur* (venant, comme *sire*, de *seniorem*) titre féodal que, par convention des poètes, les personnages de leurs tragédies se donnent: « mauvaise habitude, dit Voltaire (*Comment. sur Sertorius*, I, 1): c'est un nom que les Romains ne se donnèrent jamais. » Rollin dira même dans son *Hist. romaine*, pour marquer le rang de Scipion, qu'il était « le plus grand seigneur de Rome. »
2. *Interim*, en attendant vous n'en servez pas moins. Cf. p. 148, r. o.
3. Voyez page 147, note 5.
4. Cicéron, *De Legibus*, I, 22 : Cùm se ipse tentârit totumque perspexerit.
5. Exemple de *litote* (figure de langage qui dit moins pour faire entendre plus, qui *atténue* l'expression ; de λιτός, *tenuis*): il serait fort dangereux.

SERTORIUS.

Si je commande ici, le Sénat me l'ordonne.
Mes ordres n'ont encore assassiné personne [1].
Je n'ai pour ennemis que ceux du bien commun;
Je leur fais bonne guerre, et n'en proscris pas un.
C'est un asile [2] ouvert que mon pouvoir suprême;
Et, si l'on m'obéit, ce n'est qu'autant qu'on m'aime.

POMPÉE.

Et votre empire en est d'autant plus dangereux,
Qu'il rend de vos vertus les peuples amoureux;
Qu'en assujettissant vous avez l'art de plaire;
Qu'on croit n'être en vos fers qu'esclave volontaire;
Et que la liberté trouvera peu de jour [3]
A détruire un pouvoir que fait régner l'amour.
Ainsi parlent, seigneur, les âmes soupçonneuses.
Mais n'examinons point ces questions fâcheuses,
Ni si c'est [4] un sénat qu'un amas de bannis
Que cet asile ouvert sous vous a réunis.
Une seconde fois [5], n'est-il aucune voie
Par où je puisse à Rome emporter quelque joie?
Elle seroit extrême à trouver les moyens
De rendre un si grand homme à ses concitoyens.
Il est doux de revoir les murs de la patrie:
C'est elle par ma voix, seigneur, qui vous en prie,
C'est Rome...

SERTORIUS.

Le séjour de votre potentat,
Qui n'a que ses fureurs pour maximes d'État!
Je n'appelle plus Rome un enclos de murailles,
Que ses proscriptions comblent de funérailles [6];

---

1. *Allusion* (figure de langage) aux meurtres ordonnés par Sylla.
2. Ou *asyle* (Étym. ἄσυλος, de ἀ privatif, et σύλη, dévastation; lieu qu'on ne pille pas), lieu inviolable. BOSSUET: L'asile que Romulus avait ouvert à tous venans.
3. *Jour*, employé métaphoriquement pour facilité, moyen. Usuel en ce sens. BOSSUET: Supposé que vous voyiez jour à réussir.
4. Cf. p. 148, n. 7, et p. 55, n. 4, des changements de tournure analogues (passage du substantif régime à une conjonction suivie d'un verbe).
5. Au début de l'entretien Pompée avait dit:

>Ah! si je vous pouvois rendre à la république,
>Que je croirois lui faire un présent magnifique!
>Et que j'irois, seigneur, à Rome avec plaisir,
>Puisque la trêve enfin m'en donne le loisir,
>Si j'y pouvois porter quelque foible espérance!
>D'y conclure un accord d'une telle importance?
>Près de l'heureux Sylla ne puis-je rien pour vous,
>Et près de vous, seigneur, ne puis-je rien pour nous?

6. *Funus, funera*, s'emploie en latin dans le sens de funérailles, de

Ces murs, dont le destin fut autrefois si beau,
N'en sont que la prison, ou plutôt le tombeau :
Mais, pour revivre ailleurs dans sa première force,
Avec les faux Romains elle a fait plein divorce[1];
Et, comme autour de moi j'ai tous ses vrais appuis,
Rome n'est plus dans Rome, elle est toute où je suis.
. . . .
(*Sertorius*, III, 1.)

CÉSAR APRÈS LE MEURTRE DE POMPÉE

I
César à Ptolémée [2]

CÉSAR, PTOLÉMÉE, LÉPIDE, PHOTIN, chef du conseil d'Égypte, ACHORÉE, écuyer de Cléopâtre, sœur de Ptolémée; soldats romains, soldats égyptiens.

PTOLÉMÉE.
Seigneur, montez au trône et commandez ici.
CÉSAR.
Connoissez-vous César de lui parler ainsi[3] ?
Que m'offriroit de pis la fortune ennemie,
A moi qui tiens le trône égal à l'infamie?

---

mort (la), et de cadavre ; ici *funérailles*, dans le sens de morts (fém.) ou morts (masc.).
Se faire un beau rempart de mille funérailles.
(*Le Cid*, I, 8.)

1. Au fig., 1° séparation, comme ici et dans cette phrase : Nous faisons divorce pour un moment avec nos passions (MASSILLON) ; 2° dissension entre parents, amis :
Au milieu d'une ville où règnent les divorces.
(*Sertor.* IV, 2)
3° Rupture légale d'un mariage. — Etym. : *divortium*, de *dis* et *vortere*, depuis *verters* (cf. *vortex* et *vertex*, etc.).
2. Pompée, vaincu à Pharsale, a été, par ordre de Ptolémée (nous rétablissons le nom que l'usage a adopté ; Corneille dit Ptoléméc), roi d'Égypte, assassiné en abordant au rivage (48 av. J.-C.). Quelques jours après César arrive en vue d'Alexandrie ; le roi le visite sur son vaisseau et lui présente la tête de son ennemi. César indigné débarque ses troupes et prend possession de la ville (Actes I et II ; récit de la scène 1re de l'acte III) et entre dans le palais de Ptolémée.
3. Voyez (page 26, note 5) un emploi particulier de *de* placé devant un infinitif qui commence la phrase. Ici *de*, placé entre deux verbes, équivaut à : vu que, puisque, quand. CORNEILLE, *Le Cid*, III, 1 :
Je mérite la mort de mériter sa haine
MOLIÈRE, *Sgan.*, III :
Je croyois tout perdre de crier de la sorte.
VOLTAIRE, *Zaïre*, I, 2 :
Je me croirais haï d'être aimé faiblement

Certes, Rome, à ce coup [1], pourroit bien se vanter
D'avoir eu juste lieu de me persécuter ;
Elle qui d'un même œil les donne et les dédaigne,
Qui ne voit rien aux [2] rois qu'elle aime ou qu'elle craigne,
Et qui verse en nos cœurs, avec l'âme et le sang,
Et la haine du nom et le mépris du rang.
C'est ce que de Pompée il vous falloit apprendre :
S'il en eût aimé l'offre, il eût su s'en défendre ;
Et le trône et le roi se seroient ennoblis
A soutenir la main qui les a rétablis [3].
Vous eussiez pu tomber, mais tout couvert de gloire :
Votre chute eût valu la plus haute victoire ;
Et, si votre destin n'eût pu vous en sauver,
César eût pris plaisir à vous en relever.
Vous n'avez pu former une si noble envie.
Mais quel droit aviez-vous sur cette illustre vie?
Que vous devoit son sang pour y tremper vos mains,
Vous qui devez respect au moindre des Romains ?
Ai-je vaincu pour vous dans les champs de Pharsale?
Et, par une victoire aux vaincus trop fatale,
Vous ai-je acquis sur eux, en ce dernier effort,
La puissance absolue et de vie et de mort?
Moi qui n'ai jamais pu la souffrir à Pompée,
La souffrirai-je en vous sur lui-même usurpée,
Et que [4] de mon bonheur vous ayez abusé
Jusqu'à plus attenter [5] que je n'aurois osé?
De quel nom, après tout, pensez-vous que je nomme
Ce coup où vous tranchez du souverain de Rome [6],

---

1. Cette fois, en cette circonstance. La Fontaine, IV, 22 ; l'hirondelle dit:

C'est à ce coup qu il est bon de partir.

2. Le datif équivalant à une préposition, ici *dans*. Voyez p. 49, n. 3.
3. Pompée avait en 59 contribué à maintenir sur le trône Ptolémée XI Aulètès menacé dans son pouvoir à la fois par ses sujets et par un parti qui à Rome réclamait sa déposition.—Le XVIIe siècle ne distinguait pas, comme auj., *ennoblir*, donner de la noblesse, du lustre, de la gloire, et *anoblir*, donner la noblesse et les titres qui la confèrent. Corneille a employé le verbe que seul on admettrait auj.
4. Cf. p. 148, n. 7; p. 153, n. 4, et encore :

J'ai cru sa mort pour vous un malheur nécessaire,
Et que sa haine injuste augmentant tous les jours...
(Ptolémée à César, *ibid.*)

5. *Attenter* est, ou actif, comme ici et ailleurs (N'attenter rien, *Nicom.*, v. 5 ; Attenter tout, *Rodog.*, II, 3); ou, plus souvent, neutre. et suivi de *à*, *sur*; ou employé absolument (Guise attenta, Voltaire, *Henriade*, III).
6. *Trancher du...*, se donner des airs de... Corneille, *Poly.* V, 1: Trancher du généreux. Molière, *Amph.*, I, 2 :... de l'homme d'importance.
— Proprement, décider (*decidere, de, cædere,* tailler), péremptoirement,

Et qui sur un seul chef [1] lui fait bien plus d'affront
Que sur tant de milliers ne fit le roi de Pont [2] ?
Pensez-vous que j'ignore ou que je dissimule
Que vous n'auriez pas eu pour moi plus de scrupule,
Et que, s'il m'eût vaincu, votre esprit complaisant
Lui faisoit de ma tête un semblable présent ?
Grâces à ma victoire, on me rend des hommages
Où ma fuite eût reçu toutes sortes d'outrages ;
Au vainqueur, non à moi, vous faites tout l'honneur ;
Si César en jouit, ce n'est que par bonheur.
Amitié dangereuse et redoutable zèle
Que règle la fortune et qui tourne avec elle !
Mais parlez, c'est trop être interdit et confus.

 Ptolémée répond, et, essayant de se disculper, accuse Pompée. César l'interrompt :

Tout beau [3] : que votre haine en son sang assouvie
N'aille point à sa gloire ; il suffit de sa vie.
N'avancez rien ici que Rome ose nier ;
Et justifiez-vous sans le calomnier.

 Quand Ptolémée, qui a repris la parole, s'est tu, César :

Vous cherchez, Ptolémée, avecque trop de ruses
De mauvaises couleurs [4] et de froides excuses
Votre zèle étoit faux, si seul il redoutoit
Ce que le monde entier à pleins vœux souhaitoit,
Et s'il vous a donné ces craintes trop subtiles,
Qui m'ôtent tout le fruit de nos guerres civiles,

---

couper court à toute résistance ou objection ; *du...*, *ex*, en partant de, en se prévalant de...
 1. *Chef* (*caput*), tête. — Cf. p.144, n. 5.
 2. Allusion à Mithridate qui « uno die, tota Asia, tot in civitatibus, uno nuntio atque una litterarum significatione cives Romanos necandos trucidandosque denotavit » (CICERON, *Pro lege Manilia*, III.)
 3. Locution adverbiale et familière, qui signifie : Modérez-vous, songez à ce que vous dites, à ce que vous faites. Corneille l'a ennoblie par l'heureux emploi qu'il en a fait. Elle est ici une interruption hautaine ; une interruption héroïque du vieil Horace à sa fille (*Horace*, III, 6) ; grave et réfléchie d'Émilie à elle-même (*Cinna*, I, 2) ; sévère de Polyeucte à Pauline (*Polyeucte*, IV, 3) ; ironique de Nicomède à Flaminius (*Nicomède*, IV, 4) et d'un grand d'Espagne au cavalier Carlos (*Don Sanche* I, 3.)
 4. Apparences dont on *colore* un acte, prétextes. RACINE *Esther*, II, 1:
  J'inventai des *couleurs*, j'armai la tyrannie.
ID., *Britann.*, I, 1 :
  L'ingrat, d'un faux respect *colorant* son injure
Sous couleur de, sous prétexte de..

Où l'honneur seul m'engage, et que pour terminer [1]
Je ne veux que celui de vaincre et pardonner,
Où mes plus dangereux et plus grands adversaires,
Sitôt qu'ils sont vaincus, ne sont plus que mes frères,
Et mon ambition ne va qu'à les forcer,
Ayant dompté leur haine, à vivre et m'embrasser.
　O combien d'allégresse une si triste guerre
Auroit-elle [2] laissé dessus toute la terre,
Si Rome avoit pu voir marcher en même char,
Vainqueurs de leur discorde, et Pompée et César !
Voilà ces grands malheurs que craignoit votre zèle.
O crainte ridicule autant que criminelle!
Vous craigniez ma clémence; ah! n'ayez plus ce soin :
Souhaitez-la plutôt [3], vous en avez besoin.
Si je n'avois égard qu'aux [4] lois de la justice,
Je m'apaiserois Rome [5] avec votre supplice,
Sans que ni vos respects, ni votre repentir,
Ni votre dignité, vous pussent garantir;
Votre trône lui-même en seroit le théâtre :
Mais, voulant épargner le sang de Cléopâtre,
J'impute [6] à vos flatteurs toute la trahison,
Et je veux voir comment vous m'en ferez raison [7];
Suivant les sentimens dont vous serez capable,
Je saurai vous tenir innocent ou coupable [8].
Cependant, à Pompée élevez des autels ;
Rendez-lui les honneurs qu'on rend aux immortels;

---

1. Voyez l'APPENDICE Ier, II. — Ce latinisme, qui y est signalé, serait inadmissible aujourd'hui.

2. On dirait auj. : ou Aurait laissé...! ou N'aurait-elle pas laissé...!

3. « Est sublime », dit VOLTAIRE.

4. *Avoir égard à*, regarder, considérer (*respicere, habere respectum*), prendre en considération, observer. Etym.: l'ancien verbe *esgarder*, de *es* et *garder*, surveiller. Toutes ces expressions équivalentes contiennent la même métaphore.

5. Latinisme. CICÉRON, *In Catil*, II, 8 : *Quos ego studeo placare reipublicæ* (datif).

6. *Imputer* (*putare, computare, supputare,* compter), mettre sur le compte de, c.-à-d. attribuer.

7. *Faire raison*, rendre justice ; *faire raison de*, se venger de ; *faire raison à.... de...*, donner satisfaction. Nicomède (*Nicomède*, II, 3) dit de Flaminius.

　　　　Il me fera raison
　　D'avoir réduit mon maître (Annibal) au secours du poison

8. Plus ordinairement : tenir pour (*habere, tenere pro ; pro certo, pro comperto*, etc.) Mais BOILEAU dit aussi (*Sat.* III):

　　Mais, puisque je vous vois, je me tiens trop content.

Par un prompt sacrifice expiez tous vos crimes;
Et surtout pensez bien au choix de vos victimes [1].
(*Pompée* [2], III, 2.)

II

César à Cornélie

CÉSAR, CORNÉLIE, ANTOINE, LÉPIDE, SEPTIME, tribun romain à la solde du roi d'Égypte.

Cornélie, veuve de Pompée, a été faite prisonnière. Amenée devant César, elle vient de lui dire fièrement :

. . . . César, je suis Romaine,
Et, quoique ta captive, un cœur comme le mien,
De peur de s'oublier, ne te demande rien.
Ordonne, et sans vouloir qu'il tremble et s'humilie,
Souviens-toi seulement que je suis Cornélie.

CÉSAR.

O d'un illustre époux noble et digne moitié,
Dont le courage étonne [3] et le sort fait pitié !
Certes, vos sentimens font assez reconnoître
Qui vous donna la main et qui vous donna l'être ;
Et l'on juge aisément, au cœur que vous portez,
Où vous êtes entrée et de qui vous sortez [4].
L'âme du jeune Crasse et celle de Pompée,
L'une et l'autre vertu par le malheur trompée,
Le sang des Scipions, protecteur de nos dieux,
Parle par votre bouche et brille dans vos yeux ;
Et Rome dans ses murs ne voit point de famille
Qui soit plus honorée ou de femme ou de fille.

---

1. Il entend les conseillers de Ptolémée, qui dans une délibération (scène Ire de la pièce) se sont prononcés pour l'assassinat de Pompée.

2. Pompée ne paraît pas dans la pièce ; mais vivant et mort, il en est, du commencement à la fin, l'intérêt continu ; autour de sa personne, de son nom, de ses restes et de l'urne qui, dans les mains de sa femme au dernier acte, les renferme, se groupent toute l'action, toutes les craintes, les espérances et les passions des personnages. Le titre inexact sous lequel on cite souvent cette tragédie « La Mort de Pompée » semble, par sa précision, limiter et réduire le rôle étrange et nouveau de ce personnage principal toujours absent et toujours présent.

3. Non pas surprend, mais frappe, saisit et stupéfait. Voyez p. 16, n. 5.

4. Cornélie était « entrée » dans deux illustres familles, femme successivement du jeune Crassus qui, dans la guerre contre les Parthes, où il suivit son père, se tua avant de tomber entre leurs mains, puis de Pompée. Elle « sortait » de la famille de Cornélia : elle était fille de Metellus Scipion, qui, après la mort de son gendre Pompée, continua la guerre contre César, et, vaincu à Thapsus avec Juba et Caton, se tua comme ce dernier.

Plût au grand Jupiter, plût à ces mêmes dieux
Qu'Annibal eût bravés jadis sans vos aïeux,
Que ce héros si cher dont le ciel vous sépare
N'eût pas si mal connu la cour d'un roi barbare,
Ni mieux aimé tenter une incertaine foi
Que la vieille amitié qu'il eût trouvée en moi;
Qu'il eût voulu souffrir qu'un bonheur de mes armes
Eût vaincu ses soupçons, dissipé ses alarmes;
Et qu'enfin, m'attendant sans plus se défier,
Il m'eût donné moyen de me justifier!
Alors, foulant aux pieds la discorde et l'envie,
Je l'eusse conjuré de se donner la vie,
D'oublier ma victoire, et d'aimer un rival
Heureux d'avoir vaincu pour vivre son égal :
J'eusse alors regagné son âme satisfaite
Jusqu'à lui faire aux dieux pardonner sa défaite;
Il eût fait à son tour, en me rendant son cœur,
Que Rome eût pardonné la victoire au vainqueur.
Mais puisque par sa perte, à jamais sans seconde [1],
Le sort a dérobé cette allégresse au monde,
César s'efforcera de s'acquitter vers vous [2]
De ce qu'il voudroit rendre [3] à cet illustre époux.
Prenez donc en ces lieux liberté tout entière;
Seulement pour deux jours soyez ma prisonnière,
Afin d'être témoin comme, après nos débats,
Je chéris sa mémoire et venge son trépas,
Et de pouvoir apprendre à toute l'Italie
De quel orgueil nouveau m'enfle la Thessalie [4].
Je vous laisse à vous-même et vous quitte un moment.

---

1. Sans pareille. MOLIÈRE, *Amph.*, I, 1 ; Sosie :

> Ah ! quelle audace sans seconde
> De marcher à l'heure qu'il est!

BOILEAU (*Sat.* II, 37) raille cette expression devenue banale :

> Si je louois Philis « en miracles féconde »
> Je trouverois bientôt « à nulle autre seconde »....
> Enfin parlant toujours d'« astres » et de « merveilles »,
> De « chefs-d'œuvre des cieux », de « beautés sans pareilles »....

2. L'Académie condamne l'emploi de *vers* au sens moral, comme ici : on le trouve dans PASCAL, MOLIÈRE, RACINE, VOLTAIRE.

3. *Rendre*, non pas restituer, mais s'acquitter de ce que l'on doit (*Reddere* jus, honores, præmia, etc.). Rendre des devoirs, des honneurs, des civilités,

> Quelques dehors civils que l'usage demande,
> (MOLIÈRE, *Mis.*, I, 1.

obéissance, hommage, visite, etc. — Et, absolument : C'étoit une femme qui savoit se faire rendre (SAINT-SIMON).

4. La victoire remportée à Pharsale, en Thessalie.

Choisissez-lui, Lépide, un digne appartement [1] ;
Et qu'on l'honore ici, mais en dame romaine,
C'est-à-dire un peu plus qu'on n'honore la reine [2].
Commandez, et chacun aura soin d'obéir.
                    CORNÉLIE.
O ciel ! que de vertus vous me faites haïr [3] !
                              (*Ibid.*, III, 4 [4].)

1. Voilà un de ces mots qui, comme beaucoup d'autres, ne semblent pas à Voltaire conformes à la dignité tragique. RACINE n'a pas fait scrupule de l'employer au début de *Britannicus*. LA HARPE a souvent renchéri sur ces fausses délicatesses de goût dont a fait justice depuis longtemps la critique du XIXᵉ siècle.
2. Voilà
        L'ordinaire mépris que Rome fait des rois
                                    (*Pompée*, III, 3.)
Émilie disait à Cinna :
        Pour être plus qu'un roi tu te crois quelque chose.
                                    (*Cinna*, III, 4.)
3. Et, fidèle à sa haine, elle attendra la liberté que César lui a offerte
        Afin de l'employer tout entière à sa perte.
                                    (IV, 4.)
Mais cette « perte », elle ne veut la devoir qu'à elle-même, et non des assassins égyptiens : elle révèle à César un complot formé contre sa vie :
        César, prends garde à toi.
                                    (*Ibid.*)
4. Les deux scènes précitées sont entièrement imitées de Lucain. « Le grand Corneille m'a avoué (non sans quelque peine et quelque honte, dit Huet, évêque d'Avranches, son confrère à l'Académie), qu'il préférait Lucain à Virgile. » Et BOILEAU, *A. P.*, IV, 83 :
        Tel s'est fait par ses vers distinguer dans la ville,
        Qui jamais de Lucain n'a distingué Virgile.
Quoi qu'il en soit, Lucain a ici bien heureusement inspiré Corneille. Nous signalons par des italiques les passages particulièrement imités. César s'adresse au garde qui, par ordre de Ptolémée, lui a apporté et lui présente la tête de Pompée :

        « Aufer ab adspectu nostro funesta, satelles,
        Regis dona tui: pejus de Cæsare vestrum,
        Quàm de Pompeio meruit scelus: *unica belli
        Præmia civilis, victis donare salutem,
        Perdidimus.* Quod si Phario germana tyranno
        Non invisa foret, potuissem reddere regi
        *Quod meruit, fratrique tuum pro munere tali
        Misissem, Cleopatra, caput.* Secreta quid arma
        Movit, et inseruit nostro sua tela labori?
        *Ergo in Thessalicis Pellxi fecimus arvis
        Jus gladio? vestris quæsita licentia regnis?*
        Non tuleram Magnum mecum Romana regentem
        Te, Ptolemæe, feram? Frustra civilibus armis
        Miscuimus gentes, si qua est hoc orbe potestas
        Altera, quàm Cæsar, si tellus ulla duorum est.
        Vertissem Latias à vestro littore proras:
        Famæ cura vetat, ne non damnasse cruentam,
        Sed videar timuisse, Pharon. *Nec fallere vos me
        Credite victorem : nobis quoque tale paratum
        Littoris hospitium ; ne sic mea colla gerantur,
        Thessaliæ fortuna facit.* Majore profecto,
        Quàm metui poterat, discrimine gessimus arma:
        Exsilium generique minas Romanque timebam :
        Pæna fugæ Ptolemæus erat. Sed parcimus annis:
        Donamusque nefas. Sciat hâc pro cæde tyrannus

CINNA AUX CONJURÉS [1]

CINNA, ÉMILIE, FULVIE, confidente d'Émilie.

CINNA.

Plût aux dieux que vous-même eussiez vu de quel zèle
Cette troupe entreprend une action si belle !
Au seul nom de César, d'Auguste et d'empereur,
Vous eussiez vu leurs yeux s'enflammer de fureur,
Et dans un même instant, par un effet contraire,
Leur front pâlir d'horreur et rougir de colère.
« Amis, leur ai-je dit, voici le jour heureux
« Qui doit conclure enfin nos desseins généreux [2] :
« Le ciel entre nos mains a mis le sort de Rome ;
« Et son salut dépend de la perte d'un homme,
« Si l'on doit le nom d'homme à qui n'a rien d'humain
« A ce tigre altéré de tout le sang romain [3].
« Combien pour le répandre a-t-il formé de brigues [4] !
« Combien de fois changé de partis et de ligues,
« Tantôt ami d'Antoine, et tantôt ennemi,
« Et jamais insolent ni cruel à demi ! »
Là, par un long récit de toutes les misères

> *Nil veniâ plus posse dari. Vos condite busto*
> *Tanti colla ducis : sed non ut crimina tantùm*
> *Vestra tegat tellus : justo date thura sepulcro*
> *Et placate caput cineresque in littore fusos*
> *Colligite, atque unam sparsis date manibus urnam*
> *Sentiat adventum soceri vocesque querentis*
> *Audiat umbra pias. Dum nobis omnia præfert,*
> *Dum vitam Phario mavult debere clienti,*
> *Læta dies rapta est populis ; concordia mundo*
> *Nostra perit ; carere Deis mea vota secundis,*
> *Ut te complexus, positis felicibus armis,*
> *Affectus à te veteres vitamque rogarem,*
> *Magne, tuam ; dignâque satis mercede laborum*
> *Contentus par esse tibi, tunc pace fideli*
> *Fecissem ut victus posses ignoscere Divis,*
> *Fecisses ut Roma mihi. »*
> (*Pharsale*, IX, v. 1064 sqq.)

1. Émilie, fille de Toranius, tuteur et victime d'Octave, aspire, malgré les bienfaits qu'elle a reçus du triumvir devenu depuis empereur sous le nom d'Auguste, à venger son père : elle est l'âme d'une conspiration dont Cinna, petit-fils de Pompée, qu'elle aime et qui l'aime, est le chef avec Maxime. Toutes les mesures sont prises pour l'exécution du complot et l'assassinat d'Auguste : Cinna vient rendre compte à Émilie de sa dernière entrevue avec les conjurés.
2. « On conclut une affaire, un traité, un marché (dit VOLTAIRE, *Commentaire sur Corneille*) ; on consomme un dessein, on l'exécute, on l'effectue ». Et il propose *remplir*. Mais « ce jour heureux », devant faire aboutir leur entreprise, la terminera, la *conclura*.
3. Cf. *Sitiens sanguinem* (PLINE l'ancien) ; *sitire cruorem* (SÉNÈQUE le tragiq.).
4. Cf. page 157, note 2.

Que durant notre enfance ont enduré [1] nos pères,
Renouvelant leur haine avec leur souvenir,
Je redouble en leur cœur l'ardeur de les punir :
Je leur fais des tableaux de ces tristes batailles,
Où Rome par ses mains déchiroit ses entrailles [2],
Où l'aigle abattoit l'aigle, et de chaque côté
Nos légions s'armoient contre leur liberté [3] ;
Où les meilleurs soldats et les chefs les plus braves
Mettoient toute leur gloire à devenir esclaves ;
Où, pour mieux assurer la honte de leurs fers,
Tous vouloient à leur chaîne attacher l'univers ;
Et, l'exécrable honneur de lui donner un maître
Faisant aimer à tous l'infâme nom de traître,
Romains contre Romains, parens contre parens,
Combattoient seulement pour le choix des tyrans.
  J'ajoute à ces tableaux la peinture effroyable
De leur concorde impie, affreuse, inexorable,
Funeste aux gens de bien, aux riches, au sénat,
Et, pour tout dire enfin, de leur triumvirat.
Mais je ne trouve point de couleurs assez noires
Pour en représenter les tragiques histoires.
Je les peins dans le meurtre à l'envi triomphans ;
Rome entière noyée au [4] sang de ses enfans ;
Les uns assassinés dans les places publiques,
Les autres dans le sein de leurs dieux domestiques ;
Le méchant par le prix au crime encouragé ;
Le mari par sa femme en son lit égorgé ;
Le fils tout dégouttant du meurtre de son père

---

  1. L'accord exigé auj. par la règle grammaticale est omis, comme dans ces vers de RACINE :
    .... D'aussi loin qu'il nous a vu paraître.
                            (*Bajazet.*)
    Les a-t-on vu marcher parmi nos ennemis ?
                            (*Esther.*)

Voir à ce sujet M. CHASSANG, Grammaire française, cours supérieur, 348, Rem. IV.)
  2. Cf. VIRGILE, *Æn.*, VI, 833 ; Anchise, s'adressant à César et à Pompée :
    Nec *patriæ* validas *in viscera* vertite vires.
et LUCAIN, I, 2, dit de leur guerre civile :
    .... populumque potentem
    In sua victrici conversum *viscera dextrâ*.
  3. LUCAIN ajoute, après le vers cité dans la note précédente
    Cognatasque acies, et, rupto fœdere regni,
    Certatum, totis concussi viribus orbis,
    In commune nefas, infestisque obvia signis
    Signa, *pares aquilas*, et pila minantia pilis.
  4. Voyez page 49 note 3.

Et, sa tête à la main, demandant son salaire [1],
Sans pouvoir exprimer par tant d'horribles traits
Qu'un crayon imparfait de leur sanglante paix [2].
 Vous dirai-je les noms de ces grands personnages
Dont j'ai dépeint les morts pour aigrir [3] les courages,
De ces fameux proscrits, ces demi-dieux mortels,
Qu'on a sacrifiés jusque sur les autels?
Mais pourrois-je vous dire à quelle impatience,
A quels frémissemens, à quelle violence,
Ces indignes trépas, quoique mal figurés [4],
Ont porté les esprits de tous nos conjurés?
Je n'ai point perdu temps [5], et, voyant leur colère
Au point de [6] ne rien craindre, en état de tout faire,
J'ajoute en peu de mots : « Toutes ces cruautés,
« La perte de nos biens et de nos libertés,
« Le ravage des champs, le pillage des villes,
« Et les proscriptions et les guerres civiles,
« Sont les degrés sanglans dont Auguste a fait choix
« Pour monter dans [7] le trône et nous donner des lois.
« Mais nous pouvons changer un destin si funeste,
« Puisque, de trois tyrans, c'est le seul qui nous reste,
« Et que, juste une fois, il s'est privé d'appui,
« Perdant, pour régner seul, deux méchans [8] comme lui
« Lui mort, nous n'avons point de vengeur ni de maître [9].
« Avec la liberté Rome s'en va renaître;
« Et nous mériterons le nom de vrais Romains,
« Si le joug qui l'accable est brisé par nos mains.

1. LUCAIN, II, 109 sqq. (Proscriptions de Sylla) :
 In numerum pars magna perit, rapuitque *cruentus*
 Victor ab ignotâ vultus cervice recisos,
 Dum *vacuâ pudet ire manu*..........
 ....Nati maduêre paterno
 Sanguine ; certatum est cui *cervix cæsa parentis*
 Cederet; *in fratrum ceciderunt præmia fratres*.

2. *Crayon*, 1º matière propre à dessiner, 2º dessin (On dit bien : les crayons de cet artiste sont estimés), 3º description, comme ici.

3. *Aiguiser* (de *acutiare, acuere, acutus*) et *aigrir* (de *aigre, acer, acerbus*) ont la même étym.: ἄκρος, ἀκίς.

4. Représentés, décrits (*fingere, figura*).

5. Suppression de *de*, usuelle au XVIᵉ siècle, et fréquente encore au XVIIᵉ

6. En état de. Cf. MOLIÈRE, *Tart.*, IV, 5 :
 Et je l'ai mis au point de tout voir sans rien croire.

7. *Dans* le trône. Voyez page 68, note 4.

8. Antoine et Lépide, qui, avec Octave, formèrent le deuxième triumvirat (44 av. J.-C.) ; le premier, vaincu à Actium, se tua en 31 ; le second relégué à Circeï en 35, y mourut en 12.

9. VOLTAIRE : « Il veut dire :
 Mort, il est sans vengeur, et nous sommes sans maître,
En effet, c'est Rome qui a des vengeurs dans les assassins du tyran. »

« Prenons l'occasion [1], alors qu'elle est propice :
« Demain au Capitole il fait un sacrifice;
« Qu'il en soit la victime, et faisons en ces lieux
« Justice à tout le monde, à la face des dieux.
« Là presque pour sa suite il n'a que notre troupe :
« C'est de ma main qu'il prend et l'encens et la coupe [2],
« Et je veux, pour signal, que cette même main
« Lui donne, au lieu d'encens, d'un poignard dans le sein [3].
« Ainsi d'un coup mortel la victime frappée
« Fera voir si je suis du sang du grand Pompée :
« Faites voir, après moi, si vous vous souvenez
« Des illustres aïeux de qui vous êtes nés. »
A peine ai-je achevé, que chacun renouvelle,
Par un noble serment, le vœu d'être fidèle :
L'occasion leur plaît; mais chacun veut pour soi
L'honneur du premier coup que j'ai choisi pour moi.
La raison règle enfin l'ardeur qui les emporte :
Maxime et la moitié s'assurent de la porte;
L'autre moitié me suit et doit l'environner,
Prête au premier signal que je voudrai donner.
  Voilà, belle Émilie, à quel point nous en sommes.
Demain, j'attends la haine ou la faveur [4] des hommes,
Le nom de parricide ou de libérateur;
César, celui de prince ou d'un usurpateur [5].

(Cinna, I, 3.)

PRIÈRE DE PAULINE À SÉVÈRE EN FAVEUR DE POLYEUCTE [6]

SÉVÈRE, PAULINE

PAULINE.

Sévère, connoissez Pauline toute entière [7].
Mon Polyeucte touche à son heure dernière;

---

1. *Saisir* l'occasion est plus usuel.
2. Allusion à la dignité sacerdotale dont Cinna était revêtu.
3. *Donner de*, — *dans* (dans le panneau), — *contre* (contre un obstacle) : *donner* est neutre. — V. p. 38, n. 6, et *infrà* La Fontaine, X, 3 (fin).
4. Les Latins opposeraient *invidia* et *gratia*.
5. *D'un* est inutile et incorrect. « Mais gênons la poésie le moins que nous pourrons » (Voltaire).
6. Pauline, fille de Félix, avait connu et aimé à Rome Sévère, favori de l'empereur Dioclétien. Puis, emmenée en Asie par son père, nommé gouverneur de l'Arménie, elle avait par obéissance filiale épousé à Mélitène Polyeucte, jeune seigneur Arménien. Deux semaines après ce mariage, Sévère arrive à Mélitène vainqueur des Perses. Pendant un sacrifice célébré dans le temple en l'honneur de cette victoire, Polyeucte, récemment converti au christianisme, renverse les statues des Dieux. Il est condamné à mort. Pauline supplie Sévère qu'elle aime d'intervenir auprès de son père pour sauver son mari.
7. Ainsi écrit le XVIIᵉ siècle (v. Bossuet, Boileau, etc.). Auj. *tout* entière.

Pour achever de vivre il n'a plus qu'un moment :
Vous en êtes la cause encor qu'innocemment[1].
Je ne sais si votre âme, à vos desirs ouverte,
Auroit osé former quelque espoir sur sa perte ;
Mais sachez qu'il n'est point de si cruel trépas
Où d'un front assuré je ne porte mes pas,
Qu'il n'est point aux enfers d'horreurs que je n'endure,
Plutôt que de souiller une gloire si pure,
Que d'épouser un homme, après son triste sort,
Qui de quelque façon soit cause de sa mort ;
Et, si vous me croyiez d'une âme si peu saine,
L'amour que j'eus pour vous tourneroit toute en haine[2].
Vous êtes généreux ; soyez-le jusqu'au bout.
Mon père est en état[3] de vous accorder tout,
Il vous craint ; et j'avance encore cette parole,
Que, s'il perd mon époux, c'est à vous qu'il l'immole.
Sauvez ce malheureux, employez-vous pour lui ;
Faites-vous un effort[4] pour lui servir d'appui.
Je sais que c'est beaucoup que ce que je demande ;
Mais, plus l'effort est grand, plus la gloire en est grande :
Conserver un rival dont vous êtes jaloux,
C'est un trait de vertu qui n'appartient qu'à vous ;
Et, si ce n'est assez de votre renommée,
C'est beaucoup qu'une femme autrefois tant aimée,
Et dont l'amour peut-être encor vous peut toucher,
Doive à votre grand cœur ce qu'elle a de plus cher.
Souvenez-vous enfin que vous êtes Sévère.
Adieu : résolvez seul ce que vous voulez faire ;
Si vous n'êtes pas tel que je l'ose espérer,
Pour vous priser[5] encor je le veux ignorer.
                                (Polyeucte, IV, 5.)

---

1. Quoique (Etymologiquement.: *même à l'heure où...*, *hanc horam*).
Se construit avec le verbe au subjonctif. *Horace*, II, 2 :
        Encor qu'à mon devoir je coure sans terreur.

2. Latinisme. *Vertere*, avec ellipse de *se*, s'emploie aussi comme s'il était neutre.

3. En disposition de..., disposé à... Auj. cette locution s'emploierait dans le sens de *être capable de*.

4. RACINE, *Mithrid.*, II :
        Malgré tous les efforts que je pourrois me faire.
Auj. on dit : Faire un effort sur soi.

5. *Priser* (de *prix*), *apprécier* (de *pretium*, prix), *estimer*, signifient.
1° porter un jugement sur ; 2° porter un jugement favorable sur. Cf. τιμάω.

LE PÈRE DU MENTEUR

I

GÉRONTE [2].

O vieillesse facile! ô jeunesse impudente!
O de mes cheveux gris honte trop évidente [3]!
Est-il dessous le ciel père plus malheureux?
Est-il affront plus grand pour un cœur généreux?
Dorante n'est qu'un fourbe; et cet ingrat que j'aime,
Après m'avoir fourbé [4], me fait fourber moi-même,
Et d'un discours en l'air, qu'il forge en imposteur,
Il me fait le trompette [5] et le second auteur!
Comme si c'étoit peu pour mon reste de vie
De n'avoir à rougir que de son infamie,
L'infâme, se jouant de mon trop de bonté,
Me fait encor rougir de ma crédulité!

(*Le Menteur*, V, 2.)

II

GÉRONTE, DORANTE, CLITON, valet de Dorante.

GÉRONTE.

Êtes-vous gentilhomme [6]?

DORANTE, *à part.*

Ah! rencontre fâcheuse!

---

1. Dorante, fils de Géronte, après avoir fini à Poitiers ses études de droit, revient à Paris, et aussitôt commence la série des mensonges qu'il accumule étourdiment, plus par habitude ou légèreté que par calcul ou vice, d'ailleurs homme de mérite, d'esprit et de cœur. L'un de ces mensonges abuse son vieux père: pour échapper à une proposition de mariage, il se dit marié secrètement à Poitiers. La vérité se découvre.
2. Voyez sur Géronte, page 145, la note 2.
3. Cf. *Le Cid*, I, 4. Don Diègue :
   O rage! ô désespoir! ô vieillesse ennemie
   N'ai-je donc tant vécu que pour cette infamie!
4. Verbe peu usité auj., ainsi que le substantif *la fourbe*, disposition à tromper.
5. Il me le fait débiter et propager. *Se faire le trompette*, propager VOLTAIRE : Ils se font les trompettes de la gloire des anciens. *Être le trompette de...*, être le colporteur de telle nouvelle.
6. *Gentilhomme*, homme de race. Etym.: *gentilis*. — « On voit ici la même main qui peignit le vieil Horace et don Diègue » (VOLTAIRE.) « Cette brusque apostrophe vaut le mot de don Diègue: « Rodrigue, as-tu du cœur? » C'est le même appel fait au sentiment de l'honneur. Et voyez comme Géronte, vieux gentilhomme, ressent la honte de son fils, et de quel ton il la lui reproche, répétant plusieurs fois à dessein les mots qui sont les plus cruels à entendre pour un homme d'honneur, les mots de lâche et de menteur... » (SAINT-MARC GIRARDIN, *Cours de littérature dramatique*, VIII).

(*A son père.*)
Étant sorti de vous, la chose est peu douteuse.
GÉRONTE.
Croyez-vous qu'il suffit d'être sorti de moi?
DORANTE.
Avec toute la France aisément je le croi.
GÉRONTE.
Et ne savez-vous point avec toute la France
D'où ce titre d'honneur a tiré sa naissance,
Et que la vertu seule a mis en ce haut rang
Ceux qui l'ont jusqu'à moi fait passer dans leur sang?
DORANTE.
J'ignorerois un point que n'ignore personne,
Que la vertu l'acquiert, comme le sang le donne.
GÉRONTE.
Où le sang a manqué si la vertu l'acquiert,
Où le sang l'a donné le vice aussi le perd [1].
Ce qui naît d'un moyen périt par son contraire :
Tout ce que l'un a fait, l'autre le peut défaire ;
Et, dans la lâcheté du vice où je te vois,
Tu n'es plus gentilhomme, étant sorti de moi.
DORANTE.
Moi?
GÉRONTE.
Laisse-moi parler, toi de qui l'imposture
Souille honteusement ce don de la nature :
Qui se dit gentilhomme, et ment comme tu fais,
Il [2] ment quand il le dit, et ne le fut jamais.
Est-il vice plus bas? est-il tache plus noire,
Plus indigne d'un homme élevé pour la gloire?
Est-il quelque foiblesse, est-il quelque action
Dont un cœur vraiment noble ait plus d'aversion,
Puisqu'un seul démenti lui porte une infamie [3]
Qu'il ne peut effacer s'il n'expose sa vie,
Et si dedans le sang [4] il ne lave l'affront
Qu'un si honteux outrage imprime sur son front?

1. Cf. MOLIÈRE, *Don Juan*, IV, 7 : Le père de don Juan à son fils. Voyez notre Recueil de Prosateurs, p. 87.
2. Voyez p. 64, note 6.
3. Apporte, cause, entraîne (*Ferre* luctum, dolorem, etc.; *afferre*). Porter préjudice ; du scandale (MOLIÈRE, *Tart.*, IV, 1) ; plaisir et déplaisir (PASCAL), etc. — *Infamie*, 1° flétrissure, déshonneur, comme ici ; 2° action déshonorante.
4. Voyez APPENDICE Ier, V.

DORANTE.

Qui vous dit que je mens?

GÉRONTE.

Qui me le dit, infâme?
Dis-moi, si tu le peux, dis le nom de ta femme.
Le conte qu'hier au soir tu m'en fis publier...

CLITON, *à Dorante.*

Dites que le sommeil vous l'a fait oublier.

GÉRONTE.

Ajoute, ajoute encore avec effronterie[1]
Le nom de ton beau-père et de sa seigneurie;
Invente à m'éblouir quelques nouveaux détours.

CLITON, *à Dorante.*

Appelez la mémoire ou l'esprit au secours.

GÉRONTE.

De quel front cependant faut-il que je confesse
Que ton effronterie a surpris ma vieillesse,
Qu'un homme de mon âge a cru légèrement
Ce qu'un homme du tien débite impudemment?
Tu me fais donc servir de fable et de risée,
Passer pour esprit foible et pour cervelle usée?
Mais, dis-moi, te portois-je à la gorge un poignard?
Voyois-tu violence ou courroux de ma part?
Si quelque aversion t'éloignoit de Clarice,
Quel besoin avois-tu d'un si lâche artifice?
Et pouvois-tu douter que mon consentement
Ne dût tout accorder à ton contentement,
Puisque mon indulgence, au dernier point venue,
Consentoit, à tes yeux, l'hymen d'une inconnue[2]?
Ce grand excès d'amour que je t'ai témoigné
N'a point touché ton cœur, ou ne l'a point gagné :
Ingrat, tu m'as payé d'une impudente feinte,
Et tu n'as eu pour moi respect, amour, ni crainte.
Va, je te désavoue.

DORANTE.

Eh! mon père, écoutez.

---

1. *Effronté* vient de *es* (*ex*) et *front*, sans front, impudent, la honte se traduisant par la rougeur du front. — *Avoir le front de...*, avoir un front tel qu'il ne rougisse pas de... Cf. RACINE, *Phèdre*, III, 3 :
...Ont su se faire un front qui ne rougit jamais.
Infrà : De quel front...? Puis-je confesser sans rougir...?

2. *Consentir*, 1º neutre : *à...*, suivi d'un substantif ou d'un infinitif; *que...*, suivi d'un subjonctif; 2º actif, terme de droit, de diplomatie, de politique : consentir une vente, un traité, l'impôt, etc., puis, par extension et en général, accorder.

GÉRONTE.

Quoi? des contes en l'air et sur l'heure inventés?

DORANTE.

Non, la vérité pure.

GÉRONTE.

En est-il dans ta bouche?

CLITON, *à Dorante.*

Voici pour votre adresse une assez rude touche [1].

DORANTE.

Épris d'une beauté qu'à peine j'ai pu voir [2]
Qu'elle a pris sur mon âme un absolu pouvoir,
De Lucrèce en un mot, vous la pouvez connoître...

GÉRONTE.

Dis vrai : je la connois, et ceux qui l'ont fait naître
Son père est mon ami.

DORANTE.

Mon cœur en un moment
Étant de ses regards charmé si puissamment,
Le choix que vos bontés avoient fait de Clarice,
Sitôt que je le sus, me parut un supplice :
Mais, comme j'ignorois si Lucrèce et son sort
Pouvoient avec le vôtre avoir quelque rapport,
Je n'osai pas encor vous découvrir la flamme
Que venoient ses beautés d'allumer dans mon âme;
Et j'avois ignoré, monsieur, jusqu'à ce jour
Que l'adresse d'esprit fût un crime en amour.
Mais, si je vous osois demander quelque grâce,
A présent que je sais et son bien et sa race,
Je vous conjurerois, par les nœuds les plus doux
Dont l'amour et le sang puissent m'unir à vous,
De seconder mes vœux auprès de cette belle :
Obtenez-la d'un père, et je l'obtiendrai d'elle.

GÉRONTE.

Tu me fourbes encor.

DORANTE.

Si vous ne m'en croyez,
Croyez-en pour le moins Cliton que vous voyez :
Il sait tout mon secret.

GÉRONTE.

Tu ne meurs pas de honte

---

1. Atteinte, dirait-on aussi.
2. *Que* est régi par *voir*, Latinisme (Voyez l'APPENDICE 1er, II). Equivaut à : Qui, à peine vue par moi, a pris...

Qu'il faille que de lui je fasse plus de compte,
Et que ton père même, en doute de ta foi,
Donne plus de croyance à ton valet qu'à toi ?
Ecoute : je suis bon, et, malgré ma colère,
Je veux encore un coup montrer un cœur de père ;
Je veux encore un coup pour toi me hasarder :
Je connois ta Lucrèce, et la vais demander ;
Mais si de ton côté le moindre obstacle arrive...

DORANTE.
Pour vous mieux assurer, souffrez que je vous suive.

GÉRONTE.
Demeure ici, demeure, et ne suis point mes pas :
Je doute, je hasarde, et je ne te crois pas [1].
Mais sache que tantôt, si pour cette Lucrèce
Tu fais la moindre fourbe ou la moindre finesse,
Tu peux bien fuir mes yeux et ne me voir jamais.
Autrement, souviens-toi du serment que je fais :
Je jure les rayons du jour qui nous éclaire
Que tu ne mourras point que [2] de la main d'un père,
Et que ton sang indigne, à mes pieds répandu,
Rendra prompte justice à [3] mon honneur perdu [4].

(*Ibid.*, 3.)

---

1. Et cependant Dorante, cette fois, ne ment pas. — On voit la leçon. C'est celle de la fable de RICHER, *Les Bergers ou le menteur puni* (Voir notre Recueil pour les classes élémentaires) :

    Un menteur n'est point écouté
    Même en disant la vérité.

2. Point, si ce n'est... — Nous n'avons *point* de roi *que* César (BOSSUET — Auj. on supprime *point*.

3. Rendre *la* justice, exercer le pouvoir judiciaire. Rendre justice à, 1º redresser un tort, d'où donner satisfaction, comme ici ; 2º être équitable pour ; 3º reconnaître le mérite de. — *Faire* justice à.... sens analogues ; *de*, au propre, châtier, au fig., réprouver. *Faire justice*, rendre un juste arrêt. — *Se rendre justice*, s'apprécier ce qu'on vaut. *Se faire justice*, se venger.

4. La comédie s'élève ici au ton de la tragédie.

    .... Interdum et vocem comœdia tollit
    Iratusque Chremes tumido delitigat ore.
    (HORACE, *A. P.* vers 93.

Cf. CORNEILLE, *Horace*, III, 6. Le Vieil Horace :

    J'en atteste des dieux les suprêmes puissances,
    Avant ce jour fini, ces mains, ces propres mains
    Laveront dans son sang la honte des Romains !

LA FONTAINE
1621-1695

Jean DE LA FONTAINE, né à Château-Thierry, fut maître des eaux et forêts comme Corneille fut avocat, comme Boileau fut apprenti greffier, comme Racine faillit être séminariste. Cette fonction, héritage de famille, n'était pas faite pour lui, à part le voisinage des bêtes qui l'y pouvaient séduire : il ne fit qu'y passer. Pensionné de Fouquet à Paris, avant la disgrâce qu'il a pleurée dans son immortelle *Élégie* aux Nymphes de Vaux, il se livra sans distraction (il n'était distrait que pour les choses sérieuses) à la poésie que lui avait révélée la lecture d'une ode de Malherbe, et, toute sa vie, fit ses délices des fabliaux du moyen âge, de Marot, de Rabelais, de Malherbe, de Racine, de Voiture, du « bon » Homère, du « bon » Platon, de la compagnie de Molière, de Boileau, de Racine, de la nature et des bêtes, du sommeil et de la rêverie, de ses *Contes* et de ses *Fables*. Le premier recueil de ses fables (liv. I-VI) est de 1668 ; le second (liv. VII-XI), de 1678 ; le troisième (liv. XII), de 1693. Il fut de l'Académie ; de concert avec ses amis il y défendit les anciens contre les modernes dans la fameuse querelle, avec plus d'ardeur et de conviction que ses comédies de hasard (il dormit à son *Florentin*), et mourut en léguant, sans s'en douter, à la gloire du siècle de Louis XIV le nom d'un de ses plus grands poètes, pour avoir aimé et peint les bêtes au sein de la nature et les hommes dans les bêtes.

> L'apologue est un don qui vient des immortels....
> C'est proprement un charme,

a dit La Fontaine (Dédicace de son second recueil à Mme de Montespan). Dans l'apologue comme dans la fable mythologique,

> Tout prend un corps, une âme, un esprit, un visage ;
> (BOILEAU, A. P., III.)

corps, âme, esprit, visage, La Fontaine prête tout aux « peuples divers » qui sont « acteurs en son ouvrage »,

> Car tout parle dans l'univers ;
> Il n'est rien qui n'ait son langage.
> (Épilogue du livre XI.)

Amoureux des « mensonges d'Ésope » (II, 1), il fait parler le plus souvent les animaux entre eux :

> Le loup en langue des dieux
> Parle au chien dans mes ouvrages :
> Les bêtes à qui mieux mieux
> Y font divers personnages.
> (IX, 1.)

et fréquemment aussi avec les hommes. Quelquefois il « passe plus avant » :

> Les arbres et les plantes
> Sont devenus chez *lui* créatures parlantes.
> (II, 1.)

Plus avant encore : L'enfer dit à la Goutte et à l'Araignée « Me filles », et la Goutte dit « Ma sœur l'Aragne » (III, 8). Les membres sont jaloux de maître Gaster et veulent « vivre en gentilshommes » (III, 2). Et puis le pot de fer propose, le pot de terre s'excuse de voyager avec son « camarade. » — Enfin celui qui se dit le roi de toute cette nature animée et parlante, l'homme, y a sa place; et ainsi se déroule dans les douze livres du fabuliste.

> Une ample comédie à cent actes divers
> Et dont la scène est l'univers.
>   (V, 1.)

— Nous donnons des échantillons de ces différents langages de l'homme, de l'animal et de la plante. La dernière fable citée les réunit tous les trois.

LE CHÊNE ET LE ROSEAU

> Le Chêne un jour dit au Roseau:
> « Vous avez bien sujet d'accuser la nature;
> Un roitelet [1] pour vous est un pesant fardeau;
> Le moindre vent qui d'aventure [2]
> Fait rider [3] la face de l'eau
> Vous oblige à baisser la tête;
> Cependant que mon front, au Caucase pareil,
> Non content d'arrêter les rayons du soleil,
> Brave l'effort de la tempête.
> Tout vous est aquilon, tout me semble zéphyr.
> Encor si vous naissiez à l'abri du feuillage [4]
> Dont je couvre le voisinage,
> Vous n'auriez pas tant à souffrir [5];

1. 1º Roi d'un très petit État: employé par dénigrement ; 2º comme ici, nom d'un très petit oiseau, de la famille des mésanges ; « il passe à travers les mailles des filets ordinaires. » (BUFFON).
2. Par hasard. LA FONTAINE, III, 1 :
   > ... Et d'aventure
   > Passent trois bons marchands...
   Et encore IV, 21.
3. Rider, actif: Le vent ride la surface de l'eau. Se rider, réfléchi : La surface de l'eau se ride. Ici : Fait [se] rider...
4. A l'abri, locution adverbiale: Se mettre à l'abri sous le feuillage. — A l'abri de, locution prépositive : 1º en sûreté contre, au propre et au fig.: A l'abri du vent, de la tempête, du froid, de l'injure, des railleries RACINE, Esther, I, 3 :
   > Rien ne met à l'abri de cet ordre fatal.
   2º en sûreté sous, comme ici, au propre et au fig., RACINE, Esther II, 8 :
   > A l'abri de ce trône attendez mon retour.
5. « L'orgueil du chêne n'est pas un orgueil féroce et inhumain : c'est un orgueil protecteur, une des formes les plus tentantes de l'orgueil, et une des plus désagréables à qui la supporte, même quand il en profite. » (SAINT-MARC-GIRARDIN, La Fontaine et les Fabulistes, T. I, p. 261.)

Je vous défendrois de l'orage [1] ;
Mais vous naissez le plus souvent
Sur les humides bords des royaumes du vent [2].
La nature envers vous me semble bien injuste [3].
— Votre compassion, lui répondit l'arbuste [4],
Part d'un bon naturel ; mais quittez ce souci ;
　Les vents me sont moins qu'à vous redoutables :
Je plie, et ne romps pas. Vous avez jusqu'ici
　　Contre leurs coups épouvantables
　　Résisté sans courber le dos :
Mais attendons la fin. » — Comme il disoit ces mots,
Du bout de l'horizon accourt avec furie [5]
　　Le plus terrible des enfans
Que le Nord eût portés jusque-là dans ses flancs.
　L'arbre tient bon [6] ; le roseau plie.
　　Le vent redouble ses efforts,
　　Et fait si bien qu'il déracine
Celui de qui la tête au ciel étoit voisine
Et dont les pieds touchoient à l'empire des morts [7].
　　　　　　　　(*Fables*, I, 22.)

---

1. « Comme l'emploi multiplié du *moi* montre la vanité du chêne ! Sa charité même est orgueilleuse. » (SAINT-MARC G., *ibid.*)
2. Voilà, en un vers, l'esquisse d'un tableau dont deux mots, « humide, vent », laissent l'impression dans notre imagination. Telle cette autre esquisse (VII, 16) :
　　Il (Jeannot Lapin) étoit allé faire à l'aurore sa cour
　　　Parmi le thym et la rosée.
Et encore (V, 8) :
　　Un certain loup, dans la saison
　　Que les tièdes zéphyrs ont l'herbe rajeunie.
3. « Ce mot veut dire seulement : La nature envers moi a été bien libérale et bien magnifique. Le roseau ne s'y trompe pas, car il répond au chêne d'un ton sec et piqué. » (SAINT-MARC G., *ibid.*)
4. *Arbuste* ? Le roseau appartient à la famille des graminées.
5. Cf. avec cette inversion expressive le vers de VIRGILE (*G.*, I, 327.)
　　Sæpe etiam immensum cælo venit agmen aquarum..
6. *Tenir bon*, (se) tenir contre, résister, au propre et au fig. : Tenir bon contre des instances. *Bon*, adv. Cf. parler franc, haut ; trancher net, couper court, etc.
7. Cf. VIRGILE, *G.*, II, 292, et *Æn.*, IV, 445 :
　　Quæ quantùm vertice ad auras
　　Ætherias, tantùm radice in Tartara tendit.

— Voyez, *infra*, comme LA FONTAINE, parlant du roi des animaux, le lion, prend à l'occasion le ton épique qu'il a ici en parlant du roi des forêts.

— Sujet traité par ÉSOPE, en latin par plusieurs fabulistes italiens des XVe et XVIe siècles, par CORROZET, HAUDENT ; au XVIIe siècle par LE N... On trouve dans YSOPET-AVIONET la fable « Du biau chêne

LE LION ET LE MOUCHERON

« Va-t'en, chétif insecte, excrément de la terre ! »
    C'est en ces mots que le lion
    Parloit un jour au moucheron.
    L'autre lui déclara la guerre.
« Penses-tu, lui dit-il, que ton titre de roi
    Me fasse peur ni me soucie [1] ?
    Un bœuf est plus puissant [2] que toi ;
    Je le mène à ma fantaisie. »
    A peine il achevoit ces mots,
    Que lui-même il sonna la charge,
    Fut le trompette et le héros.
    Dans l'abord il se met au large ;
    Puis prend son temps, fond sur le cou
    Du lion qu'il rend presque fou.
Le quadrupède écume, et son œil étincelle ;
Il rugit. On se cache, on tremble à l'environ [3] ;
    Et cette alarme universelle
    Est l'ouvrage d'un moucheron.
Un avorton de mouche en cent lieux le harcelle,
Tantôt pique l'échine, et tantôt le museau,
    Tantôt entre au fond du naseau.
La rage alors se trouve à son faîte montée.

qui ne se vouloit fléchir contre le vent » et la fable « Du sapin et du bisson (buisson) », où je lis (Ch. ROBERT, ouvrage cité) :

    « Se tu es hans jusqu'aus estoilles,
    Et je suis nains, petis et bas,
    En tout ce ne gaignes tu pas :
    Car ma petitesse et laidure
    Fout que nully de moi n'a cure ;
    Mais ce que tu es haus et lons (long)
    Te fait coper (couper) jusqu'aus talons. »

1. C'est le sens du latin *sollicitare*, inquiéter. Cf. MOLIÈRE. *Dépit am.*, IV, 3 :

    Hé ! je crois que cela foiblement vous soucie !

— *Penses-tu* équivalant à Tu ne peux penser, ne pense pas implique un sens négatif qui justifie l'emploi de *ni*. Cf. BOILEAU, *Sat.* IX, v. 290 :

    Pelletier écrit mieux qu'Ablancourt *ni* Patru.

c.-à-d. : Patru n'écrit pas aussi bien que Pelletier. — Voy. encore ID., *A. P.*, II, 92 ; III, 127, 228.

2. Se prend dans le sens de *gros* (Un puissant navire, IV, 10), et, populairement, de corpulent, chargé d'embonpoint. — (C'est précisément avec un taureau que Ysopet II met aux prises la Mouche).

3. *Environ* (Etym.: *en*, *viron*, autour, de *virer*, tourner), 1o subst.. qui n'est plus usité qu'au pluriel ; 2o préposition.: BOSSUET : Ce fut environ ce temps que...; 3o adv.: Il y a environ vingt ans, vingt lieues, vingt francs de différence.

L'invisible ennemi triomphe, et rit de voir
Qu'il n'est griffe ni dent en la bête irritée
Qui de la mettre en sang ne fasse son devoir [1].
Le malheureux lion se déchire lui-même,
Fait résonner sa queue à l'entour de ses flancs [2],
Bat l'air, qui n'en peut mais [3]; et sa fureur extrême
Le fatigue, l'abat : le voilà sur les dens.
L'insecte du combat se retire avec gloire :
Comme il sonna la charge, il sonne la victoire,
Va partout l'annoncer, et rencontre en chemin
  L'embuscade d'une araignée :
  Il y rencontre aussi sa fin [4].

Quelle chose par là nous peut être enseignée ?
J'en vois deux, dont l'une est qu'entre nos ennemis
Les plus à craindre sont souvent les plus petits ;
L'autre, qu'aux grands périls tel a pu se soustraire,
  Qui périt pour la moindre affaire [5].

        (*Fables*, II, 9.)

1. *Faire son devoir de*, se bien acquitter de.
2. Comme *environ*, *entour* est un subst. qui n'est plus usité qu'au pluriel, et le plus ordinairement dans le sens de : les personnages de l'entourage, de la familiarité de. — De l'adv. *à l'entour* ou *alentour* est venu le subst. les *alentours*. — On remarquera facilement l'ampleur épique de quelques-uns des vers qui mettent le lion en scène ; ils sont en harmonie avec la majesté du roi des animaux.
3. Qui n'y peut rien, qui ne peut pas *plus*. Cette locution est la seule qui ait conservé le sens étymologique de *mais* (*magis*). MOLIÈRE, *Mis.*, III, 5 :
  Et puis-je mais des soins qu'on ne va pas vous rendre?
Cf., dans le patois normand : N'avoir mais que dire.
4. LA FONTAINE est coutumier de ces dénouements brusques, aiguisés quelquefois en pointe d'épigramme, qui tirent le rideau sur la comédie. Cf. IX, 14 :
  Au sortir du terrier deux chiens aux pieds agiles
  L'étranglèrent du premier bond.
VII, 16 :
  .... Jetant des deux côtés la griffe en même temps,
  Mit les plaideurs d'accord en croquant l'un et l'autre.
Et encore IV, 5 ; VIII, 3, 9, 15 ; IX, 9, 15 ; XI, 4 ; etc.
5. On a blâmé cette double affabulation, comme nuisant à l'unité de la fable. Voyez encore le *Rat et l'Huître*, VIII, 9.
ÉSOPE, MARIE DE FRANCE, HAUDENT, BAÏF, BENSERADE ont traité le même sujet. — Ysopet II (Voir p. 84, n. 4 ;) a (Ch. Robert, t. I, p. 125) « la bataille de la Mouche et du Torel » dont je détache quelques vers. La Mouche défie son ennemi :
  Quand le Torel a ce véu,
  Que la Mouche la envillé (méprisé, bravé),
  D'ire et d'orgueil s'est esmeu,
  Et hulle (hurle) et fait grand tempesté.
  La Mouche dit : « Ne te travaille;
  Trop auras demain à souffrir;
  Mienne est l'honneur de la bataille,
  Quand ce viendra au departir....
  Soyez ici demain sans faille;
  Sachiez, vous y lairez (laisserez) la pel;
  Car j'y serai comment qu'it aille (quoi qu'il arrive). »

LE HERON [1]

Un jour, sur ses longs pieds, alloit je ne sais où
Le héron, au long bec emmanché d'un long cou [2] :
    Il cotoyoit une rivière.
L'onde étoit transparente ainsi qu'aux plus beaux jours [3] :
Ma commère la carpe y faisoit mille tours
    Avec le brochet son compère [4].
Le héron en eût fait aisément son profit :
Tous approchoient du bord, l'oiseau n'avoit qu'à prendre [5].
    Mais il crut mieux faire d'attendre
    Qu'il eût un peu plus d'appétit [6] :
Il vivoit de régime [7], et mangeoit à ses heures [8].
Après quelques momens, l'appétit vint [9] : l'oiseau,
    S'approchant du bord, vit sur l'eau
Des tanches qui sortoient du fond de ces demeures.
Le mets ne lui plut pas ; il s'attendoit à mieux,
    Et montroit un goût dédaigneux
    Comme le rat du bon Horace [10] :
« Moi, des tanches ? dit-il : moi, héron [11], que je fasse

---

1. Cette fable va nous fournir l'occasion d'une leçon de lecture donnée par un maître, M. LEGOUVÉ (*L'art de la lecture*, II, 6 ; 1 volume, Hetzel, éditeur).
2. VOLTAIRE (Liste des écrivains du *Siècle de Louis XIV*) appelle « puérilités » ces trois coups de crayon qui dessinent si nettement un profil et une allure.
3. « Doit-on lire ces deux vers de la même façon ? Non. Le premier, simple vers de récit, doit être dit simplement. Le second est un vers de peintre, il faut que l'image soit visible dans la bouche du lecteur, comme sous la plume du poète. » (L.)
4. « Vous ne savez pas votre métier de lecteur, si votre voix alerte, gaie et un peu railleuse, ne montre pas le va-et-vient de ce petit couple frétillant. » (L.)
5. « Simple vers de récit. » (L.)
6. « Attention ! voilà le caractère qui se dessine ! Le héron est un sensuel, un gourmet plutôt qu'un gourmand. L'appétit est un plaisir pour les délicats de l'estomac. Donnez au mot *appétit* cet accent de satisfaction qu'éveille toujours la pensée ou la présence de ce qui plaît !... Vous verrez tout à l'heure comme cette indication vous sera utile. » (L.)
7. Cf. les emplois divers (action de diriger ; manière de gouverner un état, la santé) et correspondants de δίαιτα, *regimen*, diète.
8. « Second vers de caractère. Le héron est un important, qui se respecte. » (L.)
9. « Le héron est content. » (L.)
10. Le rat de ville invité chez le rat des champs (HORACE, *Sat.* II, 7, vers 87 :)
    Tangentis male singula dente superbo.
Le *bon* Horace. Le *bon* Platon, dit ailleurs le poète. *Bonus Homerus*, avait dit Horace.
11. « Marquez bien l'*h* aspirée de héron : guindez-le, hissez-le sur cet *h* comme sur ses longues pattes. » (L.)

Une si pauvre chère [1] ! Hé ! pour qui me prend-on ? »
La tanche rebutée, il trouva du goujon.
« Du goujon ! c'est bien là le dîner d'un héron [2] !
J'ouvrirois pour si peu le bec ! aux dieux ne plaise ! »
Il l'ouvrit pour bien moins : tout alla de façon
  Qu'il ne vit plus aucun poisson.
La faim le prit [3] : il fut tout heureux et tout aise
  De rencontrer un limaçon.

  Ne soyons pas si difficiles :
Les plus accommodans, ce sont les plus habiles ;
On hasarde de perdre en voulant trop gagner :
  Gardez-vous de rien dédaigner.
        (*Fables*, VII, 4.)

LE VIEILLARD ET LES TROIS JEUNES HOMMES

  Un octogénaire plantoit.
« Passe encor de bâtir ; mais planter à cet âge ! »
Disoient trois jouvenceaux [4], enfans du voisinage :
  Assurément il radotoit.
  « Car, au nom des dieux, je vous prie,
Quel fruit de ce labeur pouvez-vous recueillir ?
Autant qu'un patriarche il vous faudroit vieillir.
  A quoi bon charger votre vie
Des soins d'un avenir qui n'est pas fait pour vous ?
Ne songez désormais qu'à vos erreurs passées ;
Quittez le long espoir et les vastes pensées [5] :
  Tout cela ne convient qu'à nous.
  — Il ne convient pas à vous-mêmes,

---

1. Voyez page 20, note 9.
2. « Ici il éclate de rire. » (L.)
3. « La faim ! Comprenez-vous maintenant la différence avec le mot appétit. Croyez-vous que La Fontaine ait mis par hasard ce petit hémistiche si net et si terrible : « La faim le prit ! » Il ne s'agit plus de sensualité, comme là-haut ; le mot est bref, pressant, implacable, comme le besoin ! Rendez tout cela par la voix, et peignez aussi ce dénouement brusque, dédaigneux et sommaire ainsi qu'un arrêt : Il fut, etc. » (L.) — Cf. page 177, note 4.
4. Jouvencel, — ceau, — celle. Etym. : *juvencus, juvenculus*, 1° jeune taureau, 2° jeune homme. HORACE, *Od.*, II, 8 : Matres suis metuunt iuvencis. CATULLE, XXIV : O qui flosculus es juvenculorum !
5. HORACE, *Od.*, I. IV :

  Vitæ summa brevis *spem* nos vetat inchoare *longam*.

Ib., XI :

     Spatio brevi
Spem longam reseces.

Repartit le vieillard. Tout établissement ¹
Vient tard, et dure peu. La main des Parques ² blêmes
De vos jours et des miens se joue également.
Nos termes ³ sont pareils par leur courte durée.
Qui de nous des clartés de la voûte azurée
Doit jouir le dernier ? Est-il aucun moment
Qui vous puisse assurer d'un second seulement ?
Mes arrière-neveux me devront cet ombrage ⁴.
  Hé bien ! défendez-vous au sage
De se donner des soins pour le plaisir d'autrui ?
Cela même est un fruit que je goûte aujourd'hui :
J'en puis jouir demain, et quelques jours encore ;
  Je puis enfin compter l'aurore
  Plus d'une fois sur vos tombeaux. »
Le vieillard eut raison : l'un des trois jouvenceaux
Se noya dès le port, allant à ⁵ l'Amérique ;
L'autre, afin de monter aux grandes dignités,
Dans les emplois de Mars servant la république ⁶
Par un coup imprévu vit ses jours emportés ;
  Le troisième tomba d'un arbre
  Que lui-même il voulut enter ⁷ ;
Et, pleurés du vieillard ⁸, il grava sur leur marbre
  Ce que je viens de raconter ⁹.
(Fables, XI, 8.)

1. 1° Le fait de fonder, 2° la chose fondée, comme ici, dans un sens très étendu : maison, commerce, fortune d'une famille, etc. Cf. Bossuet, *Panégyr. de Saint-Bernard* : Les personnes de condition, bâtissant toujours sur les honneurs de leur maison...
2. (Même racine scandinave que *bleu*) de couleur pâle et livide.
3. L'espace dans lequel sont limitées nos existences.
4. Cicéron, *Tuscul.*, I., 14, et *De Senect.*, VII, cite ce vers de Cécilius :

  Serit arbores quæ alteri sæculo prosint.

Virgile, *Egl.* IX, vers 50 :

  Insere, Daphni, piros : carpent tua poma nepotes.

5. *Ad.*, vers. *En*, dirait-on auj.
6. *Res publica*, l'Etat. Cf. le titre d'un chapitre de La Bruyère : Du Souverain, ou de la République.
7. *Greffer* par *ente* (Étym.: ἔμφυτον), insertion d'un scion (rejeton tendre) sur un autre arbre. S'emploie au fig.: Un peuple enté sur un autre peuple ; entêtement enté sur l'orgueil. — Voyez p. 93, n. 2.
8. Anacoluthe. *Pleurés* se rapporte à *eux* compris dans *leur* (d'eux).
9. Les jeunes gens ont été durs, le vieillard a été sévère, mais « le mort ayant expié le tort qu'ils avaient, nos yeux, en finissant cette belle et grave histoire, se reposent sur le tableau le plus touchant que nous puissions imaginer, la vieillesse pleurant la mort des jeunes gens. » Saint-Marc Girardin, *La Fontaine et les fabulistes*, leçon XIV.)

L'HOMME ET LA COULEUVRE

Un homme vit une couleuvre :
« Ah! méchante, dit-il, je m'en vais faire une œuvre
   Agréable à tout l'univers! »
   A ces mots l'animal pervers
   (C'est le serpent que je veux dire,
Et non l'homme, on pourroit aisément s'y tromper [1]),
A ces mots le serpent, se laissant attraper,
Est pris, mis en un sac, et, ce qui fut le pire,
On résolut sa mort, fût-il coupable ou non.
Afin de le payer toutefois de raison [2],
   L'autre lui fit cette harangue :
« Symbole des ingrats [3] ! être bon aux méchans,
C'est être sot ; meurs donc ; ta colère et tes dens
Ne me nuiront jamais ». Le serpent, en sa langue,
Reprit du mieux qu'il put : « S'il falloit condamner
   Tous les ingrats qui sont au monde,
   A qui pourroit-on pardonner ?
Toi-même, tu te fais ton procès ; je me fonde
Sur tes propres leçons [4], jette les yeux sur toi.
Mes jours sont en tes mains, tranche-les : ta justice,
C'est ton utilité, ton plaisir, ton caprice :
   Selon ces lois condamne-moi ;
   Mais trouve bon qu'avec franchise
   En mourant au moins je te dise
   Que le symbole des ingrats
Ce n'est point le serpent ; c'est l'homme. » Ces paroles
Firent arrêter l'autre ; il recula d'un pas.
Enfin il repartit : « Tes raisons sont frivoles :
Je pourrois décider [5], car ce droit m'appartient ;
Mais rapportons-nous-en [6]. — Soit fait [7] », dit le reptile.

---

1. D'autant plus que la « couleuvre » est inoffensive.
2. On : de *raisons*, donner satisfaction avec de bonnes raisons : bonnes, celui qui les donne les croit telles et les donne pour ce qu'il les croit. On dit aussi : payer de mauvaises raisons, de paroles, de mots, d'excuses, etc.
3. Le serpent l'est en effet depuis la fable d'Ésope qui a donné naissance au proverbe « réchauffer un serpent dans son sein ». Voir LA FONTAINE, VI, 13.
4. Les exemples, leçons d'ingratitude, que tu donnes.
5. Trancher la question (*de, cædere*, couper), en prononçant.
6. Prenons un arbitre. Ordinairement un complément le nomme : S'en rapporter « à quelqu'un » ; et, avec un second complément, « d'un différend ». Quelquefois, se rapporter : Rapportons-nous, dit-elle, à Raminagrobis (LA FONTAINE, VII, 16.)
7. Ἔστω, *esto*, soit (que cela soit).

Une vache étoit là : l'on l'appelle; elle vient :
Le cas est proposé. « C'étoit chose facile;
Falloit-il pour cela, dit-elle, m'appeler ?
La couleuvre a raison : pourquoi dissimuler ?
Je nourris celui-ci depuis longues années;
Il n'a sans mes bienfaits passé nulles journées;
Tout n'est que pour lui seul; mon lait et mes enfans
Le font à la maison revenir les mains pleines :
Même j'ai rétabli sa santé, que les ans
      Avoient altérée ; et mes peines
Ont pour but son plaisir ainsi que son besoin.
Enfin, me voilà vieille; il me laisse en un coin
Sans herbe [1] : s'il vouloit encor me laisser paître !
Mais je suis attachée ; et, si j'eusse eu pour maître
Un serpent, eût-il su jamais pousser si loin
L'ingratitude? Adieu, j'ai dit ce que je pense. »
L'homme, tout étonné d'une telle sentence,
Dit au serpent : « Faut-il croire ce qu'elle dit ?
C'est une radoteuse : elle a perdu l'esprit.
Croyons ce bœuf. — Croyons », dit la rampante bête.
Ainsi dit, ainsi fait. Le bœuf vient à pas lens.
Quand il eut ruminé [2] tout le cas en sa tête,
      Il dit que du labeur des ans
Pour nous seuls il portoit les soins les plus pesans,
Parcourant sans cesser ce long cercle de peines
Qui, revenant sur soi, ramenoit dans nos plaines
Ce que Cérès nous donne et vend aux animaux [3];
      Que cette suite de travaux
Pour récompense avoit, de tous tant que nous sommes,
Force coups, peu de gré [4]; puis, quand il étoit vieux,
On croyoit l'honorer chaque fois que les hommes
Achetoient de son sang l'indulgence des dieux.

1. Le rejet et l'arrêt accentuent la valeur de l'idée et l'effet du mot, comme plus bas : l'ingratitude. Cf. IX, 9 :
    Tenez, la cour vous donne à chacun une écaille,
    Sans dépens.
VIII, 8 :
    . . . . L'huître tout d'un coup
    Se referme.
2. Se dit au propre d'une opération particulière à certains quadrupèdes mammifères : ils ramènent les aliments de l'estomac par le gosier (*rumen*) dans la bouche qui les *remâche*; au fig. : penser et *repenser* à une chose.
3. *Vend*, parce qu'elle le leur fait acheter au prix des travaux dont ils ont seuls la peine, et l'homme le profit sans travail : par exemple, le blé pour lui, l'avoine pour eux.
4. *Gré*, reconnaissance (*gratia*).

Ainsi parla le bœuf. L'homme dit : « Faisons taire
  Cet ennuyeux déclamateur :
Il cherche de grands mots, et vient ici se faire,
  Au lieu d'arbitre, accusateur.
Je le récuse aussi ». L'arbre étant pris pour juge,
Ce fut bien pis encore. Il servoit de refuge [1]
Contre le chaud, la pluie et la fureur des vens :
Pour nous seuls il ornoit les jardins et les champs;
L'ombrage n'étoit pas le seul bien qu'il sût faire :
Il courboit sous les fruits. Cependant pour salaire
Un rustre l'abattoit, c'étoit là son loyer [2];
Quoique, pendant tout l'an, libéral, il nous donne,
Ou des fleurs au printemps ou du fruit en automne
L'ombre l'été, l'hiver les plaisirs du foyer.
Que ne l'émondoit-on, sans prendre la cognée [3]?
De son tempérament [4] il eût encor vécu.
L'homme, trouvant mauvais que l'on l'eût convaincu,
Voulut à toute force avoir cause gagnée.
« Je suis bien bon, dit-il, d'écouter ces gens-là ! »
Du sac et du serpent aussitôt il donna [5]
  Contre les murs, tant qu'il tua la bête.

  On en use ainsi chez les grands :
La raison les offense; ils se mettent en tête
Que tout est né pour eux, quadrupèdes et gens,
    Et serpens.
    Si quelqu'un desserre les dens,
C'est un sot [6]. J'en conviens; mais que faut-il donc faire?
  Parler de loin, ou bien se taire [7].
                    (*Fables*, X, 3.)

---

1. Ellipse de : Il dit que.... Cf. *infrà* (avant-dernier vers), et VIII, 2, une ellipse semblable (il disait que..., ou : Il croyait que...) :

    Si quelque chat faisoit du bruit,
    Le chat prenoit l'argent.

2. Etym. : *locarium*, prix du gîte.
3. La serpe émonde, la cognée abat. Etym.: *cuneus*, coin. La cognée est un coin allongé d'un manche.
4. Par sa constitution. Le mot, applicable à l'homme, est appliqué à la plante personnifiée : Etym.: *temperare*, mélanger. Le tempérament résulte du mélange des éléments qui composent le corps; le bon tempérament, de leur juste équilibre.
5. *Donner*, pris comme neutre, 1° heurter : le navire donna contre un écueil ; 2° porter un coup : Donner d'un poignard dans le sein (CORNEILLE, *Cinna*, I, 3). — *De*, par, au moyen de, avec.
6. Sur cette ellipse, voyez note 1, même page.
7. « Cette fable réunit tous les genres d'éloquence. C'est le procès fait à l'humanité au nom des animaux et même des arbres. Rien n'est

PHILÉMON ET BAUCIS

SUJET TIRÉ DES MÉTAMORPHOSES D'OVIDE [1]

. . . .
Eux seuls ils composoient toute leur république [2],
Heureux de ne devoir à pas un domestique
Le plaisir ou le gré [3] des soins qu'ils se rendoient !
Tout vieillit : sur leur front les rides s'étendoient ;
L'amitié modéra leurs feux sans les détruire,
Et par des traits d'amour sut encor se produire.
Ils habitoient un bourg plein de gens dont le cœur
Joignoit aux duretés un sentiment moqueur.
Jupiter résolut d'abolir cette engeance [4].
Il part avec son fils, le dieu de l'éloquence [5] ;
Tous deux en pèlerins [6] vont visiter ces lieux.
Mille logis y sont, un seul ne s'ouvre aux Dieux [7].
Prêts enfin à quitter un séjour si profane,
Ils virent à l'écart une étroite cabane,
Demeure hospitalière, humble et chaste maison.
Mercure frappe ; on ouvre. Aussitôt Philémon
Vient au-devant des Dieux et leur tient ce langage :

plus nerveux, plus logique, plus pathétique, que ce réquisitoire en trois parties qui abaisse l'homme au-dessous du serpent sur les degrés de l'échelle morale. Ces terribles conclusions, le poète les restreint à l'ingratitude des grands, et la passion qui fermente dans ce terrible apologue donne à penser que La Fontaine, malgré son détachement de toute ambition et de toute servitude, sentait vivement au fond du cœur le contre-coup de l'orgueil, de la dureté, de l'égoïsme hautain et impassible, qui atteignent les serviteurs dévoués des puissants de la terre. Quoi qu'il en soit, cette fable est admirable d'amer dédain, de raillerie poignante, de ressentiment contenu, de dignité dans la plainte, de compassion aux souffrances, et, dans l'expression, de noble et sévère poésie. » (GÉRUZEZ, *Études littér. sur les ouvrages français prescrits aux programmes du Baccalauréat*).

1. VIII, vers 620 sqq. — Nous transcrivons le récit de LA FONTAINE pour fournir la matière d'une comparaison avec celui d'Ovide. Les *Métamorphoses* sont entre les mains des élèves de quatrième : aussi n'en citons-nous pas dans nos notes les passages imités directement par LA FONTAINE.

2. Ils vivaient seuls dans « leur enclos et leur champ », vient de dire le poète. — Cf. PLINE, *Ep.* VIII, 16 : Servis respublica quædam et quasi civitas domus est.

3. Voyez page 120, note 2.

4. Race. L'humaine engeance (*Fables*, IV, 1). S'emploie d'ordinaire par dénigrement : Sotte, maudite engeance. Etym.: *enger* (MOLIÈRE, *Pourceaugnac*, I, 3 : Votre père se moque-t-il de vouloir-vous enger de son avocat de Limoges) dont l'étym. est controversée. *Ingignere*?

5. Mercure, *facunde nepos Atlantis*, dit Horace (*Od.*, I, 10).

6. Etym.: *peregrinus* Cf. palefroi de paraveredus ; chapitre, de capitulum ; titre, de titulus, etc.

7. L'usage qui n'admettrait plus cette suppression de *pas*, l'autorise dans : Je n'ose, je ne sais, je ne puis.

« Vous me semblez tous deux fatigués du voyage,
Reposez-vous. Usez du peu que nous avons :
L'aide des Dieux a fait que nous le conservons :
Usez-en. Saluez ces pénates d'argile [1] :
Jamais le ciel ne fut aux humains si facile,
Que quand Jupiter même étoit de simple bois;
Depuis qu'on l'a fait d'or, il est sourd à nos voix.
Baucis, ne tardez point, faites tiédir cette onde :
Encor que [2] le pouvoir au desir ne réponde,
Nos hôtes agréeront les soins qui leur sont dus. »
Quelques restes de feu sous la cendre épandus [3]
D'un souffle haletant par Baucis s'allumèrent [4] :
Des branches de bois sec aussitôt s'enflammèrent.
L'onde tiède [5], on lava les pieds des voyageurs.
Philémon les pria d'excuser ces longueurs;
Et, pour tromper l'ennui d'une attente importune,
Il entretint les Dieux, non point sur la fortune,
Sur ses jeux, sur la pompe et la grandeur des rois,
Mais sur ce que les champs, les vergers et les bois
Ont de plus innocent, de plus doux, de plus rare.
Cependant par Baucis le festin se prépare.
La table où l'on servit le champêtre repas
Fut d'ais non façonnés à l'aide du compas [6] :
Encore assure-t-on, si l'histoire en est crue,
Qu'en un de ses supports le temps l'avoit rompue.
Baucis en égala les appuis chancelans
Du débris d'un vieux vase, autre injure des ans [7].
Un tapis tout usé couvrit deux escabelles :
Il ne servoit pourtant qu'aux fêtes solennelles.

1. PROPERCE, IV, 1, vers 5 :

    Fictilibus crevère *Deis* hæc aurea templa.

2. Voyez page 167, note 1.
3. BOILEAU, *Ep.* IV :

    Un bruit s'épand qu'Enghien et Condé sont passés.

4. *Par*, par le fait de, *per*. On peut aussi considérer le verbe réfléchi comme équivalant au verbe passif. Cf., le 9e vers après celui-ci, et BOILEAU, *Sat.* III :

    Un coq y paroissoit en pompeux équipage,
    Qui, changeant sur ce plat et d'état et de nom,
    Par tous les convives s'est appelé chapon.

5. (Devenue) tiède, proposition participe.
6. *Compas* étant pris ordinairement au moyen âge dans le sens de marche régulière et mesurée, l'étym. vraisemblable est *com* et *pas*. — *Ais*; voyez p. 57, n. 8.
7. On dit l'injure du temps ; de là, ici, par une hardie et heureuse concision : ce qui a subi l'injure de...

Le linge orné de fleurs fut couvert, pour tous mets,
D'un peu de lait, de fruits, et des dons de Cérès [1].
Les divins voyageurs, altérés de [2] leur course,
Mêloient au vin grossier le cristal d'une source.
Plus le vase versoit, moins il s'alloit vidant.
Philémon reconnut ce miracle évident :
Baucis n'en fit pas moins : tous deux s'agenouillèrent;
A ce signe d'abord leurs yeux se dessillèrent [3].
Jupiter leur parut avec ces noirs sourcis
Qui font trembler les cieux sur leurs pôles assis [4].
« Grand Dieu, dit Philémon, excusez notre faute;
Quels humains auroient cru recevoir un tel hôte?
Ces mets, nous l'avouons, sont peu délicieux :
Mais, quand nous serions rois, que donner à des Dieux?
C'est le cœur qui fait tout : que la terre et que l'onde
Apprêtent un repas pour les maîtres du monde;
Ils lui préféreront les seuls présens du cœur. »
Baucis sort à ces mots pour réparer l'erreur.
Dans le verger couroit une perdrix privée [5]
Et par de tendres soins dès l'enfance élevée;
Elle en veut faire un mets [6], et la poursuit en vain :
La volatile [7] échappe à sa tremblante main;
Entre les pieds des Dieux elle cherche un asile.
Ce recours à l'oiseau ne fut pas inutile :
Jupiter intercède. — Et déjà les vallons
Voyoient l'ombre en croissant tomber du haut des monts [8].
Les Dieux sortent enfin, et font sortir leurs hôtes.
« De ce bourg, dit Jupin [9], je veux punir les fautes;

1. Dona laboratæ Cereris (VIRGILE).
2. *Par* leur... Altéré de sang, de vengeance, de rapine..., signifie: qui a *soif de*...
3. Remarquez l'anomalie de l'orthographe qui a prévalu. Etym.: *dés, cil* (*cilium*, bord de la paupière, paupière ; d'où *sourcil, super, cilium*).
4. Etablis. Cf. *asseoir* un camp ; l'*assiette* d'un camp. — HORACE (*Od.*, III, 1) dit de HOMÈRE, après HOMÈRE:
Cuncta supercilio moventis.
5. *Privé*, domestique (Etym.: l'adj. *privus*, puis *privatus*, particulier, par opposition à public). On dit : Priver un animal.
6. Primitivement *mes* (Etym.: *missus*, de *mittere*, envoyer, apporter, d'où *mettre*), ce qui est *mis* sur la table.
7. Distinguez *volatile*, subst. m. et f., animal qui vole (IX, 2 : La volatile malheureuse, un des deux *pigeons*), et *volatille*, subst. f., collectif, oiseau bon à manger. Etym.: *volatilis*; *volatilia* a donné *volailles*.
8. VIRGILE, *Egl.* I, 83:
Majoresque cadunt altis de montibus umbræ;
et RACAN, *supra*, p. 141, note 1.
9. Forme familière du nom de Jupiter. N'est plus usitée.

Suivez-nous. Toi, Mercure, appelle les vapeurs.
O gens durs ! vous n'ouvrez vos logis ni vos cœurs ! »
Il dit : et les autans ¹ troublent déjà la plaine.
Nos deux époux suivoient, ne marchant qu'avec peine ;
Un appui de roseau soulageoit leurs vieux ans :
Moitié secours des Dieux, moitié peur, se hâtans,
Sur un mont assez proche enfin ils arrivèrent ².
A leurs pieds aussitôt cent nuages crevèrent.
Des ministres du dieu les escadrons flottans ³
Entraînèrent, sans choix, animaux, habitans,
Arbres, maisons, vergers ⁴, toute cette demeure ;
Sans vestiges du bourg, tout disparut sur l'heure.
Les vieillards déploroient ces sévères destins.
Les animaux périr ⁵ ! car encor les humains,
Tous avoient dû tomber sous les célestes armes :
Baucis en répandit en secret quelques larmes.
Cependant l'humble toit devient temple, et ses murs
Changent leur frêle enduit aux ⁶ marbres les plus durs.
De pilastres ⁷ massifs les cloisons revêtues
En moins de deux instans s'élèvent jusqu'aux nues ;
Le chaume devient or, tout brille en ce pourpris ⁸ :

---

1. *Autan*, 1º vent du midi, 2º vent violent. Etym. : *altum*, venant de la haute mer (*altum mare*) ? ou venant du sommet des montagnes ?
2. Cf. ailleurs, dans LA FONTAINE, des vers de même allure pesante, et des périodes d'harmonie analogue. Le « pauvre bûcheron » (I, 16).

> Gémissant et courbé, marchoit à pas pesans,
> Et tâchoit de gagner sa chaumine enfumée.

Et (VII, 9) : . . . .

> Six forts chevaux tiroient un coche.

3. Cf. VIRGILE, *G.*, I, 322

> Sæpe etiam immensum cælo venit *agmen aquarum*
> Et fœdam glomerant tempestatem imbribus atris
> Collectæ ex alto nubes ; ruit arduus æther
> Et pluviâ ingenti *sata læta boumqre labores*
> Diluit. . . .

Ibid., 482 (débordement du Pô) :

> . . . . Camposque per omnes
> Cum stabulis armenta tulit.

4. Primitivement *vergier* (Etym. : *viridarium*).
5. Voyez comme VIRGILE aussi s'attendrit sur la mort des animaux innocents : *G.*, III, 525 sqq. :

> Quid labor aut benefacta juvant ?. . .

6. Voyez page 48, note 2 ; page 49, note 3.
7. Colonne carrée, engagée dans un mur. Etym. : *pila*, colonne.
8. Enclos, enceinte (Etym. : l'ancien verbe *pourprendre*, enfermer, contenir). AMYOT, *Romulus*, 16 : Romulus feist faire un fossé à l'entour du pourpris qu'il vouloit enfermer de murailles. Poétiquem. : Le céleste pourpris, le ciel.

Tous ces événemens sont peints sur le lambris [1].
Loin, bien loin les tableaux de Zeuxis et d'Apelle [2] !
Ceux-ci furent tracés d'une main immortelle.
Nos deux époux, surpris, étonnés [3], confondus,
Se crurent, par miracle, en l'Olympe rendus.
« Vous comblez, dirent-ils, vos moindres créatures :
Aurions-nous bien le cœur et les mains assez pures
Pour présider ici sur [4] les honneurs divins,
Et prêtres vous offrir les vœux des pèlerins ? »
Jupiter exauça leur prière innocente.
« Hélas, dit Philémon, si votre main puissante
Vouloit favoriser jusqu'au bout deux mortels,
Ensemble nous mourrions en servant vos autels,
Clothon [5] feroit d'un coup ce double sacrifice ;
D'autres mains nous rendroient un vain et triste office [6] ;
Je ne pleurerois point celle-ci [7], ni ses yeux
Ne troubleroient non plus de leurs larmes ces lieux. »
Jupiter à ce vœu fut encor favorable.
Mais oserai-je dire un fait presque incroyable ?
Un jour qu'assis tous deux dans le sacré parvis [8]
Ils contoient cette histoire aux pèlerins ravis,
La troupe à l'entour d'eux debout prêtoit l'oreille ;
Philémon leur disoit : « Ce lieu plein de merveille
N'a pas toujours servi de temple aux immortels :
Un bourg étoit autour, ennemi des autels,
Gens barbares, gens durs, habitacle d'impies ;
Du céleste courroux tous furent les hosties [9].
Il ne resta que nous d'un si triste débris [10] :

---

1. Voyez page 140, note 2.
2. Peintres Grecs, contemporains, le premier, de Périclès, le second, d'Alexandre.
3. Saisis et stupéfaits. Voyez page 16, note 5.
4. Avoir la direction de, la surveillance *sur* le culte qu'on rend aux Dieux. Ordinairement présider *à*. Etym.: *præ, sedere*, siéger en avant de...
5. Il eût été plus exact de nommer la 3e des Parques, Atropos, qui coupe le fil des jours. Clotho tient la quenouille ; Lachésis tourne le fuseau.
6. Les derniers devoirs, supremum *officium, munus*.
7. Τήνδε, disent les tragiques Grecs.
8. 1o Place devant la porte principale d'une église, 2o par extension, temple, église. Primitivement *parais, paravis*, puis *parvis* ; de *paradisus*, parce que, dans la représentation des Mystères du moyen âge, ce lieu figurait le paradis.
9. *Victimes, hostia* (d'où la sainte *hostie*). CORNEILLE, *Horace*, III, 2 :
    Le funeste succès de leurs armes impies
    De tous les combattans a-t-il fait des hosties ?
10. 1o Reste de ce qui est, au propre, brisé (Débris d'un vieux vase, *suprà*), au fig., détruit (Débris du Sénat, CORNEILLE ; d'un empire, RACINE ;

Vous en verrez tantôt la suite ¹ en nos lambris;
Jupiter l'y peignit. » En contant ces annales,
Philémon regardoit Baucis par intervalles;
Elle devenoit arbre, et lui tendoit les bras :
Il veut lui tendre aussi les siens, et ne peut pas.
Il veut parler, l'écorce a sa langue pressée ².
L'un et l'autre se dit adieu de la pensée :
Le corps n'est tantôt ³ plus que feuillage et que bois.
D'étonnement, la troupe, ainsi qu'eux, perd la voix.
Même instant, même sort à leur fin les entraîne;
Baucis devient tilleul, Philémon devient chêne.
On les va voir encore, afin de mériter
Les douceurs qu'en hymen Amour leur fit goûter.
Ils courbent sous le poids des offrandes sans nombre.
Pour peu que des époux séjournent sous leur ombre,
Ils s'aiment jusqu'au bout, malgré l'effort des ans.

. . . .

MOLIÈRE

1622-1673

Jean-Baptiste Poquelin, qui a immortalisé le nom de MOLIÈRE, naquit à Paris le 14 janvier 1622, et y mourut le 17 février 1673.
Fils d'un tapissier-valet de chambre du roi, dont il hérita et remplit la charge auprès de Louis XIV, il fit ses humanités à Paris, au collège de Clermont (depuis collège Louis-le-Grand) sous les Jésuites; puis, après avoir suivi les cours de droit de l'école d'Orléans, passionné pour le théâtre, il entra dans une troupe de comédiens dont il devint bientôt le directeur, le principal acteur et le poète. Pendant douze ans (1646-1658) il parcourut avec elle la province : il fit représenter à Lyon en 1654 sa première comédie en cinq actes et en vers, l'*Etourdi* ; à Béziers, en 1656, le *Dépit amoureux*. Il débuta à Paris en 1658, et obtint pour sa troupe, l'*Illustre théâtre*, le titre de troupe de *Monsieur frère du Roy*, puis de *Comédiens du Roy* : elle fut dès lors et est restée le « Théâtre français. » Applaudi, protégé, pensionné par Louis XIV, ami des

---

d'une réputation, FLÉCHIER); 2º Reste de ce qui est consommé (Débris d'un repas); 3º au sing. seulement, action de briser, destruction ; au propre : le débris du pot de terre, LA FONTAINE, V, 2 ; au fig., RACINE, *Britann.*, III, 2 :

Seul reste du débris d'une illustre famille.

1. La succession, l'enchaînement.
2. Voyez page 17, note 2.
3. Bientôt. De même BOILEAU, *Sat.* VI :

Ne sachant plus tantôt à quel saint se vouer.

grands poètes qui avec lui donnaient à leur siècle des leçons et des modèles de bon goût, Molière, pendant quinze ans, enrichit notre scène de chefs-d'œuvre en prose et en vers, en un acte et en cinq actes, dans tous les genres de comédie, depuis la farce jusqu'à la comédie de caractère, la plus haute expression du génie comique. Pour ne citer ici que ses pièces en vers, *Don Garcie de Navarre* (1661) est une comédie héroïque ; *Les Fâcheux* (1661), une comédie à tiroirs ; *Amphitryon* (1668), une fantaisie antique d'une merveilleuse souplesse de style et de dialogue, empruntée à Plaute ; *Psyché* (1671), signée aussi des noms de Corneille et de Quinault, une charmante fantaisie mythologique ; *L'École des maris* (1661), *L'École des femmes* (1662), *Les Femmes savantes* (1672), des comédies de mœurs ; *Le Misanthrope* (1666) et le *Tartuffe* (en 3 actes, 1664 ; en 5 actes, 1667), des comédies de caractère : toutes ont créé des types impérissables.

Observateur et peintre de la nature humaine, comme La Fontaine qui, dans ses fables, fait parler les hommes par la voix qu'il prête aux bêtes, comme Racine qui sur la scène tragique fait parler toutes leurs passions, Molière, sur la scène comique, fit passer sous leurs yeux leurs travers, leurs faiblesses, leurs ridicules et leurs vices. D'une verve intarissable, d'une fécondité de ressorts comiques inépuisable, son génie propre est la double vérité des caractères et du langage qui les traduit ; sa puissance et son charme sont dans la franchise d'un style plein, nourri, de forte sève, d'allure aisée, large et ample, de saine et vigoureuse imagination. On peut dire de lui ce qu'un maître, Fénelon, a dit de l'orateur : « Il pense, il sent, et la parole suit. »

UN FÂCHEUX [1]

ERASTE, LA MONTAGNE, valet d'Eraste.

ERASTE.

Sous quel astre, bon dieu ! faut-il que je sois né [2],
Pour être de fâcheux toujours assassiné !
Il semble que partout le sort me les adresse,
Et j'en vois chaque jour quelque nouvelle espèce.

---

1. Pris substantivement, un *fâcheux* signifie un *importun*. HORACE a son *fâcheux* (*Ep.* I, 9) ; RÉGNIER l'imite dans sa satire du *fâcheux* (*Sat.* VIII. Voir notre Recueil de poésie pour les classes d'humanités). Les trois actes des *Fâcheux* (1661) de Molière en amènent successivement plusieurs qui arrêtent ou gênent Eraste dans les rendez-vous qu'il cherche ou qu'il a.

2. La croyance à une influence prétendue des astres sur la destinée de chacun est de toute antiquité. *Dextro, fausto, sinistro, infausto duro sidere natus.* Né « sous une bonne, sous une mauvaise étoile. » LA FONTAINE, XI, 4 :

    Les noms et les vertus de ces clartés errantes
    Par qui sont nos destins et nos mœurs différentes.

RACINE, *Mithridate*, I. 2 :

    Sous quel astre ennemi faut-il que je sois née !

BOILEAU, *A. P.*, I :

    Si son astre en naissant ne l'a formé poète

Mais il n'est rien d'égal au fâcheux d'aujourd'hui :
J'ai cru n'être jamais débarrassé de lui ;
Et cent fois j'ai maudit cette innocente envie
Qui m'a pris, à dîner, de voir la comédie [1],
Où, pensant m'égayer, j'ai misérablement
Trouvé de mes péchés le rude châtiment.
Il faut que je te fasse un récit de l'affaire ;
Car je m'en sens encor tout ému de colère.

J'étois sur le théâtre en humeur d'écouter
La pièce, qu'à plusieurs j'avois ouï vanter ;
Les acteurs commençoient, chacun prêtoit silence,
Lorsque, d'un air bruyant et plein d'extravagance,
Un homme à grands canons [2] est entré brusquement,
En criant : « Holà ! ho ! un siège promptement [3] ! »
Et, de son grand fracas surprenant l'assemblée,
Dans le plus bel endroit a la pièce troublée [4].
« Hé ! mon Dieu ! nos François, si souvent redressés [5],
Ne prendront-ils jamais un air de gens sensés,
Ai-je dit, et faut-il, sur nos défauts extrêmes,
Qu'en théâtre public nous nous jouïons nous-mêmes,
Et confirmions ainsi, par des éclats [6] de fous,
Ce que chez nos voisins on dit partout de nous ? »
Tandis que là-dessus [7] je haussois les épaules,
Les acteurs ont voulu continuer leurs rôles ;
Mais l'homme pour s'asseoir a fait nouveau fracas,
Et, traversant encore le théâtre à grands pas,
Bien que dans les côtés il pût être à son aise,
Au milieu du devant il a planté sa chaise,

---

1. De voir la « représentation d'une pièce », tragique ou comique (d'aller au spectacle, comme on diroit anj.), locution dans laquelle l'usage donnait à *comédie* cette extension. Le cardinal de Retz dit que l'évêque de Lisieux, grand admirateur de Corneille, avait consenti qu'on lui « donnât la comédie. » — Voyez notre Recueil de Prosateurs, p. 75, n. 1 ; et p. 74, n. 4.

2. Ornements de dentelles et de rubans qui, du bas de la culotte, descendaient au-dessous du genou. — Même étymol. que *canon*, pièce d'artillerie, *canon* d'un fusil : l'italien *cannone*, tuyau, augmentatif de *canne*, par assimilation de forme.

3. Des sièges sur les deux côtés de l'avant-scène étaient occupés par les gens du bel air. Cet abus ne disparut qu'en 1759 : le comte de Lauraguais en racheta la suppression par un don de 20,000 livres à la Comédie-Française.

4. Voyez page 17, note 2.

5. Cf. *corrigere* et ἀνορθοῦν.

6. *Éclat*, 1° partie qui se détache avec bruit, 2° bruit produit par cette rupture. De là, bruit qui frappe les oreilles, lumière qui frappe les yeux, etc. — Etym. : haut allem. *sklîssan*, rompre.

7. Sur cela, ἐπὶ τούτῳ, c.-à-d. après cela, en outre de cela.

Et, de son large dos morguant [1] les spectateurs,
Aux trois quarts du parterre a caché les acteurs.
Un bruit s'est élevé, dont un autre eût eu honte :
Mais lui, ferme et constant, n'en a fait aucun compte,
Et se seroit tenu comme il s'étoit posé,
Si, pour mon infortune, il ne m'eût avisé [2].
« Ah ! marquis ! m'a-t-il dit, prenant près de moi place,
Comment te portes-tu ? Souffre que je t'embrasse. »
Au visage sur l'heure un rouge m'est monté,
Que [3] l'on me vît connu d'un pareil éventé [4].
Je l'étois peu pourtant ; mais on en voit paroître,
De ces gens qui de rien [5] veulent fort vous connoître,
Dont il faut, au salut, les baisers essuyer,
Et qui sont familiers jusqu'à vous tutoyer.
Il m'a fait à l'abord [6] cent questions frivoles,
Plus haut que les acteurs élevant ses paroles.
Chacun le maudissoit ; et moi, pour l'arrêter,
« Je serois, ai-je dit, bien aise d'écouter.
— Tu n'as point vu ceci, marquis ? Ah ! Dieu me damne !
Je le trouve assez drôle, et je n'y suis pas âne [7] ;
Je sais par quelles lois un ouvrage est parfait,
Et Corneille me vient lire tout ce qu'il fait. »
Là-dessus de la pièce il m'a fait un sommaire,
Scène à scène averti de ce qui s'alloit faire,
Et, jusques à des vers qu'il en savoit par cœur,
Il me les récitoit tout haut avant l'acteur.

1. *Morguer*, braver insolemment. Etym. : *morgue* (mot du XVIᵉ siècle, origine inconnue), contenance fière et hautaine.
2. Ordinairement : pour mon *malheur*. — *Aviser*, 1° apercevoir, comme ici ; 2° donner avis (*avis*, ce qui est *vu*, ce qui semble) ; 3° songer à, pourvoir à. — Etym. : *à* (de *ad* vers), *viser* (du sapin, *visum*, de *video*).
3. Ellipse : *honteux* (dont le vers précédent renferme l'idée) que...
4. *Éventer*, mettre au vent, altérer, faire évaporer en exposant au vent. *Event*, exposition au vent. — D'où, au fig., tête éventée, tête à l'évent ; airs éventés, évaporés ; un éventé, un évaporé, c.-à-d. étourdi dont le bon sens s'est dissipé au vent.
5. [Par suite] de rien, sans la moindre raison.
6. Comme on dit *a principio*, *ab initio*, ἀπ'ἀρχῆς ; dès l'abord.
7. Je m'y connais. Litote analogue à celle-ci :

C'est agir en Dieu qui n'est pas bête.
(MOLIÈRE, *Amph.*, prologue.)

Cf. *Le Misanthrope*, III, 1. Un fat, Acaste, dit :

Pour de l'esprit, j'en ai sans doute, et du bon goût
A juger sans étude et décider de tout,
A faire aux nouveautés, dont je suis idolâtre,
Figure de savant sur les bancs du théâtre,
Y décider en chef, et faire du fracas
A tous les beaux endroits qui méritent des Ahs.

« Les gens de qualité savent tout sans avoir jamais rien appris. » (*Les Préc. ridicules*, X.)

J'avois beau m'en défendre, il a poussé sa chance [1],
Et s'est devers [2] la fin levé longtemps d'avance ;
Car les gens du bel air, pour agir galamment,
Se gardent bien surtout d'ouïr le dénouement.
Je rendois grâce au ciel, et croyois de justice [3]
Qu'avec la comédie eût [4] fini mon supplice ;
Mais, comme si c'en eût été trop bon marché [5],
Sur nouveaux frais [6] mon homme à moi s'est attaché,
M'a conté ses exploits, ses vertus non communes,
Parlé de ses chevaux, de ses bonnes fortunes [7],
Et de ce qu'à la cour il avoit de faveur,
Disant qu'à m'y servir il s'offroit de grand cœur.
Je le remerciois doucement de la tête,
Minutant [8] à tous coups quelque retraite honnête.
Mais lui, pour le quitter me voyant ébranlé,
« Sortons, ce [9] m'a-t-il dit, le monde est écoulé. »
Et, sortis de ce lieu, me la donnant plus sèche [10],
« Marquis, allons au Cours [11] faire voir ma calèche ;
Elle est bien entendue [12], et plus d'un duc et pair
En fait à mon faiseur faire une du même air. »
Moi, de lui rendre grâce, et, pour mieux m'en défendre,
De dire que j'avois certain repas à rendre.
— « Ah ! parbleu, j'en veux être, étant de tes amis,
Et manque au maréchal, à qui j'avois promis [13].
— De la chère, ai-je dit, la dose [14] est trop peu forte

---

1. Suivre sa ortune, tenir bon.
2. Auj. inusité : *Vers*, 1º du côté de (Devers l'orient, devers le port, etc., dit CORNEILLE. BOILEAU, *Ep.* XI :

C'est ainsi devers Caen que tout Normand raisonne),

2º approchant, comme ici.
3. Ordinairement : de toute justice, à bon droit.
4. Voyez l'APPENDICE Ier, III, 7º.
5. Comme si j'en eusse eu trop bon marché, j'en eusse été quitte à trop....
6. De nouveau, en considérant tout ce qui a été fait comme à refaire.
7. Ses « succès » dans le monde.
8. Voyez RÉGNIER, p. 75, n. 7.
9. *Ce* explétif, archaïque et poétique (il m'a dit *cela*). LA FONTAINE, X, 10 : Doux résors, ce dit-il, etc.
10. *La donner sèche, bien sèche,* faire une proposition désagréable sans ménagement.
11. Ou *Cours-la-Reine*, promenade qu'en 1616 Marie de Médicis fit planter d'arbres le long du quai de la Conférence. D'autres plantations s'y sont ajoutées sous le nom de *Grand Cours*, puis de *Champs Elysées*.
12. *Bien, mal entendu*, disposé avec ou sans intelligence et habileté. On dit entendre bien un art, une science.
13. *Promettre*, absolument, s'engager à se rendre à une invitation. Et, avec un complément : Promettre à souper.
14. *Chère*. Voy. p. 20, note 9. — *Dose* (δόσις) 1º quantité d'un médica-

Pour oser y prier[1] des gens de votre sorte.
— Non, m'a-t-il répondu, je suis sans compliment[2],
Et j'y vais pour causer avec toi seulement ;
Je suis des grands repas fatigué, je te jure.
— Mais si l'on vous attend, ai-je dit, c'est injure.
— Tu te moques, marquis, nous nous connoissons tous,
Et je trouve avec toi des passe-temps plus doux. »
Je pestois[3] contre moi, l'âme triste et confuse
Du funeste succès[4] qu'avoit eu mon excuse,
Et ne savois à quoi je devois recourir,
Pour sortir d'une peine à me faire mourir ;
Lorsqu'un carrosse fait de superbe manière,
Et comblé de laquais et devant et derrière,
S'est, avec un grand bruit, devant nous arrêté,
D'où sautant un jeune homme amplement ajusté,
Mon importun et lui, courant à l'embrassade,
Ont surpris les passans de leur brusque incartade[5] ;
Et, tandis que tous deux étoient précipités
Dans les convulsions de leurs civilités[6],
Je me suis doucement esquivé sans rien dire ;
Non sans avoir longtemps gémi d'un tel martyre,
Et maudit le fâcheux dont le zèle obstiné
M'ôtoit au rendez-vous qui m'est ici donné.
(*Les Fâcheux*, 1, 1, vers 1 sqq.)

ment, 2° quantité quelconqu . Mme DE SÉVIGNÉ : Je voulus prendre une petite dose de morale.

1. On disait *prier à* et *prier de*, pour *inviter*. MOLIÈRE, *Mal. imagin.*, II, 5 : Je vous y (à la noce) prie. Prier à souper. LA BRUYÈRE : S'il est prié d'un repas.

2. Au pluriel, paroles cérémonieuses : Trêve de compliments, s'il vous plait. Au sing., ici, sans cérémonie. — Etym. : *complementum*, ce qui achève et satisfait entièrement.

3. *Pester contre*, souhaiter la peste à, maudire. Cf. l'imprécation : La peste soit du...! Peste soit du... La peste soit le...! La peste le...!

4. Résultat. *Succedere*, aboutir.

5. *Incartade*, extravagance. Etym.: l'espagnol, *encartarse*, prendre une mauvaise carte (*in*, *charta*), faire une sottise.

6. MOLIÈRE raille encore ailleurs (*Mis.*, I, 1) la manie des embrassades (voyez celles de Mascarille et de Jodelet, *Préc. ridic.*, XII) :

... Je ne hais rien tant que les contorsions
De tous ces grands faiseurs de protestations,
Ces affables donneurs d'embrassades frivoles....

Cf. QUINAULT, *La Mère coquette*, I, 3 :

Estimez-vous beaucoup l'air dont vous affectez
D'estropier les gens par vos civilités,
Ces complimens de main, ces rudes embrassades,
Ces saluts qui font peur, ces bonjours à gourmades

PORTRAITS [1]

CÉLIMÈNE, ÉLIANTE, ALCESTE, PHILINTE, ACASTE, CLITANDRE.

CLITANDRE.

Parbleu ! je viens du Louvre, où Cléonte, au levé [2],
Madame, a bien paru ridicule achevé [3].
N'a-t-il point quelque ami qui pût [4], sur ses manières,
D'un charitable avis lui prêter les lumières ?

CÉLIMÈNE.

Dans le monde, à vrai dire, il se barbouille [5] fort :
Partout il porte un air qui saute aux yeux d'abord [6] ;
Et, lorsqu'on le revoit après un peu d'absence,
On le retrouve encor plus plein d'extravagance.

ACASTE.

Parbleu ! s'il faut parler de gens extravagans,
Je viens d'en essuyer un des plus fatigans,
Damon, le raisonneur, qui m'a, ne vous déplaise [7],
Une heure au grand soleil tenu hors de ma chaise [8].

CÉLIMÈNE.

C'est un parleur étrange, et qui trouve toujours
L'art de ne vous rien dire avec de grands discours :
Dans les propos qu'il tient on ne voit jamais goutte [9],
Et ce n'est que du bruit que tout ce qu'on écoute.

---

1. Cette scène, connue au théâtre sous le nom de scène *assise* ou de scène *des portraits*, réunit autour de Célimène, dans son salon, ses amis. La complicité maligne de deux marquis, jeunes fats de cour, et même du complaisant Philinte, fournit à la médisance spirituelle et mordante de Célimène des noms d'originaux dont elle improvise les portraits. On peut trouver dans les *Caractères* de LA BRUYÈRE une seconde épreuve de chacun d'eux.

2. Ordinairement *lever* ; moment où le roi, levé, recevait dans sa chambre les gentilshommes de sa cour. C'était un honneur d'être admis au *lever* et au *coucher*. Les plus intimes étaient reçus au *petit* lever ; le *grand* lever commençait quand le roi était rasé et peigné.

3. *Ridicule* est adjectif et substantif de personne, comme ici, ou substantif de chose (Cela est d'un ridicule achevé).

4. Qui *pût* équivaut à : qui *pourrait*, s'il le voulait. Qui *puisse* serait moins hypothétique.

5. Il gâte sa réputation, il se ridiculise. Etym.: *bar*, péjoratif comme *bes* ; *bouille*, archaïque, bourbier ; de *bulla*, eau bouillonnante. — *Barbouiller*, compromettre. SAINT-SIMON : Le jansénisme l'avait fort barbouillé avec le roi.

6. Tout d'abord, tout de suite ; *ab initio*.

7. Permettez-moi de vous le dire ; veuillez m'en croire. Cf. *pace tuâ dixerim*.

8. Chaise à porteurs, portée par deux hommes, l'un devant, l'autre derrière. On en voit au Musée de Cluny.

9. *Pas* (*passus*), point (*punctum*), goutte (*gutta*), miette (*mica*, en patois picard *mic*) renforcent la négation : pas même un..., une...

ÉLIANTE, *bas, à Philinte.*

Ce début n'est pas mal [1] ; et contre le prochain.
La conversation prend un assez bon train.

CLITANDRE.

Timante encor, madame, est un bon [2] caractère.

CÉLIMÈNE.

C'est de la tête aux pieds un homme tout mystère,
Qui vous jette en passant un coup d'œil égaré,
Et, sans aucune affaire, est toujours affairé.
Tout ce qu'il vous débite en grimaces abonde ;
A force de façons [3] il assomme le monde ;
Sans cesse il a tout bas, pour rompre l'entretien,
Un secret à vous dire, et ce secret n'est rien ;
De la moindre vétille [4] il fait une merveille,
Et, jusques au bonjour, il dit tout à l'oreille [5].

ACASTE.

Et Géralde, madame ?

CÉLIMÈNE.

O l'ennuyeux conteur !
Jamais on ne le voit sortir du grand seigneur ;
Dans le brillant commerce il se mêle sans cesse,
Et ne cite jamais que duc, prince ou princesse.
La qualité l'entête [6] ; et tous ses entretiens
Ne sont que de chevaux, d'équipage [7] et de chiens ;
Il tutaye [8] en parlant ceux du plus haut étage,
Et le nom de monsieur est chez lui hors d'usage.

CLITANDRE.

On dit qu'avec Bélise il est du dernier bien [9].

---

1. Cf. l'expression familière et ironique : Cela commence bien !
2. Bien plaisant, bon à observer.
3. *Grimaces*, 1º contorsions du visage, 2º feinte, 3º manières affectées. Etym. controversée. — *Façons*, entre autres acceptions, politesses cérémonieuses (d'où, dans *Tartuffe*, façonnier). Etym.: *factionem*.
4. *Vétille, vétiller.* Etym. probable : *vitilitigare*, chicaner, éplucher, de *vitilia*, objets d'osier (*vieo*, lier, d'où *vimen*).
5. « Théodote est.... mystérieux ; il s'approche de vous, et il vous dit à l'oreille : *Voilà un beau temps, voilà un grand dégel.*» (LA BRUYÈRE, VIII, *De la Cour.*)
6. *Qualité* (*qualis*), manière d'être, au physique et au moral ; d'où, particulièrement, état de celui qui est noble, noblesse (Il est de qualité. Homme de qualité. BOILEAU: Un sot de qualité). De là, *qualifié*, 1° un personnage considérable (LA BRUYÈRE : Le plus qualifié de l'assemblée). 2° qui a des titres de noblesse. — *Entêter*, remplir la tête de vapeurs ; au fig., des vapeurs, des fumées de l'orgueil. On dit par analogie : Les applaudissements qu'il reçoit lui montent à la tête.
7. Suite, train qui accompagne une personne riche. On dit : équipage de chasse.
8. « Prononciation normande : on l'entend encore quelquefois » (LITTRÉ). Auj. *tutoie*.
9. Jargon de *précieux* et de *précieuses* (Voir les *Précieuses ridicules*).

CÉLIMÈNE.

Le pauvre esprit de femme et le sec entretien !
Lorsqu'elle vient me voir je souffre le martyre :
Il faut suer sans cesse à chercher que lui dire ;
Et la stérilité de son expression
Fait mourir à tous coups la conversation.
En vain, pour attaquer son stupide silence,
De tous les lieux communs vous prenez l'assistance ;
Le beau temps et la pluie, et le froid et le chaud,
Sont des fonds qu'avec elle on épuise bientôt.
Cependant sa visite, assez insupportable,
Traîne en une longueur encore épouvantable ;
Et l'on demande l'heure, et l'on bâille vingt fois,
Qu'elle grouille[1] aussi peu qu'une pièce de bois.

ACASTE.

Que vous semble d'Adraste ?

CÉLIMÈNE.

Ah ! quel orgueil extrême !
C'est un homme gonflé[2] de l'amour de soi-même :
Son mérite jamais n'est content de la cour ;
Contre elle il fait métier de pester[3] chaque jour ;
Et l'on ne donne emploi, charge ni bénéfice[4],
Qu'à tout ce qu'il se croit on ne fasse injustice.

CLITANDRE.

Mais le jeune Cléon chez qui vont aujourd'hui
Nos plus honnêtes gens[5], que dites-vous de lui ?

CÉLIMÈNE.

Que de son cuisinier il s'est fait un mérite,
Et que c'est à sa table à qui l'on rend visite[6].

ÉLIANTE.

Il prend soin d'y servir des mets forts délicats.

CÉLIMÈNE.

Oui ; mais je voudrois bien qu'il ne s'y servît pas :

---

1. Date du XVIe siècle. 1° Se remuer, 2° fourmiller. Etym. probable : *crouller*, puis *crouler* (*co-rotulare*, rouler). Se trouve encore dans le *Bourg. gentilh.*, III, 5, et dans la *Comtesse d'Escarb.*, II.
2. Cette métaphore est dans toutes les langues : *turgidus, tumidus, turgere, tumere ; tumor,* ὄγκος, l'*enflure* de l'orgueil.
3. Voyez page 194, note 3.
4. 1o Profit, 2o privilège, 3o dignité ecclésiastique ou charge spirituelle accompagnée d'un revenu (évêché, abbaye, cure, prieuré, etc.). Les bénéfices sécularisés pouvaient être possédés par des séculiers : c'est ce dont il s'agit ici.
5. Dans le langage du XVIIe siècle, hommes de bonne compagnie.
6. La grammaire exige auj. : ou, c'est sa table à qui... ; ou, c'est à sa table que... — Cf. BOILEAU, *Sat.* IX, v. 1 :

C'est à vous, mon esprit, à qui je veux parler

C'est un fort méchant [1] plat que sa sotte personne,
Et qui gâte, à mon goût, tous les repas qu'il donne.
PHILINTE.
On fait assez de cas de son oncle Damis.
Qu'en dites-vous, madame ?
CÉLIMÈNE.
Il est de mes amis.
PHILINTE.
Je le trouve honnête homme, et d'un air assez sage.
CÉLIMÈNE.
Oui ; mais il veut avoir trop d'esprit, dont j'enrage.
Il est guindé [2] sans cesse, et, dans tous ses propos,
On voit qu'il se travaille à dire de bons mots [3].
Depuis que dans la tête il s'est mis d'être habile [4],
Rien ne touche son goût, tant il est difficile [5] !
Il veut voir des défauts à tout ce qu'on écrit,
Et pense que louer n'est pas d'un bel esprit [6],
Que c'est être savant que trouver à redire,
Qu'il n'appartient qu'aux sots d'admirer et de rire,
Et qu'en n'approuvant rien des ouvrages du temps,
Il se met au-dessus de tous les autres gens.
Aux conversations même il trouve à reprendre :
Ce sont propos trop bas pour y daigner descendre ;
Et, les deux bras croisés, du haut de son esprit,
Il regarde en pitié tout ce que chacun dit [7].

1. Voyez page 89, note 7.
2. *Guinder* (du haut allem. *windan*, hisser), lever en haut au moyen d'une machine. D'où, au fig. guinder son esprit, son style ; se guinder l'esprit ; se guinder (prendre des airs de grandeur) ; guindé dans ses allures, etc.
3. Sainte-Beuve a dit d'un écrivain : Il est ingénieux à la sueur de son front.
4. De s'y connaître (il s'agit des choses de l'esprit, des lettres). On a dit « les habiles ». Voyez sur les acceptions diverses et les nuances de ce mot Voltaire, *Dict. philos.*, dans notre Recueil de Prosateurs, p. 220.
5. Cf. La Fontaine, II, 1, fin :
Les délicats sont malheureux,
Rien ne sauroit les satisfaire.
6. *Bel esprit*, 1o la culture des lettres. L'homme au sonnet qui s'est jeté dans le bel esprit (*Mis.* V, 4). Et, I, 2 :
Et sur le bel esprit nous aimons qu'on nous flatte.
2o celui qui a l'esprit cultivé par les lettres, comme ici, ou qui les cultive : les beaux esprits. — La Bruyère fait (V) le portrait du bel esprit « de profession » *Cydias*, qui est Fontenelle, et (XII) le portrait du véritable bel esprit (*Euripile*).
7. Cf. La Bruyère, I :
« Arsène, du plus haut de son esprit, contemple les hommes ; et, dans l'éloignement d'où il les voit, il est comme effrayé de leur petitesse. Loué, exalté et porté jusqu'aux cieux par de certaines gens qui se sont promis

ACASTE.
Dieu me damne ! voilà son portrait véritable.
CLITANDRE, *à Célimène.*
Pour bien peindre les gens vous êtes admirable.
ALCESTE.
Allons ferme[1] ! poussez, mes bons amis de cour,
Vous n'en épargnez point, et chacun a son tour :
Cependant aucun d'eux à vos yeux ne se montre,
Qu'on ne vous voie, en hâte, aller à sa rencontre,
Lui présenter la main, et d'un baiser flatteur
Appuyer les sermens d'être son serviteur.
CLITANDRE.
Pourquoi s'en prendre à nous ? Si ce qu'on dit vous blessé,
Il faut que le reproche à madame s'adresse.
ALCESTE.
Non, morbleu ! c'est à vous ; et vos ris[2] complaisans
Tirent de son esprit tous ces traits médisans.
Son humeur satirique est sans cesse nourrie
Par le coupable encens de votre flatterie ;
Et son cœur à railler trouveroit moins d'appas,
S'il avoit observé qu'on ne l'applaudit pas.
C'est ainsi qu'aux flatteurs on doit partout se prendre[3]
Des vices où l'on voit les humains se répandre[4].

de s'admirer réciproquement, il croit, avec quelque mérite qu'il a, posséder tout celui qu'on peut avoir, et qu'il n'aura jamais ; occupé et rempli de ses sublimes idées, il se donne à peine le loisir de prononcer quelques oracles : élevé par son caractère au-dessus des jugemens humains, il abandonne aux âmes communes le mérite d'une vie suivie et uniforme ; et il n'est responsable de ses inconstances qu'à ce cercle d'amis qui les idolâtrent. Eux seuls savent juger, savent penser, savent écrire, doivent écrire. Il n'y a point d'autre ouvrage d'esprit si bien reçu dans le monde, et si universellement goûté des honnêtes gens, je ne dis pas qu'il veuille approuver, mais qu'il daigne lire : incapable d'être corrigé par cette peinture, qu'il ne lira point. »

Et MOLIÈRE, *Femm. sav.*, III, 2 :

> Nous serons, par nos lois, les juges des ouvrages,
> Par nos lois, prose et vers, tout nous sera soumis ;
> Nul n'aura de l'esprit, hors nous et nos amis.
> Nous chercherons partout à trouver à redire,
> Et ne verrons que nous qui sachent bien écrire

1. *Tenir ferme* signifie ne pas céder, résister, continuer. *Ferme*, par ellipse, tenez ferme. — On dit *pousser ferme*. — Cf. *Critiq. de l'Éc. des femmes*, VII : Pousse, mon cher marquis, pousse.

2. *Ris*, beaucoup moins usité auj., sauf dans la locution : les ris et les jeux.

3. *Se prendre à* signifie s'attacher à. Il semble qu'il faille *s'en prendre*, comme huit vers plus haut.

4. Notez la différence de ton de la comédie et de la tragédie : RACINE fait dire à *Phèdre* (*Phèdre*, IV, 6) :

> Détestables flatteurs, présent le plus funeste
> Que puisse faire aux rois la colère céleste !

TACITE avait dit (*Agricola*, XLI) : Pessimum inimicorum genus laudantes.
— « La semonce est forte, mais elle est si bien fondée, si morale, si instruc-

PHILINTE.
Mais pourquoi pour ces gens un intérêt si grand,
Vous qui condamneriez ce qu'en eux on reprend ?
CÉLIMÈNE.
Et ne faut-il pas bien que monsieur contredise ?
A la commune voix veut-on qu'il se réduise,
Et qu'il ne fasse pas éclater en tous lieux
L'esprit contrariant qu'il a reçu des cieux ?
Le sentiment d'autrui n'est jamais pour lui plaire [1] :
Il prend toujours en main l'opinion contraire,
Et penseroit paroître un homme du commun,
Si l'on voyoit qu'il fût de l'avis de quelqu'un.
L'honneur de contredire a pour lui tant de charmes,
Qu'il prend contre lui-même assez souvent les armes ;
Et ses vrais sentimens sont combattus par lui
Aussitôt qu'il les voit dans la bouche d'autrui [2].
ALCESTE.
Les rieurs sont pour vous, madame, c'est tout dire ;
Et vous pouvez pousser contre moi la satire...
(*Le Misanthrope*, II, 5.)

UNE RÉCONCILIATION [3]

ÉLIANTE, PHILINTE

PHILINTE.
Non, l'on n'a point vu d'âme à manier si dure,
Ni d'accommodement plus pénible à conclure :
En vain de tous côtés on l'a voulu tourner,
Hors de son sentiment on n'a pu l'entraîner ;

tive, que ceux qui sont tancés si vertement gardent le silence ; et il n'y a que Célimène, que la légèreté de son âge et de son caractère, et les avantages que lui donne sur Alceste l'amour qu'il a pour elle, enhardissent à le railler sur son humeur contrariante. » (LA HARPE.)

1. *Etre, n'être pas pour...*, être fait pour, être de nature à..., tour usuel au XVIᵉ siècle, conservé au XVIIᵉ. Cf. μέλλω. *Avare*, II, 1 Serais-tu pour me trahir ? III, 8 : Cela n'est pas pour durer. *Mis.* I, 1 :
Morbleu ! vous n'êtes pas pour être de mes gens.

2. On voit que Célimène réserve son dernier coup de pinceau pour Alceste. Cette verve railleuse et froide qui immole à la risée un cœur généreux achève aussi le portrait que le poëte nous trace de l'impitoyable coquette.

3. Oronte, gentilhomme et bel esprit, avait lu à Alceste (I, 2) un sonnet qu'Alceste avait déclaré « bon à mettre au cabinet », c'est-à-dire à mettre et à laisser dans le tiroir. De là, dépit d'Oronte, altercation, vivacités de part et d'autre, et, sur la plainte du malencontreux poète, comparution de l'intraitable Alceste devant les maréchaux de France, tribunal d'honneur qui avait pour mission d'amener à un accommodement les gentilshommes engagés dans une querelle.

Et jamais différend si bizarre, je pense,
N'avoit de ces messieurs occupé la prudence.
« Non, Messieurs, disoit-il, je ne me dédis point,
Et tomberai d'accord¹ de tout, hors de ce point.
De quoi s'offense-t-il ? et que veut-il me dire ?
Y va-t-il de sa gloire à ne pas bien écrire ?
Que lui fait mon avis, qu'il a pris de travers ?
On peut être honnête homme, et faire mal des vers :
Ce n'est point à l'honneur que touchent ces matières.
Je le tiens galant homme² en toutes les manières,
Homme de qualité, de mérite et de cœur,
Tout ce qu'il vous plaira, mais fort méchant³ auteur.
Je louerai, si l'on veut, son train et sa dépense,
Son adresse à cheval, aux armes, à la danse;
Mais, pour louer ses vers, je suis son serviteur⁴ ;
Et, lorsque d'en mieux faire on n'a pas le bonheur,
On ne doit de rimer avoir aucune envie,
Qu'on n'y soit condamné sur peine de la vie⁵. »
Enfin toute la grâce et l'accommodement
Où s'est avec effort plié son sentiment,
C'est de dire, croyant adoucir bien son style :
« Monsieur, je suis fâché d'être si difficile ;
Et, pour l'amour de vous, je voudrois de bon cœur
Avoir trouvé tantôt votre sonnet meilleur. »
Et, dans une embrassade, on leur a, pour conclure,
Fait vite envelopper toute la procédure⁶.

1. On dit plutôt tomber d'accord, s'accorder *sur...*, convenir *de...*
2. Le vers suivant explique le sens de *galant*.
3. Sur *méchant*, voyez p. 89, n. 7. — Cf. II, 6.
ALCESTE.
Quel accommodement veut-on faire entre nous?
La voix de ces Messieurs me condamnera-t-elle
A trouver bons les vers qui font notre querelle,
Je ne me dédis point de ce que j'en ai dit,
Je les trouve méchans. . . . .
Hors qu'un commandement exprès du roi ne vienne
De trouver bons les vers dont on se met en peine
Je soutiendrai toujours, morbleu! qu'ils sont mauvais
Et qu'un homme est pendable après les avoir faits.
4. *Je suis votre serviteur*, ou, par ellipse, *Serviteur!* formule de politesse usitée quand on se sépare de quelqu'un, et, familièrement, formule de refus. — Cf. BOILEAU, sur Chapelain, *Sat.* IX, v. 211 sqq.
5. BOILEAU avait, aussi, dit à Molière : « A moins que le roi ne m'ordonne de trouver bons les vers de Chapelain, je soutiendrai toujours qu'un homme après avoir fait *la Pucelle* mérite d'être pendu. » Racan rapporte (*Vie de Malherbe*), que celui-ci demanda à un gentilhomme qui lui montrait des vers de sa façon « s'il avoit été condamné à être pendu ou à faire ces vers-là. » — *Sur* peine (comme on dit : non, *sur* mon honneur) se trouve encore dans PASCAL, Mᵐᵉ DE SÉVIGNÉ. Auj. : *sous* peine de...
6. *Procédure*, instruction judiciaire d'un *procès*, manière de *procéder*, c.-à-d. d'agir pour que le débat *avance (procedere)* vers sa conclusion.

ÉLIANTE.

Dans ses façons d'agir il est fort singulier ;
Mais j'en fais, je l'avoue, un cas particulier ;
Et la sincérité dont son âme se pique [1]
A quelque chose en soi de noble et d'héroïque.
C'est une vertu rare au siècle d'aujourd'hui,
Et je la voudrois voir partout comme chez lui.

(*Ibid.*, IV, 1.)

À L'ADRESSE DES FEMMES SAVANTES

PHILAMINTE, CHRYSALE, BÉLISE

CHRYSALE [2].

Vous êtes satisfaite, et la voilà partie :
Mais je n'approuve point une telle sortie ;
C'est une fille propre aux choses qu'elle fait,
Et vous me la chassez pour un maigre sujet [3].

PHILAMINTE.

Vous voulez que toujours je l'aie à mon service,
Pour mettre incessamment [4] mon oreille au supplice,
Pour rompre toute loi d'usage et de raison
Par un barbare amas de vices d'oraison [5],
De mots estropiés, cousus par intervalles
De proverbes traînés dans les ruisseaux des halles ?

---

1. Se vanter de, prétendre à, se faire un point d'honneur de...
2. Chrysale est un bourgeois de Paris ; Philaminte, sa femme, et Bélise, sa sœur, sont savantes et pédantes, toujours à la poursuite du « beau langage » et des « hautes sciences » (Act. III, sc. 2). Philaminte est occupée à élaborer le plan d'une académie (*Ibid.*), et l'on peut croire qu'avec la femme savante de Boileau,

    Un astrolabe en main, elle a, dans sa gouttière,
    A suivre Jupiter passé la nuit entière,
               (*Sat.* X.)

Elle vient de chasser sa servante Martine parce que, dit-elle,

    Elle a, d'une insolence à nulle autre pareille,
    Après trente leçons offensé mon oreille
    Par l'impropriété d'un mot sauvage et bas
    Qu'en termes décisifs condamne Vaugelas.
               (II, 6.)

3. On dit : de *maigres* raisons, comme, par contre, de *fortes* raisons, de *grosses* raisons. Cf. une grosse affaire, un maigre profit ; style maigre ; BOILEAU. Sat. IX :

    Quoi ! pour un maigre auteur que je glose en passant....

4. Continuellement. S'emploie aussi avec un verbe au futur dans le sens de : très prochainement.
5. De langage. Étym. : *orationem* ; de *orare*, parler. — N'est resté que dans les locutions *oraison* (discours) *funèbre*, et *oraison à Dieu* (*orare* a le sens de prier). On ne dirait plus auj., comme Patru et d'Ablancourt en tête de leur traduction : *Huit oraisons de Cicéron* (1638).

BÉLISE.

Il est vrai que l'on sue à souffrir ses discours;
Elle y met Vaugelas[1] en pièces tous les jours,
Et les moindres défauts de ce grossier génie[2]
Sont ou le pléonasme ou la cacophonie[3].

CHRYSALE.

Qu'importe qu'elle manque aux lois de Vaugelas,
Pourvu qu'à la cuisine elle ne manque pas?
J'aime bien mieux, pour moi, qu'en épluchant ses herbes
Elle accommode mal les noms avec les verbes,
Et redise cent fois un bas ou méchant mot,
Que de brûler ma viande ou saler trop mon pot;
Je vis de bonne soupe, et non de beau langage.
Vaugelas n'apprend point à bien faire un potage;
Et Malherbe et Balzac, si savans en beaux mots,
En cuisine peut-être auroient été des sots.

PHILAMINTE.

Que ce discours grossier terriblement assomme[4]!
Et quelle indignité pour ce qui s'appelle homme
D'être baissé sans cesse aux soins matériels,
Au lieu de se hausser vers les spirituels!
Le corps, cette guenille[5], est-il d'une importance,
D'un prix à mériter seulement qu'on y pense?
Et ne devons-nous pas laisser cela bien loin?

CHRYSALE.

Oui[6], mon corps est moi-même, et j'en veux prendre soin:
Guenille, si l'on veut; ma guenille m'est chère.

---

1. Fabre de VAUGELAS (1585-1650), né à Meximieux, auj. dans le département de l'Ain, alors dans le duché de Savoie, fut en 1638 le premier rédacteur du Dictionnaire de l'Académie, et par ses *Remarques sur la langue française* (1647) compta parmi ceux qui contribuèrent le plus à former notre langue.
2. Naturel, nature d'esprit (*ingenium*).
3. *Pléonasme*, redondance vicieuse de termes. Πλεονασμός, de πλεονάζειν, être en trop; de πλέον, plus. — *Cacophonie*, son désagréable produit par des rencontres ou des répétitions de lettres. Κακοφωνία, de κακός, φωνή.
4. *Assommer* a eu au moyen âge le sens, auj. perdus, de 1° faire une somme, 2° assoupir; et 3° le sens, seul conservé de: tuer avec une masse (étym.: *somme*, fardeau, d'où bête de somme), et, au fig., étourdir et écraser. Cf. page 196, vers 8, et:

.... Un froid écrit assomme.
(*Mis.*, II, 2.)
Je n'en puis revenir et tout ceci m'assomme.
(*Tart.*, IV, 6.)

5. Etym. incertaine. Au propre, *haillon*. Au fig. VOLTAIRE dit: «...Perdre son temps à lire mes guenilles.»
6. Mais vraiment, certes. Cf. *Av.* IV, 3: « Oui, mon père, c'est ainsi que vous me jouez! Hé bien....», c.-à-d.: Ah! vraiment, c'est ainsi que...

BÉLISE.

Le corps avec l'esprit fait figure [1], mon frère ;
Mais, si vous en croyez tout le monde savant,
L'esprit doit sur le corps prendre le pas devant ;
Et notre plus grand soin, notre première instance [2],
Doit être à le nourrir du suc de la science.

CHRYSALE.

Ma foi, si vous songez à nourrir votre esprit,
C'est de viande bien creuse [3], à ce que chacun dit ;
Et vous n'avez nul soin, nulle sollicitude,
Pour...

PHILAMINTE.

Ah ! *sollicitude* à mon oreille est rude ;
Il pue étrangement son ancienneté [4].

BÉLISE.

Il est vrai que le mot est bien *collet monté* [5].

CHRYSALE.

Voulez-vous que je dise ? Il faut qu'enfin j'éclate,
Que je lève le masque, et décharge ma rate [6].
De folles on vous traite, et j'ai fort sur le cœur...

PHILAMINTE.

Comment donc !

CHRYSALE, *à Bélise*.

C'est à vous que je parle, ma sœur :
Le moindre solécisme [7] en parlant vous irrite ;
Mais vous en faites, vous, d'étranges en conduite.
Vos livres éternels ne me contentent pas ;
Et, hors un gros Plutarque à mettre mes rabas,
Vous devriez brûler tout ce meuble inutile,
Et laisser la science aux docteurs de la ville ;
M'ôter, pour faire bien, du grenier de céans [8]

---

1. Le corps, joint à l'esprit, a sa place et son rôle, *figure* sur la terre.
2. Application (*Instare rei*). Sens perdu.
3. *Viande creuse* a le sens propre de viande peu substantielle (Les écrevisses sont viande creuse), et, comme ici, le sens figuré de nourriture médiocre pour l'esprit.
4. VAUGELAS est muet sur ce mot. BRUNETTO LATINI l'employait déjà au XIIIe siècle. Voy. RABELAIS, CALVIN, MONTAIGNE, etc.
5. Affecté, pédant, guindé. Emploi figuré ; allusion à la mode des hauts collets de femme, soutenus par des cartes et du fil de fer.
6. Viscère regardé comme le siège de la bile noire, ou atrabile (d'où atrabilaire, d'humeur chagrine). On dit épanouir, dilater la rate : égayer l'humeur.
7. Cf. *Soléciser* (néologisme de DIDEROT), de σολοικίζειν, parler le mauvais langage des habitants de Σόλοι en Cilicie, colonie athénienne, qui avaient désappris le langage de la métropole.
8. *Grenier.* Étym.: *granarium.* — *Céans*, de ça et *ens* (intus).

Cette longue lunette à faire peur aux gens,
Et cent brimborions ¹ dont l'aspect importune ;
Ne point aller chercher ce qu'on fait dans la lune,
Et vous mêler un peu de ce qu'on fait chez vous,
Où nous voyons aller tout sens dessus dessous ².
Il n'est pas bien honnête, et pour beaucoup de causes,
Qu'une femme étudie et sache tant de choses.
Former aux bonnes mœurs l'esprit de ses enfans,
Faire aller son ménage, avoir l'œil sur ses gens,
Et régler la dépense avec économie,
Doit être son étude et sa philosophie.
Nos pères, sur ce point, étoient gens bien sensés,
Qui disoient qu'une femme en sait toujours assez,
Quand la capacité de son esprit se hausse
A connoître un pourpoint d'avec un haut-de-chausse ³.
Les leurs ne lisoient point, mais elles vivoient bien ;
Leurs ménages étoient tout leur docte entretien,
Et leurs livres, un dé, du fil et des aiguilles,
Dont elles travailloient au trousseau ⁴ de leurs filles.
Les femmes d'à présent sont bien loin de ces mœurs :
Elles veulent écrire et devenir auteurs.
Nulle science n'est pour elles trop profonde,
Et céans beaucoup plus qu'en aucun lieu du monde ;
Les secrets les plus hauts s'y laissent concevoir,
Et l'on sait tout chez moi, hors ce qu'il faut savoir.
On y sait comme ⁵ vont lune, étoile polaire,
Vénus, Saturne et Mars, dont je n'ai point affaire ;

---

1. Choses sans valeur et inutiles. Le premier sens a été : prières mal prononcées. Etym.: *breviarium*, d'où primitivement *briborion*.

2. Dans la confusion (le sens, le côté qui devait être dessus étant dessous). Vaugelas et Mᵐᵉ de Sévigné écrivent : *Sans...* (sans dessus ni dessous). — L'orthographe logique serait celle du moyen âge qui a créé l'expression : *C'en dessus dessous*, c.-à-d. ce qui est en dessus mis en dessous.

3. Le *pourpoint* (de *pourpoindre*, piquer à travers ; le pourpoint était piqué, brodé) couvrait l'homme du cou à la ceinture. Molière, *Éc. des Maris*, I, 1 :

Un bon pourpoint bien long et fermé comme il faut,
Qui pour bien digérer tienne l'estomac chaud !

Le *haut-de-chausse* (ou *de chausses*; pluriel *hauts-de-chausse* ou *chausses*) couvrait l'homme depuis le haut des chausses (les bas), c.-à-d. depuis les genoux, jusqu'à la ceinture.

4. *Aiguille*, de *acicula*, diminutif de *acus, ûs*. — *Trousseau*, 1° petit faisceau (trousseau de clefs), 2° habits et linge. Etym.: *trousse*, primitivement *tourse*, de *torques, torsi*, etc., tordre, attacher solidement.

5. Etym.: *quomodo*. Employé constamment au XVIIᵉ siècle là où on mettrait auj. *comment*. Par exemple, *Tart.*, I, 5 :

Comme est-ce qu'on s'y porte ?

Et, dans ce vain savoir qu'on va chercher si loin,
On ne sait comme va mon pot, dont j'ai besoin.
Mes gens à la science aspirent pour vous plaire,
Et tous ne font rien moins que ce qu'ils ont à faire [1] ;
Raisonner est l'emploi de toute ma maison,
Et le raisonnement en bannit la raison.
L'un me brûle mon rôt en lisant quelque histoire,
L'autre rêve à des vers quand je demande à boire ;
Enfin, je vois par eux votre exemple suivi,
Et j'ai des serviteurs, et ne suis point servi.
Une pauvre servante, au moins, m'étoit restée,
Qui de ce mauvais air n'était point infectée ;
Et voilà qu'on la chasse avec un grand fracas,
A cause qu'elle manque à parler Vaugelas [2].
Je vous le dis, ma sœur, tout ce train-là me blesse [3],
Car c'est, comme j'ai dit, à vous que je m'adresse.
Je n'aime point céans tous vos gens à latin,
Et principalement ce monsieur Trissotin :
C'est lui qui, dans des vers, vous a tympanisées [4].
Tous les propos qu'il tient sont des billevesées [5].
On cherche ce qu'il dit après qu'il a parlé ;
Et je lui crois, pour moi, le timbre un peu fêlé [6].
(*Les Femmes savantes*, II, 7.)

1. Il n'y a rien qu'ils fassent moins que ce... — *Rien moins* s'emploie en deux sens contraires, 1º l'un négatif : Il n'est rien moins qu'un héros (il n'y a rien qu'il soit moins que...), 2º l'autre affirmatif : Il n'est rien (de) moins (pour *moindre*) qu'un héros.
2. *A cause que*, employé encore par Bossuet, Fénelon, etc., n'est plus usité auj.
3. *Train* (de *trahere* ; de deux syllabes jusqu'au xve siècle). Sens nombreux dérivés de l'étymol. — Ici : Allure et continuité d'actions. Cf. Le train de la vie, du monde, etc.
4. *Tympaniser*, 1º Faire connaître à grand bruit ; 2º décrier bruyamment : *Ec. des femmes*, I, 1 :

Gare qu'aux carrefours on ne vous tympanise.

Etym. : Τύμπανον, *tympanum*, tambour. — *Tambouriner* se prend familièrement dans le même sens.
5. Propos frivoles, chimériques. Etym.: soit *bille*, boule, et *vesée*, soufflée (même radical que *vessie*, *vesica*) ; soit [*bille* pour] *belle vessie*. Rabelais dit : Le cerveau qui vous paist de ces belles bille-vezées.
6. *Timbre* (Etym.: *tympanum*, voy. note 4 ; comme *diaconus* a fait diacre ; *épistola*, épître ; *capitulum*, chapitre, etc.), au propre cloche sans battant, qui est frappée au dehors par un marteau. — Au fig. on dit aussi timbre *brouillé* (Racine, *Plaid.*, I, 1). Voltaire, lettre du 2? fév. 1729 : Mon timbre commence à être un peu fêlé, et sera bientôt cassé tout à fait.

BOILEAU
1636-1711

Nicolas Boileau, qui du nom d'une petite terre prit celui de Despréaux,

> Fils, frère, oncle, cousin, beau-frère de greffiers,
> (*Ep.* V.)

naquit et mourut à Paris. Comme bon nombre de futurs poètes qui passèrent malgré eux par un cabinet d'avocat ou une étude de procureur, il devint poète dans « la poudre du greffe, » et poète il resta, en en sortant. Il fut l'ami de La Fontaine, de Molière et de Racine ; il goûta et admira Pascal et les Jansénistes ; il fut écouté, goûté et protégé de Louis XIV ; il fut historiographe en 1677, académicien en 1684 ; il ne quitta Paris, Auteuil et Versailles, que pour recevoir l'hospitalité d'un neveu à Hautile, de Lamoignon à Bâville, prendre avec Racine des notes « à la tranchée », soigner sa vue aux eaux de Bourbon (1687) ; il recueillit les derniers soupirs de Racine, il applaudit Regnard, il vit mourir avant lui tous les grands écrivains du siècle de Louis XIV, à l'exception de Fénelon.

Voilà sa vie. Son rôle fut considérable, et son autorité ne fut contestée que des écrivains qui avaient intérêt à la combattre. Il reprit le rôle de Malherbe, et, comme lui, écrivit peu. Par sa critique (*Satires*) il fit la guerre au mauvais goût ; par tous ses écrits (*Satires, Épîtres, Lutrin*) il donna des exemples, par son *Art poétique* il donna les règles du bon,

> Et *son* vers, bien ou mal, dit toujours quelque chose.

Ce n'est pas un mince mérite : il le défendra contre ses détracteurs. « Ne disons pas du mal de Nicolas, répétait Voltaire ; cela porte malheur. »

DIALOGUE

Pyrrhus et Cinéas [1].

« Pourquoi ces éléphans, ces armes, ce bagage [2],
Et ces vaisseaux tout prêts à quitter le rivage ?
Disoit au roi Pyrrhus un sage confident,
Conseiller très sensé d'un roi très-imprudent.
— Je vais, lui dit ce prince, à Rome où l'on m'appelle.
— Quoi faire ? — L'assiéger. — L'entreprise est fort belle,

---

[1]. Pyrrhus, roi d'Épire (319-272) fut appelé par les Tarentins contre Rome. Vainqueur dans deux batailles, il alla secourir les Grecs de Sicile contre les Carthaginois, revint se faire battre en Italie et repassa en Épire. On voit à quoi la réalité réduit les prédictions ironiquement complaisantes de Cinéas. — Sur Cinéas, voir ce qu'en dit Plutarque, p. 208, n. 3.

[2]. *Bagage* vient de *bagues* (de mots d'origine celtique signifiant *paquet*), subst. fém. pluriel, qui a le même sens et n'est usité que dans la locution militaire : sortir [d'une place] vie et bagues sauves.

Et digne seulement d'Alexandre ou de vous [1] :
Mais, Rome prise enfin, seigneur, où courons-nous ?
— Du reste des Latins la conquête est facile.
— Sans doute on les peut vaincre : est-ce tout ? — La Sicile
De là nous tend les bras, et bientôt, sans effort,
Syracuse reçoit nos vaisseaux dans son port.
— Bornez-vous là vos pas ? — Dès que nous l'aurons prise,
Il ne faut qu'un bon vent, et Carthage est conquise.
Les chemins sont ouverts : qui peut nous arrêter ?
— Je vous entends, seigneur, nous allons tout dompter :
Nous allons traverser les sables de Libye,
Asservir, en passant, l'Egypte, l'Arabie,
Courir delà [2] le Gange en de nouveaux pays,
Faire trembler le Scythe aux bords du Tanaïs,
Et ranger sous nos lois tout ce vaste hémisphère.
— Mais, de retour, enfin, que prétendez-vous faire ?
— Alors, cher Cinéas, victorieux, contens,
Nous pourrons rire à l'aise et prendre du bon temps.
— Hé ! seigneur, dès ce jour, sans sortir de l'Epire,
Du matin jusqu'au soir qui vous défend de rire ? [3] »

(*Epitres*, I.)

1. Cette assimilation flatteuse est confirmée par un bon juge, Annibal. Voyez ce qu'il en pensait et en disait dans notre Recueil de Prosateurs, p. 48.
2. *Delà*, plus loin, de l'autre côté. BOILEAU A. P., III :

Un rimeur sans péril, delà les Pyrénées.

3. Ce dialogue est historique. PLUTARQUE dit (*Vie de Pyrrhus*, XVI, traduction d'Amyot : « Il y avoit en la cour de Pyrrhus un personnage thessalien nommé Cineas, homme de bon entendement, et qui, aiant ouy l'orateur Demosthenes, sembloit seul entre tous ceulx qui estoient tenuz de ce temps là pour eloquents renouueller en la memoire des escoutans comme une image et une umbre de la uehemence et uiuacité de son eloquence : Pyrrus le tenoit aupres de soy et s'en seruoit à l'enuoyer çà et là en ambassades uers les peuples et les uilles. Pourtant souloit dire Pirrus que Cineas auoit pris et gaigné plus de uilles auec son eloquence que luy auec ses armes : à l'occasion dequoy il luy faisoit tres grand honneur et l'employoit en ses principaux affaires. Iceluy donques uoiant que Pirrus estoit fort affectionné à ceste guerre d'Italie, le trouuant un iour de loisir, le meit en telz propos : « L'on dit, Sire, que les Romains sont fort bons hommes de guerre, et qu'ilz commandent à plusieurs uaillantes et belliqueuses nations. Si donques les dieux nous font la grace d'en uenir au dessus, à quoy nous seruira ceste victoire ? » Pyrrus lui respondit. « Tu me demandes une chose qui est de soy mesme toute euidente : car, quand nous aurons dompté les Romains, il n'y aura plus en tout le païs cité Grecque ny barbare qui nous puisse resister, ains conquerrons incontinent sans difficulté tout le reste de l'Italie, la grandeur, bonté, richesse et puissance de laquelle personne ne doibt mieulx sçauoir ny cognoistre que toy mesme. » Cineas faisant un peu de pause luy repliqua : « Et quand nous aurons pris l'Italie, que ferons-nous puis après ? » Pyrrus ne s'appercevant pas encore où il uouloit uenir luy dit : « La Sicile, comme tu sçais, est tout ioignant, qui nous

DESCRIPTION

Les embarras de Paris.

Le poète est éveillé de bonne heure :

. . . .
J'entends déjà partout les charrettes courir,
Les maçons travailler, les boutiques s'ouvrir ;

tend les mains, par maniere de dire, et est une isle riche, puissante et abondante de peuple, laquelle nous sera tres facile à prendre pource que toutes les uilles y sont en dissension les unes contre les autres, n'ayans point de chef qui leur commande depuis que Agathocles est decedé, et n'y a que des orateurs qui preschent le peuple, lesquelz seront fort faciles à gaigner. — Il y a grande apparence en ce que uous dites, respondit Cineas : mais, quand nous aurons gaigné la Sicile, sera ce la fin de nostre guerre ? — Dieu nous face la grace, respondit Pyrrus, que nous puissions attaindre à ceste uictoire et uenir à bout de ceste entreprise : pource, ce nous sera une entrée pour paruenir à bien plus grandes choses. Car qui se tiendroit de passer puis apres en Afrique et à Carthage, qui seront consequemment en si belle prise, ueu que Agathocles s'en estant secretement fouy (s'étant enfui) de Syracuse et aiant trauersé la mer auec bien peu de uaisseaux, fut bien pres de la prendre. Et quand nous aurons conquis et gaigné tout cela, il est bien certain qu'il n'y aura plus pas un des ennemis, qui nous faschent et qui nous harcellent maintenant, qui oze leuer la teste contre nous. — Non certes, respondit Cineas : car il est tout manifeste qu'auec si grosse puissance nous pourrons facilement recouurer le royaume de la Macedoine et commander sans contradiction à toute la Grece. Mais, quand nous aurons tout en nostre puissance, que ferons nous à la fin ? » Pyrrus adonc se prenant à rire : « Nous nous reposerons, dit-il, à nostre aise, mon amy, et ne ferons plus aultre chose que faire festins tous les iours et nous entretenir de plaisans deuis les uns avec les aultres le plus ioyeusement et en la meilleure chere qui nous sera possible. » Cineas adonc l'aiant amené à ce poinct luy dit : « Et qui nous empesche, sire, de nous reposer des maintenant et de faire bonne chere ensemble, puis que nous auons tout presentement, sans plus nous trauailler, ce que nous uoulons aller chercher auec tant d'effusion de sang humain et tant de dangers ? Encore ne sçauons nous si nous y parniendrons iamais apres avoir souffert et fait souffrir à d'aultres des maulx et travaux infinis. »

Cf. MONTAIGNE, 1, 42 : Quand le roy Pyrrhus entreprenoit de passer en Italie, Cineas, son sage conseiller, luy voulant faire sentir la vanité de son ambition : « Eh bien ! sire, luy demanda il, à quelle fin dressez vous cette grande entreprinse ? » « Pour me faire maistre de l'Italie, » respondit il soubdain. « Et puis, suyvit Cineas, cela faict ? » « Ie passeray, dict l'aultre, en Gaule et en Espaigne. » « Et aprez ? » « Ie m'en iray subjuguer l'Afrique ; et enfin, quand l'auray mis le monde en ma subjection, ie me reposeray, et vivray content et à mon ayse. » « Pour Dieu, sire, rechargea lors Cineas, dictes moy à quoy il tient que vous ne soyez dez à present, si vous voulez, en cet estat ? pourquoy ne vous logez vous dez ceste heure ou vous dictes aspirer, et vous espargnez tant de travail et de hazard, que vous jectez entre deux ? »

RABELAIS (I, 33) amplifie plaisamment la scène et le dialogue, entre Picrochole et ses « gouverneurs. » Nous en détachons quelques passages. « .... Passée la mer Picrocholine, voicy Barberousse qui se rend vostre esclave. — Ie, dit Picrochole, le prendray à mercy.... — Prinse Italie, voylà Naples, Calabre, Apoulie et Sicile toutes à sac.... Là present estoit un vieux gentil homme esprouvé en divers hazars, et vray routier de guerre, nommé Echephron, lequel, oyant ces propos, dist : « J'ay grand peur que toute ceste entreprinse sera semblable à la farce du pot

Tandis que, dans les airs, mille cloches émues [1]
D'un funèbre concert font retentir les nues,
Et se mêlant aux bruits de la grêle et des vens
Pour honorer les morts font mourir les vivans.

Il se lève et sort. Ici commence la description.

En quelque endroit que j'aille, il faut fendre la presse
D'un peuple d'importuns qui fourmillent sans cesse.
L'un me heurte d'un ais [2] dont je suis tout froissé ;
Je vois d'un autre coup mon chapeau renversé.
Là d'un enterrement la funèbre ordonnance
D'un pas lugubre et lent vers l'église s'avance [3] ;
Et plus loin des laquais l'un l'autre s'agaçans
Font aboyer les chiens et jurer les passans.
Des paveurs en ce lieu me bouchent le passage.
Là je trouve une croix de funeste présage [4],
Et des couvreurs grimpés au toit d'une maison
En font pleuvoir l'ardoise et la tuile à foison.
Là, sur une charrette, une poutre branlante
Vient menaçant de loin la foule qu'elle augmente [5] :
Six chevaux attelés à ce fardeau pesant
Ont peine à l'émouvoir sur le pavé glissant.

au laict, duquel un cordouanier se faisoit riche par resverie ; puis, le pot cassé, n'eut de quoy disner. Que pretendez vous par ces belles conquestes ? Quelle sera la fin de tant de travaux et traverses ? — Ce sera, dist Picrochole, que nous, retournés, reposerons à nos aises. » Dont dist Echephron : « Et si par cas jamais n'en retournez ? Car le voyage est long et perilleux. N'est ce mieulx que des maintenant nous reposons, sans nous mettre en ces hazars ? »

1. *Emouvoir*, mettre en mouvement. Cf. v. 18. — Si s'esmut et ala outre mer (VILLEHARDOUIN). Esmouvoir l'ost (JOINVILLE).
2. Planche de bois. De *assis* (et *asser, eris*) planche, soliveau. — JUVÉNAL, *Sat.*, III :

.... Magnô populus premit agmine lumbos,
Qui sequitur ; ferit hic cubito, ferit *assere* duro
Alter ; at hic tignum capiti incutit, ille metretam.

3. BOILEAU dit, *Sat.* III :

Tous mes sots à l'instant, changeant de contenance,
Ont loué du festin la superbe ordonnance.

HORACE, *Ep.*, II, 2 :

Tristia robustis luctantur funera plaustris.

4. « C'est une chose que dans tout Paris *et pueri sciunt*, que les couvreurs, quand ils sont sur le toit d'une maison, laissent pendre du haut de cette maison une croix de lattes pour avertir les passans de prendre garde à eux et de passer vite. » (BOILEAU, *Lettre à Brossette*, 5 mai 1709.) Cet usage s'est conservé jusqu'au milieu de notre siècle.
5. JUVÉNAL, *loco cit*.

.... Modo longa coruscat,
Sarraco veniente, abies, atque altera pinum
Plaustra vehunt ; nutant altè populoque minantur

D'un carrosse en tournant il accroche une roue,
Et du choc le renverse en un grand tas de boue,
Quand un autre à l'instant, s'efforçant de passer,
Dans le même embarras se vient embarrasser.
Vingt carrosses bientôt, arrivant à la file,
Y sont en moins de rien [1] suivis de plus de mille ;
Et, pour surcroît de maux, un sort malencontreux [2]
Conduit en cet endroit un grand troupeau de bœufs.
Chacun prétend passer : l'un mugit, l'autre jure.
Des mulets en sonnant augmentent le murmure [3].
Aussitôt cent chevaux, dans la foule appelés,
De l'embarras qui croît ferment les défilés,
Et partout des passans enchaînant les brigades [4]
Au milieu de la paix font voir les Barricades [5].
On n'entend que des cris poussés confusément ;
Dieu pour s'y faire ouïr tonneroit vainement [6].
Moi donc, qui dois souvent en certain lieu me rendre,
Le jour déjà baissant, et qui suis las d'attendre,
Ne sachant plus tantôt à quel saint me vouer [7],
Je me mets au hasard de me faire rouer [8].
Je saute vingt ruisseaux, j'esquive [9], je me pousse ;

---

1. Cf. CORNEILLE, p. 133, note 2. — Reste de l'archaïsme qui, à l'imitation du latin, faisait suivre le comparatif de *de*. Homme *de* moy plus grand (MAROT), *major me*. Nul mieux *de* toy (DU BELLAY), aujourd'hui *que* toi.

2. Voyez page 17, note 6, et page 32, note 1.

3. *Murmure* se prend dans les acceptions diverses de : bruit confus, bruit léger, bruissement, bruit de plaintes. *Murmur* avait encore plus d'extension en latin, et s'appliquait aussi au bruit du tonnerre, au rugissement du lion, etc.

4. Primitivement escouade de cavaliers, d'où troupe, bande. Brigade [de buveurs] bien repue (LOUIS XI, *Nouvelles nouvelles*). Brigade de Satyres (RONSARD). On a dit au XVIIe siècle : la brigade de Ronsard (le groupe de ses élèves, admirateurs et imitateurs).

5. Deux journées des révolutions de Paris, 1588, 1648, portaient ce nom. Etym.: *barrique*, futaille ; on les accumulait remplies de terre et de pavés pour fermer les rues.

6. « On n'entendrait pas Dieu tonner », locution proverbiale.

7. *Tantôt*, auj. *bientôt* en ce sens. FROISSARD : Il les feit tantost et sans delay pendre. MONTAIGNE : Ce sera tantost ou demain, ou quand il me plaira. — *Ne savoir à quel saint se vouer*, locution proverbiale, à qui ou à quoi recourir. *Se vouer à tous le saints*, avoir recours à tout dans son embarras ou son désespoir.

8. *Mettre au hasard*, faire courir un risque : CORNEILLE, *Poly.*, II, 5 :

Pourquoi mettre au hasard ce (le salut) que la mort assure?

Se mettre..., s'exposer au risque de... Cf. p. 82, n. 2. — *Rouer*, écraser contre ou entre les roues. Signifie aussi faire subir le supplice de la roue, sur laquelle on attachait, les membres rompus, le patient. V. p. 36, n. 6.

9. *Esquiver* (d'un ancien verbe germanique qui signifie *avoir peur*.)

Guénaud [1] sur son cheval en passant m'éclabousse :
Et n'osant plus paroître en l'état où je suis,
Sans songer où je vais, je me sauve où je puis.
   Tandis que dans un coin en grondant je m'essuie,
Souvent pour m'achever [2] il survient une pluie :
On diroit que le ciel, qui se fond tout en eau,
Veuille [3] inonder ces lieux d'un déluge nouveau.
Pour traverser la rue au milieu de l'orage,
Un ais sur deux pavés forme un étroit passage ;
Le plus hardi laquais n'y marche qu'en tremblant :
Il faut pourtant passer sur ce pont chancelant ;
Et les nombreux torrens qui tombent des gouttières,
Grossissant les ruisseaux, en ont fait des rivières :
J'y passe en trébuchant ; mais, malgré l'embarras,
La frayeur de la nuit précipite mes pas.

(Satires, VI.)

TABLEAU

Sors ducitur [4]

. . . .
« Le sort, dit le prélat, vous servira de loi.
Que l'on tire au billet ceux que l'on doit élire. »
Il dit : on obéit, on se presse d'écrire.
Aussitôt trente noms, sur le papier tracés,
Sont au fond d'un bonnet par billets entassés.

éviter adroitement. *S'esquiver*, se retirer en évitant d'être remarqué. Le verbe actif s'emploie comme neutre pour signifier : se tirer d'affaire en s'éloignant. La Fontaine, VI, 2 :
     Le fanfaron aussitôt d'esquiver.
Voyez encore, Id., IV, 6, VIII, 10 :

1. Célèbre médecin, qui allait toujours à cheval, dit une note de Boileau.
2. Porter le dernier coup, le coup mortel à un blessé (*conficere*). Au fig. : mettre le comble à l'ennui, comme ici ; consommer la ruine, comme dans : Notre maison de Paris m'assomme, et Livry m'achève (Mme de Sévigné.)
3. *Veuille*. On dirait auj. *veut ;* le subjonctif ne s'emploierait qu'après une proposition principale négative. Cf. : Je crois qu'il *soit* fou (Malherbe). — Voyez l'Appendice Ier, III, 7°; Chassang, *Gr. franç.*, Cours supérieur, 291 ; et notre Recueil de Prosateurs, p. 76, n. 2 (sur des constructions semblables du cardinal de Retz).
4. On « tire au sort. » Le trésorier « remplissoit la première dignité » du chapitre de la Sainte-Chapelle ; le chantre, la seconde. Le trésorier voulut faire remplacer un lutrin que le chantre avait fait enlever. « De là arriva la dispute qui fait le sujet » du *Lutrin* (*Argument* de l'édition de 1713.) — Le poète fait décider par les partisans du trésorier, sur la proposition du vieux chapelain Sidrac, que trois d'entre eux, choisis au sort, remettront en place le lutrin pendant la nuit.

Pour tirer ces billets avec moins d'artifice,
Guillaume, enfant de chœur, prête sa main novice :
Son front nouveau [1] tondu, symbole de candeur,
Rougit, en approchant, d'une honnête pudeur.
Cependant le prélat, l'œil au ciel, la main nue,
Bénit trois fois les noms, et trois fois les remue.
Il tourne le bonnet, l'enfant tire [2], et Brontin
Est le premier des noms qu'apporte le destin.
Le prélat en conçoit un favorable augure,
Et ce nom dans la troupe excite un doux murmure [3].

(*Le Lutrin*, chant 1er, vers 200-216).

PAYSAGE
Hautile [4]

Oui, Lamoignon [5], je fuis les chagrins de la ville [6],
Et contre eux la campagne est mon unique asile.

---

1. *Nouvellement* tondu. Cependant l'usage en fait un adjectif. On écrira nouveaux tondus, comme nouveaux venus, nouveaux mariés, nouveaux débarqués, etc. L'usage au contraire maintient : Nouveau-nés, des vins nouveau percés, etc.

2. On a signalé cette coupe suspensive qui arrête le débit du vers, et fixe l'esprit et les yeux sur l'image qu'elle détache. Cf. *Lutrin*, V :
   Tout prêt à s'endormir, *bâille* et ferme les yeux.
Cf. RACINE, *Iphig.*, V, 6 :
   Le ciel brille d'éclairs, *s'entr'ouvre*, et parmi nous
   Jette une sainte horreur qui nous rassure tous.
LA FONTAINE, X, 1 :
   Et puis, quand le chasseur croit que son chien la pille
   Elle (la perdrix) lui dit adieu, *prend sa volée*, et rit
   De l'homme qui, confus, des yeux en vain la suit.
A. CHÉNIER, *l'Aveugle* :
   L'insolent quadrupède en vain *s'écrie* : il tombe...
ID., *Fragm. d'Idylles* ; Hercule sur le mont Œta :
   Il y porte la flamme, *il monte ;* sous ses pieds
   Étend du vieux lion la dépouille héroïque.

3. Cf. HOMÈRE, *Il.*, VII, 171 sqq. Neuf guerriers grecs tirent au sort dans le casque d'Agamemnon pour savoir celui d'entre eux qui répondra au défi d'Hector. Nestor agite le casque.
   Ἐκ δ'ἔθορε κλῆρος κυνέης, ὃν ἄρ' ἤθελον αὐτοί,
   Αἴαντος....
L'effet du rejet du vers grec équivaut à celui de la coupe du vers français. — Cf. VIRGILE, *Æn.*, V, 490 sqq. :
   Convenere viri dejectamque ærea sortem,
   Accepit galea, et primus clamore secundo
   Hyrtacidæ ante omnes exit locus Hippocoontis.

4. « Petite seigneurie près de la Roche-Guyon, appartenant à mon neveu, l'illustre M. Dongois, greffier en chef du Parlement » (BOILEAU) — Auj. dans le canton de Magny, arrondiss. de Mantes, départ. de Seine-et-Oise.

5. François de Lamoignon de Basville, avocat-général, fils du premier président Guillaume de Lamoignon. — Boileau fut plus d'une fois son hôte à Basville (arrond. de Rambouillet).

6. Boileau répète ce mot aux vers 45 et 79 de la même épître. A la ville

Du lieu qui m'y retient veux-tu voir le tableau ?
C'est un petit village, ou plutôt un hameau [1],
Bâti sur le penchant d'un long rang de collines,
D'où l'œil s'égare au loin dans les plaines voisines.
La Seine, au pied des monts que son flot vient laver [2],
Voit du sein de ses eaux vingt îles s'élever,
Qui, partageant son cours en diverses manières,
D'une rivière seule y forment vingt rivières.
Tous ces bords sont couverts de saules non plantés,
Et de noyers souvent du passant insultés [3].
Le village au-dessus forme un amphithéâtre :
L'habitant ne connoît ni la chaux ni le plâtre ;
Et dans le roc, qui cède et se coupe aisément [4],
Chacun sait de sa main creuser son logement.
La maison du seigneur, seule un peu plus ornée,
Se présente au dehors de murs environnée.
Le soleil en naissant la regarde d'abord,
Et le mont la défend des outrages du nord [5].

(*Epîtres*, VI, 1677.)

PORTRAITS

Trois âges de la vie.

Le temps, qui change tout, change aussi nos humeurs :
Chaque âge a ses plaisirs, son esprit et ses mœurs [6].
    Un jeune homme, toujours bouillant dans ses caprices

---

faut aller « solliciter » les juges pour « un cousin abusant d'un fâcheux parentage », il faut se défendre contre les accusations et les calomnies que provoquent ses satires, etc. — Cf. RONSARD (A Odet de Coligny, *Poèmes*, II. — Voir notre Recueil poétique pour les classes d'humanités); PLINE LE JEUNE, I, 9.

1. Petit groupe de maisons éloigné du lieu où sont la commune et la paroisse. Étym.: haut allem. *cham* ; anglo-saxon, *ham*. Cf. κώμη, village. Au moyen âge. *hamel, hamiau*.
2. Cf. Mare *lavit* arenas (OVIDE). Aussi usité que *rigare* en ce sens.
3. Cf. OVIDE, *Nux, Elegia*, vers 1 et 2.

    Nux ego juncta viæ, quùm sim sine crimine vitæ,
      A populo saxis prætereunte petor.

4. Bancs de craie blanche tendre et friable.
5. Cf. HORACE, *Ep.*, I, 16 ; il décrit *fundum suum*:

    Scribetur tibi forma loquaciter et situs agri.
    Continui montes, nisi dissocientur opacâ
    Valle; sed ut veniens dextrum latus adspiciat sol,
    Lævum decedens curru fugiente vaporet.

6. Régnier avait dit (*Sat.* V) :

    Chaque âge a ses humeurs, ses goûts et ses plaisirs,
    Et, comme notre poil (nos cheveux), blanchissent nos desirs.

Est prompt à recevoir l'impression des vices [1],
Est vain dans ses discours, volage en ses désirs,
Rétif [2] à la censure, et fou dans les plaisirs [3].

L'âge viril, plus mûr, inspire un air plus sage,
Se pousse auprès des grands, s'intrigue [4], se ménage [5],
Contre les coups du sort songe à se maintenir,
Et loin dans le présent regarde l'avenir.

La vieillesse chagrine incessamment amasse,
Garde, non pas pour soi, les trésors qu'elle entasse,
Marche en tous ses desseins d'un pas lent et glacé [6],
Toujours plaint le présent et vante le passé [7].

(*Art Poétique*, III.)

1. Les exemples des vices laissent facilement en lui leur empreinte. CICÉRON a dit : Verum *impressum* in *animo. Imprimi* quasi ceram *animum*.

2. Rebelle, qui s'arrête, *résiste*. Etym. : *restare*, d'où *restif*. Cheval rétif.

3. Cf. ARISTOTE. *Rhét.*, II, 12; BOSSUET, *Panégyr. de Saint-Bernard*.

4. *Intrigue*, 1° embarras (sortir d', être hors d'intrigue), sens qui a vieilli ; 2° combinaison et série de pratiques secrètes pour faire réussir une affaire, d'où *intriguer*, et *s'intriguer* qui se dit moins auj. — Au XVIIe siècle on a dit, au masc., *intrique* et *intrigue*. — Etym. : *intricare*, embarrasser.

5. Se conduit avec circonspection. Mme DE SÉVIGNÉ : Elle s'est ménagée pour éviter de s'engager. Auj. ne s'emploie guère que dans le sens de ménager sa santé, en avoir soin. — Vient du subst. *ménage*, dont un des sens est conduite ordonnée d'une maison, d'une affaire ; écrit d'abord *mesnage*, du bas-latin *mansionatum*, venu de *mansio, onem*, habitation.

6. *Tarda gelu* senectus (VIRGILE, *Æn.*, VIII, 508).

7. Cf. HORACE, *A. P.*, 158 sqq. (BOILEAU n'a pas fait le portrait de l'enfant) :

[Reddere qui voces jam scit puer, et pede certo
Signat humum, gestit paribus colludere, et iram
Colligit ac ponit temere et mutatur in horas.]

Imberbis juvenis, tandem custode remoto,
Gaudet equis canibusque et aprici gramine campi;
Cereus in vitium flecti, monitoribus asper,
Utilium tardus provisor, prodigus æris,
Sublimis cupidusque, et amata relinquere pernix.
Conversis studiis, ætas animusque virilis
Quærit opes et amicitias, inservit honori,
Commisisse cavet quod mox mutare laboret.
Multa senem circumveniunt incommoda : vel quod
Quærit, et inventis miser abstinet ac timet uti ;
Vel quod res omnes timido gelidèque ministrat,
Dilator, spe longus, iners, avidusque futuri,
Difficilis, querulus, laudator temporis acti
Se puero, castigator censorque minorum.

RACINE
1639-1699

Jean RACINE naquit à la Ferté-Milon, en Champagne, trois ans après Boileau et après l'apparition du *Cid*, et un an après Louis XIV. Ses études terminées, et déjà poète, il fut appelé à Uzès auprès d'un oncle, chanoine, qui le destinait à l'Eglise. Mais Paris, la poésie et le théâtre le reconquirent au bout de deux ans. Son début fut une faible et froide imtation des *Phéniciennes* d'Euripide, les *Frères ennemis* (1663). Heureusement Boileau lui apprit à faire difficilement de bons vers : on le vit bien à son *Alexandre* (1665), imitation des sujets héroïques de Corneille. Il se révéla tout entier dans *Andromaque* (1667), où il sut fondre Homère, Euripide et Virgile. D'Euripide il passa à Aristophane (*Les Plaideurs*, 1668), d'Aristophane à Tacite (*Britannicus*, 1669). Il ne dut qu'à lui-même « l'élegie dramatique » de *Bérénice* (1670), la vigoureuse création de Roxane dans *Bajazet* (1672), et le contraste puissant et touchant de Monime avec le héros de *Mithridate* (1673). *Iphigénie* (1674) et *Phèdre* (1677) le ramenèrent de Constantinople et de Byzance à la Grèce d'Euripide. Malheureusement la froideur du public pour son dernier chef-d'œuvre le blessa : *genus irritabile vatum* : il renonça au théâtre, se maria, éleva ses enfants, cinq filles et deux fils, et remplit avec Boileau les fonctions d'historiographe qui le conduisirent sous Namur. Après douze ans de silence, il revint, sur la demande de Madame de Maintenon, non pas au public, mais à la poésie dramatique, inspirée cette fois de l'Ecriture, par deux nouveaux chefs-d'œuvre, *Esther* (1689) et *Athalie* (1691), destinées aux représentations que les jeunes filles de Saint-Cyr donnaient à Louis XIV. Il mourut huit ans après, emportant avec lui dans la tombe, — « Raphaël qui ne fit point de Jules Romain », a dit Voltaire [1], — le secret de ce style exquis, sans défaillance et sans tache, toujours pur et brillant, toujours « touchant, harmonieux, sublime », a dit encore Voltaire, de ces fines et profondes analyses du cœur humain, de ces peintures éloquentes de la passion, qui sont le caractère, le mérite, l'intérêt et le charme de son théâtre.

IPHIGÉNIE

I

IPHIGÉNIE À AGAMEMNON, SON PÈRE [2]

IPHIGÉNIE, CLYTEMNESTRE, AGAMEMNON, ÆGINE,
femme de la suite de Clytemnestre.

CLYTEMNESTRE.

Venez, venez, ma fille ; on n'attend plus que vous ;
Venez remercier un père qui vous aime,

---

1. Liste des écrivains du siècle de Louis XIV, Art. CHAPELLE.
2. Les Grecs, prêts à partir pour le siège de Troie, étaient retenus par

Et qui veut à l'autel vous conduire lui-même [1].

AGAMEMNON.

Que vois-je ? Quel discours ? Ma fille, vous pleurez,
Et baissez devant moi vos yeux mal assurés :
Quel trouble ! mais tout pleure, et la fille et la mère.
Ah ! malheureux Arcas, tu m'as trahi !

IPHIGÉNIE.

Mon père,
Cessez de vous troubler, vous n'êtes point trahi :
Quand vous commanderez, vous serez obéi.
Ma vie est votre bien. Vous voulez le reprendre :
Vos ordres sans détours pouvoient se faire entendre.
D'un œil aussi content, d'un cœur aussi soumis
Que j'acceptois l'époux que vous m'aviez promis,
Je saurai, s'il le faut, victime obéissante,
Tendre au fer de Calchas une tête innocente,
Et, respectant le coup par vous-même ordonné,
Vous rendre tout le sang que vous m'avez donné [2].
Si pourtant ce respect, si cette obéissance
Paroît digne à vos yeux d'une autre récompense,
Si d'une mère en pleurs vous plaignez les ennuis [3],
J'ose vous dire ici qu'en l'état où je suis
Peut-être assez d'honneurs environnoient ma vie
Pour ne pas souhaiter qu'elle me fût ravie,
Ni qu'en me l'arrachant un sévère destin
Si près de ma naissance en eût marqué la fin.
Fille d'Agamemnon, c'est moi qui, la première,
Seigneur, vous appelai de ce doux nom de père ;
C'est moi qui, si longtemps le plaisir de vos yeux,

---

les vents contraires dans le port d'Aulis, en Béotie. Le devin Calchas déclare que les dieux réclament le sang d'Iphigénie, fille d'Agamemnon, généralissime de l'armée. Le roi mande d'Argos sa fille sous prétexte d'épouser Achille qui l'aime. Telle est l'avant-scène. — Quand la pièce commence, Agamemnon, saisi de remords et de pitié, envoie secrètement son vieux serviteur Arcas pour arrêter la marche et prévenir l'arrivée de sa femme et de sa fille. Mais il était trop tard : elles entrent dans le camp et finissent par apprendre d'Arcas la vérité (actes I, II, III). De là la scène suivante.

1. Modèle classique d'ironie.
2. Rodrigue dit (*Le Cid*, I, 6) :

Je rendrai mon sang pur comme je l'ai reçu.

3. Dans le style élevé *ennui* a toujours le sens de *tourments* de l'âme ; dans le langage ordinaire il signifie en général ce qui fait trouver le temps long. Dans cette seconde acception on dit bien un « ennui mortel » ; dans la première, Œnone dit à Phèdre (RACINE, *Phèdre*, I, 3) :

Que faites-vous, madame, et quel mortel ennui
Contre tout votre sang vous anime aujourd'hui ?

Vous ai fait de ce nom remercier les dieux,
Et pour qui, tant de fois prodiguant vos caresses,
Vous n'avez point du sang dédaigné les foiblesses.
Hélas ! avec plaisir je me faisois conter
Tous les noms des pays que vous allez dompter ;
Et déjà, d'Ilion présageant la conquête,
D'un triomphe si beau je préparois la fête.
Je ne m'attendois pas que, pour le commencer,
Mon sang fût [1] le premier que vous dussiez verser.
Non que la peur du coup dont je suis menacée
Me fasse rappeler votre bonté passée ;
Ne craignez rien : mon cœur, de votre honneur jaloux [2],
Ne fera point rougir un père tel que vous ;
Et, si je n'avois eu que ma vie à défendre,
J'aurois su renfermer un souvenir si tendre.
Mais à mon triste sort, vous le savez, seigneur,
Une mère, un amant, attachoient leur bonheur.
Un roi digne de vous a cru voir la journée
Qui devoit éclairer notre illustre hyménée ;
Déjà, sûr de mon cœur à sa flamme promis,
Il s'estimoit heureux : vous me l'aviez permis.
Il sait votre dessein ; jugez de ses alarmes [3].
Ma mère est devant vous ; et vous voyez ses larmes.
Pardonnez aux efforts que je viens de tenter
Pour prévenir les pleurs que je leur vais coûter [4].

(*Iphigénie*, IV, 4.)

1. *S'attendre*, espérer ou craindre; *à*, suivi d'un substantif ou de l'infinitif; *que*, suivi du futur: L'erreur la plus pernicieuse est de s'attendre que Dieu nous attendra (BOURDALOUE); *que*, suivi du subjonctif, comme ici, et dans *Britannicus*, III, 8 :

> Ils ne s'attendoient pas, lorsqu'ils me virent naître,
> Qu'un jour Domitius dût me parler en maître.

2. Le premier sens de *jaloux* est, comme ici, zélé pour. BOSSUET : Les Romains jaloux de la liberté. Etym. : ζῆλος, studium ; ζηλωτής, studiosus; ζηλόω, studere.

3. Le premier sens de *alarme* est : cri pour appeler aux armes. On a dit : Crier à l'alarme. Etym. : *à*, *li* (les), *arme* (cas sujet pluriel).

4. Racine a emprunté à Euripide (Ἰφιγένεια ἡ ἐν Αὐλίδι) le sujet et le plan de sa tragédie : mais des différences profondes séparent les deux pièces. Pour nous en tenir au rôle d'Iphigénie en cette scène, chez le poète grec, elle demande la vie avec instances et avec larmes, parce qu'elle est jeune, que la vie est douce, et que, comme la « Jeune Captive » d'A. Chénier (voir *infrà*), elle « ne veut pas mourir encore »; chez le poète français, « elle demande la vie sans paraître craindre la mort » (PATIN, *Etudes sur les tragiques grecs*); elle « immole sa douleur à l'autorité paternelle; elle se ferait scrupule de l'offenser par un murmure trop vif. » (SAINT-MARC GIRARDIN, *Cours de litt. dramatiq.*, II) ; si elle désire vivre, c'est pour sa mère et son fiancé. Son ton est, chez l'un, simple, familier, pressant,

II

CLYTEMNESTRE À AGAMEMNON, SON MARI [1]

LES MÊMES.

CLYTEMNESTRE.

Vous ne démentez point une race funeste.
Oui, vous êtes le sang d'Atrée et de Thyeste :
Bourreau de votre fille, il ne vous reste enfin
Que d'en faire à sa mère un horrible festin [2].
Barbare ! c'est donc là cet heureux sacrifice
Que vos soins préparoient avec tant d'artifice !
Quoi ! l'horreur de souscrire à cet ordre inhumain
N'a pas, en le traçant, arrêté votre main !
Pourquoi feindre à nos yeux une fausse tristesse ?
Pensez-vous par des pleurs prouver votre tendresse ?
Où sont-ils ces combats que vous avez rendus [3] ?
Quels flots de sang pour elle avez-vous répandus ?
Quel débris parle ici de votre résistance ?
Quel champ couvert de morts me condamne au silence ?
Voilà par quels témoins il falloit me prouver,
Cruel ! que votre amour a voulu la sauver.

attendri ; chez l'autre, réservé et digne ; chez l'un elle dit :

> Πρώτη σ' ἐκάλεσα πατέρα, καὶ σὺ παῖδ' ἐμέ,
> Πρώτη δὲ γόνασι σοῖσι σῶμα δοῦσ' ἐμὸν
> Φίλας χάριτας ἔδωκα κἀντεδεξάμην (1220-1222).

Chez l'autre, son père n'a pas « dédaigné les faiblesses du sang ».
Cf. ROTROU, *Iphygenie* (1640), IV, 3 :

> S'il vous souvient, pourtant, que je suis la première
> Qui vous ait appelé de ce doux nom de père,
> Qui vous ait fait caresse, et qui sur vos genoux
> Vous ait servi longtemps d'un passe-temps si doux,
> Ne vous étonnez pas que cette mort m'étonne ;
> Je ne l'attendois pas du bras qui me la donne....

1. Voir la note 1 du morceau précédent.
2. On sait qu'Atrée, père d'Agamemnon et de Ménélas, tua le fils de son frère Thyeste, dont il vouloit se venger, et lui en fit servir la chair dans un repas. C'est le sujet d'une tragédie de Sénèque, imitée par Crébillon. (Voir XVIIIe siècle, *VARIA VARIOR.*) On a souvent cité ce trait :

> Sanguinem agnoscis? — Agnosco fratrem.
> Reconnois-tu ce sang? — Je reconnois mon frère.

3. *Rendre*, c.-à-d. répondre à l'attaque, comme on dit rendre des coups. VOLTAIRE dit encore: ...La moitié de l'armée saxonne s'enfuit à son approche sans rendre le combat (*Charles XII*). Dans l'usage il n'avait que le sens de *livrer* qu'on emploie auj).

Un oracle fatal ordonne qu'elle expire !
Un oracle dit-il tout ce qu'il semble dire ?
Le ciel, le juste ciel, par le meurtre honoré,
Du sang de l'innocence est-il donc altéré ?
Si du crime d'Hélène on punit sa famille,
Faites chercher à Sparte Hermione, sa fille :
Laissez à Ménélas racheter d'un tel prix
Sa coupable moitié[1] dont il est trop épris.
Mais vous, quelles fureurs vous rendent sa victime ?
Pourquoi vous imposer la peine de son crime ?
Pourquoi moi-même enfin, me déchirant le flanc,
Payer sa folle amour[2] du plus pur de mon sang ?...
Mais non ; l'amour d'un frère et son honneur blessé
Sont les moindres des soins dont vous êtes pressé :
Cette soif de régner, que rien ne peut éteindre,
L'orgueil de voir vingt rois vous servir et vous craindre,
Tous les droits de l'empire[3] en vos mains confiés,
Cruel ! c'est à ces dieux que vous sacrifiez ;
Et, loin de repousser le coup qu'on vous prépare,
Vous voulez vous en faire un mérite barbare.
Trop jaloux[4] d'un pouvoir qu'on peut vous envier,
De votre propre sang vous courez le payer,
Et voulez par ce prix épouvanter l'audace
De quiconque vous peut disputer votre place.
Est-ce donc être père ? Ah ! toute ma raison
Cède[5] à la cruauté de cette trahison.
Un prêtre, environné d'une foule cruelle,
Portera sur ma fille une main criminelle,
Déchirera son sein, et, d'un œil curieux,
Dans son cœur palpitant consultera les dieux[6] !
Et moi, qui l'amenai triomphante, adorée,
Je m'en retournerai seule et désespérée !

---

1. Polyeucte dit de Pauline sa femme, dans la tragédie de Corneille, « ma chère moitié ».
2. *Amour* n'est resté fém. qu'au pluriel et dans le style élevé.
3. *Imperium*, le pouvoir.
4. Voyez page 218, note 2.
5. La raison cède à... pourra s'employer dans le sens de : se rend à, reconnaît. Ici : Est déconcertée par, fléchit sous ; je sens que ma raison s'égare.
6. Cf. Virgile, *Æn.*, IV, 63 :
  Pecudumque reclusis
Pectoribus inhians spirantia consulit exta.

— Lulli, a-t-on raconté à Racine le fils, chanta un jour ces quatre vers, en les accompagnant d'accords sur le clavecin, sur des tons qui « faisaient dresser les cheveux sur la tête ».

Je verrai les chemins encor tout parfumés
Des fleurs dont sous ses pas on les avoit semés !
Non, je ne l'aurai point amenée au supplice,
Où vous ferez aux Grecs un double sacrifice.
Ni crainte ni respect ne peut m'en détacher :
De mes bras tout sanglans il faudra l'arracher.
Aussi barbare époux qu'impitoyable père,
Venez, si vous l'osez, la ravir à sa mère.
Et vous, rentrez, ma fille, et du moins à mes lois
Obéissez encore pour la dernière fois.

(*Ibid.*)

UNE MÈRE[1]

I

ANDROMAQUE, HERMIONE, CÉPHISE, confidente d'Andromaque, CLÉONE, confidente d'Hermione.

ANDROMAQUE.
                Où fuyez-vous, madame ?
N'est-ce pas à vos yeux un spectacle assez doux,
Que la veuve d'Hector pleurante à vos genoux ?
Je ne viens point ici, par de jalouses larmes,
Vous envier un cœur qui se rend à vos charmes.
Par une main cruelle, hélas ! j'ai vu percer
Le seul où mes regards prétendoient s'adresser :
Ma flamme par Hector fut jadis allumée ;
Avec lui dans la tombe elle s'est enfermée[2].
Mais il me reste un fils. Vous saurez quelque jour,
Madame, pour un fils jusqu'où va notre amour ;
Mais vous ne saurez pas, du moins je le souhaite,

---

1. Après la prise de Troie, Andromaque, veuve d'Hector, est, dans le partage des prisonniers, échue, avec son fils Astyanax, à Pyrrhus, fils d'Achille, roi d'Epire. Pyrrhus l'aime et veut l'épouser. Fidèle au souvenir d'Hector, elle refuse. Sur ces entrefaites Oreste vient à Buthrote, où se passe l'action, réclamer de Pyrrhus, au nom de la Grèce inquiète, que le fils d'Hector lui soit remis. Pyrrhus se déclare prêt à le livrer si Andromaque persiste dans son refus. Andromaque, pour sauver son fils sans trahir le souvenir de son époux, s'adresse successivement à la pitié, d'abord d'Hermione, fille de Ménélas, qui, présente à la cour de Pyrrhus, l'aime avec passion (1er morceau cité). — puis de Pyrrhus lui-même (2e morceau cité). Elle échoue. — Réduite à épouser Pyrrhus pour ne pas perdre son fils, elle prend la résolution de se donner la mort après la célébration du mariage : elle confie son dessein à Céphise, sa confidente, et lui recommande Astyanax (3e morceau cité).

2. Cf. VIRGILE, *Æn.*, IV, 29. Didon à sa sœur :
   Ille meos, primus qui me sibi junxit, amores
   Abstulit : ille habeat secum servetque sepulcro

En quel trouble mortel son intérêt nous jette,
Lorsque, de tant de biens qui pouvoient nous flatter,
C'est le seul qui nous reste, et qu'on veut nous l'ôter.
Hélas ! lorsque, lassés de dix ans de misère,
Les Troyens en courroux menaçoient votre mère,
J'ai su de mon Hector lui procurer l'appui [1].
Vous pouvez sur Pyrrhus ce que j'ai pu sur lui.
Que craint-on d'un enfant qui survit à sa perte ?
Laissez-moi le cacher en quelqu'île deserte.
Sur les soins de sa mère on peut s'en assurer,
Et mon fils, avec moi, n'apprendra qu'à pleurer.
(*Andromaque*, III, 4.)

II

PYRRHUS, ANDROMAQUE, CÉPHISE.

ANDROMAQUE.

Seigneur, voyez l'état où vous me réduisez.
J'ai vu mon père mort et nos murs embrasés ;
J'ai vu trancher les jours de ma famille entière,
Et mon époux sanglant traîné dans la poussière,
Son fils, seul avec moi, réservé pour les fers.
Mais que ne peut un fils ? Je respire, je sers [2].
J'ai fait plus, je me suis quelquefois consolée
Qu'ici, plutôt qu'ailleurs, le sort m'eût exilée ;
Qu'heureux dans son malheur le fils de tant de rois,
Puisqu'il devoit servir, fût tombé sous vos lois ;
J'ai cru que sa prison deviendroit son asile.
Jadis Priam soumis fut respecté d'Achille [3] :
J'attendois de son fils encor plus de bonté.
Pardonne, cher Hector ! à ma crédulité :
Je n'ai pu soupçonner ton ennemi d'un crime ;
Malgré lui-même, enfin, je l'ai cru magnanime.
Ah ! s'il l'étoit assez pour nous laisser du moins
Au tombeau qu'à ta cendre ont élevé mes soins [4],

---

1. C'est le souvenir de cette protection que rappelle Hélène elle-même, pleurant, avec Hécube et Andromaque, sur le corps d'Hector (*Iliade*, XXIV, 767 sqq.).
2. Je suis esclave. C'est l'expression latine. Cf. page 104, note 5. Andromaque, au lendemain de la ruine de Troie, demandant à Ulysse la vie d'Astyanax, lui dit : *Servire liceat...* (SÉNÈQUE, *Les Troyennes*).
3. *Iliade*, chant XXIV.
4. VIRGILE, *Æn.*, III, 301 :
   Solemnes tum forte dapes et tristia dona

Et que, finissant là sa haine et nos misères,
Il ne séparât point des dépouilles si chères !

(*Ibid.*, III, 6.)

III

ANDROMAQUE, CÉPHISE

ANDROMAQUE.

. . . .
Je confie à tes soins mon unique trésor :
Si tu vivois pour moi, vis pour le fils d'Hector.
De l'espoir des Troyens seule dépositaire,
Songe à combien de rois tu deviens nécessaire.
Veille auprès de Pyrrhus ; fais-lui garder sa foi :
S'il le faut, je consens qu'on lui parle de moi ;
Fais-lui valoir l'hymen où je me suis rangée [1] ;
Dis-lui qu'avant ma mort je lui fus engagée,
Que ses ressentimens doivent être effacés,
Qu'en lui laissant mon fils, c'est l'estimer assez [2].
Fais connoître à mon fils les héros de sa race.
Autant que tu pourras, conduis-le sur leur trace.
Dis-lui par quels exploits leurs noms ont éclaté,
Plutôt ce qu'ils ont fait que ce qu'ils ont été ;
Parle-lui tous les jours des vertus de son père,
Et quelquefois aussi parle-lui de sa mère.
Mais qu'il ne songe plus, Céphise, à nous venger :
Nous lui laissons un maître, il doit le ménager.
Qu'il ait de ses aïeux un souvenir modeste :
Il est du sang d'Hector, mais il en est le reste [3] ;
Et pour ce reste enfin, j'ai moi-même, en un jour,
Sacrifié mon sang, ma haine et mon amour.

(*Ibid.*, IV, 1.)

> Ante urbem in luco, falsi Simoentis ad undam,
> Libabat cineri Andromache, manesque vocabat
> Hectoreum ad tumulum, viridi quem cespite inanem
> Et geminas, causam lacrymis, sacraverat aras.

1. Soumise. Voyez page 128, note 1.
2. Fusion de deux tournures qui seraient : En lui laissant..., je l'ai estimé assez ; et : Lui laisser..., c'est l'estimer assez.
3. Cf. ce que, dans les *Troyennes* de SÉNÈQUE, Andromaque dit à son fils lui-même. Voyez l'imitation de R. GARNIER (page 104).

MITHRIDATE À SES FILS [1]

MITHRIDATE, PHARNACE, XIPHARÈS

MITHRIDATE.

Approchez, mes enfans [2]. Enfin l'heure est venue
Qu'il faut que [3] mon secret éclate à votre vue.
A mes nobles projets je vois tout conspirer ;
Il ne me reste plus qu'à vous les déclarer.
  Je fuis [4] : ainsi le veut la fortune ennemie ;
Mais vous savez trop bien l'histoire de ma vie,
Pour croire que longtemps, soigneux de me cacher,
J'attende en ces déserts qu'on me vienne chercher.
La guerre a ses faveurs ainsi que ses disgrâces :
Déjà plus d'une fois, retournant sur mes traces,
Tandis que l'ennemi par ma fuite trompé
Tenoit après son char un vain peuple occupé,
Et gravant en airain ses frêles avantages,
De mes États conquis enchaînoit les images [5],
Le Bosphore m'a vu, par de nouveaux apprêts,
Ramener la terreur au fond de ses marais ;
Et, chassant les Romains de l'Asie étonnée [6],

---

1. Mithridate, roi de Pont, rejeté par les victoires de Pompée jusque dans les régions caucasiennes, était arrivé à Nymphée, port sur le Bosphore cimmérien, dans la Chersonèse Taurique. De là il songeait à se transporter à l'embouchure du Danube et à marcher sur l'Italie par le Nord-Est en entraînant avec lui tous les peuples ennemis de Rome. Trahi par son fils Pharnace, il se tua (63 av. J.-C.). — Il expose son plan à ses deux fils.
2. C'est ce que dit Cléopâtre à son fils et à Rodogune (CORNEILLE, *Rodogune*, V, 3), et, *si parva licet componere magnis*, ce que dit dans LA FONTAINE (VII, 16) le Chat à la Belette et à Jeannot Lapin.
3. Voyez page 20, note 5.
4. Cet aveu est relevé aussi fièrement par ce qui suit, que celui de Don Diègue (*Le Cid*, I, 5) :

> Viens me venger. — De quoi ? — D'un affront si cruel
> Qu'à l'honneur de tous deux il porte un coup mortel,
> D'un soufflet. L'insolent en eût perdu la vie, etc.

5. TACITE (*Ann.*, II, 41) dans la mention qu'il fait d'un triomphe de Germanicus, dit : Vecta spolia, captivi, simulacra montium, fluminum, præliorum. — CRÉBILLON, fait dire à Pharasmane dans *Rhadamiste* :

> Ce peuple triomphant n'a point vu mes images,
> A la suite d'un char, en butte à ses outrages.
> La honte que sur lui répandent mes exploits
> D'un airain orgueilleux a bien vengé les rois.

« Je ne crois pas que Racine lui-même eût pu mieux dire. Il semble que Crébillon ait voulu ici lutter contre les beaux vers de *Mithridate*. » (LA HARPE.)
6. Voyez page 16, note 5.

Renverser en un jour l'ouvrage d'une année.
D'autres temps, d'autres soins. L'Orient accablé
Ne peut plus soutenir leur effort redoublé ;
Il voit plus que jamais ses campagnes couvertes
De Romains que la guerre enrichit de nos pertes.
Des biens des nations ravisseurs altérés [1],
Le bruit de nos trésors les a tous attirés :
Ils y courent en foule, et, jaloux l'un de l'autre,
Désertent leur pays pour inonder le nôtre.
Moi seul je leur résiste. Ou lassés, ou soumis,
Ma funeste amitié pèse à tous mes amis.
Chacun à ce fardeau veut dérober sa tête.
Le grand nom de Pompée assure sa conquête :
C'est l'effroi de l'Asie ; et, loin de l'y chercher,
C'est à Rome, mes fils, que je prétends marcher.
Ce dessein vous surprend, et vous croyez peut-être
Que le seul désespoir aujourd'hui le fait naître.
J'excuse votre erreur ; et, pour être approuvés,
De semblables projets veulent être achevés [2].

Ne vous figurez point que de cette contrée
Par d'éternels remparts Rome soit séparée.
Je sais tous les chemins par où je dois passer ;
Et, si la mort bientôt ne me vient traverser [3],
Sans reculer plus loin l'effet de ma parole,
Je vous rends dans trois mois au pied du Capitole [4].
Doutez-vous que l'Euxin ne me porte en deux jours
Aux lieux où le Danube y vient finir son cours [5] ?

1. Galgacus dit aux Calédoniens (TACITE, *Agricola*, 30) : Raptores orbis..., si locuples hostis est, avari ; si pauper, ambitiosi, etc. — Cf. MONTESQUIEU, *Considérations*, etc., IV. (Voyez dans notre Recueil de prosateurs, p. 243.)

2. Othon dit aussi, mais avec une impudente franchise, aux soldats qu'il appelle à la révolte, comptant sur le succès seul pour légitimer son crime : Nullus cunctationi locus est in eo consilio, quod non potest laudari, nisi peractum. (TACITE, *Hist.*, I, 38.)

3. Voyez page 138, note 2.

4. Ainsi parle Annibal. JUVÉNAL, X :

  Actum, inquit, nihil est, nisi Pœno milite portas
  Frangimus et mediâ vexillum pono Suburrâ.

SILIUS ITALICUS, IX :

  .... Ex acie (cannensi) tende in Capitolia cursum.

5. « On rapporte qu'un vieux militaire, qui avait fait la guerre dans ces contrées, dit assez haut : *Oui, assurément, j'en doute.* » (LA HARPE.) « *Il en pouvoit bien douter*, dit un prince (le prince Eugène) qui avait commandé des armées sur les bords du Danube. » (L'abbé DUBOS. *Réflexions critiq. sur la poésie et la peinture*.) Près de trois cents lieues séparent le détroit de *Caffa*, où Racine établit la scène de sa pièce, de l'embouchure du Danube ; et sept cents lieues, cette embouchure, de Rome.

Que du Scythe avec moi l'alliance jurée
De l'Europe en ces lieux ne me livre l'entrée ?
Recueilli dans leurs ports, accru de leurs soldats,
Nous verrons notre camp grossir à chaque pas.
Daces, Pannoniens, la fière Germanie,
Tous n'attendent qu'un chef contre la tyrannie.
Vous avez vu l'Espagne, et surtout les Gaulois [1],
Contre ces mêmes murs qu'ils ont pris autrefois,
Exciter ma vengeance, et, jusque dans la Grèce,
Par des ambassadeurs accuser ma paresse.
Ils savent que, sur eux prêt à se déborder [2],
Ce torrent, s'il m'entraîne, ira tout inonder ;
Et vous les verrez tous, prévenant son ravage,
Guider dans l'Italie et suivre mon passage.
C'est là qu'en arrivant, plus qu'en tout le chemin,
Vous trouverez partout l'horreur du nom romain,
Et la triste Italie encor toute fumante
Des feux qu'a rallumés sa liberté mourante [3].
Non, princes, ce n'est point au bout de l'univers
Que Rome fait sentir tout le poids de ses fers ;
Et, de près inspirant les haines les plus fortes,
Tes plus grands ennemis, Rome, sont à tes portes.
Ah ! s'ils ont pu choisir pour leur libérateur
Spartacus, un esclave, un vil gladiateur ;
S'ils suivent au combat des brigands qui les vengent,
De quelle noble ardeur pensez-vous qu'ils se rangent
Sous les drapeaux d'un roi longtemps victorieux,
Qui voit jusqu'à Cyrus remonter ses aïeux ?
Que dis-je ? En quel état croyez-vous la surprendre ?
Vide de légions qui la puissent défendre,
Tandis que tout s'occupe à me persécuter,
Leurs femmes, leurs enfans pourront-ils m'arrêter ?
Marchons, et dans son sang rejetons cette guerre

---

1. Il y eut accord et aide mutuelle entre Mithridate et Sertorius, qui avait soustrait l'Espagne à la domination de Sylla, que ce soit l'un ou l'autre qui les ait provoqués, point sur lequel les historiens diffèrent. L'alliance de Mithridate avec les Gaulois est attestée par APPIEN (*De la Guerre mithridatique*.)

2. *Déborder* est neutre ou réfléchi. Au propre : Le Rhin s'étoit débordé (RACINE, *Lettre à Boileau*). Au fig. : C'est de la Suède que se débordèrent ces multitudes de Goths qui inondèrent l'Europe (VOLTAIRE, *Charles XII*). Ce torrent, c'est la « tyrannie » de Rome. FLORUS dit de même de la guerre civile de César et de Pompée : Totum, quâ patebat, imperium, quodam quasi diluvio [et inflammatione, ajoute-t-il] corripuit.

3. Dans la guerre sociale les alliés avaient demandé des secours à Mithridate.

Que sa fureur envoie aux deux bouts de la terre ;
Attaquons dans leurs murs ces conquérans si fiers ;
Qu'ils tremblent à leur tour pour leurs propres foyers.
Annibal l'a prédit, croyons-en ce grand homme :
Jamais on ne vaincra les Romains que dans Rome [1].
Noyons-la dans son sang justement répandu [2] ;
Brûlons ce Capitole où j'étois attendu ;
Détruisons ses honneurs [3], et faisons disparoître
La honte de cent rois, et la mienne peut-être ;
Et, la flamme à la main, effaçons tous ces noms
Que Rome y consacroit à d'éternels affronts [4].
Voilà l'ambition dont mon âme est saisie [5].
Ne croyez point pourtant qu'éloigné de l'Asie
J'en laisse les Romains tranquilles possesseurs.
Je sais où je lui dois trouver des défenseurs.
Je veux que, d'ennemis partout enveloppée,
Rome rappelle en vain le secours de Pompée.
Le Parthe, des Romains comme moi la terreur,
Consent de [6] succéder [7] à ma juste fureur :
Près d'unir avec moi sa haine et sa famille,
Il me demande un fils pour époux à sa fille.
Cet honneur vous regarde et j'ai fait choix de vous,
Pharnace ; allez, soyez ce bienheureux époux.
Demain, sans différer, je prétends que l'aurore
Découvre mes vaisseaux déjà loin du Bosphore.
Vous, que rien n'y retient, partez dès ce moment,
Et méritez mon choix par votre empressement.
Achevez cet hymen, et, repassant l'Euphrate,
Faites voir à l'Asie un autre Mithridate.
Que nos tyrans communs en pâlissent d'effroi,
Et que le bruit à Rome en vienne jusqu'à moi.

(*Mithridate*, III, 1.)

---

1. Justin, XXX, 5 : Ait Annibal Romanos vinci non nisi armis suis posse, nec Italiam aliter quàm Italicis viribus subigi.
2. Cf. Corneille, *Cinna*, I, 2. Voyez page 164, vers 23.
3. Ses titres de gloire, *decora*.
4. Sur les tables d'airain du Capitole étaient gravés les noms des victoires de Rome
5. Prise et possédée, *occupata*, *correpta*.
6. On trouve, dans la langue du XVIIe siècle, *de* après les verbes *apprendre*, *chercher*, *commencer*, *conclure*, *consentir*, *s'engager*, *inviter*, *s'obliger*, *s'engager*, *s'offrir*, *réduire*, etc.
7. *Succéder*, suivre et aider, *subsequi*, *subvenire*.

LA MORT DE BRITANNICUS ET LES PRESSENTIMENTS D'AGRIPPINE [1]

I

AGRIPPINE, BURRHUS

AGRIPPINE.

Quel attentat, Burrhus !

BURRHUS.

Je n'y pourrai survivre
Madame : il faut quitter la cour et l'empereur.

AGRIPPINE.

Quoi ! du sang de son frère il n'a point eu d'horreur ?

BURRHUS.

Ce dessein s'est conduit avec plus de mystère.
A peine l'empereur a vu venir son frère,
Il se lève, il l'embrasse, on se tait ; et soudain
César prend le premier une coupe à la main :
« Pour achever ce jour sous de meilleurs auspices,
« Ma main de cette coupe épanche les prémices,
« Dit-il. Dieux, que j'appelle à cette effusion,
« Venez favoriser notre réunion. »
Par les mêmes sermens Britannicus se lie.
La coupe dans ses mains par Narcisse est remplie ;
Mais ses lèvres à peine en ont touché les bords :
Le fer ne produit point de si puissans efforts,
Madame : la lumière à ses yeux est ravie ;
Il tombe sur son lit [2] sans chaleur et sans vie.
Jugez combien ce coup frappe tous les esprits :
La moitié s'épouvante et sort avec des cris ;
Mais ceux qui de la cour ont un plus long usage
Sur les yeux de César composent leur visage [3].
Cependant sur son lit il demeure penché ;
D'aucun étonnement [4] il ne paroît touché :

---

1. Quand Agrippine, mère de l'empereur Néron, sentit lui échapper le pouvoir que son fils lui avait d'abord laissé, pour le ramener à elle par la crainte elle donna son appui à Britannicus, fils de Claude, qu'elle avait elle-même dépouillé de l'héritage impérial. Néron répondit à cette menace en enlevant Junie, fiancée de Britannicus, puis en empoisonnant Britannicus, au mépris des promesses de réconciliation qu'il avait faites à son ancien gouverneur Burrhus, supplanté dans sa confiance par l'affranchi Narcisse.

2. Lit de table, *torus*, dit Virgile, *Æn.*, II, 2 :

3. Cf. Boileau, *Sat.* III (Le repas ridicule) :
   Et, pour flatter notre hôte, observant son visage,
   Composer sur ses yeux son geste et son langage.

4. D'aucune émotion, *consternatio mentis*, dit Tacite de l'effet produit par cette mort sur Agrippine.

« Ce mal, dont vous craignez, dit-il, la violence,
A souvent sans péril attaqué son enfance[1]. »
Narcisse veut en vain affecter quelque ennui[2],
Et sa perfide joie éclate malgré lui.
Pour moi, dût l'empereur punir ma hardiesse,
D'une odieuse cour j'ai traversé la presse[3] ;
Et j'allois, accablé de cet assassinat,
Pleurer Britannicus, César et tout l'État.

AGRIPPINE.

Le voici ! Vous verrez si c'est moi qui l'inspire.
(*Britannicus*, IV, 5.)

II

LES MÊMES, NÉRON, NARCISSE

NÉRON, *voyant Agrippine.*

Dieux !

AGRIPPINE.

Arrêtez, Néron : j'ai deux mots à vous dire.
Britannicus est mort, je reconnois les coups ;
Je connois l'assassin.

NÉRON.

Et qui, madame ?

AGRIPPINE.

Vous.

NÉRON.

Moi ? Voilà les soupçons dont vous êtes capable.
Il n'est point de malheur dont je ne sois coupable,
Et si l'on veut, madame, écouter vos discours,
Ma main de Claude même aura tranché les jours[4].

---

1. Voici le texte de TACITE (*Ann.*, XIII, 16) : Affunditur venenum, quod ita ounctos ejus artus pervasit, ut vox pariter et spiritus raperentur. Trepidatur à circumsedentibus, diffugiunt imprudentes. At, quibus altior intellectus, resistunt defixi et Neronem intuentes. Ille, ut erat reclinis et nescio similis, « Solitum ita ait per comitialem morbum, quo primum ab infectia afflictaretur Britannicus, et redituros paulatim visus sensusque. » — RACINE n'a pas égalé la concision pittoresque de *resistunt... intuentes* : c'est un tableau en quatre mots. Cf. TACITE, *Hist.*, I, 81 (il s'agit également des convives d'un empereur) : ...Modò constantiam simulare, modò formidine detegi, simul *Othonis vultum intueri*.

2. Voyez p. 217, note 3.

3. Foule serrée. Mme DE SÉVIGNÉ : La presse étoit à mourir (à un sermon de Bourdaloue). Des pleurs, des cris, des presses (sur le passage du corps de Turenne).

4. L'allusion est sanglante. Agrippine avait à demi avoué à son fils que, pour rendre plus tôt vacante à son profit la succession de Claude, elle l'avait empoisonné :

Il mourut ! Mille bruits en courent à ma honte.
(IV, 1.)

Si un fils vous étoit cher, sa mort peut vous confondre[1] ;
Mais des coups du destin je ne puis pas répondre.
AGRIPPINE.
Non, non, Britannicus est mort empoisonné ;
Narcisse a fait le coup, vous l'avez ordonné.
NÉRON.
Madame !.... Mais qui peut vous tenir ce langage?
NARCISSE.
Hé ! seigneur, ce soupçon vous fait-il tant d'outrage?
Britannicus, madame, eut des desseins secrets
Qui vous auroient coûté de plus justes regrets :
Il aspiroit plus loin qu'à l'hymen de Junie ;
De vos propres bontés il vous auroit punie.
Il vous trompoit vous-même ; et son cœur offensé
Prétendoit tôt ou tard rappeler le passé[2].
Soit donc que malgré vous le sort vous ait servie,
Soit qu'instruit des complots qui menaçoient sa vie
Sur ma fidélité César s'en soit remis,
Laissez les pleurs, madame, à vos seuls ennemis :
Qu'ils mettent ce malheur au rang des plus sinistres ;
Mais vous....
AGRIPPINE.
Poursuis, Néron ; avec de tels ministres[3],
Par des faits glorieux tu vas te signaler.
Poursuis. Tu n'as pas fait ce pas pour reculer.
Ta main a commencé par le sang de ton frère ;
Je prévois que tes coups viendront jusqu'à ta mère[4].
Dans le fond de ton cœur je sais que tu me hais ;
Tu voudras t'affranchir du joug de mes bienfaits.
Mais je veux que ma mort te soit même inutile :
Ne crois pas qu'en mourant je te laisse tranquille ;
Rome, ce ciel, ce jour que tu reçus de moi,
Partout, à tout moment m'offriront devant toi[5].
Tes remords te suivront comme autant de furies :
Tu croiras les calmer par d'autres barbaries ;
Ta fureur, s'irritant soi-même dans son cours,
D'un sang toujours nouveau marquera tous tes jours.

1. Vous troubler, vous déconcerter.
2. Claude mort, Britannicus évincé, c'est-à-dire les intrigues et les crimes d'Agrippine.
3. Elle ne daigne pas répondre à Narcisse ; elle le flétrit d'un mot.
4. TACITE, *loc. cit.*: Sibi supremum auxilium ereptum, et parricidii exemplum intelligebat. — Son fils la fit assassiner quatre ans après.
5. Cf. VIRGILE, *Æn.*, IV, 385. Didon à Énée :
    Omnibus umbra locis adero ; dabis, improbe, pœnas.

Mais j'espère qu'enfin le ciel, las de tes crimes,
Ajoutera ta perte à tant d'autres victimes ;
Qu'après t'être couvert de leur sang et du mien,
Tu te verras forcé de répandre le tien [1] ;
Et ton nom paroîtra, dans la race future,
Aux plus cruels tyrans une cruelle injure.
Voilà ce que mon cœur se présage de toi.
Adieu, tu peux sortir [2].

NÉRON.

Narcisse, suivez-moi.

(*Ibid.*, 6.)

LE PORTIER D'UN JUGE [3]

PETIT JEAN, *traînant un gros sac* [4] *de procès.*

Ma foi, sur l'avenir bien fou qui se fiera !
Tel qui rit vendredi, dimanche pleurera.
Un juge, l'an passé, me prit à son service :
Il m'avoit fait venir d'Amiens pour être Suisse [5].
Tous ces Normands [6] vouloient se divertir de nous :
On apprend à hurler, dit l'autre, avec les loups.
Tout Picard que j'étois, j'étois un bon apôtre [7],
Et je faisois claquer mon fouet tout comme un autre [8].

---

1. Néron se tua en effet, pour échapper au supplice que le sénat, après le soulèvement de l'armée, avait décrété contre lui.

2. Impérieuse avec son fils, elle l'est ici comme au commencement de l'acte IV :

   Approchez-vous, Néron, et prenez votre place.

Le ton d'Auguste s'adressant à Cinna est moins roide :

   Prends un siège, Cinna, prends...

3. Le juge Perrin Dandin (Cf. RABELAIS, *Pantagr.*, III, 39 ; LA FONTAINE, IX, 9) est fou « à lier » de son métier : son fils est obligé de l'enfermer pour l'empêcher de courir au tribunal avant l'aube. RACINE a imité sa comédie (il le dit dans sa Préface) des *Guêpes* d'Aristophane, où le chœur représente, sous le costume allégorique de guêpes, les citoyens athéniens qui n'aspirent qu'à exercer les fonctions de juges et à frapper de leur aiguillon, c.-à-d. à condamner les accusés. — Petit Jean est le portier de Dandin : ainsi le qualifie la liste des acteurs.

4. Les pièces d'un procès étaient mises dans un sac ; auj. leur liasse forme un « dossier ».

5. Les rois de France avaient un régiment de gardes suisses. Sortis du service, ils devenaient concierges de châteaux royaux ou de riches hôtels, et conservaient leur nom de *Suisses* que donnaient aussi par imitation et par vanité, à leurs portiers, les bourgeois.

6. Dandin est juge dans une ville de Basse-Normandie. Les Normands et Manceaux étaient renommés pour leur esprit processif.

7. C.-à-d. un homme fin et rusé qui fait « le bon apôtre », comme Grippeminaud. (LA FONTAINE, VII, 16.)

8. Faire tapage pour faire l'important, comme le conducteur du coche à l'approche des auberges et des villages.

Tous les plus gros monsieurs me parloient chapeau bas :
« Monsieur de Petit Jean, » ah! gros comme le bras !
Mais, sans argent, l'honneur n'est qu'une maladie.
Ma foi, j'étois un franc portier de comédie;
On avoit beau heurter et m'ôter son chapeau,
On n'entroit pas chez nous sans graisser le marteau [1].
Point d'argent, point de Suisse [2]; et ma porte était close.
Il est vrai qu'à monsieur j'en rendois quelque chose :
Nous comptions quelquefois. On me donnoit le soin
De fournir la maison de chandelle et de foin;
Mais je n'y perdois rien. Enfin, vaille que vaille [3],
J'aurois sur le marché fort bien fourni la paille.
C'est dommage, il avoit le cœur trop au métier;
Tous les jours le premier aux plaids [4], et le dernier,
Et bien souvent tout seul: si l'on l'eût voulu croire,
Il s'y seroit couché sans manger et sans boire.
Je lui disois parfois : Monsieur Perrin Dandin,
Tout franc, vous vous levez tous les jours trop matin :
Qui veut voyager loin ménage sa monture;
Buvez, mangez, dormez, et faisons feu qui dure
Il n'en a tenu compte. Il a si bien veillé
Et si bien fait, qu'on dit que son timbre est brouillé [5].
Il nous veut tous juger les uns après les autres :
Il marmotte toujours certaines patenôtres [6],
Où [7] je ne comprends rien. Il veut, bon gré, mal gré,
Ne se coucher qu'en robe et qu'en bonnet carré.
Il fit couper la tête à son coq, de colère,
Pour l'avoir éveillé plus tard qu'à l'ordinaire :
Il disoit qu'un plaideur dont l'affaire alloit mal
Avoit graissé la patte à ce pauvre animal.
Depuis ce bel arrêt, le pauvre homme a beau faire :
Son fils ne souffre plus qu'on lui parle d'affaire.

1. *Graisser la patte*, donner de l'argent pour rendre plus souple la main dont on attend un service ; — *le marteau*, en donner à un portier.
2. Proverbe. Les mercenaires suisses refusaient leur service quand leur solde n'était pas payée.
3. Voyez *infrà* (*VARIA VARIORUM*) l'épigramme VI.
4. Voyez page 16, note 7.
5. Cf. page 206, note 6.
6. Etym.: les deux premiers mots de l'oraison dominicale. D'abord prières, puis paroles toujours répétées et murmurées.
7. D'un usage constant au xviie siècle, pour *à quoi*. La Fontaine, VIII, 1 :
                  Rien où l'on soit moins préparé.
Molière, Av. V, 1: Où me réduisez-vous ? *Ib.*, I: L'engagement où j'ai pu consentir. Les exemples abondent dans Molière et Corneille.

Il nous le fait garder jour et nuit, et de près :
Autrement, serviteur[1], et mon homme est aux plaids.
Pour s'échapper de nous[2], Dieu sait s'il est allègre !
Pour moi, je ne dors plus : aussi je deviens maigre,
C'est pitié. Je m'étends, et ne fais que bâiller.
Mais veille qui voudra, voici mon oreiller.
Ma foi ! pour cette nuit il faut que je m'en donne.
Pour dormir[3] dans la rue on n'offense personne.
Dormons donc. (*Il se couche par terre.*)

REGNARD
1655-1709

François REGNARD, fils d'un riche bourgeois parisien, voyagea au Nord et au Midi ; puis, prisonnier des Barbaresques à Alger, il fut vendu à un Turc de Constantinople. Le récit de son voyage en Laponie et de ses aventures eût suffi à lui faire une renommée : c'est au théâtre qu'il dut la gloire. Son *Joueur* (1696), qui est son portrait, est la meilleure comédie de caractère après les chefs-d'œuvre de Molière ; son *Légataire universel* (1708) est la plus immorale peut-être, mais, à coup sûr, la plus amusante des comédies d'intrigue.

On ne lui conteste pas le second rang après le maître de la comédie, Molière. S'il n'a pas sa profondeur d'observation, ni le génie qui voit, crée et fait agir et parler des personnages devenus des types impérissables de l'humanité, il a une gaieté intarissable, une verve d'invention comique inépuisable, un style dégagé, leste, aisé, de bon crû, de large courant, qui coule et pétille. Il a su satisfaire Boileau, encore moins facile en sa vieillesse qu'en ses années de jeunesse et de maturité. Boileau s'est dédit alors de son indulgence pour Voiture : Regnard, il l'a défendu, comme il avait défendu *l'Ecole des Femmes* contre la cour, *l'Avare* contre Racine, d'un mot qui est resté. Regnard, lui disait-on, est médiocre : en tout cas, répliqua-t-il, « il n'est pas médiocrement plaisant. »

LE VALET D'UN JOUEUR

I

HECTOR, *dans un fauteuil, près d'une toilette.*

Il est, parbleu, grand jour. Déjà de leur ramage
Les coqs ont éveillé tout notre voisinage.

---

1. Voyez p. 201, n. 4. Formule pour refuser et s'esquiver.
2. On dirait plutôt en prose : s'échapper de nos mains.
3. Voyez page 75, note 10.

Que servir un joueur est un maudit métier !
Ne serai-je jamais laquais d'un sous-fermier [1] ?
Je ronflerois mon soûl la grasse matinée [2],
Et je m'enivrerois le long de la journée :
Je ferois mon chemin ; j'aurois un bon emploi ;
Je serois dans la suite un conseiller du roi,
Rat de cave ou commis [3] ; et que sait-on ? peut-être
Je deviendrois un jour aussi gras que mon maître.
J'aurois un bon carrosse à ressorts bien lians ;
De ma rotondité j'emplirois le dedans ;
Il n'est que ce métier pour brusquer la fortune [4] ;
Et tel change de meuble et d'habit chaque lune,
Qui, Jasmin autrefois, d'un drap du sceau [5] couvert,
Bornoit sa garde-robe [6] à son justaucorps [7] vert.

(*Le Joueur*, I, 1.)

II

VALÈRE, HECTOR (Valère paroît en désordre, comme un homme qui a joué toute la nuit.)

HECTOR.

. . . Mais je l'aperçois. Qu'il a l'air harassé [8] !
On soupçonne aisément, à sa triste figure,
Qu'il cherche en vain quelqu'un qui prête à triple usure.

1. Dans l'ancienne monarchie le roi *affermait* (donnait à *ferme*, c.-à-d. à bail, moyennant redevance à payer à l'Etat) aux *fermiers* (ou *fermiers-généraux*) la levée de certains impôts. Le fermier *sous-affermait*.
2. C.-à-d. bien avant dans le jour. Cf. BOILEAU, *Ep.* V, 118.
3. *Rat-de-cave*, dénomination injurieuse et familière des employés des *aides*, comme on disait dans l'ancienne monarchie, auj. des contributions indirectes, qui visitent les caves. — *Commettre*, pris au sens de préposer (MOLIÈRE, *Av.*, III, 1 : Je vous commets au soin de nettoyer partout), a donné *commis*, 1° participe, 2° subst. qui signifie employé d'une administration, d'une maison de commerce, et spécialement, jadis, des aides. BOILEAU, *Ep.* V, 98 :
Un commis engraissé des malheurs de la France.
L'ambition d'Hector était réalisable : voyez BOILEAU, *Sat.* IX, 162 :
Je l'ai comme laquais avant qu'il fût commis.
4. Quitte ensuite, dans cet « état d'aise », à avoir « à mettre sa conscience en repos », comme dit Frontin dans le *Turcaret* de LE SAGE (II, 10). « Vous avez de l'esprit, dit à deux valets un personnage de *Crispin rival de son maître*, du même ; je veux vous mettre tous deux dans les affaires. »
5. *Sceau*, anciennement marque de fabrique. Les draps du sceau de Rouen, Dieppe, etc.
6. 1° Chambre destinée à garder les vêtements, le linge, 2° comme ici, les vêtements à l'usage d'une personne.
7. Vêtement à manches, descendant jusqu'aux genoux et *serrant* la taille (s'adaptant *justement*, exactement, au corps).
8. Etym. inconnue.

VALÈRE.

Quelle heure est-il ?

HECTOR.

Il est... Je ne m'en souviens pas.

VALÈRE.

Tu ne t'en souviens pas ?

HECTOR.

Non, monsieur.

VALÈRE.

Je suis las
De tes mauvais discours; et tes impertinences....

HECTOR, *à part.*

Ma foi, la vérité répond aux apparences.

VALÈRE.

Ma robe de chambre.

(A part.)

Euh !

HECTOR, *à part.*

Il jure entre ses dents.

VALÈRE.

Eh bien ! me faudra-t-il attendre encor longtemps ?

(Il se promène.)

HECTOR.

Hé ! la voilà, monsieur.

*(Il suit son maître, tenant sa robe de chambre
toute déployée.)*

VALÈRE, *se promenant.*

Une école [1] maudite
Me coûte, en un moment, douze trous [2] tout de suite.
Que je suis un grand chien [3] ! Parbleu, je te saurai,
Maudit jeu de trictrac, ou bien je ne pourrai [4].
Tu peux me faire perdre, ô fortune ennemie !
Mais me faire payer, parbleu, je t'en défie ;
Car je n'ai pas un sou.

HECTOR, *tenant toujours la robe.*

Vous plairoit-il, monsieur...

---

1. Terme de trictrac. *Faire une école*, oublier de marquer les points que l'on gagne, ou en marquer mal à propos. Au fig., faire une faute de conduite. D'où : *Quelle école !* quelle sottise !

2. La partie de trictrac (jeu de hasard et de calcul) consiste à gagner douze trous ; un trou, à gagner douze points. Le « trou » se marque par un fichet qui se met dans un trou.

3. MOLIÈRE, *Mal. imagin.*, I, 1 : ARGAN : Chienne ! coquine !...

4. Sorte de défi qu'on se porte à soi-même. VOLTAIRE : Il y a dans Lucrèce un admirable IIIe chant que je traduirai, ou je ne pourrai.

VALÈRE, *se promenant.*

Je me ris de tes coups, j'incague [1] ta fureur.

HECTOR.

Votre robe de chambre est, monsieur, toute prête.

VALÈRE.

Va te coucher, maraud; ne me romps point la tête.
Va-t'en.

HECTOR.

Tant mieux.

VALÈRE, *se mettant dans un fauteuil.*

Je veux dormir dans ce fauteuil.
Que je suis malheureux! Je ne puis fermer l'œil.
Je dois de tous côtés, sans espoir, sans ressource,
Et n'ai pas, grâce au ciel, un écu dans ma bourse.
Hector!... Que ce coquin est heureux de dormir!
Hector!

VALÈRE, HECTOR.

HECTOR, *derrière le théâtre.*

Monsieur?

VALÈRE.

Eh! bien, bourreau, veux-tu venir?
(*Hector entre à moitié déshabillé.*)
N'es-tu pas las encor de dormir, misérable?

HECTOR.

Las de dormir, monsieur? Hé, je me donne au diable,
Je n'ai pas eu le temps d'ôter mon justaucorps.

VALÈRE.

Tu dormiras demain.

HECTOR, *à part.*

Il a le diable au corps.

VALÈRE.

Est-il venu quelqu'un?

HECTOR.

Il est, selon l'usage,
Venu maint créancier; de plus, un gros visage,
Un maître de trictrac qui ne m'est pas connu.
Le maître de musique est encore venu.
Ils reviendront bientôt.

---

1. Je brave. Terme bas et vieilli. Etym.: *in, cacare.*

VALÈRE.
Bon. Pour cette autre affaire,
M'as-tu déterré...
HECTOR.
Qui ? Cette honnête usurière
Qui nous prête, par heure, à vingt sous par écu ?
VALÈRE.
Justement, elle-même.
HECTOR.
Oui, monsieur, j'ai tout vu.
Qu'on vend cher maintenant l'argent à la jeunesse !
Mais enfin, j'ai tant fait, avec un peu d'adresse,
Qu'elle m'a reconduit d'un air fort obligeant ;
Et vous aurez, je crois, au plus tôt votre argent.
VALÈRE.
J'aurois les mille écus ! O ciel ! quel coup de grâce !
Hector, mon cher Hector, viens çà que je t'embrasse.
HECTOR.
Comme l'argent rend tendre !
VALÈRE.
Et tu crois qu'en effet
Je n'ai, pour en avoir, qu'à donner mon billet [1] ?
HECTOR.
Qui le refuseroit seroit bien difficile :
Vous êtes aussi bon que banquier de la ville.
Pour la réduire au point où vous la souhaitez,
Il a fallu lever bien des difficultés :
Elle est d'accord de tout, du temps, des arrérages [2] ;
Il ne faut maintenant que lui donner des gages.
VALÈRE.
Des gages ?
HECTOR.
Oui, monsieur.
VALÈRE.
Mais y penses-tu bien ?
Où les prendrai-je, dis ?
HECTOR.
Ma foi, je n'en sais rien.

1. Obligation souscrite par un débiteur. — Etym.: l'anglais *billet, bill*, venu du latin *bulla*, pris au sens de cédule, écrit garni du sceau avec la boule de métal.
2. Ce qui est échu d'une redevance. Etym.: *arrère*, devenu *arrière*, de *ad retro*.

Pour nippes [1] nous n'avons qu'un grand fonds d'espérance,
Sur les produits trompeurs d'une réjouissance [2] :
Et, dans ce siècle-ci, messieurs les usuriers
Sur de pareils effets [3] prêtent peu volontiers.

VALÈRE.

Mais quel gage, dis-moi, veux-tu que je lui donne ?

HECTOR.

Elle viendra tantôt elle-même en personne :
Vous vous ajusterez ensemble en quatre mots.

. . . .

(*Ibid.*, I, 4, 5, 6.)

UN TESTAMENT [4]

ERASTE, CRISPIN, LISETTE, M. SCRUPULE, M. GASPARD, notaires.

LISETTE, *aux notaires.*
(A *Crispin.*)

Entrez, messieurs, entrez. Voilà les deux notaires.
Avec qui vous pouvez mettre ordre à vos affaires.

CRISPIN, *aux notaires.*

Messieurs, je suis ravi, quoique à l'extrémité,
De vous voir tous les deux en parfaite santé.
Je voudrois bien encore être à l'âge où vous êtes ;
Et, si je me portois aussi bien que vous faites,
Je ne songerois guère à faire un testament.

---

1. *Nippe*, linge, et ce qui sert à l'ajustement. (*Hardes*, les gros vêtements, de première nécessité). — *Ibid.*, II, 14.

VALÈRE.
Je me mettrois en gage en mon besoin d'argent.

HECTOR.
Sur cette nippe-là vous auriez peu d'argent.

2. Terme du jeu de lansquenet : carte sur laquelle tous les joueurs peuvent mettre de l'argent. — *Ibid.*, I, 10 :

S'il est quelque joueur qui vive de son gain,
On en voit tous les jours mille mourir de faim,
Qui, forcés de garder une longue abstinence,
Pleurent d'avoir trop mis à la réjouissance.

3. Terme de commerce et de banque : billet à ordre, lettre de change, etc.

4. Eraste, aidé par son valet Crispin, n'a rien négligé pour amener son oncle Géronte à prendre la résolution de le faire par testament légataire universel. Les notaires sont mandés. Tout à coup le vieillard tombe en léthargie, on le croit mort. Crispin, avec l'aide de la servante Lisette, revêt ses habits, et, sous son nom, dans la demi-obscurité d'une chambre de malade, dicte le testament où il a soin, comme on le verra, de ne pas s'oublier, malgré les protestations d'Eraste, pris au piège : châtiment d'ailleurs bien léger infligé, sous forme plaisante, par le poëte assez peu soucieux de la moralité de sa comédie, à une complicité dans un faux qui relèverait aujourd'hui de la cour d'assises, en dépit de l'acquiescement bénévole de Géronte revenu de sa léthargie et des rires indulgents du parterre.

M. SCRUPULE.

Cela ne vous doit point chagriner un moment :
Rien n'est désespéré : cette cérémonie
Jamais d'un testateur n'a raccourci la vie ;
Au contraire, monsieur, la consolation
D'avoir fait de ses biens la distribution
Répand au fond du cœur un repos sympathique,
Certaine quiétude et douce et balsamique [1],
Qui, se communiquant après dans tous les sens,
Rétablit la santé dans quantité de gens.

CRISPIN.

Que le ciel veuille donc me traiter de la sorte !

(*A Lisette.*)

Messieurs, asseyez-vous. Toi, va fermer la porte.

M. GASPARD.

D'ordinaire, monsieur, nous apportons nos soins
Que [2] ces actes secrets se passent sans témoins.
Il seroit à propos que monsieur prît la peine
D'aller avec madame en la chambre prochaine [3].

LISETTE.

Moi, je ne puis quitter monsieur un seul moment.

ÉRASTE.

Mon oncle sur ce point dira son sentiment.

CRISPIN.

Ces personnes, messieurs, sont sages et discrètes ;
Je puis leur confier mes volontés secrètes,
Et leur montrer l'excès de mon affection.

M. SCRUPULE.

Nous ferons tout au gré de votre intention.
L'intitulé [4] sera tel que l'on doit le faire,
Et l'on le réduira [5] dans le style ordinaire.

(*Il dicte à M. Gaspard, qui écrit.*)

---

1. Qui tient de la nature du baume (*balsamum*, βάλσαμον), substance résineuse et odorante qui coule de quelques végétaux. Le substantif et l'adjectif se prennent au fig. : Ces lignes sembloient distiller un baume sur sa blessure. (J.-J. ROUSSEAU.)
2. *Que*, à ce que, pour que. *Apportons nos soins*, équivaut à *avons soin*, qui appellerait *que*.
3. *Voisine*. LA FONTAINE, V, 20 :

A ces mots l'ours s'en va dans la forêt prochaine.

Auj. s'emploie en parlant des choses voisines dans le temps plutôt que dans l'espace.
4. Terme de *pratique* (manière de procéder dans les actes de justice et de notariat) : forme usitée qui se met en tête des actes et jugements.
5. Auj. *rédigera*. — *Reducere, redigere* (d'où *redactum, redigeon*) ramener à, résumer.

Par-devant... fut présent... Géronte... *et cætera.*
(A Géronte).
Dites-nous maintenant tout ce qu'il vous plaira.
CRISPIN.
Je veux premièrement qu'on acquitte mes dettes.
ÉRASTE.
Nous n'en trouverons pas, je crois, beaucoup de faites.
CRISPIN.
Je dois quatre cents francs à mon marchand de vin,
Un fripon qui demeure au cabaret voisin.
M. SCRUPULE.
Fort bien. Où voulez-vous, monsieur, qu'on vous enterre?
CRISPIN.
A dire vrai, messieurs, il ne m'importe guère.
Qu'on se garde surtout de me mettre trop près
De quelque procureur [1] chicaneur et mauvais :
Il ne manqueroit pas de me faire querelle;
Ce seroit tous les jours procédure nouvelle,
Et je serois encor contraint de déguerpir [2].
ÉRASTE.
Tout se fera, monsieur, selon votre desir.
J'aurai soin du convoi, de la pompe funèbre,
Et n'épargnerai rien pour la rendre célèbre.
CRISPIN.
Non, mon neveu; je veux que mon enterrement
Se fasse à peu de frais et fort modestement.
Il fait trop cher mourir, ce seroit conscience [3] :
Jamais de mon vivant je n'aimai la dépense;
Je puis être enterré fort bien pour un écu.
LISETTE, *à part.*
Le pauvre malheureux meurt comme il a vécu.
M. GASPARD.
C'est à vous maintenant, s'il vous plaît, de nous dire
Les legs [4] qu'au testament vous voulez faire écrire.

1. Celui qui en justice représente un plaideur, et a qualité pour faire en son nom les actes de procédure (*procedere*, avancer, faire suivre à un procès sa marche régulière). Auj. *avoué.*
2. 1o actif, terme de pratique : abandonner la possession d'un immeuble; 2° neutre, sortir d'un lieu malgré soi, comme ici. MOLIÈRE, *Pourc.* II, 1 : ...Il faudra bien qu'il déguerpisse. — Etym.: l'ancien français *guerpir*, du haut allem. *werfen*, jeter.
3. Faire conscience de, avoir conscience de : avoir scrupule de. — C'est conscience de, il y a conscience à faire telle chose : on la ferait si la conscience ne s'y opposait. MOLIÈRE, *Tart.*, II, 2 :
C'est une conscience
Que de vous laisser faire une telle alliance.
4. Au sing. *legs* (écrit aussi au moyen âge les, lecs, lecz, lais);

CRISPIN.

C'est à quoi nous allons nous occuper dans peu.
Je nomme, j'institue Éraste, mon neveu,
Que j'aime tendrement, pour mon seul légataire,
Unique, universel.

ÉRASTE, *affectant de pleurer.*

O douleur trop amère !

CRISPIN.

Lui laissant tout mon bien, meubles, propres, acquêts [1],
Vaisselle, argent comptant, contrats, maisons, billets ;
Déshéritant, en tant que besoin pourroit être,
Et nièces et neveux, nés aussi bien qu'à naître,
Et tous autres parens, à qui Dieu fasse paix,
S'il s'en trouvoit aucuns au jour de mon décès.

LISETTE, *affectant de la douleur.*

Ce discours me fend l'âme. Hélas ! mon pauvre maître !
Il faudra donc vous voir pour toujours disparoître !

ÉRASTE, *de même.*

Les biens que vous m'offrez n'ont pour moi nul appas
S'il faut les acheter avec votre trépas.

CRISPIN.

Item. Je donne et lègue à Lisette présente...

LISETTE, *de même.*

Ah !

CRISPIN.

Qui depuis cinq ans me tient lieu de servante,
Pour épouser Crispin en légitime nœud,
Non autrement...

LISETTE, *tombant comme évanouie.*

Ah ! ah !

CRISPIN.

Soutiens-la, mon neveu.
Et, pour récompenser l'affection, le zèle
Que de tout temps pour moi je reconnus en elle...

LISETTE, *affectant de pleurer.*

Le bon maître, grands dieux, que je vais perdre là !

---

ancien cas nominatif (indiqué par la présence de l's). Etym. : *legare*, de *lex*, *legem*).

1. Termes de jurisprudence. *Propre* : immeuble qui devient par succession la propriété (bien particulier, personnel) de quelqu'un. — *Acquêt*, bien acquis par donation ou testament. — Au pluriel, ont spécialement le sens de biens acquis pendant le mariage, les premiers ne tombant pas, les seconds tombant dans la communauté.

CRISPIN.
Deux mille écus comptant en espèce [1].
                    LISETTE, *de même.*
                                    Ah ! ah ! ah !
                    ÉRASTE, *à part.*
Deux mille écus ! Je crois que le pendard se moque.
                    LISETTE. *de même.*
Je n'y puis résister, la douleur me suffoque.
Je crois que j'en mourrai.
                    CRISPIN.
                            Lesquels deux mille écus
Du plus clair de mon bien [2] seront pris et perçus.
                    LISETTE, *à Crispin.*
Le ciel vous fasse paix d'avoir de moi mémoire,
Et vous paye au centuple une œuvre méritoire !
    (*A part.*)
Il avoit bien promis de ne pas m'oublier.
                    ÉRASTE, *bas.*
Le fripon m'a joué d'un tour de son métier.
    (*Haut, à Crispin.*)
Je crois que voilà tout ce que vous voulez dire.
                    CRISPIN.
J'ai trois ou quatre mots encore à faire écrire.
Item. Je laisse et lègue à Crispin...
                    ÉRASTE, *bas.*
                                A Crispin !
Je crois qu'il perd l'esprit. Quel est donc son dessein ?
                    CRISPIN.
Pour les bons et loyaux services...
                    ÉRASTE, *bas.*
                                    Ah ! le traître !
                    CRISPIN.
Qu'il a toujours rendus et doit rendre à son maître...

. Deniers *comptants* (Dictionn. de l'Acad., Dictionn. de Littré), avec accord ; *comptant* étant un participe actif pris passivement, dit pour : qui se compte, comme couleur voyante, pour : qui se voit. AMYOT, *Thém.* Il acheta à deniers comptans l'ambition d'Épicydes. — *Espèce* : payer en *espèces* ou *espèce* a signifié d'abord payer en choses (*species*, apparence sous laquelle se présente une chose, la chose elle-même), auj. « en nature », par opposition à « en argent ». Puis « espèces sonnantes », ou, avec ellipse de l'épithète, « espèces » s'est pris pour « argent », comme ici.

2. *Argent clair* a signifié monnaie luisante au soleil quand on la compte, ou argent comptant ; d'où « le plus clair de mon bien », le bien le plus sûr, comme l'est l'argent compté présentement. Cf. *Solvere præsenti pecuniâ, repræsentare.*

ÉRASTE.

Vous ne connoissez pas, mon oncle, ce Crispin ;
C'est un mauvais valet, ivrogne, libertin,
Méritant peu le bien que vous voulez lui faire.

CRISPIN.

Je suis persuadé, mon neveu, du contraire ;
Je connois ce Crispin mille fois mieux que vous :
Je lui veux donc léguer, en dépit des jaloux...

ÉRASTE, *à part*.

Le chien !

CRISPIN.

Quinze cents francs de rentes viagères [1],
Pour avoir souvenir de moi dans ses prières.

ÉRASTE, *à part*.

Ah ! quelle trahison !

CRISPIN.

Trouvez-vous, mon neveu,
Le présent malhonnête, et que ce soit trop peu ?

ÉRASTE.

Comment ! quinze cents francs !

CRISPIN.

Oui ; sans laquelle clause
Le présent testament sera nul, et pour cause.

ÉRASTE.

Pour un valet, mon oncle, a-t-on fait un tel legs ?
Vous n'y pensez donc pas ?

CRISPIN.

Je sais ce que je fais :
Et je n'ai point l'esprit si foible et si débile.

ÉRASTE.

Mais...

CRISPIN.

Si vous me fâchez, j'en laisserai deux mille.

ÉRASTE.

Si...

LISETTE, *bas, à Éraste*.

Ne l'obstinez pas ; je connois son esprit ;
Il le feroit, monsieur, tout comme il vous le dit.

ÉRASTE, *bas, à Lisette*.

Soit, je ne dirai mot ; cependant, de ma vie,
Je n'aurai de parler une si juste envie.

---

1. Rentes à vie, qui durent autant que la vie. Étym.: l'ancien substantif *viage* (Étym.: *viaticum*, voyage), cours de la vie.

CRISPIN.
N'aurois-je point encor quelqu'un de mes amis
A qui je pourrois faire un fidéicommis [1] ?
ÉRASTE, *bas.*
Le scélérat encor rit de ma retenue;
Il ne me laissera plus rien, s'il continue.
M. SCRUPULE, *à Crispin.*
Est-ce fait?
CRISPIN.
Oui, monsieur.
ÉRASTE, *à part.*
Le ciel en soit béni!
M. GASPARD.
Voilà le testament heureusement fini :
(A *Crispin.*)
Vous plaît-il de signer?
CRISPIN.
J'en aurois grande envie;
Mais j'en suis empêché par la paralysie
Qui depuis quelques mois me tient sur le bras droit.
M. GASPARD, *écrivant.*
Et ledit testateur déclare en cet endroit
Que de signer son nom il est dans l'impuissance,
De ce l'interpellant au gré de l'ordonnance.
CRISPIN.
Qu'un testament à faire est un pesant fardeau!
M'en voilà délivré; mais je suis tout en eau.
M. SCRUPULE, *à Crispin.*
Vous n'avez plus besoin de notre ministère?
CRISPIN, *à M. Scrupule.*
Laissez-moi, s'il vous plaît, l'acte qu'on vient de faire.
M. SCRUPULE.
Nous ne pouvons, monsieur; cet acte est un dépôt
Qui reste dans nos mains; je reviendrai tantôt,
Pour vous en apporter moi-même une copie.
ÉRASTE.
Vous nous ferez plaisir; mon oncle vous en prie,
Et veut récompenser votre peine et vos soins.
M. GASPARD.
C'est maintenant, monsieur, ce qui presse le moins.
CRISPIN.
Lisette, conduis-les.
(*Le Légataire universel,* IV, 6.)

---

1. Legs que celui qui reçoit la libéralité doit remettre à une autre personne. Étym.: *fides, commissum.*

LA FOLIE HUMAINE[1]

Le maniaque, amateur de tableaux; l'usurier; l'avare; le prodigue.

. . . .
Un fier[2] démon m'agite et m'oblige à souffrir.
Ce démon, quel est-il ? C'est l'ardeur de courir.
Trop gras d'un plein repos, je pars pour l'Italie.
Je suis fou, diras-tu. Qui n'a pas sa folie ?
La nature, en naissant, jalouse de son droit,
Marque l'homme à son coin par quelque foible endroit[3].
Souvent notre bon sens malgré nous s'évapore,
Et nous aurions besoin tous d'un peu d'ellébore[4].
Pour surcroît de malheur, prévenus follement,
Nous nous applaudissons dans notre égarement.
« Moi, vous dira Criton, que, d'une main profane,
Pour trois fois mille écus je vende mon Albane[5] !
J'aurois perdu l'esprit; non, je n'en ferai rien.
— Mais, monsieur... — Non, vous dis-je... — Il est beau,
[j'en conviens...
Mais, s'il vous en souvient, depuis un lustre entier,
En cuillères[6] d'étain, en fourchettes d'acier,
Vous mangez le dimanche une fort maigre soupe;
Un pot cassé vous sert de bouteille et de coupe;
Et vous et votre sœur, sans habits et sans bois,
Ne vous chauffez l'hiver qu'en soufflant dans vos doigts ».
« Voilà d'un fou parfait la parlante peinture »,
Dit aussitôt André, qui, docteur en usure,
Compte déjà combien neuf mille francs par mois,
Placés modestement, rendent au denier trois[7].

---

1. Cf. Boileau, *Sat.* IV.
2. *Ferus*, farouche, intraitable. — On sait que Regnard « courut » du nord au midi, de la Laponie à l'Italie. Voir la Notice sur sa vie.
3. Un travers, une faiblesse, un « côté faible ».
4. Plante qui, croyaient les anciens, guérissait de la folie. La plus célèbre venait d'Anticyre, île de la mer Egée, dans le golfe Maliaque. Horace, *A. P.*, vers 300 :
 . . . . tribus Anticyris caput insanabile.
Régnier, *Sat.* XV :
 Il n'est point d'ellébore assez en Anticyre.
Molière, *Amphitryon*, II, 2 :
 Elle a besoin de six grains d'ellébore;
 Monsieur, son esprit est tourné.
5. François Albani, dit l'Albane, peintre Bolonais (1578-1660). Le Louvre possède plusieurs de ses tableaux.
6. L'orthographe *cuiller* a prévalu. Etym.: du latin *cochleare*, cuiller; de *cochlea*, limaçon, à cause de l'analogie de la forme de la cuiller avec celle de sa coquille.
7. Le mot *denier* est pris, dans cette locution, au sens de intérêt d'un

Il est fou. Qui le nie? Etes-vous donc plus sage,
O vous qui, possédant tous les trésors du Tage,
Vous laissez consumer et de soif et de faim,
Plutôt que d'y porter une coupable main [1]?
  Oronte pâle, étique, et presque diaphane [2],
Par les jeûnes cruels auxquels il se condamne,
Tombe malade enfin : déjà de toutes parts
Le joyeux héritier promène ses regards,
D'un ample coffre-fort contemple la figure,
Et perce de ses yeux les ais et la serrure.
Un avide Esculape, en cette extrémité,
Au malade aux abois [3] assure la santé,
S'il veut prendre un sirop que dans sa main il porte.
« Que coûte-t-il? lui dit l'agonisant [4]. — Qu'importe?
— Qu'importe? dites-vous. Je veux savoir combien.
— Peu d'argent, lui dit-il. — Mais encor? — Presque rien;
Quinze sous. — Juste ciel! quel brigandage extrême!
On me tue, on me vole; et n'est-ce pas le même [5]
De mourir par la faim ou par la pauvreté?
Non, je n'achète point à ce prix la santé. »
  Damon est agité d'une fureur contraire [6];
Et, dissipant tout l'or qui fit damner son père,
Il fait, en moins d'un an, passer par un cornet [7]
Cinquante mille écus d'un bien et quitte [8] et net.
  Qui des deux est plus fou, le prodigue, ou l'avare?

(Épîtres, I.)

capital : Le denier trois, quatre, cinq, etc., signifie l'intérêt valant un tiers, un quart, un cinquième, etc., du capital, c'est-à-dire 33, 25, 20, etc., pour cent.

1. Une main que vous croiriez coupable d'y porter.
2. Étym. : Διαφανής, de διαφαίνω, faire voir au travers.
3. Perdu, comme le cerf au milieu des « abois » des chiens.
4. Étym.: ἀγωνίζειν, combattre; ἀγών, combat : l'agonie est une lutte contre la mort.
5. La même chose. RÉGNIER, *Sat.* I :
   Bien que mon bon démon me dit souvent le même.
Cet emploi que l'on trouve encore dans DESCARTES, BOSSUET, CORNEILLE, est auj. inusité.
6. *Furor*, μανία, folie.
7. *Cornet*, godet en corne ou en cuir qui sert à agiter les dés avant de les jeter. BOILEAU, *Sat.*, IV :....
   Attendant son destin d'un quatorze ou d'un sept,
   Voit sa vie ou sa mort sortir de son cornet.
JUVÉNAL, *Sat.* XIV :
   Si damnosa senem juvat alea, ludit et hæres
   Bullatus parvoque eadem movet arma fritillo.
8. Quitte (*quietus*, tranquille), et *net* (*nitidus*, brillant, poli, pur) signifient affranchi de dettes. On dit adverbialement : il a quitte et net cent mille francs. On dit aussi : franc et quitte de dettes.

FABULISTES

La popularité traditionnelle du nom et des fables d'Esope, accrue sans doute par le succès du premier recueil de La Fontaine, multiplia dans le xviie siècle, comme dans les siècles précédents, les fabulistes et les fables. Nous ne parlerons pas des fabulistes latins, comme le P. Commire, ni des prosateurs fabulistes, comme Fénelon ; mais il faut, bien loin derrière l'inimitable La Fontaine, faire une place, d'abord à BENSERADE, que nous nous contenterons de nommer, puis à FURETIÈRE, BOURSAULT, PERRAULT et LE NOBLE, dont quelques fables méritent de n'être pas oubliées.

BENSERADE (1613-1691), qui mit en rondeaux les *Métamorphoses d'Ovide*, mit en quatrains des fables d'Esope destinées à être gravées au bas de groupes de figures représentant les héros du fabuliste phrygien, qui décoraient un bosquet de Versailles appelé le Labyrinthe : à l'entrée du Labyrinthe était placée la statue du père de la fable[1].

FURETIÈRE (1618-1688), qui fut lié avec La Fontaine, Racine et Boileau, et entré à l'Académie en 1662, écrivit contre elle plus

---

[1]. *Fables d'Esope en quatrains*, 1678, 1 vol. in-12. — Les figures du Labyrinthe jetaient toutes de l'eau. Il a aujourd'hui perdu cette décoration allégorique : Esope et ses héros sont en cave. Voir SAINT-MARC GIRARDIN. *La Fontaine et les fabulistes*, t. I, p. 42. — Charles PERRAULT fait dans son *Recueil de divers ouvrages* (1676, 1 vol. in-12) une description du Labyrinthe, et y ajoute, lui aussi, de prétendues imitations des fables d'Esope, qui en sont l'interprétation « galante » en madrigaux et en épigrammes de quelques vers, quelquefois de deux seulement, le plus souvent de la dernière platitude.

Voici quelques échantillons de la poésie de BENSERADE. On y trouvera un certain mérite de précision.

> Deux hommes disputoient pour un âne perdu ;
> A se l'approprier et l'un et l'autre butte.
> « Il m'appartient, » dit l'un ; l'autre dit : « Il m'est dû. »
> L'Ane en se dérobant emporta la dispute.

> Sous la patte d'un Loup plutôt friand qu'avide
> Un Chien dit : « Attendez, je suis maigre et suis vide :
> Je m'en vais à la noce et je reviendrai gras. »
> Le Loup y consentit : le Chien ne revint pas.

> L'Avare avec son cœur enterra son trésor.
> On le vole : « Ah ! dit-il, je suis à la besace !
> — Mettez, répond quelqu'un, une pierre à la place ;
> Elle vous servira tout autant que votre or. »

> Une Vache railloit, avec peu de justice,
> Un Bœuf qu'à la charrue elle voyoit tirer :
> Mais, comme on la menoit un jour au sacrifice,
> « Adieu, lui dit le Bœuf, je m'en vais labourer. »

> La Corneille une fois dans la laine empêtrée
> Voltigeoit sur le dos de la Brebis outrée,
> Qui lui dit : « Tu n'en veux qu'à moi parmi nos champs,
> Toujours méchante aux bons, toujours bonne aux méchans. »

> La Grue interrogeoit le Cygne dont le chant,
> Bien plus qu'à l'ordinaire, étoit doux et touchant :
> « Quelle bonne nouvelle avez-vous donc reçue ? »
> — C'est que je vais mourir, » dit le Cygne à la Grue.

Ce dernier quatrain, « chose imprévue de la part de Benserade et dans des fables, a presque le mérite d'exciter l'émotion. » (SAINT-MARC-GIRARDIN, *loc. cit.*)

tard maint libelle à propos du dictionnaire qu'elle faisait et de celui qu'elle lui défendait de faire, est, dans ses 50 *Fables morales et nouvelles* (1671), dont l'invention lui est toute personnelle, un esprit frondeur, principalement contre les gens de cour, de justice et de finance.

BOURSAULT (1638-1701), dont les querelles avec Boileau firent du bruit avant leur réconciliation de 1687, poète comique fin et élégant, inséra bon nombre de fables dans le cadre ingénieux de ses deux comédies des *Fables d'Esope* (1690) et d'*Esope à la Cour* (1701), et dans ses lettres diverses (l'édition la plus complète est intitulée *Lettres nouvelles accompagnées de fables, contes, épigrammes*, etc., 1738, 3 vol. in-12).

Charles PERRAULT (1628-1703), l'auteur populaire des *Contes de ma mère l'Oye*, le promoteur de la fameuse querelle des anciens et des modernes, traduisit quelquefois avec précision, les fables de Faërne (de Crémone, 1500-1561). Son recueil parut en 1699 sans nom d'auteur, mais avec une préface signée de son nom, sous le titre de : *Traduction des Fables de Faërne* (cinq livres de 20 fables chacun); puis, à plusieurs reprises, dans des éditions de luxe sous le titre de : *Cent fables en latin et en françois choisies des anciens auteurs, mises en latin par Gabriel Faërne et traduites par M. Perrault, de l'Académie françoise*. La 1re édition qui ne contient pas le texte latin de Faërne, reproduit l'ordre de l'édition latine qui avait paru deux ans auparavant. Les suivantes ont adopté un autre ordre que nous notons aussi à la suite de nos citations.

Eustache LE NOBLE (1643-1711), « un des écrivains les plus féconds et les plus oubliés du XVIIe siècle », dit M. Saint-Marc Girardin, écrivit odes, satires, comédies, petits vers, pamphlets politiques, dialogues philosophiques et littéraires, histoire, romans, et, ce qui nous appartient ici, des contes et des fables (*OEuvres*, 1731, T. XIV), et une comédie d'*Esope* en cinq actes (T. XIV et XV), où naturellement Esope est en action, ses fables à la bouche.

FURETIÈRE

1618-1688

« DU RENARD ET DE LA FOUINE »

Un fin Renard vint trouver une Fouine[1]
Et lui dit: « Bonjour, ma voisine.
Puisque nous nous traitons[2] tous deux des mêmes mets,
De pigeons, poules et poulets,

---

1. Etym. probable : *faginus, a, um*, de hêtre (de *fagus*); la fouine est aussi appelée martre des hêtres, arbre où elle se plaît. (*Fagina glans* a produit *faine*, fruit du hêtre).

2. *Traiter*, pris au sens de régaler (εὐωχεῖν, de εὖ, ἔχειν), donne *se traiter*. MASSILLON, Sermon sur le *mauvais riche* : Se traiter soi-même magnifiquement.

Il seroit fort bon, ce me semble,
Qu'en parfaite amitié nous vécussions ensemble.
　　On sait que deux valent mieux qu'un
　　Pour la chasse et pour la défense.
Nous ferons bonne chère et bien moins de dépense
　　Lorsque nous vivrons en commun.
　　L'un de nous deux tiendra l'échelle
　　Quand l'autre ira donner l'assaut,
　　Ou bien fera la sentinelle
Pour n'être point éveillés en sursaut¹. »
　　La Fouine par cette éloquence
Fut portée à conclure une prompte alliance.
　Le traité fait, ils vont à des poussins
Que le Renard guettoit chez un de ses voisins,
Et, montrant à la Fouine un trou dans la muraille :
« Que tu dois bien, dit-il, rendre grâce aux destins
　　Qui t'ont donné cette gentille taille
　　　Pour entrer en un poulailler,
　　　Malgré la porte et la fenêtre,
　　　Sans échelle et sans escalier.
Avec ce beau talent² si le ciel m'eût fait naître,
　　J'y voudrois entrer le premier;
　　Et j'aurois même attrapé ce gibier
　　　Si la loi de Renarderie
Ne faisoit point passer un Renard pour coquin
　Quand il mange les poules d'un voisin. »
　　　Enfin par sa cajolerie,
　　　Si bien il la persuada
Que de grimper au mur elle se hasarda.
Cependant le Renard, retranché dans la paille
D'une grange voisine, et jouant au plus fin³,
　　Étoit garde du magasin
　　Où cette Fouine apporta la volaille.
　　　Mais elle y revint tant de fois

---

1. Nous entendons le renard, et il dit bien ce qu'il doit dire : mais nous ne le voyons pas. La Fontaine n'eût pas manqué de nous montrer sa physionomie et son allure. Il fait bien autrement « entrer en propos » son loup (I, 5; V, 8). Reconnaissons d'ailleurs qu'il ne faut pas tant de façon à un renard pour amener une fouine à s'entendre avec lui : entre larrons l'accord se conclut du premier coup.

2. On voit que, quand il s'agit de faire entrer la fouine en campagne, le renard ne croit pas inutile de se mettre en frais de flatterie, comme le loup de La Fontaine pour le cheval et Bertrand pour Raton (IX, 17).

3. Proprement, jouer à qui sera le plus fin. Mieux que personne le renard y peut prétendre : il a donné l'expression proverbiale, un fin renard: une personne rusée.

Qu'elle en fut enfin échignée [1]
Sous le piège tendu d'une trappe de bois
Qu'aux voleurs de poulets on avoit destinée.
Le Renard hérita de tout ce grand butin
Dont avec des amis il fit longtemps festin [2].

(*Fables morales et nouvelles*, XX.)

« DU RENARD ET DES LAPINS »

Près d'une garenne [3] murée
Demeuroit un fameux Renard,
Qui, se voyant sevré [4] par ce rempart
D'y faire ordinaire curée [5],
Fit proposer aux Lapins assemblés
Qu'en lui payant certain tribut modique
Ils ne seroient désormais plus troublés
Dans leur petite république.
Un vieux Lapin en plein Sénat
Dit qu'il falloit pour le bien de l'État
Se cotiser et se saigner soi-même,
Et qu'ils vivroient dans un bonheur extrême
Pour quinze ou vingt lapins par an
Qu'ils offriroient à ce tyran ;
Que pour faciliter l'affaire
La taxe seroit volontaire
Et payable à discrétion [6],
Selon que chacun d'eux auroit dévotion [7].

1. *Sic* (pour *échiner*), orthographe conforme à la prononciation populaire. De même RACINE, *Lettre à Boileau*, 15 juin 1692 : Je ne veux pas que vous vous alliez faire échigner mal à propos..., dit Vauban à ses soldats.
2. C'est ainsi, ajoute l'auteur en mauvais vers, conclusion fâcheuse d'une de ses bonnes fables, qu'il ne fait pas bon s'allier à plus fin que soi. — Il est mieux inspiré dans la conclusion de son *Buffle* (XXXIII) : des badauds, émerveillés des propos d'un charlatan, le voient passer sur la place conduit par un paysan au moyen de l'anneau passé dans son nez, et le raillent ; l'animal réplique :
« Je me laisse, il est vrai, conduire par le nez ;
Pour vous, vous vous laissez mener par les oreilles. »
3. *Garenne*, 1° défense de chasser dans un bois, pêcher dans une rivière, sens primitif ; 2° lieu réservé pour une chasse ou une pêche ; 3° lieu planté où l'on conserve des lapins. — Même étym. (haut allemand) que *garer* et *garder*.
4. *Sevré* (*separatus*), privé de.
5. *Curée*, proprement la portion de la bête prise qu'on donne à manger aux chiens. *Faire curée*, se dit proprement des chiens qui dévorent la bête avant l'arrivée du veneur. — Étym. : *cuir*, parce qu'on y mettait les entrailles de la bête données aux chiens. Primitivement *cuirée*.
6. A volonté. Vivant à discrétion (LA FONTAINE, III, 7). Étym. : *discernere*, *discretum* ; discerner, être seul juge de...
7. Aurait de dévouement à l'intérêt général.

Cet avis plut, et la troupe lapine
Tout d'une voix en sa faveur opine,
Quand au donneur d'avis un jeune Lapereau,
 Qui craignoit un peu pour sa peau,
Rompt en visière¹ et lui dit : « Notre maître,
 De ces vingt, en voulez-vous être ?
Quand vous serez enrôlé le premier
J'offre d'y passer le dernier². »

(*Ibid.*, XXXII.)

BOURSAULT
1638-1701

LA FORÊT ET LE PAYSAN

Dans une Forêt spacieuse
Où l'on goûtoit à l'ombre un plaisir assez doux,
 D'une voix artificieuse
Un Paysan malin (ils le sont presque tous)
La pria de souffrir qu'il en prît une branche,
Afin qu'à sa cognée il pût donner un manche.
Il n'est rien de si beau que de faire plaisir :
La Forêt complaisante y consentit sans peine,
 Et lui donna même à choisir
 Du Tilleul, du Hêtre ou du Chêne.
Un Cormier vieux et dur se trouvant là tout près,
Il en prend un morceau, le façonne, l'ajuste,
 Puis d'un bras nerveux et robuste
Il se met en devoir d'abattre la forêt.
 Surprise de voir l'infidèle
Répondre à sa bonté par un si grand forfait³ :

---

1. Visière (Etym.: *vis*, vieux français, visage), partie antérieure du casque qui se haussait et se baissait. *Rompre en...* 1º rompre sa lance dans la visière de son adversaire, 2º au fig., attaquer et contredire brusquement. MOLIÈRE, *Mis.*, I, 1 :

   Je n'y puis plus tenir, j'enrage, et mon dessein
   Est de rompre en visière à tout le genre humain.

2. La Fontaine a dit, II, 2 :

   Ne faut-il que délibérer ?
   La cour en conseillers foisonne,
   Est-il besoin d'exécuter
   L'on ne rencontre plus personne.

Surtout quand il ne s'agit plus « d'attacher le grelot » au cou de l'ennemi, mais de s'attacher soi-même la corde au cou, comme le propose le Lapin.

3. Ce vers, le second, le septième, ont des faiblesses qui sont comme

> « Ah ! malheureux s'écria-t-elle,
> Quel usage fais-tu du bien que je t'ai fait ?»
> (*Lettres nouvelles*, T. III, p. 399.)

LE HÉRON, LES POISSONS ET LE LIMAÇON

Un Héron d'humeur altière,
Et quelquefois s'oubliant,
Voltigeoit sur une rivière [1]
Et cherchoit pour dîner quelque morceau friand.
D'abord un brocheton d'une longueur honnête [2]
Se présente à ses yeux. « Un brocheton ! Passons.
Voilà pour un héron une belle conquête !
Perche et truite à mon gré sont de meilleurs poissons. »
Il trouve un peu plus loin une carpe de Seine,
Qui pour prendre une mouche allongeoit le museau [3] ;
« Une carpe ? Est-ce la peine
De m'aller mouiller la peau ? »
A quelques pas de là, sous une vieille planche
Il savoit qu'une tanche avoit un trou secret :
Mais après carpe et brochet
Qu'est-ce pour lui qu'une tanche ?
Quand il eut bien fait des tours,
Et pris de l'appétit à force d'exercice,
Pour contenter sa faim qui s'augmentoit toujours
Il rencontre une écrevisse.
« Je ne veux d'écrevisse en aucune façon :
Passons outre. » Il passe outre, et pour toute fortune,
Après une course importune,
Il ne trouve qu'un limaçon.
« Retournons au brochet, il faut qu'il en pâtisse, »
Dit-il. Il y retourne, et n'aperçoit plus rien :
Brochet, carpe, tanche, écrevisse,
Tous avoient pris la fuite et s'en trouvoient fort bien.
Enfin le Héron ridicule,
Qui ne vouloit manger que du meilleur poisson,

des défaillances dans la marche, d'ailleurs naturelle et aisée, du récit. — Cf. La Fontaine, XII, 16.

1. Soit, mais c'est ce qu'il dirait de tout autre oiseau. La Fontaine (VII, 4) en deux vers me peint le héron.

2. C'est dans le même sens que La Fontaine (VII, 10) fait dire à Perrette de son porc :
> Il étoit, quand je l'eus, de grosseur *raisonnable*.

3. Vers à la La Fontaine. «Voilà qui est peint ! » comme dit quelque part Mme de Sévigné.

Pressé par le besoin, ne fit point de scrupule
De s'en tenir au limaçon [1].
(*Ibid.*, T. I, p. 343.)

L'ÉCREVISSE ET SA FILLE

L'Écrevisse une fois s'étoit mis dans la tête
Que sa Fille avoit tort d'aller à reculons.
Elle en eut sur le champ cette réponse honnête :
« Ma mère, nous nous ressemblons.
J'ai pris pour façon de vivre
La façon dont vous vivez :
Allez droit si vous pouvez,
Je tâcherai de vous suivre [2]. »
(*Les Fables d'Ésope*, III, 5.)

LA TROMPETTE ET L'ÉCHO

« D'où vient, dit un jour la Trompette,
Qu'il ne m'échappe rien qu'Écho ne le répète,
Et que, pendant l'été, quand il tonne bien fort,
Loin de vouloir répondre, il semble qu'elle [3] dort ?
Le bruit est bien plus grand quand le tonnerre gronde
Que lorsqu'en badinant je m'amuse à sonner. »
Écho de sa grotte profonde,
L'entendant ainsi raisonner :
« A tort mon silence l'étonne :
Je n'hésite jamais à répondre à tes sons ;
Mais, j'ai, dit-elle, mes raisons
Pour ne répondre pas lorsque Jupiter tonne.
Aux suprêmes divinités
Jamais nos respects ne déplaisent,
Et quand les grands sont irrités
Il faut que les petits se taisent. »
(*Ibid.*, V, 2.)

---

1. Le récit est lestement fait et animé ; des hémistiches ont de la prestesse et du tour. La fable reste pourtant fort inférieure à celle de La Fontaine : la comparaison détaillée pourra servir à faire mieux sentir et mesurer tout ce que vaut « le Héron » de ce dernier.

2. Comparez à cette froideur l'apostrophe de la mère et la riposte de la fille dans La Fontaine (XII, 10) : c'est une scène en deux vers. Boursault ne veut qu'amener une leçon morale, exprimée d'ailleurs avec une piquante précision.

3. On sait que dans la mythologie grecque Écho est la Nymphe qui aima Narcisse et fut changée en rocher : il ne lui resta que la voix.

PERRAULT

1628-1703

LE LOUP ET LE RENARD

Un Renard tombé dans un puits
Des passans par ses tristes cris
Imploroit la miséricorde.
Un Loup lui demanda, s'asseyant sur les bords :
« Comment es-tu tombé ? T'es-tu froissé le corps !
— Ah ! jette-moi, dit-il, promptement une corde,
Et je te dirai tout quand je serai dehors [1] ».

(I, 20 ; ou XLIX.)

LE CHAT ET LE COQ

Le Chat tenant un Coq et voulant le manger,
    Mais le manger avec justice,
Comme le punissant ou d'un crime ou d'un vice
Que l'intérêt public l'obligeoit de venger,
« Malheureux, lui dit-il, lorsque l'homme sommeille
    Au point du jour tranquillement,
    Pourquoi, dans ce même moment,
    Faut-il que ton chant le réveille ?
— Si j'ose, dit le Coq, ainsi le réveiller,
    Par le bruit que fait mon ramage,
C'est que je l'avertis d'aller à son ouvrage.....
— Tu sais fort bien, dit le Chat, te défendre ;
    On ne peut pas mieux raisonner,
    Mais je me sens las de t'entendre,
Et n'ai point résolu de ne pas déjeûner [2]. »

(V, 1 ; ou XLII.)

---

1.   Hé ! mon ami, tire-moi du danger,
      Tu feras après ta harangue,

lui aurait fait dire LA FONTAINE, si le Loup était moraliste comme le maître d'école (I. 19), ou pédant comme tel autre (IX, 5) qui fait une « pièce d'éloquence ». Mais le Loup de PERRAULT n'est que tranquillement narquois, « s'asseyant sur le bord ». — Nous ne savons si « ayant tout dit » il mit le renard dehors, comme le maître d'école « mit l'enfant à bord ». — LE NOBLE fera prendre au Renard sa revanche (voyez page 259).

2. C'est, comme chez LA FONTAINE, « la raison du plus fort ». Battu, comme le loup, quand il veut hypocritement raisonner sa violence, le Chat coupe court à la discussion qui ne lui réussit pas en mangeant celui qui a raison contre lui. « Fable vive et ingénieuse de Faërne, dit SAINT-MARC GIRARDIN, fort bien traduite par PERRAULT. »

LE LION, L'ANE ET LE RENARD

Le Lion, l'Ane et le Renard
Chassoient un jour tous trois de compagnie;
Et, quand la chasse fut finie,
L'Ane eut ordre de faire à chacun d'eux sa part.
Il le fit sans supercherie.
Le Lion cependant autrement en jugea,
L'accusa de friponnerie,
Et, tombant sur lui de furie [1],
L'étendit mort et le mangea.
Ensuite détournant sa vue,
« Fais, dit-il au Renard, fais nos parts promptement,
Et qu'à les faire sagement
Ton habileté s'évertue [2]. »
Le Renard en tremblant fit le partage, et mit
D'un côté presque tout et presque rien de l'autre;
Puis, s'approchant du Lion, il lui dit :
« De ces deux tas, seigneur, le plus gros est le **vôtre**,
Et ce m'est trop encor d'avoir le plus petit. »
Le Lion voyant ce partage
Lui dit : « Frère Renard, qui t'a rendu si sage? »
Et le Renard répondit sans façon :
C'est l'Ane mort qui m'a fait ma leçon [3] »

(V, 3; ou III.)

LE NOBLE
1643-1711

LA CIGALE ET LA FOURMI

Vous que tient endormis une lâche paresse,
Prêtez l'oreille à ma leçon,

---

1. Cf. BOILEAU, *Sat.*, III :

> Et donnant, *de fureur*, tout le festin au diable.

On dira: *De colère* il rompit l'entretien. *De lassitude* il renonça à la poursuite de l'ennemi, à son entreprise. *De gaieté de cœur*. Il écrit, *de cette furie*, à tout ce qui est hors de Paris (Mme DE SÉVIGNÉ), etc.

2. *S'évertuer*, faire vertu, faire effort pour réussir à... AMYOT a dit activement: Esvertuer toutes ses forces pour servir son souverain.

3. FAERNE :

> « Asini calamitas exitusque lugubris
> Me fecit, inquit ille, jurisconsultum. »

Travaillez, oisive jeunesse ;
Il faut que le labour précède la moisson ;
Vivez bon économe et ménagez le vôtre [1].
Faire autrement c'est Dieu tenter,
Et jamais il ne faut compter
Pour ses besoins pressans sur la bourse d'un autre.
Maître Ventre, dit Rabelais [2],
Est un gros glouton qui demande
Soir et matin nouvelle offrande,
Et qui ne laisse point dame marmite en paix.
Donc il est toujours bon de savoir où l'on dîne
Et partant tout homme d'esprit,
Qui bâtit,
Commence sagement par fonder sa cuisine [3].
C'est là l'ordre du bâtiment,
Et quiconque fait autrement
Se trouve court [4] ; mais la jeunesse
Qui s'embarrasse peu de ses futurs besoins,
Sans songer qu'à pas lents vient l'oisive vieillesse,
Aux frivoles plaisirs applique tous ses soins.
De tout ce que je dis voici deux bons témoins.

Aux premiers jours d'été naquit
Une jeune cigale, à sautiller alerte [5],
De courte prévoyance, et de grand appétit.
De ses riches trésors la terre étoit couverte,
Et, sans songer au lendemain,
Tantôt de quelque suc, tantôt de quelque grain
L'insecte à peau jaunâtre et verte

---

1. Votre bien, *rem tuam.* On dit : Vous en serez du vôtre : vous perdrez une partie de votre bien. Cf. le mien, le tien, le sien. — Voyez page 92, note 1.

2. *Messer Gaster*, dit LA FONTAINE (III, 2), après RABELAIS (III, 3, et IV, 57).

3. Pourvoir à sa subsistance. La métaphore commencée par *fonder* se continue par « l'ordre du bâtiment ». Cf. LA FONTAINE, VI, 5 ; la Souris dit au Souriceau :

Quant au chat, c'est sur nous qu'il fonde sa cuisine.

4. Est arrêté faute de ressources. *Court* est adverbe et invariable, comme dans : rester court, couper court, etc. (LITTRÉ).

5. 1º Vigilant. LA FONTAINE, VIII, 22 :

Notre Chat vit de loin
Son Rat qui se tenoit alerte et sur ses gardes.

2º vif, agile, comme ici. — Etym. : *Alerte*, loc. interjective, de l'italien *all'erta* (*all'*, à la, sur la ; *erta*, côte, pente : être sur un lieu élevé d'où l'on voit à l'entour). D'où le subst. *alerte*, appel à la vigilance : Donner une alerte.

Sans prendre de souci rassasioit sa faim.
       Un jour, allant à la fontaine,
       Elle aperçut en son chemin
Une lente Fourmi, qui rouloit avec peine
Un petit grain de blé droit à son magasin.
       « Es-tu folle, dit la Cigale,
       De te donner tant de tourment?
Sans que j'en prenne soin, la terre abondamment
       De ses fruits présens me régale.
Partout je suis nourrie à bouche que veux-tu [1],
Et pour un méchant grain je vois que tu te tues,
       Je t'entends soupirer, tu sues,
Et presque sous le faix ton corps est abattu.
       Quel esclavage! Quelle vie!
Quoi! se voir tout le jour au travail asservie!
Il n'est rien que de [2] vivre en repos et content.
— De votre oisiveté faites votre partage,
Dit la Fourmi; pour moi je songe à mon ménage,
       Et chacun fait comme il l'entend;
Laissez-moi seulement achever ma journée. »
En proférant [3] ces mots elle poussoit toujours
La charge de froment qu'elle s'étoit donnée.
       Mais l'autre rit de son discours,
       Et chanta comme de coutume,
Sans penser seulement à faire aucun amas [4].
       Cependant l'été se consume [5]
Et l'hiver de retour ramène les frimas.
       Il n'est plus de douce rosée [6],
       De grains la terre est épuisée,
Et la faim met bientôt la Cigale aux abois.
Dans la nécessité dont elle est accablée
       Elle se souvient qu'autrefois
La prudente Fourmi, dont elle s'est raillée,
       Avoit engrangé du froment.

1. C.-à-d. abondamment, au gré de la bouche. (Bouche, que veux-tu?)
2. Il n'est rien de tel que de, le mieux est de... Il n'est que de prendre les choses comme elles viennent. A. Chénier, *Élég.*, XXIV :
    Il n'est que d'être roi pour être heureux au monde.
3. Prononcer à haute et intelligible voix. On dit bien, et ordinairement: Proférer des menaces, des plaintes, etc.
4. Un complément devrait déterminer ce mot. Etym. : *amasser*, de *masse*.
5. Se passe. Racine : Ce moment est consumé à... (*Brit.*, II, 6); Vos jours prêts à se consumer (*Phèdre*, I, 3).
6. Trait simple et touchant que n'eût pas dédaigné La Fontaine.

Elle y court et piteusement[1]
Étale sa misère et la lui fait comprendre,
En la conjurant que du moins
D'un picotin de blé qu'elle promet lui rendre[2]
Elle soulage ses besoins.
L'hypothèque sans doute eût été mal assise[4],
Et la ménagère Fourmi,
Qui porte pour devise
Jusqu'à la bourse ami,
Se prit à rire[5] et dit à la bête légère :
« A quoi t'amusois-tu dans le temps des moissons?
— Je m'égayois sous la fougère,
Dit l'autre, et débitois jour et nuit mes chansons.
— Fort bien, dit la Fourmi, la prévoyance est grande.
Qui compte sur autrui souvent a mal compté.
Et pour toute réponse à ta sotte demande,
Tu peux danser l'hiver si tu chantois l'été[6]. »

(*Contes et Fables*, III. T. XIV, p. 112.)

LE RENARD ET LE LOUP

ou l'Ami de cour

A la cour d'un fameux lion
Le Loup et le Renard, faufilés[7] pour affaire,

---

1. 1° De manière à exciter la pitié, sens propre auj. inusité. FROISSARD: La dame lui commença à conter en pleurant moult piteusement ses douleurs CORNEILLE, *Pomp.*, I, 1 :
   Dont plus de la moitié piteusement étale
   Une indigne curée aux vautours de Pharsale.
2° auj. s'emploie pour peindre plaisamment un chagrin ridicule.
2. Proprement, 1° mesure pour donner l'avoine aux chevaux, 2° l'avoine que contient cette mesure. Étym. controversée.
3. Cf. *de* supprimé avec l'impersonnel *il plaît*. MOLIÈRE, *Don Juan*, I, 3: Vous plaît-il nous éclaircir ces beaux mystères ?
4. La garantie eût été insuffisante. Étym.: ὑποθήκη, support (ὑπό, *sous*, τίθημι, placer). La garantie de la dette *repose sur* (*posita est*, est assise) l'hypothèque, qui est ici la promesse de la cigale.
5. *Se prendre à:* commencer, se mettre à. C. DELAVIGNE, *Messén.*, I, 6 (*Jeanne d'Arc*):
   Sentant son cœur faillir, elle baissa la tête
   Et se prit à pleurer.
6. Cf. ESOPE, 134; LA FONTAINE, I, 1. — « Dans LE NOBLE, la cigale n'a pas seulement le tort de chanter et de ne pas travailler ; elle se moque de la fourmi qu'elle voit travailler pendant l'été. Elle mérite plus d'être punie que celle qui s'en abstient seulement, et, comme la cigale est devenue plus coupable à nos yeux, la fourmi, par contre, nous paraît moins dure en refusant de la secourir. L'effet moral est mieux ménagé dans la fable de Le Noble que dans celle de La Fontaine. » (SAINT-MARC GIRARDIN, *loc. cit.*, I, p. 409.) — Cette dureté de la fourmi du second est particulièrement dans la sécheresse ironique des deux derniers vers.
7. Unis. *Faufiler*, au propre, est actif; faire à larges points une cou-

Revinrent amis et compères
Et vécurent longtemps en étroite union ;
C'étoit une amitié jurée
Par mille sermens solennels,
Et cent complimens mutuels
L'avoient l'un à l'autre assurée :
S'entend telle qu'on voit ces amitiés de cour,
En paroles toujours fertiles.
Or, il arriva certain jour
Que compère le Loup, quoique des plus habiles,
Par le plus grand des accidens,
Poussé d'un[1] appétit toujours insatiable,
Voulant par une brèche[2] entrer dans une étable,
Trouva derrière un puits et fit le saut dedans.
Le Renard vint aux cris, et le Loup plein de joie :
« Oh ! que fort à propos, lui dit-il, te voici !
Vite, compère, je me noie ;
Retire-moi vite d'ici.
— Quelle infortune est donc la tienne ?
Répondit le Renard ; que je plains ton malheur !
Non, jamais il ne fut douleur
Si véritable que la mienne.
Quoi ! le plus cher de mes amis,
Tout prêt à se noyer ! Dis-moi : là qui t'a mis ?
Seroit-ce le berger ? J'en veux prendre vengeance.
— Eh ! mon ami, tends-moi la main,
Lui dit le Loup, nous jaserons[3] demain,
J'ai besoin de ton assistance. »
Vulpin[4] étoit d'une âme assez peu pitoyable,
Et de plus à la Cour nourri.
Ainsi des cris perçans du pauvre misérable
Il n'eut point le cœur attendri.
« La culebute[5] est trop à craindre,
Dit-il, et souvent en voulant secourir
On a vu de grands sots périr.

---

ture provisoire ; au fig., avec ou sans se, est neutre : 1° faire société avec, sens tiré de l'idée de coudre, unir ; 2° s'insinuer, se glisser. Etym. : faufil, de faux. fil, fausse couture.

1. On dit pressé de la soif (Cf. p. 125, note 7), du désir de. — De même RACINE, Bajazet. IV, 5 : Poussé d'un vain désir.

2. Du haut allemand brecha, action de briser.

3. Jaser paraît se rattacher, comme gazouiller, à une étymol. celtique. — Cf. PERRAULT, p .254, n. 1

4. Vulpes, renard.

5. LA FONTAINE écrit de même (IV, 5) : Voletans, se culebutans. Auj. culbute.

> Ce que je puis, c'est de te plaindre,
> Et t'exhorter à bien mourir.
> Crois-moi la vie est peu de chose ;
> Ce n'est qu'un tissu de chagrins,
> Et c'est en vain qu'on se propose
> De s'y faire d'heureux destins.
> Quitte donc sans chagrin d'importunes misères :
> La vie ou longue ou courte est égale aux mourans,
> Les grandeurs, les plaisirs ne sont que des chimères,
> Et la mortelle faux n'observe point les rangs. »
> Le Renard aussitôt s'épouffe [1],
> Et le malheureux Lycaon [2],
> Coulant au fond de l'eau, s'étouffe
> Et peste contre le sermon [3].

(*Ibid.*, XC. T. XIV, p. 355.)

LE FAGOT
CONTE [4]

> Mes chers fils, avant que je meure,
> Disoit certain vieillard qui n'étoit pas un sot,
> Pour tout mon testament je veux que ce fagot
> De mes sages leçons vous donne la meilleure.
> Un fagot? direz-vous. Quand d'un ton magistral
> Esope dans son temps débitoit sa morale [5],
> C'étoit un chien, un chat, un loup, une cigale,
> Un âne, enfin c'étoit toujours quelque animal
> Qui nous prêchoit le bien ou corrigeoit le mal.
> Mais un fagot, bons dieux! Vous voilà bien en peine.
> Oui, vous dis-je, un fagot, que je viens de lier.
> Je veux que tour à tour chacun de vous le prenne
> Et tâche de le rompre entier [6].

---

1. Terme populaire : se dérober. Etym.: *és*, préfixe indiquant extraction, et *pouffer* ou *bouffer* (synonymes); cesser d'être bouffant, c.-à-d. gonflé, disparaître, se dissiper comme un ballon ou une nuée qui crève. Ainsi l'explique LITTRÉ.
2. *Lycaon*, roi d'Arcadie, métamorphosé par Jupiter en loup (λύκος).
3. « La fin du sermon du Renard est excellente. C'est là vraiment le genre de comédie propre à la fable, » (SAINT-MARC GIRARDIN, *loc. cit.*, t. II, p. 235.)
4. C'est dans ses *Contes* que l'auteur a rangé ce récit, qui est aussi bien une fable. Cf. LA FONTAINE, IV, 18.
5. Voilà un paysan assez lettré. Les fables « ésopiques » étaient populaires : le nom du vieux Grec l'était-il autant ?
6. Entièrement. Le mot est un peu louche, et peut-être employé mal à propos, puisqu'il se réserve de le diviser, de ne pas le laisser *entier*, pour apprendre le moyen de le « rompre entier ».

Vous, Lubin, le cadet, essayez le premier. »
Lubin prend le fagot, mais en vain il s'efforce :
    Tous ses essais sont superflus,
Et ses bras n'en font pas rider la moindre écorce.
Colas le prend après, Colas aux reins râblus[1] :
    Mais il n'y fait que de l'eau claire[2],
    Et Jaquet qui pensoit mieux faire
    N'en faisoit pas plus.
Robin, que pour sa force on craignoit au village,
Restoit, et se moquant dit : « Vous êtes des sots,
Et, ce fagot fût-il le Roland des fagots[3],
    Il en aura menti[4] : je gage
Que d'un coup de genou je lui brise les os. »
A ces mots il l'empoigne, et, l'échine pliée,
    Mord sa lèvre, et serrant du bras
Contre un de ses genoux la fascine[5] appuyée,
La fait un peu plier, mais il ne la rompt pas.
    « Oh bien, dit alors le bonhomme,
Déliez ce fagot, je vais vous montrer comme
    Vous en viendrez bientôt à bout. »
Le fagot délié, le bonhomme divise
    En quatre égales parts le tout,
Puis chacun aisément rompt la part qu'il a prise.
    « Eh bien, comprenez-vous,
    Reprit alors le sage père,
Des leçons du fagot l'ingénieux mystère?
    Si vous êtes toujours unis,
Vos ennemis en vain chercheront à vous nuire :
    Mais, si par un esprit jaloux
Vous rompez les accords que j'ai mis entre vous,
    C'est le moyen de vous détruire. »
              (*Contes*, V. T. XIV, p. 52.)

1. On dit aussi, et plutôt, *râblé*, qui a les reins (*rables*) vigoureux.
2. Au fig., ne pas réussir. MOLIÈRE, *Etourdi*, III, 1 :
    Mais quoi! ne feras-tu que de l'eau toute claire?

3. Métaphore forcée : Le plus fort et le plus vaillant des fagots. Roland est le héros le plus fameux, l'Achille des chansons de geste.
4. On dit aussi : Il en aura le démenti, c.-à-d. il ne réussira pas.
5. Proprement sorte de fagots dont on comble les fossés d'une place. Etym. : *fascina*, de *fascis*, faisceau.

LE BOUC ET LE RENARD

Le bouc et le Renard ensemble devisans [1],
  L'un franc sot, et l'autre plus sage,
L'un ayant plus de barbe, et l'autre plus de sens,
  S'embarquèrent pour un voyage.
Pressés de vive soif [2], et leurs poumons ardens
  Ne soufflant plus que de la braise,
Ils rencontrent un puits. Tous deux sautent dedans,
  Et boivent à leur aise ;
  Mais la peine fut d'en sortir.
  Le Bouc pour chercher une issue
  Portoit de tous côtés sa vue,
Et ne decouvroit rien qui pût le secourir,
Quand le Renard lui dit : « Ce n'est que bagatelle [3] :
Ami, pour esquiver [4] je sais un moyen sûr.
  Dresse-toi tout le long du mur,
  Tes cornes feront mon échelle ;
  Et quand j'aurai d'un léger saut
   Gagné le haut [5],
De te tirer après il me sera facile. »
Le bouc y consentit, et le Renard agile

---

1. Echanger de menus propos. Etym. : *Devis* (Etym. : *divisum*), propos qu'on tient au choix (choisir, c'est séparer, diviser) et au gré des interlocuteurs.
2. Voyez page 259, note 1.
3. Au sens physique, objet de peu de valeur ; au sens moral, chose de peu d'importance ; ici, très légère difficulté. Etym. : l'italien *bagatella* (étym ?), tour de bateleur.
4. Voyez page 211, note 9.
5. Voilà un heureux rejet. On en trouvera aussi dans la fable de HAUDENT :

  . . . .
  Ce que voyant le Regnard, fine beste,
  Lors dict au Boucq : « Dresser conuient la teste
  Et l'estocquer encontre la paroy.
  Par ce moyen ie saillirai sur toy,
  Et par aprez dessus le bord du puis
  Facilement pourray saillir, et puis
  Ie te promectz de t'en tirer dehors. »
  Le poure Boucq creust ce Regnard alors.
  Parquoy s'est prins à estocquer de front
  Les piedz en hault, et le Regnard fort prompt
  Dessus le col luy sault du premier coup,
  Et du second se jecta bien acoup
  Oultre le bord de ce puis ainsi hault.
  Par ce moyen le Regnard fin et cault
  Eschappa lors sautant et goguetant
  Dessus le bord de ce puis....
  A quoy respond le Regnard : « Poure beste,
  S'autant de sens tu avoys en ta teste
  Comme de poil as soubz gorge pendu,
  Pas en ce lieu ne fusses descendu
  Sans aduiser premier ainsi que sage
  Comme eschapper pourroys de ce passage. »

— *Estoquer*, dresser comme un bâton (*estoc*). — *Goguetant* (auj. gogue-

Soudain sauta dehors, laissa le Bouc au puits,
  Et dit, jetant sur lui la vue
Avec un air moqueur : « Adieu, bête cornue,
  Sauve qui peut quand on est pris. »
          (*Esope*, comédie, III, 3.)

XVII° SIÈCLE
(Suite)

VARIA VARIORUM

Dans le présent appendice au xvii° siècle, on trouvera tout d'abord, rapprochés par les deux passages que nous citons, deux noms dont l'un a perdu avec le temps, dont l'autre reste toujours respecté. VOITURE (1598-1648), le « maître Vincent » que La Fontaine, avant ses Fables, goûta fort et imita, que Boileau admira en sa jeunesse et même un peu plus tard, et qu'avec l'âge il jugea plus sévèrement, et dont Voltaire réduisit équitablement la renommée, nous échappe ici en grande partie par la nature des sujets de circonstance et de mince intérêt où s'est jouée sa plume, et par son genre d'esprit dont la mode fit souvent tout le prix. ROTROU (1609-1650), que Corneille appelait son « père », tiendra ailleurs (Recueil des classes d'humanités) une plus grande place par les plus belles scènes de ses tragédies de *Wenceslas* et de *Saint-Genest;* il ne figurera ici que par un morceau de choix détaché de ses productions dramatiques nombreuses, et, ce semble, quelquefois hâtives.

MAYNARD (1582-1646) représentera par un sonnet le groupe (ce sont, avec lui, Gombauld et Malleville) que le difficile Boileau mentionne dans son *Art Poétique* pour en avoir fait de bons « deux ou trois entre mille » (II, vers 97).

Dans le même ordre d'idées morales que Maynard a souvent exprimées avec force et noblesse, M. DE FIEUBET (1626-1694), magistrat et conseiller d'Etat, qui, comme tant d'autres « honnêtes gens » en ce siècle, écrivait à l'occasion des vers sans faire profession de poésie, a eu une inspiration heureuse entre toutes qui mérite de n'être pas oubliée.

De ces innombrables petites pièces de poésie légère, fleurs de la mode et d'un jour, qu'imprimaient les recueils multiples du XVII siècle, nous détachons, pour les grouper sous un titre commun, quelques épigrammes : encore un genre auquel Boileau a fait les

---

nardant), de *gogue*, plaisanterie. — *Premier*, d'abord. Voyez l'APPENDICE 1er, IV. — Cf. ESOPE, IV ; PHÈDRE, IV, 8 ; LA FONTAINE, III, 5.

honneurs de son *Art Poétique* (II, 103, sqq.) en le traitant d'ailleurs assez sévèrement. Nous avons pensé qu'à côté des pages de maîtres quelques traits d'esprit finement aiguisés pourraient être un utile modèle de précision et de goût.

Une scène comique de BOURSAULT (voir page 123) complétera, sous une forme plus étendue, cette espèce de leçon de style piquant et familier.

« A MONSEIGNEUR LE CARDINAL MAZARIN ! »

Plaise, Seigneur, plaise à votre Éminence
Faire la paix de l'affligé cocher,
Qui par malheur ou bien par imprudence
Dessous les flots vous a fait trébucher.
On ne lui doit ce crime reprocher ;
Le trop hardi meneur ne savoit pas
De Phaéton l'histoire et piteux cas :
Il ne lisoit métamorphose aucune,
Et ne croyoit qu'on dût craindre aucun pas
En conduisant César et sa fortune.

(VOITURE.)

CLYTEMNESTRE À AGAMEMNON²

. . . .
Ne vous souvient-il point que vous êtes son père ?
Cet auguste maintien, cet œil modeste et doux,
Ne vous montroit-il point quelque chose de vous ?
Si vous ne respectez³ votre propre famille,
C'est un fatal honneur que d'être votre fille.

1. Qui avait été versé par son cocher. A la fin d'une autre petite pièce sur le même sujet, VOITURE dit :

  Il ne crut pas, versant, pouvoir mal faire,
  Car chacun dit que, quoi que vous fassiez,
  En guerre, en paix, en voyage, en affaire,
  Vous vous trouvez toujours dessus vos piés.

— Il est difficile de glaner parmi les badinages poétiques, quelquefois assez plats et forcés, que tel mince incident de ville ou de cour inspirait à Voiture ; et, à part quelques sonnets restés célèbres, une longue épître au duc d'Enghien admirée de Voltaire et à laquelle il conviendra de faire place dans le Recueil destiné aux classes d'humanités, et d'ingénieux rondeaux, on s'explique difficilement aujourd'hui le concert d'éloges qui se fit autour de Voiture de son vivant, et, après sa mort, autour de son nom respecté de La Fontaine et du sévère Boileau. Il était, dit La Harpe, plus homme d'esprit que poète. Il trouvait souvent la pointe ingénieuse, comme celles qui terminent les vers que nous citons ci-dessus et dans cette note. On connaît le mot de César : *Ne time, Cæsarem vehis*.

2. Voyez page 216, note 2.

3. *Respecter*, 1° porter respect et honneur, *revereri*, αἰδεῖσθαι, 2°, comme ici, ne pas toucher à, épargner, *parcere*, αἰδεῖσθαι, *abstinere*, ἀπέχειν. RACINE, *Andr*., III, 6 :

  Jadis Priam soumis fut respecté d'Achille

Elle vous doit le jour, sa vie est votre bien;
Mais, si vous l'en privez, elle ne vous doit rien.
Si vous n'avez pour elle un naturel de père,
Laissez-lui pour le moins ce qu'elle a de sa mère;
Ne la dépouillez point de ce qui m'appartient,
Ne tirez pas de moi la moitié qu'elle en tient.
Quel effet produira cette mort inhumaine?
Le repos d'un jaloux [1] et le retour d'Hélène.
Ô dieux! l'illustre exploit que vous entreprenez,
Et bien digne du soin que vous vous en donnez!
C'est prendre bien avant [2] les intérêts d'un frère,
Et mettre à haute estime [3] une femme adultère,
Que de la ramener aux bras de son époux,
Au prix du plus pur sang qui soit sorti de nous [4].
Quand vous rendrez au ciel ce triste sacrifice [5],
De quoi le prierez-vous de vous être propice [6]?
Quels raisonnables vœux pourrez-vous concevoir [7]
En un si sacrilège et barbare devoir?
Ne doutez de ses soins ni de ses assistances [8],
Si pour un parricide [9] il doit des récompenses;
Et, si pour plaire aux dieux il ne faut que pécher,
Suivez votre dessein, vous leur serez bien cher.
Peut-être espérez-vous qu'après le sac de Troie,
On vous vienne [10] au-devant recevoir avec joie,
Et vous féliciter de vos faits triomphans [11] :

1. Ménélas.
2. C'est porter bien loin l'intérêt... En ce sens métaphorique *avant* est souvent précédé de *bien* ou de *trop*.
3. On dit plutôt auj. mettre à haut *prix*, comme déjà dans RÉGNIER (*Sat.* X) :

    Il met à même prix les sages et les sots.

Mme DE SÉVIGNÉ : Vous mettez à trop haut prix les petits services que je vous ai rendus. — Mettre *en* estime signifie rendre digne d'estime, mettre en réputation.
4. Cf. CORNEILLE, *Le Menteur*, V, 3.
5. Voyez page 159, note 3.
6. Quelle faveur leur demanderez-vous ? *Être propice de*, accorder la faveur de... n'est autorisé par aucun exemple.
7. Latinisme : *Concipere vota*.
8. Des mots abstraits peuvent devenir concrets ; *bontés, cruautés, ignorances* (BOSSUET), etc. Mais on ne dira pas : *bienfaisances, clémences*. L'usage décide. — VOLTAIRE : Un curé qui procure des assistances aux pauvres.
9. L'usage a étendu la signification des deux substantifs *parricide* (1° meurtrier de son père, 2° meurtre d'un père par son fils) jusqu'à celle de attentat monstrueux sur les personnes. Les « parricides » de Pharsale (CORNEILLE, *Pompée*, I, 1.). Cf. *parricidium filii* (TITE LIVE), *parricidium fraternum* (CICÉRON).
10. Voyez APPENDICE Ier, III, 7o.
11. De vos hauts faits, dirait-on auj. — AMYOT, *Pomp.*, 47 :... Deux

Mais qui? sera-ce moi? seront-ce vos enfans?
Serez-vous désiré dedans votre famille
Ayant meurtri[1] leur sœur, ayant tué ma fille?
Et ne pourrons-nous pas redouter justement
De sortir étouffés de votre embrassement[2]?

(Rotrou, *Iphygenie*, IV, 3.)

SONNET
Le vrai bien.

Comte, le monde attend notre dernier adieu;
Nos pieds sont arrivés sur le bord de la tombe :
Cesse d'aimer la cour, et t'éloigne d'un lieu
Où la malice règne et la bonté succombe.

Le vrai bien n'est qu'au ciel. Il le faut acquérir,
Il faut remplir nos cœurs d'une si belle envie :
Notre heure va sonner; songeons à bien mourir,
Et dégageons nos sens des pièges de la vie !

L'humble ni l'orgueilleux, le foible ni le fort,
Ne sauroient résister aux rigueurs de la mort;
Elle a trop puissamment établi son empire.

Ce qu'elle peut sur un, elle le peut sur tous,
Et ces grands monumens de jaspe et de porphyre[3]
Nous disent que les rois sont mortels comme nous.

(Maynard.)

LES GRANDEURS ET LA MORT

Figure du monde qui passe,
Et qui passe dans un moment,
Pompe, richesse, honneur, funeste amusement
Dont un mortel s'enivre et jamais ne se lasse,
De quoi sert votre éclat à l'heure de la mort?
Il ne peut ni changer ni retarder le sort.

---

grands chefz d'armées romaines qui avoient fait de belles et triumphantes choses.

1. Voyez page 71, note 6.
2. Cf. Racine, *Brit.*, IV, 3 ; Néron :

   J'embrasse mon rival, mais c'est pour l'étouffer.

3. Voyez page 141, note 3. — *Porphyre* (Etym.: πορφύρα, pourpre), nom donné vulgairement à une roche d'un rouge foncé, parsemé de taches blanches. Dans le langage de la minéralogie, le mot a une signification plus étendue : il y a des porphyres noirs, verts.

Louvois[1] plus haut que lui ne voyoit que son maître :
Dans le comble[2] des biens, des grandeurs, du plaisir,
Lorsqu'il la craint le moins, la mort vient le saisir,
Et ne lui donne pas le temps de la connoître[3].
Hélas! aux grands emplois à quoi bon de[4] courir?
Pour veiller sur soi-même heureux qui s'en délivre!
    Qui n'a pas le temps de bien vivre
Trouve malaisément le temps de bien mourir.
          (DE FIEUBET, dans les *Lettres* de Boursault,
                  t. I, p. 353.)

ÉPIGRAMMES

I

Écrivain Gascon.

Ce petit fanfaron à l'œillade échappée[5],
Qui fait le grand auteur et n'est qu'un animal[6].
Dit qu'il tranche sa plume avecque son épée :
Je ne m'étonne pas s'il en écrit si mal.
                              (THÉOPHILE[7].)

II

Démangeaison d'écrire.

Chacun s'en veut mêler, et pour moi je m'étonne
De voir tant d'écrivains et si peu de lecteurs.
Je ne sais quel espoir abuse mille auteurs :
Tel pense écrire à tous qui n'écrit à personne.
                              (GOMBAULD[8]).

---

1. Le marquis de Louvois « le plus grand ministre de la guerre qu'on eût vu jusqu'alors... Il fut plus estimé qu'aimé du roi, de la cour et du public. » (VOLTAIRE, *Siècle de Louis XIV*, préliminaires.) Il mourut en 1691.

2. *Au comble*, élevé *au comble*, serait plus logique.

3. Mme DE SÉVIGNÉ a exprimé avec éloquence les mêmes idées dans sa lettre célèbre sur la mort de Louvois (26 juillet 1691). Voir notre Recueil pour les classes d'humanités, p. 246.

4. On disait plutôt, et on ne dit plus que : *A quoi bon...?* suivi de l'infinitif sans *de*. MOLIÈRE met *de* (*Fâch.*, III, 4 ; *Sicili.*, 7.).

5. C.-à-d. étourdie ; comme on dirait : Mine évaporée. CORNEILLE a dit (*Imitat.*, II, 6) : Regards échappés.

6. On passera à un épigrammatiste la crudité d'un mot que MOLIÈRE met dans la bouche d'une jeune fille (*Avare*, III, 11 : *Mariane*, à part : Quel animal !)

7. Voyez page 122.

8. Voyez page 122. — Cf. MARTIAL, III, 9 :
    Versiculos in me narratur scribere Cinna:
    Non scribit cujus carmina nemo legit.

III

Les avares.

Admirez les bontés, admirez les tendresses
    De ces vieux esclaves du sort :
Ils ne sont jamais las d'acquérir des richesses
    Pour ceux qui souhaitent leur mort.

(Id.)

IV

Débiteur.

    Tu veux te défaire d'un homme,
Et jusqu'ici tes vœux ont été superflus :
    Hasarde une petite somme,
Prête-lui trois louis, — tu ne le verras plus.

(Id.)

V

SONNET

Superbes monumens de l'orgueil des humains,
Pyramides, tombeaux dont la vaine structure
A témoigné que l'art, par l'adresse des mains
Et l'assidu travail, peut vaincre la nature ;

Vieux palais ruinés, chefs-d'œuvre des Romains,
Et les derniers efforts de leur architecture,
Colysée [1], où souvent ces peuples inhumains
De s'entre-assassiner se donnoient tablature [2] ;

Par l'injure des ans vous êtes abolis [3],
Ou du moins la plupart vous êtes démolis [4] :
Il n'est point de ciment que le temps ne dissoude.

---

1. *Le Colisée*, amphithéâtre *colossal* de Rome, ou amphithéâtre Flavien, commencé par Vespasien, achevé par Titus.
2. Prenaient à tâche de... *Tablature*, ancien terme de musique, a signifié au propre une pièce de musique écrite pour voix ou instruments; puis, au fig., un modèle (*exemplar*) : La première proscription (de Sylla a été la tablature de la seconde (Balzac). *Donner de la tablature*, donner du travail et de la peine.
3. On dit : Les injures du temps, des ans, des saisons, du froid, etc. L'outrage des ans (Racine). Voyez page 185, note 11. — Latinisme, *abolita*. Auj.: détruits, anéantis.
4. Auj., soit : pour la plupart vous êtes..., soit : vous êtes, la plupart, démolis.

Si vos marbres si durs ont senti son pouvoir,
Dois-je trouver mauvais qu'un méchant pourpoint [1] noir,
Qui m'a duré deux ans, soit percé par le coude [2] ?

(SCARRON [3].)

VI

SONNET

Ci git qui fut de bonne taille,
Qui savoit danser et chanter,
Faisoit des vers vaille que vaille [4]
Et les savoit bien réciter.

Sa race avoit quelque antiquaille [5]
Et pouvoit des héros compter ;
Même il auroit donné bataille
S'il en avoit voulu tâter.

Il parloit fort bien de la guerre,
Des cieux, du globe de la terre,
Du droit civil, du droit canon [6],

Et connoissoit assez les choses
Par leurs effets et par leurs causes. —
Étoit-il honnête homme [7] ? Ah ! non [8].

(ID.)

---

1. Vêtement qui couvrait le corps du cou à la ceinture. MOLIÈRE, Éc. des maris. I, 1 :

Un bon pourpoint bien long et fermé comme il faut,
Qui pour bien digérer tienne l'estomac chaud.

2. Voilà un sonnet aiguisé en épigramme ; on y reconnaît le tour d'esprit ordinaire et naturel à l'auteur.

3. Paul SCARRON, de Paris (1610-1660), qui épousa la petite-fille d'Agrippa d'Aubigné, depuis Mᵐᵉ de Maintenon et plus tard femme de Louis XIV ; fit des comédies en vers, le *Roman comique* en prose, des poésies diverses, etc.

4. Tant bien que mal ; tels quels. Ellipse usuelle : Que cela vaille ce que cela peut valoir. Cf. Coûte que coûte.

5. Une note de LITTRÉ mentionne que ce mot prit momentanément, au milieu du XVIIᵉ siècle, un sens favorable pour « antiquité ». Il n'est pas ici, même pris en ce dernier sens, exempt d'ironie et de dénigrement, comme dans le vers de RÉGNIER (*Sat.* X) :

Les Latins, les Hébreux, et toute l'antiquaille.

6. Droit ecclésiastique fondé sur les canons (κανών, règle), c.-à-d. les décrets de l'Église.

7. Au sens du XVIIᵉ siècle, homme de bonne compagnie.

8. PIRON a emprunté à SCARRON ce trait final dans une épigramme contre Voltaire. Voir notre Recueil pour les classes d'humanités, p. 383.

VII

Contre une personne qui avoit l'esprit mal tourné.

Je vous ai prise pour une autre.
Dieu garde tout homme de bien
D'un esprit fait comme le vôtre,
Et d'un corps fait comme le mien[1] !

(Ip.)

VIII

RONDEAU[2]

A la fontaine où s'enivre Boileau,
Le grand Corneille et le sacré troupeau
De ces auteurs que l'on ne trouve guère[3],
Un bon rimeur doit boire à pleine aiguière[4],

S'il veut donner un bon tour au rondeau.
Quoique j'en boive aussi peu qu'un moineau,
Cher Benserade, il faut te satisfaire,
T'en écrire un. Eh ! c'est porter de l'eau
    A la fontaine[5].

De tes refrains[6] un livre tout nouveau
A bien des gens n'a pas eu l'heur de plaire :
Mais quant à moi, j'en trouve tout fort beau,
Papier, dorure, image, caractère,

---

1. On sait qu'un accident le fit de bonne heure paralytique et cul-de-jatte. Son corps formait, disait-il, un z. « Raccourci de toutes les misères humaines », dit-il encore, il sut être gai et malin sans être méchant ; y a plus d'une fois dans les plaisanteries qu'il fait sur ses infirmités un coin de mélancolie discrète.

2. Épigramme contre la traduction des *Métamorphoses* d'Ovide en rondeaux par BENSERADE.

3. Difficiles à rencontrer, rares.

4. Vase où l'on met de l'eau pour le service de la table. *Aigue* a été une des formes primitives de eau. Cf. Aigues-Mortes. Etym. : *aqua*.

5. Légère modification au proverbe : Porter de l'eau à la rivière, porter l'eau à la mer, c.-à-d. ajouter inutilement à ce qui abonde déjà, donner au riche .Cf. le proverbe grec : Γλαῦκ' εἰς Ἀθηνάς, porter des hiboux à Athènes (le hibou, consacré à Minerve, y était représenté partout, et les habitants en nourrissaient en grand nombre) ; — et le proverbe latin auquel fait allusion HORACE, *Sat.*, I, 10 :

In silvam ne ligna feras.

6. Un ou plusieurs mots *répétés* à la fin des couplets d'une chanson, d'un rondeau. Étym. : *refractus*, de *refringere*, dont un des sens est réfracter la lumière, c.-à-d. la réfléchir en la brisant, la *répéter*.

Hormis les vers qu'il falloit laisser faire
　　A La Fontaine.

　　　　　　　　　　(Attribué à Chapelle [1].)

IX

A un mauvais payeur.

Vous rendez fort soigneusement
Une visite, un compliment,
Une grâce qu'on vous a faite ;
Vous rendez tout, maître Clément,
Excepté l'argent qu'on vous prête.

　　　　　　　　　　　　(De Cailly [2].)

X

Des juges.

Huissier, qu'on fasse silence, —
Dit en tenant audience
Un président de Baugé, —
C'est un bruit à tête fendre :
Nous avons déjà jugé
Dix causes sans les entendre.

　　　　　　　　　　　　　　(Id.)

XI

Des gens de guerre.

Je ne connois qui que ce soit
De ceux qui maintenant suivent Mars et Bellone,
Qui, s'il ne massacroit, voloit, pilloit, brûloit,
　　Ne fût assez bonne personne.

　　　　　　　　　　　　　　(Id.)

XII

Contre un poète.

Tircis fait cent vers en une heure :
Je vais moins vite, et n'ai pas tort.

---

1. 1626-1686, de Paris. Condisciple et ami de Molière, ami de Boileau, Racine et La Fontaine.
2. Le chevalier Jacques de Cailly (1604-1673), gentilhomme ordinaire du roi, est connu aussi sous le nom de d'Aceilly. Il pratiqua surtout l'épigramme avec succès.

Les siens mourront avant qu'il meure ;
Les miens vivront après sa mort.
(Saint-Pavin [1]).

XIII

Contre un médisant.

Bien que Paul soit dans l'indigence,
Son envie et sa médisance
M'empêchent de le soulager.
Sa fortune est en grand désordre,
Il ne trouve plus à manger ;
Mais il trouve toujours à mordre.
(Charleval [2].)

XIV

Endettés.

Je vois d'illustres cavaliers
Avoir laquais, carrosse et pages :
Mais ils doivent leurs équipages,
Et je ne dois pas mes souliers.
(Linière [3].)

UNE LEÇON DE GRAMMAIRE [4]

MERLIN, valet, cru secrétaire du *Mercure*, LA RISSOLE, soldat.

MERLIN.

Mais que veut ce soldat ?

---

1. Sanguin de Saint-Pavin (1592-1670), sans faire profession d'écrivain ou même de bel esprit, écrivit quelques poésies aisées et piquantes. Faut-il lui attribuer la jolie pièce suivante, citée souvent sous le premier de ses deux noms ?

   PLACET AU ROI.

   Il ne m'appartient pas d'entrer dans vos affaires ;
   Ce seroit un peu trop de curiosité :
   Cependant l'autre jour, songeant à mes misères,
   Je calculois les biens de Votre Majesté.
   Tout bien compté (j'en ai la mémoire récente
   Et le calcul en est facile et court),
   Il vous doit revenir cent millions de rente:
   Ce qui fait à peu près cent mille écus par jour.
   Cent mille écus par jour en font quatre par heure.
   Pour réparer les maux pressans
   Que le tonnerre a fait dans ma maison des champs,
   Ne pourrai-je obtenir, sire, avant que je meure,
   Un quart d'heure de votre temps ?

2. De Ris de Charleval (1612-1692) se fit aimer pour la délicatesse de son cœur et goûter pour la finesse de son esprit.

3. 1628-1704. Il compta parmi les ennemis de Boileau, qui ne le ménage pas dans ses *Satires*.

4. La pièce de Boursault, intitulée *La comédie sans titre* (1683), et géné-

LA RISSOLE, *presque gris.*
             Bonjour, mon camarade.
J'entre sans dire gare, et cherche à m'informer
Où demeure un monsieur que je ne puis nommer.
Est-ce ici ?
        MERLIN.
    Quel homme est-ce ?
        LA RISSOLE.
                  Un bon vivant, allègre,
Qui n'est grand ni petit, noir ni blanc, gras ni maigre.
J'ai su de son libraire, où souvent je le vois,
Qu'il fait jeter en moule un livre tous les mois.
C'est un vrai juif errant, qui jamais ne repose.
        MERLIN.
Dites-moi, s'il vous plaît, voulez-vous quelque chose ?
L'homme que vous cherchez est mon maître.
        LA RISSOLE.
                              Est-il là ?
        MERLIN.
Non.
        LA RISSOLE.
    Tant pis. Je voulois lui parler.

ralement connue sous le nom de *Le Mercure galant*, est une comédie à tiroir. (Pièce sans nœud ni dénouement, qui n'est qu'une suite de scènes. Voir p. 190, ligne 8 et n. 1.) — Le *Mercure* (devenu *Mercure galant* en 1672, *Mercure de France* en 1714) est le premier journal qui ait paru en France (1605-1825). Il eut pendant ses deux siècles d'existence des fortunes et des intermittences diverses. Il était mensuel. — Devant Oronte, qui, afin de plaire au père de celle qu'il veut épouser, a pris pour quelques jours la place de son cousin, auteur du *Mercure*, et devant son valet Merlin défilent des originaux divers qui tous viennent demander une place dans le journal.

    Tant que dure le jour j'ai la plume à la main ;
    Je sers de secrétaire à tout le genre humain :
    Fable, histoire, aventure, énigme, idylle, églogue,
    Épigramme, sonnet, madrigal, dialogue,
    Noces, concerts, cadeaux, fêtes, bals, enjouemens,
    Soupirs, larmes, clameurs, trépas, enterremens,
    Enfin quoi que ce soit que l'on nomme nouvelle,
    Vous m'en faites garder un mémoire fidèle,

dit Merlin à son maître (I, 1). — Le premier postulant est un bourgeois, M. Michaut, qui demande qu'on l'anoblisse :

    Pourriez-vous, en payant, me faire des aïeux ?

Oronte refuse : M. Michaut ne se tient pas pour battu :

    Parbleu ! tant pis pour vous d'être si formaliste.
    Adieu. Je vais trouver un généalogiste,
    Qui pour quelques louis que je lui donnerai
    Me fera sur le champ venir d'où je voudrai.
                            (I, 2.)

— Parmi les idées les plus plaisantes de l'auteur est celle « de mettre dans la bouche d'un soldat ivre la critique des inégalités de notre langue et de faire de cette leçon de grammaire un dialogue très comique. » (LA HARPE.) — La pièce eut un succès prodigieux.

MERLIN.

       Me voilà ;
L'un vaut l'autre. Je tiens un registre fidèle
Où chaque heure du jour j'écris quelque nouvelle :
Fable, histoire, aventure, enfin quoi que ce soit
Par ordre alphabétique est mis en son endroit.
Parlez.

LA RISSOLE.

  Je voudrois bien être dans le Mercure ;
J'y ferois, que je crois, une bonne figure.
Tout à l'heure, en buvant, j'ai fait réflexion
Que je fis autrefois une belle action ;
Si le roi la savoit, j'en aurois de quoi vivre ;
La guerre est un métier que je suis las de suivre.
Mon capitaine, instruit du courage que j'ai,
Ne sauroit se résoudre à me donner congé.
J'en enrage.

MERLIN.

  Il fait bien : donnez-vous patience...

LA RISSOLE.

Mordié [1] ! je ne saurois avoir ma subsistance.

MERLIN.

Il est vrai : le pauvre homme ! il fait compassion.

LA RISSOLE.

Or donc, pour en venir à ma belle action,
Vous saurez que toujours je fus homme de guerre
Et brave sur la mer autant que sur la terre.
J'étois sur un vaisseau quand Ruyter fut tué [2],
Et j'ai même à sa mort le plus contribué :
Je fus [3] chercher le feu que l'on mit à l'amorce [4]
Du canon qui lui fit rendre l'âme par force.
Lui mort, les Hollandois souffrirent bien des mals :
On fit couler à fond les deux vice-amirals [5].

---

1. *Mordié, palsandié*, euphémismes pour éviter de jurer par la mort de Dieu, par le sang de Dieu.
2. Vaillant et célèbre amiral Hollandais, mort à Syracuse en 1676, des blessures qu'il avait reçues à la bataille navale de Catane, gagnée sur lui par Duquenne.
3. Les exemples de MOLIÈRE, PASCAL, etc., n'autorisent pas à employer *être* pour *aller*, en dehors du cas où il signifie qu'on est revenu du lieu où l'on est allé : Il a été à Rome (proprement il s'est trouvé à Rome pour y être allé).
4. *Amorce*, au propre, appât que mordra le poisson ; au fig., comme ici, poudre avec laquelle on enflamme la charge d'un fusil ou d'un canon. L'étymol. (l'ancien verbe *amordre*, de *mordere*, *morsus*) demanderait l'orthographe amorse.
5. Bâtiment que monte un vice amiral.

MERLIN.

Il faut dire des maux, vice-amiraux ; c'est l'ordre.

LA RISSOLE.

Les vice-amiraux donc, ne pouvant plus nous mordre,
Nos coups aux ennemis furent des coups fataux.

MERLIN.

Il faut dire fatals et navals ; c'est la règle.

LA RISSOLE.

Les Hollandois réduits à du biscuit de seigle,
Ayant connu qu'en nombre ils étoient inégals,
Firent prendre la fuite aux vaisseaux principals.

MERLIN.

Il faut dire inégaux, principaux, c'est le terme.

LA RISSOLE.

Enfin, après cela nous fûmes à Palerme.
Les bourgeois à l'envi nous firent des régaux :
Les huit jours qu'on y fut furent huit carnavaux [1].

MERLIN.

Il faut dire régals et carnavals.

LA RISSOLE.

Oh ! dame [2],
M'interrompre à tous coups, c'est me chiffonner l'âme,
Franchement.

MERLIN.

Parlez bien. On ne dit point navaux,
Ni fataux, ni régaux, non plus que carnavaux :
Vouloir parler ainsi, c'est faire une sottise.

LA RISSOLE.

Eh ! mordié, comment donc voulez-vous que je dise ?
Si vous me reprenez lorsque je dis des mals,
Inégals, principals, et des vice-amirals ;
Lorsqu'un moment après, pour mieux me faire entendre,
Je dis fataux, navaux, devez-vous me reprendre ?
J'enrage de bon cœur quand je trouve un trigaud [3]
Qui souffle tout ensemble et le froid et le chaud [4].

---

1. L'étym. de *régal* est controversée. — *Carnaval* vient de l'italien *carnovale*; étym. : *carnelevamen*, pour *carnis levamen*, suppression de la chair, parce que *carnovale* était à proprement parler la nuit qui précédait le mercredi des cendres.

2. Interjection explétive : *Seigneur Dieu! Le moyen âge a dit Dame Dieu!* (*dom*, ou *dam*, masc. de *dominus*, comme *dame*, fém., de *domina*.)

3. *Trigaud*, trompeur, chicaneur ; *trigauder*, tromper. De *tricæ, arum*, bagatelles, 2⁰ embarras ; *tricare, intricare*, embarrasser ; *extricare*, débarrasser ; *trico, onis*, chicaneur.

4. Se contredire, et, par extension, manquer de franchise, être *double*, avoir de la *duplicité*. Voyez LA FONTAINE, V, 7.

MERLIN.

J'ai la raison pour moi qui me fait vous reprendre.
Et je vais clairement vous le faire comprendre :
Al est un singulier dont le pluriel fait *aux*;
On dit : c'est mon égal, et : ce sont mes égaux.
Par conséquent on voit par cette règle seule.....

LA RISSOLE

J'ai des démangeaisons de te casser la gueule [1].

MERLIN.

Vous?

LA RISSOLE.

Oui, palsandié! moi : je n'aime point du tout
Qu'on me berce d'un conte à dormir tout debout :
Lorsqu'on veut me railler, je donne sur la face [2].

MERLIN.

Et tu crois au Mercure occuper une place,
Toi? Tu n'y seras point, je t'en donne ma foi.

LA RISSOLE.

Mordié! je me bats l'œil [3] du Mercure et de toi.
Pour vous faire dépit [4], tant à toi qu'à ton maître,
Je déclare à tous deux que je n'y veux pas être :
Plus de mille soldats en auroient acheté
Pour voir en quel endroit La Rissole eût été.
C'étoit argent comptant, j'en avois leur parole.
Adieu, pays [5]. C'est moi qu'on nomme La Rissole.
Ces bras te deviendront ou fatals ou fataux.

MERLIN.

Adieu, guerrier fameux par tes combats navaux.

(BOURSAULT, *le Mercure Galant*, IV, 6.)

1. MOLIÈRE ne recule pas devant le mot. *Tartuffe*, I, 1 :

   Vous, vous êtes, ma mie, une fille suivante,
   Un peu trop forte en gueule et fort impertinente.

2. Voyez page 38, note 6, et page 183, note 5.

3. Populaire. Ne pas se soucier. Cf. *battre sa coulpe* (coulpe, terme de dogme, souillure du péché), se frapper la poitrine en disant son *meâ culpâ*.

4. Causer du dépit, dépiter.

5. C'est le substantif même qui signifie région, pris abusivement dans le sens de : qui est du même pays ; au fém., *payse*.

XVIIIᵉ SIÈCLE

LA POÉSIE AU XVIIIᵉ SIÈCLE

C'est par la plume de ses prosateurs, à la tête desquels marchent Voltaire, J.-J. Rousseau, Montesquieu et Buffon, que le xviiiᵉ siècle a, dans le domaine immense de la pensée, accompli l'œuvre d'émancipation qui a été son rôle, sa conquête et sa gloire [1]. Pour l'un d'eux, Voltaire, qui représente aussi avec le plus d'éclat la poésie du siècle, elle n'a été souvent qu'un essor plus brillant donné à l'esprit qui inspirait ses œuvres en prose : c'était une aile qui l'emportait plus haut, c'était le chant qui jetait son nom à tous les échos de la popularité.

La poésie du xviiiᵉ siècle, qui n'est pas son premier titre et sa plus sûre renommée, a pourtant produit beaucoup, à la suite du xviiᵉ siècle; et elle a tracé plusieurs sentiers nouveaux qui partent du grand chemin ouvert par ce dernier.

Poésie lyrique. — La poésie lyrique, qui, depuis Malherbe, n'avait eu que quelques échappées éclatantes, a plus d'industrie et d'harmonie que d'inspiration véritable dans les odes nombreuses de J.-B. ROUSSEAU (1670-1741) et dans celles de LE BRUN (1729-1807) malgré son surnom de « Pindare ». Voltaire ne l'aborde que par occasion et y échoue. LE FRANC DE POMPIGNAN (1709-1784) et THOMAS (1732-1787), et, si l'on veut encore, Louis RACINE (1692-1765), GILBERT (1751-1780), MALFILATRE (1732-1767), la rencontrent chacun une fois.

Poésie épique. — VOLTAIRE (1590-1678) essaie de doter la France de l'épopée que, malgré de nombreuses tentatives, ne lui avait pas donnée le xviiᵉ siècle; mais sa *Henriade* n'est qu'une histoire en 10 chants versifiée avec talent, où la philosophie du jour prend maintes fois la place qu'avait eue jusqu'alors dans la poésie épique le merveilleux. Les six chants de la *Pétréide* de THOMAS, récit et description des voyages du czar, offrent une disparate encore plus étrange entre l'histoire et la fantaisie.

Poésie dramatique. — Le théâtre fut plus heureux à Voltaire. Pendant soixante ans il raviva sans cesse par ses nombreuses tragédies

---

[1]. Voir dans notre Recueil de prosateurs les « Prosateurs du xviiiᵉ siècle ».

la brillante renommée que du premier coup lui avait faite son *OEdipe* (1718), que ne purent compromettre les défaillances de sa vieillesse, que ne purent balancer même le chef-d'œuvre de Crébillon (1674-1762), *Rhadamiste* (1711), même la touchante *Inès de Castro* (1723) de La Motte-Houdar (1672-1731), même le vigoureux *Spartacus* (1760) de Saurin (1706-1781), à plus forte raison les tragédies, aujourd'hui oubliées, de poètes qui se sont fait un nom ailleurs, Piron, Gresset, Le Franc de Pompignan, etc., et celles du premier de ses élèves, La Harpe (1739-1803), qui l'a mieux commenté (*Lycée* ou *Cours de littérature*) qu'imité. Si le style tragique de Voltaire, d'une facilité et d'une élégance uniforme et souvent banale, reste bien au-dessous des grands styles de Corneille et de Racine, Voltaire a eu le mérite de donner quelquefois, à l'imitation du théâtre anglais qu'il avait pratiqué pendant son exil volontaire en Angleterre, plus de mouvement à l'action, plus de spectacle à la scène, et d'étendre le champ de ses sujets qu'il demandait à l'Amérique, à l'Arabie, à la Chine, aussi bien qu'à la Grèce et à Rome, et, innovation qui était presque une hardiesse, à la France (*Adélaïde Du Guesclin*, 1734). Dans cette dernière voie il a été suivi par Du Belloy (1727-1775) auquel le choix de ses sujets a fait une réputation passagère, et par M.-J. Chénier (1764-1811); dans celle de l'imitation anglaise, et spécialement de Shakespeare, Ducis (1733-1816), dont les audaces paraissent aujourd'hui bien timides, a été plus avant et plus loin que lui.

Voltaire n'a laissé aucune œuvre digne de souvenir dans la comédie, qui doit à la prose de Lesage (1688-1747) *Turcaret* (1708), peinture de mœurs; à Destouches (1680-1754) le *Glorieux* (1732), à Piron (1689-1773) la *Métromanie* (1738), à Gresset (1709-1777) le *Méchant* (1747), peintures achevées de caractères, qui maintiennent le genre à un niveau élevé, au-dessous toutefois de Regnard, bien au-dessous de Molière. La comédie intéresse encore et instruit; elle n'a plus le large et franc rire. Elle sourit à peine, raffine et subtilise avec Marivaux (1688-1763), que le mot tiré de son nom, et resté dans la langue, en punit. Elle ne rit ni ne sourit, elle pleure presque avec La Chaussée (1692-1754), dont le genre « larmoyant » conduit Diderot (1713-1784) à la théorie et à la pratique du « drame », genre mixte destiné à faire fortune dans notre siècle; l'action en est tragique, les personnages en sont bourgeois, le langage en est, au choix du poète, prose ou vers. La comédie retrouve dans la prose du *Philosophe sans le savoir* (1765) du bon Sedaine (1719-1797) le naturel qu'elle a perdu en glissant dans le drame. Elle retrouve le rire, la verve, l'esprit aiguisé, la gaieté pétillante dans la prose du *Barbier de Séville* (1775) et du *Mariage de Figaro* (1784) de Beaumarchais (1732-1799), qui sont les deux créations comiques les plus neuves et les plus retentissantes du siècle. Elle reprend le vers avec Collin-d'Harleville (1755-1806) et les premières pièces d'Andrieux (1759-1833).

Le théâtre, on le voit, n'a pas été stérile au xviiie siècle. Et nous ne parlons ni de l'opéra qu'il continue, ni du vaudeville qu'il crée avec Lesage, Piron, Vadé, Panard, Collé, ni de l'opéra-comique qui naît du vaudeville sous la main de Favart, de Marmontel, de Sedaine.

Fables. — La Fable, à laquelle le génie inimitable de La Fontaine avait, malgré l'oubli de Boileau, conquis son rang dans la poésie, ne réussit qu'à s'y maintenir honorablement avec LA MOTTE (1672-1731), RICHER (1685-1748), en attendant FLORIAN (1755-1794), que suivent à distance l'abbé AUBERT. DORAT, le duc de NIVERNAIS, LE BAILLY, BOISARD, etc.

Poésie didactique. — La poésie didactique, qui n'avait produit au XVIIe siècle qu'une œuvre, mais une œuvre de maître, *l'Art Poétique* de Boileau, ne reçoit pas un grand lustre des deux ouvrages estimables de Louis RACINE, la *Grâce* (1726) et la *Religion* (1742), et tourne bientôt, comme elle a fait en Grèce et à Rome, à la poésie descriptive, qui n'a pu assurer une renommée durable à SAINT-LAMBERT, à ROSSET, à ROUCHER, à LEMIERRE, etc., chantres des *Saisons*, de *l'Agriculture*, des *Mois*, de la *Peinture*, etc., mais qui a presque popularisé jusque dans la première partie de notre siècle celle du plus habile versificateur qui l'ait cultivée, l'abbé Jacques DELILLE (1738-1813). Toute cette floraison descriptive est un peu desséchée aujourd'hui, et toute l'originalité de la poésie didactique du XVIIIe siècle semble renfermée dans les quelques pages des *Discours sur l'homme* et du *Poème de la Loi naturelle* de Voltaire.

Épître, satire, conte, poésie légère. — C'est encore le nom de Voltaire que l'on trouve au premier rang,—dans l'*Épître*, où il est suivi de très loin par J.-B. Rousseau, de plus près par le vieux Ducis ; — dans la *Satire*, qui n'a été qu'un des appoints de sa gloire, et qui a fait celle de GILBERT ; — dans le *Conte*, dans la poésie légère, badine, galante, où, mieux que la plume ingénieuse des GRESSET, des BERNIS, des BERNARD (Gentil-Bernard, disait Voltaire), des DORAT, et de tant d'autres, fait merveille sa plume brillante, souple et alerte, se jouant, comme celle de Marot avec le vers de dix et de huit syllabes, comme celle de La Fontaine, dans la mêlée savante et aisée de tous les vers.

Élégie, idylle. — Il est deux genres auxquels ne convenait pas le génie de Voltaire ; il avait trop, pour y réussir, de cet esprit qui l'a fait échouer dans la comédie où il le prodiguait mal à propos à ses personnages : il ne les a même pas essayés. Ce sont l'*Élégie* et l'*Idylle*. L'une et l'autre, où s'étaient appliqués les talents modestes de BERTIN (1752-1796), de BERQUIN (1749-1791), de LÉONARD (1744-1793), donnent tout à coup, mais dans le silence et dans l'ombre du cabinet ou dans l'intimité des amitiés d'étude et de poésie, l'essor au plus grand génie poétique qui, avec Voltaire, ait brillé sur le XVIIIe siècle : poète, Voltaire le remplit ; André CHÉNIER (1762-

1794) le ferme. Génie jeune, ardent, inspiré, trempé aux sources antiques, il vint à propos pour rendre la couleur et la vie à la langue poétique qui s'affadissait. Dans ses *Élégies*, achevées ou ébauchées, il atteignait Tibulle et Properce; il nous rendait Théocrite dans les *Idylles* qu'il en imitait, il l'égalait dans celles qu'il n'en imitait pas; il dépassait J.-B. Rousseau et Le Brun dans ses quelques odes; il retrouvait l'*Iambe* antique; il concevait et commençait des poèmes didactiques qui n'eussent pas été des poèmes descriptifs, l'*Invention, Hermès, Suzanne*, etc. La mort faucha, à 32 ans, toutes ces promesses et ces espérances. Les œuvres, les essais et les exemples de Chénier sont, avec la prose éloquente de Rousseau, toute pénétrée de l'enthousiasme de la nature, et celles de Bernardin de Saint-Pierre et de Châteaubriand, tout éclatantes de ses couleurs, les premières sources où devait se rajeunir la poésie française au xixe siècle.

J.-B. ROUSSEAU

1670-1741.

Jean-Baptiste ROUSSEAU, né à Paris, y vécut jusqu'en 1712, admiré pour ses *Odes*, ses *Paraphrases* des psaumes, ses *Cantates*, et redouté pour son esprit. Puis un grand scandale éclata autour de son nom : exilé pour des couplets licencieux qui ne sont peut-être pas de lui, il erra, toujours composant, toujours poète, de Berne à Vienne, et à Bruxelles où il se fixa et mourut.

C'est la renommée du théâtre de Voltaire et celle des Odes de J.-B. Rousseau qui ont le plus souffert de la révolution poétique du xixe siècle : on ne joue plus Voltaire, on ne lit pas Rousseau. Une science consommée du rythme et une grande dextérité à dérouler la strophe lyrique, une harmonie soutenue, un style souvent brillant et ferme, ne suffisent pas à compenser le vide fréquent du fond, la froideur des hyperboles convenues, des métaphores usées, des enthousiasmes forcés, et la banalité des prétendus transports « pindariques ». La partie la moins contestée de l'œuvre de J.-B. Rousseau sont peut-être, avec quelques *Odes*, dont plusieurs sont datées de l'exil, et la *Cantate de Circé*, restées classiques par tradition, ses *Paraphrases* des psaumes, et, par contraste, plusieurs bonnes *Épigrammes*. Ses *Épîtres* sont d'un ton discordant et aigre. Ses excursions dans le domaine dramatique sont oubliées.

Nous avons suivi l'édition in-4° en 3 vol. de 1743, et l'édition classique des *Œuvres lyriques*, par M. Manuel (1852). Les *Odes* sont au nombre de 50, distribuées en 4 livres; les *Paraphrases* des psaumes forment, sous le nom d'Odes, le 1er livre.

DIEU![1]

I

. . . .
De sa puissance immortelle
Tout parle, tout nous instruit.
Le jour au jour la révèle,
La nuit l'annonce à la nuit[2].
Ce grand et superbe ouvrage
N'est point pour l'homme un langage
Obscur et mystérieux :
Son admirable structure
Est la voix de la nature,
Qui se fait entendre aux yeux[3].

Dans une éclatante voûte[4]
Il a placé de ses mains
Ce soleil qui dans sa route
Éclaire tous les humains.
Environné de lumière,
Il entre dans sa carrière
Comme un époux glorieux,
Qui, dès l'aube matinale,
De sa couche nuptiale
Sort brillant et radieux[5].

L'univers, à sa présence,
Semble sortir du néant.
Il prend sa course, il s'avance
Comme un superbe géant[6].

---

1. Nous réunissons sous un titre commun des strophes de trois odes imitées des Psaumes, diverses de rythme et de mouvement. — Voyez sur le rythme des premières, p. 130, n. 5; (avec cette différence que le vers de Rousseau est de sept syllabes); des secondes, p. 135, n. 1. Les strophes du troisième modèle, d'un habile agencement de mesure et de rimes, s'encadrent entre les deux rimes masculines des vers de 8 syllabes qui les commencent, et la rime masculine de l'alexandrin qui les termine avec plénitude et fermeté.
2. Cf. Racine, *Athalie*, I, 4 :
    Le jour annonce au jour sa gloire et sa puissance.
3. Hardie et heureuse alliance de mots qui a rappelé aux commentateurs ces vers de Racan :
    Les feux du firmament, n'est-ce pas des oracles
    Dont le silence parle et s'entend par les yeux?
4. Etym. : *volutus*, contraction *voltus*, de *volvere*.
5. Le psaume de David dit : In sole posuit tabernaculum suum : et ipse tanquam sponsus procedens de thalamo suo (verset 5).
6. Exultavit ut gigas ad currendam viam (verset 6).

Bientôt sa marche féconde
Embrasse le tour du monde
Dans le cercle qu'il décrit ;
Et, par sa chaleur puissante,
La nature languissante
Se ranime et se nourrit[1].

(*Odes*, I, 2, tirée du psaume XVIII.)

II

. . . .
Du haut de la montagne où sa grandeur réside,
Il a brisé la lance et l'épée homicide
Sur qui l'impiété fondoit son ferme appui.
Le sang des étrangers a fait fumer la terre,
  Et le feu de la guerre
  S'est éteint devant lui.

Une affreuse clarté dans les airs répandue
A jeté la frayeur dans leur troupe éperdue :
Par l'effroi de la mort ils se sont dissipés ;
Et l'éclat foudroyant des lumières célestes
  A dispersé leurs restes
  Aux glaives échappés...

O Dieu, que ton pouvoir est grand et redoutable !
Qui pourra se cacher au trait inévitable

---

1. L'*Ode à la Fortune* (II, 6) a été longtemps, parmi celles que Rousseau a écrites dans le mètre des trois strophes précédentes, une des plus citées, et aussi des plus critiquées : la sonorité de l'harmonie et la force du style ne peuvent faire oublier ce que le plus souvent la pensée a d'outré et de faux, souvent au mépris de l'histoire et au détriment d'Alexandre, d'Annibal, etc. Elle commence ainsi :

> Fortune, dont la main couronne
> Les forfaits les plus inouïs,
> Du faux éclat qui t'environne
> Serons-nous toujours éblouis ?
> Jusques à quand, trompeuse idole,
> D'un culte honteux et frivole
> Honorerons-nous tes autels ?
> Verra-t-on toujours tes caprices
> Consacrés par les sacrifices
> Et par l'hommage des mortels ?

Cette strophe suffit à établir la différence essentielle qui sépare l'ode de ROUSSEAU de celle d'HORACE (I, 35). La Fortune d'Horace est une déesse adorée à Antium, chez les Volsques ; elle y a un temple, un autel et un culte ; le poète l'invoque en faveur d'Auguste prêt à partir pour une expédition. La Fortune de Rousseau est une « trompeuse idole », par conséquent une pure allégorie morale, fantaisie de l'imagination du poète ; et son ode, un enchaînement et un développement didactique d'idées morales.

Dont tu poursuis l'impie au jour de ta fureur?
A punir les méchans ta colère fidèle [1]
  Fait marcher devant elle
  La mort et la terreur [2]...

Contre ces inhumains tes jugemens augustes
S'élèvent pour sauver les humbles et les justes
Dont le cœur devant toi s'abaisse avec respect.
Ta justice paroît, de feux étincelante,
  Et la terre tremblante
  Frémit à ton aspect.
   (*Odes*, I, 16, tirée du psaume LXXV.)

III

. . . .
 Comme nous, esclaves du sort,
 Comme nous, jouets de la mort,
La terre engloutira leurs grandeurs insensées [3];
  Et périront en même jour
  Ces vastes et hautes pensées
Qu'adorent maintenant ceux qui leur font la cour [4].

 Dieu seul doit faire notre espoir;
 Dieu, de qui l'immortel pouvoir
Fit sortir du néant le ciel, la terre et l'onde;
  Et qui, tranquille au haut des airs,
  Anima d'une voix féconde
Tous les êtres semés dans ce vaste univers...

 Les jours des rois sont dans sa main [5];
 Leur règne est un règne incertain
Dont le doigt du Seigneur a marqué les limites:
  Mais de son règne illimité
  Les bornes ne seront prescrites,
Ni par la fin des temps, ni par l'éternité.
   (*Odes*, I, 9, tirée du psaume CXLV.)

---

1. *Fidèle à*, suivi d'un infinitif. qui ne manque pas à. LITTRÉ en cite plusieurs exemples de MASSILLON, FONTENELLE, etc.
2. Le psaume d'Asaph dit: Tu terribilis es, et quis resistet tibi? (verset 7).
3. Les grandeurs des hommes puissants.
4. Cf. MALHERBE, page 135. — In illâ die peribunt omnes cogitationes corum (verset 3). Auteur inconnu.
5. BOSSUET, *Disc. sur l'hist. univ.*, Conclusion: « Dieu tient du plus haut des cieux les rênes de tous les empires; il a tous les cœurs sa main... »

LES CROISADES [1]

. . . .
Comme un torrent fougueux, qui, du haut des montagnes
Précipitant ses eaux, traîne dans les campagnes
Arbres, rochers, troupeaux, par son cours emportés [2] ;
Ainsi de Godefroy [3] les légions guerrières
    Forcèrent les barrières
Que l'Asie opposoit à leurs bras indomptés.

La Palestine enfin, après tant de ravages,
Vit fuir ses ennemis, comme on voit les nuages
Dans le vague des airs fuir devant l'aquilon ;
Et des vents du midi la dévorante haleine
    N'a consumé qu'à peine
Leurs ossemens blanchis dans les champs d'Ascalon [4].

De ses temples détruits et cachés sous les herbes
Sion [5] vit relever les portiques superbes,
De notre délivrance augustes monumens ;
Et d'un nouveau David la valeur noble et sainte
    Sembloit dans leur enceinte
D'un royaume éternel jeter les fondemens [6].

                    (*O.les*, III, 5.)

---

1. Expéditions faites, sous l'étendard de la Croix, par les nations chrétiennes de l'Europe dans les XIe, XIIe et XIIIe siècles, pour reconquérir sur les Turcs musulmans Jérusalem et le tombeau du Christ. — Le rythme de cette strophe est particulièrement accusé par la chute qu'elle ne semble faire sur le 5e vers, de 6 syllabes, à rime féminine, que pour se relever sur l'alexandrin à rime masculine qui la termine et l'accentue.

2. VIRGILE, *G.*, I, 481 :

    Proluit insano contorquens vortice silvas
    Fluviorum rex Eridanus, camposque per omnes
    Cum stabulis armenta tulit.

ID., *Æn.*, 305 :

    ... Rapidus montano flumine torrens
    Sternit agros, sternit sata læta boumque labores
    Præcipitesque trahit silvas...

3. Godefroy de Bouillon, qui conduisit la première croisade (1096-1099), prit Jérusalem et fut le premier roi du nouvel État chrétien.

4. Ville maritime de Palestine, près de laquelle Godefroy de Bouillon, déjà roi de Jérusalem, battit en 1099 une armée du calife d'Égypte.

5. Nom d'une des montagnes contre lesquelles est bâtie Jérusalem, donné à la ville elle-même.

6. Le royaume de Jérusalem prit fin en 1244.

J.-B. ROUSSEAU

ÉPIGRAMMES

I

Le véritable héros.

Est-on héros pour avoir mis aux chaînes
Un peuple ou deux? Tibère eut cet honneur [1].
Est-on un héros en signalant ses haines
Par la vengeance? Octave eut ce bonheur [2].
Est-on un héros en régnant par la peur?
Séjan fit tout trembler, jusqu'à son maître [3].
Mais de son ire éteindre le salpêtre [4],
Savoir se vaincre et réprimer les flots
De son orgueil, c'est ce que j'appelle être
Grand par soi-même; et voilà mon héros [5]!

II

SONNET

A un bel esprit grand parleur

Monsieur l'auteur, que Dieu confonde [6],
Vous êtes un maudit bavard;
Jamais on n'ennuya son monde [7]
Avec tant d'esprit et tant d'art.

Je vous estime et vous honore :
Mais les ennuyeux tels que vous,

---

1. Pas plus Tibère que tel autre consul ou empereur romain.
2. On sent l'ironie de ce mot « bonheur », à moins que le poète ne croie qu'en effet la vengeance est, comme dit le proverbe, le « plaisir des dieux ». Dans l'*Atrée et Thyeste* de Crébillon (voir *infra*), Atrée dit :

> Je voudrois me venger fût-ce même des Dieux.
> Du plus puissant de tous j'ai reçu la naissance;
> Je le sens au plaisir que me fait la vengeance.

3. Séjan était ministre de Tibère. Tibère, humilié par son insolente audace, secoua enfin le joug, et le déféra au sénat : il fut étranglé. Voyez Juvénal, *Sat.* X, v. 55 sqq.
4. Nom du nitre, qu'on tire souvent des vieilles murailles (Etym. : *sal, petra*, pierre, ce qui nécessiterait l'orthographe salpêtre. Il entre dans la composition de la poudre à canon. D'où l'emploi métaphorique du mot : Il est tout salpêtre, comme on dit d'un homme vif qui *éclate* : C'est la poudre.
5. C'est aussi le héros de Cicéron. Voyez son *Pro Marcello*, III.
6. Latinisme : *Quem pessumdet Deus*! (lequel Dieu puisse confondre!) Cf. Molière, *Amphitr.*, II, 1 :

> Te confonde le ciel de me parler ainsi!

7. Les gens auxquels on s'adresse.

Eussiez-vous plus d'esprit encore,
Sont la pire espèce de tous.

Qu'un sot afflige nos oreilles,
Passe encore; ce n'est merveilles[1] :
Le don d'ennuyer est un lot[2] ;

Mais Dieu préserve mon ouïe
D'un homme d'esprit qui m'ennuie !
J'aimerois cent fois mieux un sot.
(*Poésies diverses.*)

VOLTAIRE

1694-1778

François-Marie Arouet, qui prit et immortalisa le nom de Voltaire, naquit à Paris, l'habita, le quitta, de force ou de gré, pour l'Angleterre, la Lorraine, la Prusse et la Suisse, et, après vingt ans d'absence continue et de séjour à Ferney (pays de Gex), y revint mourir.

Toute sa vie il eut, prosateur ou poète, la plume en main, et répandit par la France et l'Europe son nom, ses ouvrages, sa gloire, ses idées et son autorité. Comme la prose, la poésie fut le plus souvent pour lui un instrument de propagande sociale, morale, littéraire. C'est en vers qu'il écrivit ses *Discours sur l'homme* (7 discours), son *Poème de la loi naturelle* (4 parties), ses *Contes*, ses *Satires*, ses *Épîtres*, et ses mille pièces sur tout sujet et de toute forme, qui portaient partout, avec son esprit étincelant, une idée, une vue, un grain de bon sens, un trait malin, et malheureusement aussi, pour le dire et n'y plus revenir, les sarcasmes, non pas certes d'un athée, mais d'un ennemi et d'un railleur de l'Église.

Son œuvre poétique fut multiple, mais d'inégale valeur et de fortunes diverses. — Dans la poésie légère il n'a pas de rival. — Il va de pair, dans le conte, avec La Fontaine; dans l'épître, avec Marot et Boileau. — Dans la satire il a son allure à part. — Dans la poésie épique (*la Henriade*) il n'est qu'un versificateur. — Dans la poésie lyrique il ne compte pas; dans la comédie il compte peu. — Dans la tragédie il reste, malgré d'heureuses innovations, bien loin de Corneille et de Racine, encore qu'il soit le premier

---

1. C'est une merveille que de...; ce n'est pas merveille que... (et le subjonctif). Faire merveilles. Le XVIIe siècle écrivait : A merveilles. (Étym. *mirabilia*.)
2. *Don* et *lot* sont pris ironiquement comme peut l'être, en ce sens, *privilège*. Mme de Sévigné : Il a le don de rendre mauvaises les meilleures choses.

après eux. La tragédie fut la passion la plus vive de son esprit, le délassement de ses immenses travaux, le rayon le plus éclatant de sa gloire, sinon le ressort le plus puissant de sa popularité et de son influence. Entre *Œdipe* qu'il fit à 24 ans, et *Irène* à 86 ans, il écrivit (sans compter les comédies et les opéras) 28 tragédies. Sa correspondance est remplie des détails de la préparation, de la représentation, des remaniements ou des retouches de ses pièces. Il eut son théâtre aux Délices et à Ferney, et il y jouait avec sa nièce et ses hôtes. — Ses héros et ses héroïnes dorment aujourd'hui dans ses œuvres. Une révolution considérable a changé la théorie dramatique, et ce n'est pas le style dramatique de Voltaire, d'une élégance hâtive et banale, et d'un éclat superficiel, aujourd'hui effacé, qui pouvait, à part quelques scènes éloquentes consacrées par l'admiration, sauver ses tragédies.

L'AMITIÉ

Pour les cœurs corrompus l'amitié n'est pas faite [1].
O divine amitié ! félicité parfaite !
Seul mouvement de l'âme où l'excès soit permis,
Change en biens tous les maux où le ciel m'a soumis,
Compagne de mes pas dans toutes mes demeures,
Dans toutes les saisons et dans toutes les heures ;
Sans toi tout homme est seul ; il peut, par ton appui,
Multiplier son être et vivre dans autrui.
Idole d'un cœur juste, et passion du sage,
Amitié ! que ton nom couronne cet ouvrage ;
Qu'il préside à mes vers comme il règne en mon cœur ;
Tu m'appris à connaître, à chanter le bonheur.

(*Poëme sur la loi naturelle*, IV, fin.)

AIMONS-NOUS LES UNS LES AUTRES

I

Quand l'ennemi divin des scribes et des prêtres
Chez Pilate autrefois fut traîné par des traîtres,
De cet air insolent qu'on nomme dignité,
Le Romain demanda : « Qu'est-ce que vérité ? »

---

1. CICÉRON: Amicitia sine virtute nullo modo esse potest. LACORDAIRE : Toute amitié où la vertu est absente manque de racine et n'aura pas de durée. — Voir, pour le surplus, notre Recueil de prosateurs, p. 411, note 4; et MONTAIGNE, I, 27 (Recueil de prosateurs pour les classes d'humanités, p. 49). — ARISTOTE: L'amitié est une âme en deux corps. — Proverbe grec : Ἑταῖρος, ἕτερος. — LA FONTAINE, VIII, 11 :
  Qu'un ami véritable est une douce chose!
 Il cherche vos besoins au fond de votre cœur.
   Il vous épargne la pudeur,
  De les lui découvrir vous-même ;
   Un songe, un rien, tout lui fait peur
  Quand il s'agit de ce qu'il aime.
— Cf. *infrà*, DUCIS, *Epître à l'amitié*.

L'Homme-Dieu, qui pouvait l'instruire ou le confondre,
A ce juge orgueilleux dédaigna de répondre :
Son silence éloquent disait assez à tous
Que ce vrai tant cherché ne fut point fait pour nous.
Mais lorsque, pénétré d'une ardeur ingénue,
Un simple citoyen l'aborda dans la rue,
Et que, disciple sage, il prétendit savoir
Quel est l'état de l'homme, et quel est son devoir ;
Sur ce grand intérêt, sur ce point qui nous touche,
Celui qui savait tout ouvrit alors la bouche ;
Et, dictant d'un seul mot ses décrets solennels :
« Aimez Dieu, lui dit-il, mais aimez les mortels. »
Voilà l'homme et sa loi, c'est assez : le ciel même
A daigné tout nous dire en ordonnant qu'on aime.
(Discours en vers sur l'Homme, VII.)

II

Dans nos jours passagers de peines, de misères,
Enfans du même Dieu, vivons du moins en frères ;
Aidons-nous l'un et l'autre [1] à porter nos fardeaux.
Nous marchons tous courbés sous le poids de nos maux.
Mille ennemis cruels assiègent notre vie,
Toujours par nous maudite, et toujours si chérie ;
Quelquefois, dans nos jours consacrés aux douleurs,
Par la main du plaisir nous essuyons nos pleurs ;
Mais le plaisir s'envole, et passe comme une ombre :
Nos chagrins, nos regrets, nos pertes sont sans nombre.
Notre cœur égaré, sans guide et sans appui,
Est brûlé de desirs ou glacé par l'ennui ;
Nul de nous n'a vécu sans connaître les larmes.
De la société les secourables charmes
Consolent nos douleurs au moins quelques instans :
Remède encor trop faible à des maux si constans.
Ah ! n'empoisonnons pas la douceur qui nous reste.
Je crois voir des forçats [2] dans leur cachot funeste,
Se pouvant secourir, l'un sur l'autre acharnés,
Combattre avec les fers dont ils sont enchaînés.
(Poëme sur la Loi naturelle, III.)

1. L'un et l'autre sont sujets ; nous est régime. Dans : Aidons-nous l'un l'autre, qui se dirait plus ordinairement, l'un est sujet, l'autre est régime ; ellipse qui équivaut à : Aidons-nous, que l'un aide l'autre.
2. 1º Malfaiteurs condamnés à des travaux forcés ; 2º prisonniers faits par les chrétiens ou les Turcs, et enchaînés sur les galères où ils servaient de rameurs.

LA GUERRE ET LE PATRIOTISME

J'étais, lundi passé, chez mon libraire Caille,
Qui, dans son magasin, n'a souvent rien qui vaille.
« J'ai, dit-il, par bonheur, un ouvrage nouveau,
Nécessaire aux humains, et sage autant que beau.
C'est à l'étudier qu'il faut que l'on s'applique ;
Il fait seul nos destins, prenez, c'est la *Tactique* [1].
— La *Tactique* ? lui dis-je ; hélas ! jusqu'à présent
J'ignorais la valeur de ce mot si savant.
— Ce nom, répondit-il, venu de Grèce en France [2],
Veut dire le grand art, ou l'art par excellence ;
Des plus nobles esprits il remplit tous les vœux. »
J'achetai sa *Tactique* et je me crus heureux.
J'espérais trouver l'art de prolonger ma vie,
D'adoucir les chagrins dont elle est poursuivie,
De cultiver mes goûts, d'être sans passion,
D'asservir mes desirs au joug de la raison,
D'être juste envers tous sans jamais être dupe.
Je m'enferme chez moi ; je lis ; je ne m'occupe
Que d'apprendre par cœur un livre si divin.
Mes amis ! c'était l'art d'égorger son prochain.
J'apprends qu'en Germanie autrefois un bon prêtre [3]
Pétrit, pour s'amuser, du soufre et du salpêtre [4] ;
Qu'un énorme boulet, qu'on lance avec fracas,
Doit mirer [5] un peu haut pour arriver plus bas ;
Que d'un tube de bronze [6] aussitôt la mort vole

---

1. Le comte de GUIBERT, de Montauban (1743-1790), après avoir servi dans la guerre de sept ans contre la Prusse, publia un *Essai de tactique générale*, Liège, 1773. Il devint maréchal de camp. Auteur de trois tragédies (*le Connétable de Bourbon*, *Les Gracches*, *Anne de Boulen*) et de divers éloges (de Catinat, de L'Hospital, de Frédéric II), il entra à l'Académie française en 1786.

2. Ἡ τακτική [τέχνη], de τάσσω, ordonner [les troupes].

3. « Ce fut, dit-on, un Allemand nommé Schwartz, ou moine noir, qui trouva le secret de la poudre inflammable, au XIVe siècle. » (Note de VOLTAIRE.) La vérité est, croit-on, que déjà les Chinois connaissaient la poudre, que déjà les Arabes avaient inventé le canon. Berthold Schwartz, cordelier de Fribourg, substitua aux pièces de fer reliées par des cercles de fer, dont se composaient les premiers canons, des pièces formées par un alliage métallique, capable de résister à l'action du tir, perfectionnement qui fit faire de grands progrès à l'artillerie.

4. Voyez page 285, note 4.

5. *Mirer*, mettre l'objet visé, ou *point de mire*, sur la même ligne que la *mire*, ou bouton placé à la pointe de l'arme. Étym. : l'italien *mirare* de *mirari*, admirer, et, par atténuation du sens étymologique, contempler, regarder.

6. Périphrase conforme au sens étymologique de *canon* (de *canna*, roseau tubulaire et creux), qui a désigné d'abord, au moyen âge, tout engin de guerre, de forme tubulaire, lançant des carreaux (pierres), etc.

Dans la direction que fait la parabole [1],
Et renverse en deux coups, prudemment ménagés,
Cent automates [2] bleus, à la file rangés.
Mousquet, poignard, épée ou tranchante ou pointue,
Tout est bon, tout va bien, tout sert, pourvu qu'on tue...
　　Étrangement surpris de cet art si vanté,
Je cours chez monsieur Caille, encore épouvanté ;
Je lui rends son volume, et lui dis en colère :
« Allez, de Belzébuth détestable libraire !
Allez ; adressez-vous à monsieur Romanzof [3],
Aux vainqueurs tout sanglans de Bender et d'Azof.
A Frédéric [4] surtout offrez ce bel ouvrage,
Et soyez convaincu qu'il en sait davantage :
Lucifer l'inspira bien mieux que votre auteur ;
Il est maître passé [5] dans cet art plein d'horreur,
Plus adroit meurtrier que Gustave et qu'Eugène [6].
Allez ; je ne crois pas que la nature humaine
Sortit un jour des mains de Dieu, son créateur,
Pour insulter ainsi l'éternel bienfaiteur,
Pour montrer tant de rage et tant d'extravagance.
L'homme avec ses dix doigts, sans armes, sans défense,
N'a point été formé pour abréger des jours
Que la nécessité rendait déjà si courts.
La goutte avec sa craie, et la glaire endurcie
Qui se forme en cailloux au fond de la vessie [7],

---

1. Nom donné abusivement (LITTRÉ) à la courbe (trajectoire) décrite dans l'atmosphère par un projectile que la gravitation détourne de la ligne droite.
2. *Automate* (αὐτός, même ; μάτος, effort, de μαίομαι, chercher, s'efforcer), machine mue par des ressorts, et particulièrement imitant les êtres vivants. Ainsi appelle VOLTAIRE les soldats mus par les commandements qu'ils reçoivent.
3. Feld-maréchal russe (1730-1796) qui prit, entre autres villes, celles que mentionne le vers suivant.
4. Frédéric II, dit le Grand, roi de Prusse, de 1740 à 1786, un des grands hommes de guerre modernes. Voir la note suivante.
5. Se dit au propre de l'apprenti qui, dans un corps de métier, *passe* et est reçu *maître*; s'emploie au fig. LA FONTAINE, III, 5 :
　　　L'autre *étoit passé* maître en fait de tromperie.
ID., VI, 19 :
　　Que l'on m'amène un âne, un âne renforcé :
　　Je le rendrai *maître passé*.
6. Deux grands hommes de guerre des XVIIe et XVIIIe siècles. — Gustave-Adolphe, roi de Suède de 1611 à 1632 (voir dans notre Recueil de prosateurs, le récit de sa mort par le P. DANIEL). Eugène de Savoie (1663-1736), connu sous le nom du Prince Eugène, fils du duc de Savoie-Carignan, comte de Soissons, et d'une nièce de Mazarin. Servit l'Autriche contre la France et la Turquie.
7. *Glaire* (étym. controversée), humeur secrétée (séparée, rejetée, sortant de...) par certaines membranes. — La maladie que désigne cette périphrase est vulgairement appelée la *pierre*.

La fièvre, le catarrhe ¹, et cent maux plus affreux,
Cent charlatans fourrés, encor plus dangereux ²,
Auraient suffi, sans doute, au malheur de la terre,
Sans que l'homme inventât ce grand art de la guerre. »
   En m'expliquant ainsi, je vis que dans un coin
Un jeune curieux m'observait avec soin ;
Son habit d'ordonnance ³ avait deux épaulettes,
De son grade à la guerre éclatans interprètes ;
Ses regards assurés, mais tranquilles et doux,
Annonçaient ses talens, sans marquer de courroux ;
De la *Tactique*, enfin, c'était l'auteur lui-même.
   « Je conçois, me dit-il, la répugnance extrême
Qu'un vieillard philosophe, ami du monde entier,
Dans son cœur attendri se sent pour mon métier ;
Il n'est pas fort humain, mais il est nécessaire.
L'homme est né bien méchant ; Caïn tua son frère ;
Et nos frères les Huns, les Francs, les Visigoths ⁴,
Des bords du Tanaïs accourant à grands flots,
N'auraient point désolé les rives de la Seine
Si nous avions mieux su la Tactique romaine.
Guerrier, né d'un guerrier, je professe aujourd'hui
L'art de garder son bien, non de voler autrui.
Eh quoi ! vous vous plaignez qu'on cherche à vous défendre !
Seriez-vous bien content qu'un Goth vînt mettre en cendre
Vos arbres, vos moissons, vos granges, vos châteaux ?
Il vous faut de bons chiens pour garder vos troupeaux.
Il est, n'en doutez point, des guerres légitimes,
Et tous les grands exploits ne sont pas de grands crimes.
Vous-même, à ce qu'on dit, vous chantiez autrefois
Les généreux travaux de ce cher Béarnois ⁵ ;
Il soutenait le droit de sa naissance auguste ;
La Ligue ⁶ était coupable, Henri quatre était juste.
Mais, sans vous retracer les faits de ce grand roi,
Ne vous souvient-il plus du jour de Fontenoi ⁷,

---

1. Flux morbide d'une membrane muqueuse (Etym. : κατά, ῥέω, couler).
2. C'est l'épigramme traditionnelle (voir MOLIÈRE, *L'Amour médecin*, etc., contre les médecins. — *Fourrés*, garni de fourrures, insignes de leur grade dans la Faculté. BOILEAU, *Sat.* VIII : Un escadron « fourré » de pédants.
3. Auj. habit d'uniforme, ou uniforme.
4. Peuples barbares, qui, de Scythie ou de Germanie, envahirent l'empire romain au vᵉ siècle de l'ère chrétienne.
5. Allusion à la *Henriade* de VOLTAIRE.
6. La *Ligue* catholique formée en 1576 contre Henri III, qui combattit, après lui, son héritier royal Henri IV.
7. L'armée française, commandée par le maréchal de Saxe, battit, le

Quand la colonne anglaise, avec ordre animée,
Marchait à pas comptés à travers notre armée?
Trop fortuné badaud [1]!... dans les murs de Paris,
Vous faisiez, en riant, la guerre aux beaux esprits.
Qu'aurait fait tout Paris, si Louis, en personne,
N'eût passé le matin sur le pont de Calonne [2],
Et si tous vos césars à quatre sous par jour
N'eussent bravé l'Anglais qui partit sans retour?
Vous savez quel mortel [3], amoureux de la gloire,
Avec quatre canons ramena la victoire.
Ce fut au prix du sang du généreux Gramont,
Et du sage Luttaux, et du jeune Craon,
Que de vos beaux esprits les bruyantes cohues
Composaient les chansons qui couraient dans les rues;
Ou qu'ils venaient gaîment, avec un ris malin,
Siffler *Sémiramis*, *Mérope* et l'*Orphelin* [4].....
Souffrez donc qu'un soldat prenne au moins la défense
D'un art qui fit longtemps la grandeur de la France,
Et qui des citoyens assure le repos. »
  Monsieur Guibert se tut après ce long propos.
Moi, je me tus aussi, n'ayant rien à redire.
De la droite raison je sentis tout l'empire ;
Je conçus que la guerre est le premier des arts,
Et que le peintre heureux des Bourbons, des Bayards [5],
En dictant leurs leçons, était digne peut-être
De commander déjà dans l'art dont il est maître.
  Mais, je vous l'avoûrai, je formai des souhaits
Pour que ce beau métier ne s'exerçât jamais,
Et qu'enfin l'équité fît régner sur la terre
L'impraticable paix de l'abbé de Saint-Pierre [6].

(*Satires*. — *La Tactique*, 1773.)

11 mai 1745, près de Fontenoi, village du Hainaut, sur l'Escaut, les armées alliées, anglaise, autrichienne et hollandaise.
 1. Oisif curieux. Etym.(?): bas-latin *badare*, bâiller.
 2. Pont sur l'Escaut, près de Fontenoi.
 3. Le maréchal de Richelieu, quand la victoire était indécise, donna le conseil, qui fut suivi, de faire battre en écharpe par quatre canons une formidable colonne anglaise, qu'assaillirent en tête la cavalerie française, sur les côtés l'infanterie : elle fut détruite. — Voltaire, dans une lettre au maréchal (10 déc. 1773), lui parle de la *Tactique* et de la part que quelques-uns lui contestaient dans le gain de la bataille.
 4. Titres de tragédies de Voltaire. — Il est étrange que la mémoire du poète ne le serve pas mieux : deux de ces tragédies sont postérieures à Fontenoi: *Sémiramis* est de 1748; l'*Orphelin de la Chine*, de 1755.
 5. Voir la note 1, page 289.
 6. Son *Projet de paix perpétuelle* est de 1713. — Né en 1658, mort en 1743. — La langue lui doit le mot « bienfaisance. »

UNIVERSALITÉ[1] DE GOÛTS

. . . .
Le véritable esprit sait se plier à tout ;
On ne vit qu'à demi quand on n'a qu'un seul goût.
Je plains tout être foible, aveugle en sa manie,
Qui dans un seul objet confina son génie,
Et qui, de son idole adorateur charmé,
Veut immoler le reste au dieu qu'il s'est formé.
    Entends-tu murmurer ce sauvage algébriste[2],
A la démarche lente, au teint blême, à l'œil triste,
Qui, d'un calcul aride à peine encore instruit,
Sait que quatre est à deux comme seize est à huit ?
Il méprise Racine, il insulte à Corneille[3] ;
Lulli[4] n'a point de sons pour sa pesante oreille,
Et Rubens[5] vainement sous ses pinceaux flatteurs
De la belle nature assortit les couleurs.
Des xx redoublés admirant la puissance,
Il croit que Varignon[6] fut seul utile en France,
Et s'étonne surtout qu'inspiré par l'amour,
Sans algèbre, autrefois, Quinault charmât la cour.
    Avec non moins d'orgueil et non moins de folie,
Un élève d'Euterpe, un enfant de Thalie[7],
Qui, dans ses vers pillés, nous répète aujourd'hui
Ce qu'on a dit cent fois, et toujours mieux que lui,
De sa frivole muse admirateur unique,
Conçoit pour tout le reste un dégoût léthargique,

---

1. CHARRON dit déjà au XVIe siècle, « l'universalité d'esprit » ; LA BRUYÈRE : Les esprits bornés et resserrés dans leur petite sphère ne peuvent comprendre cette universalité de talens que l'on remarque quelquefois dans un même sujet. VOLTAIRE dit à la czarine Catherine II, FRÉDÉRIC II dit à Voltaire : Votre universalité.

2. Celui qui est versé dans l'algèbre (science des grandeurs considérées d'une manière générale et abstraite ; étym. arabe). — On dit proverbialement : Il ne faut pas être grand algébriste pour comprendre que.... C'est de l'algèbre pour moi.

3. *Insulter* signifie : actif, attaquer et offenser quelqu'un par acte ou parole ; neutre, manquer au respect que l'on doit à, et, dans cet emploi, peut régir un nom de chose. RACINE, *Esther*, I, 4 :
    Nos superbes vainqueurs, insultant à nos larmes.

4. J.-B. LULLI, de Florence (1633-1687), venu jeune en France, fut surintendant de la musique du roi. Il reste le plus célèbre compositeur du XVIIe siècle en France. QUINAULT (voir page 123) fit les paroles de la plupart de ses 19 opéras.

5. Voyez page 296, note 5.

6. 1654-1722, de Caen, célèbre géomètre ; de l'académie des sciences en 1688.

7. Deux des neuf Muses ; *Euterpe*, muse de la musique, *Thalie*, de la comédie, de la poésie lyrique, en général de la poésie.

Prend pour des arpenteurs Archimède et Newton [1],
Et voudrait mettre en vers Aristote et Platon.
  Ce bœuf qui pesamment rumine ses problèmes,
Ce papillon folâtre, ennemi des systèmes,
Sont regardés tous deux avec un ris moqueur
Par un bavard en robe, apprenti chicaneur [2],
Qui, de papiers timbrés barbouilleur mercenaire,
Vous vend pour un écu sa plume et sa colère [3].
  Ainsi ces charlatans [4], de leur art idolâtres,
Attroupent un vain peuple au pied de leurs théâtres.
L'honnête homme est plus juste ; il approuve en autrui
Les arts et les talens qu'il ne sent point en lui.

(Epitres, LI.)

LE DIEU DU GOÛT [5]

Je vis ce dieu qu'en vain j'implore,
Ce dieu charmant que l'on ignore
Quand on cherche à le définir [6],
Ce dieu qu'on ne sait point servir

---

1. ARCHIMÈDE, de Syracuse (287-212 av. J.-C.), géomètre et physicien. Plusieurs de ses ouvrages existent encore. — NEWTON (Isaac), un des plus grands génies de l'Angleterre, mathématicien, physicien et astronome (1642-1727).

2. Avocat ou procureur (auj. avoué). On a appelé le Palais de Justice « l'antre de la chicane ». La chicane personnifiée est le démon des procès (Voyez BOILEAU, *Lutrin*, V). ID., *Sat.*, VIII :

La Chicane en fureur mugit dans la grand'salle.

— Ety.: Τζυκάνιον, jeu du mail, d'où ont dérivé les sens de: disputer la partie, disputer dans un procès.

3. SÉNÈQUE, tragéd. d'*Hercules furens*, vers 172:

Hic, clamosi rabiosa fori
Jurgia vendens, improbus iras
Et verba locat.

4. Etym.: l'italien *ciarlatano*, de *ciarlare*, babiller. 1º Opérateur de foire, qui débite ses drogues, 2º tous ceux qui exploitent la crédulité publique. Un charlatan politique. Un médecin qui n'est point charlatan (adj.), dit Mme DE SÉVIGNÉ. LA FONTAINE, II, 13 :

Charlatans, faiseurs d'horoscope....

ID., VI, 19 :

Le monde n'a jamais manqué de charlatans.

5. Le poème (1732) mélange de prose et de vers, est tout entier une allégorie. VOLTAIRE feint un « pèlerinage » au « *Temple du goût* ». Il en décrit avant tout les abords, embarrassés par les mauvais écrivains, musiciens, peintres et architectes ; arrive à l'entrée, sévèrement défendue par la Critique, et pénètre enfin « jusqu'à l'autel et jusqu'au trône du dieu du Goût. »

6. Comme la « grâce ». Voyez ce qu'en disent les vers charmants de DELILLE (*L'Imagination*, chant III) :

L'univers enchanté
Vit éclore un pouvoir plus sûr que la beauté,
Qui souvent l'embellit, qui souvent la remplace.

Quand avec scrupule on l'adore ;
Que La Fontaine fait sentir,
Et que Vadius [1] cherche encore.
Il se plaisait à consulter
Ces grâces simples et naïves
Que les nations attentives
Voulurent souvent imiter,
Qui de l'art ne sont point captives ;
Qui régnaient jadis à la cour,
Et que la nature et l'amour
Avaient fait naître sur nos rives.
Il est toujours environné
De leur troupe tendre et légère ;
C'est par leurs mains qu'il est orné ;
C'est par leurs charmes qu'il sait plaire :
Elles-mêmes l'ont couronné
D'un diadème qu'au Parnasse
Composa jadis Apollon
Du laurier du divin Maron [2],
Du lierre et du myrte d'Horace [3]

> Qui nous plaît en tous lieux, en tous temps : c'est la grâce.
> Et comment définir, expliquer ses appas?
> Ah ! la grâce se sent et ne s'explique pas.
> Rien n'est si vaporeux que ses teintes légères ;
> L'œil se plaît à saisir ses formes passagères ;
> Elle brille à demi, se fait voir un moment :
> C'est ce parfum dans l'air exhalé doucement ;
> C'est cette fleur qu'on voit négligemment éclore,
> Et qui, prête à s'ouvrir, semble hésiter encore.
> L'esprit qui, sous son voile aime à la deviner,
> Joint au plaisir de voir celui d'imaginer.
> L'imagination en secret la préfère
> A la froide beauté constamment régulière.
> Je ne sais quoi nous plaît dans ses traits indécis,
> Que la beauté n'a point dans ses contours précis....
> Cette soudaineté, que nous vante Montagne,
> Et l'heureux à-propos en tous temps l'accompagne ;
> Elle doit au hasard ses plus piquans attraits ;
> Toujours elle rencontre, et ne cherche jamais ;
> Peu savent la trouver, mais la trouvent sans peine
> Elle craint le travail et redoute la gêne ;
> L'air d'effort lui déplaît ; et, lorsque dans sa main
> Vénus tient en riant les marteaux de Vulcain,
> Un air d'aisance encore embellit la déesse.
> Le caprice sied bien à cette enchanteresse :
> On l'oublie, elle vient ; on la cherche, elle fuit.
> C'est la nymphe échappant au berger qui la suit,
> Et qu'un doux repentir ramène plus charmante.
> Sa négligence plaît, et son désordre enchante.

1. Le poète ridicule des *Femmes savantes* de Molière (III, 5.)
2. On sait que c'est le *agnomen* de Virgile (P. Virgilius Maro).
3. HORACE, *Od.*, I, 1 :

> Me doctarum hederæ præmia frontium
> Dis miscent superis.

ID., *ibid.*, 4 :

> Nunc decet aut viridi nitidum caput impedire *myrto*.

Et des roses d'Anacréon [1].
Sur son front règne la sagesse ;
Le sentiment et la finesse
Brillent tendrement dans ses yeux ;
Son air est vif, ingénieux.....
 Non loin de lui Rollin [2] dictait
Quelques leçons à la jeunesse,
Et, quoiqu'en robe, on l'écoutait.
Près de là, dans un cabinet,
Que Girardon et le Puget [3]
Embellissaient de leur sculpture,
Le Poussin sagement peignait,
Le Brun fièrement dessinait,
Le Sueur entre eux se plaçait [4] :
On l'y regardait sans murmure ;
Et le dieu, qui de l'œil suivait
Les traits de leur main libre et sûre,
En les admirant se plaignait
De voir qu'à leur docte peinture,
Malgré leurs efforts, il manquait
Le coloris de la nature :
Sous ses yeux, des amours badins
Ranimaient ces touches savantes
Avec un pinceau que leurs mains
Trempaient dans les couleurs brillantes
De la palette de Rubens [5].

(*Le Temple du Goût* [6].)

1. HORACE, *Od.*, II, 3 :
  Huc vina, et unguenta et nimium breves
  Flores amœnæ ferre jube rosæ

Vin, parfums, rose consacrée à Vénus, c'est ce que chante Anacréon : on le représente ordinairement la tête couronnée de roses.

2. Voyez dans notre Recueil de prosateurs, page 207 sqq.

3. GIRARDON (François), de Troyes, 1628-1715, sculpteur. Voir dans l'église de la Sorbonne son *Mausolée de Richelieu*. — PUGET (Pierre), de Marseille, 1622-1694, sculpteur. Voir au Louvre son *Milon de Crotone*, son bas-relief d'*Alexandre et Diogène*, etc.

4. Les trois maîtres de la peinture française au xviie siècle (ajoutez-y Philippe de Champagne, Rigaud et Mignard). — POUSSIN (Nicolas), des Andelys, 1594-1665. Voir au Louvre ses nombreux tableaux. — LE BRUN (Charles), 1619-1690, directeur général des arts sous Louis XIV. Voir au Louvre, en particulier, ses *Batailles d'Alexandre*. — LE SUEUR (Eustache), de Paris, 1616-1655. Voir au Louvre, en particulier sa *Vie de saint Bruno* (22 tableaux), ses *Muses* (19 tableaux), etc.

5. RUBENS (Pierre Paul), peintre flamand, 1577-1640. Voir au Louvre, en particulier la série des 21 tableaux allégoriques de la vie de Marie de Médicis.

6. Le poète voit ensuite sur l'autel du dieu le plan des plus beaux édifices de Paris dus aux architectes du xviie et du xviiie siècle ; dans le sanctuaire Bossuet, Fénelon, Corneille, Racine, Molière, La Fontaine, etc.

L'HEURE DE LA RETRAITE

Croyez qu'un vieillard cacochyme [1],
Chargé de soixante-douze ans,
Doit mettre, s'il a quelque sens,
Son âme et son corps au régime.
Dieu fit la douce illusion
Pour les heureux fous du bel âge,
Pour les vieux fous l'ambition,
Et la retraite pour le sage.
  Vous me direz qu'Anacréon,
Que Chaulieu même et Saint-Aulaire [2]
Tiraient encor quelque chanson
De leur cervelle octogénaire.
Mais ces exemples sont trompeurs ;
Et, quand les derniers jours d'automne
Laissent éclore quelques fleurs,
On ne leur voit point les couleurs
Et l'éclat que le printemps donne ;
Les bergères et les pasteurs
N'en forment point une couronne.....

(*Epîtres*; LXXXVIII, *à M. le chevalier de Boufflers* [3], 1766.)

A UN BAVARD

Il faudrait penser pour écrire :
Il vaut encor mieux effacer.
Les auteurs quelquefois ont écrit sans penser,
Comme on parle souvent sans avoir rien à dire.

(*Poésies mêlées*, CLXVII.)

---

1. J.-J. ROUSSEAU : Enfant maladif et cacochyme. — Un cacochyme, subst. (de κακός, χυμός, suc, chyme, substance alimentaire digérée par l'estomac), signifie : dont le corps, mal réparé par les fonctions digestives, se détériore.
2. L'abbé de CHAULIEU (voy. page 123), surnommé l' « Anacréon du Temple » (le grand prieur de Vendôme réunissait au Temple, à Paris, des convives amis des lettres et de la poésie). — SAINT-AULAIRE (1643-1742), servit, se fit poète sur le tard, et entra à l'Académie en 1706.
3. 1738-1815, abbé, soldat, voyageur, gouverneur du Sénégal, membre de l'assemblée constituante (1789), ne cessa d'écrire des poésies légères et spirituelles. Il entra à l'Académie en 1788.

LA DISCRÉTION

UNE MÈRE A SON FILS

N'attendez pas, mon fils, qu'avec un ton sévère
Je déploie à vos yeux l'autorité de mère :
Toujours prête à me rendre à vos justes raisons,
Je vous donne un conseil, et non pas des leçons ;
C'est mon cœur qui vous parle, et mon expérience
Fait que ce cœur pour vous se trouble par avance.
Depuis deux mois au plus vous êtes à la cour :
Vous ne connaissez pas ce dangereux séjour ;
Sur un nouveau venu le courtisan perfide
Avec malignité jette un regard avide,
Pénètre ses défauts, et dès le premier jour
Sans pitié le condamne, et même sans retour [1].
Craignez de ces messieurs la malice [2] profonde.
Le premier pas, mon fils, que l'on fait dans le monde
Est celui dont dépend le reste de nos jours :
Ridicule une fois, on vous le croit toujours ;
L'impression demeure. En vain, croissant en âge,
On [3] change de conduite, on prend un air plus sage :
On souffre encor longtemps de ce vieux préjugé [4] ;
On est suspect encor lorsqu'on est corrigé.
Et j'ai vu quelquefois payer dans la vieillesse
Le tribut des défauts qu'on eut dans la jeunesse.
Connaissez donc le monde, et songez qu'aujourd'hui
Il faut que vous viviez pour vous moins que pour lui.
Vous êtes indiscret : ma trop longue indulgence
Pardonna ce défaut au feu [5] de votre enfance ;
Dans un âge plus mûr il cause ma frayeur.
Vous avez des talens, de l'esprit et du cœur ;
Mais croyez qu'en ce lieu tout rempli d'injustice
Il n'est point de vertu qui rachète les vices,
Qu'on cite nos défauts en toute occasion,
Que le pire de tous est l'indiscrétion,
Et qu'à la cour, mon fils, l'art le plus nécessaire
N'est pas de bien parler, mais de savoir se taire.

---

1. On dit de même *revenir* d'une opinion, d'une prévention.
2. *Malignité* (vers 10) explique le sens de malice (*malitia*).
3. *On* vous le croit... ; *on* change... Le *on* qui croit n'est pas le *on* qui change. Cf. page 29, note 8.
4. *Préjugé*, opinion qu'on a préconçue avant d'avoir pu juger.
5. A la vivacité, à la fougue.

Ce n'est pas en ce lieu que la société
Permet ces entretiens remplis de liberté :
Le plus souvent, ici, l'on parle sans rien dire,
Et les plus ennuyeux savent s'y mieux [1] conduire.
Je connais cette cour : on peut fort la blâmer ;
Mais, lorsqu'on y demeure, il faut s'y conformer.....
Paraissez ignorer ce qu'on fait, ce qu'on dit ;
Cachez vos sentimens et même votre esprit ;
Surtout de vos secrets soyez toujours le maître.
Qui dit celui d'autrui doit passer pour un traître ;
Qui dit le sien, mon fils, passe ici pour un sot.

(*L'Indiscret*, comédie, scène 1re.)

RÉCIT DE LA MORT DE POLYPHONTE [2]

ISMÉNIE, confidente de Mérope; NARBAS, vieillard, gouverneur d'Egisthe; Peuple.

ISMÉNIE

La victime était prête, et de fleurs couronnée ;
L'autel étincelait des flambeaux d'hyménée ;
Polyphonte, l'œil fixe et d'un front inhumain,
Présentait à Mérope une odieuse main ;
Le prêtre prononçait les paroles sacrées ;
Et la reine, au milieu des femmes éplorées,
S'avançant tristement, tremblante entre mes bras [3],
Au lieu de l'hyménée invoquait le trépas :
Le peuple observait tout dans un profond silence.
Dans l'enceinte sacrée en ce moment s'avance

---

1. Sont ceux qui savent se conduire *le* mieux. Voyez page 39, note 3.
2. Depuis quinze ans Messène est dans l'anarchie : son roi Cresphonte a été assassiné avec ses deux fils aînés ; le dernier a été sauvé par le vieux Narbas. Le peuple réclame enfin un roi : un soldat de fortune, Polyphonte, aspire à la succession de Cresphonte et à la main de Mérope, sa veuve, qui ignore qu'il est le meurtrier de son mari et de ses enfants. — Ici commence la pièce. — On amène un jeune étranger dans lequel Mérope croit voir l'assassin de son dernier fils. Elle va le frapper : Narbas le lui nomme, c'est Egisthe, c'est son fils, et il lui révèle en même temps les crimes de Polyphonte qui ne poursuit qu'un but, c'est de retrouver et d'ajouter à ses premières victimes le dernier héritier du trône. Une seconde fois Egisthe va mourir. Sa mère le sauve en promettant à l'usurpateur la main de la mère et le serment d'obéissance du fils. Egisthe feint d'accepter, tue Polyphonte et est proclamé roi. — Sujet traité par EURIPIDE, par plusieurs poëtes en France au XVIIIe siècle, en Italie par TORELLI (1536-1608) et en 1713 par le marquis MAFFEI (1675-1755) auquel Voltaire dédia sa tragédie (1743).
3. On a souvent signalé dans ce vers traînant et pénible un heureux effet d'harmonie expressive.

Un jeune homme, un héros, semblable aux immortels :
Il court, c'était Egisthe ; il s'élance aux autels ;
Il monte, il y saisit d'une main assurée
Pour les fêtes des dieux la hache préparée.
Les éclairs sont moins prompts [1] : je l'ai vu de mes yeux,
Je l'ai vu qui frappait ce monstre audacieux.
« Meurs, tyran, disait-il ; dieux, prenez vos victimes. »
Erox, qui de son maître a servi tous les crimes [2],
Erox, qui dans son sang voit ce monstre nager,
Lève une main hardie et pense le venger [3].
Egisthe se retourne, enflammé de furie ;
A côté de son maître il le jette sans vie [4]
Le tyran se relève : il blesse le héros ;
De leur sang confondu j'ai vu couler les flots.
Déjà la garde accourt avec des cris de rage.
Sa mère... Ah ! que l'amour inspire de courage !
Quel transport animait ses efforts et ses pas !
Sa mère... Elle s'élance au milieu des soldats.
« C'est mon fils ! arrêtez, cessez, troupe inhumaine !
C'est mon fils ! déchirez sa mère et votre reine,
Ce sein qui l'a nourri, ces flancs qui l'ont porté ! »
A ces cris douloureux le peuple est agité :
Une foule d'amis, que son danger excite,
Entre elle et ses soldats vole et se précipite.
Vous eussiez vu soudain les autels renversés,
Dans des ruisseaux de sang leurs débris dispersés ;
Les enfans écrasés dans les bras de leurs mères,
Les frères méconnus, immolés par leurs frères :
Soldats, prêtres, amis, l'un sur l'autre expirans :
On marche, on est porté sur les corps des mourans.
On veut fuir, on revient ; et la foule pressée
D'un bout du temple à l'autre est vingt fois repoussée.

1. On dit : Frapper avec la rapidité de l'éclair.
2. On dit plus ordinairement : Servir la vengeance de..., et : Etre l'instrument des crimes de...
3. *Penser* peut s'employer comme ici, dans le sens, soit de : Espérer ; RACINE, *Andr*., V, 1 :

Il pense voir en pleurs dissiper cet orage ;

soit de : Etre sur le point de ; Mme DE SÉVIGNÉ : ... Ils pensèrent mourir de douleur. Et, impersonnellement : MONTESQUIEU : Il pensa y avoir en Orient une révolution. — Cf. : Ils faillirent mourir de douleur. Il fallit y avoir, etc.
4. L'abat. CORNEILLE, *Nicomède*, V, 8 :

Quand dans le sein d'Araspe un poignard enfoncé
Le jette aux pieds du prince.

De ces flots confondus le flux impétueux [1]
Roule et dérobe Égisthe et la reine à mes yeux.
Parmi les combattans je vole ensanglantée ;
J'interroge à grands cris la foule épouvantée.
Tout ce qu'on me répond redouble mon horreur.
On s'écrie : « Il est mort, il tombe, il est vainqueur. »
Je cours, je me consume [2], et le peuple m'entraîne,
Me jette en ce palais, éplorée, incertaine,
Au milieu des mourans, des morts et des débris.
Venez, suivez mes pas, joignez-vous à mes cris [3] ;
Venez. J'ignore encor si la reine est sauvée,
Si de son digne fils la vie est conservée,
Si le tyran n'est plus. Le trouble, la terreur,
Tout ce désordre horrible est encor dans mon cœur.
(Mérope, V, 6.)

BRUTUS JUGÉ PAR CÉSAR

CÉSAR, ANTOINE

. . . .

ANTOINE.
Quoi ! faut-il que du sort la tyrannique loi,
César, te donne un fils si peu semblable à toi [4] !
CÉSAR.
Il a d'autres vertus : son superbe courage
Flatte en secret le mien, même alors qu'il l'outrage.
Il m'irrite, il me plaît ; son cœur indépendant
Sur mes sens étonnés prend un fier ascendant [5].
Sa fermeté m'impose, et je l'excuse même
De condamner en moi l'autorité suprême :
Soit qu'étant homme et père, un charme séducteur,
L'excusant à mes yeux, me trompe en sa faveur ;

---

1. Métaphore hyperbolique et ampoulée. Le tableau que déroulent les vers précédents résume les qualités et les défauts du style tragique de Voltaire : mouvement, abondance, facilité, mais diffusion et remplissage.
2. C.-à-d Je fis de *vains efforts*, compléments ordinaires de ce verbe. RACINE, *Iphig.*, V. 6 :
   Hélas ! je me consume en impuissans efforts.
Auj. ce verbe réfléchi, employé sans complément, signifie : s'épuiser de travail, de douleur.
3. Joignez vos cris aux miens.
4. Antoine vient d'apprendre de César que Brutus est son fils, né d'un mariage secret avec Servilie sœur de Caton.
5. *Ascendant*, autorité. BOSSUET *Or. fun. de Le Tellier* : Il prenoit sur les esprits un ascendant que la raison lui donnoit.

Soit qu'étant né Romain, la voix de ma patri
Me parle malgré moi contre ma tyrannie,
Et que la liberté que je viens d'opprimer,
Plus forte encor que moi, me condamne à l'aimer.
Te dirai-je encor plus ? Si Brutus me doit l'être,
S'il est fils de César, il doit haïr un maître.
J'ai pensé comme lui dès mes plus jeunes ans ;
J'ai détesté Sylla, j'ai haï les tyrans.
J'eusse été citoyen, si l'orgueilleux Pompée
N'eût voulu m'opprimer sous sa gloire usurpée ;
Né fier, ambitieux, mais né pour les vertus,
Si je n'étais César, j'aurais été Brutus [1].

(*La Mort de César*, I, 1.)

LUSIGNAN À ZAÏRE, SA FILLE [2]

ZAÏRE, LUSIGNAN ; CHATILLON, NÉRESTAN, chevaliers français ; plusieurs esclaves chrétiens.

LUSIGNAN.

Mon Dieu ! j'ai combattu soixante ans pour ta gloire ;
J'ai vu tomber ton temple et périr ta mémoire ;
Dans un cachot affreux abandonné vingt ans,
Mes larmes t'imploraient pour mes tristes enfans ;
Et, lorsque ma famille est par toi réunie,
Quand je trouve une fille, elle est ton ennemie !
Je suis bien malheureux... C'est ton père, c'est moi [3],
C'est ma seule prison qui t'a ravi la foi.
Ma fille, tendre objet de mes dernières peines,
Songe au moins, songe au sang qui coule dans tes veines :
C'est le sang de vingt rois, tous chrétiens comme moi ;
C'est le sang des héros défenseurs de ma loi ;
C'est le sang des martyrs... O fille encor trop chère !
Connais-tu ton destin ? sais-tu quelle est ta mère ?
Sais-tu bien qu'à l'instant que son flanc mit au jour

---

1. Le style de ce morceau a, sauf quelques répétitions de termes (*opprimer*, par exemple), la précision qui manque au style du précédent.

2. Orosman, soudan de Jérusalem (XIIIᵉ siècle) aime une jeune fille, Zaïre, qui, dès sa première enfance, faite prisonnière à Césarée, ville chrétienne, avait été élevée auprès de lui dans la foi musulmane. Elle l'aime : Il va l'épouser. Parmi les chrétiens, prisonniers comme elle, dont il est prêt à accepter la rançon, se trouve un vieillard, le prince de Lusignan, dernier représentant de la dynastie des rois de Jérusalem. Il reconnaît dans Zaïre, à une petite croix que renferme un joyau de son bras, sa fille ; et il la retrouve musulmane !

3. « C'est moi, c'est ton père » eût été plus logique.

Ce triste et dernier fruit d'un malheureux amour,
Je la vis massacrer par la main forcenée,
Par la main des brigands à qui tu t'es donnée?
Tes frères, ces martyrs égorgés à mes yeux,
T'ouvrent leurs bras sanglans, tendus du haut des cieux;
Ton Dieu que tu trahis, ton Dieu que tu blasphèmes,
Pour toi, pour l'univers, est mort en ces lieux mêmes [1],
En ces lieux où mon bras le servit tant de fois,
En ces lieux où son sang te parle par ma voix.
Vois ces murs, vois ce temple envahi par tes maîtres :
Tout annonce le Dieu qu'ont vengé tes ancêtres.
Tourne les yeux, sa tombe est près de ce palais;
C'est ici la montagne où, lavant nos forfaits,
Il voulut expirer sous les coups de l'impie;
C'est là que de la tombe il rappela sa vie.
Tu ne saurais marcher dans cet auguste lieu,
Tu n'y peux faire un pas sans y trouver ton Dieu;
Et tu n'y peux rester sans renier ton père,
Ton honneur qui te parle, et ton Dieu qui t'éclaire.
Je te vois dans mes bras et pleurer et frémir;
Sur ton front pâlissant Dieu met le repentir;
Je vois la vérité dans ton cœur descendue;
Je retrouve ma fille après l'avoir perdue;
Et je reprends ma gloire et ma félicité,
En dérobant mon sang à l'infidélité.

(*Zaïre*, II, 3.)

DUCIS
1733-1816

Jean-François Ducis, de Versailles, a une place à part dans le théâtre du XVIIIe siècle. Voltaire avait essayé, à l'imitation du théâtre anglais, qu'il avait connu pendant son séjour à Londres, de donner à la scène française plus de mouvement. Ducis fit plus; avec une hardiesse remarquée jadis, mais avec des tempéraments taxés aujourd'hui de timidité, il transporta sur notre scène plusieurs des drames de Shakespeare (1769-1792), et notre siècle n'a pas oublié encore la physionomie que Talma, son ami, donnait à son *Hamlet*. C'est la partie la plus considérable de son œuvre dramatique. Il y faut ajouter *OEdipe chez Admète* (1778), qu'il emprunta à Sophocle et à Euripide, *Abufer ou la famille Arabe* (1795), qu'il ne dut qu'à lui-même.

---

[1]. La scène se passe à Jérusalem.

Génie énergique et âme tendre, la vigueur et l'émotion sont les caractères de son style tragique ; un mélange de sensibilité et de naïveté, de rudesse et de grâce est le caractère de ses *Epîtres* et de ses petites pièces diverses, confidences de son cœur et de son foyer. Sur le fond de facilité légère et galante, d'élégances banales et décolorées, d'industrie descriptive, qui, à part l'incomparable Chénier, est trop souvent le propre de la poésie de ses contemporains, c'est peut-être la poésie de Ducis qui, dans le dernier quart du siècle, ressort avec le plus de charme et d'originalité. — L'impression qu'elle laisse est confirmée par la lecture de sa correspondance. (Voir SAINTE-BEUVE, *Nouveaux Lundis*, t. IV.)

Nous suivons l'édition de 1813, 3 vol. in-8°.

LES ENFANTS D'ŒDIPE

I

Polynice

ŒDIPE, ANTIGONE, POLYNICE

OEDIPE à *Polynice*[1].

Moi, leur roi ! moi, te suivre, ingrat, l'as-tu pu croire ?
Eh ! dis-moi, que m'importe et Thèbe et ta victoire ?
Penses-tu, malheureux, si je voulois régner,
Que ce fût à ta main de m'oser couronner ?
Va tenter loin de moi tes combats ou tes sièges ;
Transporte où tu voudras tes drapeaux sacrilèges.
Je plaindrai les Thébains, s'il faut que pour leur roi
Le ciel n'ait à choisir qu'entre Etéocle et toi.
Mais un prince, dis-tu, t'admet dans sa famille[2].
Quel est l'infortuné qui t'a donné sa fille ?
Certes, tes alliés ont raison de frémir,
Si c'est sur ta vertu qu'ils doivent s'affermir.
Le trône t'est ravi par un frère infidèle :
Eh ! ne régnois-tu pas, quand ta voix criminelle
De mon pays natal m'exila sans retour ?

---

1. Œdipe, vieux, aveugle et proscrit, arrive, sous la conduite de sa fille Antigone, chez Admète, roi de Phère, en Thessalie, que sa femme Alceste est prête à sauver de la mort en se substituant à lui pour satisfaire l'oracle. Œdipe, qui sent sa fin prochaine, prend la place de la jeune reine et meurt. — Tel est le sujet de l'*Œdipe chez Admète*, fusion de l'*Œdipe à Colone* de Sophocle et de l'*Alceste* d'Euripide. — C'est chez Admète que Polynice, en guerre avec son frère Etéocle qui lui refuse son tour de royauté, vient, repentant, offrir à son père de le rétablir sur le trône des Thébains.

2. Adraste, roi d'Argos, beau-père de Polynice, généralissime de l'armée qui, sous la conduite de « sept chefs » (*Les Sept contre Thèbes*, tragédie d'Eschyle), vint assiéger Etéocle dans Thèbes.

Tu m'as chassé, barbare ; il te chasse à ton tour.
Eh ! dans quel temps encor tes ordres tyranniques
M'ont-ils banni du sein de mes dieux domestiques ?
Quand mon âme, lassée après tant de malheurs [1],
Soulevant par degrés le poids de ses douleurs,
Pour vous seuls d'exister reprenoit quelque envie,
Et du sein des tombeaux remontoit à la vie :
C'est dans ces temps, ingrat, de ton rang enivré,
Que tu m'as vu partir d'un œil dénaturé [2].
Ton devoir, ma vertu, mes sanglots, ma misère,
Rien n'a pu t'attendrir sur ton malheureux père ;
Et si ma digne fille, en consolant mes jours,
A mes pas chancelans n'eût prêté ses secours,
Si ses soins prévoyans, sa pieuse tendresse,
Sur mes tristes destins n'eussent veillé sans cesse,
Sans guide, sans appui, mourant, inanimé,
Sur quelque bord désert la faim m'eût consumé.
Va, tu n'es point mon fils, seule elle est ma famille.
Antigone, est-ce toi ? Viens, mon sang ; viens, ma fille ;
Soutiens mon foible corps dans tes bras généreux :
Ton front n'a point rougi de mon sort malheureux ;
Toi seule as de ce sort corrigé l'injustice [3] :
Voilà mon cher soutien, voilà ma bienfaitrice.
Puisqu'il ne peut te voir, que ton père attendri
Baigne au moins de ses pleurs la main qui l'a nourri.
Toi, va-t'en, scélérat, ou plutôt reste encore,
Pour emporter les vœux [4] d'un vieillard qui t'abhorre.
Je rends grâce à ces mains, qui, dans mon désespoir,
M'ont d'avance affranchi de l'horreur de te voir [5].
Vers Thèbes sur tes pas ton camp se précipite :
J'attache à tes drapeaux l'épouvante et la fuite.
Puissent tous ces sept chefs [6], qui t'ont juré leur foi,
Par un nouveau serment s'armer tous contre toi !

1. Ces malheurs sont le sujet de la tragédie d'*Œdipe roi* de Sophocle, imitée depuis par Corneille, Voltaire, etc.
2. *Dénaturé*, 1° dont la nature a été changée : Une substance, un liquide dénaturé ; 2° dépravé, qui est contre nature ; se dit des personnes et des choses : Fils, cœur, conduite.
3. Redressé, réparé. On dit bien *corriger le sort*.
4. S'emploie ordinairement en bonne part. Entendez les imprécations. Cf. *mala precari*.
5. Il s'était aveuglé lui-même,

Creusant ses yeux sauglans, en chassant la lumière.
(CORNEILLE.)

6. Voir la note 1, page 304.

Que la nature entière à tes regards perfides
S'éclaire en pâlissant du feu des Euménides [1]
Que ce sceptre sanglant que ta main croit saisir,
Au moment de l'atteindre, échappe à ton desir!
Ton Etéocle et toi, privés de funérailles,
Puissiez-vous tous les deux vous ouvrir les entrailles !
De tous les champs Thébains puisses-tu n'acquérir
Que l'espace en tombant que ton corps doit couvrir !
Et, pour comble d'horreur, couché sur la poussière,
Mourir, mais en sujet, et bravé par ton frère !
Adieu : tu peux partir. Raconte à tes amis
Et l'accueil et les vœux que je garde à mes fils [2].

« Je ne partirai point », répond Polynice, et l'expression déchirante de ses remords, et l'intervention de sa sœur, à laquelle il fait appel, finissent par fléchir le vieillard. Il s'avoue vaincu. « Quoi! vous m'aimez encore ! » s'écrie Polynice.

OEDIPE.

Crois-tu qu'à pardonner un père ait tant de peine !...
(*Œdipe chez Admète*, V, 2.)

---

1. Euphémisme qui désigne les Furies, appelées par antiphrase les déesses « bienfaisantes » (εὖ, μένος, *cor*).
2. Allusion anticipée au combat singulier et mortel des deux frères, dénouement des *Sept chefs contre Thèbes* d'Eschyle, des *Phéniciennes* d'Euripide, des *Frères ennemis* de Racine.
Cet éloquent discours est imité en grande partie de l'*Œdipe à Colone* de Sophocle, vers 1348-1396. Cf. Stace, *Thébaïde*, I :

> Di, sontes animas angustaque Tartara pœnis
> Qui regitis; tuque, umbrifero Styx livida fundo,
> Quam video; multùmque mihi consueta vocari,
> Annue, Tisiphone, perver-aque vota secunda.
> Si bene quid merui. . . . .
> Mox, avidus pœnæ, digitis cædentibus ultrò
> Incubui, miseràque oculos in matre reliqui;
> Exaudi, si digna precor quæque ipsa furenti
> Subjiceres. Orbum visu regnisque carentem
> Non regere aut dictis mærentem flectere adorti
> Quos genui. . . . .
> Insultant tenebris gemitu quo odere paternos.
> Hùc ades et totos in pœnam ordine nepotes....
> Indue quod madidum tabo diadema cruentis
> Unguibus arripui, votisque instincta paternis
> I media in fratres : generis consortia ferro
> Dissiliant : da, Tartarei regina barathri,
> Quod cupiam vidisse nefas; nec tarda sequetur
> Mens juvenum : modo digna veni; mea pignora nosces

II

Antigone

ŒDIPE, ANTIGONE, POLYNICE

ŒDIPE [1].
       Mes enfans,
Point de cris, point de pleurs : et je vous les défends.
Polynice, en tes mains je remets Antigone :
C'est ta sœur,... c'est la mienne... et je te l'abandonne [2].
Je vais bientôt mourir : elle n'a plus que toi.
Fais pour elle, mon fils, ce qu'elle a fait pour moi.
Hélas ! depuis qu'au jour j'ai fermé ma paupière,
Ses yeux n'ont pas cessé de veiller sur ton père.
Elle a guidé mes pas, sans plaintes, sans regrets,
Sur les rochers déserts, dans le fond des forêts,
Quand le soleil brûlant dévoroit les campagnes,
Quand les vents orageux grondoient sur les montagnes,
N'entendant autour d'elle, à la fleur de ses ans,
Que les sanglots d'un père et le bruit des torrens.
Et si dans le sommeil quelque songe exécrable,
M'offrant de mes destins la suite épouvantable,
Me réveilloit soudain avec des cris d'effroi,
Elle essuyoit mes pleurs, ou pleuroit avec moi [3].
        (*Ibid.*)

ÉPÎTRE À L'AMITIÉ [4]

Noble et tendre Amitié, je te chante en mes vers.
Du poids de tant de maux semés dans l'univers,
Par tes soins consolans c'est toi qui nous soulages.
Trésor de tous les lieux, bonheur de tous les âges,
Le ciel te fit pour l'homme, et tes charmes touchans

---

 1. Voir la note 1re du morceau précédent.
 2. Non pas délaisser, mais confier sans réserve aux soins de...
 3. Le nom d'Antigone est resté le symbole proverbial du dévouement filial.
 4. Nul ne l'a sentie plus vivement, et plus chaleureusement pratiquée, que Ducis, ami de Thomas, d'Andrieux, de Collin-d'Harleville, de Florian, etc. — Andrieux répondit à son « Epître à mon ami Andrieux » par le charmant conte de « Cécile et Térence ». — Cf. VOLTAIRE. page 287, et la note.

Sont nos derniers plaisirs, sont nos premiers penchans.
Qui de nous, lorsque l'âme encore naïve et pure
Commence à s'émouvoir et s'ouvre à la nature,
N'a pas senti d'abord [1], par un instinct heureux,
Le besoin enchanteur, ce besoin d'être deux,
De dire à son ami ses plaisirs et ses peines ?
    D'un zéphyr indulgent si les douces haleines
Ont conduit mon vaisseau vers des bords enchantés,
Sur ce théâtre heureux de mes prospérités,
Brillant d'un vain éclat et vivant pour moi-même
Sans épancher mon cœur, sans un ami qui m'aime,
Porterai-je moi seul, de mon ennui chargé,
Tout le poids d'un bonheur qui n'est point partagé ?
Qu'un ami sur mes bords [2] soit jeté par l'orage,
Ciel ! avec quel transport je l'embrasse au rivage !
Moi-même entre ses bras si le flot m'a jeté,
Je ris de mon naufrage et du flot irrité.
Oui, contre deux amis la fortune est sans armes ;
Ce nom répare tout : sais-je, grâce à ses charmes
Si je donne ou j'accepte ? Il efface à jamais
Ce mot de bienfaiteurs, et ce mot de bienfaits [3].
Si, dans l'été brûlant d'une vive jeunesse,
Je saisis du plaisir la coupe enchanteresse,
Je veux, le front ouvert, de la feinte ennemi,
Voir briller mon bonheur dans les yeux d'un ami.
D'un ami ! Ce nom seul me charme et me rassure.
C'est avec mon ami que ma raison s'épure,
Que je cherche la paix, des conseils, un appui.
Je me soutiens, m'éclaire, et me calme avec lui.
Dans des pièges trompeurs si ma vertu sommeille,
J'embrasse, en le suivant, sa vertu qui m'éveille.
Dans le champ varié de nos doux entretiens,
Son esprit est à moi, ses trésors sont les miens.

1. Tout d'abord, aussitôt, usuel au XVIIe siècle, et qui vieillissait déjà au XVIIIe.
2. Le rivage où j'habite. Le théâtre particulièrement a abusé, en ce sens, du pluriel de ce mot vague ; il l'a employé avec *ces*, *nos*. *Mes bords* ne se comprend que par convention.
3. « ...En ce noble commerce, les offices et les bienfaicts, nourriciers des autres amitiez, ne meritent seulement pas d'estre mis en compte ; cette confusion si pleine de nos voluntez en est cause... L'union de tels amis estant véritablement parfaicte, elle leur faict perdre le sentiment de tels debvoirs, et haïr et chasser d'entre eux ces mots de division et de difference, bienfaict, obligation, recognoissance, priere, remerciement et leurs pareils. Tout estant par effect, commun entre eulx, ils ne se peuvent ny prester ny donner rien. Si l'un pouvoit donner à l'aultre, celuy qui recevroit le bienfaict obligeroit son compaignon... » (MONTAIGNE, I, 27.)

Je sens dans mon ardeur, par les siennes pressées,
Naître, accourir en foule et jaillir mes pensées [1].....

Amitié, don du ciel, flamme invisible et pure,
A mon dernier soupir échauffe encor mon sein !
Et vous que des plaisirs le dangereux essaim
Etourdit d'un tumulte et d'un éclat frivole,
Vous qui ne soupirez que pour l'or du Pactole [2],
Et vous qui dans les cours volez avec ardeur
Après ce rien brillant qu'on a nommé grandeur,
Conservez, s'il se peut, vos trompeuses ivresses ;
Montez à la faveur, grossissez vos richesses ;
Non, je ne vous vois point d'un regard ennemi,
Je vous plains seulement, vous n'avez point d'ami.
Dans ces salons pompeux où la richesse assemble
Tous ces mortels [3] brillans, ennuyés d'être ensemble,
Je me sens accablé du poids de leur langueur.
En vain j'y cherche un homme et j'y demande un cœur [4].....

A MON PETIT LOGIS [5]

Petit séjour, commode et sain,
Où des arts et du luxe en vain
On chercheroit quelque merveille ;
Humble asile où j'ai sous la main
Mon La Fontaine et mon Corneille ;
Où je vis, m'endors et m'éveille,
Sans aucun soin du lendemain,
Sans aucun remords de la veille ;

---

1. «... M. le président Bouhier peut vous dire avec plus d'éloquence, mais non avec plus de sensibilité que moi, quel charme l'amitié répand sur les travaux des hommes consacrés aux lettres ; combien elle sert à les conduire, à les corriger, à les exciter, à les consoler, combien elle inspire à l'âme cette joie douce et recueillie sans laquelle on n'est jamais maître de ses idées. » (VOLTAIRE, *Discours de réception à l'Académie française*.)

2. Le Pactole, petite rivière de Lydie qui charriait de l'or, est devenu le synonyme proverbial de richesse. BOILEAU, *Sat.* XI ; sur l'honneur :

L'ambitieux souvent le met à tout brûler,
L'avare à voir chez lui le Pactole rouler.

3. Encore un mot dont la poésie du XVIIIe siècle a abusé. Il a ici, et souvent, une sorte de solennité déplacée.

4. Heureux, dit encore le poète,

Qui dans le cœur d'un autre a mis tous ses plaisirs.

Et plus loin :

L'amitié, baume heureux qui coule sur nos peines.

5. Cf. AUSONE, *Idylliæ*, *Villula* III : Salve herediolum...

Retraite où j'habite avec moi,
Seul, sans desirs et sans emploi,
Libre de crainte et d'espérance;
Enfin, après trois jours d'absence,
Je viens, j'accours, je t'aperçoi !
O mon lit ! ô ma maisonnette !
Chers témoins de ma paix secrète !
C'est vous ! vous voilà ! je vous voi !
Qu'avec plaisir je vous répète :
Il n'est point de petit chez soi [1] !

(Tome III, p. 233.)

1. Il dit ailleurs à ses « Pénates », ses « doux Pénates d'argile »,

Petits Dieux avec qui j'habite,
... Qu'un sot vienne à m'apparoître,
Exaucez ma prière, ô Dieux !
Fermez vite porte et fenêtre !
Après m'avoir sauvé du traitre,
Défendez-moi de l'ennuyeux.
(Tome III, p. 243.)

— Ducis a manié avec grâce et esprit ce mètre dans nombre de pièces d'une bonhomie souriante, quelquefois attendrie, parfois un peu puérile telles que : *A mon petit potager*, *A mon café*, etc. — Un soir d'automne, revenant à pas lents du bois de Satori, près de Versailles, il rencontre un troupeau, et, accompagnant les moutons et celui qui les conduit, il esquisse une idylle :

Avec eux je rentre en ville.....
Ce pasteur, c'étoit un boucher.
(Page 255.)

HORACE a, dans plus d'une de ses odes, de ces malices finales. — Ses *Vers à une Hirondelle* (p. 345) ont de jolis détails :

... Tu reviendras l'an prochain,
Recommencer ton petit train
Au haut de mon troisième étage.
Puis nos emplois nous reprendrons :
Toi, sous des tours, sous des corniches,
Tu chasseras aux moucherons ;
Sur le Parnasse, aux environs,
Moi je prendrai des hémistiches.
Comme toi, je monte et descends.
Tu fends l'air, parcours les étangs,
Vas, reviens, sans lasser ton aile ;
Et tu nous fais voir, en volant,
Œil de feu, petit ventre blanc,
Plume noire, et fuite éternelle. ...

Cf. la chanson grecque de l'Hirondelle (Χελιδόνισμα) :

Ἦλθ' ἦλθε Χελιδών,
Ἐπὶ γαστέρα λευκὰ,
Ἐπὶ νῶτα μέλαινα...

DELILLE

1738-1813

L'abbé Jacques Delille, d'Aigueperse, en Auvergne, a été pendant un demi-siècle le plus cité des poëtes français. Il était tentant et facile de détacher nombre de morceaux brillants, des poëmes qui ont fait de lui au xviiie siècle le premier dans un genre secondaire, la poésie descriptive : *les Jardins* (1782), *l'Homme des champs* (1800), *la Pitié* (1803), *l'Imagination* (1806), *les Trois Règnes* (1809), *la Conversation* (1812), auxquels il faut ajouter des traductions de l'Enéide, du Paradis perdu, de l'Essai sur l'Homme de Pope. Les habiles détours de la périphrase, les oppositions symétriques de l'antithèse, les dénominations et les allusions mythologiques s'y rencontrent à souhait pour le goût de son temps. Puis la révolution romantique a changé le goût public, et les générations nouvelles ont contre lui repris à leur compte les épigrammes que, déjà au plus fort de sa renommée, lui prodiguaient M.-J. Chénier et Rivarol. Le tort de Delille a été de croire que décrire à outrance était peindre, que s'attarder et s'amuser aux détails de la nature, était la voir et la sentir, et que l'esprit n'était pas pour la gâter : J.-J. Rousseau et B. de Saint-Pierre l'entendaient autrement, et n'y ont pas perdu. Delille a trop souvent vu la nature par le petit bout de la lorgnette, derrière les vitres d'un salon ou d'une salle de billard. On peut discuter son point de vue : il reste toujours qu'il a très habilement dit ce qu'il voyait et ce qu'il voulait ; qu'il a eu une merveilleuse dextérité de versification ; qu'il a été, dans son horizon restreint, ingénieux, inventif, inépuisable, « toujours le même, toujours nouveau », et, pour finir où il a commencé, que son coup d'essai, un coup de maître, a été le chef-d'œuvre (à part des réserves nécessaires et de malencontreuses périphrases, manie et signe du temps) des traductions en vers : il débuta en 1769 par la traduction des *Géorgiques* de Virgile qui lui donna une chaire au Collège de France, et, à 36 ans, un fauteuil à l'Académie française.

LE COLIBRI [1]

Avec la lourde autruche et ses mesquines ailes
Comparez cet oiseau qui, moins vu qu'entendu,
Ainsi qu'un trait agile à nos yeux est perdu ;
Du peuple ailé des airs brillante miniature,
Où le ciel des couleurs épuisa la parure [2] ;
Et, pour tout dire enfin, le charmant colibri,

---

1. Cf. Buffon. (Voy. *Morceaux choisis de Buffon*, par M. Humbert, chez Garnier frères ; p. 304.) — Le mot de *colibri*, pour lequel le dictionn. de Littré n'indique aucune étymologie, est tiré du nom que les Caraïbes donnaient à cet oiseau.

2. *Parure*, soit ; mais voilà un mot collectif qui ne peint rien à mes yeux. La poésie *descriptive* du XVIIIe siècle n'est pas *pittoresque*. Ce

Qui, de fleurs, de rosée et de vapeurs nourri,
Jamais sur une tige un instant ne demeure,
Glisse et ne pose pas, suce moins qu'il n'effleure :
Phénomène léger, chef-d'œuvre aérien,
De qui la grâce est tout, et le corps presque rien ;
Vif, prompt, gai, de la vie aimable et frêle esquisse,
Et des dieux, s'ils en ont, le plus charmant caprice.
     (*Les Trois Règnes*, chant VII.)

L'ÂNE [1]

Moins vif, moins valeureux, moins beau que le cheval,
L'âne est son suppléant, et non pas son rival ;
Il laisse au fier coursier sa superbe encolure,
Et son riche harnais, et sa brillante allure ;
Instruit par un lourdaud, conduit par le bâton,
Sa parure est un bât [2], son régal un chardon.
Pour lui Mars n'ouvre point sa glorieuse école [3] ;
Il n'est point conquérant, mais il est agricole.
Enfant, il a sa grâce et ses folâtres jeux ;
Jeune, il est patient, robuste et courageux,
Et paye, en les servant avec persévérance,
Chez ses patrons ingrats sa triste vétérance.
Son service zélé n'est jamais suspendu ;

---

sont BERNARDIN DE SAINT-PIERRE et CHATEAUBRIAND qui ont appris à notre siècle à voir et à peindre. Cf. A. DE VIGNY, *Éloa*, I :

> Ainsi, dans les forêts de la Louisiane,
> Bercé sous les bambous et la longue liane,
> Ayant rompu l'œuf d'or par le soleil mûri,
> Sort de son nid de fleurs l'éclatant colibri ;
> Une verte émeraude a couronné sa tête,
> Des ailes sur son dos la pourpre est déjà prête,
> La cuirasse d'azur garnit son jeune cœur ;
> Pour les luttes de l'air l'oiseau part en vainqueur...
> Il promène en des lieux voisins de la lumière
> Ses plumes de corail qui craignent la poussière ;
> Il poursuit près des eaux le jasmin des Florides,
> La nonpareille au fond de ses chastes prisons,
> Et la fraise embaumée au milieu des gazons.

1. Le malicieux RIVAROL a dit :

> Un âne sous les yeux de ce rimeur proscrit,
> Ne peut passer tranquille et sans être décrit.

soit ; mais la description a des traits heureux, encore que le procédé, — abus de l'épithète, abus de l'apposition, etc., — s'y reconnaisse facilement, comme dans toutes les poésies de l'auteur. Après tout, il fait mieux de s'apitoyer sur les disgrâces de l'âne que de s'ingénier à décrire le billard, le trictrac, ou le « loto du grand-père ».

2. Selle grossière destinée aux bêtes de somme. On dit un cheval de bât. — Sur l'étymol. voyez p. 107, note 9.

3. Périphrase dans le goût du siècle ; entendez : on ne l'emploie pas comme monture de guerre, il ne va pas à la guerre

Porteur laborieux, pourvoyeur assidu,
Entre ses deux paniers, de pesanteur égale,
Chez le riche bourgeois, chez la veuve frugale,
Il vient, les reins courbés et les flancs amaigris,
Souvent à jeun lui-même, alimenter Paris.
Il marche sans broncher au bord du précipice,
Reconnoît son chemin, son maître et son hospice [1].
De tous nos serviteurs c'est le moins exigeant;
Il naît, vieillit et meurt sous le chaume indigent;
Aux injustes rigueurs dont sa fierté s'indigne
Son malheur patient noblement se résigne.
Enfin, quoique son aigre et déchirante voix
De sa rauque allégresse importune les bois,
Qu'il offense à la fois et les yeux et l'oreille,
Que le châtiment seul en marchant le réveille,
Qu'il soit hargneux, revêche [2] et désobéissant,
A force de malheurs l'âne est intéressant [3].

(*Les Trois Règnes*, Chant VIII.)

1. La maison qui l'abrite, son étable. — L'étymol. *hospitium* autorise logiquement cet emploi du mot, qu'auj. l'usage restreint absolument au sens de : maison de refuge pour les vieillards, les infirmes, etc.

2. *Hargneux*, de l'ancien français *hargne*, *hergne*, querelle. Etymol. controversée. — *Revêche*, et primitivement *reverse*, *reverche*, de *reversus*, retourné, contraire, qui est comme à rebours.

3. Il l'est assurément dans le portrait qu'en trace BUFFON, protestant avec une sorte de dépit éloquent contre l'injuste mépris où il est tenu : « L'âne n'est point un cheval dégénéré; il n'est ni étranger, ni intrus, ni bâtard; il a, comme tous les autres animaux, sa famille, son espèce et son rang; son sang est pur, et, quoique sa noblesse soit moins illustre, elle est tout aussi bonne, tout aussi ancienne que celle du cheval; pourquoi donc tant de mépris pour cet animal, si bon, si patient, si sobre, si utile ? Les hommes mépriseroient-ils jusque dans les animaux ceux qui les servent trop bien et à trop peu de frais ? On donne au cheval de l'éducation, on le soigne, on l'instruit, on l'exerce, tandis que l'âne, abandonné à la grossièreté du dernier des valets, ou à la malice des enfans, bien loin d'acquérir, ne peut que perdre par son éducation; et, s'il n'avoit pas un grand fonds de bonnes qualités, il les perdroit en effet par la manière dont on le traite : il est le jouet, le plastron, le bardot des rustres qui le conduisent le bâton à la main, qui le frappent, le surchargent, l'excèdent, sans précaution, sans ménagement; on ne fait pas attention que l'âne seroit par lui-même, et pour nous, le premier, le plus beau, le mieux fait, le plus distingué des animaux, si dans le monde il n'y avoit point de cheval; il est le second au lieu d'être le premier, et par cela seul il semble n'être plus rien : c'est la comparaison qui le dégrade; on le regarde, on le juge, non pas en lui-même, mais relativement au cheval : on oublie qu'il est âne, qu'il a toutes les qualités de sa nature, tous les dons attachés à son espèce, et on ne pense qu'à la figure et aux qualités du cheval, qui lui manquent, et qu'il ne doit pas avoir.....

L'âne est peut-être de tous les animaux celui qui, relativement à son volume, peut porter les plus grands poids; et, comme il ne coûte presque rien à nourrir, et qu'il ne demande, pour ainsi dire, aucun soin, il est d'une grande utilité à la campagne, au moulin, etc. Il peut aussi servir de monture; toutes ses allures sont douces, et il bronche moins que le cheval; on le met souvent à la charrue dans les pays où le terrain est léger. »

LE COIN DU FEU

. . . .
Suis-je seul, je me plais encore au coin du feu.
De nourrir mon brasier mes mains se font un jeu;
J'agace mes tisons[1]; mon adroit artifice
Reconstruit de mon feu l'élégant édifice :
J'éloigne, je rapproche, et du hêtre brûlant
Je corrige le feu trop rapide ou trop lent.
Chaque fois que j'ai pris mes pincettes fidèles,
Partent en pétillant des milliers d'étincelles;
J'aime à voir s'envoler leurs légers bataillons.
Que m'importent du nord les fougueux tourbillons ?
La neige, les frimas[2] qu'un froid piquant resserre,
En vain sifflent dans l'air, en vain battent la terre.
Quel plaisir, entouré d'un double paravent,
D'écouter la tempête et d'insulter au vent[3] !
Qu'il est doux, à l'abri du toit qui me protège,
De voir à gros flocons s'amonceler la neige!
Leur vue à mon foyer prête un nouvel appas[4] :
L'homme se plaît à voir les maux qu'il ne sent pas[5].
Mon cœur devient-il triste, et ma tête pesante,
Eh! bien, pour ranimer ma gaîté languissante,
La fève de Moka, la feuille de Canton,
Vont verser leur nectar dans l'émail[6] du Japon.
Dans l'airain échauffé déjà l'onde frissonne;
Bientôt le thé doré jaunit l'eau qui bouillonne,
Ou des grains du Levant je goûte le parfum[7].
Point d'ennuyeux causeur, de témoin importun.

---

1. Etym.: *titio, onis*. — Cf. les *Tisons*, les *Pincettes*, dans le *Recueil de poésies diverses* du P. Ducerceau (1670-1730).
2. *Frimas* (Etym.: l'ancien verbe *frimer*, geler, d'origine germanique), proprement, très petits glaçons formés par un brouillard épais qui se congèle avant de tomber. Cf. *givre* (Lamartine, *La terre natale*.)
3. Voyez page 293, note 3. — Cf. Tibulle (*Eleg.*, I, 1, 29):
   Quàm juvat immites ventos audire cubantem!
4. Voyez page 124, note 4.
5. Cf. Lucrèce, II, vers 1, sqq.:
   Suave, mari magno turbantibus æquora ventis,
   E terrà magnum alterius spectare laborem;
   Non quia vexari quemquam est jucunda voluptas;
   Sed, quibus ipse malis careas, quia cernere suave est
6. Composition de matières fusibles et colorantes. Voy. p. 61, n. 9.
7. Entendez le café, le thé, la porcelaine, la bouilloire. Delille n'est jamais à court de périphrases: c'est l'insipide manie de l'école descriptive du XVIIIe siècle. Ailleurs (*Les trois règnes*, chant VI), le moulin à café

Lui seul, de ma maison exacte sentinelle,
Mon chien, ami constant et compagnon fidèle,
Prend à mes pieds sa part de la douce chaleur.
　Et toi, charme divin de l'esprit et du cœur,
Imagination! de tes douces chimères
Fais passer devant moi les figures légères.
A tes songes brillans que j'aime à me livrer!
Dans ce brasier ardent qui va le dévorer,
Par toi, ce chêne en feu nourrit ma rêverie:
Quelles mains l'ont planté? quel sol fut sa patrie?
Sur les monts escarpés bravoit-il l'aquilon?
Bordoit-il le ruisseau? paroit-il le vallon?
Peut-être il embellit la colline que j'aime,
Peut-être sous son ombre ai-je rêvé moi-même.
Tout à coup je l'anime ; à son front verdoyant
Je rends de ses rameaux le panache [1] ondoyant,
Ses guirlandes de fleurs, ses touffes [2] de feuillage,
Et les tendres secrets que voila son ombrage.
Tantôt environné d'auteurs que je chéris,
Je prends, quitte et reprends mes livres favoris ;
A leur feu tout à coup ma verve se rallume :
Soudain sur le papier je laisse errer ma plume,
Et goûte, retiré dans mon heureux réduit,
L'étude, le repos, le silence et la nuit.
Tantôt, prenant en main l'écran [3] géographique,
D'Amérique en Asie, et d'Europe en Afrique,
Avec Cook et Forster [4], dans cet espace étroit,
Je cours plus d'une mer, franchis plus d'un détroit,

est « la noix, qu'arment ses dents de fer »; le thé, « le feuillage chinois »;
le cidre, « le jus brillant du pommier neustrien »; le sucre,

« Le miel américain
Que du suc des roseaux exprima l'Africain. »

Reconnaissez le *versificateur* qui, quand le poète dit *sues* (VIRGILE, G.,
III, 497), traduit, — dans un poème sur l'agriculture. — « l'animal qui
s'engraisse de gland. » — Mais je trouve le *poète* ailleurs: voy. p. 294, n. 6.
　1. *Panache* est proprement un faisceau de plumes qui, liees par le bas
et voltigeant par le haut, forment un bouquet. Etym.: *penna*, plume.
LA FONTAINE l'applique a la queue du coq, BUFFON à celle de l'écureuil, etc.
　2. Etym.: le latin *tufa*, sorte d'étendard fait de plumes usité chez les
Romains.
　3. Entendez *carte*. Etym. incertaine.
　4. Jacques COOK (1728-1779), dit souvent le capitaine Cook, navigateur
anglais, fit autour du monde de nombreux voyages d'exploration dont les
récits et les cartes ont été publiés sur ses notes. — Jean-Reinhold FORS-
TER, né en Prusse d'une famille anglaise, naturaliste et voyageur, accom-
pagna Cook dans son second voyage, et publia de nombreux ouvrages, —
Georges FORSTER, Anglais, mort en 1792, écrivit la relation d'un voyage
dans le nord de l'Inde.

Chemine sur la terre et navigue sur l'onde,
Et fais, dans mon fauteuil, le voyage du monde.
(*Les Trois Règnes*, Chant I.)

L'« AÏ »[1]

. . . .
La poésie, enfin, dans un ingrat oubli
Peut-elle sans honneur laisser enseveli
L'arbuste tortueux, dont la grappe féconde
Verse l'espoir, l'audace et l'allégresse au monde ?
Mille vins différens, sous mille noms divers,
Vont charmer, égayer, consoler l'univers.
Aï brille à leur tête, aï, dans qui Voltaire
De nos légers Français vit l'image légère [2] ;
C'est l'âme du plaisir, le charme du festin.
Dans le cristal brillant son nectar argentin
Tombe en perle liquide, et sa mousse fumeuse
Bouillonne en pétillant dans la coupe écumeuse ;
Puis, écartant son voile avec rapidité,
Reprend sa transparence et sa limpidité.
Au doux frémissement des esprits[3] qu'il recèle,
L'allégresse renaît, la saillie [4] étincelle ;
Son bruit plaît à l'oreille, et sa couleur aux yeux ;
Son ambre[5] en s'exhalant va faire envie aux dieux ;

1. Ou « vin d'Aï ». Aï, chef-lieu de canton sur la rive droite de la Marne, à 24 kil. sud de Reims (ancienne Champagne). Aï est aussi le nom d'un quadrupède, du huitième et dernier ordre des Mammifères, les Édentés. Voyez *Morceaux choisis de Buffon*, par M. Humbert, chez Garnier frères, p. 205.)
2. VOLTAIRE, *Le Mondain* (Satire, 1736) :

   Un vin d'Aï, dont la mousse pressée,
   De la bouteille avec force élancée,
   Comme un éclair fait voler son bouchon ;
   Il part, on rit, il frappe le plafond.
   De ce vin frais l'écume pétillante
   De nos Français est l'image brillante.

3. Le pluriel d'*esprit*, dans le langage spécial de la philosophie et de la chimie, a pris des acceptions diverses dont le sens commun est : corps légers et subtils, comparés à un souffle (*spiritus*). Et, même au singulier, esprit-de-vin.
4. *Saillie* (de *saillir*, *salire*, sauter), signifie, au propre, un mouvement qui se fait par bonds et élans (BOSSUET dit : Les « vives et impétueuses saillies » du bélier) ; au figuré, s'applique à l'âme et à la passion (BOSSUET : Vives saillies et fougues impétueuses), au style (BOSSUET dit « les vives et impétueuses saillies » du style de David), particulièrement aux traits d'esprit brillants et imprévus, comme ici. — Ajoutez son emploi dans le style de l'architecture.
5. Le succin, ou ambre jaune, a une odeur agréable. Couleur et parfum rendent la métaphore doublement **exacte**.

Et l'odorat charmé, savourant ses prémices [1]
Au goût qu'il avertit en promet les délices.
(Les Trois Règnes, Chant VI.)

L'AVALANCHE [2]

. . . .
Souvent sur ces hauteurs l'oiseau qui se repose
Détache un grain de neige. A ce léger fardeau,
Des grains dont il s'accroît se joint le poids nouveau ;
La neige autour de lui rapidement s'amasse ;
De moment en moment il augmente sa masse.
L'air en tremble, et soudain, s'écroulant à la fois,
Des hivers entassés l'épouvantable poids
Bondit de roc en roc, roule de cime en cime,
Et de sa chute immense ébranle au loin l'abîme [3].
(L'Homme des champs, chant III.)

A. CHÉNIER
1762-1794

André de CHÉNIER, né Français à Constantinople, d'un gentilhomme, consul de France, et d'une Grecque, élevé partie en Orient, partie dans le sud de la France ; officier d'abord, ensuite secrétaire d'ambassade à Londres, voyageur en Suisse et en Italie, puis exclusivement homme de lettres et poète ; enfin, en restant l'un et l'autre, vaillant journaliste du parti royaliste et constitutionnel dans les luttes politiques de la Révolution, monta à 32 ans sur l'échafaud, deux jours avant la journée libératrice du 9 thermidor qui eût sauvé en lui l'espoir le plus brillant et le plus sûr de la poésie française. Il n'a pu qu'esquisser le plan et jeter sur le papier les éclatantes ébauches et les fragments, quelquefois achevés, des poèmes didactiques ou épiques qu'il rêvait (<i>L'Invention, L'Amérique, Hermès, Suzanne</i>) ; il a laissé à mi-chemin bien des <i>élégies</i> et des <i>idylles</i> ; mais idylles ou élégies, ce qui a reçu de lui la dernière main, la place à côté de Théocrite qu'il imite, ou plutôt fait revivre et nous rend, de Tibulle qu'il dépasse : il n'a pas eu de modèles et il a eu des imitateurs dans l'<i>iambe</i>, dont l'antiquité ne lui donnait que le nom ; enfin une de ses <i>odes</i> (la Jeune captive)

---

1. <i>Prémices</i> (<i>primitiæ</i>), <i>premiers</i> fruits de la terre ; d'où le sens métaphorique de <i>première</i> jouissance (<i>fructus</i>) de...
2. Etym.: le bas-latin <i>avalantia</i>, descente. De <i>avaler</i> (à, val, en suivant la pente de la vallée), faire descendre. Cf. page 47, note 1.
3. Voyez dans LAMARTINE (<i>Jocelyn</i>, IVe époque, 7 décembre 1794) les éléments, épars dans un long récit, d'une brillante description de l'avalanche.

et un de ses *hymnes* (à la France) comptent parmi les chefs-d'œuvre du siècle. — Et, avant tout, son originalité, son titre, sa gloire, c'est d'avoir retrempé aux sources antiques, et particulièrement à la source grecque, la poésie française de son siècle, énervée de ternes et frivoles élégances, de l'avoir assouplie et vivifiée :

> Atque habilis membris venit vigor [1],

d'avoir rendu la couleur et la vie à l'imagination et au style, de les avoir imprégnés, comme fit Fénelon en sa prose, de la nature et d'Homère. La mythologie antique dont notre langue reste toujours pénétrée, n'a de fraîcheur et de grâce, entre La Fontaine et A. de Musset, que chez A. Chénier.

LA JEUNE CAPTIVE [2]
ODE

« L'épi naissant mûrit de la faux respecté [3] ;
Sans crainte du pressoir, le pampre tout l'été
    Boit les doux présens de l'aurore [4] ;
Et moi, comme lui belle, et jeune comme lui,
Quoi que l'heure présente ait de trouble et d'ennui [5]
    Je ne veux pas mourir encore.

« Qu'un stoïque [6] aux yeux secs vole embrasser la mort ;
Moi je pleure et j'espère ; au noir souffle du nord
    Je plie et relève ma tête.
S'il est des jours amers, il en est de si doux !
Hélas ! quel miel jamais n'a laissé de dégoûts ?
    Quelle mer n'a point de tempête ?

« L'illusion féconde habite dans mon sein :
D'une prison sur moi les murs pèsent en vain ;
    J'ai les ailes de l'espérance [7].
Échappée aux réseaux de l'oiseleur cruel,

---

1. VIRGILE, *G.*, IV, 417.
2. La « jeune captive », incarcérée à Saint-Lazare en 1794, pendant la Terreur, était la duchesse de Fleury, née de Coigny, devenue plus tard Mme de Montrond.
3. Voyez page 264, note 3.
4. Cf. TIBULLE (III, 5) qui, se sentant mourir, disait :

> Immerito juveni parce nocere, Dea (*Proserpine*).
> Quid fraudare juvat vitem crescentibus uvis,
> Et modo nata malā vellere poma manu?

5. *Trouble* explique la force du sens de *ennui*. Voyez page 217, note 2.
6. 1o Adj.: qui tient de l'insensibilité et de la fermeté des stoïciens PASCAL : Vertu stoïque. VOLTAIRE : Œil ferme et stoïque. LAMARTINE :

> Sous un manteau stoïque a caché sa faiblesse.

2o subst., comme ici, synonyme de stoïcien.
7. Cf. page 51, note 7.

Plus vive, plus heureuse, aux campagnes du ciel
    Philomèle chante et s'élance.

« Est-ce à moi de mourir! Tranquille je m'endors,
Et tranquille je veille, et ma veille aux remords
    Ni mon sommeil[1] ne sont en proie.
Ma bienvenue au jour me rit dans tous les yeux;
Sur des fronts abattus mon aspect dans ces lieux
    Ranime presque de la joie.

« Mon beau voyage encore est si loin de sa fin!
Je pars, et des ormeaux qui bordent le chemin
    J'ai passé les premiers à peine.
Au banquet de la vie à peine commencé[2],
Un instant seulement mes lèvres ont pressé
    La coupe en mes mains encor pleine.

« Je ne suis qu'au printemps, je veux voir la moisson;
Et comme le soleil, de saison en saison,
    Je veux achever mon année.
Brillante sur ma tige et l'honneur du jardin[3],
Je n'ai vu luire encor que les feux du matin :
    Je veux achever ma journée.

« O mort! tu peux attendre; éloigne, éloigne-toi;
Va consoler les cœurs que la honte, l'effroi,
    Le pâle désespoir dévore.
Pour moi, Palès[4] encore a des asiles verts,
L'avenir du bonheur, les Muses des concerts :
    Je ne veux pas mourir encor[5]. »

---

1. Sur la suppression de *ni* avec un premier substantif, voyez, par exemple, LA FONTAINE, V, 7 :
    Ils n'avoient tapis ni housse,
    Mais tous fort bon appétit.

2. Métaphore fréquente chez les poètes :
    Cur non, ut plenus vitæ conviva, recedis?
        (LUCRÈCE III, 951.)
    Cedat uti conviva satur.
        (HORACE, *Sat.*, I, 1, 119.)
    Au banquet de la vie infortuné convive...
        (GILBERT, voy. p. 277 et 279.)

3. Latinisme. *Honos et decus* s'emploient de même.

4. Déesse des pâturages et des bergers, dans la religion païenne.

5. C'est avec le même accent que l'Iphigénie d'Euripide proteste contre la mort :
    Μαίνεται δ' ὅς εὔχεται
    Θανεῖν. (vers 1251.)

Ainsi, triste et captif, ma lyre toutefois
S'éveilloit, écoutant ces plaintes, cette voix,
    Ces vœux d'une jeune captive:
Et, secouant le joug de mes jours languissans,
Aux douces lois des vers je pliois les accens
    De sa bouche aimable et naïve.

Ces chants, de ma prison témoins harmonieux [1],
Feront à quelque amant des loisirs studieux
    Chercher quelle fut cette belle :
La grâce décoroit son front et ses discours,
Et, comme elle, craindront de voir finir leurs jours
    Ceux qui les passeront près d'elle.
                     (*Odes*, XV.)

L'HOSPITALITÉ ANTIQUE [2]

. . . .

« Salut, père [3] étranger ; et que puissent tes vœux
Trouver le ciel propice à tout ce que tu veux !
Mon hôte, lève-toi. Tu parois noble et sage ;
Mais cesse avec ta main de cacher ton visage.
Souvent marchent ensemble Indigence et Vertu ;
Souvent d'un vil manteau le sage revêtu,
Seul, vit avec les dieux et brave un sort inique.
Couvert de chauds tissus, à l'ombre du portique,
Sur de molles toisons, en un calme sommeil,
Tu peux, ici dans l'ombre, attendre le soleil [4].
Je te ferai revoir tes foyers, ta patrie,
Tes parens, si les dieux ont épargné leur vie,
Car tout mortel errant nourrit un long amour
D'aller revoir le sol qui lui donna le jour [5].

---

1. On a remarqué surtout l'heureux emploi que le poète a fait ailleurs de cette épithète :

    Harmonieux vieillard, tu n'as point chanté?
                (*Bucoliques, Idylle II, l'Aveugle*.)

2. La fille de Lycus, riche habitant de l'Achaïe, a, comme Nausicaa (*Odyssée*, chant VI), accueilli la prière d'un étranger pauvre et errant dans la campagne, et lui a promis l'hospitalité paternelle. Le « mendiant » (c'est le titre de l'Idylle) se présente au milieu d'un festin :

    Il court vers le foyer,
  Il embrasse l'autel, s'assied parmi la cendre.
              (Cf. HOMÈRE, *Od.*, VII, v. 153.)

3. C'est le titre de respect usité dans Homère et Virgile.
4. Cf. HOMÈRE, *Od.*, VII, 335-338, 344, 345.
5. Cf. *Ibid.*, 191 sqq., 222 sqq., 317 sqq.

« Mon hôte, tu franchis le seuil de ma famille
A l'heure qui jadis a vu naître ma fille.
Salut! Vois, l'on t'apporte et la table et le pain :
Sieds-toi. Tu vas d'abord rassasier ta faim.
Puis, si nulle raison ne te force au mystère,
Tu nous diras ton nom, ta patrie et ton père[1]. »
  Il retourne à sa place après que l'indigent
S'est assis. Sur ses mains dans l'aiguière d'argent
Par une jeune esclave une eau pure est versée.
Une table de cèdre, où l'éponge est passée,
S'approche, et vient offrir à son avide main
Et les fumantes chairs sur les disques d'airain,
Et l'amphore vineuse et la coupe aux deux anses[2].
« Mange et bois, dit Lycus; oublions les souffrances.
Ami, leur lendemain est, dit-on, un beau jour[3]. »
. . . .
  Bientôt Lycus se lève et fait emplir sa coupe,
Et veut que l'échanson verse à toute la troupe :
« Pour boire à Jupiter qui nous daigne envoyer
L'étranger, devenu l'hôte de mon foyer[4]. »
Le vin de main en main va coulant à la ronde;
Lycus lui-même emplit une coupe profonde,
L'envoie à l'étranger. « Salut, mon hôte, bois.
De ta ville bientôt tu reverras les toits,
Fussent-ils par delà les glaces du Caucase. »
Des mains de l'échanson l'étranger prend le vase,
Se lève; sur eux tous il invoque les dieux.
On boit, il se rassied. Et, jusque sur ses yeux
Ses noirs cheveux toujours ombrageant son visage,
De sourire et de plainte il mêle son langage.
  « Mon hôte, maintenant que sous tes nobles toits
De l'importun besoin j'ai calmé les abois[5],
Oserai-je à ma langue abandonner les rênes[6]?
Je n'ai plus ni pays, ni parens, ni domaines.

---

1. *Od.*, VIII, 550 sqq.
2. *Od.*, VII, 172 sqq. — *Aiguière*. De *aigue*, eau (eve, ewe, eghe, aigue, iau, eau), resté dans le nom d'Aigues-Mortes. — *Vineuse*. BOILEAU, *Lutrin*, III, début : Des Bourguignons les campagnes vineuses. — *Coupe à deux anses* (δίωτος, de δίς, οὖς, oreille), appelée κάνθαρος. Le κύαθος n'avait qu'une anse.
3. Ici est une lacune dans le texte original.
4. *Od.*, VII, 179 sqq.
5. *Aboi*, cri du chien; au pluriel : 1o extrémité où est réduit le cerf après lequel les chiens aboient, 2o au fig., dernière extrémité. — Cf. *crier la faim*.
6. Cf. VIRGILE, *Æn.*, XII, 499 : Irarum habenas.

Mais écoute : le vin, par toi-même versé,
M'ouvre la bouche. Ainsi, puisque j'ai commencé,
Entends ce que peut-être il eût mieux valu taire.
Excuse enfin ma langue, excuse ma prière ;
Car du vin, tu le sais, la téméraire ardeur
Souvent à l'excès même enhardit la pudeur.
Meurtri de [1] durs cailloux ou de sables arides,
Déchiré de buissons ou d'insectes avides,
D'un long jeûne flétri, d'un long chemin lassé,
Et de plus d'un grand fleuve en nageant traversé [2],
Je parois énervé, sans vigueur, sans courage ;
Mais je suis né robuste et n'ai point passé l'âge.
La force et le travail, que je n'ai point perdus,
Par un peu de repos me vont être rendus.
Emploie alors mes bras à quelques soins rustiques.
Je puis dresser au char tes coursiers olympiques,
Ou sous les feux du jour, courbé vers [3] le sillon,
Presser deux forts taureaux du piquant aiguillon.
Je puis même, tournant la meule nourricière [4],
Broyer le pur froment en farine légère.
Je puis, la serpe en main, planter et diriger
Et le cep et la treille, espoir de ton verger.
Je tiendrai la faucille ou la faux recourbée,
Et devant mes pas l'herbe ou la moisson tombée
Viendra remplir ta grange en la belle saison ;
Afin que nul mortel ne dise en ta maison,
Me regardant d'un œil insultant et colère :
O vorace [5] étranger ! qu'on nourrit à rien faire.
— Vénérable indigent, va, nul mortel chez moi
N'oseroit élever sa langue contre toi.
Tu peux ici rester, même oisif et tranquille,
Sans craindre qu'un affront ne trouble ton asile.
— L'indigent se méfie. — Il n'est plus de danger.
— L'homme est né pour souffrir. — Il est né pour changer.

1. Le poète rajeunit avec une heureuse hardiesse cet emploi de *de*, que remplace aujourd'hui *par*, après le verbe passif, usuel aux XVIe et XVIIe siècles (Voyez p. 125 n. 7, et 255, n. 1). CHÉNIER avait étudié à fond Montaigne et commenté Malherbe.
2. Encore un latinisme ordinaire aux poètes du XVIIe siècle : le participe remplaçant un substantif : *Post victum Pompeium*.
3. On dirait aussi bien *sur*. — *Vers*, dans la direction de.
4. C'est l'*almus* que les Latins appliquent à *Ceres, ager, vitis*, etc.
5. C'est l'épithète dont HOMÈRE flétrit le mendiant Irus (γαστέρι μάργη, *Od.*, XVIII, vers 2). — *Rien faire*. Ellipse de *ne*, que l'usage admet dans cette locution. Voyez BOILEAU, *Sat.* II, v. 62 : l'Académie consultée sur ce vers approuva la suppression de la négation.

— Il change d'infortune ! — Ami, reprends courage :
Toujours un vent glacé ne souffle pas l'orage.
Le ciel d'un jour à l'autre est humide ou serein,
Et tel pleure aujourd'hui qui sourira demain[1]. »
. . . .

(*Bucoliques*, VI, *Le Mendiant*.)

LES DEUX ORPHELINS

ESQUISSE D'IDYLLE [2]

Deux enfans... Leur père et leur mère sont morts, ils n'en savent rien... Ils sont égarés dans la forêt... Ils disent : J'ai faim.... où irons-nous ?... Les bêtes nous mangeront.... Suivons le cours du ruisseau.... Il nous mènera où nous trouverons ma mère qui nous donnera à manger *et du pain dans du lait*[3].

. . . .

« Mais j'ai faim, je suis las, je ne puis plus marcher;
Dormons ici, demain nous marcherons encore.
Maintenant sous cet arbre il vaut mieux nous coucher. »
Tous deux sous un ormeau, les mains entrelacées,
Ils tombent, et bientôt ils fermèrent les yeux.
L'olympe vit monter leurs âmes embrasées.
 La hache sur le dos, le bûcheron s'arrête pour les contempler.
Il crut voir sommeiller deux enfans de déesse.
Il n'osoit faire un pas de peur de les troubler.
Hélas! ils étoient morts! Le chien, triste et fidèle,
Léchoit leurs pieds glacés et gémissoit sans bruit,
Et le doux rossignol, en agitant son aile,
Avoit, sur un rameau, pleuré toute la nuit[4].

(*Bucoliques*, LX.)

LE DÉPART DU MARIN

IDYLLE MARITIME

Tout est-il prêt? partons. Oui, le mât est dressé;
Adieu donc; sur les bancs le rameur est placé;

---

1. Heureuse contre-partie du proverbe : Tel qui rit vendredi dimanche pleurera. *Habet et mala fortuna levitatem*, dit, dans Quinte-Curce, Darius à ses soldats avant la bataille d'Arbelles.
2. On sait que le sens premier et étymologique de *Idylle* (εἰδύλλιον, diminutif de εἶδος, image, de εἴδω, voir), est tableau, champêtre ou autre. — Plusieurs des Εἰδύλλια de Théocrite sont maritimes, guerriers, etc. — Chénier a deux esquisses d'idylles maritimes.
3. Canevas en prose ; de la main de Chénier.
4. Cf. Virgile, *G.*, IV, 510 sq.

La voile, ouverte aux vents, s'enfle, s'agite et flotte ;
Déjà le gouvernail tourne aux mains du pilote.
Insensé ! vainement le serrant dans leurs bras,
Femme, enfans, tout se jette au devant de ses pas ;
Il monte, on lève l'ancre. Élevé sur la poupe,
Il remplit et couronne une écumante coupe,
Prie, et la verse aux dieux qui commandent aux flots [1].
Tout retentit de cris, adieux des matelots.
Sur sa famille en pleurs il tourne encor la vue,
Et des yeux et des mains longtemps il les salue.

(*Bucoliques*, LXXVII.)

POÈTE, PAUVRE, ET LIBRE

J'ai su, pauvre et content, savourer à longs traits
Les Muses, les plaisirs, et l'étude et la paix.
Qui ne sait être pauvre est né pour l'esclavage.
Qu'il serve donc les grands, les flatte, les ménage ;
Qu'il plie, en approchant de ces superbes fronts,
Sa tête à la prière, et son âme aux affronts,
Pour qu'il puisse, enrichi de ces affronts utiles,
Enrichir à son tour quelques têtes serviles.
De ses honteux trésors je ne suis point jaloux.
Une pauvreté libre est un trésor si doux !
Il est si doux, si beau, de s'être fait soi-même,
De devoir tout à soi, tout aux beaux-arts qu'on aime ;
Vraie abeille [2] en ses dons, en ses soins, en ses mœurs,
D'avoir su se bâtir, des dépouilles des fleurs,
Sa cellule de cire, industrieux asile
Où l'on coule une vie innocente et facile ;
De ne point vendre aux grands ses hymnes avilis ;
De n'offrir qu'aux talens de vertus ennoblis
Et qu'à l'amitié douce et qu'aux douces foiblesses,
D'un encens libre et pur les honnêtes caresses !
Ainsi l'on dort tranquille, et, dans son sain loisir,
Devant son propre cœur on n'a point à rougir.

(*Élégies*, XVI.)

---

1. Cf. VIRGILE, *Æn.*, V, 775 sqq. *Spumantem pateram.* ID., *ib.*, I, 739. — *Couronne...* ID., *G.*, II. 528 : *cratera coronant. Æn.*, I, 728 : *vina coronant.* III, 526 : *cratera coronâ Induit implevitque mero.* — HOMÈRE, *Od.*, I, 149 : Κρητῆρας ἐπεστέψαντο ποτοῖο.

2. Cf. page 325, note 4.

LA MANSARDE DU POÈTE

Il n'est que d'être roi[1] pour être heureux au monde.
Bénis soient tes décrets, ô Sagesse profonde,
Qui me voulus heureux, et, prodigue envers moi,
M'as fait dans mon asile et mon maître et mon roi.
Mon Louvre est sous mon toit, sur ma tête il s'abaisse[2] ;
De ses premiers regards l'orient le caresse.
Lit, sièges, tables y sont portant de toutes parts
Livres, dessins, crayons[3], confusément épars.
Là, je dors, chante, lis, pleure, étudie et pense.
Là, dans un calme pur, je médite en silence
Ce qu'un jour je veux être, et, seul à m'applaudir,
Je sème la moisson que je veux recueillir.
Là, je reviens toujours, et toujours les mains pleines,
Amasser le butin de mes courses lointaines,
Soit qu'en un livre antique à loisir engagé,
Dans ses doctes feuillets j'aie au loin voyagé,
Soit plutôt que, passant et vallons et rivières,
J'aie au loin parcouru les terres étrangères.
D'un vaste champ de fleurs je tire un peu de miel[4].

1. Le mieux est de.... MOLIÈRE: Il n'est que de jouer d'adresse.
2. Les mêmes idées avaient été exprimées plus d'une fois par les poètes du xvɪᵉ siècle, Ronsard, Vauquelin, Desportes, etc., par Racan (Voyez page 136), et, dans un langage aisé et coulant, par le héros du *Philosophe marié* de DESTOUCHES (I, 1, vers 1 sqq.):

> Oui, tout m'attache ici ; j'y goûte avec plaisir
> Les charmes peu communs d'un innocent loisir ;
> J'y vis tranquille, heureux, à l'abri de l'envie ;
> La folle ambition n'y trouble point ma vie :
> Content d'une fortune égale à mes souhaits,
> J'y sens tous mes désirs pleinement satisfaits.
> Je suis seul en ce lieu, sans être solitaire,
> Et toujours occupé sans avoir rien à faire,
> D'un travail sérieux veux-je me délasser ?
> Les muses aussitôt viennent m'y caresser.
> Je ne contracte point, grâce à leur badinage,
> D'un savant orgueilleux l'air farouche et sauvage.
> J'ai mille courtisans rangés autour de moi :
> Ma retraite est mon Louvre, et j'y commande en roi...

3. CHÉNIER dessinait et peignait.
4. Cf. LA FONTAINE (*Epître* XVI):

> Papillon du Parnasse, et semblable aux abeilles,
> A qui le bon Platon compare nos merveilles,
> Je suis chose légère et vole à tout sujet ;
> Je vais de fleur en fleur et d'objet en objet, etc.

J. B. ROUSSEAU, *Od.*, III, 1):

> Et semblable à l'abeille en nos jardins éclose,
> De différentes fleurs j'assemble et je compose
> Le miel que je produis.

HORACE avait déjà dit (*Od.*, IV, 2):

> ...Ego, apis Matinæ
> More modoque
> Grata carpentis thyma per laborem
> Plurimum ... operosa parvus
> Carmina fingo.

Tout m'enrichit et tout m'appelle; et chaque ciel
M'offrant quelque dépouille utile et précieuse,
Je remplis lentement ma ruche industrieuse.

(*Poèmes,* — fragments [1])

FABULISTES

Le xviii° siècle est peut-être, dans notre littérature, le plus fécond dans le genre, toujours goûté, de l'apologue. Ses fabulistes ne sont qu'une monnaie, mais quelquefois brillante, de La Fontaine. Nous ne citerons que les principaux.

Le fin et systématique LAMOTTE HOUDAR (1672-1731) disserta sur l'apologue comme sur tous les genres qu'il cultiva, et dans les fables où il appliqua les règles qu'il s'était fixées il mit souvent la précision, trop souvent le prosaïsme qu'on trouve dans ses *Odes morales.*

L'avocat normand RICHER (1685-1748) a l'invention moins ingénieuse que Lamotte et le style sec. Mais il y a à glaner dans les 12 livres de son honnête recueil (1729-1744).

DORAT (1734-1780), successivement avocat, mousquetaire et homme de lettres, a inséré dans les 20 volumes de ses œuvres multiples une centaine de fables qui ont la facilité, l'élégance, et aussi, plus d'une fois, la recherche ordinaire de son style.

FLORIAN (1755-1794), par son recueil de 95 fables (en 5 livres), se détache et brille entre tous ses confrères en apologue « velut inter ignes *luna* minores [2] »; il a un reflet de La Fontaine. On ne lui conteste pas la seconde place après le maître, à distance. L'invention est chez lui habile et variée, le développement aisé et proportionné; le style a l'imagination, la grâce, le trait; la morale est sensée, fine, touchante. — Voyez SAINTE-BEUVE, *Causeries du Lundi,* t. III, et SAINT-MARC-GRARDIN, *La Fontaine et les Fabulistes.*

Les 250 fables du duc de NIVERNAIS (L. Jules Mancini-Mazarini), 1716-1798, militaire, diplomate, successeur de Massillon à l'Académie française, ne sont qu'une petite partie de ses œuvres très variées (8 vol., 1796), mais la plus goûtée, et la seule relue aujourd'hui.

L'abbé AUBERT (1731-1814), trop crédule, dit-on, à un mot hasardé par la plume de Voltaire dans les banalités élogieuses d'un échange de lettres et de politesses (lettre du 15 juin 1761), se crut

---

1. Du 3° chant d'un poème ébauché, intitulé, un peu étrangement, *Les Cyclopes littéraires.*
2 HORACE, *Od.*, I, 12.

peut-être assez voisin de La Fontaine. Comme tous les autres, il en est loin; mais il a maintes fois, dans ses 8 livres, le style facile et piquant.

Le premier des recueils de BOISARD, de Caen (1744-1833), est de 1773; le dernier, de 1805. En 1806, il en commença la réimpression sous le titre de *Mille et une fables*. C'est le plus fécond des fabulistes, non le moins prosaïque, ni, à l'occasion, le moins frondeur.

LE BAILLY (1756-1832) est un des plus sobres : dans une longue carrière, il n'ajouta que quelques fables à son recueil de 9 livres assez courts. Son style, généralement châtié, sait arriver à la fermeté.

LAMOTTE-HOUDAR [1]

1672-1741

LES DEUX CHIENS

Maître Brifaut [2], chien fort doux, fort civil,
En son chemin rencontra de fortune
Aboyard, chien hargneux, un autre La Rancune [3].
Il l'accoste humblement. « Pardonnez, lui dit-il;
Peut-être je vous trouble en votre rêverie;
Mais, si vous vouliez compagnie,
Je suis à vous, je m'offre de bon cœur,
Et je tiendrai la grâce à grand honneur. »
Aboyard n'étoit pas dans son accès farouche :
Les brutaux ont leurs bons instans.

---

1. La Motte invente ses apologues, il ne puise pas dans le trésor ésopique ; sa morale est fine; son récit, à part des faiblesses d'expression, a souvent, sinon de la couleur, de la vivacité ; sa précision est quelquefois ingénieuse :

Une Brebis choisit pour éviter l'orage,
Un Buisson épineux qui lui tendoit les bras.
La Brebis ne se mouilla pas,
Mais sa laine y resta. La trouvez-vous bien sage ?
(III, 10.)

Quelques vers pittoresques s'y rencontrent :

Au coin d'un bois, le long d'une muraille,
Deux Lézards, bons amis, conversoient au soleil.
(I, 12.)

Un de ses vers est devenu proverbe :

L'Ennui naquit un jour de l'Uniformité.
(II, 15.)

2. Ordinairement nom de chien de chasse (LA FONTAINE, IX, 14). De *brifer*, manger avidement (Etym.: *brife* ou *bribe*, dont le premier sens est : gros morceau de pain).

3. Personnage du *Roman comique* de SCARRON (Voyez page 269): l'application qui est faite ici de son souvenir et de son nom dit assez quel caractère le romancier lui a donné. — Sur *hargneux*, v. p. 313, n. 3.

Nos chiens font amitié : dans la patte on se touche,
On s'embrasse, on se traite en amis de tout temps.
      Nos frères suivent leur voyage.
Confidences trottoient[1] de la part de Brifaut,
Racontant ses emplois, ses amours, son ménage ;
      (Amitié fraîche a ce défaut
      Qu'elle jase plus qu'il ne faut) :
Le tout pour amuser le grave personnage,
    Qui parloit peu, qui sembloit s'ennuyer,
      Plus on prétendoit l'égayer.
Ils arrivent bientôt au plus prochain village.
Là notre la Rancune aboye à tous les chiens,
Attaque l'un, puis l'autre, et se fait mille affaires ;
Tant qu'enfin le tocsin[2] sonne sur nos deux frères,
Qui sont, l'un portant l'autre[3], ajustés[4] en vauriens.
    Pauvre Brifaut en fut pour[5] ses oreilles,
    Ni plus ni moins que seigneur Aboyard.
L'un attira les coups, et l'autre en eut sa part.
      Je l'en plains, mais choses pareilles
Menacent qui choisit ses amis au hasard.
                   (VI, 15.)

LE CHIEN ET L'ÂNE FATIGUÉS

Un Chien fort altéré, certain Ane fort las,
Arrivèrent ensemble au bord d'une rivière.
Ce n'étoit pour nos gens le bout de leur carrière ;
La rivière comprise il s'en falloit cent pas.
« Que ferons-nous ? dit l'Ane. — Ami, veux-tu m'en croire ?
Dit le Chien altéré : pour sortir d'embarras
    Je suis de l'avis qu'il faut boire,
  Toute cette onde. — Et moi je n'en suis pas,
Dit l'Ane fatigué : nous ferons mieux d'attendre
    Que l'eau s'écoule[6] ; en attendant

---

1. Allaient bon train, dirait-on encore familièrement.
2. Etym.: *Toquer*, frapper, et *signum*, au moyen âge *cloche*.
3. Expression (le figuré : plus fort portant, compensant le plus faible) compensation faite du plus et du moins : tous deux plus ou moins maltraités.
4. *Ajuster, arranger, accommoder*, se prennent familièrement dans le sens de traiter et de maltraiter.
5. *En être pour*, être mêlé à une affaire au prix de..., y perdre telle ou telle chose.
6. Cf. Horace, *Ep.*, I, 2, vers 42 :
    Rusticus exspectat dum defluat amnis; at ille
    Labitur et labetur in omne volubilis ævum.

FABULISTES

Je me reposerai d'autant¹. »
Le Chien but et creva, l'Ane se laissa prendre
Par les loups que la nuit fit sortir des forêts.

Vous riez ! et pour vous la fable est faite exprès.
Vous arrive-t-il une affaire,
La passion présente est votre conseillère.
(VI, 15.)

LE RAT TENANT TABLE²

Il étoit un grenier, vaste dépositaire
Des riches trésors de Cérès³.
Un Rat habitoit tout auprès,
Qui s'en crut le propriétaire.
Il avoit fait un trou, d'où, quand bon lui sembloit,
Il entroit dans son héritage⁴.
C'étoit peu d'y manger ; le prodigue assembloit
Les rats de tout le voisinage ;
Il tenoit table ouverte en grand seigneur,
Où, selon l'ordre, tout dineur
Payoit son écot⁵ de louange.
Est toujours bien fêté celui chez qui l'on mange.
Le bon Rat comptoit donc ses amis par ses doigts⁶,
Car il prenoit pour siens les amis de sa table ;
Chacun l'avoit juré cent fois :
Voudroient-ils lui mentir ? Cela n'est pas croyable.

---

1. Tout ce temps-là : mot à mot, dans la même proportion. LA FONTAINE XII. 10 :
J'ôte le superflu, dit l'autre, et, l'abattant
Le reste en profite d'autant.
Prend le sens de beaucoup : Boire d'autant (RABELAIS, passim ; LA FONTAINE, II, 10 : BOILEAU, Sat. II) ; Dormir d'autant (VOLTAIRE).
2. Tenir table, 1° demeurer longtemps à table, 2° donner habituellement à manger à ses amis, invités ou non. LA BRUYÈRE dit d'un homme riche : Vous tenez table, vous bâtissez (Car., VI). — Auj. on doit ajouter « ouverte », qui se trouve au vers 9e.
3. Signalons, une fois pour toutes, combien ces périphrases mythologiques sont tombées en désuétude. Ce n'est pas absolument du « mauvais goût », ce n'est plus « le goût » de notre temps, qui préfère, et avec raison, le mot propre.
4. Voyez page 26, note 6.
5. Ecot (Étym.: bas-latin scotum, contribution, venant de mots d'origine germanique et celtique qui ont ce sens), proprement quote-part payable par chaque convive dans un repas pris à frais communs. Au fig., les convives la paient, qui en esprit (comme les parasites de l'antiquité, imi derisor lecti, dit HORACE), qui en louange de l'amphitryon, etc. D'où : Il paye bien son écot, se dit d'un homme agréable dans une compagnie.
6. BOILEAU, Sat, IX, A son esprit. Mais moi
Qui compte tous les jours vos défauts par mes doigts.

Mais cependant l'autre maître du grain,
Voyant que ces messieurs le menoient trop bon train [1],
Se résolut de [2] le changer de place.
Le grenier fut vidé du soir au lendemain.
Voilà mon Rat à la besace [3].
Heureusement, dit-il, j'ai fait de bons amis [4].
Tout plein de cet espoir, chez eux il se transporte ;
Mais d'aucun il ne fut admis [5] ;
Partout on lui ferma la porte.
Un seul Rat, bon voisin, qu'il ne connut qu'alors,
Ouvrit la sienne, et le reçut en frère :
« J'ai méprisé, dit-il, ton luxe et tes trésors ;
Mais je respecte ta misère :
Sois mon hôte ; j'ai peu ; ce peu nous suffira.
Je m'en fie à ma tempérance :
Mais insensé qui se fiera
A tout ami qu'amène l'abondance !
Il ne vient qu'avec elle ; avec elle il fuira. »

(V, 11.

RICHER
1685-1748

LE RENARD, LE LOUP ET L'ANE

Le Renard et le Loup, couple de bons amis,
Étoient tentés d'entrer dans un logis
Par un trou fait au mur. Les gens de cette sorte
Frappent rarement à la porte.
Le Loup avoit dessein de happer [6] un Baudet ;
Le Renard en vouloit à la gent volatile :
Mais, plus ils pensoient au projet,

---

1. Ne le ménageaient pas (le grain). On dit, par une métaphore analogue : Son argent va vite.
2. Auj. : se résoudre à. Voyez page 227, note 6.
3. *Être à la besace*, être réduit à la besace (bissac) de mendiant. *Mettre à...*, ruiner.
4. On dit : Cette conduite m'a fait des amis, ou : Je me suis fait des amis par cette conduite.
5. *Par* aucun. On emploie encore auj. *de* après *reçu*, employé dans le même sens. — Voy. p. 125, n. 7, et p. 322, n. 1.
6. *Happer* 1° saisir à l'improviste (LA FONTAINE, XII, 22 : On vous happe notre homme) ; 2° saisir avidement, en parlant du chien (ID., VIII, 7), du loup (ID., V, 8), et d'autres animaux.

Plus ils trouvoient la chose difficile.
　　　Deux dogues gardoient le dedans,
　　　Chiens terribles et vigilans.
Comment faire? Le Loup avoit l'esprit stérile ;
Il y rêvoit en vain. Le Renard, plus habile,
Dit à son compagnon : « J'imagine un moyen :
　　　Tenez-vous coi¹, laissez-moi faire. »
　　Alors avec un doux maintien
Il aborde notre Ane, et lui dit : « Mon compère,
A me rendre service on ne perd jamais rien,
　　　Car je suis d'un bon caractère.
Vous pouvez m'obliger; et, si vous voulez braire
　　Quelques momens de votre mieux,
　　Je sais un champ² délicieux
Hérissé de chardons : voilà votre salaire. »
　　　L'Ane, séduit par ce discours,
Et se connoissant mal en physionomie,
Se mit à faire un bruit à rendre les gens sourds.
　　　On étoit fait à cette mélodie.
Les valets et les chiens étoient dans la maison :
　　　On laissa braire le grison.
　　　Pendant cela, Dieu sait la vie³
Que fit maître Renard ! Il croqua maint chapon,
　　　Pluma la poule et le dindon.
　　Les pauvres gens en telle alarme
Demandoient du secours et crioient au larron :
Mais on n'entendoit rien, à cause du vacarme
　　　Que faisoit maître aliboron⁴,
　　Qui, sans se douter de l'affaire,
Ainsi qu'un sot prêtoit son ministère.
　　　L'escroc fit un friand repas,
　　Puis décampa de toute sa vitesse.
　　« A bien crier vous entendez finesse ;
C'est un fort beau talent, et j'en veux faire cas,

1. Voyez page 41, note 7, et page 146, note 7.
2. *Savoir* une personne, une chose, c.-à-d. qu'une personne, une chose existe. MOLIÈRE, *Ec. d. F.*, I, 1 :
　　　Je sais un paysan qu'on appeloit Gros-Pierre.
3. *Dieu sait*, signifie : Nous ne pouvons savoir, Dieu seul sait... On dit de même, sous forme de conclusion : *Dieu sait ! Dieu sait comme !* Mme DE SÉVIGNÉ : On s'est mis à boire, mais boire ! Dieu sait. — *La vie que fit...* LA FONTAINE dit elliptiquement (III, 17) :
　　　Dieu sait la vie
　　　Et le lard qui périt en cette occasion!
4. Nom donné ordinairement à l'âne. Voyez LA FONTAINE, I, 13. On dit d'un homme ignorant et obtus : C'est un maître aliboron.

Dit-il à l'Ane : oui, votre complaisance
Mérite une reconnoissance.
Suivez-moi : je vais à l'instant
Vous enseigner ce que vous aimez tant. »
Le crédule baudet le suit sans défiance :
Mais, tandis qu'avec joie il pense
A ses chardons, l'autre escroc l'étrangla.

Il faut être âne et par delà
Pour attendre d'un fourbe une autre récompense.
(II, 15.)

LES DEUX CHIENS ET LE CHAT

Maître Aboyard et son ami Citron [1],
Deux commensaux de la même maison,
Étoient exempts des défauts ordinaires
A leurs pareils. Jamais aucuns débats.
Sans noise [2] ils prenoient leurs repas,
Ni gloutons, ni jaloux : ils vivoient comme frères.
Mais ce n'est qu'au besoin [3] qu'on reconnoît l'ami.
Aboyard s'étant endormi,
Un gros mâtin à Citron fit querelle.
Celui-ci, comptant sur le zèle
De son confrère, implora son secours :
Mais Aboyard fut sourd ; il sommeilla toujours.
Vainement son ami l'appelle,
Il perce en vain l'air de ses cris ;
Quand certain Raminagrobis,
Dont le nez du dormeur avoit reçu jadis
Une maligne égratignure [4],
Passant près de lui par hasard,
Miaula doucement. A l'instant Aboyard
S'éveille et court après pour venger son injure [5] :
S'il eût pu l'attraper, le Mitis [6] étoit mort.

La Haine veille et l'Amitié s'endort.
(VIII, 14.)

1. C'est le nom du chien qui est en cause dans les *Plaideurs* de RACINE (II, 13.)
2. Etym. : *noxia*, tort, méfait. N'est resté que dans *chercher noise à...*
3. D'après le besoin. De même : *A l'œuvre on connoît l'artisan* (LA FONTAINE, I, 21).
4. Etym.: *es, é* ; *grattiner*, venu de *gratter*.
5. Notez les deux rejets heureux de ces deux derniers vers.
6. Nom propre de chat, d'après les contes et fabliaux. Voy. LA FONTAINE,

LE COQ ET LE LIMAÇON

Un jeune Coq, superbe oiseau
 Et le mieux huppé du village,
Prétendoit se percher au sommet d'un ormeau,
Pour chanter ses exploits et montrer son plumage :
Mais, quoique notre Coq ne fût pas des plus lourds,
Il fit de vains efforts et retomba toujours.
Les poules s'en railloient : sa honte étoit extrême.
 A la cime de l'arbre même
Qu'il ne pouvoit atteindre il voit un Limaçon.
Pour un oiseau si fier quel surcroît de disgrâce!
 Indigné que dans cette place
Le méprisable insecte eût porté sa maison,
« Eh! qui t'a mis si haut ? lui dit-il en furie :
Sais-tu fendre les airs ? — Non, mais je sais ramper, »
Répond le Limaçon.

  Avec cette industrie
Est-il sommet si haut qu'on ne puisse [1] attraper!
    (IX, 12.)

DORAT
1734-1780

L'ESCARGOT [2] ET LA CIGALE

 Vers l'ombre épaisse d'un buisson
 Un Escargot se traînoit avec peine
  Portant avec lui sa maison.
Le buisson qu'il regagne est voisin de la plaine;
Mais, quand on est chargé, tout chemin paroît long.
Le voyageur s'en plaint, la chaleur est extrême.
Ses cornes de sortir, puis de se renfoncer;
  Il s'arrête au lieu d'avancer;

III, 18. — Etym.: le latin *mitis*, doux ; à cause de son poil et de sa physionomie.
 1. *Puisse*, et non *doive*, notons-le. Cette fable est un trait de satire, non une leçon de morale et un conseil de conduite.
 2. *Escargot* est de même racine que l'espagnol *caracol* qui signifie coquille de mer tournée en forme de vis (de l'arabe *Karkara*, tourner), puis tours de danseurs et de chevaux ; d'où *caracoler*.

L'aiguille d'un cadran marche à peu près de même.
　　　Pendant une pause il entend
　　Auprès de lui chanter une Cigale :
　　　« Bon ! s'écria-t-il à l'instant,
　　　D'une aubade[1] l'on me régale.
　　　Je suis bien en train de concerts !
Mais combien j'envierois le sort de la chanteuse !
Que ses loisirs sont doux, que sa vie est heureuse !
C'est pour elle à coup sûr qu'est fait cet univers :
Sous un lourd édifice elle n'est point courbée ;
　En un clin d'œil elle saute à vingt pas ;
　　　Moi, pauvre hère[2], je suis las
　　　Après une seule enjambée.... »
« Trop heureux Escargot, disoit l'autre à son tour,
　　De son destin encor plus mécontent,
Tu ne crains, sous ton toit, sous ta maison rampant,
Ni la fraîcheur des nuits ni la chaleur du jour.
　　Que près du tien mon sort est ridicule !
Tandis qu'en bon bourgeois tu vis dans ta cellule,
　　Je suis en butte aux bourrasques de l'air[3].
　　　Je grille dans la canicule,
　　Je meurs de froid pendant l'hiver. »

Notre condition en vaut souvent une autre ;
Le ciel fit pour le mieux ; nous nous plaignons de lui ?
　　　C'est lorsque dans l'état d'autrui
Nous ne voyons que ce qui manque au nôtre.
　　　　　　　　　　　(II, 11.)

FLORIAN
1755-1794

LA TAUPE ET LES LAPINS

Chacun de nous souvent connoît bien ses défauts :
　　En convenir, c'est autre chose :

---

1. *Aubade*, concert donné vers l'aube. Etym.: l'espagnol *albada* (de *albus, alba* [lux].)
2. Etym.: le latin *herus*? l'allemand *Herr*? maître. Pauvre hère équivaudrait à pauvre sire.
3. *Butte* est une autre forme de *but*, avec lequel il s'est longtemps confondu. Une *butte* peut être en effet considérée comme un *but* qui se dresse devant nous, *propositum*.

On aime mieux souffrir de véritables maux,
    Que d'avouer qu'ils en sont cause.
    Je me souviens à ce sujet
    D'avoir été témoin d'un fait
  Fort étonnant et difficile à croire ;
    Mais je l'ai vu ; voici l'histoire :
    Près d'un bois, le soir, à l'écart,
    Dans une superbe prairie,
Des lapins s'amusoient, sur l'herbette fleurie,
    A jouer au colin-maillard[1].
Des lapins ! direz-vous, la chose est impossible.
Rien n'est plus vrai pourtant ; une feuille flexible
Sur les yeux de l'un deux en bandeau s'appliquoit,
    Et puis sous le cou se nouoit.
    Un instant en faisoit l'affaire.
Celui que ce ruban privoit de la lumière
Se plaçoit au milieu ; les autres alentour
    Sautoient, dansoient, faisoient merveilles,
    S'éloignoient, venoient tour à tour
    Tirer sa queue ou ses oreilles.
Le pauvre aveugle alors se retournant soudain,
Sans craindre pot au noir[2], jette au hasard la patte :
    Mais la troupe échappe à la hâte ;
Il ne prend que du vent ; il se tourmente en vain,
    Il y sera jusqu'à demain.
    Une taupe assez étourdie,
    Qui sous terre entendit ce bruit,
    Sort aussitôt de son réduit,
    Et se mêle de la partie.
    Vous jugez que, n'y voyant pas,
    Elle fut prise au premier pas.
« Messieurs, dit un lapin, ce seroit conscience[3],
Et la justice veut qu'à notre pauvre sœur
    Nous fassions un peu de faveur ;
    Elle est sans yeux et sans défense :
Ainsi je suis d'avis... — Non, répond avec feu
La taupe ; je suis prise, et prise de bon jeu[4] ;

---

1. Etym. incertaine. *Colin*, nom d'homme pris en un sens général ; et *maillard*, tenant à (?) *maillot*, lange qui sert à envelopper l'enfant.
2. Le pot au noir signifie métaphoriquement une mésaventure : Tomber dans le... — Gare le..., est le cri d'avertissement adressé à celui qui, les yeux bandés, va, dans le jeu, se heurter contre quelque obstacle.
3. Voyez page 240, note 3.
4. Vulgairement « pour tout de bon. » *Bon jeu, bon argent*, signifie sérieusement, franchement.

Mettez-moi le bandeau. — Très volontiers, ma chère,
Le voici; mais je crois qu'il n'est pas nécessaire
    Que nous serrions le nœud bien fort.
— Pardonnez-moi, monsieur, reprit-elle en colère.
Serrez bien, car j'y vois... Serrez, j'y vois encor. »
                  (I, 18.)

LE CHEVAL ET LE POULAIN

Un bon père cheval, veuf, et n'ayant qu'un fils,
    L'élevoit dans un pâturage
    Où les eaux, les fleurs et l'ombrage
Présentoient à la fois tous les biens réunis.
Abusant pour jouir, comme on fait à cet âge,
Le poulain tous les jours se gorgeoit de sainfoin,
    Se vautroit [1] dans l'herbe fleurie,
Galopoit sans objet, se baignoit sans envie,
    Ou se reposoit sans besoin.
Oisif et gras à lard [2], le jeune solitaire
S'ennuya, se lassa de ne manquer de rien.
Le dégoût vint bientôt : il va trouver son père :
« Depuis longtemps, dit-il, je ne me sens pas bien ;
    Cette herbe est malsaine et me tue ;
Ce trèfle est sans saveur, cette onde est corrompue,
L'air qu'on respire ici m'attaque les poumons ;
    Bref, je meurs si nous ne partons.
— Mon fils, répond le père, il s'agit de ta vie:
    A l'instant même il faut partir. »
Sitôt dit, sitôt fait : ils quittent leur patrie.
Le jeune voyageur bondissoit de plaisir.
Le vieillard, moins joyeux, alloit un train plus sage,
Mais il guidoit l'enfant, et le faisoit gravir
Sur des monts escarpés, arides, sans herbage,
    Où rien ne pouvoit le nourrir.
    Le soir vint, point de pâturage ;

---

1. Le sens premier et étymologique est: se rouler dans la boue. De l'ancien français *vautre*, espèce de chien qui, destiné à la chasse au sanglier, se roule comme lui dans la boue ; mot venant du bas-latin *veltrem*, auparavant *vertragum* (accus.) — Cf. LA FONTAINE, VI, 8 :

    Et le grison se rue
    Au travers de l'herbe menue,
    Se vautrant, etc.

2. C.-à-d. jusqu'à *faire du lard*, expression populaire, synonyme de *s'engraisser*.

On[1] s'en passa. Le lendemain,
Comme l'on commençoit à souffrir de la faim,
On prit du bout des dents[2] une ronce sauvage,
On ne galopa plus le reste du voyage;
A peine après deux jours alloit-on même au pas.
  Jugeant alors la leçon faite,
Le père va reprendre une route secrète
  Que son fils ne connoissoit pas,
  Et le ramène à la prairie
Au milieu de la nuit. Dès que notre poulain
  Retrouve un peu d'herbe fleurie,
Il se jette dessus : « Ah! l'excellent festin!
La bonne herbe! dit-il, comme elle est douce et tendre!
  Mon père, il ne faut pas s'attendre
  Que nous puissions rencontrer mieux;
Fixons-nous pour jamais dans ces aimables lieux.
Quel pays peut valoir cet asile champêtre? »
Comme il parloit ainsi, le jour vint à paroître :
Le poulain reconnoît le pré qu'il a quitté;
Il demeure confus. Le père avec bonté
Lui dit : « Mon cher enfant, retiens cette maxime :
Quiconque jouit trop est bientôt dégoûté;
  Il faut au bonheur du régime. »
        (II, 10.)

LES SINGES ET LE LÉOPARD

Des singes dans un bois jouoient à la main chaude.
  Certaine guenon moricaude[3],
Assise gravement, tenoit sur ses genoux
La tête de celui qui, courbant son échine,
  Sur sa main recevoit les coups.
  On frappoit fort, et puis devine !

---

1. *On*, comme dans les vers suivants, équivaut à « notre poulain ». *On* peut ainsi désigner, non plus une généralité, mais une personne particulière. Par exemple : Je lui adresse une question : *on* (il) ne me répond pas, *on* feint de ne pas m'entendre. — Qu'*on* (lui) me réponde sur le champ, lui dis-je. — *On* (je) vous contraindra bien à me répondre.

2. Cf. HORACE, *Sat.*, II, 6, 87; le rat de ville dédaigneux :
   ....Tangentis male singula dente superbo.
VIRGILE, *G.*, III, 465; la brebis malade:
   ....summas carpentem ignavius herbas.

3. D'un teint noir. *Moricaud* s'emploie familièrement pour Moresque, More, nom des peuples habitant le nord de l'Afrique.

6e, 5e, 4e CL.

Il ne devinoit point ; c'étoient alors des ris,
    Des sauts, des gambades[1], des cris.
Attiré par le bruit, du fond de sa tanière,
Un jeune léopard, prince assez débonnaire,
Se présente au milieu de nos singes joyeux.
Tout tremble à son aspect. « Continuez vos jeux,
Leur dit le léopard, je n'en veux à personne :
    Rassurez-vous, j'ai l'âme bonne,
Et je viens même ici, comme particulier,
    A vos plaisirs m'associer ;
    Jouons, je suis de la partie.
    — Ah ! monseigneur, quelle bonté !
Quoi ! Votre Altesse veut, quittant sa dignité,
Descendre jusqu'à nous ? — Oui, c'est ma fantaisie.
Mon Altesse eut toujours de la philosophie,
    Et sait que tous les animaux
      Sont égaux [2].
Jouons donc, mes amis, jouons, je vous en prie. »
Les singes, enchantés, crurent à ce discours,
    Comme l'on y croit toujours.
    Toute la troupe joviale
Se remet à jouer ; l'un d'entre eux tend la main ;
    Le léopard frappe, et soudain
On voit couler du sang sous la griffe royale.
Le singe, cette fois, devina qui frappoit,
    Mais il s'en alla sans le dire.
    Ses compagnons faisoient semblant de rire,
    Et le léopard seul rioit.
Bientôt chacun s'excuse et s'échappe à la hâte,
    En se disant entre les dents :
    « Ne jouons pas avec les grands ;
Le plus doux a toujours des griffes à la patte. »
        (III, 1.)

LE PERROQUET CONFIANT

« *Cela ne sera rien*, disent certaines gens,
    Lorsque la tempête est prochaine ;

---

1. Etym.: *gambe*, depuis *jambe*, du bas-latin *gamba*, venu de καμπτή, flexion. — Cf. *jouir*, de *gaudere* ; *jumeau*, de *gemellus*. etc.

2 Il glisse sur le mot, et passe ; comme le loup de LA FONTAINE (VII, 1) auquel « il est arrivé quelquefois de manger
        Le Berger. »

Pourquoi nous affliger avant que le mal vienne [1]? »
Pourquoi ? Pour l'éviter, s'il en est encor temps.

  Un capitaine de navire,
  Fort brave homme, mais peu prudent,
  Se mit en mer malgré le vent.
  Le pilote avoit beau lui dire
  Qu'il risquoit sa vie et son bien,
  Notre homme ne faisoit qu'en rire,
Et répétoit toujours : « *Cela ne sera rien.* »
  Un perroquet de l'équipage,
  A force d'entendre ces mots,
Les retint et les dit pendant tout le voyage.
Le navire égaré voguoit au gré des flots,
  Quant un calme plat vous [2] l'arrête.
Les vivres tiroient à leur fin ;
Point de terre voisine, et bientôt plus de pain.
Chacun des passagers s'attriste, s'inquiète ;
  Notre capitaine se tait.
« *Cela ne sera rien,* » crioit le perroquet.
Le calme continue, on rit vaille qui vaille [3],
  Il ne reste plus de volaille :
On mange les oiseaux, triste et dernier moyen !
Perruches, cardinaux, catakois [4], tout y passe.
  Le perroquet, la tête basse,
Disoit plus doucement : « *Cela ne sera rien.* »
Il pouvoit encor fuir, sa cage étoit trouée ;
Il attendit. Il fut étranglé bel et bien ;
Et, mourant, il crioit d'une voix enrouée :
  « *Cela... cela ne sera rien.* »

        (III, 18.)

1. SÉNÈQUE (*Lettres à Lucilius*, XIII) : Quid juvat dolori suo occurrere Satis cito dolebis quum venerit.
2. *Vous* est explétif (l'équivalent existe en grec et en latin). Il semble intéresser plus directement au récit celui qui le lit ou l'entend.
3. Voyez page 269, note 4.
4. Le nom du *cardinal*, membre du sacré collège (sur qui *roule*, repose l'Eglise; de *cardo, inis*, gond), vêtu de *rouge*, a été donné, par analogie, à des oiseaux de différents genres dont la couleur dominante est le *rouge*. — *Catakois*, ou *Cacatois*, oiseaux grimpeurs d'un beau plumage.

DUC DE NIVERNAIS
1714-1798

LE CAVALIER, LE VILLAGEOIS ET LE PIÉTON

Un villageois assis sur un baudet [1]
Faisoit chemin en paisible posture.
Un cavalier monté sur un genet [2]
Passe au galop [3]. « Oh! charmante voiture [4]!
Dit le manant ; et moi, que fais-je à Dieu.
    Pour que sa rigueur me condamne
    A ne pouvoir changer de lieu
    Qu'au marcher [5] tardif de mon âne ? »
Disant ces mots, le fermier dépiteux [6]
Arrive au pied d'un Atlas raboteux [7].
Un homme à pied, pauvre homme de corvée [8],
Grimpoit ce mont, et grimpant chanceloit
La tête basse, et l'échine courbée
    Sous le fardeau qui l'accabloit [9].
Pour le fermier il fit sa traversée
Joyeusement : le mont lui parut doux.
Bien assis qu'il étoit et croisant les genoux
    Sur son baudet, il se croyoit en plaine ;
    Il ne sentit point les cailloux,
    Passa sans voir le piéton hors d'haleine
    Et ne songeant qu'à l'Andaloux
    Dont il avoit la tête pleine.

1. Etym.: l'ancien français *bald, baud*, gai, hardi ; à cause de la vivacité de certains ânes jeunes et vigoureux.
2. Voyez page 83, note 6.
3. Comparez à l'allure de ce début celui d'une fable de LA FONTAINE, VII, 11 ; et notez l'heureuse vivacité du rejet. — Je trouve dans une fable du même auteur (*Le Père et le Fils*, VI, 4) un rejet d'un tout autre effet ; il s'agit de pierres :

    Il met les grosses à l'écart
    Et jette en bas les plus légères
    Qui tombent au fond du puisart
    Tout doucement...

4. Moyen de transport. On dit : voiture par terre, voiture par eau.
5. Cf. les autres infinitifs employés substantivement : manger, dîner, lever, etc.
6. Se trouve encore dans SAINT-SIMON. Auj., dépité.
7. *Atlas*, hyperbole qui n'est pas dans le ton et la couleur du tableau.
8. *Corvée* (*corrogata* [opera], travail prescrit), journée de travail gratuit que les vassaux devaient à leur seigneur.
9. Cf. avec l'allure expressive de ces vers, pesante, traînante, les quatre premiers d'une fable de LA FONTAINE (I, 16, *La Mort et le Bûcheron*).

Telle est notre façon de voir ;
Incessamment chacun songe et resonge
Aux biens qu'il désire d'avoir [1] ;
Et le mal d'autrui n'est que songe.
Tout homme est ce fermier, sur un âne monté ;
Autour de nous sur des chevaux d'Espagne
Sont de plus grands, que l'on croit plus heureux.
Ne regardons jamais que ceux
Qui grimpent à pied la montagne :
Nous rendrons toujours grâce aux dieux.
(II, 11.)

L'ABBÉ AUBERT
1731-1814

LE CHAT ET LA SOURIS

Raton [2] un jour s'étoit mis en posture
Pour guetter certaine souris,
Dont le drôle, en rôdant, en cherchant aventure,
Avoit découvert le logis.
Gare à présent que la dame n'en sorte !
Le dos voûté, l'œil fixe, et la patte en avant,
Raton a le nez à la porte.
La souris sort, il court et l'attrape à l'instant [3].
Ayant pour lors la panse pleine,
Le galant [4] ne la croque pas.
C'étoit pourtant le plus friand des chats.
Mais on n'a pas des souris par douzaine ;
Pour les bons jours de la semaine
Il faut réserver les bons plats.
En attendant jouons. — Aussitôt le compère
Tracasse la souris et la mène grand train,
Lui donne un coup de sa patte légère,
La laisse fuir, la rattrape soudain,

---

1. Voyez page 41, note 4.
2. Cf. La Fontaine, IX, 17.
3. Voilà un des vers expressifs (Cf. le 22e) de cette fable, qui n'en manque pas dans les jolis détails de son développement.
4. « Le galant fait le mort », dit aussi La Fontaine d'un de ses chats (III, 18). — Signifie, ainsi employé, alerte et joyeux compère. Etym. : l'ancien français *galer* (d'origine germanique), se réjouir, d'où *gala*.

Va, vient, fait mille sauts, mille bonds autour d'elle.
    Quand il a joué tout son soûl,
    La dame alors prenant sa belle [1]
S'échappe et part : la voilà dans son trou
Raton a beau flairer et faire sentinelle :
Il fallut cette fois se passer de souris.
Je crois qu'on ne vit plus désormais le Mitis [2]
    S'amuser à la bagatelle [3].
               (IV, 6.)

LE BOUC, L'ÂNE, LE RENARD ET LE TAUREAU

    Messire Bouc, animal assez vain,
Avec maître Ane un jour alloit de compagnie.
Le galant de son mieux entretenoit Martin [4] ;
Martin de son côté jasoit comme une pie.
Il fut d'abord [5] entr' eux question du prochain ;
Sur ce point-là leur caquet [6] fit merveilles.
    Puis on parla de soi par contre-coup :
Le Bouc vanta sa barbe et l'Ane ses oreilles.
Au dire de chacun [7], il s'en falloit beaucoup
    Que l'autre eût sur lui l'avantage,
    Lorsqu'un Renard passant par là :
« Courage ! leur dit-il, mes bons amis, courage !
    Le plaisant orgueil que voilà !
Vos dons [8], foi de Renard, ne me font nulle envie ;
    Je n'en donnerois pas cela [9].
Regardez cette queue, et dites, je vous prie,
Si jamais la nature a rien fait d'aussi beau. »
A peine a-t-il parlé que sur ces entrefaites
    Arrive un vigoureux Taureau ;
On lui conte le cas : « Pauvres gens que vous êtes,

---

1. Terme de jeu, belle [occasion de revanche]. On dit ironiquement la donner, la bailler belle.
2. La Fontaine, *ibid.* : Notre maître Mitis (adj. latin, doux).
3. L'expression est proverbiale : perdre à des futilités le temps et l'occasion. — Étym. : l'italien *bagatella*, tour de bateleur.
4. On sait le proverbe : Il y a plus d'un âne qui s'appelle Martin à la foire.
5. Dès l'abord, tout aussitôt.
6. Littré ne voit dans *caquet* et *caqueter* que des onomatopées. Point d'étymologie.
7. Cf. La Fontaine, VII, 1. vers 48.
8. Ce que vous tenez de la nature, qui vous en a doté, *dotes*.
9. Expression populaire et elliptique, accompagnée d'un geste de la main et du bruit sec de l'ongle retiré brusquement de la dent qu'il a touchée : pas même *cela*, c.-à-d. ce bruit, un son, un rien.

Répond en mugissant l'animal encorné.
Ce qu'à chacun de vous la nature a donné
Vaut-il ceci? parlez. » Le redoutable sire
Baisse à ces mots la tête et les fait fuir tous trois [1].
Contre cet argument qu'auroient-ils pu lui dire?
  Lecteur, tu n'en sais rien, je crois;
 Ni moi non plus; mais je te dois instruire [2].

Tout homme est glorieux; c'est la commune loi;
Tout homme met autrui fort au-dessous de soi.
Cet orgueil-là vraiment a de quoi faire rire [3] :
Tandis qu'à vos dépens moi-même je m'admire,
Un tiers vient qui vaut mieux et que vous et que moi [4].
       (II, 9.)

BOISARD

1744-1833

L'AUTRUCHE ET LE MOINEAU [5]

 « Vous avez beau dire et beau faire,
  Dit à l'Autruche le Moineau;
Redressez bien la tête, enflez-vous bien la peau,
  Je suis, soit dit sans vous déplaire,
   Plus oiseau que vous, ma commère;
  Et la preuve m'en paroît claire :
  Je vole et vous ne volez pas.
  Vraiment [6] je ne m'élève guère;
  Mon vol, tantôt haut, tantôt bas,

---

1. Chacun des deux hémistiches est un coup de pinceau.
2. Remplissage.
3. Locution usuelle au XVIIe siècle, qui eût di aussi dans le même sens : Est pour faire rire.
4. Un fabuliste ne sauroit prendre de meilleure grâce sa part de la leçon qu'il donne. PASCAL a dit, après Cicéron et Montaigne: « Ceux qui écrivent contre la vanité veulent avoir la gloire d'avoir bien écrit; et ceux qui le lisent veulent avoir la gloire de l'avoir lu ; et moi qui écris ceci ai peut-être cette envie; et peut-être que ceux qui le liront... (Inachevé). »
5. Est-ce par antiphrase que les Grecs ont donné à στρουθός (d'où le diminutif στρουθίον, moineau) le sens d'autruche (dont le nom en vient, dit LITTRÉ, par l'intermédiaire de l'italien struzzo et du latin struthio) en même temps que de moineau? — Selon LITTRÉ, moineau serait venu d'un passage de la Bible: passer (passereau, moineau) solitarius (seul, μόνος, qui a donné moine) in tecto.
6. A la vérité, quidem; pour dire le vrai.

Est moins égal que votre pas...
Avec tout cela, ma commère,
Vous avez beau dire et beau faire
Je vole... et vous ne volez [1]. »
(1ᵉʳ Recueil, VI, 30.)

LE LYNX ET LA TAUPE [2]

Le Lynx dit à la Taupe : « Ah ! pauvre solitaire !
Comment peux-tu vivre sans voir ?
Végéter du matin au soir,
Voilà donc ce que tu peux faire !
Encor si tu savois ce que je sais, ma chère,
En t'occupant l'esprit dans ton petit manoir,
De tes cruels ennuis tu pourrois te distraire ;
Mais quand on n'a rien vu l'on ne peut rien savoir.
Moi, qui vois clairement d'une lieue à la ronde
Ce qui se passe dans le monde,
A l'instant même autour de toi
Je puis t'instruire, écoute-moi :
Sur un rapport des plus fidèles
Je vais, ma chère enfant, te conter les nouvelles.
L'hirondelle s'amuse à nourrir ses petits
Avec les moucherons que l'araignée a pris ;
L'épervier dans la nue enlève l'alouette ;
Le chat sous la javelle attrape la souris ;
L'épagneul [3], ou le chien qu'on fouette,
Sous le plomb meurtrier du chasseur qui la guette
Avec tous ses perdreaux fait passer la perdrix ;
Ici c'est le lapin que suce la belette ;
L'ours atteint sur le roc la chèvre et ses cabris [4] ;
Le renard est en train de croquer la poulette ;

---

1. L'autruche, qui a des ailes rudimentaires, ne peut voler.
2. Les anciens attribuaient une vue très perçante, 1º au lynx, 2º à Lyncée, pilote des Argonautes. Un proverbe s'est formé, chez nous, de la première de ces deux légendes : Avoir des yeux de lynx. — Trois particularités de la taupe ont fourni trois proverbes : 1º Sa quasi cécité (BUFFON : Elle a les yeux si petits, si couverts, — cachés sous les poils —, qu'elle ne peut faire usage du sens de la vue) : Ne voir pas plus clair qu'une taupe, au propre et au figuré ; 2º Sa vie souterraine : Vivre comme une taupe (vivre retiré et caché) ; 3º Sa couleur : Noir comme une taupe. — Etym. : *Talpa*. (Cf. *alba*, aube ; *malva*, mauve ; *palpebra*, paupière ; *saltus*, saut ; *alterum*, autre, etc.). — LA FONTAINE, I, 7 :
   Lynx envers nos pareils, et taupes envers nous,
3. Etym. : Espagnol, à cause de l'origine de ces chiens.
4. Chevreau. Etym. : *capra*, chèvre. — Sauter comme un cabri.

FABULISTES

Le loup à belles dents déchire la brebis....
— J'en sais trop, dit la Taupe... Ah, dieux, je vous rends grâce;
Si c'est là ce qu'on fait dans le monde, en ce cas
    C'est bien assez d'entendre, hélas !
    Sans voir encor ce qui s'y passe. »
               (IIe Recueil, II, 7.)

LE BAILLY

1756-1832

L'ÉLÉPHANT, L'HIRONDELLE ET LA PIE

Messire l'Éléphant sans suite ni fracas,
Par un beau jour d'été, visitoit ses États.
Comme il alloit à pied, il veut reprendre haleine
    Et s'arrête à l'ombre d'un chêne.
Sur la cime de l'arbre une Pie habitoit,
Et plus bas dans un creux logeoit mère Hirondelle.
La dame de là-haut, babillarde éternelle,
    Du matin au soir caquetoit
    Comme une Margot qu'elle étoit [1].
A peine a-t-elle vu l'altesse éléphantine :
    « Oh ! bon Dieu ! qu'aperçois-je là ?
    Va-t-elle dire à sa voisine :
    Le vilain monstre que voilà !
Sur ma foi, le Chameau, malgré sa double bosse,
    Est moins hideux que ce colosse.
Je ne dis rien de ses pieds mal tournés,
De sa queue en fuseau, de sa pesante allure;
    Mais regarde un peu sa figure :
    Quels petits yeux et quel long nez !
Qui ne riroit du nez d'un pareil sire ? »
    L'Hirondelle lui répondit :
« Il a de petits yeux, mais ils sont pleins d'esprit.
    Quant à l'objet dont tu veux rire,
    C'est une trompe [2] que Dieu fit,
Ou plutôt une main : vois avec quelle adresse

---

1. Nom convenu de la Pie. Voy. LA FONTAINE, XII, 11.
2. C'est le même mot que *trompe* (*tuba*, qui en est peut-être l'étymologie) au sens de *trompette*, son dérivé.

Il la fait mouvoir en tous sens,
L'allonge, ou la resserre, ou la courbe, ou la dresse.
Mais qu'est-ce que cela ? parlons de ses talens...
— Oui-da ! reprend Margot, tu dirois des merveilles;
Bonsoir. Finissons l'entretien.
Louer est ton plaisir, et ce n'est pas le mien.
Tout éloge d'autrui me blesse les oreilles [1]. »

Le dirai-je, hélas ! je connois
Un homme de ce caractère :
Avez-vous des talens, il n'en parle jamais;
Des défauts, c'est une autre affaire :
Il tait ce qu'on doit dire, et dit ce qu'on doit taire...
Mais là-dessus point de procès;
A trop de gens j'aurois à faire.
(VI, 10.)

LE TONNERRE ET LE NUAGE

« Nous habitons tous deux les mêmes régions,
Disoit le Tonnerre au Nuage;
Mais t'égaler à moi [2] ! quelle audace ! Voyons :
De grossières vapeurs tu n'es qu'un assemblage,
Toujours errant parmi les airs;
Le moindre vent te chasse, un rien peut te dissoudre,
Et tu ne fais d'ailleurs qu'obscurcir l'univers.
Moi je marche entouré d'éclairs;
Au loin je puis lancer les éclats de la foudre;
C'est peu de renverser les plus audacieux :
Des monts qui menacent les cieux
Je fais avec fracas crouler la cime altière;
J'ébranle les palais jusqu'en leur fondemens;
J'embrase les cités de mes feux dévorans;
Enfin, dévastateur de la nature entière,
La terreur me devance et le trépas me suit [3].
Voilà quels grands effets le Tonnerre produit;
Mais toi.... — Moi, répond le Nuage,
Je ne parlerai pas avec tant d'étalage;

---

[1]. Oui, c'est le caractère de l'oiseau au caquetage médisant. Mais était-ce à lui à le dire ? ou au poète à nous le faire entendre ? Cette invraisemblance finale est le défaut de cette jolie fable dont les descriptions sont ingénieusement détaillées.

[2]. C'est le ton de don Gormas, s'adressant à Rodrigue (*Le Cid*, II, vers 11).

[3]. Voilà des vers d'une sonorité et d'une allure tout à fait appropriées au caractère et au langage du personnage.

Je hais l'orgueil; je crains le bruit,
Et surtout celui du Tonnerre :
Mais, lorsqu'un vent léger m'abaisse sur la terre,
Je vois le laboureur en rendre grâce aux dieux;
Ma rosée a bientôt fécondé ses campagnes;
Abondance et joie, en tous lieux,
Voilà mes deux seules compagnes.
Encore un mot, Seigneur, et je ne dis plus rien :
Quand on est placé haut, c'est pour faire le bien. »

(IV, 9.)

LE SAULE ET LA RONCE

Le Saule dit un jour à la Ronce rampante :
« Aux passans pourquoi t'accrocher?
Quel profit, pauvre sotte, en comptes-tu tirer?
— Aucun, lui répondit la plante;
Je ne veux que les déchirer. »

(II, 6.)

FABLE ATTRIBUÉE A

VOLTAIRE [1]

LE LOUP MORALISTE

Un Loup, à ce que dit l'histoire,
Voulut donner un jour des leçons à son fils,
Et lui graver dans la mémoire,
Pour être honnête loup, de beaux et bons avis :
« Mon fils, lui disait-il, dans ce désert sauvage,
A l'ombre des forêts vous passerez vos jours;
Vous pourrez cependant [2] avec de petits ours
Goûter les doux plaisirs qu'on permet à votre âge.

---

1. VOLTAIRE la désavoue dans son *Commentaire historique sur la vie de l'auteur de la Henriade* (1776). Mais M. SAINT-MARC GIRARDIN la croit de sa jeunesse, et la trouve spirituelle, encore que le « sermon » du loup soit un peu long. Et il ajoute : « Ce n'est pas la première fois que le loup dans la fable feint de se corriger et prend un air hypocrite. Quand le loup dans La Fontaine se décide à jouer ce nouveau personnage, il ne se contente pas de payer de paroles comme le loup moraliste de Voltaire; il prend la contenance et le geste de son nouveau rôle, et par là il est plus comique et plus plaisant que s'il se contentait de parler : parfois même il espère réussir sans avoir à parler ». Puis citant le *Loup devenu berger* (III, 3): « Voilà-t-il pas un vrai tableau, une vraie mascarade d'hypocrisie, et plus animée que le sermon du *Loup moraliste* ? » (*La Fontaine et les fabulistes*, leçon XXIIIe).

2. Pendant ce temps.

Contentez-vous du peu que j'amasse pour vous;
Point de larcins, menez une innocente vie;
    Point de mauvaise compagnie;
Choisissez pour amis les plus honnêtes loups;
Ne vous démentez point, soyez toujours le même;
Ne satisfaites point vos appétits gloutons.
Mon fils, jeûnez plutôt l'Avent[1] et le Carême
Que de sucer le sang des malheureux moutons.
    Car, enfin, quelle barbarie !
Quels crimes ont commis ces innocens agneaux ?
Au reste, vous savez qu'il y va de la vie :
    D'énormes chiens défendent les troupeaux.
Hélas ! je m'en souviens, un jour votre grand-père,
Pour apaiser sa faim, entra dans un hameau.
Dès qu'on l'eut aperçu : O bête carnassière !
Au loup ! s'écria-t-on. L'un s'arme d'un hoyau,
L'autre prend une fourche, et mon père eut beau faire,
    Hélas ! il y laissa sa peau.
De sa témérité ce fut là le salaire.
Sois sage à tes dépens; ne suis que la vertu,
Et ne sois point battant, de peur d'être battu.
Si tu m'aimes, déteste un crime que j'abhorre. »
Le petit vit alors dans la gueule du loup
De la laine et du sang qui dégouttait encore;
    Il se mit à rire à ce coup.
« Comment, petit fripon, dit le Loup en colère,
    Comment vous riez des avis
    Que vous donne ici votre père !
Tu seras un vaurien, va, je te le prédis.
Quoi ! se moquer déjà d'un conseil salutaire ! »
    L'autre, répondit en riant :
    « Votre exemple est un bon garant;
Mon père, je ferai ce que je vous vois faire [2]. »

---

1. Temps pendant lequel on se prépare à célébrer la fête de Noël, c.-à-d. l'arrivée (*adventus*) du Christ. — Cf. LA FONTAINE, IV, 11 :
    Un rat plein d'embonpoint, gras et des mieux nourris,
    Et qui ne connoissoit l'Avent ni le Carême.

2. Cf. LA FONTAINE, *l'Écrevisse et sa fille*, XII, 10, et *le Loup et les Bergers*, X, 6.

XVIIIe SIÈCLE
(Suite).

VARIA VARIORUM

On trouvera ci-après, — entre une page (un récit d'*Atrée et Thyeste*, 1707) de ce rude et énergique CRÉBILLON à qui Corneille et Racine, prenant, disait-il, le ciel et la terre, n'avaient laissé que l'enfer, et une page (autre récit) de Bernard-Joseph SAURIN, dont le *Spartacus* (1760) est, dit Voltaire [1] avec quelque exagération sans doute, « rempli de traits dignes du grand Corneille », — un morceau dramatique d'un tout autre caractère, emprunté au dénouement de l'*Inès de Castro* (1723) de LA MOTTE-HOUDAR, qui fit couler tant de larmes.

Spartacus et *Inès* ont compté parmi les grands succès tragiques du XVIIIe siècle. Le *Glorieux* (1732) et la *Métromanie* (1738) y tiennent assurément le premier rang dans la comédie en vers. Deux scènes que nous en détachons feront goûter l'esprit fin de DESTOUCHES et sentir la verve de PIRON.

La poésie didactique sera représentée par deux passages de la *Religion* (1742) de Louis RACINE, composition estimable, bien ordonnée, d'un style sain, quelquefois ferme, souvent assez maigre; par une gracieuse peinture tirée des *Fastes* (16 chants, 1779) de LEMIERRE (1721-1793), et quelques vers brillants de l'*Agriculture* (6 chants, 1774) de ROSSET (mort en 1788).

L'honnête PANARD (mort en 1765), spirituel et moral chansonnier, et le bon SEDAINE, poète dramatique en prose, et, par occasion, poète en vers, nous donneront des vers faciles et piquants.

Enfin l'ode la plus fameuse de LE BRUN-ÉCOUCHARD qui, dans une existence de près d'un siècle (1729-1807) put chanter Richelieu et Port-Mahon, la République et le *Vengeur*, Bonaparte et Marengo, nous amènera au seuil du XIXe siècle.

SONGE DE THYESTE [2]

De mes ennuis [3] secrets rien n'arrête le cours;
Tout à de tristes nuits joint de plus tristes jours.

---

1. Epître dédicatoire à Dalembert, en tête de sa tragédie de *Don Pèdre*.
2. Atrée, fils de Pélops et père d'Agamemnon et de Ménélas, pour se venger de son frère Thyeste, a fait périr Érope sa femme; puis, plus tard, il se saisit de son fils Plisthène, l'égorge, et, dans un festin destiné à leur réconciliation, lui en fait servir les chairs et boire le sang. — Tel est le sujet des tragédies de Sénèque et de Crébillon. — On a reproché à l'ancienne tragédie française l'abus des « Songes ». Celui de Thyeste peut, à part des faiblesses de style, tenir sans trop de désavantage sa place à côté des songes de Pauline et d'Athalie, chefs-d'œuvre de Corneille et de Racine. Il a une couleur sombre et sauvage, en harmonie avec la nature du sujet, que Ducis retrouvera dans le songe de Macbeth.
3. Voyez page 217, note 3.

Une voix, dont en vain je cherche à me défendre,
Jusqu'au fond de mon cœur semble se faire entendre.
J'en suis épouvanté. Les songes de la nuit
Ne se dissipent point par le jour qui les suit.
Malgré ma fermeté, d'infortunés présages
Asservissent mon âme à ces vaines images.
Cette nuit même encor, j'ai senti dans mon cœur
Tout ce que peut un songe inspirer de terreur.
Près de ces noirs détours que la rive infernale
Forme à replis divers dans cette île fatale,
J'ai cru long-temps errer parmi des cris affreux
Que des mânes plaintifs poussoient jusques aux cieux.
Parmi ces tristes voix, sur ce rivage sombre,
J'ai cru d'Érope en pleurs entendre gémir l'ombre.
Bien plus, j'ai cru la voir s'avancer jusqu'à moi,
Mais dans un appareil qui me glaçoit d'effroi.
« Quoi! tu peux t'arrêter dans ce séjour funeste!
« Suis-moi! m'a-t-elle dit, infortuné Thyeste. »
Le spectre, à la lueur d'un triste et noir flambeau,
A ces mots, m'a traîné jusque sur son tombeau.
J'ai frémi d'y trouver le redoutable Atrée,
Le geste menaçant et la vue égarée[1],
Plus terrible pour moi, dans ces cruels momens,
Que le tombeau, le spectre et ses gémissemens.
J'ai cru voir le barbare entouré de Furies;
Un glaive encor fumant armoit ses mains impies;
Et, sans être attendri de ses cris douloureux,
Il sembloit dans son sang plonger un malheureux.
Érope, à cet aspect, plaintive et désolée,
De ses lambeaux sanglans à mes yeux s'est voilée.
Alors j'ai fait pour fuir des efforts impuissans,
L'horreur a suspendu l'usage de mes sens.
A mille affreux objets l'âme entière livrée,
La frayeur m'a jeté sans force aux pieds d'Atrée.
Le cruel d'une main sembloit m'ouvrir le flanc,
Et de l'autre, à longs traits, s'abreuver de mon sang.
Le flambeau s'est éteint, l'ombre a percé la terre,
Et le songe a fini par un coup de tonnerre.

(CRÉBILLON, *Atrée et Thyeste*, II, 3.)

1. Ces vers ont l'allure de ceux du songe de Pauline (CORNEILLE *Polyeucte*, I, 3):

    Je l'ai vu cette nuit, ce malheureux Sévère,
    La vengeance à la main, l'œil ardent de colère.
    A ces mots j'ai frémi, mon âme s'est troublée...

DERNIÈRES PAROLES D'INÈS DE CASTRO [1]

ALPHONSE le Justicier, roi de Portugal, INÈS DE CASTRO
et ses deux enfans amenés par une gouvernante.

INÈS.

. . . .
Embrassez, mes enfans, ces genoux paternels :
    (*Au Roi.*)
D'un œil compatissant regardez l'un et l'autre ;
N'y voyez point mon sang, n'y voyez que le vôtre.
Pourriez-vous refuser à leurs pleurs, à leurs cris,
La grâce d'un héros, leur père et votre fils ?
Puisque la loi trahie exige une victime,
Mon sang est prêt, Seigneur, pour expier mon crime.
Épuisez sur moi seule un sévère courroux ;
Mais cachez quelque temps mon sort à mon époux ;
Il mourroit de douleur [2], et je me flatte encore
De mériter de vous ce secret que j'implore.

ALPHONSE, *au garde.*

Allez chercher mon fils. Qu'il sache qu'aujourd'hui
Son père lui fait grâce et qu'Inès est à lui.

INÈS.

Juste ciel ! Quel bonheur succède à ma misère !
Mon juge en un instant est devenu mon père !
Qui l'eût jamais pensé, qu'à vos genoux, Seigneur,
Je mourrois de ma joie et non de ma douleur ?

ALPHONSE.

Ma fille, levez-vous. Ces enfans que j'embrasse
Me font déjà goûter les fruits de votre grâce [3] :

---

1. Le dénouement dramatique et attendrissant de la tragédie de LAMOTTE lui assura un éclatant succès. Don Pèdre, fils du roi de Portugal Alphonse le Justicier, a épousé secrètement Inès de Castro, mariage clandestin et illégal que la loi du pays punit de mort. La raison d'État presse le roi de faire épouser à son fils l'Infante, fille de la nouvelle reine de Portugal, belle-mère du jeune prince. Son refus entraîne la révélation de son secret. Pour sauver Inès il se révolte contre son père et son roi, et se perd. C'est Inès qui le sauve en fléchissant Alphonse par la vue de ses enfants ; mais en même temps elle meurt, empoisonnée par la reine, et « la catastrophe la plus affreuse sort tout à coup du sein de la plus douce et de la plus pure allégresse. » (LA HARPE.) Le sujet, d'ailleurs historique, est emprunté aux chants IIIe et IVe des *Lusiades* de Camoëns. Lamotte a seulement épargné aux yeux des spectateurs l'atrocité du dénouement que donnaient l'histoire et l'épopée, où Inès est percée de coups, sous les yeux du roi, par les chevaliers de la cour.

2. « Ce dernier sentiment est d'une délicatesse exquise. » (LA HARPE.)

3. De votre grâce que j'ai prononcée, du pardon que je vous ai accordé.

Ils me font trop sentir que le sang a des droits
Plus forts que les sermens, plus puissans que les lois.
Jouissez désormais de toute ma tendresse;
Aimez toujours ce fils que mon amour vous laisse.

INÈS.

Quel trouble [1] ! que deviens-je ? et qu'est-ce que je sens ?
Des plus vives douleurs quels accès menaçans !
Mon sang s'est tout à coup enflammé dans mes veines.
Éloignez mes enfans; ils irritent mes peines [2].
Je succombe. J'ai peine à retenir mes cris.
Hélas ! Seigneur, voilà ce qu'a craint votre fils.

(Entre dom Pèdre. Il apprend à la fois et le pardon de son père et le coup foudroyant qui frappe sa femme)

ALPHONSE.

Je te la rends en vain, nous la perdons tous deux.)

Cher prince, je ne puis me plaindre de mon sort,
Puisqu'un moment du moins, dans les bras de la mort,
Je me vois votre épouse avec l'aveu d'un père;
Et que ma mort lui coûte une douleur sincère.

(A dom Pèdre, qui veut se tuer).

Non, cher prince, vivez. Plus fort que vos malheurs,
D'un père qui vous plaint soulagez les douleurs.
Souffrez encor, souffrez qu'une épouse expirante
Vous demande le prix des vertus de l'Infante [3].
Par ses soins généreux songez que vous vivez.
Puisse-t-elle jouir des jours qu'elle a sauvés,
Plus heureuse que moi !...... Consolez votre père;
Mais n'oubliez jamais combien je vous fus chère;
Aimez nos chers enfans; qu'ils soient dignes..... je meurs.

(LAMOTTE-HOUDAR, *Inès de Castro*, V, 5 et 6.)

1. Les effets du poison se font sentir brusquement.
2. « Ce vers est d'une vérité déchirante. » (LA HARPE.)
3. L'Infante avait toujours généreusement défendu sa rivale contre sa mère, et, contre le roi, Dom Pèdre rel elle.

SPARTACUS

RÉCIT.

EMILIE[1], fille du consul Crassus, SABINE, sa confidente.

ÉMILIE.

Rome de Lucullus célébroit la victoire :
Pour la première fois j'assistois à ces jeux
Où le sang prodigué de tant de malheureux
Coule pour le plaisir d'une foule inhumaine;
Mes yeux avec horreur se portoient sur l'arène;
D'affreux cris de douleur, de sourds gémissemens,
Se mêloient à la joie, aux applaudissemens.
Un Cimbre, dont le front respirant la menace
D'une large blessure offroit l'horrible trace,
De deux braves Gaulois avoit ouvert le flanc :
Il les fouloit aux pieds, il nageoit dans leur sang,
Lorsque, pour le malheur et l'opprobre de Rome,
Sur l'arène soudain on vit paroître un homme
Dont la stature noble et la mâle beauté
Allioit la jeunesse avec la majesté.
Cet homme avec dédain sur l'arène se couche;
Il garde en frémissant un silence farouche;
On voit des pleurs de rage échapper de ses yeux.
Plein d'un brutal orgueil le Cimbre audacieux
Prend ce noble dédain pour amour de la vie,
Le frappe... Celui-ci s'élance avec furie,
Et, présentant le fer à ses yeux effrayés,
De deux horribles coups il l'étend à ses pieds.
Tout le peuple à grands cris applaudit sa victoire;
Cet homme alors s'avance indigné de sa gloire[2] :
« Peuple romain, dit-il, vous, consuls et sénat,
Qui me voyez frémir de ce honteux combat,
C'est une gloire à vous bien grande, bien insigne,
Que d'exposer ainsi sur une arène indigne

---

[1]. Prisonnière de Spartacus, elle éprouve pour lui une admiration dont elle explique à sa confidente, par le récit suivant, la première cause.

[2]. Voilà le vers (et le reste ne le dépare pas) qui a fait la renommée de ce récit : « Il n'y a point d'expression plus belle. On a tant parlé d'alliance de mots ! En voilà une bien heureusement trouvée. Ce n'est pas une recherche forcée : c'est la plus grande force de sens et d'idée ; c'est resserrer en deux mots ce qui pourroit fournir dix à douze beaux vers; c'est vraiment du sublime de pensée et d'expression. » (LA HARPE.)

Le fils d'Arioviste [1] à vos gladiateurs ;
Etouffez dans mon sang ma honte et mes fureurs,
Votre opprobre et le mien, ou j'atteste le Tibre [2]
Que, si Spartacus vit et se voit jamais libre,
Des flots de sang romain pourront seuls effacer
La tache de celui que je viens de verser. »

(J. SAURIN, *Spartacus*, tragédie, II, 1.)

MAÎTRE ET VALET

I

PASQUIN, valet du comte de Tufière ; un LAQUAIS.

LE LAQUAIS.

Holà, quelqu'un des gens du comte de Tufière [3] ?

PASQUIN, *d'un ton arrogant.*

Que voulez-vous ?

LE LAQUAIS.

Cet homme a la parole fière.

PASQUIN.

Parlez donc.

LE LAQUAIS.

Est-ce vous qui vous nommez Pasquin.

PASQUIN.

C'est moi-même en effet. Mais apprenez, faquin,
Que le mot de Monsieur n'écorche point la bouche.

LE LAQUAIS.

Monsieur, je suis confus. Ce reproche me touche.
J'ignorois qu'il fallût vous appeler Monsieur ;
Mais vous me l'apprenez, j'y souscris de bon cœur.

PASQUIN.

Trêve de compliment.

LE LAQUAIS.

Voudrez-vous bien remettre
Au comte votre maître un petit mot de lettre ?

---

1. Le poète, par un anachronisme de quinze années, suppose Spartacu fils d'Arioviste, roi des Suèves que battit César en 58.
2. « Il n'est pas trop vraisemblable qu'un gladiateur ait ainsi menacé tout le peuple romain en sa présence, ni qu'il ait *attesté le Tibre* comme auroit pu faire un Romain, au lieu d'attester la vengeance et les dieux de la Germanie. » (LA HARPE.)
3. Ce comte est le « glorieux ».

PASQUIN.

Donnez. De quelle part ?

LE LAQUAIS.

Je me tais sur ce point :
Elle est d'un inconnu qui ne se nomme point.
Adieu, monsieur Pasquin. Quoique mon ignorance
Ait pour monsieur Pasquin manqué de déférence,
Il verra désormais, à mon air circonspect,
Que, pour monsieur Pasquin, je suis plein de respect.

II

PASQUIN, seul.

Ce maroufle[1] me raille, et même je soupçonne
Qu'il n'a pas tort. Au fond, les airs que je me donne
Frisent[2] l'impertinent, le suffisant, le fat ;
Et si, tout bien pesé, je ne suis qu'un pied-plat[3],
Sans ce pauvre garçon j'allois me méconnoître,
Et me gonfler d'orgueil aussi bien que mon maître.
Je sens qu'un glorieux est un sot animal.
Mais, j'entends du fracas. Ah ! c'est l'original
De mes airs de grandeur, qui vient, tête levée.
Mon éclat emprunté cesse à son arrivée.

III

LE COMTE, PASQUIN, Six LAQUAIS.

LE COMTE.

(*Il entre en marchant à grands pas et la tête levée. Ses six laquais se rangent au fond du théâtre d'un air respectueux; Pasquin est un peu plus avancé.*)

L'impertinent !

PASQUIN, *lui présentant la lettre*
Monsieur....

LE COMTE, *marchant toujours.*
Le fat !

---

1. Synonyme de *maraud*. L'étymologie de l'un et de l'autre est inconnue.
2. Friser: 1° boucler les cheveux; 2° au fig., raser la surface, toucher légèrement, effleurer, comme le friseur quand il frise ; d'où, comme ici, courir de très près le risque de... Cf. κινδυνεύειν. — Le prompt retour du valet au bon sens forme un piquant contraste avec l'entêtement « d'impertinence, de suffisance et de fatuité » du maître.
3. Expression figurée qui vient du mépris que le seigneur féodal à cheval avait pour le vilain à pied.

PASQUIN.

Monsieur....

LE COMTE.

Tais-toi.
Un petit campagnard s'emporter devant moi !
Me manquer de respect pour quatre cents pistoles[1] !

PASQUIN.

Il a tort.

LE COMTE.

Hein ! A qui s'adressent ces paroles ?

PASQUIN.

Au petit campagnard.

LE COMTE.

Soit. Mais d'un ton plus bas,
S'il vous plaît. Vos propos ne m'intéressent pas.
Tenez, serrez cela.

(*Il lui donne une grosse bourse.*)

PASQUIN.

Peste, qu'elle est dodue[2] !
A ce charmant objet je me sens l'âme émue.

(*Il ouvre la bourse et en tire quelques pièces.*)

LE COMTE, *le surprenant.*

Que fais-tu ?

PASQUIN.

Je veux voir si cet or est de poids.

LE COMTE, *lui prenant la bourse.*

Vous êtes curieux.

(*Il fait plusieurs signes, et, à mesure qu'il les fait, ses laquais le servent. Deux approchent la table, deux autres son fauteuil ; le cinquième apporte une écritoire et des plumes, et le sixième du papier ; ensuite il se met à écrire.*)

PASQUIN.

Monsieur, je puis, je crois,
Sans manquer au respect, vous donner cette lettre
Que pour vous à l'instant on vient de me remettre ?

LE COMTE, *continuant d'écrire après l'avoir prise*

Ah ! c'est du petit duc ?

PASQUIN.

Non, un homme est venu.....

---

1. La pistole n'était pas en France une monnaie, mais un terme de compte (dix livres, dix francs).

2. Au propre : bien en chair et « en bon point » ; « grasse, maflue et rebondie », comme dit LA FONTAINE de certaine belette (III, 17).

LE COMTE !

C'est donc de la princesse...

PASQUIN.

Elle est d'un inconnu,
Qui ne se nomme pas.

LE COMTE.

Et qui vous l'a remise ?

PASQUIN.

Un laquais mal vêtu.

LE COMTE, *lui jetant la lettre.*

C'est assez ; qu'on la lise,
Et qu'on m'en rende compte. Entendez-vous ?

PASQUIN.

J'entends.

(*Il lit la lettre bas.*)

LE COMTE, *toujours écrivant.*

Monsieur Pasquin !

PASQUIN.

Monsieur ?

LE COMTE.

Faites sortir mes gens.

PASQUIN, *d'un ton suffisant.*

Sortez.

LA FLEUR, *au comte.*

Monsieur...

LE COMTE.

Comment ?

LA FLEUR.

Oserois-je vous prier...

LE COMTE.

Il me parle, je crois ! Holà, qu'il se retire,
Qu'on lui donne congé [1].

PASQUIN, *à la Fleur.*

Je te l'avois prédit.
Va-t-en, je tâcherai de lui calmer l'esprit,

(DESTOUCHES, *Le Glorieux*, acte Ier, sc. 8, 9, 10.)

---

[1]. Il était de lui-même prêt à le demander (I, 3), « succombant à la mélancolie », de ne pouvoir parler. « Tenez, avait-il dit à Pasquin, « Tenez, j'aimerois mieux deux mots que deux pistoles. »

ANGOISSES DU POÈTE DRAMATIQUE [1]

Monologue de Damis.

Je ne me connois plus aux transports qui m'agitent
En tous lieux, sans dessein, mes pas se précipitent.
Le noir pressentiment, le repentir, l'effroi,
Les présages fâcheux volent autour de moi.
Je ne suis plus le même, enfin, depuis deux heures.
Ma pièce, auparavant, me sembloit des meilleures;
Maintenant je n'y vois que d'horribles défauts,
Du foible, du clinquant [2], de l'obscur et du faux.
De là, plus d'une image annonçant l'infamie [3] :
La critique éveillée, une loge endormie,
Le reste de fatigue et d'ennui harassé,
Le souffleur étourdi, l'acteur embarrassé,
Le théâtre distrait, le parterre en balance,
Tantôt bruyant, tantôt dans un profond silence;
Mille autres visions, qui toutes dans mon cœur
Font naître également le trouble et la terreur.

(*Regardant à sa montre*).

Voici l'heure fatale où l'arrêt se prononce.
Je sèche : je me meurs.... Quel métier !... J'y renonce.
Quelque flatteur que soit l'honneur que je poursuis,
Est-ce un équivalent à l'angoisse où je suis?
Il n'est force, courage, ardeur qui n'y succombe.
Car, enfin, c'en est fait.., je péris si je tombe [4].
Où me cacher ? où fuir ? et par où désarmer
L'honnête oncle qui vient pour me faire enfermer?
Quelle égide [5] opposer aux traits de la satire?

---

1. La scène se passe à la campagne, chez M. Francaleu, riche bourgeois, enthousiaste de poésie et de théâtre, qui fait jouer la comédie chez lui. Damis, son hôte, jeune poète passionné pour son art, attend du succès d'une tragédie que l'on va jouer à Paris la gloire, la main de Lucile, fille du Francaleu, et la paix avec un oncle, grondeur et ennemi juré de la poésie, qui sollicite un ordre pour le faire enfermer.
2. *Clinquant* (du hollandais *klinken*, résonner), au propre lamelle brillante d'or, d'argent, etc., qui entre dans certaines parures; au fig., en littérature, choses brillantes, mais de mauvais goût. BOILEAU (*Sat.* IX) oppose le « clinquant du Tasse » à l' « or » de Virgile.
3. Vers obscur et contourné. Damis veut dire qu'il se *représente* tout (l'énumération suit dans les vers suivants) ce qui lui annonce un échec déshonorant.
4. On appelle « chute » l'insuccès d'une pièce de théâtre. BEAUMARCHAIS, *Barbier de Séville*, I, 2 : Ah ! la cabale ! monsieur l'auteur *tombe*.
5. *Egide* (αἰγίς, de αἴξ, αἰγός, chèvre), bouclier recouvert de la peau de la chèvre Amalthée, nourrice de Jupiter enfant, que le dieu donna à Pallas; au fig., sauvegarde, protection. *Bouclier* se prend aussi dans ce sens figuré.

Comment paroître aux yeux de celle à qui j'aspire ?
De quel front, à quel titre oserois-je m'offrir,
Moi, misérable auteur qu'on viendroit de flétrir ?...
   (*Il se promène à grands pas comme un homme extrêmement
                          agité.*)
Mais mon incertitude est mon plus grand supplice.
Je supporterai tout, pourvu qu'elle finisse.
Chaque instant qui s'écoule, empoisonnant son cours,
Abrège au moins d'un an le nombre de mes jours.
               (Piron, *La Métromanie* 1, V, I.)

« CÆLI ENARRANT GLORIAM DEI 2 »

Oui, c'est un Dieu caché que le Dieu qu'il faut croire.
Mais, tout caché qu'il est, pour révéler sa gloire,
Quels témoins éclatans devant moi rassemblés !
Répondez, cieux et mers ; et vous, terre, parlez 3 !
Quel bras peut vous suspendre, innombrables étoiles ?
Nuit brillante, dis-nous qui t'a donné les voiles !
O cieux, que de grandeur, et quelle majesté !
J'y reconnois un maître à qui rien n'a coûté,
Et qui dans vos déserts a semé la lumière,
Ainsi que dans nos champs il sème la poussière 4.
Toi qu'annonce l'aurore, admirable flambeau,
Astre toujours le même, astre toujours nouveau,
Par quel ordre, ô soleil, viens-tu du sein de l'onde
Nous rendre les rayons de ta clarté féconde ?
Tous les jours je t'attends, tu reviens tous les jours :
Est-ce moi qui t'appelle et qui règle ton cours ?
                 (Louis Racine, *La Religion*, chant 1er.)

---

1. Mot forgé par Piron comme titre de sa comédie (1738) ; employé depuis, comme substantif commun par Voltaire. Etym.: *mètre*, de μέτρον, et *μανία*, folie, de μαίνομαι.

2. Ce sont les mots qui commencent le psaume XVIIIe, paraphrasé par J.-B. Rousseau (*Od.*, I, 2). Voyez-en, p. 281, plusieurs strophes.

3. L'ampleur harmonieuse des vers suivants relève heureusement ce que celui-ci a de raide et de banal.

4. Cf. Lamartine, *L'infini dans les cieux* (*Harmonies poétiques et religieuses*, II, 4), et *Les Étoiles* (*Nouvelles Méditations*, VIII), où je lis:

> Alors ces globes d'or, ces îles de lumière,
> Que cherche par instinct la rêveuse paupière,
> Jaillissent par milliers de l'ombre qui s'enfuit,
> Comme une poudre d'or sur les pas de la nuit.

SPIRITUALITÉ ET IMMORTALITÉ DE L'ÂME

I

Je pense. La pensée, éclatante lumière,
Ne peut sortir du sein de l'épaisse matière.
J'entrevois ma grandeur. Ce corps lourd et grossier
N'est donc pas tout mon bien, n'est pas moi tout entier.
Quand je pense, chargé de cet emploi sublime,
Plus noble que mon corps, un autre être m'anime.
Je trouve donc qu'en moi, par d'admirables nœuds,
Deux êtres opposés sont réunis entre eux :
De la chair et du sang, le corps, vil assemblage;
L'âme, rayon de Dieu, son souffle, son image....

II

Comment périroit-il[1] ? Le coup fatal au corps
Divise ses liens, dérange ses ressorts :
Un être simple et pur n'a rien qui se divise,
Et sur l'âme la mort ne trouve point de prise.
Si du sel, ou du sable, un grain ne peut périr,
L'être qui pense en moi craindra-t-il de mourir?
Qu'est-ce donc que l'instant où l'on cesse de vivre ?
L'instant où de ses fers une âme se délivre[2].
Le corps né de la poudre à la poudre est rendu;
L'esprit retourne au ciel dont il est descendu.

(ID., *ibid.*, chant II.)

LE CLAIR DE LUNE

Cette voûte des cieux mélancolique et pure,
Ce demi-jour si doux levé sur la nature,
Ces sphères qui, roulant dans l'espace des cieux,
Semblent y ralentir leur cours silencieux;

---

1. *Il.* Le poète vient de comparer l'âme à un vaisseau.
2. Cf. VIRGILE, *Æn.*, VI, 734. Il dit des âmes unies aux corps sur la terre :
   ... Clausæ tenebris et carcere cæco.

LAMARTINE (*Premières Méditations*, V, *L'Immortalité*) dit à la Mort :
   Viens donc, viens détacher mes chaînes corporelles.
   Viens, ouvre ma prison ; viens, prête-moi tes ailes....

Et BÉRANGER (*Dernières Chansons, La Prisonnière* :
   Platon l'a dit : l'âme est captive...
   Mais enfin la prison s'écroule
   L'âme s'envole en liberté.

Du disque de Phébé [1] la lumière argentée,
En rayons tremblotans sous ces eaux répétée,
Ou qui jette en ces bois, à travers les rameaux,
Une clarté douteuse et des jours [2] inégaux ;
Des différens objets la couleur affoiblie,
Tout repose la vue et l'âme recueillie.

(LEMIERRE, *Les Fastes*, ch. VII.)

LE COQ

En courage, en fierté [3], le coq n'a point d'égal.
Une crête de pourpre orne son front royal ;
Son œil noir lance au loin de vives étincelles ;
Un plumage éclatant peint son corps et ses ailes,
Dore son col superbe, et flotte en longs cheveux ;
De sanglans éperons arment ses pieds nerveux ;
Sa queue, en se jouant du dos jusqu'à la crête,
S'avance et se recourbe en ombrageant sa tête.

(ROSSET, *L'Agriculture*, chant VI.)

MORALITÉS

Qu'il est doux, quand la mort finit nos destinées,
    D'avoir pratiqué la vertu !
Je plains fort un vieillard qui n'a que des années
    Pour nous prouver qu'il a vécu.

—

Lorsque nous nous trompons, cédons avec douceur ;
    Reconnoissons notre bévue [4] :
Il est plus glorieux d'avouer une erreur
    Qu'il n'est honteux de l'avoir eue.

—

Un chêne, un orme, un pin, font aisément connoître
Quel sort l'ambitieux peut avoir à la cour.

---

1. Phébé (Φοίβη) au ciel, Diane sur la terre ; sœur de Phœbus Apollon. Voyez LAMARTINE, *Nouv. Méditat.* II, 2 :
    Dans l'horizon désert Phébé monte sans bruit.

2. Jets de lumière. Emploi insolite et heureux de ce pluriel.

3. PLINE L'ANCIEN (le naturaliste), X, 24, dit des coqs : Proximè à pavonibus) *gloriam sentiunt... Imperitant suo generi, et regnum, in quâcumque sunt domo, exercent. Dimicatione paritur hoc quoque inter ipsos, velut ideò tela agnata cruribus suis intelligentes... Victus occultatur silens, ægrèque servitium patitur. Et plebs tamen æquè superba graditur arduâ cervice, cristis celsâ.*

4. Erreur commise par inadvertance ou étourderie. Étym. : *bé*, particule péjorative comme quelquefois *bes* et *bis* ; et *vue*.

Ils sont plus de cent ans à croître ;
On les abat en un seul jour.

Les étonnemens.

Que les mortels redoutent le trépas,
   Et que tout homme ait grande envie
   De jouir longtemps de la vie,
     Cela ne me surprend pas ;
Mais que chacun à l'abréger s'adonne,
   Et que, pour en hâter le cours,
   Leur expérience ait recours
   Aux expédiens les plus courts,
     C'est là ce qui m'étonne.

Que ducs et pairs, seigneurs et magistrats,
   Trouvent souvent sur leur passage
   Des gens qui leur rendent hommage,
     Cela ne me surprend pas ;
Mais qu'une cour tous les jours environne
   Un faquin qui, sur un brancard [1],
   Foule des coussins de brocart [2]
   Aux dépens du tiers et du quart [3],
     C'est là ce qui m'étonne.

Que dans Alger on trouve des ingrats,
   Et que chez le peuple tartare
   La reconnoissance soit rare,
     Cela ne me surprend pas ;
Mais qu'à Paris mainte et mainte personne,
   Qui vient vous demander lundi
   Un plaisir qu'on lui fait mardi,
   N'y pense plus mercredi,
     Voilà ce qui m'étonne [4] !

(PANARD.)

---

1. Calèche, veut dire sans doute le poète.
2. Etoffe multicolore sur laquelle la broche du tisserand dessine des fleurs ou des figures d'or ou d'argent.
3. Tout le monde, et le premier venu (la 3e ou la 4e personne, indifféremment). MOLIÈRE, *Tart.*, I, 1 :
    Et l'on y sait médire et du tiers et du quart.
4. REGNIER DESMARAIS (1632-1713), qui fut secrétaire de l'Académie fran-

À MON HABIT

Ah ! mon habit ! que je vous remercie !
Que je valus hier, grâce à votre valeur !
   Je me connois, et, plus je m'apprécie,
      Plus j'entrevois que mon tailleur,
        Par une secrète magie,
A caché dans vos plis un talisman [1] vainqueur,
Capable de gagner et l'esprit et le cœur.
Dans ce cercle nombreux de bonne compagnie,
Quels honneurs je reçus ! quels égards ! quel accueil !
Auprès de la maîtresse et dans un grand fauteuil [2],
Je ne vis que des yeux toujours prêts à sourire ;
J'eus le droit d'y parler, et parler sans rien dire ;
Ce que je décidai fut le *nec plus ultra* [3].
On applaudit à tout : j'avois tant de génie !
   Ah ! mon habit ! que je vous remercie !
     C'est vous qui me valez cela !

Ce marquis, autrefois mon ami de collége,
Me reconnut enfin, et, du premier coup d'œil,
   Il m'accorda par privilége
Un tendre embrassement qu'approuvoit son orgueil [4].
Ce qu'une liaison dès l'enfance établie,

çaise (1684), avait écrit sous une forme analogue d'ingénieux couplets ; par exemple :

    Qu'un honnête homme, une fois en sa vie
    Fasse un sonnet, une ode, une élégie,
      Je le crois bien :
    Mais que l'on ait la tête bien rassise
    Quand on en fait métier et marchandise
      Je n'en crois rien.

    Qu'un avare amasse avec peine
    Les écus centaine à centaine,
      Je le crois bien :
    Mais que l'héritier plus habile
    Ne les dépense mille à mille,
      Je n'en crois rien.

1. « Nom qu'on donne à certaines figures ou caractères gravés sur la pierre ou le métal, auxquels on attribue des relations avec les astres et des vertus extraordinaires, suivant la constellation sous laquelle ils ont été gravés. » (LITTRÉ). — Etym. : l'espagnol *talisman*; venu de l'arabe *teisam* (pluriel *telsáman*; figure magique), qui lui-même vient de τελεσμένα, choses consacrées. (τελέω, consacrer, initier).

2. Etym. : haut-allemand *falstuol*; de *fallen*, plier, *stuol*, siège. Le fauteuil fut primitivement un siège pliant.

3. On dit aussi : le *non plus ultra* (rien au delà, le mot définitif et décisif). Au XVIIe siècle on disait aussi seulement : le *non plus*.

4. Fier de paraître mon ami, son orgueil s'en applaudissait.

Ma probité, des mœurs que rien ne dérégla,
    N'auroient obtenu de ma vie,
    Votre aspect seul me l'attira.
  Ah ! mon habit ! que je vous remercie !
    C'est vous qui me valez cela !
      Mais ma surprise fut extrême :
      Je m'aperçus que sur moi-même
      Le charme sans doute opéroit¹.
Autrefois, suspendu sur le bord de ma chaise,
J'écoutois en silence, et ne me permettois
      Le moindre *si*, le moindre *mais*;
Avec moi tout le monde étoit fort à son aise,
      Et moi je ne l'étois jamais;
      Un rien auroit pu me confondre;
      Un regard, tout m'étoit fatal.
      Je ne parlois que pour répondre;
      Je parlois bas, je parlois mal.
Un sot provincial arrivé par le coche
Eût été moins que moi tourmenté dans sa peau.
    Je me mouchois presqu'au bord de ma poche,
      J'éternuois dans mon chapeau² ;
On pouvoit me priver, sans aucune indécence,
    De ce salut que l'usage introduit;
      Il n'en coûtoit de révérence
      Qu'à quelqu'un trompé par le bruit.
      Mais à présent, mon cher habit,
Tout est de mon ressort³, les airs, la suffisance⁴,
Et ces tons décidés, qu'on prend pour de l'aisance,
      Deviennent mes tons favoris.
Est-ce ma faute à moi, puisqu'ils sont applaudis ?
    Dieu ! quel bonheur pour moi, pour cette étoffe,
De ne point habiter ce pays limitrophe
      Des conquêtes de nos rois !
      Dans la Hollande il est une autre loi;
En vain j'étalerois ce galon qu'on renomme;

---

1. La puissance magique (*charme*, de *carmen*, formule magique) produisit son effet. *Opérer* est actif et neutre.
2. Cf. Phédon, « le pauvre » (LA BRUYÈRE, VI). Voyez nos prosateurs, p. 148.
3. Ne pas confondre 1° *Ressortir*, sortir de nouveau, d'où *ressort*, rebondissement, etc.; et 2° *Ressortir*, dépendre d'une juridiction, d'où *ressort*, étendue d'une juridiction, compétence, comme ici. — Le Iᵉʳ verbe vient de *sortir* (de *surgere*, *surgire* qui a donné aussi *sourdre*); le 2ᵉ de *re*, *sortiri*, obtenir (un recours à une nouvelle juridiction).
4. *Suffisant* et *suffisance* ont signifié, 1° capable de suffire à un emploi, capacité ; 2° qui a une opinion exagérée de sa capacité et le témoigne par son air, opinion exagérée de sa capacité.

En vain j'exalterois sa valeur, son débit.
  Ici l'habit fait valoir l'homme ;
  Là l'homme fait valoir l'habit.
Mais chez nous, peuple aimable, où les grâces, l'esprit,
  Brillent à présent dans leur force,
L'arbre n'est point jugé sur ses fleurs, sur son fruit :
  On le juge sur son écorce.
                                        (SEDAINE.)

LE VAISSEAU « LE VENGEUR [1] »

. . . .
  Toi, que je chante et que j'adore,
Dirige, ô liberté ! mon vaisseau dans son cours.
Moins de vents orageux tourmentent le Bosphore
  Que la mer où je cours.

  Vainqueur d'Éole et des Pléiades,
Je sens d'un souffle heureux mon navire emporté ;
Il échappe aux écueils des trompeuses Cyclades [2],
  Et vogue à l'immortalité.

  Mais des flots fût-il la victime,
Ainsi que le *Vengeur* il est beau de périr ;
Il est beau, quand le sort vous plonge dans l'abîme,
  De paroître le conquérir.

  L'airain [3] lui déclare la guerre ;
Le fer, l'onde, la flamme entourent ses héros.
Sans doute ils triomphoient ! mais leur dernier tonnerre
  Vient de s'éteindre sous les flots.

  Captifs !... La vie est un outrage
Ils préfèrent le gouffre à ce bienfait honteux.
L'Anglais, en frémissant, admire leur courage,
  Albion [4] pâlit devant eux.

---

1. Le 13 prairial an II de la République française (1er juin 1794) les marins du *Vengeur*, dans un combat naval livré à la flotte anglaise en vue de Brest, sentant leur vaisseau couler, lâchèrent une dernière bordée de leurs canons arrivés à fleur d'eau, et se laissèrent engloutir en criant « Vive la République ! »

2. Il faut faire bon marché de cette mythologie inutile et surannée qui remplit six strophes préliminaires que nous supprimons, et regretter que le poète nous ait occupés du « vaisseau » ou « navire » qui porte son génie, métaphore usée, au lieu d'entrer de prime saut dans son sujet avec l'héroïque vaisseau qui porte la « Liberté ». Il n'y arrive que par une transition forcée dans la strophe suivante.

3. *L'airain*, soit : pourquoi pas le *canon* ?

4. Le plus ancien nom de la Grande-Bretagne (Angleterre et Écosse). Etym. : le celtique *alb* (montagne) ? ou le latin *albus* (à cause de certaines côtes crayeuses) ?

Plus fiers d'une mort infaillible [1],
Sans peur, sans désespoir, calmes dans leurs combats,
De ces républicains l'âme n'est plus sensible
    Qu'à l'ivresse d'un beau trépas.

    Près de se voir réduits en poudre,
Ils défendent leurs bords enflammés et sanglans.
Voyez-les défier et la vague et la foudre
    Sous des mâts rompus et brûlans.

    Voyez ce drapeau tricolore,
Qu'élève, en périssant, leur courage indompté !
Sous les flots qui les couvre entendez-vous encore
    Ce cri : Vive la liberté !

    Ce cri !... c'est en vain qu'il expire,
Étouffé par la mort et par les flots jaloux.
Sans cesse il revivra répété par ma lyre :
    Siècles, il planera sur vous.

    Et vous, héros de Salamine,
Dont Téthys vante encor les exploits glorieux,
Non, vous n'égalez point cette auguste ruine,
    Ce naufrage victorieux [2] !
        (LE BRUN-ÉCOUCHARD, *Odes*, V, 23.)

---

1. HORACE (*Od.*, I, 37) dit de Cléopâtre :
    Deliberatâ morte ferocior.....

2. Alliance de mots devenue classique. — Cf. MONTAIGNE I, 30 :....
« Aussi y a-t-il des pertes triumphantes à l'envi des victoires. Ny ces quatre victoires sœurs, les plus belles que le soleil ayt oncques veu de ses yeulx, de Salamine, de Platée, de Mycale, de Sicile, n'osèrent oncques opposer toute leur gloire ensemble à la gloire de la desconfiture du roy Leonidas et des siens au pas des Thermopyles. »

XIXᵉ SIÈCLE

LA POÉSIE FRANÇAISE AU XIXᵉ SIÈCLE

L'histoire de la poésie française au xixᵉ siècle se divise en trois périodes. La 1ʳᵉ comprend les quinze premières années du siècle : c'est ce qu'on a appelé la « littérature », ou, pour rester dans le sujet qui nous appartient ici, la « poésie de l'Empire ». Dans la 2ᵉ commence et s'accomplit la révolution dite « romantique » : elle n'atteint pas exactement la moitié du siècle. La 3ᵉ, qui n'est pas fermée, marque la fin de la lutte des écoles « classique » et « romantique » par la victoire pacifique de la seconde, que tempère et équilibre le goût public.

1ʳᵉ *Période*. — La poésie de l'Empire continue l'école poétique du xviiiᵉ siècle, telle qu'elle était en dehors de A. Chénier. Chénier, mort prématurément, n'avait pas eu le temps de créer et de faire accepter une école nouvelle : il eût, on peut le croire, créé un « romantisme » puisant aux sources vives de l'antiquité, avant celui qui prit la place vide et qui s'inspira de l'Angleterre et de l'Allemagne, de Shakespeare, de Byron, de Gœthe et de Schiller. En attendant Lamartine et Victor Hugo le xixᵉ siècle, à ses débuts, écrit, — comme le xviiiᵉ, — auquel le relient M.-J. Chénier (1764-1811), Delille (1738-1813), Andrieux (1759-1833), Arnault (1766-1834), — des tragédies, dont la plus célèbre sont les *Templiers* de Raynouard (1761-1836); — des drames, dont en particulier Guilbert de Pixérécourt (1773-1844), aujourd'hui oublié, inonde le théâtre; — des comédies qui ont fait un nom à Picard (1769-1828), à Alexandre Duval (1767-1842), à Népomucène Lemercier (1771-1841) à Étienne (1778-1845); — des poèmes descriptifs, tels que la *Navigation* d'Esménard (1770-1811), les *Plantes* de Castel (1758-1832), et, pour abréger tout de suite cette nomenclature, les compositions diverses de Chénedollé (1769-1833), de Fontanes (1757-1821), etc., sans oublier l'ingénieux badinage didactique et descriptif de Berchoux (1765-1839), la *Gastronomie*; — voire des poèmes épiques, tels que, entre d'autres qui n'ont pas plus vécu, le *Philippe-Auguste* de Parseval-Grandmaison (1759-1834); — enfin des élégies, que rappelle avant tout le nom de Millevoye (1782-1816).

De toutes ces renommées les moins effacées aujourd'hui sont, avec cette dernière, celles de deux hommes qui ont dû de vivre l'un, Raynouard, à des travaux de linguistique, l'autre, Arnault, à une douzaine de vers (*La Feuille*). Sur toutes trois se détache celle d'un poète qui a commencé dès l'Empire à illustrer et à populariser un genre d'ailleurs cultivé de tout temps en France, la chanson : on a nommé BÉRANGER (1780-1857).

2e *Période*. — Pendant la période précédente grandissait LAMARTINE (1790-1869) et naissait (en 1802) Victor HUGO. Le premier, rompan les entraves de l'ancienne poétique où s'enfermait le lyrisme pseudo-pindarique des J.-B. Rousseau et des Le Brun, crée en France la poésie lyrique moderne, qui traduit avec une indépendance souveraine et dans une inépuisable effusion toutes les émotions, les élans et les essors de l'âme humaine, tantôt s'épanchant dans l'ample sein de cette nature que la prose de J.-J. Rousseau, de B. de Saint-Pierre et de Chateaubriand avait appris à voir et à sentir, vibrant à tous ses sons et réfléchissant toutes ses couleurs, tantôt se repliant sur elle-même pour s'exalter de ses joies ou se bercer, avec une sorte d'âpre jouissance, de ses mélancolies et de ses douleurs. Les titres seuls de *Méditations poétiques* (1820-1823), d'*Harmonies poétiques et religieuses* (1829) semblaient élargir indéfiniment le cadre de la poésie lyrique pour y faire entrer l'homme, la nature, Dieu, tout. — V. Hugo commence par dire *Odes* (1818 et sqq.), pour obéir à l'usage (préface de 1822); mais de l'ode classique il déversifie les formes, il répudie le style dont la monotonie était dans l'abus des apostrophes, des exclamations, des prosopopées, moyens de chaleur qui glacent lorsqu'ils sont trop multipliés et étourdissent au lieu d'émouvoir (même préface); et surtout il en étend, comme Lamartine, le domaine, et donne dans un mot, « la poésie est tout ce qu'il y a d'intime en nous », la formule et le nom de la poésie nouvelle dont Lamartine avait donné le premier l'exemple. Et puis, le nom d'*Odes* écarté, ce sont, successivement, des titres nouveaux, de plus en plus élastiques : *Ballades, Orientales, Feuilles d'Automne, Chants du Crépuscule, Voix intérieures, Rayons et Ombres, Contemplations*, etc., et enfin, à mesure que s'agrandit le champ immense du genre universel qui arrive à absorber et à comprendre tout, des conceptions épiques et des rêveries indéfinies sur l'homme et le monde, de multiples et complexes compositions qu'il intitule, par exemple, pour ne les pas nommer toutes, *Légende des Siècles* (1862-1883) et *les Quatre vents de l'esprit* (1881).

Ainsi se forma une école nouvelle dont Mme de Staël avait par anticipation trouvé le nom, adopté par le public, l'école « romantique », nom qui résume, par opposition avec celui de classique, les idées de liberté et d'audace dans l'invention, la couleur et le style; école illustrée, après les deux maîtres, Lamartine et V. Hugo, par les œuvres, — diverses d'inspiration, de sujets et de titres, mais toutes relevant du nouvel esprit d'indépendance, — d'Alfred DE VIGNY (1790-1863), de SAINTE-BEUVE (1804-1869), de Théophile

Gautier (1811-1872), d'Hégésippe Moreau (1810-1838), de Méry (1798-1866), de Barbier (1805-1882), de Brizeux (1806-1858) et du premier après les deux chefs d'école, peut-être leur égal, plus jeune qu'eux, toujours jeune après la vieillesse et la mort, Alfred de Musset (1810-1857).

La première conquête de l'école romantique fut la création de ce genre innommé où vinrent se fondre poésie lyrique, épique, satirique, pastorale, etc. La seconde fut encore une fusion, celle de toutes les formes de la poésie dramatique dans un genre unique, le « drame », vieux nom, chose nouvelle ; non plus le drame du xviii siècle, innovation timide et arrêtée à mi-chemin, qui ne demandait qu'une place à côté de la tragédie et de la comédie, mais le drame qui, les faisant entrer toutes deux en lui, prend toute la place.

Cela fait, il n'y eut plus que deux, dirons-nous genres ? ou domaines poétiques ? la poésie qui se lit, et la poésie qui se voit ; la poésie sur le papier, et la poésie sur la scène.

V. Hugo avait donné la formule de la première ; il fit la théorie et rédigea le code de la seconde dans la préface célèbre de *Cromwell* (1827). A l'ancienne poétique dramatique, dont les règles s'étaient transmises d'Aristote à Boileau et à Le Batteux, et qui avait produit les chefs-d'œuvre de la Grèce et de la France du xvii siècle, se substitue hardiment une poétique nouvelle qui abolit la distinction du tragique et du comique, parce que dans la vie humaine, que représente le théâtre, se mêlent le sérieux et le plaisant ; qui, s'autorisant des exemples et des chefs-d'œuvre de Shakespeare, de Schiller et de Gœthe, supprime les unités traditionnelles de temps et de lieu ; qui, indifférente au vers ou à la prose, morcelle et brise l'un pour l'assouplir à tous les hasards du dialogue, à toutes les fantaisies de l'idée, à tous les soubresauts de la passion, et emporte l'autre à toutes les hauteurs du lyrisme.

Sur le second champ de bataille l'école romantique triompha encore et avec éclat, avant et après la fameuse soirée d'*Hernani* (25 février 1830). Alexandre Dumas (1803-1870) n'avait pas attendu la victoire de V. Hugo pour faire applaudir son drame d'*Henri III et sa cour* (1829) suivi de bien d'autres en prose ou en vers. L'école classique elle-même, qui avait conservé quelques champions convaincus, obstinés et malheureux, sembla capituler par la plume des mieux doués d'entre eux. Alexandre Soumet (1786-1845) préluda par *Une fête sous Néron* (1830), à sa *Divine épopée* (1840), en 12 chants, à sa trilogie de *Jeanne d'Arc* (1846). Le plus jeune des classiques, celui qui, avec Pierre Lebrun (1785-1873), auteur de *Marie Stuart* (1820), s'était fait le plus goûter au théâtre, Casimir Delavigne (1743-1843), eut sa seconde « manière », compromis tempéré, discret, quelquefois ingénieux, quelquefois disparate, entre les traditions du passé et les audaces du présent. Le public, juge du camp, le public, qui prend son bien où il le trouve, avait goûté la « première » ; il goûta la « seconde », et confondit dans ses applaudissements l'auteur de *Louis XI* (1832) et des *Enfants d'Edouard* (1833) avec l'auteur de *Marion Delorme* et de *Ruy Blas*.

3ᵉ *Période*. — Mais un jour arriva où la victoire de l'école romantique, gagnée au théâtre par des œuvres brillantes, y fut compromise par ses excès. La réaction était inévitable. Elle a une date, c'est la *Lucrèce* de Ponsard (1814-1863) qui eut un éclatant succès au lendemain de la chute éclatante des *Burgraves* de V. Hugo (1843). Aussi bien depuis 1838 le talent d'une grande tragédienne, Mlle Rachel, avait reconquis le public à Corneille et à Racine. Avec *Lucrèce* revinrent les Romains de Corneille, et avec eux les unités de temps et de lieu. Ce triomphe d'ailleurs suffit à l'heureux vainqueur de la soirée du 22 avril 1843, et dans plusieurs de ses autres œuvres s'établit par la suite cet équilibre définitif, aussi naturel et aussi nécessaire qu'avaient été inévitables et les excès des romantiques et la réaction qui fut leur châtiment et leur leçon.

Dès lors la paix se fait, dans tout le domaine poétique; les noms de guerre de « classique » et de « romantique » s'effacent et s'oublient; et il reste, après les luttes passionnées et aventureuses de la première heure, une grande et libre école de poésie française où l'école romantique, à laquelle elle est due, perd jusqu'à son nom; c'est la preuve la plus sûre de sa victoire : elle n'a plus besoin, pour se faire reconnaître, d'une étiquette de parti. Elle a introduit définitivement dans cette large école de poésie, ouverte à toutes les inspirations, l'esprit d'indépendance qui avait été son principe et sa force, et en a donné au public le respect et le goût.

C'est le caractère de la 3ᵉ période, qui a commencé au milieu du siècle. Le public, impartial et éclectique, fit un égal accueil et à la *Virginie* (1845) de Latour-Saint-Ybars, et à la *Fille d'Eschyle* (1848) d'Autran, et à la *Charlotte Corday* (1850) de Ponsard; il pleura ou frémit aux drames et aux mélodrames qui ont fait la renommée de Frédéric Soulié et de dix autres; il rit aux comédies et aux vaudevilles dont les auteurs ne se comptent plus; il continua à s'amuser de l'intarissable fécondité d'Eugène Scribe (1791-1861) sans prendre garde à la langue incolore et lâche de son théâtre; il goûta, avec un sens littéraire plus exercé et plus raffiné, les drames et les comédies de mœurs contemporaines, prose ou vers, de MM. Emile Augier, A. Dumas fils, les pièces, comédies, quelquefois doublées de drame, pétillantes et touffues, de M. Victorien Sardou, les fines et trop rares comédies de Jules Sandeau, les « paysanneries » berrichonnes de George Sand (1804-1876), les charmantes et délicates fantaisies réunies par A. de Musset sous le nom de « comédies et proverbes », et, avec ou après tous ces noms consacrés au théâtre par le succès, ceux de MM. O. Feuillet, C. Doucet, Legouvé, L. Bouilhet, Pailleron, Gondinet, etc.

Même profusion dans la poésie qui « se lit », même éclosion de talents de toute nature. Ce furent d'années en années, les rêveries alpestres, sylvestres, bucoliques, que M. V. DE LAPRADE revêtit d'une langue grave et harmonieuse ; les peintures maritimes, rurales et militaires d'AUTRAN (1812-1877) ; les éblouissants tableaux grecs et orientaux de M. LECONTE DE LISLE ; les récits, contes, élégies, stances, sonnets, etc., de MM. François COPPÉE, André LEMOYNE, Eugène MANUEL, SULLY-PRUDHOMME, André THEURIET, etc. ; les populaires *Chants du soldat* de M. DÉROULÈDE, et, pour arrêter ici, sans l'épuiser, la liste des poètes et des poèmes contemporains, les productions toujours nouvelles, sous des titres toujours nouveaux, de celui qui, créateur de l'école « romantique » dans la première moitié du siècle, reste, dans la seconde, le chef et le maître incontesté de l'école « française ».

ANDRIEUX

1759-1833.

Jean-Stanislas ANDRIEUX, de Strasbourg, dont le rôle modeste et honorable dans nos assemblées politiques sous le Directoire et le Consulat est oublié, n'a jamais cessé, à travers les révolutions poétiques du xixe siècle et les réactions souvent intolérantes du goût public, d'être réputé un poète comique spirituel et un fin conteur. On ne joue plus ses pièces, même son chef-d'œuvre, *les Étourdis* (1787) ; on lit toujours de lui une demi-douzaine de contes restés classiques. Comme Delille, son confrère à l'Académie et son collègue au Collège de France, il eut la renommée de brillant causeur et de lecteur incomparable. La parole de Delille donnait à sa physionomie la vie que semblait y avoir éteinte la cécité ; la parole d'Andrieux n'était qu'un souffle, mais ce souffle avait l'étincelle, et, comme on l'a dit, « il se faisait entendre à force de se faire écouter. »

SOCRATE ET GLAUCON [1]

Glaucon avait trente ans, bon air, belle figure ;
Mais, parmi les présents que lui fit la nature,
Elle avait oublié celui du jugement.
Glaucon se croyait fait pour le gouvernement ;
Pour avoir eu jadis un prix de rhétorique,
Il s'estimait au monde un personnage unique [2].
Sitôt qu'à la tribune il s'était accroché,

---

1. Imité de XÉNOPHON, Ἀπομνήματα Σωκράτους, III, 8. Voyez aussi ROLLIN, *Histoire ancienne*, IX, 4.

2. Latinisme. TITE-LIVE : Archimedes unicus spectator cœli et siderum. OVIDE, *Ex ponto*, IV, 3, 16 :

    Ille ego judiciis unica musa tuis.

— Quant au « prix de rhétorique » c'est un badinage, qui nous invite dès le début à voir sous le nom du contemporain de Socrate, ceux des contemporains de l'auteur qui lui ressembleraient. L'anecdote est une satire et une leçon.

Aucun pouvoir humain ne l'en eût détaché ;
Parler à tout propos était sa maladie.
  Socrate, l'abordant : « Plus je vous étudie,
Plus je vois, lui dit-il, le but où vous visez.
Votre projet est beau, s'il n'est des plus aisés.
Vous voulez gouverner ; vous désirez qu'Athènes
De l'État en vos mains remette un jour les rênes ?
  — Je l'avoue. — Et sans doute, à vos concitoyens,
Vous paierez cet honneur en les comblant de biens ?
  — C'est là tout mon désir. — Il est louable[1], et j'aime
Que l'on serve à la fois sa patrie et soi-même.
A ce plan, dès longtemps, vous avez dû penser ;
Par où donc, dites-moi, comptez-vous commencer ? »
Glaucon resta muet, contre son ordinaire ;
Il cherchait sa réponse. « Un très grand bien à faire,
Ce serait, dit Socrate, en ce besoin urgent,
Dans le trésor public d'amener de l'argent.
N'allez-vous pas d'abord restaurer[2] nos finances,
Grossir les revenus, supprimer des dépenses ?
  — Oui, ce sera bien là le premier de mes soins,
  — Il faut recevoir plus, il faut dépenser moins.
Vous avez, à coup sûr, calculant nos ressources,
Des richesses d'Athène approfondi les sources ?
Vous savez quels objets forment nos revenus ?
  — Pas très bien : ils me sont la plupart inconnus.
  — Vous êtes plus au fait, je crois, du militaire ?
  — Six mois, sous Périclès, j'ai servi volontaire.
  — Ainsi nous vous verrons, de nos braves guerriers,
Par vos vastes projets, préparer les lauriers[3]
Vous savez comme[4] on fait subsister une armée ?
Par quels soins elle doit être instruite et formée ?
  — Je n'ai pas ces détails très présents à l'esprit.
  — Vous avez, là-dessus, quelque mémoire écrit,
J'entends. — Mais, non. — Tant pis : vous me l'auriez fait lire;
J'en aurais profité. Du moins, vous pouvez dire
Si, payant nos travaux par des dons suffisants[5],

---

1. Cf. le mouvement de ce dialogue et, en particulier, des reparties de Socrate, avec le dialogue de Cinéas et de Pyrrhas (page 207).
2. Etym.: *re, staurare*, fortifier. De là les différentes acceptions du verbe: restaurer un édifice, une dynastie, l'estomac par la nourriture (*recreare, reficere*), etc.
3. Voilà deux rimes dont l'abus a fait la banalité et le discrédit.
4. Pour *comment*. Emploi constant au XVIIIe siècle.
5. Expressions trop vagues. Ce que la terre *donne*, *rend* à l'homme qui a cultivé ; les récoltes, revenus (*reditus*) de la terre.

L'Attique peut nourrir ses nombreux habitants ;
Il y faut prendre garde : une erreur indiscrète,
Une mauvaise loi produirait la disette.
Sur ce point important qu'avez-vous su prévoir ?
— En vérité, Socrate, on ne peut tout savoir.
— Pourquoi donc parlez-vous sur toutes ces matières ?
Je suis un homme simple et j'ai peu de lumières ;
Mais retenez de moi ce salutaire avis.
Pour savoir quelque chose, il faut l'avoir appris.
De régir les États la profonde science
Vient-elle sans étude et sans expérience ?
Qui veut parler sur tout, souvent parle au hasard ;
On se croit orateur, on n'est que babillard.
Allez, instruisez-vous ; et quelque jour peut-être
Vous nous gouvernerez. »
      Glaucon sut se connaître,
Il devint raisonnable ; et, depuis ce jour-là,
Il écouta, dit-on, bien plus qu'il ne parla.
   (*Contes, Anecdotes et Fables en vers*, VII.)

LE MEUNIER DE SANS-SOUCI

L'homme est bien variable !... et ces malheureux rois,
Dont on dit tant de mal, ont du bon quelquefois.
J'en conviendrai sans peine, et ferai mieux encore ;
J'en citerai pour preuve un trait qui les honore :
Il est de ce héros, de Frédéric second[1],
Qui, tout roi qu'il était, fut un penseur profond,
Redouté de l'Autriche, envié dans Versailles,
Cultivant les beaux-arts au sortir des batailles[2],
D'un royaume nouveau la gloire et le soutien,
Grand roi, bon philosophe, et fort mauvais chrétien[3].
 Il voulait se construire un agréable asile
Où, loin d'une étiquette[4] arrogante et futile,

---

1. Voyez page 290, note 4.
2. Un tableau de Gérôme (médaille d'honneur de 1874) le représente jouant de la flûte,

  .... Encor tout poudreux et sans se débotter.
         (BOILEAU, *Ép.* VI.)

3. Descartes, Bossuet, Fénelon ont prouvé qu'on pouvait être « bon philosophe et fort *bon* chrétien ».
4. 1º Petit écriteau, appliqué à différents usages ; 2º cérémonial de cour, comme ici ; 3º formes cérémonieuses. Etym. d'origine germanique, signifiant piquer, fixer. D'où *stic*, bâton ; *ticket*, billet (dont *astiquette*, moyen âge, a eu le sens).

Il pût, non végéter[1], boire et courir des cerfs,
Mais des faibles humains méditer les travers,
Et, mêlant la sagesse à la plaisanterie,
Souper avec d'Argens, Voltaire et La Mettrie[2].

Sur le coteau riant par le prince choisi,
S'élevait le moulin du meunier Sans-Souci.
Le vendeur de farine avait pour habitude
D'y vivre au jour le jour exempt d'inquiétude ;
Et, de quelque côté que vînt souffler le vent,
Il y tournait son aile et s'endormait content.
Très bien achalandé[3], grâce à son caractère,
Le moulin prit le nom de son propriétaire ;
Et des hameaux voisins, les filles, les garçons,
Allaient à Sans-Souci pour danser aux chansons.
Sans-Souci !... ce doux nom d'un favorable augure
Devait plaire aux amis des dogmes d'Épicure.
Frédéric le trouva conforme à ses projets,
Et du nom d'un moulin honora son palais[4].

Hélas ! est-ce une loi sur notre pauvre terre
Que toujours deux voisins auront entre eux la guerre ;
Que la soif d'envahir et d'étendre ses droits
Tourmentera toujours les meuniers et les rois ?
En cette occasion le roi fut le moins sage ;
Il lorgna du voisin le modeste héritage.
On avait fait des plans, fort beaux sur le papier,
Où le chétif enclos se perdait tout entier.
Il fallait, sans cela, renoncer à la vue,
Rétrécir les jardins et masquer l'avenue.
Des bâtiments royaux l'ordinaire intendant
Fit venir le meunier, et d'un ton important :
« Il nous faut ton moulin : que veux-tu qu'on t'en donne ?
— Rien du tout, car j'entends ne le vendre à personne.
Il vous faut est fort bon... mon moulin est à moi...

---

1. 1º Se développer, en parlant des plantes (*végétaux*), 2º vivre à la manière des plantes, vivre sans activité intellectuelle, 3º dans la gêne. Etym.: *vegetare*, mouvoir, développer ; *vegetus*, vif.

2. D'Argens. Voy. Recueil de prosateurs, p. 309. — La Mettrie, de Saint-Malo (1709-1751), mort à Berlin. Médecin et philosophe matérialiste. Il faut faire ses réserves sur la « sagesse » de Frédéric et de ses commensaux « amis des dogmes d'Épicure ».

3. Etym.: *chaland*, acheteur ; venu de *chaland* ou *chalan* (de χαλάνδιον), grand bateau plat, destiné au transport des marchandises.

4. Le château royal de *Sans-Souci*, où mourut Frédéric et où se conserve sa bibliothèque, est situé à 2 kil. N. O. de Potsdam (ville forte à 30 kil. S. O. de Berlin, riche en édifices de diverse nature, le Versailles de la Prusse).

Tout aussi bien, au moins, que la Prusse est au roi.
— Allons, ton dernier mot, bonhomme, et prends-y garde.
— Faut-il vous parler clair? — Oui. — C'est que je le garde :
Voilà mon dernier mot. » Ce refus effronté
Avec un grand scandale [1] au prince est raconté.
Il mande auprès de lui le meunier indocile,
Presse, flatte, promet : ce fut peine inutile ;
Sans-Souci s'obstinait. « Entendez la raison,
Sire ; je ne peux pas vous vendre ma maison :
Mon vieux père y mourut, mon fils y vient de naître ;
C'est mon Potsdam, à moi. Je suis tranchant [2] peut-être ;
Ne l'êtes-vous jamais ? Tenez, mille ducats [3],
Au bout de vos discours, ne me tenteraient pas.
Il faut vous en passer, je l'ai dit, j'y persiste. »
Les rois malaisément souffrent qu'on leur résiste.
Frédéric, un moment par l'humeur emporté :
« Parbleu! de ton moulin c'est bien être entêté ;
Je suis bon de vouloir t'engager à le vendre ;
Sais-tu que sans payer je pourrais bien le prendre ?
Je suis le maître. — Vous !... de prendre mon moulin ?
Oui, si nous n'avions pas des juges à Berlin [4]. »
Le monarque, à ce mot, revient de son caprice.
Charmé que sous son règne on crût à la justice,
Il rit, et se tournant vers quelques courtisans :
« Ma foi, messieurs, je crois qu'il faut changer nos plans.
Voisin, garde ton bien ; j'aime fort ta réplique. »
  Qu'aurait-on fait de mieux dans une république?
Le plus sûr est pourtant de ne pas s'y fier :
Ce même Frédéric, juste envers un meunier,
Se permit maintes fois telle autre fantaisie;
Témoin ce certain jour qu'il prit la Silésie [5];
Qu'à peine sur le trône, avide de lauriers,
Épris du vain renom qui séduit les guerriers,
Il mit l'Europe en feu. Ce sont là jeux de prince [6] ;
On respecte un moulin, on vole une province.

(Ibid., V.)

1. Étym. : Σκάνδαλον, piège, d'où : 1° *scandale*, occasion de tomber dans le péché, et bruit qu'excite l'action scandaleuse; 2° *esclandre*, bruit fâcheux d'une mauvaise affaire. Faire scandale, faire esclandre.
2. Voyez page 181, note 5.
3. Voyez page 45, note 9.
4. Le mot est devenu proverbe.
5. Il l'avait déjà prise à l'Autriche en 1741.
6. Jeux « qui ne plaisent qu'à ceux qui les font ». Voyez LA FONTAINE, IV, 4. — On raconte que, quand la reine Christine de Suède, après son

LA VISITE ACADÉMIQUE

Pour entrer à l'Académie
Un candidat allait trottant,
En habit de cérémonie,
De porte en porte visitant [1],
Sollicitant [2] et récitant
Une banale litanie [3],
Demi-modeste, en mots choisis.
Il arrive enfin au logis
D'un doyen [4] de la compagnie [5] :
Il monte, frappe à petits coups.
« Hé, Monsieur ! que demandez-vous ?
(Lui dit une bonne servante
Qui tout en larmes se présente).
— Pourrai-je pas [6] avoir l'honneur
De dire deux mots à Monsieur ?
— Las [7] ! quand il vient de rendre l'âme.....

abdication, vint en France, elle assista à une séance de l'Académie française et entendit discuter sur cette locution. Elle venait de faire assassiner à Fontainebleau son favori Monaldeschi ; elle se retira promptement.

1. Employé absolument, sans régime, comme le verbe suivant. Suppléez les membres de la compagnie dont les suffrages lui sont nécessaires pour y entrer. L'Académie se recrute elle-même, *per cooptationem...*

2. On dit *solliciter* les bons offices de quelqu'un pour avoir une place, — quelqu'un, — une place ; — ses juges. — un procès, une affaire (La Bruyère : Il prend soin de leurs affaires, sollicite leurs procès, et voit leurs juges. Ce sens a vieilli) ; — et absolument *Solliciter* ; Molière, *Mis.*, I 1 :

    Mais qui voulez-vous donc qui pour vous sollicite ?

Boileau, *Ép.* VI :

    Un cousin abusant d'un fâcheux parentage
    Veut qu'encor tout poudreux et sans me débotter
    Chez vingt juges pour lui j'aille solliciter.

3. Au pluriel, prières accompagnées de la mention des épithètes consacrées à Dieu, à la Vierge, au saint invoqué ; au sing., longue énumération. Etym.: λιτανεία, de λιτή, prière.

4. 1° Titre de dignité ecclésiastique ou universitaire ; 2° titre donné au plus ancien d'un corps ; 3° par extension, le plus âgé. Etym. *decanus* (d'où *décanat*, titre officiel de la fonction indiquée par le premier sens), proprement supérieur de dix (*decem*).

5. Terme consacré. Voyez le discours de Racine recevant à l'Académie Th. Corneille.

6. Suppression de *ne* dans l'interrogation, qui n'est pas rare en poésie. Molière, *Ét.*, IV, 5 :

    De quoi peux-tu te plaindre ? Ai-je pas réussi ?

La Fontaine, III, 11 :

    Fît-il pas mieux que de se plaindre ?

7. Interjection plaintive. Molière, *Tart.*, V, 1 :

    Où voulez-vous courir ? — Las ! que sais-je ?

C'est le même mot que l'adj. *las* (*lassus*). Dans le langage du moyen âge l'accord de l'adj. se faisait ; une femme disait : Hé lasse !

— Il est mort? — Vous pouvez d'ici
Entendre les cris de Madame ;
Il ne souffre plus, Dieu merci [1].
— Ah ! bon Dieu ! je suis tout saisi !...
Ce cher !... ma douleur est si forte ! »
Le candidat, parlant ainsi,
Referme doucement la porte,
Et sur l'escalier dit : « Je vois
Que l'affaire change de face ;
Je venais demander sa voix ;
Je m'en vais demander sa place. »

(*Ibid.*, XII.)

BÉRANGER

1780-1857.

Pierre de BÉRANGER, né à Paris, petit-fils d'un tailleur et fils d'un teneur de livres, d'abord ouvrier imprimeur, puis fixé douze ans dans des fonctions subalternes de bureaucratie ministérielle, ne voulut « rien être » que chansonnier, et ses chansons lui ont fait une place à part et assez haute dans la littérature du XIXe siècle, lui ont assuré un souvenir dans l'histoire politique du jour, et lui ont conquis des amitiés parmi les plus illustres de ses contemporains. La chanson avait été toujours cultivée et toujours goûtée en France depuis Olivier Basselin (XVe siècle) jusqu'aux maîtres du genre dans le XVIIIe siècle, Vadé, Panard et Collé : mais Béranger est par excellence le chansonnier de la France, comme La Fontaine en est le fabuliste. Le mérite de l'à-propos, la précision savante et ingénieuse, quoique un peu tendue, de l'expression, un bon sens droit et fin, une émotion sincère, un patriotisme ardent, la vivacité du ton, l'aisance du rythme, l'art de trouver et d'amener à point nommé le refrain, souvent le choix heureux d'un air populaire, ont fait le succès de ses chansons de toute nature, nationales, politiques, militaires, morales, philosophiques, bachiques, pour laisser de côté celles qui ne sont que des gaietés de rieur ou qui sont entachées d'impiété, — sans suffire pourtant à valoir aux plus considérables d'entre elles le titre d'Odes qui, jadis, leur a été donné. On ne les chante plus ; elles méritent toujours d'être lues. Voir particulièrement les *OEuvres complètes de Béranger*, 9 v. in-8°, édition de MM. Garnier frères.

LE VIEUX SERGENT

Près du rouet de sa fille chérie,
Le vieux sergent se distrait de ses maux,

---

[1]. C.-à-d. par la merci (*mercedem*. récompense, faveur), par la grâce de Dieu. Ellipse de *de*, comme dans Hôtel-Dieu.

Et d'une main que la balle a meurtrie
Berce en riant deux petits-fils jumeaux.
Assis tranquille au seuil du toit champêtre,
Son seul refuge après tant de combats,
Il dit parfois : « Ce n'est pas tout de naître ;
» Dieu, mes enfants, vous donne un beau trépas [1] ! »

Mais qu'entend-il ? Le tambour [2] qui résonne ;
Il voit au loin passer un bataillon.
Le sang remonte à son front qui grisonne ;
Le vieux coursier a senti l'aiguillon.
Hélas ! soudain, tristement il s'écrie :
« C'est un drapeau que je ne connais pas [3] !
« Ah ! si jamais vous vengez la patrie,
« Dieu, mes enfants, vous donne un beau trépas !

« Qui nous rendra, dit cet homme héroïque,
« Aux bords du Rhin, à Jemmape, à Fleurus [4],
« Ces paysans, fils de la république,
« Sur la frontière à sa voix accourus !
« Pieds nus, sans pain, sourds aux lâches alarmes,
« Tous à la gloire allaient du même pas.
« Le Rhin lui seul peut retremper nos armes.
« Dieu, mes enfants, vous donne un beau trépas !

« De quel éclat brillaient dans la bataille
« Ces habits bleus par la victoire usés !
« La liberté mêlait à la mitraille
« Des fers rompus et des sceptres brisés.
« Les nations, reines par nos conquêtes,
« Ceignaient de fleurs le front de nos soldats.
« Heureux celui qui mourut dans ces fêtes !
« Dieu, mes enfants, vous donne un beau trépas !

« Tant de vertu trop tôt fut obscurcie :
« Pour s'anoblir [5], nos chefs sortent des rangs ;

---

1. Le vocabulaire de BÉRANGER se ressent un peu des routines du XVIIIe siècle ; il a trop de *trépas*, de *glaives*, de *palmes*, de *guerriers*, de *coursiers*, de *fers*, de *jougs*, etc.
2. Voyez page 206, notes 4 et 6.
3. C'est sous le drapeau blanc de la Restauration que l'armée française marchait à la guerre d'Espagne en 1823, date de cette chanson.
4. Les Autrichiens furent battus, à Jemmapes, près de Mons (Hainaut), le 6 novembre 1792, 14 jours après la proclamation de la République, par Dumouriez ; à Fleurus, à quelque distance de Charleroi (Hainaut), le 26 juin 1794, par Jourdan.
5. Voyez page 155, note 3.

« Par la cartouche encor toute noircie [1],
« Leur bouche est prête à flatter les tyrans.
« La liberté déserte avec ses armes ;
« D'un trône à l'autre ils vont offrir leurs bras [2] ;
« A notre gloire on mesure nos larmes.
« Dieu, mes enfants, vous donne un beau trépas ! »

Sa fille alors, interrompant sa plainte,
Tout en filant lui chante à demi-voix
Ces airs proscrits qui, les frappant de crainte,
Ont en sursaut réveillé tous les rois [3].
« Peuple, à ton tour, que ces chants te réveillent,
« Il en est temps ! » dit-il aussi tout bas ;
Puis il répète à ses fils qui sommeillent :
« Dieu, mes enfants, vous donne un beau trépas ! »

LES HIRONDELLES

Captif au rivage du Maure [4]
Un guerrier, courbé sur ses fers [5],
Disait : Je vous revois encore,
Oiseaux ennemis des hivers.
Hirondelles, que l'espérance
Suit jusqu'en ces brûlants climats,
Sans doute vous quittez la France :
De mon pays ne me parlez-vous pas ?

---

1. [*Cartouche*, masc., ornement de sculpture ou de gravure, en forme de table, avec des enroulements]. *Cartouche*, fém., rouleau de papier contenant la charge entière d'un fusil, poudre et balle. Quand les fusils à silex étaient seuls connus, le soldat déchirait avec les dents une extrémité de la cartouche pour verser dans le « bassinet », communiquant avec le tube du fusil par un trou (lumière), un peu de poudre amorce ; puis il enfonçait le reste de la cartouche dans le tube. L'étincelle jaillissant du silex, frappé par le jeu de la batterie, mettait le feu à l'amorce, l'amorce à la poudre de la cartouche, et l'explosion chassait la balle. Etym.: l'italien *cartoccio*, cornet de papier, du latin *charta*. — Cf. BARBIER, *Iambes*, I:

C'était la bouche aux vils jurons
Qui mâchait la cartouche et qui, noire de poudre,
Criait aux citoyens : « Mourons ! »

2. On voit qu'ici BÉRANGER chante, non pas les soldats de l'Empire et de l'Empereur, comme il l'a fait dans mainte chanson, mais les armées de la République.
3. Par exemple la *Marseillaise* de Rouget de l'Isle et le *Chant du départ* de M.-J. Chénier.
4. Traduisez « prisonniers en Afrique ». *Rivage* et *bords* (v. p. 308, note 4) sont des synonymes traditionnels pour « pays » dans la langue poétique des XVII‍e et XVIII‍e siècles
5. Voyez page 378, note 1.

Depuis trois ans, je vous conjure
De m'apporter un souvenir
Du vallon où ma vie obscure
Se berçait d'un doux avenir.
Au détour d'une eau qui chemine
A flots purs, sous de frais lilas,
Vous avez vu notre chaumine [1] :
De ce vallon ne me parlez-vous pas ?

L'une de vous peut-être est née
Au toit où j'ai reçu le jour ;
Là, d'une mère infortunée
Vous avez dû plaindre l'amour.
Mourante, elle croit à toute heure
Entendre le bruit de mes pas ;
Elle écoute, et puis elle pleure :
De son amour ne me parlez-vous pas ?

Ma sœur est-elle mariée ?
Avez-vous vu de nos garçons
La foule, aux noces conviée,
La célébrer dans leurs chansons ?
Et ces compagnons du jeune âge
Qui m'ont suivi dans les combats,
Ont-ils revu tous le village ?
De tant d'amis ne me parlez-vous pas ?

Sur leurs corps l'étranger, peut-être,
Du vallon reprend le chemin ;
Sous mon chaume il commande en maître ;
De ma sœur il trouble l'hymen.
Pour moi plus de mère qui prie,
Et partout des fers ici-bas.
Hirondelles de ma patrie,
De ses malheurs ne me parlez-vous pas ?

LA PAUVRE FEMME

Il neige, il neige, et là, devant l'église,
Une vieille prie à genoux.
Sous ses haillons où s'engouffre la bise [2],
C'est du pain qu'elle attend de nous.

---

1. Voyez LA FONTAINE, I, 16, vers 4.
2. Vent sec du nord ou du nord-nord-est.

Seule, à tâtons, au parvis¹ Notre-Dame,
    Elle vient hiver comme été.
Elle est aveugle, hélas ! la pauvre femme
    Ah ! faisons-lui la charité.

. . . .

Revers affreux ! un jour la maladie
    Éteint ses yeux, brise sa voix² ;
Et bientôt seule et pauvre elle mendie
    Où, depuis vingt ans, je la vois.
Aucune main n'eut mieux l'art de répandre
    Plus d'or, avec plus de bonté,
Que cette main qu'elle hésite à nous tendre.
    Ah ! faisons-lui la charité.

Le froid redouble, ô douleur ! ô misère !
    Tous ses membres sont engourdis.
Ses doigts ont peine à tenir le rosaire³
    Qui l'eût fait sourire jadis.
Sous tant de maux, si son cœur tendre encore
    Peut se nourrir de piété ;
Pour qu'il ait foi dans le ciel qu'elle implore,
    Ah ! faisons-lui la charité⁴.

1. Voyez page 188, note 8.
2. La « pauvre femme » avait été une cantatrice applaudie.
3. « Grand » chapelet « dit » en l'honneur de la Vierge. — Le moyen âge mettait sur la tête des statues de la Vierge un petit chapeau (chapelet) orné de roses. De là le nom de *chapelet* donné au collier de grains dont chacun correspond à une prière, et le nom de *roses* donné aux grains, puis de *rosaire* au « grand » chapelet.
4. Cf. *Pour les pauvres*, dans les *Feuilles d'Automne*, XXXII, de V. Hugo (voir notre Recueil de prose, p. 123, note 3) ; et C. DELAVIGNE :

        *A mon ami ****
en lui demandant pour une vieille femme une place dans un hospice.

        Au secours d'une infortunée
        La pitié m'appelle aujourd'hui,
        Et je réclame ton appui
        Pour adoucir sa destinée.

        La faiblesse enchaîne ses pas ;
        Sur son front tremblant qui s'incline,
        L'âge accumule ses frimas ;
        Elle est bien vieille comme Alcine ;
        Pour sorcière, elle ne l'est pas.

        Ami, sois donc sa providence ;
        Elle compte plus d'un rival·
        Hélas ! dans ce siècle fatal
        On trouve encor la concurrence
        A la porte de l'hôpital.

        Mon astre, dit-on, me menace
        D'y mourir aux dépens du roi ;
        Pour elle accorde-moi la place,
        Et la survivance pour moi.

(Alcine, magicienne du *Roland furieux*, d'ARIOSTE.

LE CHAPELET[1] DU BONHOMME

« Sur le chapelet de tes peines,
Bonhomme, point de larmes vaines.
— N'ai-je point sujet de pleurer ?
Las[2] ! mon ami vient d'expirer.
— Tu vois là-bas une chaumine :
Cours vite en chasser la famine ;
Et perds en route, grain à grain,
Le noir chapelet du chagrin. »

Bientôt après, plainte nouvelle.
— « Bonhomme, où ta blessure est-elle ?
— Las ! il me faut encor pleurer :
Mon vieux père vient d'expirer.
— Cours ! Dans ce bois on tente un crime :
Arrache aux brigands leur victime ;
Et perds en route, grain à grain,
Le noir chapelet du chagrin. »

Bientôt après, peine plus grande.
— « Bonhomme, les maux vont par bande[3].
— Las ! j'ai bien sujet de pleurer :
Ma compagne vient d'expirer.
— Vois-tu le feu prendre au village ?
Cours l'éteindre par ton courage ;
Et perds en route, grain à grain,
Le noir chapelet du chagrin. »

Bientôt après, douleur extrême :
— « Bonhomme, on rejoint ce qu'on aime.
— Laissez-moi, laissez-moi pleurer :
Las ! ma fille vient d'expirer.
— Cours au fleuve : un enfant s'y noie.
D'une mère sauve la joie ;
Et perds en route, grain à grain,
Le noir chapelet du chagrin. »

Plus tard enfin, douleur inerte.
— « Bonhomme, est-ce quelque autre perte ?

---

1. Voyez page 381, note 3. — *Chapelet* s'emploie au fig. pour désigner tout ce qui, par analogie avec les grains du chapelet, se suit et se tient.
2. Voyez page 376, note 7.
3. Cf. le proverbe : Un malheur ne vient jamais seul. — Voyez page 111, note 1, l'étymol. de *bande*.

— Je suis vieux et n'ai qu'à pleurer :
Las ! je sens ma force expirer.
— Va réchauffer une mésange
Qui meurt de froid devant la grange [1] ;
Et perds en route, grain à grain,
Le noir chapelet du chagrin. »

Le bonhomme enfin de sourire,
Et son oracle de lui dire :
« Heureux qui m'a pour conducteur !
Je suis l'ange consolateur.
C'est la Charité qu'on me nomme.
Va donc prêcher ma loi, bonhomme,
Pour qu'il ne reste plus un grain
Au noir chapelet du chagrin. »
    (*Dernières chansons*, 1847-1851. — Garnier frères,
      éditeurs.)

PLUS D'OISEAUX

Je cultivais un coin de terre
Dont les ombrages m'enchantaient.
Là quand je rimais solitaire,
Dans mes vers mille oiseaux chantaient.
Me voilà vieux ; plus rien n'éveille
Ces bosquets jadis si peuplés.
En vain l'écho prête l'oreille :
Tous les oiseaux sont envolés.

Quel est, dites-vous, ce domaine ?
Eh ! mes amis, c'est la chanson,
Où mon vieil esprit, hors d'haleine,
Court battre en vain chaque buisson [2].

---

1. V. Hugo (*l'Art d'être grand-père*, X, 6).
    Après ce rude hiver un oiseau seul restait
    Dans la cage où jadis tout un monde chantait
    Le vide s'était fait dans la grande volière
    Une douce mésange, autrefois familière,
    Était là seule...
J'entre, dit-il, dans la volière, je prends l'oiseau,
    Et je sentais bondir son petit cœur tremblant,
Puis :
    Je suis sorti de la volière,
    Tenant toujours l'oiseau ; je me suis approché
    Du vieux balcon de bois par le lierre caché ;
    O renouveau ! soleil ! tout palpite, tout vibre,
    Tout rayonne ; et j'ai dit, ouvrant la main : Sois libre !
    L'oiseau s'est évadé dans les rameaux flottants
    Et dans l'immensité splendide du printemps.

2. Battre les buissons, c'est proprement les frapper avec un bâton pour

De mes ans sur l'enclos modeste
Les frimas sont accumulés ;
Pas un roitelet[1] ne reste :
Tous les oiseaux sont envolés.

C'est mon hiver qui les effraye :
Ils ne reviendront plus au nid.
J'en juge aux vers que je bégaye
Quand l'amitié nous réunit.
Antier[2], toi que mieux elle inspire,
Chante nos beaux jours écoulés ;
Trompe l'écho prêt à redire :
Tous les oiseaux sont envolés.

Dernières chansons ; 1844-1847. — Garnier frères, éditeurs.)

C. DELAVIGNE

1793-1843.

Casimir DELAVIGNE, du Havre, conquit de bonne heure une renommée presque populaire par ses premières *Messéniennes* (1816-1822), dont le titre, rappelant les héroïques souvenirs d'un peuple obstiné dans la défense de sa nationalité, semblait une protestation du patriotisme au lendemain des malheurs et de l'invasion de la France. Le théâtre lui fut heureux. D'abord brillant adepte de l'école classique, il fit applaudir *le Paria* (1819), *les Vêpres siciliennes* (1821); puis, par des concessions habiles et de plus en plus accusées aux théories dramatiques de la nouvelle école, *Marino Faliero* (1829), *Louis XI* (1832), *les Enfants d'Édouard* (1833), œuvres brillantes, curieuses études et intéressants tableaux d'histoire, d'un style mixte, quelquefois un peu disparate, dont la marche alerte et dégagée suit à distance l'allure cavalière et les soubresauts du style romantique. Le public ne fit pas un moins favorable accueil à de spirituelles comédies dont plusieurs, *l'École des Vieillards* (1823) en vers, *Don Juan d'Autriche* (1835) en prose, sont restées au répertoire. Ame élevée, esprit délicat, cœur généreux, C. Delavigne a fait estimer et goûter l'homme et l'écrivain.

---

en faire sortir le gibier ; d'où le sens de parcourir, explorer : battre les bois, la plaine, le pays, la ville, etc.

1. **Voyez** page 174, note 1.
2. Nom d'un des amis réunis autour du poète.

LES PARIAS[1]

IDAMORE, chef de la tribu des guerriers; ALVAR, Portugais.

IDAMORE.

Il est sur ce rivage une race flétrie,
Une race étrangère au sein de sa patrie,
Sans abri protecteur, sans temple hospitalier,
Abominable[2], impie, horrible au peuple entier,
Les Parias; le jour à regret les éclaire,
La terre sur son sein les porte avec colère,
Et Dieu les retrancha du nombre des humains
Quand l'univers créé s'échappa de ses mains[3].
L'Indien, sous les feux d'un soleil sans nuage,
Fuit la source limpide où se peint leur image,
Les doux fruits que leur main de l'arbre a détachés,
Ou que d'un souffle impur leur haleine a touchés.
D'un seul de leurs regards a-t-il reçu l'atteinte,
Il se plonge neuf fois dans les flots d'une eau sainte;
Il dispose à son gré de leur sang odieux;
Trop au-dessous des lois, leurs jours sont à ses yeux
Comme ceux du reptile ou des monstres immondes
Que le limon du Gange enfante sous ses ondes.
Je suis un paria...

(*Le Paria*, I, 1. — Firmin Didot, éditeur.)

TRAVAIL, SANTÉ ET GAIETÉ

LOUIS XI, roi de France; OLIVIER-LE-DAIM; MARCEL, paysan,
  MARTHE, sa femme; Paysans[4].

LOUIS.

Comment faites-vous donc pour vous porter si bien?

MARTHE.

Comment ?

---

1. « Homme de la dernière caste des Indiens, qui est un objet de mépris et d'exécration. » (LITTRÉ.) Etym.: du mot de la langue tamoule (parlée au S. de l'Inde) *parcyers*, homme hors de classe. — Voir la *Chaumière indienne* de BERNARDIN DE SAINT-PIERRE. — Au fig., homme exclu de la société, que personne ne veut voir.
2. Cf. *abominandus* (*ab*, *omen*; écarté comme un mauvais présage); *exsecrandus* (*ex*, *sacer*, consacré aux dieux infernaux, maudit); *detestandus* (*de*, *testari*, dont on répudie le témoignage).
3. Cf. CHATEAUBRIAND (*Voyage en Amérique*): Dieu d'un seul coup de sa main fit rouler tous les mondes.
4. Louis XI, moribond, est sorti du château de Plessis-lez-Tours, avec son valet de chambre-barbier Olivier Teufel (en allemand *diable*), dit le Daim ou le Diable. Il arrive, sans être connu, au milieu d'une fête de village: Olivier le désigne aux paysans comme un « seigneur de la cour ».

LOUIS.

Dites-le-moi.

MARTHE.

Pour cela, fait-on rien ¹ ?
On y perdrait son temps ; aussi, mauvaise ou bonne,
Nous prenons la santé comme Dieu nous la donne.
C'est chose naturelle, et qui vient, que ² je crois,
Ni plus ni moins que l'herbe et le gland dans les bois.
Pour m'en troubler la tête, ai-je un instant de reste?
Que nenni ³ ! Le coq chante, et chacun, d'un pas leste,
Court s'acquitter des soins qu'exige la saison :
Le mari fait ses blés ; la femme, à la maison,
Gouverne de son mieux la grange et le ménage.
L'appétit, qui s'éveille et qu'on gagne à l'ouvrage,
Change en morceau de roi le mets le plus frugal.
Jamais un lit n'est dur quand on fut matinal;
Le somme commencé, jusqu'au jour on l'achève :
Qui n'a pas fait de mal n'a pas de mauvais rêve.
Puis revient le dimanche, et, pour se ranimer,
On a par-ci par-là quelque saint à chômer ⁴.
Travail, bon appétit, et bonne conscience,
Sommeil à l'avenant ⁵, voilà notre science
Pour avoir l'âme en paix et le corps en santé;
L'année arrive au bout ⁶, et l'on s'est bien porté.

LOUIS.

Quoi! jamais de chagrins?

MARCEL.

Dame ⁷ ! la vie humaine
N'a qu'un beau jour sur trois, c'est comme la semaine :

---

1. *Rien,* quelque chose (*rem*), quoi que ce soit.
2. Locution familière et elliptique pour : [à ce] que je crois. MOLIÈRE, *Ec. des Femmes,* 1, 2: Que je pense. Cf. Que je sache.
3. *Nenni, nenni da, que nenni.* On a dit au moyen âge *nenil, nenal, nenin, nennin.* Etym. : *non illud.*
4. *Chômer* (Etym. controversée), 1º neutre : ne pas travailler parce qu'on solennise une fête. LA FONTAINE, VIII, 2 :

Le mal est que dans l'an s'entremêlent des *jours*
Qu'il *faut chômer* : on nous ruine en fêtes.

Que (voyez p. 20, n. 5.), pendant lesquels. — 2º actif, solenniser par une fête, comme ici.
5. En conformité, en rapport avec — On en fait aussi une locution prépositive : Le sommeil est *à l'avenant du* travail — De l'adjectif *avenant,* qui plaît par sa bonne grâce (qui vient à propos). Etym.: *avenir* (advenire), échoir, se faire.
6. « J'attrape le bout de l'année, »
dit le Savetier de LA FONTAINE, VIII.
7. Voyez page 275, note 2.

La pluie et le beau temps, la peine et le plaisir;
C'est à prendre ou laisser; on ne peut pas choisir.
     LOUIS.
Pour vous est le plaisir, pour nous la peine.
     MARTHE.
          A d'autres [1] !
Pensez à nos soucis, vous oublierez les vôtres.
Quand le pain se vend cher, vous vous en troublez peu;
Tout en filant mon lin, j'y rêve au coin du feu.
Pourtant je chante encor : bonne humeur vaut richesse [2],
Et qui souffre gaiement a de moins la tristesse.
Quel que soit notre lot, nous nous en plaignons tous;
Mais le plus mécontent fait encore des jaloux.
Il n'est pauvre ici-bas qu'un plus pauvre n'envie;
Et, quand j'ai par malheur des chagrins dans la vie,
Le sort d'un moins heureux me console du mien :
J'en vois qui sont si mal que je me trouve bien.
   (*Louis XI*, III, 3. — Firmin Didot, éditeur.)

REINE ET MÈRE [3]

     ÉLISABETH.
Le signer ! qu'à ce point la terreur m'avilisse !
Que de mon lâche cœur cette main soit complice !
Pour flétrir mes enfants, pour les déshériter,
Pour abdiquer ces droits qu'on leur vient disputer,
Droits augustes, milord, certains, incontestables,
Et dont j'écraserai tous ces bruits misérables !
Le signer ! Je suis faible, et cependant j'irais,
Reine et mère à la fois, dans mes yeux, sur mes traits,
Portant le démenti d'une telle infamie,
Aborder le front haut cette ligue ennemie.
J'irais, je traînerais mes deux fils sur mes pas;
Je prendrais Édouard, l'héritier, dans mes bras :

---

1. Ellipse : Comptez cela à d'autres plus crédules.
2. Cf. le proverbe : Contentement passe richesse.
3. Le jour du couronnement du jeune roi d'Angleterre, Édouard V, fils d'Édouard IV, est arrivé. Son oncle, Richard, duc de Glocester, régent du royaume, pour s'emparer du trône qu'il convoite, menace Élisabeth, mère du roi, d'un soulèvement du peuple anglais qui, dit-il, nie la légitimité de son mariage, et lui propose d'en signer l'aveu pour sauver la vie d'Édouard V et de son jeune frère, duc d'York. — Le duc de Glocester fit étouffer ce jour même (25 juin 1483) ses deux neveux (Voir au Louvre le tableau de Paul Delaroche, auquel le poète a dédié sa tragédie) : tel est le dénouement. Glocester régna deux ans sous le nom de Richard III (Voir le drame de Shakespeare, *Richard III*).

Oui, j'en aurais la force, et, courant leur répondre,
Au peuple rassemblé dans les places de Londre
Je dirais, je crierais... Que sais-je? Ah! si les mots
Me manquent, au besoin mes regards, mes sanglots,
Répandront au dehors ma douleur maternelle;
Si ma voix me trahit, mes pleurs crieront pour elle :
« Peuple, sauve ton roi; c'est Édouard, c'est lui;
« Édouard orphelin, qui te demande appui;
« Abandonné de tous, c'est en toi qu'il espère;
« Adopte mes enfants qu'on prive de leur père. »
Mes enfants! mes enfants!... Ah! qu'ils viennent vos lords[1];
Qu'ils m'insultent en face; ils me verront alors,
Entre mes deux enfants, faire tête à l'outrage.
La lionne qu'on blesse aurait moins de courage,
Moins de fureur que moi, si jamais je défends
Les jours, les droits sacrés, l'honneur de mes enfants.

(*Les Enfants d'Édouard*, I, 3. — Firmin Didot, éditeur.)

DONNER POUR RECEVOIR

DANVILLE[2].

. . . .
Que me dites-vous là?

HORTENSE.

Ma bourse est aux abois[3];
C'en est fait.

DANVILLE.

En deux mois!

HORTENSE.

Mais c'est bien long, deux mois.

DANVILLE.

Cinquante mille francs!... Comment, ma bonne amie...

HORTENSE.

Vous ne me louez pas sur mon économie?

DANVILLE.

Ah! parbleu! c'est trop fort.

---

1. Titre d'honneur signifiant seigneur. Etym.: *hlâford*, *lâford* (anglo-saxon), maître; *laverd*, *lauerd* (vieil anglais); — de *hlâf*, pain, — proprement le chef, le maître du pain.
2. Danville, ancien armateur du Havre, a épousé, à 60 ans, Hortense. Resté deux mois au Havre, après son mariage, pour liquider ses affaires, il arrive à Paris où sa femme et sa belle-mère l'avaient précédé.
3. Voyez page 321, note 5, et page 246, note 3.

HORTENSE.
Chez moi, je n'ai voulu
Rien que le nécessaire, et pas de superflu.
DANVILLE.
Comment donc, s'il vous plaît, nommez-vous ces dorures,
Ces cristaux suspendus, ces vases, ces figures,
Ce fragile attirail [1] dont on n'ose approcher,
Et ces meubles si beaux que je crains d'y toucher?
Est-ce utile? parlez.
HORTENSE.
C'est plus : c'est nécessaire.
Cet appareil pour vous n'a rien que d'ordinaire.
Vous voulez devenir receveur général [2];
Logez-vous donc au ciel, et logez-vous très mal.
Qui parlera de vous? qui vous rendra visite?
L'opulence à Paris sert d'enseigne au mérite.
Étalez des trésors, si vous voulez percer;
Une place est de droit à qui peut s'en passer.
Ma mère me répète : Éblouis le vulgaire;
Qu'on dise : il est très riche, il est millionnaire;
Demandons tout alors, et nous aurons beau jeu.
J'ai voulu par le luxe en imposer un peu.
Je dis un peu; beaucoup, je me croirais coupable;
Un peu, c'est nécessaire, et même indispensable.
DANVILLE.
Voilà quelques motifs qui sont d'assez bon sens :
Mais au moins ces dîners, d'eux-mêmes renaissants,
Ces éternels dîners, qu'une fois par semaine
Un bienheureux lundi pour trente élus ramène,
Je les crois superflus.
HORTENSE.
Erreur! Quoi! vous traitez
Mes dîners du lundi de superfluités!
Mais rien n'est plus utile, et sur cette matière
Vous êtes, mon ami, de cent ans en arrière.
Il faut avoir un jour fixé pour recevoir
Ses prôneurs [3] à dîner, et ses amis le soir;

---

1. Passe pour *cristaux suspendus* (lustre): mais pourquoi cette périphrase vague ?
2. Fonctionnaire de l'administration publique des finances, qui, au chef-lieu d'un département, centralise les recettes diverses de l'impôt. Depuis quelques années ce nom a été remplacé par celui de trésorier-payeur général.
3. *Prône* (Etym. : *præconium*, publication, de *præco*, crieur public), ins-

De nos auteurs en vogue il faut avoir l'élite ;
On en fait les honneurs aux grands que l'on invite.
Aussi je vois souvent plusieurs des beaux esprits
Dont je vous ai là-bas adressé les écrits :
Ils parlent, on s'anime, on rit, la gaîté gagne,
Et l'on a ces messieurs comme on a du champagne.
Notre siècle est gourmand, on peut blâmer son goût :
On fronde [1] les dîners, et l'on dîne partout.
Mais n'en donner jamais, pas même un par semaine,
C'est en solliciteur vouloir qu'on vous promène [2].
Qui, vous, solliciteur ! Vous êtes candidat :
Vous ne demandez rien, vous acceptez. L'État
N'a pas dans ses bureaux de puissance intraitable
Pour l'heureux candidat qui la courtise à table ;
Protégés, protecteurs, au dessert ne font qu'un :
Mais ne me parlez pas d'un protecteur à jeun...
  (*L'École des Vieillards*, I, 5. — Firmin Didot, éditeur.)

JEANNE D'ARC SUR LE BÛCHER [3]

. . . .
Du Christ avec ardeur Jeanne baisait l'image ;
Ses longs cheveux épars flottaient au gré des vents ;
Au pied de l'échafaud, sans changer de visage,
  Elle s'avançait à pas lents.

Tranquille elle y monta : quand, debout sur le faîte,
Elle vit ce bûcher qui l'allait dévorer,
Les bourreaux en suspens, la flamme déjà prête,
Sentant son cœur faillir, elle baissa la tête,
  Et se prit à pleurer.
  (*Les Messéniennes*, I, 5. — Firmin Didot, éditeur.)

truction paroissiale du dimanche. D'où *prôner*, 1º faire le prône, 2º publier, vanter ; et *prôneur*. — Cf. *préconiser*, *prêcher* les mérites de quelqu'un.
  1. *Fronder*, critiquer, faire la guerre à (métaphoriquement). Ce verbe a pris ce sens du jour où le subst. *fronde* a été appliqué à l'opposition que le Parlement de Paris fit au cardinal-ministre Mazarin, pendant la minorité de Louis XIV, et qui aboutit à la guerre civile appelée *la Fronde*. « Bachaumont s'avisa de dire un jour que le parlement faisoit comme les écoliers qui frondent (lancent des projectiles avec une fronde) dans les fossés de Paris, qui se séparent dès qu'ils voient le lieutenant-civil (chef de la police) et qui se rassemblent dès qu'il ne paroît plus » (Card. de Retz).
— On dit aussi fronder *contre*, *sur*. — D'où *frondeur*.
  2. Au fig. et familièrem. : faire aller çà et là, renvoyer et lasser par vaines promesses.
  3. Jeanne d'Arc fut brûlée par les Anglais à Rouen le 30 mai 1431.

LE CHIEN DU LOUVRE

BALLADE

Passant, que ton front se découvre :
Là, plus d'un brave est endormi.
Des fleurs pour le martyr du Louvre!
Un peu de pain pour son ami!

C'était le jour de la bataille :
Il s'élança sous la mitraille[2];
    Son chien suivit.
Le plomb tous deux vint les atteindre;
Est-ce le maître qu'il faut plaindre?
    Le chien survit.

Morne, vers le brave il se penche,
L'appelle, et, de sa tête blanche
    Le caressant,
Sur le corps de son frère d'armes
Laisse couler ses grosses larmes
    Avec son sang.

Des morts voici le char[3] qui roule;
Le chien, respecté par la foule,
    A pris son rang,
L'œil abattu, l'oreille basse,
En tête du convoi qui passe,
    Comme un parent.

Gardien du tertre funéraire,
Nul plaisir ne le peut distraire
    De son ennui[4];
Et, fuyant la main qui l'attire,
Avec tristesse il semble dire :
    « Ce n'est pas lui. »

---

1. Les citoyens tués en combattant pour la défense de la Charte les 27, 28 et 29 juillet 1830 furent ensevelis dans les terrains (transformés depuis en parterres) situés devant la colonnade du Louvre. Leurs restes furent en 1840 transportés et déposés dans les caveaux surmontés du soubassement de la « colonne de Juillet » (place de la Bastille).

2. Anciennement toute sorte de débris de cuivre ou de fer. Puis mélange de balles de fer et de ferraille dont on charge les canons. Etym. : l'ancien français *mitaille*, de *mite*, petite monnaie (du flamand *mijte*, qui a le même sens).

3. Autrement dit, *Corbillard*. — Le premier sens du mot a été: Coche d'eau de Paris à *Corbeil*, sur la Seine (XVIIe siècle).

4. Voir page 217, note 3.

Quand sur ces touffes [1] d'immortelles
Brillent d'humides étincelles
    Au point du jour,
Son œil se ranime, il se dresse,
Pour que son maître le caresse
    A son retour.

Au vent des nuits, quand la couronne
Sur la croix du tombeau frissonne,
    Perdant l'espoir,
Il veut que son maître l'entende;
Il gronde, il pleure, et lui demande
    L'adieu du soir.

Si la neige, avec violence,
De ses flocons [2] couvre en silence
    Le lit de mort,
Il pousse un cri lugubre et tendre,
Et s'y couche pour le défendre
    Des vents du nord.

Avant de fermer la paupière,
Il fait, pour relever la pierre,
    Un vain effort.
Puis il se dit comme la veille :
« Il m'appellera s'il s'éveille. »
    Puis il s'endort.

La nuit, il rêve barricade [3] :
Son maître est sous la fusillade,
    Couvert de sang;
Il l'entend qui siffle dans l'ombre,
Se lève et saute après son ombre
    En gémissant.

C'est là qu'il attend d'heure en heure,
Qu'il aime, qu'il souffre, qu'il pleure,
    Et qu'il mourra.
Quel fut son nom? C'est un mystère [4] :
Jamais la voix qui lui fut chère
    Ne le dira.

---

1. Voyez page 315, note 2.
2. Proprement petite touffe de laine, de soie. Métaphoriquement s'applique aux nuages, à la neige. D'où *floconneux*. — Etym.: *floccus*.
3. Voyez page 211, note 5.
4. Etym. : μυστήριον, de μύω fermer [la bouche, les yeux].

Passant, que ton front se découvre :
Là, plus d'un brave est endormi.
Des fleurs pour le martyr du Louvre !
Un peu de pain pour son ami !
(*Poésies diverses*. — Firmin Didot, éditeur.)

LAMARTINE

1790-1869

Alphonse DE LAMARTINE, né à Mâcon, après une enfance passée au domaine patriarchal et champêtre de Milly, en pleine nature et dans le commerce solitaire des poètes, qui exaltait son imagination, après une adolescence enfermée quelque temps, malgré lui, derrière les murs d'un collège, après une jeunesse rêveuse, inactive, pesante à son âme, et quelquefois attristée par des chagrins de cœur, pendant laquelle il amassa, à Naples, à Procida, en Suisse, en Dauphiné, en Savoie, des trésors de poésie, — entra enfin par des emplois diplomatiques dans la carrière publique où il devint député, orateur, homme d'État. Ce fut le poète qui se révéla le premier avec un éclat incomparable, en 1820, pour donner à la poésie lyrique un essor inconnu en France. La nature, Dieu, les joies ou les douleurs intimes de l'âme, telle est la triple source de l'inspiration qui s'épancha dans les *Méditations poétiques* (1820), les *Nouvelles méditations poétiques* (1823), les *Harmonies poétiques et religieuses* (1829), pour aboutir au chef-d'œuvre narratif, descriptif, lyrique, oratoire de *Jocelyn* (1836), où s'épanouissent toutes les magies de son imagination, toutes les émotions de son cœur, tous les enchantements de sa plume, où tout est musique, couleur et parfum. C'est ainsi qu'il a traversé presque un demi-siècle, la lyre à la main, berçant les oreilles et passionnant les cœurs.

LE GOLFE DE BAIA [1]

Vois-tu comme le flot paisible
Sur le rivage vient mourir ?
Vois-tu le volage zéphir
Rider [2] d'une haleine insensible
L'onde qu'il aime à parcourir ?

---

1. *Baïa*, Βαίαι, *Baiæ* et *Bajæ*, *Baja* en italien; *Baies*, port sur le golfe de Naples, entre Pouzzoles et Cumes, lieu de plaisance et station thermale chantés par HORACE, OVIDE, PROPERCE, STACE, MARTIAL, etc. HORACE, *Ep.*, I, 1 :
   Nullus in orbe sinus Baiis prælucet amœnis
STACE, *Silv.*, IV, 7 :
   Portu amœno desides Baiæ.
HORACE (*Odes*, II, 15 ; II, 18), SÉNÈQUE (*passim*. et *Ep. à Lucilius*, 15), ont donné des détails sur le luxe des villas dont les riches Romains couvraient les rivages de Baies.

2. Cf. LA FONTAINE, p. 174, note 3.

Montons sur ma barque légère
Que ma main guide sans efforts,
Et de ce golfe solitaire
Rasons [1] timidement les bords.

Loin de nous déjà fuit la rive :
Tandis que d'une main craintive
Tu tiens le docile aviron [2],
Courbé sur la rame bruyante,
Au sein de l'onde frémissante
Je trace un rapide sillon.

Dieu! quelle fraîcheur on respire!
Plongé dans le sein de Téthys [3],
Le soleil a cédé l'empire
A la pâle reine des nuits [4];
Le sein des fleurs demi-fermées
S'ouvre [5], et de vapeurs embaumées
En ce moment remplit les airs ;
Et du soir la brise légère
Des plus doux parfums de la terre
A son tour embaume les mers.

Quels chants sur ces flots retentissent?
Quels chants éclatent sur ces bords?
De ces deux concerts qui s'unissent
L'écho prolonge les accords.
N'osant se fier aux étoiles,
Le pêcheur, repliant ses voiles,
Salue, en chantant, son séjour;
Tandis qu'une folle jeunesse
Pousse au ciel des cris d'allégresse,
Et fête son heureux retour.

Mais déjà l'ombre plus épaisse
Tombe et brunit les vastes mers;
Le bord s'efface, le bruit cesse,
Le silence occupe les airs.

---

1. VIRGILE, *Æn.*, VII, 10 :
    Proxima Circææ raduntur littora terræ.

2. Etym.: *a (ad)*, *viron* (de *virer*, tourner), qu'on trouve dans *environ*. Voy. p. 176, n. 3.

3. Sœur de Saturne, femme de l'Océan, mère des Fleuves et des Nymphes ; personnification de la mer. Ne la confondez pas avec Thétis, fille de Nérée, né de l'Océan et de Téthys, femme de Pélée et mère d'Achille.

4. Voyez page 361, note 1.

5. Cf. page 182, note 1.

C'est l'heure où la mélancolie
S'assied pensive et recueillie
Aux bords silencieux des mers;
Et, méditant sur les ruines,
Contemple au penchant des collines
Ce palais, ces temples déserts.

O de la liberté vieille et sainte patrie !
Terre autrefois féconde en sublimes vertus,
Sous d'indignes Césars [1] maintenant asservie,
Ton empire est tombé; tes héros ne sont plus !
Mais dans ton sein l'âme agrandie
Croit sur leurs monuments respirer leur génie,
Comme on respire encor dans un temple aboli
La majesté du dieu dont il était rempli.
Mais n'interrogeons pas vos cendres généreuses,
Vieux Romains ! fiers Catons ! mânes des deux Brutus !
Allons redemander à ces murs abattus
Des souvenirs plus doux, des ombres plus heureuses.

Horace, dans ce frais séjour,
Dans une retraite embellie
Par le plaisir et le génie,
Fuyait les pompes de la cour.
Plus loin, voici l'asile où vint chanter le Tasse [2],
Quand, victime à la fois du génie et du sort,
Errant dans l'univers, sans refuge et sans port,
La pitié recueillit son illustre disgrâce.
Non loin des mêmes bords, plus tard il vint mourir;
La gloire l'appelait, il arrive, il succombe :
La palme qui l'attend devant lui semble fuir,
Et son laurier tardif n'ombrage que sa tombe.
Colline de Baïa ! poétique séjour !
Voluptueux vallon qu'habita tour à tour
Tout ce qui fut grand dans le monde,
Tu ne retentis plus de gloire ni d'amour.
Pas une voix qui me réponde,

---

1. « Ceci était écrit en 1813. » *(Note de l'auteur.)*
2. TORQUATO TASSO (1544-1595), né à Sorrente, sur la côte sud de la baie de Naples. Il revint à plusieurs reprises dans son pays natal ; l'avant-dernière fois à Sorrente même, chez sa sœur ; la dernière au monastère de Mont Oliveto, près de Naples : c'est de là qu'il fut mandé à Rome par le pape pour y recevoir la couronne des « empereurs et des poètes ». Il y fit une entrée triomphale, mais, avant le jour de son couronnement, il mourut (25 avril 1595) au couvent de Santo-Onofrio, situé sur le Janicule.

Que le bruit plaintif de cette onde,
Ou l'écho réveillé des débris d'alentour !

Ainsi tout change, ainsi tout passe ;
Ainsi nous-mêmes nous passons,
Hélas ! sans laisser plus de trace
Que cette barque où nous glissons
Sur cette mer où tout s'efface.

(*Premières méditations poétiques*, XXI. —
Hachette et C°, éditeurs.)

LA TERRE NATALE [1]

Montagnes que voilait le brouillard de l'automne,
Vallons que tapissait le givre [2] du matin,
Saules dont l'émondeur effeuillait la couronne,
Vieilles tours que le soir dorait dans le lointain ;

Murs noircis par les ans, coteaux, sentier rapide,
Fontaine où les pasteurs accroupis tour à tour
Attendaient goutte à goutte une eau rare et limpide,
Et, leur urne à la main, s'entretenaient du jour ;

Chaumière où du foyer étincelait la flamme,
Toits que le pèlerin aimait à voir fumer,
Objets inanimés, avez-vous donc une âme
Qui s'attache à notre âme et la force d'aimer ?

J'ai vu des cieux d'azur où la nuit est sans voiles,
Dorés jusqu'au matin sous les pieds des étoiles,
Arrondir sur mon front, dans leur arc infini,
Leur dôme [3] de cristal qu'aucun vent n'a terni.
J'ai vu des monts voilés de citrons et d'olives
Réfléchir [4] dans les flots leurs ombres fugitives,

---

1. Cf. CORNEILLE, *Horace*, I, 1, page 149 ; B. DE SAINT-PIERRE, *Études de la nature*, XII (Recueil de prosateurs, p. 280) ; VIRGILE, *Æn.*, III, 394 sqq.; LUCIEN. *Éloge de la patrie*; etc.
2. Légère couche de glace dont se couvrent les corps quand l'abaissement de la température congèle l'humidité qui est dans l'air. Etym. incertaine.
3. Etym.: δῶμα, maison. D'où : 1° (terme d'architecture) construction en forme de demi-sphère creuse surmontant un grand édifice ; 2° (par analogie) la voûte céleste, appelée aussi firmament, « de cristal » à cause de sa transparence, — et les voûtes de feuillage :

Les voûtes des forêts que les brises agitent
Bercent le frais et l'ombre et les chœurs des oiseaux.
(*Harmonies*, II, 6.)

4. Voyez page 400, note 3.

Et dans leurs frais vallons, au souffle du zéphir,
Bercer sur l'épi mur le cep prêt à mûrir.
Sur les bords où les mers ont à peine un murmure
J'ai vu des flots brillants l'onduleuse ceinture
Presser et relâcher dans l'azur [1] de ses plis
De leurs caps dentelés les contours assouplis,
S'étendre dans le golfe en nappes [2] de lumière,
Blanchir l'écueil fumant de gerbes [3] de poussière.
J'ai vu ces fiers sommets, pyramides des airs,
Où l'été repliait le manteau des hivers,
Jusqu'au sein des vallons descendant par étages,
Entrecouper leurs flancs de hameaux et d'ombrages,
De pics et de rochers ici se hérisser [4],
En pentes de gazon plus loin fuir et glisser,
Lancer en arcs fumants, avec un bruit de foudre,
Leurs torrents en écume et leurs fleuves en poudre,
Sur leurs flancs éclairés, obscurcis tour à tour,
Former des vagues d'ombre et des îles de jour,
Dans le miroir des lacs qui dorment sous leur ombre
Jeter leurs reflets verts ou leur image sombre,
Et sur le tiède azur de ces limpides eaux
Faire onduler leur neige et flotter leurs coteaux !
J'ai visité ces bords et ce divin asile
Qu'a choisis pour dormir l'ombre du doux Virgile,
Ces champs que la Sibylle à ses yeux déroula,
Et Cume, et l'Elysée [5] ; et mon cœur n'est pas là !...

---

1. Proprement, verre bleui par une substance chimique, et préparé pour servir à la peinture ; d'où, par analogie, bleu clair du ciel ou de l'eau. — Etym.: bas-grec λαζούριον ; bas-latin lazurius, lazulum, azolum, azura, azurrum; d'où lazulite et lapis-lazuli, pierre précieuse de couleur bleue.

2. Proprement, linge que l'on étend sur une table ; d'où, par analogie, étendue d'eau, de lumière. — Etym.: mappa, linge, serviette. Cf. natte, de matta.

3. Proprement, faisceau de blé coupé ; d'où, par analogie, gerbe de fleurs, d'eau, de feu, etc. — Etym.: un mot du haut-allemand. Cf. καρπός, carpere.

4. *Hérisser* (dresser, et garnir de choses dressées et saillantes) est actif :

>Hérisser d'un lion la crinière sanglante.
>(CHÉNIER.)
>Le chardon importun hérissa les guérets.
>(BOILEAU.)

Hérisser de pieux un bastion. Hérisser son style de mots nouveaux. — Puis se *hérisser*, se dresser, se garnir de... — *Horrere* est neutre. — Etym.: *hericius*, hérisson.

5. C'est près de Cumes, à l'extrémité septentrionale de la baie de Naples, qu'Enée (chant VI de l'*Enéide* de Virgile) consulta la Sibylle, et qu'il descendit avec elle dans les Enfers dont les Champs-Elysées étaient une partie ; ce que traduit très librement le vers du poète.

Mais il est sur la terre une montagne aride [1]
Qui ne porte en ses flancs ni bois ni flot limpide,
Dont par l'effort des ans l'humble sommet miné,
Et sous son propre poids jour par jour incliné,
Dépouillé de son sol fuyant dans les ravines [2],
Garde à peine un buis sec qui montre ses racines,
Et se couvre partout de rocs prêts à crouler
Que sous son pied léger le chevreau fait rouler.
Il est dans ces déserts un toit rustique et sombre
Que la montagne seule abrite de son ombre,
Et dont les murs, battus par la pluie et les vents,
Portent leur âge écrit sur la mousse des ans.
Sur le seuil désuni de trois marches de pierre
Le hasard a planté les racines d'un lierre ;
Un jardin qui descend au revers d'un coteau
Y présente au couchant son sable altéré d'eau ;
La pierre sans ciment, que l'hiver a noircie,
En borne tristement l'enceinte rétrécie ;
La terre, que la bêche ouvre à chaque saison,
Y montre à nu son sein sans ombre et sans gazon ;
Ni tapis émaillés [3], ni cintres [4] de verdure,
Ni ruisseau sous des bois, ni fraîcheur, ni murmure.
Seulement sept tilleuls par le soc oubliés,
Protégeant un peu d'herbe étendue à leurs piés,
Et sur la terre épars des instruments rustiques,
Des jougs rompus, des chars dormant sous les portiques,
Des essieux [5] dont l'ornière a brisé les rayons,
Et des socs émoussés qu'ont usés les sillons.
Rien n'y console l'œil de sa prison stérile.
Ni les dômes dorés d'une superbe ville,
Ni le chemin poudreux, ni le fleuve lointain,
Ni les toits blanchissants aux clartés du matin ;
Seulement, répandus de distance en distance,
De sauvages abris qu'habite l'indigence,

---

1. Cicéron, de Orat., I, 44 : Nos, id quod maximè debet, patria nostra delectat ; cujus rei tanta vis est, ac tanta natura, ut Ithacam illam in asperrimis saxulis, tanquam nidulum, affixam sapientissimus vir immortalitati anteponat. — Cf. Homère, Odyss., V, 82 sqq.
2. Voyez page 28, note 3.
3. Voyez page 61, note 9.
4. Surface concave et hémisphérique, comme dôme. Employé métaphoriquement comme dans A. Chénier : Sous un triple cintre d'ormeaux.
5. Pièce de bois ou de fer sur laquelle repose le véhicule et dont les extrémités passent dans les moyeux (centres) des roues qu'elle relie. Etym. : axiculus, diminutif de axis. — Les roues, non l'essieu, ont des rayons.

Le long d'étroits sentiers en désordre semés,
Montrent leur toit de chaume et leurs murs enfumés,
Où le vieillard, assis au bord de sa demeure,
Dans son berceau de jonc endort l'enfant qui pleure;
Enfin un ciel sans ombre et des cieux sans couleur,
Et des vallons sans onde ! — Et c'est là qu'est mon cœur.
Là mon cœur en tout lieu se retrouve lui-même !
Tout s'y souvient de moi, tout m'y connaît, tout m'aime,
Mon œil trouve un ami dans tout cet horizon,
Chaque arbre a son histoire et chaque pierre un nom...

(*Harmonies poétiques et religieuses*, III, 2. —
Hachette et Ce, éditeurs.)

RETOUR AU FOYER. — LE CHIEN ET SON MAÎTRE

Enfin, le soir, je vis noircir, entre les cimes
Des arbres, mes murs gris au revers des abîmes.
Les villageois, épars sur les meules de foin,
Du geste et du regard me saluaient de loin.
L'œil fixé sur mon toit sans bruit et sans fumée,
J'approchais, le cœur gros[1], de ma porte fermée.
Là, quand mon pied poudreux heurta mon pauvre seuil,
Un tendre hurlement fut mon unique accueil;
Hélas ! c'était mon chien, couché sous ma fenêtre,
Qu'avait maigri trois mois le souci de son maître.

Marthe filait, assise en haut sur le palier[2];
Son fuseau de sa main roula sur l'escalier;
Elle leva sur moi son regard sans mot dire;
Et, comme si son œil dans mon cœur eût pu lire,
Elle m'ouvrit ma chambre et ne me parla pas.
Le chien seul en jappant[3] s'élança sur mes pas,
Bondit autour de moi de joie et de[4] tendresse,
Se roula sur mes pieds enchaînés de caresse,
Léchant mes mains, mordant mon habit, mon soulier,
Sautant du seuil au lit, de la chaise au foyer,

---

1. Se dit absolument, ou, avec complément : le cœur gros de soupirs (CORNEILLE, *Cinna*, IV, 2); — de chagrin (MOLIÈRE, *Éc. des Maris*, II, 5 : le cœur tout gros de fâcherie).

2. Plate-forme où commence un étage. On croit que le mot est une altération de *paillier* (garni de paille, de paillasson).

3. Le jappement est plus clair que l'aboiement ordinaire. Etym. inconnue. Probablement onomatopée.

4. Voyez page 255, note 1, et pages 125, n. 7.

Fêtant toute la chambre, et semblant aux murs même,
Par ses bonds et ses cris, annoncer ce qu'il aime;
Puis, sur mon sac poudreux à mes pieds étendu,
Me couva d'un regard dans le mien suspendu[1].
Me pardonnerez-vous, vous qui n'avez sur terre
Pas même cet ami du pauvre solitaire?
Mais ce regard si doux, si triste de mon chien,
Fit monter de mon cœur des larmes dans le mien.
J'entourai de mes bras son cou gonflé de joie;
Des gouttes de mes yeux roulèrent sur sa soie :
« O pauvre et seul ami, viens, lui dis-je, aimons-nous!
Partout où le ciel mit deux cœurs, s'aimer est doux! »

Rentrer seul, dans la cour se glisser en silence,
Sans qu'au-devant du vôtre un pas connu s'avance,
Sans que de tant d'échos qui parlaient autrefois
Un seul, un seul au moins tressaille à votre voix;
Sans que le sentiment amer qui vous inonde
Déborde hors de vous dans un seul être au monde,
Excepté dans le cœur du vieux chien du foyer,
Que le bruit de vos pas errants fait aboyer;
N'avoir que ce seul cœur à l'unisson[2] du vôtre,
Où ce que vous sentez se reflète[3] en un autre;

---

1. On verra dans le récit suivant, touchant et presque mélancolique (FROISSARD, *Chroniques*, liv. IV, ch. 75), un chien qui « conjouit » aussi son maitre, mais qui ne lui est pas aussi fidèle que celui de Jocelyn : « Le roy Richard avoit un levrier lequel on nommoit Math, tres beau levrier oultre mesure; et ne vouloit ce chien connoistre nul homme fors le roy; et quand le roy devoit chevaucher, cil qui l'avoit en garde le laissoit aller; et ce levrier venoit tantost devers le roy festoyer et luy mettoit ses deux pieds sur les espaules. Et adonc advint que le roy et le comte Derby parlant ensemble en-mi la place de la cour du dict chastel et leurs chevaus tous sellés, car tantost ils devoient monter, ce levrier nommé Math, qui coustumier estoit de faire au roy ce qui dict est, laissa le roy et s'en vint au duc de Lancastre, et lui fit toutes les contenances telles que en devant il faisoit au roy, et lui assist les deux pieds sur le col, et le commença grandement à conjouir. Le duc de Lancastre qui point ne cognoissoit le levrier demanda au roy : « Et que veut ce levrier faire? — Cousin, ce dit le roy, ce vous est grand signifiance et à moy petite. — Comment, dit le duc, l'entendez vous? — Je l'entends, dit le roy, le levrier vous festoie et recueille aujourdhuy comme roy d'Angleterre que vous serez, et j'en seray deposé : et le levrier en a cognoissance naturelle; si le tenez de-lez vous, car il vous suivra et il m'esloignera. » Le duc de Lancastre entendit bien cette parole et conjouit le levrier, lequel onc depuis ne voulut suivre Richard de Bordeaux, mais le duc de Lancastre; et ce virent et sceurent plus de trente mille. » Richard II eut en effet pour successeur (1399) le duc de Lancastre (Henri IV).

2. Terme de musique (de *unus, sonus*, unité, conformité de sons entre des voix ou des instruments), employé au fig. : Ames à l'unisson. ROUSSEAU : Il y a un certain unisson d'âmes.

3. Autre métaphore. Proprement c'est la lumière qui se reflète, ou se réfléchit. Etym. : *reflectere*, retourner.

Que cet œil qui vous voit partir ou demeurer,
Qui, sans savoir vos pleurs, vous regarde pleurer ;
Que cet œil sur la terre où votre œil se repose,
A qui, si vous manquiez, manquerait quelque chose,
Ah! c'est affreux peut-être, eh bien! c'est encor doux!

O mon chien! Dieu seul sait la distance entre nous ;
Seul il sait quel degré de l'échelle de l'être
Sépare ton instinct de l'âme de ton maître ;
Mais seul il sait aussi par quel secret rapport
Tu vis de son regard et tu meurs de sa mort,
Et par quelle pitié pour nos cœurs il te donne,
Pour aimer encor ceux que n'aime plus personne.....
Ah! mon pauvre Fido, quand, tes yeux sur les miens,
Le silence comprend nos muets entretiens ;
Quand, au bord de mon lit épiant si je veille,
Un seul souffle inégal de mon sein te réveille [1] ;
Que, lisant ma tristesse en mes yeux obscurcis,
Dans les plis de mon front tu cherches mes soucis,
Et que, pour la distraire attirant ma pensée,
Tu mords plus tendrement ma main vers toi baissée ;
Que, comme un clair miroir, ma joie ou mon chagrin
Rend ton œil fraternel inquiet ou serein ;
Que l'âme en toi se lève avec tant d'évidence,
Et que l'amour encor passe l'intelligence ;
Non, tu n'es pas du cœur la vaine illusion,
Du sentiment humain une dérision,
Un corps organisé qu'anime une caresse,
Automate [2] trompeur de vie et de tendresse !
Non! quand ce sentiment s'éteindra dans tes yeux,
Il se ranimera dans je ne sais quels cieux.
De ce qui s'aima tant la tendre sympathie,
Homme ou plante, jamais ne meurt anéantie :
Dieu la brise un instant, mais pour la réunir ;
Son sein est assez grand pour nous tous contenir !
Oui, nous nous aimerons comme nous nous aimâmes.
Qu'importe à ses regards des instincts ou des âmes ?
Partout où l'amitié consacre un cœur aimant,
Partout où la nature allume un sentiment,

1. Des estampes ont popularisé des tableaux représentant un chien veillant seul, le regard fixe, son maître couché et malade ; un autre suivant seul le corbillard de son maître (*le convoi du pauvre*). Cf. aussi *Le chien du Louvre*, de C. DELAVIGNE, page 391.
2. Voyez page 290, note 2.

Dieu n'éteindra pas plus sa divine étincelle
Dans l'étoile des nuits dont la splendeur ruisselle,
Que dans l'humble regard de ce tendre épagneul [1]
Qui conduisait l'aveugle et meurt sur son cercueil !

Viens, viens, dernier ami que mon pas réjouisse,
Ne crains pas que de toi devant Dieu je rougisse ;
Lèche mes yeux mouillés, mets ton cœur près du mien,
Et, seuls à nous aimer, aimons-nous, pauvre chien [2] !

(*Jocelyn*, IXe époque. — Hachette et Cie, éditeurs.)

L'AIGLE ET LE SOLEIL

Ne dites pas, enfants, comme d'autres ont dit :
Dieu ne me connaît pas, car je suis trop petit ;
Dans sa création ma faiblesse se noie ;
Il voit trop d'univers pour que son œil me voie.
 L'aigle de la montagne un jour dit au soleil :
« Pourquoi luire plus bas que ce sommet vermeil [3] ?
A quoi sert d'éclairer ces prés, ces gorges sombres,
De salir tes rayons sur l'herbe dans ces ombres [4] ?
La mousse imperceptible est indigne de toi !...
— Oiseau, dit le soleil, viens et monte avec moi !... »
L'aigle, avec le rayon s'élevant dans la nue,
Vit la montagne fondre et baisser à sa vue,
Et, quand il eut atteint son horizon [5] nouveau,
A son œil confondu tout parut de niveau [6].
« Eh bien ! dit le soleil, tu vois, oiseau superbe,
Si pour moi la montagne est plus haute que l'herbe.
Rien n'est grand ni petit devant mes yeux géants :
La goutte d'eau me peint comme les océans ;

---

1. Voyez page 344, note 3.
2. Lisez la protestation de LA FONTAINE contre les doctrines philosophiques qui refusent aux bêtes le sentiment et le raisonnement (*Fables*, X, 1).
3. D'un rouge foncé et éclatant. Etym. : *vermiculus* (de *vermis*, ver), cochenille du chêne, insecte appelé aussi kermès (d'où cramoisi), qui donne une couleur rouge.
4. V. HUGO (*Feuilles d'Automne*, V) dit de la nature :

> Son luxe aux pauvres seuils s'étale.
> Ni les parfums, ni les rayons
> N'ont peur, dans leur candeur royale,
> De se salir à des haillons.

5. Ligne circulaire, dont l'observateur est le centre, où le ciel et la terre semblent se confondre, et qui borne (ὁρίζω, limiter) la vue.
6. De *libella* (*libra*, balance). Primitivement *nivel*. Cf. poterne, de *posterula* ; et, réciproquement, de *Panormus*, Palerme.

De tout ce qui me voit je suis l'astre et la vie ;
Comme le cèdre altier l'herbe me glorifie[1] ;
J'y chauffe la fourmi, des nuits j'y bois les pleurs,
Mon rayon s'y parfume en traînant sur les fleurs. »
Et c'est ainsi que Dieu, qui seul est sa mesure,
D'un œil pour tous égal voit toute sa nature !...
Chers enfants, bénissez, si votre cœur comprend,
Cet œil qui voit l'insecte et pour qui tout est grand[2].

(*Jocelyn*, IXe époque. — Hachette et Cie, éditeurs.)

V. HUGO

Né en 1802

Victor Hugo naquit à Besançon d'une mère Vendéenne et d'un père Lorrain qui, engagé à 14 ans avant la Révolution, devint général sous l'Empire. L' « enfant sublime », comme l'a appelé Chateaubriand quand il écrivait à 15 ans ses premières odes, publie à 80 ans passés la cinquième série de la *Légende des siècles*. Son nom remplit toute l'histoire littéraire du xixe siècle. Il a été par ses poésies, ses préfaces, et particulièrement par la préface du drame de *Cromwell* (1827) l'ouvrier le plus actif, le représentant le plus éclatant, le héraut le plus retentissant de la révolution « romantique » (voir *La poésie au* xixe *siècle*, p. 368). Son œuvre immense comprend ses recueils poétiques, son théâtre, ses romans en prose. — Dans les premiers le cadre de sa poésie s'élargit d'année en année. Encore « lyrique » dans *les Odes et ballades* (1818-1828) et dans *les Orientales* (1819), on peut l'appeler « intime » dans *les Feuilles d'automne* (1831), dans *les Chants du crépuscule* (1835), dans *les Voix intérieures* (1837), dans *les Rayons et les ombres* (1840) ; elle devient la poésie « universelle » dans *les Contemplations* (1856), la *Légende des Siècles* (1862-1883) et les divers recueils qui, dès lors, se suivent presque sans interruption : tout y entre, tout s'y fond, élégie, pastorale, épopée. Seuls, sur cet ensemble, se détachent avec un caractère spécial les éloquentes satires des *Châtiments* (1853) et les « gaietés », comme disait Ronsard, des *Chansons des rues et des bois* (1865). — La carrière dra-

---

1. Ce contraste est fréquent dans les livres saints. — Voyez les magnifiques développements que contient le *Chêne* (*Harmonies poétiques et religieuses*, II, IX).

2. Conclusion des instructions de Jocelyn aux enfants du village de Valneige. — Sur cet enseignement il avait dit :

> Bien plus que leur raison j'instruis leur conscience :
> La nature et leurs yeux, c'est toute ma science !
> Je leur ouvre ce livre et leur montre en tout lieu
> L'espérance de l'homme et la bonté de Dieu.
> Avec eux chaque jour je déchiffre et j'épelle
> De ce nom infini quelque lettre nouvelle.

matique de V. Hugo commence théoriquement avec *Cromwell* (1827), auquel ses proportions interdisaient la scène, en réalité avec *Hernani* (1830), un triomphe, et finit avec les *Burgraves* (1843), une défaite. — De ses romans en prose le plus brillant est *Notre-Dame de Paris* (1831), le plus puissant, les *Misérables* (1863).

Le poète seul nous appartient ici : il pense, il sent, il rêve, il chante, il peint tout; du ver, du brin d'herbe, de l'atome de poussière, il s'élance et quelquefois se perd dans l'incommensurable et l'infini. Il a le sourire, l'attendrissement, les larmes, l'éloquence, l'enthousiasme, le délire, quelquefois l'hallucination. Il verse sur tout des ruissellements de couleur, de lumière, d'harmonie, et les étrangetés d'une imagination sans limite et sans frein. Sa langue a des audaces aventureuses d'une inépuisable richesse ; ici son vers est brisé, morcelé, tout de heurt et de soubresauts, là sa période magistrale déroule en cadences pleines et sonores ses amples et souples développements. Il appelle bien des critiques, et justifie toutes les admirations.

L'ENFANT

> Le toit s'égaye et rit !
> (A. Chénier.)

Lorsque l'enfant paraît, le cercle de famille
Applaudit à grands cris ; son doux regard qui brille
    Fait briller tous les yeux ;
Et les plus tristes fronts, les plus souillés peut-être,
Se dérident soudain à voir l'enfant paraître,
    Innocent et joyeux.

Soit que juin ait verdi mon seuil, ou que novembre
Fasse autour d'un grand feu vacillant dans la chambre
    Les chaises se toucher,
Quand l'enfant vient, la joie arrive et nous éclaire.
On rit, on se récrie, on l'appelle, et sa mère
    Tremble à le faire marcher.

Quelquefois nous parlons, en remuant la flamme,
De patrie et de Dieu, des poètes, de l'âme
    Qui s'élève en priant ;
L'enfant paraît, adieu le ciel et la patrie,
Et les poètes saints ! la grave causerie
    S'arrête en souriant....

Il est si beau, l'enfant, avec son doux sourire,
Sa douce bonne foi, sa voix qui veut tout dire,

---

1. *Idylles; le Mendiant* (voir *supra*, page 323, vers 74). — Cette épigraphe est du poète.

> Ses pleurs vite apaisés,
> Laissant errer sa vue étonnée et ravie,
> Offrant de toutes parts sa jeune âme à la vie,
> Et sa bouche aux baisers !
>
> Seigneur ! préservez-moi, préservez ceux que j'aime,
> Frères, parents, amis, et mes ennemis même
> Dans le mal triomphants,
> De jamais voir, Seigneur ! l'été sans fleurs vermeilles [1],
> La cage sans oiseaux, la ruche sans abeilles,
> La maison sans enfants [2] !
>
> (*Les Feuilles d'Automne*, XIX.)

LE VIEILLARD MOURANT

> Le soleil déclinait ; le soir prompt à le suivre
> Brunissait l'horizon ; sur la pierre d'un champ,
> Un vieillard qui n'a plus que peu de temps à vivre,
> S'était assis pensif, tourné vers le couchant.

---

1. Voyez page 402, note 3.
2. Les fleurs, les oiseaux, les enfants ont toujours bien inspiré V. Hugo. Voyez dans l'*Art d'être grand père*, I, 5 :

> ... Ah ! les fils de nos fils nous enchantent.
> Ce sont de jeunes voix matinales qui chantent.
> Ils sont dans nos logis lugubres le retour
> Des roses, du printemps, de la vie et du jour !
> Leur rire nous attire une larme aux paupières
> Et de notre vieux seuil fait tressaillir les pierres ;
> De la tombe entr'ouverte et des ans lourds et froids
> Leur regard radieux dissipe les effrois ;
> Ils ramènent notre âme aux premières années ;
> Ils font rouvrir en nous toutes nos fleurs fanées ;
> Nous nous retrouvons doux, naïfs, heureux de rien ;
> Le cœur serein s'emplit d'un vague aérien ;
> En les voyant on croit se voir soi-même éclore ;
> Oui, devenir aïeul, c'est rentrer dans l'aurore.

Voyez comme il les met à genoux pour prier (*Les Feuilles d'Automne*, XXXVII) :

> . . . .
> Tous les petits enfants, les yeux levés au ciel,
> Mains jointes et pieds nus, à genoux sur la pierre,
> Disant à la même heure une même prière,
> Demandent pour nous grâce au père universel !
>
> Et puis ils dormiront. — Alors, épars dans l'ombre,
> Les rêves d'or, essaim tumultueux, sans nombre,
> Qui naît aux derniers bruits du jour à son déclin,
> Voyant de loin leur souffle et leurs bouches vermeilles,
> Comme volent aux fleurs de joyeuses abeilles,
> Viendront s'abattre en foule à leurs rideaux de lin.
>
> O sommeil du berceau ! prière de l'enfance !
> Voix qui toujours caresse et qui jamais n'offense !
> Douce religion qui s'égaie et qui rit !
> Prélude du concert de la nuit solennelle !
> Ainsi que l'oiseau met la tête sous son aile,
> L'enfant dans la prière endort son jeune esprit.

C'était un vieux pasteur, berger dans la montagne,
Qui jadis, jeune et pauvre, heureux, libre et sans lois,
A l'heure où le mont fuit sous l'ombre qui le gagne,
Faisait gaîment chanter sa flûte dans les bois.

Maintenant riche et vieux, l'âme du passé pleine,
D'une grande famille aïeul laborieux,
Tandis que ses troupeaux revenaient de la plaine,
Détaché de la terre, il contemplait les cieux.

Le jour qui va finir vaut le jour qui commence.
Le vieux pasteur rêvait sous cet azur si beau.
L'océan devant lui se prolongeait, immense
Comme l'espoir du juste aux portes du tombeau[1].

O moment solennel! les monts, la mer farouche,
Les vents, faisaient silence et cessaient leur clameur,
Le vieillard regardait le soleil qui se couche;
Le soleil regardait le vieillard qui se meurt[2].

(*Les Quatre vents de l'esprit*, III, 48.)

L'ÉTÉ ET LE PAUVRE

Quand l'été vient, le pauvre adore!
L'été, c'est la saison de feu.
C'est l'air tiède et la fraîche aurore;
L'été, c'est le regard de Dieu.

L'été, la nature éveillée
Partout se répand en tous sens,
Sur l'arbre en épaisse feuillée,
Sur l'homme en bienfaits caressants.

Elle donne vie et pensée
Aux pauvres de l'hiver sauvés,
Du soleil à pleine croisée,
Et le ciel pur qui dit: Vivez!

Alors la masure, où la mousse
Sur l'humble chaume a débordé,

---

1. La comparaison tirée de l'idée morale est appliquée à l'objet physique. Le contraire est plus ordinaire.
2. Cette pièce n'est qu'une esquisse de paysage : un vieillard au bord de la mer, un soleil couchant à l'horizon ; mais quelle sérénité grandiose et mélancolique! et quelle harmonie entre l'allure du vers et de la strophe, les couleurs du tableau, et le caractère des idées!

Montre avec une fierté douce
Son vieux mur de roses brodé.

L'aube alors de clartés baignée,
Entrant dans le réduit profond,
Dore la toile d'araignée
Entre les poutres du plafond.

Alors l'âme du pauvre est pleine.
Humble, il bénit ce Dieu lointain
Dont il sent la céleste haleine
Dans tous les souffles du matin !

L'air le réchauffe et le pénètre,
Il fête le printemps vainqueur.
Un oiseau chante à sa fenêtre,
La gaieté chante dans son cœur.
(*Les Voix intérieures* ; V, *Dieu est toujours là*.)

ROLAND [1]

(FRAGMENTS DU *PETIT ROI DE GALICE*)

Les dix infants d'Asturie sont réunis dans un ravin âpre et désolé pour décider du sort du petit roi de Galice [2], leur neveu, leur victime et leur prisonnier. Survient Roland. Il les provoque.

Et présentant au roi son beau destrier [3] blanc,
« Tiens, roi ! pars au galop, hâte-toi, cours, regagne
Ta ville, et saute au fleuve et passe la montagne,
Va ! » — L'enfant-roi bondit en selle éperdument,
Et le voilà qui fuit sous le clair firmament,
A travers monts et vaux, pâle, à bride abattue.

---

1. Roland, neveu de Charlemagne, héros de la célèbre épopée du XIe siècle, *la Chanson de Roland*, et de *l'Orlando furioso* d'ARIOSTE (XVe siècle), est représenté comme le modèle accompli des chevaliers du moyen âge. institution à la fois militaire et religieuse. Ils se consacraient à la défense des veuves, des orphelins et des prêtres. Ils parcouraient le monde pour exercer leur ministère de « redresseurs de torts » : de là le nom de « chevaliers errants ». L'institution disparut quand les conditions de la société changèrent avec la décadence de la féodalité.
2. La province d'Asturie, ou des Asturies, située au N.-O. de l'Espagne, entre les montagnes et la mer, devint, quand les Arabes envahirent la péninsule au commencement du VIIe siècle, le refuge des Chrétiens ; Pélage y fonda un royaume indépendant. — La Galice, située à l'O. des Asturies et au N. du Portugal, fut quelque temps indépendante des Musulmans et du royaume des Asturies.
3. Dans le langage de la chevalerie, cheval de bataille. Etym. : bas-latin *dextrarius*, de *dextra*, dextre, main droite, parce que l'on conduisait ces chevaux avec la main droite avant de les monter pour la bataille. — Le *palefroi* (voy. p. 120, 2, et p. 184, 6) était le cheval de parade.

« Ça, le premier qui monte à cheval, je le tue »,
Dit Roland. — Les infants se regardaient entre eux,
Stupéfaits.

Alors « Durandal (l'épée du chevalier) travaille » sur les infants
et leurs soldats.

. . . .

Et là-bas, sans qu'il fût besoin de l'éperon,
Le cheval galopait toujours à perdre haleine ;
Il passait la rivière, il franchissait la plaine,
Il volait ; par moments, frémissant et ravi,
L'enfant se retournait, tremblant d'être suivi,
Et de voir des hauteurs du monstrueux repaire
Descendre quelque frère horrible de son père.

Comme le soir tombait, Compostelle [1] apparut.
Le cheval traversa le pont de granit brut
Dont saint Jacque a posé les premières assises [2].
Les bons clochers sortaient des brumes indécises ;
Et l'orphelin revit son paradis natal.

Près du pont se dressait, sur un haut piédestal,
Un Christ en pierre ayant à ses pieds la madone [3] ;
Un blanc cierge [4] éclairait sa face qui pardonne,
Plus douce à l'heure où l'ombre au fond des cieux grandit.
Et l'enfant arrêta son cheval, descendit,
S'agenouilla, joignit les mains devant le cierge,
Et dit : « O mon bon Dieu, ma bonne sainte Vierge,
J'étais perdu ; j'étais le ver sous le pavé ;
Mes oncles me tenaient : mais vous m'avez sauvé ;
Vous m'avez envoyé ce paladin [5] de France,
Seigneur ; et vous m'avez montré la différence
Entre les hommes bons et les hommes méchants.
J'avais peut-être en moi bien de mauvais penchants ;
J'eusse plus tard peut-être été moi-même infâme,
Mais, en sauvant la vie, ô Dieu, vous sauvez l'âme ;
Vous m'êtes apparu dans cet homme, Seigneur ;
J'ai vu le jour, j'ai vu la foi, j'ai vu l'honneur,

---

1. Ou Santiago (Saint-Jacques de Compostelle), ville de Galice, qui s'éleva autour du sanctuaire renfermant le corps de Saint-Jacques, patron de l'Espagne. Etym. : *campus stellæ* : une étoile miraculeuse indiqua, dit la légende, le tombeau du saint.
2. Rang de pierres horizontales, sur lesquelles on *assoit* une muraille.
3. Image de la Vierge. Etym. : *ma, donna (domina)*, dame.
4. Etym. *cereus*, de cire (*cera*, χηρός). — Cf. commeatum, congé ; lanceam, lange : caveam, cage, etc.
5. *Paladin* (de Palatin comte du palais) nom donné dans les romans

Et j'ai compris qu'il faut qu'un prince compatisse
Au malheur, c'est-à-dire, ô Père! à la justice.
O madame Marie! ô Jésus! à genoux
Devant le crucifix où vous saignez pour nous,
Je jure de garder ce souvenir, et d'être
Doux au faible, loyal au bon, terrible au traître,
Et juste et secourable à jamais, écolier
De ce qu'a fait pour moi ce vaillant chevalier.
Et j'en prends à témoin vos saintes auréoles [1] »...
....
L'orphelin remonta sur le blanc palefroi [2],
Et rentra dans sa ville au son joyeux des cloches.

Et dans le même instant, entre les larges roches,
A travers les sapins d'Ernula, frémissant
De ce défi superbe et sombre, un contre cent,
On pouvait voir encor, sous la nuit étoilée,
Le groupe formidable au fond de la vallée.
Le combat finissait....................
(*La Légende des siècles* [3], série I; V, *Les Chevaliers errants*; 1, *Le petit roi de Galice*.)

MAZEPPA [4]

I

Ainsi, quand Mazeppa, qui rugit et qui pleure,
A vu ses bras, ses pieds, ses flancs qu'un sabre effleure,
  Tous ses membres liés
Sur un fougueux cheval, nourri d'herbes marines,
Qui fume et fait jaillir le feu de ses narines
  Et le feu de ses pieds ;

---

du moyen âge, aux compagnons de Charlemagne, et, par extension, à tous les chevaliers errants.

1. Cercle lumineux dont les artistes entourent la tête des saints. Etym.: *aureola* [corona], couronne d'or.
2. Voyez p. 407, note 3. — Ajoutez *haquenée*, cheval doux et docile.
3. Ce titre signifie : Revue poétique de l'histoire de l'humanité.
4. Mazeppa (1630-1709), d'une famille noble, mais pauvre, de Podolie, fut au service d'un gentilhomme polonais qui, pour se venger d'un outrage domestique, le fit attacher nu sur un cheval sauvage qui l'emporta dans l'Ukraine. Devenu secrétaire de l'hetman des Cosaques, il lui succéda en 1687. Fait prince par Pierre le Grand, il se déclara ensuite pour Charles XII auquel il conseilla la fatale campagne de Pultawa. Il mourut à Bender.— C'est à Charles XII, vaincu et en fuite après Pultawa, que Mazeppa raconte son histoire dans le poème de Lord Byron, auquel son nom sert de titre. — Voir aussi les deux tableaux d'H. Vernet, représentant le cheval emportant Mazeppa, et le cheval abattu avec Mazeppa.

Quand il s'est dans ses nœuds roulé comme un reptile,
Qu'il a bien réjoui de sa rage inutile
    Ses bourreaux tout joyeux,
Et qu'il retombe enfin sur la croupe farouche,
La sueur sur le front, l'écume dans la bouche
    Et du sang dans les yeux ;

Un cri part, et soudain voilà que par la plaine
Et l'homme et le cheval, emportés, hors d'haleine,
    Sur les sables mouvants,
Seuls, emplissant de bruit un tourbillon de poudre
Pareil au noir nuage où serpente la foudre,
    Volent avec les vents !

Ils vont. Dans les vallons comme un orage ils passent,
Comme ces ouragans qui dans les monts s'entassent,
    Comme un globe de feu ;
Puis déjà ne sont plus qu'un point noir dans la brume ;
Puis s'effacent dans l'air comme un flocon d'écume
    Au vaste océan bleu.

Ils vont. L'espace est grand. Dans le désert immense,
Dans l'horizon sans fin qui toujours recommence,
    Ils se plongent tous deux.
Leur course comme un vol les emporte, et grands chênes,
Villes et tours, monts noirs liés en longues chaînes,
    Tout chancelle autour d'eux.

Et si l'infortuné, dont la tête se brise,
Se débat, le cheval, qui devance la brise,
    D'un bond plus effrayé,
S'enfonce au désert vaste, aride, infranchissable,
Qui devant eux s'étend, avec ses plis de sable,
    Comme un manteau rayé [1].

Tout vacille et se peint de couleurs inconnues :
Il voit courir les bois, courir les larges nues,
    Le vieux donjon détruit,
Les monts dont un rayon baigne les intervalles.
Il voit ; et des troupeaux de fumantes cavales
    Le suivent à grand bruit.

---

1. La comparaison ne doit pas rapetisser l'objet auquel elle s'applique. Celle-ci est de mince effet, et fait tomber platement la strophe. — Dans la strophe suivante le « vieux donjon détruit » fait pauvre figure dans la largeur du tableau, entre les bois, les nues et les monts.

Son œil s'égare et luit, sa chevelure traîne,
Sa tête pend ; son sang rougit la jaune arène,
  Les buissons épineux ;
Sur ses membres gonflés la corde se replie,
Et, comme un long serpent, resserre et multiplie
  Sa morsure et ses nœuds.

Le cheval, qui ne sent ni le mors ni la selle,
Toujours fuit, et toujours son sang coule et ruisselle,
  Sa chair tombe en lambeaux ;
Hélas ! voici déjà qu'aux cavales ardentes
Qui le suivaient, dressant leurs crinières mouvantes,
  Succèdent les corbeaux.

La nuit descend lugubre, et sans robe étoilée.
L'essaim s'acharne, et suit, tel qu'une meute ailée,
  Le voyageur fumant.
Entre le ciel et lui, comme un tourbillon sombre,
Il les voit, puis les perd et les entend dans l'ombre
  Voler confusément.

Enfin, après trois jours d'une course insensée,
Après avoir franchi fleuves à l'eau glacée,
  Steppes [1], forêts, déserts,
Le cheval tombe aux cris des mille oiseaux de proie,
Et son ongle de fer sur la pierre qu'il broie
  Éteint ses quatre éclairs.

Voilà l'infortuné, gisant, nu, misérable,
Tout tacheté de sang, plus rouge que l'érable
  Dans la saison des fleurs.
Le nuage d'oiseaux sur lui tourne et s'arrête ;
Maint bec ardent aspire à ronger dans sa tête
  Ses yeux brûlés de pleurs.

Eh bien ! ce condamné qui hurle et qui se traîne,
Ce cadavre vivant, les tribus de l'Ukraine [2]
  Le feront prince un jour.
Un jour, semant les champs de morts sans sépultures,
Il dédommagera par de larges pâtures
  L'orfraie et le vautour.

1. Plaines vastes et incultes : mot russe.
2. Contrée de la Russie d'Europe, couverte de steppes immenses, traversée par le Dniéper.

Sa sauvage grandeur naîtra de son supplice.
Un jour des vieux hetmans il coindra la pelissse [1],
    Grand à l'œil ébloui ;
Et quand il passera, ces peuples de la tente,
Prosternés, enverront la fanfare [2] éclatante
    Bondir autour de lui !

II

Ainsi, lorsqu'un mortel sur qui son Dieu s'étale [3]
S'est vu lier vivant sur ta croupe fatale,
    Génie, ardent coursier,
En vain il lutte, hélas ! tu bondis, tu l'emportes
Hors du monde réel, dont tu brises les portes
    Avec tes pieds d'acier !

Tu franchis avec lui déserts, cimes chenues [4]
Des vieux monts, et les mers, et, par-delà les nues,
    De sombres régions ;
Et mille impurs esprits que ta course réveille
Autour du voyageur, insolente merveille [5],
    Pressent leurs légions !

Il traverse d'un vol, sur tes ailes de flamme,
Tous les champs du possible, et les mondes de l'âme ;
    Boit au fleuve éternel [6] ;

---

1. *Pelisse*, robe fourrée de peau (*pellicius*, adj., de *pellis*. — *Hetman*, titre du chef des Cosaques depuis 1576.
« En 1812, l'hetman Platoff avait un fils beau comme l'Orient ; ce fils montait un superbe cheval blanc de l'Ukraine ; le guerrier de 17 ans combattait avec l'intrépidité de l'âge qui fleurit et espère : un hulan polonais le tua. Étendu sur une peau d'ours, les Cosaques vinrent respectueusement baiser sa main. Ils prononcent des prières funèbres, l'enterrent sur une butte couverte de pins ; ensuite, tenant en main leurs chevaux, ils défilent autour de la tombe, la pointe de leur lance renversée vers la terre : on croirait voir les funérailles décrites par l'historien des Goths, ou les cohortes prétoriennes renversant leurs faisceaux devant les cendres de Germanicus, *versi fasces*. « Le vent fait tomber les flocons de neige que le printemps du nord porte dans ses cheveux. (*Edda de Sæmund*.) » (CHATEAUBRIAND, *Mémoires d'Outre-Tombe*.)

2. Air d'un rythme vif et bien accusé exécuté par les trompettes. Étym. inconnue ? ou onomatopée ?

3. Le Dieu qui l'inspire, Apollon, disaient les Anciens, le « Dieu qui le domine », dit J.-B. Rousseau (*Ode au comte du Luc*), qui lui souffle le génie dont il redoute « l'assaut victorieux » (Ib., *ib*.). C'est aussi Apollon qui souffle l'esprit prophétique, et épuise, oppresse la Sibylle : *tanto magis ille fatigat...* (VIRGILE, *Æn*., VI, 79).

4. Voyez page 27, note 5.

5. Poète admirable, merveille de son temps, dont la supériorité est une insulte à leur petitesse.

6. La source intarissable de l'inspiration.

Dans la nuit orageuse ou la nuit étoilée,
Sa chevelure, aux crins des comètes [1] mêlée.
   Flamboie au front du ciel...

Qui peut savoir, hormis les démons et les anges,
Ce qu'il souffre à te suivre, et quels éclairs étranges
   A ses yeux reluiront,
Comme il sera brûlé d'ardentes étincelles,
Hélas ! et dans la nuit combien de froides ailes
   Viendront battre son front ?

Il crie épouvanté, tu poursuis implacable.
Pâle, épuisé, béant, sous ton vol qui l'accable
   Il ploie avec effroi ;
Chaque pas que tu fais semble creuser sa tombe.
Enfin le terme arrive... il court, il vole, il tombe,
   Et se relève roi [2] !

       (*Les Orientales*, XXXIV.)

A. DE VIGNY

1799-1863

C'est sous l'uniforme d'officier de la garde royale, puis de capitaine d'infanterie, que le comte Alfred DE VIGNY, de Loches, composa et publia (1822-1826) les *Poèmes antiques et modernes* (*Moïse*, le *Déluge*, *Eloa*, mystère en trois actes, etc.), dont l'inspiration le rattache directement à A. Chénier, révélé enfin au public en 1819, et qui le mirent ensuite au premier rang de l'école romantique naissante. Il s'y distingue par l'élégance châtiée, la pureté brillante, l'harmonie souple et sonore de son style et de sa versification. Il donna en outre au genre du roman historique, né des chefs-d'œuvre

---

1. LUCAIN, I, 528 :
  .... *crinemque timendi*
  Sideris et terris mutantem regna cometen.
LA FONTAINE a dit (V, 6) Phébus aux *crins* dorés ; A. CHÉNIER :
  Je poursuis *la comète aux crins étincelans*.

2. Cette pièce, d'un large mouvement, toute d'élan et de verve, prête dans le détail à la critique. Mais on ne peut qu'être frappé de ce rajeunissement de l'antique allégorie de Pégase. L'allégorie nouvelle est comme le symbole du romantisme qui l'a inspirée. Le Pégase grec enlève le poète triomphant dans l'éther pur ; le coursier romantique le fait haleter, échevelé. C'est à un des maîtres du romantisme, Byron, que V. Hugo a emprunté la description de la course de Mazeppa : le *Away !* (En avant!) du poète anglais lui sert d'épigraphe ; mais l'application allégorique au poète lui appartient tout entière.

de Walter Scott, *Cinq-Mars* (1826). Il avait quitté la profession militaire (1827) quand il marqua son passage au théâtre par plusieurs drames. Les souvenirs et les impressions de sa première carrière lui inspirèrent la plus originale et la plus saisissante de ses œuvres en prose, *Servitude et grandeur militaire* (1835). Dans son dernier recueil poétique, les *Destinées* (1864), qui suivirent un long silence, il reste, sans défaillance, ce qu'il était au début, une imagination noble et grande, quelquefois grave et triste, une âme élevée qui plane haut.

DESCRIPTIONS ET TABLEAUX

(Comparaisons)

I

L'HIRONDELLE

Quand la vive hirondelle est enfin réveillée,
Elle sort de l'étang [1], encor toute mouillée,
Et, se montrant au jour avec un cri joyeux,
Au charme d'un beau ciel, craintive, ouvre les yeux ;
Puis, sur le pâle saule, avec lenteur voltige,
Interroge avec soin le bouton et la tige,
Et, sûre du printemps, alors, et de l'amour,
Par des cris triomphants célèbre leur retour.
Elle chante sa joie aux rochers, aux campagnes,
Et, du fond des roseaux excitant ses compagnes :
« Venez ! dit-elle ; allons, paraissez, il est temps !
Car voici la chaleur, et voici le printemps. »
   Ainsi, quand je te vois, ô modeste bergère....

(*Livre antique.* — *La Dryade*, idylle. – A. Lemerre, éditeur.)

II

LA PERDRIX

. . . .
Telle on voit la perdrix voltiger et planer [2]
Sur des épis brisés qu'elle voudrait glaner,

---

1. VIRGILE, *G.*, I, 377 :
    Aut arguta lacus circumvolitavit hirundo.
Cf. ARATUS, *Pronostics*, 212 :
    Ἢ λίμνην πέρι δηθὰ χελιδόνες ἀΐσσονται.

2. Les ailes étendues de l'oiseau qui se soutient en l'air semblent former un plan (de l'adj. latin *planus*) horizontal. — LA FONTAINE, VI, 15 :
    Aussitôt un vautour planant sur les sillons
    Descend des airs, fond et se jette
    Sur celle (l'alouette) qui chantoit, quoique près du tombeau.
VOLTAIRE :
    Et l'aigle impérieux qui plane au haut du ciel.

Car tout son nid l'attend; si son vol se hasarde,
Son regard ne peut fuir celui qui la regarde...
Et c'est le chien d'arrêt, qui, sombre surveillant,
La suit, la suit toujours d'un œil fixe et brillant.
(Livre antique. — Éloa, mystère, chant III.—
A. Lemerre, éditeur.)

III

L'AIGLE BLESSÉ A MORT

Sur la neige des monts, couronne des hameaux,
L'Espagnol a blessé l'aigle des Asturies [1],
Dont le vol menaçait ses blanches bergeries;
Hérissé, l'oiseau part, et fait pleuvoir le sang,
Monte aussi vite au ciel que l'éclair en descend,
Regarde son soleil, d'un bec ouvert l'aspire,
Croit reprendre la vie au flamboyant empire;
Dans un fluide d'or il nage puissamment [2],
Et parmi les rayons se balance un moment :
Mais l'homme l'a frappé d'une atteinte trop sûre.
Il sent le plomb chasseur fondre dans sa blessure;
Son aile se dépouille, et son royal manteau
Vole comme un duvet qu'arrache le couteau;
Dépossédé des airs, son poids le précipite;
Dans la neige du mont il s'enfonce et palpite,
Et la glace terrestre a d'un pesant sommeil
Fermé cet œil puissant respecté du soleil.
Tel.......
(Livre antique. — Éloa, mystère, chant III. —
A. Lemerre, éditeur.)

IV

LE CYGNE ENDORMI

Une fois, par malheur, si vous avez pris terre [3],
Peut-être qu'un de vous, sur un lac solitaire,
Aura vu, comme moi, quelque cygne endormi,
Qui se laissait au vent balancer à demi.

---

1. Voyez page 407, note 2.
2. L'aile est à l'oiseau ce que la nageoire est au poisson. Tous deux flottent et voguent dans un élément fluide. De là la métaphore latine : *Remigium alarum* (VIRGILE, *Æn.*, VI, 29).
3. C'est un marin qui parle.

Sa tête nonchalante, en arrière appuyée,
Se cache dans la plume au soleil essuyée ;
Son poitrail est lavé par le flot transparent,
Comme un écueil où l'eau se joue en expirant ;
Le duvet qu'en passant l'air dérobe à sa plume
Autour de lui s'envole et se mêle à l'écume ;
Une aile est son coussin, l'autre est son éventail ;
Il dort, et de son pied le large gouvernail [1]
Trouble encore, en ramant, l'eau tournoyante et douce,
Tandis que sur ses flancs se forme un lit de mousse,
De feuilles et de joncs, et d'herbages errants,
Qu'apportent près de lui d'invisibles courants [2]
   Ainsi près d'Aboukir reposait ma frégate.....
          (*Livre moderne.* — *La Fréga'e la Sérieuse*,
                    poème, XV. — A. Lemerre, éditeur.)

LEVER DU SOLEIL AVANT LE DÉLUGE

Quand du mont orageux ils touchèrent la cime [3],
La campagne à leurs pieds s'ouvrit comme un abîme.
C'était l'heure où la nuit laisse le ciel au jour :
Les constellations pâlissaient tour à tour ;
Et, jetant à la terre un regard triste encore,
Couraient vers l'Orient se perdre dans l'aurore,

---

1. Voyez dans Buffon le développement de la métaphore esquissée par ce mot : « A sa noble aisance, à la liberté de ses mouvements sur l'eau, on doit le reconnaître, non seulement comme le premier des navigateurs ailés, mais comme le plus beau modèle que la nature nous ait offert pour l'art de la navigation. Son cou élevé et sa poitrine relevée et arrondie semblent en effet figurer la proue du navire fendant l'onde ; son large estomac en représente la carène ; son corps, penché en avant pour cingler, se redresse à l'arrière et se relève en poupe ; la queue est un vrai gouvernail ; les pieds sont de larges rames, et ses grandes ailes, demi-ouvertes au vent et doucement enflées, sont les voiles qui poussent le vaisseau vivant, navire et pilote à la fois. »

2. Et ailleurs (*Eloa*, chant II) :
> Comme un cygne endormi qui seul, loin de la rive,
> Livre son aile blanche à l'onde fugitive,
> Le jeune homme inconnu mollement s'appuyait
> Sur ce lit de vapeurs qui sous ses bras fuyait.

Cf. Sully Prudhomme (*Le Cygne*, dans *les Solitudes*, VIII) :
> Sans bruit, sous le miroir des lacs profonds et calmes,
> Le cygne chasse l'onde avec ses larges palmes,
> Et glisse. . . . .
> Il serpente, et, laissant les herbages épais
> Traîner derrière lui comme une chevelure,
> Il va d'une tardive et languissante allure....
> L'oiseau, dans le lac sombre où sous lui se reflète
> Sa splendeur d'une nuit lactée et violette,
> Dort la tête sous l'aile, entre deux firmaments.

3. Un homme et une femme sur le sommet de l'Arar.

Comme si pour toujours elles quittaient les yeux
Qui lisaient leur destin sur elles dans les cieux.
Le soleil, dévoilant sa figure [1] agrandie,
S'éleva sur les bois comme un vaste incendie;
Et la terre aussitôt, s'agitant longuement,
Salua son retour par un gémissement,
Réunis sur les monts, d'immobiles nuages
Semblaient y préparer l'arsenal [2] des orages;
Et sur leurs fronts noircis qui partageaient les cieux
Luisait incessamment l'éclair silencieux.
La terre cependant montrait ses lignes sombres
Au jour pâle et sanglant qui faisait fuir les ombres :
Mais si l'homme y passait, on ne pouvait le voir :
Chaque cité semblait comme un point vague et noir,
Tant le mont s'élevait à des hauteurs immenses !
Et des fleuves lointains les faibles apparences
Ressemblaient au dessin par le vent effacé
Que le doigt d'un enfant sur le sable a tracé.
Ce fut là que deux voix, dans le désert perdues,
Dans les hauteurs de l'air avec peine entendues,
Osèrent un moment prononcer tour à tour
Ce dernier entretien d'innocence et d'amour :
« Comme la terre est belle en sa rondeur immense !
La vois-tu qui s'étend jusqu'où le ciel commence ?
La vois-tu s'embellir de toutes ses couleurs ?
Respire un jour encor le parfum de ses fleurs,
Que le vent matinal apporte à nos montagnes.
On dirait aujourd'hui que les vastes campagnes
Élèvent leur encens, étalent leur beauté,
Pour toucher, s'il se peut, le Seigneur irrité. »

(*Livre antique.* — *Le Déluge*, mystère, I. —
A. Lemerre, éditeur.)

UNE NUIT SOUS LE CIEL DE L'ESPAGNE

C'était une des nuits qui des feux de l'Espagne
Par des froids bienfaisans consolent la campagne :
L'ombre était transparente, et le lac argenté
Brillait à l'horizon sous un voile enchanté;
Une lune immobile éclairait les vallées,

---

1. Sa forme. — *Figure*, forme extérieure des choses (Etym.: *fingere*, façonner). On dit : la figure de la terre.
2. Et.: arabe: *dar essana*, maison des œuvres, des offices. — Cf. (HOMÈRE) τεύχω, fabriquer; τεῦχος, objet fabriqué, et, par excellence, armes.

Où des citronniers verts serpentent les allées;
Des milliers de soleils, sans offenser les yeux,
Tels qu'une poudre d'or, semaient l'azur des cieux [1],
Et les monts inclinés, verdoyante ceinture
Qu'en cercles inégaux enchaîna la nature,
De leurs dômes en fleurs étalaient la beauté,
Revêtus d'un manteau bleuâtre et velouté...

(*Livre moderne. — Le Trappiste*, poème; début. — A. Lemerre, éditeur.)

LA MAISON DU BERGER

Pars courageusement, laisse toutes les villes;
Ne ternis plus tes pieds aux poudres du chemin,
Du haut de nos pensers [2] vois les cités serviles
Comme les rocs fatals de l'esclavage humain.
Les grands bois et les champs sont de vastes asiles,
Libres comme la mer autour des sombres îles.
Marche à travers les champs une fleur à la main.

Le crépuscule ami s'endort dans la vallée,
Sur l'herbe d'émeraude et sur l'or du gazon,
Sous les timides joncs de la source isolée
Et sous le bois rêveur qui tremble à l'horizon,
Se balance en fuyant dans les grappes sauvages,
Jette son manteau gris sur le bord des rivages,
Et des fleurs de la nuit entr'ouvre la prison.

Il est sur la montagne une épaisse bruyère
Où les pas du chasseur ont peine à se plonger,
Qui plus haut que nos fronts lève sa tête altière,
Et garde dans la nuit le pâtre et l'étranger.
. . . .
J'y roulerai pour toi la MAISON DU BERGER [3].

(*Les Destinées*, III. — A. Lemerre, éditeur.

---

1. LAMARTINE (*Harmonies*, II, 4 : *L'Infini dans les cieux*) :
 .... Notre œil ébloui,
 Qui poursuit dans l'espace son astre évanoui,
 Voit cent fois dans le champ qu'embrasse sa paupière
 Des mondes circuler en torrents de poussière.
Cf. L. RACINE, page 359 et note 4.

2. Sur des *pensers* nouveaux faisons des vers antiques.
 (CHÉNIER).

3. Voyez plusieurs des images du passage d'A. DE VIGNY dans la *Chanson du jeune pâtre de la montagne* du poète allemand UHLAND (1787-1862).
« Je suis le jeune pâtre de la montagne. Je vois au-dessous de moi tous

A. DE MUSSET
1810-1857.

Alfred DE MUSSET naquit, vécut et mourut à Paris. Le plus jeune et le dernier venu de l'école romantique en son bruyant essor des environs de 1830, il jeta dès son début le plus vif éclat. Après les fantaisies brillantes des *Contes d'Espagne et d'Italie*, où, sous toutes les audaces d'imagination et de versification, on sentait déjà battre le cœur, couler une source vive et fraîche de poésie et vibrer la ferme et pure harmonie de notre langue, Alfred de Musset, grandissant de jour en jour, puisant au fond le plus sûr de la véritable inspiration, son cœur et son âme, s'éleva jusqu'aux *Nuits*, un des chefs-d'œuvre du siècle. Nulle part la souffrance n'est plus éloquente, la poésie plus étincelante, la musique des vers plus pleine et plus sonore. Son *Théâtre dans un fauteuil*, en vers, est d'un poète passionné ou d'un rêveur charmant; ses *Comédies et proverbes*, en prose, une fois portés sur la scène, sont restés au répertoire. Le plus aventureux des poètes romantiques dans les premières échappées de ses vingt ans est devenu et restera, pour la langue, un classique de la famille des Régnier et des Chénier; pour l'expression ardente et poétique de la passion, il est l'égal des plus grands.

L'AIGLON

Lorsque le jeune aiglon, voyant partir sa mère,
En la suivant des yeux s'avance au bord du nid,
Qui donc lui dit alors qu'il peut quitter la terre,
Et sauter dans le ciel déployé devant lui ?
Qui donc lui parle bas, l'encourage et l'appelle ?
Il n'a jamais ouvert sa serre ni son aile;
Il sait qu'il est aiglon ; — le vent passe, il le suit.

(*Poésies nouvelles.* — *Rolla.* — Charpentier, éditeur.)

les châteaux; c'est moi que le soleil éclaire le premier, c'est ici qu'il demeure le plus longtemps. Je suis l'enfant de la montagne.

« Ici est la source du torrent; je bois son onde fraîche au sortir du rocher, elle bouillonne dans son cours rapide, et je la saisis au passage Je suis l'enfant, etc.

« La montagne est mon domaine. Les tempêtes mugissent autour de moi, les vents soufflent du nord et du midi, et partout mon chant les domine. Je suis l'enfant, etc.

« Les éclairs et le tonnerre sont au-dessous de moi; je suis ici sous un ciel azuré; je les connais et je leur crie : Epargnez la maison de mon père. Je suis l'enfant, etc.

« Lorsque retentit la cloche d'alarme, lorsque les feux brillent sur la montagne, je descends, j'entre dans les camps, et brandissant mon épée. je répète mon refrain : Je suis l'enfant, etc »

Voyez encore, *infrà*, *Le Tyrol et la liberté*, d'A. DE MUSSET.

LE TYROL ET LA LIBERTÉ

Salut, terre de glace, amante des nuages,
Terre d'hommes errants et de daims en voyages,
Terre sans oliviers, sans vigne et sans moissons.
Ils sucent un lait dur, mère, tes nourrissons...
Tu n'as rien, toi, Tyrol, ni temple ni richesse,
Ni poètes ni dieux ; tu n'as rien, chasseresse !
Mais l'amour de ton cœur s'appelle d'un beau nom
La liberté ! — Qu'importe au fils de la montagne
Pour quel despote obscur envoyé d'Allemagne [1]
L'homme de la prairie écorche le sillon ?
Ce n'est pas son métier de traîner la charrue ;
Il couche sur la neige, il soupe quand il tue ;
Il vit dans l'air du ciel qui n'appartient qu'à Dieu.
L'air du ciel ! l'air de tous ! vierge comme le feu !
Oui, la liberté meurt sur le fumier des villes [2].
Oui, vous qui la plantez sur vos guerres civiles [3],
Vous la semez en vain, même sur vos tombeaux :
Il ne croit pas si bas, cet arbre aux verts rameaux.
Il meurt dans l'air humain, plein de râles immondes ;
Il respire celui que respirent les mondes.
Montez, voilà l'échelle, et Dieu qui tend les bras.
Montez à lui, rêveurs, il ne descendra pas.
Prenez-moi la sandale et la pique ferrée :
Elle est là sur les monts, la liberté sacrée.
C'est là qu'à chaque pas l'homme la voit venir,
Ou, s'il l'a dans le cœur, qu'il l'y sent tressaillir.

(*Premières poésies.* — *La coupe et les lèvres*, poème dramatique ; *Invocation*. — Charpentier, éditeur.)

LA CHAUMIÈRE INCENDIÉE

Lorsque le laboureur, regagnant sa chaumière,
Trouve le soir son champ rasé par le tonnerre,
Il croit d'abord qu'un rêve a fasciné [4] ses yeux,
Et, doutant de lui-même, interroge les cieux.

---

1. Le Tyrol, pays presque tout entier montagneux (Alpes Rhétiques), est une province des États autrichiens, entre la Bavière, la Suisse et l'Italie.
2. Cf. *suprà* ALFRED DE VIGNY, *La maison du berger*.
3. Vous l'arborez comme un drapeau dans vos guerres civiles.
4. *Fasciner* (Étym. : *fascinare*, de βασκαίνειν, ensorceler), 1° troubler, éga-

Partout la nuit est sombre et la terre enflammée.
Il cherche autour de lui la place accoutumée
Où sa femme l'attend sur le seuil entr'ouvert ;
Il voit un peu de cendre au milieu d'un désert.
Ses enfants demi-nus sortent de la bruyère,
Et viennent lui conter comme leur pauvre mère
Est morte sous le chaume avec des cris affreux ;
Mais maintenant au loin tout est silencieux.
Le misérable [1] écoute et comprend sa ruine.
Il serre, désolé, ses fils sur sa poitrine ;
Il ne lui reste plus, s'il ne tend pas la main,
Que la faim pour ce soir et la mort pour demain.
Pas un sanglot ne sort de sa gorge oppressée ;
Muet et chancelant, sans force et sans pensée,
Il s'assoit à l'écart, les yeux sur l'horizon,
Et, regardant s'enfuir sa moisson consumée,
Dans les noirs tourbillons de l'épaisse fumée
L'ivresse [2] du malheur emporte sa raison.

(*Poésies nouvelles.* — *Lettre à Lamartine.* — Charpentier, éditeur.)

L'AMITIÉ DANS LE MALHEUR

Dans mes jours de malheur, Alfred, seul entre mille,
Tu m'es resté fidèle, où [3] tant d'autres m'ont fui.
Le bonheur m'a prêté plus d'un lien fragile [4] ;
Mais c'est l'adversité qui m'a fait un ami.

C'est ainsi que les fleurs sur les coteaux fertiles
Étalent au soleil leur vulgaire trésor ;

rer par l'effet d'un charme magique : Virgile, *Egl.*, I :

Nescio quis teneros oculus mihi fascinat agnos.

Le regard de certains animaux exerce, dit-on, sur leur proie cette puissance de fascination. V. Hugo, *Od.*, IV, 6 :

Ainsi l'oiseau faible et timide
Veut en vain fuir l'hydre perfide
Dont l'œil le charme et le poursuit.
Il voltige de cime en cime ;
Puis il accourt, et meurt victime
Du doux regard qui l'a séduit.

2º tromper, abuser comme ici.

1. Pris au sens de « malheureux », comme dans le titre du roman de V. Hugo, *Les Misérables*.
2. *Ivresse*, délire mental produit par les boissons fermentées, par une passion, par l'enthousiasme, ici par le désespoir. — Etym. : *ebrius, ebrietas*.
3. Dans les circonstances où...
4. Le « prêt » est temporaire. « Prêter » prépare « fragile ».

Mais c'est au sein des nuits, sous des rochers stériles,
Que fouille le mineur qui cherche un rayon d'or.

C'est ainsi que les mers calmes et sans orages
Peuvent d'un flot d'azur bercer le voyageur;
Mais c'est le vent du nord, c'est le vent des naufrages
Qui jette sur la rive une perle au pêcheur.

Maintenant, Dieu me garde! Où vais-je? Eh! que m'importe?
Quels que soient mes destins, je dis comme Byron [1] :
« L'Océan peut gronder, il faudra qu'il me porte. »
Si mon coursier s'abat, j'y mettrai l'éperon.

Mais du moins j'aurai pu, frère, quoi qu'il m'arrive,
De mon cachet de deuil sceller notre amitié,
Et, que demain je meure, ou que demain je vive,
Pendant que mon cœur bat, t'en donner la moitié [2].

(Premières poésies. — A mon ami Alfred T. —
Charpentier, éditeur.)

LES DEUX ROUTES DE LA VIE

Il est deux routes dans la vie :
L'une solitaire et fleurie,
Qui descend sa pente chérie,
  Sans se plaindre et sans soupirer.
Le passant la remarque à peine,
Comme le ruisseau dans la plaine,
  Que le sable de la fontaine
Ne fait pas même murmurer.
L'autre, comme un torrent sans digue,
Dans une éternelle fatigue [3],
Sous les pieds de l'enfant prodigue
Roule la pierre d'Ixion [4] :

---

1. George Gordon, lord BYRON (1788-1824), le poète anglais dont l'influence fut considérable sur le « romantisme » français. — Voir dans notre Recueil de prosateurs, p. 357.
2. HORACE dit de Virgile, *Animæ dimidium meæ* (*Od.* I, 4), de Mécène, *Meæ partem animæ* (*Ib.*, II, 17).
3. LUCRÈCE, V, 1122 :

> ...... Ad summum succedere honorem
> Certantes, iter infestum fecere viai......
> Proinde sine incassum defessi sanguine sudent,
> Augustum per iter luctantes ambitionis,

4. Le poète associe une allusion biblique à « l'enfant prodigue » de la

L'une est bornée, et l'autre immense,
L'une meurt où l'autre commence :
La première est la patience,
La seconde est l'ambition.
(*Premières poésies*. — *La coupe et les lèvres*, poème
dramatique, I, 3. — Charpentier, éditeur.)

LA VIE ET L'ESPÉRANCE

Quand j'ai passé par la prairie,
J'ai vu, ce soir, dans le sentier,
Une fleur tremblante et flétrie,
Une pâle fleur d'églantier.
Un bourgeon vert à côté d'elle
Se balançait sur l'arbrisseau ;
J'y vis poindre [1] une fleur nouvelle
La plus jeune était la plus belle :
L'homme est ainsi, toujours nouveau.

Quand j'ai traversé la vallée,
Un oiseau chantait sur son nid.
Ses petits, sa chère couvée,
Venaient de mourir dans la nuit.
Cependant il chantait l'aurore ;
O ma Muse ! ne pleurez pas ;
A qui perd tout, Dieu reste encore,
Dieu là-haut, l'espoir ici-bas.
(*Poésies nouvelles*. — *La nuit d'août*. —
Charpentier, éditeur.)

---

parabole, et une allusion mythologique à la pierre qui, dans les enfers, retombant sans cesse, éternise le labeur, non d'Ixion, mais de Sisyphe. LUCRÈCE explique cette allégorie comme notre poète, III, 1008 :

> Sisyphus in vitâ quoque nobis ante oculos est,
> Qui petere à populo fasces sævasque secures
> Imbibit, et semper victus tristisque recedit.
> Nam petere imperium, quod inane est nec datur uuquam,
> Atque in eo semper durum sufferre laborem,
> Hoc est adverso nixantem trudere monte
> Saxum ; quod tamen a summo jam vertice raptim
> Volvitur, et plani raptim petit æquora campi.

1. *Poindre* (étym.: *pungere*, piquer), 1o actif, piquer, d'où *poignant* (voyez p. 37, n. 1 ; p. 87, n. 5) ; 2o neutre, pousser comme une pointe, et, par une autre application métaphorique, commencer à paraître, en parlant de la lumière. Dans ces dernières acceptions, *percer* (neutre) a un sens voisin de poindre.

L'ESPOIR EN DIEU

Venez, rhéteurs païens, maîtres de la science,
Chrétiens des temps passés et rêveurs d'aujourd'hui ;
Croyez-moi, la prière est un cri d'espérance [1] !
Pour que Dieu nous réponde, adressons-nous à lui.

O toi que nul n'a pu connaître,
Et n'a renié sans mentir,
Réponds-moi, toi qui m'as fait naître,
Et demain me fera mourir !

Dès que l'homme lève la tête,
Il croit t'entrevoir dans les cieux ;
La création, sa conquête,
N'est qu'un vaste temple à ses yeux [2].

Dès qu'il redescend en lui-même,
Il t'y trouve ; tu vis en lui [3].
S'il souffre, s'il pleure, s'il aime,
C'est son Dieu qui le veut ainsi.

De la plus noble intelligence
La plus sublime ambition
Est de prouver ton existence,
Et de faire épeler ton nom [4].

---

1. « Prière » et « espérance » sont associées aussi par V. HUGO dans une courte pièce qui porte le même titre, *Espoir en Dieu* (*Chants du crépuscule*, XXX) :

> Espère, enfant ! demain ! et puis demain encore !
> Et puis, toujours demain ! croyons dans l'avenir.
> Espère ! et, chaque fois que se lève l'aurore,
> Soyons là pour prier comme Dieu pour bénir,
>
> Nos fautes, mon pauvre ange, ont causé nos souffrances
> Peut-être qu'en restant bien longtemps à genoux,
> Quand il aura béni toutes les innocences,
> Puis tous les repentirs, Dieu finira par nous.

— Voyez les magnifiques développements de la *Prière pour tous* (*Feuilles d'automne*, XXXVII).

2. C'est cette idée qui est l'inspiration des *Harmonies poétiques et religieuses* de LAMARTINE, et qui y est développée avec une inépuisable richesse d'inspiration et de style et un enthousiasme sans défaillance et sans fin. — BUFFON a dit « trône » : La nature est le trône extérieur de la magnificence divine.

3. Voyez, entre autres pièces des *Harmonies* de LAMARTINE, le *Cri de l'âme* (III, 3).

4. Par exemple, BOSSUET, *De la connoissance de Dieu et de soi-même* ; FÉNELON, *Traité de l'existence de Dieu* ; BERNARDIN DE SAINT-PIERRE, *Etudes de la nature, Harmonies de la nature* ; CHATEAUBRIAND, *le Génie du Christianisme*, 1re partie, livre V ; etc. — *Epeler*.V. p. 403, n. 3.

Le dernier des fils de la terre
Te rend grâce du fond du cœur,
Dès qu'il se mêle à sa misère
Une apparence de bonheur.

Le monde entier te glorifie :
L'oiseau te chante sur son nid [1];
Et pour une goutte de pluie
Des milliers d'êtres t'ont béni.

Tu n'as rien fait qu'on ne l'admire;
Rien de toi n'est perdu pour nous;
Tout prie, et tu ne peux sourire,
Que nous ne tombions à genoux.

(*Poésies nouvelles*. — *L'espoir en Dieu*. — Charpentier, éditeur.)

FABULISTES

La série des fabulistes du XIXᵉ siècle commence par celui qui mérite peut-être la première place après Florian, comme Florian a la première après La Fontaine, ARNAULT (1766-1834). Son recueil est de 142 fables en huit livres. Plus que tout autre il a, dans la fable, son originalité propre. Il lui donne généralement un tour et une conclusion épigrammatique; son ton est vert et âpre, et sa leçon morale est un coup de fouet : c'est de la satire allégorique, souvent de la satire politique. Il était inévitable qu'en ce siècle où l'écho de la vie publique est partout, elle en eût un dans un genre, fondé sur l'allégorie, dont l'objet et le caractère sont de faire entendre ce qu'on ne veut ou ne peut pas dire.

C'est aussi l'allusion politique qui fait fréquemment l'intérêt et le piquant des fables plutôt fines et malicieuses qu'âpres et mordantes de VIENNET (1777-1868), et même parfois, de celles d'Aimé NAUDET (1785-1847), relevées d'une teinte de libéralisme et de philosophie.

Une nuance plus accusée se reconnaît dans quelques fables du recueil (1839) de Pierre LACHAMBEAUDIE (1806-1872); l'esprit des revendications sociales y perce discrètement : mais la douceur des sentiments en est le caractère général.

---

1. Voir, par exemple, le psaume XVIII et l'imitation de J.-B. ROUSSEAU (*Odes*, I, 2). CHATEAUBRIAND, *loc. cit.*, chap. 2 : Il est un Dieu; les herbes de la vallée et les cèdres de la montagne le bénissent, l'insecte bourdonne ses louanges, l'oiseau le chante dans le feuillage…

Laurent-Pierre DE JUSSIEU (1792-1844), de la famille qui depuis deux siècles illustre ce nom dans les sciences naturelles, s'en tient, dans son petit recueil (36 fables), à d'ingénieuses leçons de morale usuelle, données d'un ton vif et gai.

ARNAULT
1766-1834

LE CHIEN DE CHASSE ET LE CHIEN DE BERGER

Un bon Chien de berger, au coin d'une forêt,
    Rencontre un jour un chien d'arrêt.
    On a bientôt fait connaissance :
A quelques pas, d'abord, on s'est considéré,
    L'oreille en l'air ; puis on s'avance ;
Puis, en virant[1] la queue, on flaire[2], on est flairé ;
    Puis enfin l'entretien commence.
« Vous, ici ! dit, avec un ris des plus malins,
Au gardeur de brebis le coureur de lapins ;
Qui nous amène au bois ? Si j'en crois votre race,
    Mon ami, ce n'est pas la chasse,
Tant pis ! c'est un métier si noble... pour un chien !
Il exige, il est vrai, l'esprit et le courage,
    Un nez aussi fin que le mien,
    Et quelques mois d'apprentissage.
— S'il est ainsi[3], répond, d'un ton simple et soumis,
Au coureur de lapins le gardeur de brebis,
Je bénis d'autant plus le sort qui nous rassemble.
    Un loup, la terreur du canton,
    Vient de nous voler un mouton.
Son fort est près d'ici, donnons-lui chasse[4] ensemble.
    Si vous avez quelque loisir,
    Je vous promets gloire et plaisir :
    Les loups se battent à merveilles[5] ;

---

1. Tournant. Voyez page 64, n. 1, et page 91, n. 6.
2. Flairer, verbe actif, vient de fragrare, verbe neutre (Etym. : flare). — Sur la substitution d'une liquide à une autre, voyez p. 120, n. 2 ; et ajoutez alta*r*e, aute*l*, crib*r*um, crib*l*e, etc. ; et au contraire *l*usciniola, *r*ossignol, cartu*l*a, chart*r*e, etc. — Voy. p. 120, n. 2, et p. 184, n. 6.
3. Ordinairement : S'il *en* [à ce sujet, en cela] est ainsi.
4. Ordinairement : Donner *la* chasse. LA FONTAINE, I, 6 ; le chien dit au loup :
    Donner la chasse aux gens
    Portant bâton et mendians.
Au fig. : donner la chasse aux ennemis. BOSSUET : — aux vices.
5. C'est l'orthogr. du xviie siècle ; comme on écrivait et on écrit encore

Vingt fois par eux au cou je me suis vu saisir ;
Mais on peut au fermier rapporter leurs oreilles ;
Notre porte en fait foi. Marchons donc. » Qui fut pris ?
Ce fut le chien d'arrêt. Moins courageux que traître,
Comme aux lapins, parfois il chassait aux perdrix :
Mais encor fallait-il qu'il fût avec son maître.
« Serviteur [1] ; à ce jeu je n'entends rien du tout :
  J'aime la chasse, et non la guerre :
  Tu cours sur l'ennemi debout,
  Et moi j'attends qu'il soit par terre [2]. »

(I, 11.)

LA PIERRE À FUSIL [3]

« Te voilà, dangereux cailloux [4]
Qui portes le feu dans tes veines [5] !
Viens-tu donc répandre chez nous
Le fléau dont elles sont pleines ?
— Étourdi, ne t'en prends qu'à toi,
Si quelque étincelle m'échappe :
La faute n'en est pas à moi,
Elle est à celui qui me frappe [6]. »

(VIII, 11.)

faire merveilles (voyez p. 335, vers 18). Faire merveille (sans s) signifie : produire un bel effet, par exemple un ruisseau dans la nature ou dans un tableau. — Etym. : *mirabilia*.

1. Voyez page 201, note 4, et page 233, n. 1.
2. Le trait de satire est mordant ; mais c'était au poète ou au chien de berger à le décocher, non au chien de chasse sur lui-même.
3. Ou pierre à feu. — *Fusil* (Etym. : l'italien *focile*, *fucile* ; de *focus*, foyer, qui a donné *feu*), 1° petite pièce d'acier sur laquelle on bat la pierre à feu ; 2° la même pièce adaptée à la batterie de l'arme qui en a pris le nom, dite « à percussion » (voyez page 379, note 1) ; 3° l'arme elle-même (Voir le 2° vers de la fable suivante).
4. Au singulier l'*x* est de trop. — Etym. probable, *calculus*. — On trouve au moyen âge *caillau*, *chaillau*, *challeul*, etc.
5. VIRGILE, *Æn.*, VI, 6 :

  Quærit pars semina flammæ
 Abstrusa in venis silicis.

(HOMÈRE : Σπέρμα πυρός ; LUCRÈCE : Ignis semina). — ID., *ib.*, I, 178 :

  Ac primum silici scintillam excudit Achates.

On a pris au latin le mot *silex* pour désigner la pierre à feu. Arme à silex. Fusil à silex. *Excudit* exprime la *percussion* (voir l'avant-dernière note).
6. Le caillou dont part l'étincelle, c'est le poète ripostant à qui l'attaque. HORACE a une métaphore un peu différente, *Sat.*, II, 1, 45 :

  Qui me commôrit, « Melius non tangere », clamo :
 Flebit et insignis totâ cantabitur urbe.

LE COUP DE FUSIL

Au milieu des forêts, sans trop user ma poudre,
    Mon fusil [1], rival de la foudre,
    Fait un bruit qui ne finit pas.
   En plaine, c'est tout autre chose :
Du salpêtre [2] infernal j'ai beau forcer la dose [3],
Un court moment à peine on m'entend à vingt pas.
Des réputations serait-ce donc l'histoire ?
Bien choisir son théâtre, et bruire [4] à propos,
Sont deux grands points. Un bruit accru par des échos
    Ressemble beaucoup à la gloire.

(III, 8.)

LA CRUCHE ET LA BOUTEILLE

LA BOUTEILLE

L'intérêt ne peut me guider ;
Je n'ai rien à moi, ma cousine,
Et volontiers si je m'incline,
Ce n'est que pour mieux me vider.

LA CRUCHE

Ma cousine, je le confesse,
Un autre instinct me fait agir,
Et volontiers si je me baisse,
Ce n'est que pour mieux me remplir [5].

(IV, 11.)

LE CHÊNE ET LES BUISSONS [6]

Le vent s'élève ; un gland tombe dans la poussière :
Un chêne en sort. — Un chêne ! Osez-vous appeler

---

1. Voyez page 427, note 3.
2. Voyez page, 285, note 4.
3. Proprement la quantité *donnée* d'un médicament. Cf. *anti-dote*. Au fig., Madame de Sévigné : Je voulus prendre une petite dose de morale. — Etym. : δῶσις, de δίδωμι.
4. Verbe défectif, usité à l'infinitif, à l'indicatif présent, aux imparfait, conditionnel et futur. Etym. incertaine. Le xvıe siècle seul l'a employé activement.
5. Il est facile de deviner sous cette « cruche » le « sot » qui s'est fait plat flatteur et « s'abaisse » quand il y a quelque chose à gagner. — Sur le sens familièrement métaphorique de *cruche*, La Fontaine, V. 4 :
    Vous me prenez pour cruche.
6. « Marie-Joseph Chénier a proclamé cette fable une des plus belles fables proprement dites qu'on ait composées depuis La Fontaine », dit

Chêne cet avorton qu'un souffle fait trembler ?
Ce fétu[1], près de qui la plus humble bruyère
Serait un arbre ?............

C'est ce que commencent par dire tous les Buissons du voisinage, jaloux et envieux de leur métier, et qui nient que cet avorton puisse jamais devenir leur égal. Pourtant le germe tant méprisé,

Le germe, au fond du cœur Chêne dès sa naissance,

demande grâce et indulgence pour sa jeunesse; il demande du temps pour croître et grandir; le temps lui vient en aide :

Les Buissons, indignés qu'en une année ou deux
    Un Chêne devînt grand comme eux,
    Se récriaient contre l'audace
De cet aventurier[2] qui, comme un champignon,
Né d'hier et de quoi ? sans gêne ici se place,
Et prétend nous traiter de pair à compagnon[3] ?
L'égal qu'ils dédaignaient cependant les surpasse;
D'arbuste il devient arbre, et les sucs généreux
    Qui fermentent[4] sous son écorce,
De son robuste tronc à ses rameaux nombreux
Renouvelant sans cesse et la vie et la force,
Il grandit, il grossit, il s'allonge, il s'étend,
    Il se développe, il s'élance;
    Et l'arbre, comme on en voit tant,
    Finit par être un arbre immense.
De protégé qu'il fut, le voilà protecteur,
Abritant, nourrissant des peuplades sans nombre :

SAINTE-BEUVE (*Causeries du Lundi*, VII), et il en cite la plus grande partie. Nous reproduisons l'analyse par laquelle il remplace, après le début, quelques vers faisant longueur.

1. *Avorton*, animal ou végétal qui n'est pas arrivé à son développement. Voyez son emploi au fig. p. 133, vers 1. Étym. *ab* (indiquant éloignement, défaut), *orior*. — *Fétu*, brin de paille. Étym.: *festuca*. Cf. *fistula*, de *fustis*, bâton.

2. 1° Qui cherche des aventures, 2° qui vit d'aventures, qui n'a pas de moyens d'existence déterminés.

3. D'égal à égal. LA FONTAINE, IV, 5 :

    Ce chien, parce qu'il est mignon,
    Vivra de pair à compagnon
    Avec monsieur, avec madame,
    Et j'aurais des coups de bâton!

SAINT-SIMON : Rustre, très volontiers brutal, pair et compagnon avec tout le monde. — Voyez comme dans ce vers *nous* indique le passage rapide du « discours direct » au « discours indirect ».

4. *Fermenter*, subir la *fermentation*, c.-à-d. l'action d'un *ferment*, substance qui agit sur les matières organiques; d'où être échauffé, être en mouvement. Au fig.: les esprits, les têtes fermentent. — Étym : *fermentum*, de *fervere*, être chaud.

Les troupeaux, les chiens, le pasteur,
   Vont dormir en paix sous son ombre;
L'abeille dans son sein vient déposer son miel,
   Et l'aigle suspendre son aire [1]
A l'un des mille bras dont il perce le ciel,
Tandis que mille pieds l'attachent à la terre.
L'impétueux Eurus, l'Aquilon [2] mugissant,
En vain contre sa masse ont déchaîné leur rage;
Il rit de leurs efforts, et leur souffle impuissant
   Ne fait qu'agiter son feuillage.
Cybèle [3] aussi n'a pas de nourrissons,
De l'orme le plus fort au genêt [4] le plus mince,
Qui des forêts en lui ne respecte le prince :
Tout l'admire aujourd'hui, tout, hormis les Buissons.
« L'orgueilleux ! disent-ils; il ne se souvient guère;
   De notre ancienne égalité;
   Enflé de sa prospérité,
A-t-il donc oublié que les arbres sont frères?
— Si nous naissons égaux, repart avec bonté
L'arbre de Jupiter, dans la même mesure
Nous ne végétons [5] pas; et ce tort, je vous jure,
   Est l'ouvrage de la nature,
   Et non pas de ma volonté.
Le Chêne vers les cieux portant un front superbe,
   L'arbuste qui se perd sous l'herbe,
   Ne font qu'obéir à sa loi.
Vous la voulez changer; ce n'est pas mon affaire;
   Je ne dois pas, en bonne foi,
   Me rapetisser pour vous plaire.
Mes frères, tâchez-donc de grandir comme moi. »

(III, 11.)

---

1. *Aire*, en dehors des emplois scientifiques : 1º surface unie et dure sur laquelle on bat le blé; 2º toute surface plane; 3º surface plane d'un rocher où l'aigle, ou tout oiseau de proie, établit son nid. — Etym. : *area*, surface unie, place, etc.

2. *Eurus*, vent d'est; *Aquilo*, *Boreas*, vents du nord; *Zephyrus*, vent d'ouest; *Notus*, *Africus*, *Auster*, vent du sud.

3. Encore une personnification mythologique : la Terre, *Magna Mater*. Son culte passa de Phrygie en Grèce sous le nom de Cérès, Δημήτηρ.

4. Genêt. Etym. : *genista*. — Voyez p. 83, n. 6, l'autre mot genet.

5. Voyez page, 374 note 1.

DE JUSSIEU
1792-1844

LE GRILLON ET LE VER LUISANT

Par une belle nuit, un Grillon sautillant
   Et chantant,
S'en alloit tout le long d'une plaine fleurie;
  Il y rencontre un Ver luisant
   Bien brillant,
Dont la vive lueur éclairait la prairie.
   « Bonsoir, bel astre radieux;
   Bonsoir, noble étoile vivante,
Dit le Grillon; que je te trouve heureux!
   De ta lumière étincelante
   On aperçoit au loin les feux;
   Et dans ce pré, sur chaque plante,
Quelque insecte vers toi tourne un œil envieux.
— Il est vrai, dit le Ver, mon sort est glorieux;
   La nature avec complaisance
A répandu sur moi des dons bien précieux;
   Et sans doute la différence,
   Mon cher, est grande entre nous deux.
   Te voilà tout brun et tout sombre,
   Te traînant à tâtons dans l'ombre
   Obscur, sans être vu, sans voir;
Tandis que les rayons de ma vive lumière
Guident non seulement mes pas quand il fait noir,
   Mais sont pour mainte fourmilière
Comme un second soleil qui se lève le soir. »
C'étoit là pour un ver un bien pompeux langage;
   Mais il n'en dit pas davantage.
   Guidé par sa vaine [2] lueur,
Sur notre Ver luisant un oiseau de ténèbres
Fond, l'enlève, l'avale, et, sans nulle pudeur,
   L'envoie aux rivages funèbres.
Cependant le Grillon, tout tremblant de frayeur,

---

1. Ou lampyre luisant, coléoptère, dont la femelle jette une lueur phosphorescente dans l'obscurité.

2. *Vaine*, inutile? non, elle sert à guider son ennemi; mais, qui ne lui sert à rien, à rien de bon, dangereuse même, et mortelle. Épithète banale et vague, qui fait tache sur ce style vif et, au début, sémillant.

S'étoit blotti sous des brins d'herbe :
« Oh! oh! dit-il tout bas, ne soyons pas superbe.
De notre obscurité sachons nous consoler.
La nature a voulu compenser toute chose :
De biens, de maux, chacun ici-bas a sa dose [1] ;
Il peut coûter cher de briller [2]. »

L'ABEILLE ET LA FOURMI

A jeun, le corps tout transi [3],
Et pour cause,
Un jour d'hiver, la Fourmi,
Près d'une ruche bien close,
Rôdait [4] pleine de souci.
Une Abeille vigilante
L'aperçoit et se présente.
« Que viens-tu chercher ici ?
Lui dit-elle. — Hélas ! ma chère,
Répond la pauvre Fourmi,
Ne soyez pas en colère.
Le faisan, mon ennemi,
A détruit ma fourmilière ;
Mon magasin est tari ;
Tous mes parents ont péri
De faim, de froid, de misère.
J'allais succomber aussi,
Quand du palais que voici
L'aspect m'a donné courage.

---

1. Voyez page 428, note 3.
2. Le ton de FLORIAN (*Le Grillon*, II, 11) est différent :

> Un pauvre petit Grillon,
> Caché dans l'herbe fleurie,
> Regardait un papillon
> Voltigeant dans la prairie.

Il regarde, admire, compare, s'attriste et se plaint. Mais des enfants tuent le papillon. Alors :

> « Oh! oh! dit le Grillon, je ne suis plus fâché ;
> Il en coûte trop cher pour briller dans le monde.
> Combien je vais aimer ma retraite profonde !
> Pour vivre heureux, vivons cachés ! »

C'est ainsi que BÉRANGER (*Le Grillon*) dira aussi (dernière strophe) :

> Au coin du feu, tous deux à l'aise,
> Chantant, l'un par l'autre égayés,
> Prions Dieu de vivre oubliés.
> Toi dans ton trou, moi sur ma chaise.
> Petit grillon, n'ayons ici,
> N'ayons du monde aucun souci.

3. Voyez page 117, note 5.
4. Proprement, *tourner*, de *rotare*, qui a donné *rouer* (p. 36, n. 8).

Je le savais bien garni
De ce bon miel, votre ouvrage;
J'ai fait effort, j'ai fini
Par arriver sans dommage.
Oh! me suis-je dit, ma sœur
Est fille laborieuse;
Elle est riche et généreuse,
Elle plaindra mon malheur;
Oui, tout mon espoir repose
Dans la bonté de son cœur;
Je demande peu de chose;
Mais, j'ai faim, j'ai froid, ma sœur [1]!
— Oh! oh! répondit l'Abeille,
Vous discourez à merveille,
Mais, vers la fin de l'été,
La cigale m'a conté
Que vous aviez rejeté
Une demande pareille.
— Quoi! vous savez? — Mon Dieu, oui;
La cigale est mon amie.
Que feriez-vous, je vous prie,
Si, comme vous, aujourd'hui,
J'étais insensible et fière;
Si j'allais vous inviter
A promener [2] ou chanter?
Mais rassurez-vous, ma chère;
Entrez, mangez à loisir;
Usez-en comme du vôtre [3];
Et surtout, pour l'avenir,
Apprenez à compatir
A la misère d'un autre. »

---

1. Petit discours parfait; la Fourmi est habile, flatteuse, pressante, touchante même.
2. Voyez page 42, note 1.
3. Voyez page 92, note 1.

NAUDET

(1785-1847

LES DEUX MAINS

Un jour, dans sa mauvaise humeur,
La Main Droite en ces mots grondait sa pauvre sœur :
« Il n'est rien que pour vous tous les jours je ne fasse,
Mais de travailler seule à la fin je me lasse ;
　　Vous ne savez rien toucher, rien tenir ;
Tant pis ! et si pour vous, ma sœur, tout est de verre,
　　Je n'en peux mais¹ ! d'un repos salutaire
　　　　A mon tour je prétends jouir,
　　Et désormais je ne veux plus rien faire. »
D'un reproche aussi dur, avec quelque raison,
　　　　La pauvre Main Gauche s'offense ;
　　　　Mais sur son éducation
　　Elle rejette en vain son ignorance :
　　L'excuse alors n'était pas de saison ;
　　　　Et, sans différer davantage,
　　　　Il fallut se mettre à l'ouvrage.
Elle essaya d'abord des travaux du ménage² ;
　　　　Devenus plus laborieux,
　　　　Ses doigts devinrent plus agiles ;
Elle fit mal un jour, un autre jour fit mieux ;
　　　　Puis, défiant les plus habiles,
　　　　A la honte des paresseux,
　　　　Les travaux les plus difficiles
Pour elle, enfin, ne furent que des jeux.

Vous qui de ne rien faire avez pris l'habitude,
Retenez cette fable, et rappelez-vous bien
　　　Qu'en fait de savoir il n'est rien
Dont ne viennent à bout le travail et l'étude.

　　　　　　　　　　　　　　(III, 8³.)

1. Voyez page 177, note 5.
2. Etym. : bas-latin *mansionaticum*, *masnaticum*, de *mansio* (maison, de *manere*). — Au moyen âge souvent maison ; auj. : soin et tenue de la maison.
3. Cf. *La main droite et la main gauche* d'ARNAULT (II, 18), et *Pétition de la main gauche à ceux qui sont chargés d'élever les enfans*, traduit de B. FRANKLIN (Recueil de prosateurs, page 314).

VIENNET
1777-1868

LE NID D'HIRONDELLES

Possesseur d'un nid d'hirondelles
  Un enfant gâté
 Veut leur donner la liberté,
Et les pauvres petits ont à peine des ailes.
« Soyez libres, dit-il ; tout l'est dans l'univers. »
  Et la nichée [1] est dans les airs.
Chaque oisillon, enchanté de lui-même,
  Encouragé par un premier essor [2],
En essaie un second, et, reprenant encor,
 Fait hélas ! naufrage au troisième :
L'un s'écrase en tombant, un autre meurt de faim,
 L'autre est croqué par le chat du voisin ;
  Tant qu'à la fin de la couvée
  Aucune tête n'est sauvée.

Laissons faire le temps ; tout arrive à son point [3].
  L'à-propos [4] est une science
  Que les hommes n'entendent point.
On perd son avenir par trop d'impatience.
Sur un pareil sujet je viens de trop parler ;
Un mot en dira plus que cent mille volumes :
  Les oiseaux sont faits pour voler,
  Mais attendez qu'ils aient des plumes.
      (I, 15.)

LES ÉTOILES ET LES FUSÉES [5]

Du milieu d'une foule à grands frais amusée,
Vers un ciel dont la nuit assombrissait l'azur

---

1. *Nichée* (ou *nilée* ; La Fontaine, IV. 22), les petits oiseaux d'une même couvée qui sont encore dans le nid. — Etym. : *nicher* (verbe neutre), faire son nid. D'où au fig. *se nicher*, se poster ; voyez La Fontaine, III, 18, et l'anecdote connue de Molière : Où la vertu va-t-elle se nicher ? — Vient de *nidus*, par *nidicus*, adj. ; *nidificare*.

2. Se dit de l'oiseau qui s'élance pour prendre son vol, et, au fig., s'applique à l'âme, à l'esprit, à l'imagination, au génie. — Etym. : *essorer*, verbe actif, terme de fauconnerie ; du bas-latin *exaurare* (*ex*, *aura*).

3. Cf. le proverbe : Tout vient à point qui (*sic*) sait attendre. (*Qui* a pour antécédent *tout*.)

4. *Opportunitas*. — Etym. : *ad propositum*.

5. *Fusée*, 1° la masse de fil enroulé sur le fuseau et qui provient de la

Une pétillante fusée
S'élançait hardiment, et, dans l'espace obscur,
Par un sillon de feu sa queue étincelante
　　Marquait sa route triomphante.
Le peuple applaudissait ; et dans son fol orgueil
　　Elle fondait sur ce brillant accueil
　　Les plus brillantes destinées,
S'écriant : « Place, place, étoiles surannées[1] !
A moi le firmament[2]. Vos honneurs sont passés.
　　Ils n'ont duré que trop d'années.
　　Cachez-vous, astres éclipsés. »
Elle éclate à ces mots en vives étincelles,
Et jette dans les airs, tout à coup éclairés
Par l'ardente lueur de ses feux colorés,
　　Un groupe d'étoiles nouvelles,
　　Aux transports d'un peuple enchanté
　　Redoublant sa folle jactance.
Mais l'œil sur tant d'éclat s'est à peine arrêté,
Qu'il s'éclipse et s'éteint ; le peuple fait silence,
　　L'air reprend son obscurité ;
　　Et ma fusée évanouie
　　N'est qu'une baguette noircie,
　　Qui, loin d'atteindre au firmament,
S'en vient sur le pavé retomber lourdement
　　Aux pieds de la foule ébahie[3].

La gloire suit parfois la vogue[4] et le fracas ;
Mais son temple est jonché de baguettes[5] brisées ;
Et l'Olympe est en vain assailli de fusées ;
　　Les étoiles n'en tombent pas.
　　　　　　　　　(III, 18.)

filasse de la quenouille ; 2º, par analogie de forme, pièce d'artifice composée d'un cylindre de carton rempli de poudre (on peut dire aussi, par métaphore, des fusées d'esprit) ; 3º beaucoup d'autres acceptions dans des langages techniques. — Etym. : *fusellus*, de *fusus*.
1. *Suranné* a signifié proprement, en parlant d'actes publics : qui, ayant plus d'un an de date, est, comme on dit auj., périmé. De là l'acception usuelle de : vieux et démodé. — Participe du verbe neutre *suranner* (*sur*, de *super*, *an*).
2. La voûte du ciel qui paraît compacte (*solidum*, *firmum*). Cf. p. 396, n. 4.
3. Voyez page 112, note 2.
4. *Vogue*, 1º ancien terme de marine, allure d'un bâtiment à voiles ; 2º par analogie métaphorique, allure rapide que prend le renom d'une personne ou d'une chose. Avoir la vogue. Etre en vogue. — Etym. : un mot du haut allemand qui a donné l'allemand moderne *wogen*, flotter ; d'où vient aussi le substantif *vague*.
5. Fusées ou baguettes d'artifice qui, le feu éteint, retombent. Etym. : l'italien *bacchetta*, de *baculus*, bâton.

LE CHIEN DE TERRE-NEUVE ET LE ROQUET [1]

Un chien de Terre-Neuve à la forte encolure,
Mais que, malgré sa taille, à toute heure on citait
    Pour sa débonnaire nature,
S'était pris d'amitié pour un jeune roquet.
Ils étaient commensaux [2] de la même cuisine,
    Mangeaient à la même terrine [3],
Et le même chenil tous deux les abritait
    Un caprice de gourmandise
    Vint troubler leur félicité.
Parmi les rogatons [4] à leur faim présentés
    Se trouvait une friandise [5],
Et, sans trop y songer, le gros chien l'avait prise.
Le roquet se fâcha, grogna, montra les dents,
Sauta même au museau de son grand camarade [6],
Qui, surpris, indigné d'une telle incartade [7],
Fond sur lui, le terrasse, et, les regards ardents,
    Ouvrant une gueule effroyable,
De ses crocs acérés menace le coupable.
Mais, le voyant si faible et surtout si tremblant,
Soit pitié, soit mépris, il retient sa colère,
    Et, ramenant ses pattes en arrière,
Le fait rouler dans l'âtre et s'éloigne en grognant.
Notre pauvre roquet, heureux d'en être quitte [8],
    Rougit bientôt de sa conduite.
Il suivit à pas lents son ami courroucé.
Le regard suppliant, le corps tout ramassé [9],
Cherchant à ranimer un reste de tendresse;
    Il risqua même une caresse,

---

1. Petit chien à oreilles droites. — S'emploie au fig.: petit homme hargneux et criard. — Etym. incertaine.
2. LA FONTAINE, IX, 17: Bertrand le Singe et Raton le Chat,
    Commensaux d'un logis, avoient un commun maître.
3. Du bas-latin *terrineus*, fait de terre.
4. *Rogaton*, 1º plaisamment, requête (*rogare*); 2º petite pièce de vers de rebut; 3º, comme ici, restes de plat, de viande; 4º, comme dans MOLIÈRE (*Av.*, I, 1), objet de rebut.
5. Voyez page 20, note 8.
6. *Camarade* (Etym.: *camera*, chambre, de καμάρα, voûte), a signifié d'abord *chambrée*, certain nombre de soldats qui logent ensemble, puis homme de chambrée (*contubernalis*), d'où compagnon (*sodalis*).
7. Voyez page 195, note 5.
8. Voyez page 41, note 7, et page 246, note 8.
9. Resserré sur lui-même, *contractus* (HORACE, *Ep.*, I, 7, vers 12). Se dit aussi d'un corps naturellement épais et trapu. Voyez BOILEAU, *Lutrin*, 1, vers 67.

Et trois ou quatre fois il se vit repoussé.
Le chenil fraternel, la terrine commune,
Tout lui fut interdit, tout jusqu'à la maison.
De mon gros chien l'intraitable rancune [1]
N'y voyait qu'un ingrat indigne de pardon.
Son terrible regard le tenait à distance.
Cela dura longtemps ; le roquet en perdit
Et le sommeil et l'appétit.
Autour de la maison il rôdait [2] en silence,
Accablé de son repentir,
Jurant cent et cent fois de n'y plus revenir,
Si son ami jamais oubliait cette offense.

C'est un fardeau lourd à traîner
Que le souvenir d'une faute.
Mais il est pour les grands une vertu plus haute,
C'est de croire au remords et de lui pardonner.
C'est ce que fit mon chien, je le dis à sa gloire.
Je n'aurais sans cela pu me déterminer
A vous raconter son histoire [3].

(IX, 20.)

LACHAMBEAUDIE

1807-1872

LE ROUGE-GORGE [4]

Lorsque Dieu créa les oiseaux,
Les plus mélodieux ainsi que les plus beaux
Chaque année au printemps voulurent apparaître.
Le Rouge-gorge seul s'approchant : « Divin maître,

---

1. Ressentiment qui séjourne au fond du cœur et s'y aigrit. — Etym.: *rancidus*, rance, moisi, des inusités *rancus*, *ranceo*.
2. Voyez page 432, note 4.
3. Heureux trait de bonhomie, comme ils abondent dans La Fontaine, qui est l'ami et le confident de ses bêtes, connaît leurs qualités et leurs faiblesses, leur fait la leçon, compâtit à leurs peines. Voyez par exemple, VIII, 17 :
   Il se faut entr'aider, c'est la loi de nature.
   L'âne un jour pourtant s'en moqua;
   Et ne sais comme il y manqua,
   Car il est bonne créature.

4. Petit oiseau à bec fin, qui a la gorge et la poitrine rouge. De l'espèce des fauvettes.

Pour les autres, dit-il, les fleurs, les arbres verts ;
Pour moi les toits de chaume et les tristes hivers,
Laissez-moi, quand la neige aura blanchi la terre,
  En sa cabane solitaire
  Visiter l'humble pauvreté.
  A ma vue, à ma voix, peut-être
Avec l'oubli des maux elle sentira naître
  Et l'espérance et la gaîté. »
L'Éternel accueillit cette offre avec bonté.
Allez, quand le semeur sème l'avoine, l'orge
  Ou le froment,
Il vous racontera plus d'un récit charmant
  Sur son ami le rouge-gorge.

LA ROSE MOUILLÉE

Aline avec sa mère aux champs allait un jour
Voir la reine des fleurs, la rose, son amour,
Courbant son sein baigné de larmes matinales [1].
Pour la débarrasser de l'humide fardeau,
Elle agite ta tige, et les frêles pétales [2]
S'éparpillent [3] soudain avec les gouttes d'eau.
La pauvre enfant pleurait : « Aline, dit sa mère,
Voilà ce qu'ont produit tes soins inopportuns.
Bientôt un doux soleil, aspirant l'onde amère,
T'aurait rendu ta fleur avec tous ses parfums.
Ma fille, il est, crois-moi, des blessures cruelles
  Que l'amitié doit respecter [4] ;
  Il est des maux que sur ses ailes
  Le temps lui seul peut emporter [5]. »

LA MÈRE, L'ENFANT ET LE VIEILLARD

« Vois ce vieillard là-bas, sur le bord du chemin,
Va, mon fils ; jusqu'ici conduis-le par la main ;
De ta voix la plus douce apaise sa souffrance :

---

1. Cf. HOMÈRE, *Il.*, VIII, 306 ; VIRGILE, *Æn.*, IX, 434 :
  Purpureus veluti cum flos succisus aratro
  Languescit moriens, lassove papavera collo
  Demisere caput, pluviâ cum forte gravantur.
2. Etym. : Πέταλον, fleur ; πέταλος, étendu ; de πετάννυμι, étendre.
3. L'étymologie éveille une gracieuse image: *es*, préfixe, et le provençal *parpalhö*, italien *parpaglione*, français *papillon*, latin *papilio*.
4. Voyez page 264, note 3.
5. Cf. page 51, note 7.

La vieillesse sourit aux grâces de l'enfance. »
L'enfant part, mais bientôt revenant sur ses pas :
« Mère, il ne souffre point puisqu'il ne pleure pas ;
Car, moi, toutes les fois que j'ai du mal, je pleure.
— Retourne à lui, mon fils ; amène-le sur l'heure ;
  Je veux connaître ses besoins.
Son regard soucieux son front ridé qui penche,
Voilà de ses ennuis [1] d'infaillibles témoins.....
Crois-moi, si par des pleurs la douleur ne s'épanche,
  Mon fils on n'en souffre pas moins [2]. »

XIXᵉ SIÈCLE

(Suite).

VARIA VARIORUM

 Ce dernier groupe de morceaux offrira plus d'un contraste intéressant. — Après une page de FONTANES (1757-1821), d'un ton grave et élevé, quelques vers aisés et gais de BERCHOUX (1765-1839); double échantillon de la poésie française en ces années intermédiaires entre le xviiiᵉ siècle qui finit et l'Empire qui va commencer. — Laissant Andrieux, qui a eu sa place à part, représenter la meilleure poésie de l'Empire, — nous entrerons dans la période romantique, et nous donnerons comme cortège aux œuvres éclatantes des maîtres de l'école, que l'on connaît déjà, — d'abord une courte et saisissante peinture due à la brillante collaboration de deux poètes Marseillais, BARTHÉLEMY (1796-1867) et MÉRY (1798-1866); — puis un vigoureux et ardent tableau de BARBIER (1805-1822) qui ramènera l'imagination du lecteur du brûlant désert de l'Afrique dans la fournaise de Paris en révolution, pour la transporter ensuite aux « vertes collines d'Irlande ». — De là elle reviendra, en France, aux tableaux rustiques ou maritimes de BRIZEUX (1806-1858), d'AUTRAN (1812-1877), de LAPRADE

---

1. Voyez page 217, note 3.
2. Au milieu de ces fables d'un sentiment délicat, quelques-unes ont un tour épigrammatique :
Le Crapaud.
Je pêche une grenouille et j'attrape un crapaud.
Mon esprit est sujet à pareille méprise :
 Quand je cherche un bon mot
 Il trouve une bêtise.

Cf. MONTESQUIEU (*Pensées diverses*)· Quand on court après l'esprit on attrape la sottise.

(né en 1812), au milieu desquels se détacheront, comme un bas-relief romain, le foyer de Lucrèce dans une scène de PONSARD (1814-1868), et, comme un bronze de Barye, ou un cadre de Delacroix, un groupe de fauves du Brésil, sous la plume étincelante de LECONTE DE LISLE (né en 1820). — Suivront enfin les plus jeunes de la génération nouvelle, née de la conciliation des écoles classique et romantique. La poésie tour à tour pittoresque, émue et rêveuse de MM. COPPÉE, MANUEL, SULLY-PRUDHOMME, THEURIET, s'animera, comme on le verra, dans les années les plus voisines de nous, années remplies de cruels souvenirs, d'un souffle de patriotisme, qui brûle et qui vibre dans l'âme et dans les vers du dernier venu, Paul DÉROULÈDE.

LA CONSÉCRATION DE L'HOSTIE [1]

O moment solennel ! ce peuple prosterné,
Ce temple dont la mousse a couvert les portiques,
Ses vieux murs, son jour sombre et ses vitraux gothiques,
Cette lampe d'airain qui, dans l'antiquité,
Symbole [2] du soleil et de l'éternité,
Luit devant le Très-Haut, jour et nuit suspendue ;
La majesté d'un Dieu, parmi nous descendue,
Les pleurs, les vœux, l'encens qui monte vers l'autel,
Et de jeunes beautés [3] qui, sous l'œil maternel,
Adoucissent encor par leur voix innocente
De la religion la pompe attendrissante ;
Cet orgue [4] qui se tait, ce silence pieux,
L'invisible union de la terre et des cieux,
Tout enflamme, agrandit, émeut l'homme sensible [5].
Il croit avoir franchi ce monde inaccessible,
Où, sur des harpes [6] d'or, l'immortel Séraphin [7]
Aux pieds de Jéhovah [8] chante l'hymne sans fin.

1. Voyez page 188, note 9.
2. Figure employée comme signe des choses. Etym. : σύμβολον, marque convenue ; de συμβάλλειν (σύν, βάλλειν), convenir ensemble.
3. Fadeur assez ordinaire au langage poétique du XVIIIᵉ siècle, à l'école duquel appartenait FONTANES.
4. Etym. : ὄργανον (ἐργάζομαι, ἔργον), en général instrument, en particulier instrument de musique.
5. Voilà encore un mot dont le XVIIIᵉ siècle, après J.-J. ROUSSEAU, B. DE SAINT-PIERRE, THOMAS, etc., a abusé.
6. Etym. : le scandinave *harpa*, qui a peut-être la même racine que l'autre mot *harpe* (terme de construction, morceau de fer coudé), à cause de l'analogie de forme des deux objets.
7. « Ange de la première hiérarchie. » (LITTRÉ.) — Etym. : l'hébreu *seraphim*, anges de feu, de *seraph*, ardent.
8. Mot hébreu qui signifie « l'existant », ὁ ὤν. — Voyez LAMARTINE, *Harmonies*, II, 3, *Jéhovah ou l'Idée de Dieu*.

Alors de toutes parts un Dieu se fait entendre :
Il se cache au savant, se révèle au cœur tendre :
Il doit moins se prouver qu'il ne doit se sentir [1].

(Fontanes, *Le jour des Morts dans une campagne* [2].)

LE CAFÉ [3]

Le café vous présente une heureuse liqueur,
Qui d'un vin trop fumeux chassera la vapeur.
Vous obtiendrez par elle, en désertant la table,
Un esprit plus ouvert, un sang-froid plus aimable ;
Bientôt, mieux disposé par ses puissants effets,
Vous pourrez vous asseoir à de nouveaux banquets.
Elle est du dieu des vers honorée et chérie ;
On dit que du poète elle sert le génie,
Que plus d'un froid rimeur, quelquefois réchauffé,
A dû de meilleurs vers au parfum du café.
Il peut du philosophe égayer les systèmes,
Rendre aimables, badins, les géomètres mêmes ;
Par lui l'homme d'État, dispos après dîner,
Forme l'heureux projet de nous mieux gouverner ;
Il peut, de l'astronome éclaircissant la vue,
L'aider à retrouver son étoile perdue ;
Au nouvelliste enfin il révèle parfois
Les intrigues des cours et les secrets des rois,
L'aide à rêver la paix, l'armistice, la guerre,
Et lui fait pour six sous bouleverser la terre [4].

(Berchoux, *La Gastronomie* [5], IV.)

---

1. « La Harpe a dit que ce sont là vingt des plus beaux vers de la langue française. » (Chateaubriand, *Génie du Christian.*, IVe p., liv. I, chap VI.) — Cf. L. Racine, page 359, vers 1.
2. Cette pièce était connue dès 1785, bien longtemps avant l'impression, par les lectures qu'en faisait l'auteur.
3. Étym. : l'arabe *cahwa* ou *chawe*.
4. Delille, *Les trois règnes*, VI :

>Il est une liqueur, au poète plus chère,
>Qui manquoit à Virgile et qu'adoroit Voltaire.
>C'est toi, divin café, dont l'aimable liqueur
>Sans altérer la tête épanouit le cœur......
>A peine ai-je senti ta vapeur odorante,
>Soudain de ton climat la chaleur pénétrante
>Réveille tous mes sens ; sans trouble, sans chaos.
>Mes pensers plus nombreux accourent à grands flots.
>Mon idée étoit triste, aride, dépouillée ;
>Elle rit, elle sort richement habillée,
>Et je crois, du génie éprouvant le réveil,
>Boire dans chaque goutte un rayon de soleil.

5. Petit poème en IV chants, publié en 1800.

LE SIMOUN [1]

L'air est calme, et pourtant, comme par un prodige,
L'épine des nopals [2] frissonne sur leur tige ;
Privé de ses rayons, le soleil élargi
Semble un disque de fer dans la forge rougi,
Et, lugubres signaux d'une crise prochaine,
Des bruits mystérieux résonnent dans la plaine.
Soudain le chamelier, enfant de ce désert,
A montré le midi de tourbillons couvert ;
« Voyez-vous, a-t-il dit, cette arène mouvante !
« Le Simoun ! le Simoun !... » Ce long cri d'épouvante
Glace les bataillons dans la plaine arrêtés ;
Et l'Arabe s'enfuit à pas précipités.
Il n'est plus temps ; déjà le vent de flamme arrive ;
Il pousse en mugissant son haleine massive,
Étend sur les soldats son immense rideau,
Et creuse sous leurs pieds un mobile tombeau :
La trombe [3] gigantesque, en traversant l'espace,
Du sol inhabité laboure la surface,
Et son aile puissante au vol inattendu
Promène dans le ciel le désert suspendu.

(BARTHÉLEMY et MÉRY, *Napoléon en Égypte* [4], chant V.)

---

1. Vent brûlant qui souffle de l'intérieur de l'Afrique. — Etym.: le mot arabe *semoum*, vent pestilentiel, de *semm*, empoisonner. — Il assaille l'armée française qui, sous la conduite de Bonaparte, marche dans le déserts de la Haute-Égypte (1798).

2. Plante de la famille des cactiers, ou cactus, sur laquelle vit la cochenille, fournissant le principe colorant des teintures écarlates. Voyez page 402, note 3.

3. *Trombe*, signifie proprement une colonne d'*eau* conique enlevée par des tourbillons de vent et tournant sur elle-même. Il y a des trombes de terre et de mer. — Etym. controversée ; peut-être *turbo, inis*. — Cf. LUCAIN, IX, 411-497. L'armée pompéienne de Caton est assaillie en Afrique par le même vent, que le poète appelle *auster*. Il compare l'ouragan de sable aux ouragans de mer :

Æoliam rabiem totis exercet arenis [Auster].

4. Poème en VIII chants, publié en 1828. — LUCAIN, *ibid.*:

Regna videt pauper Nasamon errantia vento...
..... Nullusque potest consistere miles.
Instabilis raptis etiam, quas calcat, arenis....
Nusquam luctando stabilis manet, imaque tellus
Stat, quia summa fugit.....

— Cf. CHATEAUBRIAND, *Martyrs*, XI, Ouragan dans le désert (Récit d'Eudore). — Le « vent de feu » y est appelé Kamsin, nom qui se trouve un

LA CURÉE![1]

. . . .

V.

Ainsi, quand désertant sa bauge [2] solitaire,
    Le sanglier [3], frappé de mort,
Est là, tout palpitant, étendu sur la terre,
    Et sous le soleil qui le mord ;
Lorsque, blanchi de bave et la langue tirée,
    Ne bougeant plus en ses liens,
Il meurt, et que la trompe a sonné la curée
    A toute la meute des chiens,
Toute la meute, alors, comme une vague immense,
    Bondit ; alors chaque mâtin [4]
Hurle en signe de joie, et prépare d'avance
    Ses larges crocs pour le festin ;
Et puis vient la cohue, et les abois féroces
    Roulent de vallons en vallons ;
Chiens courants et limiers [5], et dogues, et molosses,
    Tout s'élance, et tout crie : Allons !

peu plus loin dans les vers de nos deux poètes. — Voyez Recueil de Prosateurs, p. 338 sqq.
    Voyez de tout autres couleurs dans les vers suivants :

    . . . .
    L'Arabe en ce moment, le front dans la poussière,
    Saluait l'Orient, berceau de la lumière ;
    Elle dorait déjà les vieux temples d'Isis
    Et les palmiers lointains des fraîches oasis ;
    Une blanche vapeur, lentement exhalée,
    Traçait le cours du Nil dans sa longue vallée.

1. Voyez page 118, n. 1. — La pièce dont nous citons la conclusion développe l'allégorie résumée dans le titre. Le poète y flétrit, au lendemain de la victoire populaire des 27, 28 et 29 juillet 1830, l'âpreté des convoitises ambitieuses dans ce Paris

    Où chacun cherche à déchirer
    Un misérable coin des guenilles sanglantes
    Du pouvoir qui vient d'expirer.
    Ainsi, quand..., etc.

2. Gîte fangeux du sanglier. BUFFON dit pourtant aussi la bauge de l'ours, et la « petite bauge » de l'écureuil. Etym. controversée.

3. Etym. : *singularis* (unique, seul) ; on appelle aussi « solitaire » le vieux sanglier « sorti de compagnie » (terme de vènerie).

4. Gros chien. « Le mâtin, le lévrier, le grand danois et le chien d'Irlande ont, outre la ressemblance de la forme et du long museau, le même naturel ; ils aiment à courir, à suivre les chevaux, les équipages ; ils ont peu de nez, et chassent plutôt à vue qu'à l'odorat. » (BUFFON.) — Etym. controversée.

5. Grand chien qui sert à la chasse des grosses bêtes. Etym.: *ligamen* (*ligare*, lier) : proprement le chien lié, tenu en laisse. Au moyen âge lie-

Quand le sanglier tombe et roule sur l'arène,
    Allons ! allons ! les chiens sont rois !
Le cadavre est à nous ; payons-nous notre peine,
    Nos coups de dents et nos abois.
Allons ! nous n'avons plus de valet qui nous fouaille [1]
    Et qui se pende à notre cou :
Du sang chaud, de la chair, allons, faisons ripaille [2],
    Et gorgeons-nous tout notre soûl [3] !
Et tous, comme ouvriers que l'on met à la tâche,
    Fouillent ces flancs à plein museau,
Et de l'ongle et des dents travaillent sans relâche,
    Car chacun en veut un morceau ;
Car il faut au chenil que chacun d'eux revienne
    Avec un os demi-rongé,
Et que, trouvant au seuil son orgueilleuse chienne,
    Jalouse et le poil allongé,
Il lui montre sa gueule encor rouge, et qui grogne,
    Son os dans les dents arrêté,
Et lui crie, en jetant son quartier de charogne [4] :
    « Voici ma part de royauté ! »

    (A. BARBIER, *Iambes et Poèmes*. — *Iambes*, I
    — 33ᵉ édition. E. Dentu, éditeur.)

LES BELLES COLLINES D'IRLANDE

Plaintes des émigrants Irlandais

Le jour où j'ai quitté le sol de mes aïeux,
La verdoyante Érin [1] et ses belles collines,
Ah ! pour moi ce jour-là fut un jour malheureux.
Là, les vents embaumés inondent les poitrines ;
Tout est si beau, si doux, les sentiers, les ruisseaux,
Les eaux que les rochers distillent aux prairies,

---

mier. — *Dogue*, gros chien de garde. Etym.: l'anglais *dog*. — *Molosse*, chien du pays des Molosses en Thrace, de chasse et de garde ; notre poésie l'emploie au sens de gros chien.

1. *Fouailler*, frapper souvent avec le *fouet* (Etym. : *fouée*, fagot, faisceau de branches qu'on jette au foyer ; du bas-latin *focata*, qui tient au foyer, venant de *focus*, qui a donné *feu*.
2. *Ripaille*, grande chère. Vient de *Ripaglia*, qu'on a prononcé en français *Ripaille* (cf. *palea*, *paglia*, paille, etc.), château sur le bord du lac de Genève où un duc de Savoie fit scandale par ses orgies (xvᵉ siècle).
3. Etym.: *satullus*, de *satur*, rassasié.
4. Etym.: *caro*, *carnis*, em, d'où *chair*
5. En Irlandais « verte ».

Et la rosée en perle attachée aux rameaux !
O terre de mon cœur, ô collines chéries !

Et pourtant, pauvres gens, pêle-mêle et nus pieds,
Sur le pont des vaisseaux près de mettre à la voile,
Hommes, femmes, enfants, nous allons par milliers
Chercher aux cieux lointains une meilleure étoile [1].
La famine nous ronge au milieu de nos champs,
Et pour nous les cités regorgent de misère ;
Nos corps nus et glacés n'ont pour tous vêtements
Que les haillons troués de la riche Angleterre.

Pourquoi d'autres que nous mangent-ils les moissons
Que nos bras en sueur semèrent dans nos plaines ?
Pourquoi d'autres ont-ils pour habits les toisons
Dont nos lacs ont lavé les magnifiques laines ?
Pourquoi ne pouvons-nous rester au même coin,
Et, tous enfants, puiser à la même mamelle ?
Pourquoi les moins heureux s'en vont-ils le plus loin ?
Et pourquoi quittons-nous la terre maternelle ?....

Mais heureux les troupeaux qui paissent vagabonds
Les pâtures de trèfle [2] en nos fraîches vallées ;
Heureux les chers oiseaux qui chantent leurs chansons
Dans les bois frissonnants où passent leurs volées.
Oh ! les vents sont bien doux dans nos prés murmurants,
Et les meules de foin ont des odeurs divines [3] :
L'oseille et les cressons garnissent les courants
De tous vos clairs ruisseaux, ô mes belles collines !

(Id., *Iambes et Poèmes*. — *Lazare*, V. —
33ᵉ édition. E. Dentu, éditeur.)

LA MER

. . . .
Hâtons-nous, le soleil nous brûle sur ces roches.
Ne sens-tu pas d'ici les vagues toutes proches ?

---

1. Par exemple aux Etats-Unis d'Amérique, où affluent les émigrants Irlandais.
2. *Trèfle*, trifolium. — Et plus bas : *oseille*, oxalis, ὀξαλίς de ὀξύς (aigu, acide ; *cresson*, peut-être de *crescere*, à cause de la rapidité avec laquelle il croît. — *Meule*, voyez page 54, note 3.
3. Cf. A. Chénier, *Le Mendiant* :
    Le toit s'égaye et rit de mille odeurs divines.

Et la mer, l'entends-tu ? Vois-tu tous ces pêcheurs ?
N'entends-tu pas les cris et les bras des nageurs ?
Ah ! rendez-moi la mer et les bruits du rivage :
C'est là que s'éveilla mon enfance sauvage ;
Dans ces flots, orageux comme mon avenir,
Se reflètent ma vie et tout mon souvenir !
La mer ! j'aime la mer mugissante et houleuse [1],
Ou, comme en un bassin une liqueur huileuse [2],
La mer calme, et d'argent [3] ! Sur ces flancs écumeux
Quel plaisir de descendre, et de bondir comme eux,
Ou, mollement bercé, retenant son haleine,
De céder, comme une algue [4], au flux qui vous entraîne !
Alors, on ne voit plus que l'onde, et que les cieux,
Les nuages dorés passant silencieux,
Et les oiseaux de mer, tous allongeant la tête,
Et jetant un cri sourd signe de la tempête....

(A. BRIZEUX, *Marie*. — A. Lemerre, éditeur.)

LE VIEUX MATELOT DE LA « SIRÈNE »

Robert, ancien marin retiré dans ses terres,
Vieillit avec sa bru [5], son fils et leurs enfants ;
Mais parfois un ennui ride ses traits austères,
Et seul, les bras croisés, il erre à travers champs.

Quel grain de mer [6] lointain, quel souffle du rivage,
Viennent troubler son front, mettre son âme en feu ?
Or, un matin, armé du bâton de voyage,
A sa jeune famille il dit un brusque adieu.

Les larges pantalons, la ceinture de laine,
La veste molle et chaude [7], il a tout revêtu ;

---

1. Agitée par la *houle*, mouvement d'ondulation que la mer conserve après une tempête. Etym. controversée : le bas-breton *houl* (vague) ? le hollandais *holle* (creux) ?
2. On a comparé la mer calme et lourde à une « nappe d'huile ».
3. Frappé par le soleil, elle renvoie des reflets argentés. Cf. p. 417, v. 33.
4. *Alga*, herbe marine.
5. Femme du fils par rapport au père et à la mère de ce dernier. — Etym. haut-allem. *brût*.
6. *Grain*, en cette acception spéciale, signifie : sur terre, une pluie subite accompagnée de bourrasque, sur mer (grain de vent, ou grain), un changement subit de l'atmosphère, accompagné de violents coups de vent. On ne peut affirmer que ce mot soit le même que *grain* (de blé, etc.), *granum*.
7. Ce sont les vêtements ordinaires et nécessaires du matelot et du pêcheur, toujours exposés aux intempéries.

La bouteille d'osier pend, jusqu'au bouchon pleine,
Sur sa chemise bleue au collet rabattu.

Aux murs de Lorient [1] il arrive, il salue
La gracieuse tour, svelte [2] comme un fuseau ;
Coudoyé des marins à chaque coin de rue,
Il lit sur leur ruban [3] le nom de leur vaisseau.

Son cœur est plein de joie et ses yeux sont en larmes.
L'air salin de la mer ravive son vieux sang ;
Le voici dans le port, et, sur la place d'armes [4],
Le bruit des artilleurs l'arrête frémissant.

Passent des officiers [5] aux brillants uniformes.
Plus loin c'est l'arsenal avec ses noirs canons,
Et les boulets ramés et les bombes énormes [6],
Mille engins [7] dont la mort aime et connaît les noms.

Les marteaux des calfats [8] enfonçant leurs étoupes
L'attirent, et, poussant gardien et matelots
Par-dessus les pontons, les radeaux, les chaloupes [9],
Il approche, il revoit la merveille des flots.

---

1. Port militaire à l'embouchure du Scorf (Morbihan). Son nom vient de la Compagnie des Indes *orientales* à qui en fut concédé l'emplacement en 1666 pour y recevoir les marchandises de l'*Orient*. La ville date de 1709.
2. *Svelte* (le seul mot français qui ait pour lettres initiales *sv*), leger et dégagé. Terme de peinture, sculpture et architecture, appliqué depuis au corps de l'homme et des animaux. — Étym.: l'italien *svelto*, de *svellere* (du latin *ex*, *vellere*, tirer).
3. Ruban de leur chapeau goudronné.
4. Terrain libre et spacieux où s'assemble la garnison d'une ville de guerre.
5. *Officier* s'applique: 1o en général à celui qui est revêtu d'un *office* (fonction), par exemple de judicature (Card. DE RETZ : Le Parlement sortit au nombre de cent-soixante officiers), de police (officiers de paix): les avoués, notaires, huissiers sont des *officiers ministériels* (chargés d'un ministère légal, *ministerium*, service, office); etc. — 2o en particulier à un chef militaire qui a un brevet et un grade.— Cf. p. 59, n. 3.
6. *Arsenal*. Voyez page 417, n. 2. — *Canon*. Voy. p. 289, n. 6.. — *Ramés*. De *remus* vient rame (aviron). De *ramus* vient rame (branchage qu'on plante en terre pour soutenir des plantes grimpantes ; d'où haricots ramés, et, par analogie venant de l'idée de soutenir et de réunir, boulets ramés, réunis par une barre ou une chaine. — *Bombe*, de βόμβος, *bombus*, bruit, à cause de fracas qu'elle produit en partant et en éclatant.
7. Voyez page 95, note 5.
8. *Calfater* un bâtiment, c'est garnir ses joints, fentes et trous, d'étoupes que l'on recouvre de suif et de goudron.
9. *Ponton*: 1° bâtiment à fond plat, servant dans les ports au transport des lourds fardeaux ; 2o vieux bâtiments de guerre rasés jusqu'au pont. Étym.: *ponto, onis*, bac. — *Radeau*, assemblage de pièces de bois formant un plancher sur l'eau. Annibal fit passer le Rhône à ses éléphants sur des radeaux. Étym.: *radellus* (bas-latin), de *ratis*. — *Chaloupe*, du hollandais *sloep*.

— « Oh ! qu'elle est belle encore, à partir toute prête,
Celle qui m'emporta jeune homme sur ses flancs !
Celle à qui je reviens dans mes habits de fête,
Comme elle est jeune et belle !... Et j'ai des cheveux blancs !

Qu'elle fut bien nommée ! hélas ! un nom de fée[1] !
Un nom d'enchanteresse ! Elle vous jette un sort[2] :
Voilà toute autre flamme en vous-même étouffée,
Vous êtes son esclave à la vie, à la mort. »

Et leste et vigoureux, malgré sa barbe blanche,
A l'échelle de corde il montait triomphant ;
Puis, touchant la mâture, embrassant chaque planche,
A genoux le vieillard pleurait comme un enfant.

Mais l'ancre vient à bord : Robert une seconde
Dans son cœur hésita ; pourtant il lui fallait
Une dernière fois faire le tour du monde !
Et la Sirène au loin s'en allait, s'en allait.....

(Id., *Histoires poétiques*, VII, 2. — A. Lemerre, éditeur.)

LES BATTEURS DE BLÉ

La poitrine en sueur et toute haletante,
Ils sont là, vingt batteurs, sous la chaleur ardente,
Avançant, reculant sans fin, jeunes et vieux :
Sous les feux du soleil le blé s'égrène mieux.
Voyez les lourds fléaux[3], dans cette noble lutte,
Se lever, retomber douze fois par minute !
L'enfant cherche à montrer sa première vigueur,
Et le vieillard blanchi ce qui lui reste au cœur.
Chez les filles aussi, quel feu ! quelle prestesse !
Les épis sentent bien leur force et leur adresse ;

---

1. Les deux êtres fantastiques, *Sirène* et *Fée*, l'un de la superstition antique, l'autre de la superstition du moyen âge qui s'est perpétuée, ont tous deux fourni à la langue un synonyme de enchanteresse ; on dit : c'est une sirène, c'est une fée. Etym. de *fée* : *fata, æ*, Parque.
2. Du sens de chance le mot *sort* a passé à celui de paroles auxquelles on attribue le pouvoir de la changer et d'opérer des maléfices. Molière, *Éc. des Femmes*, V, 4 :

C'est quelque sort qu'il faut qu'il ait jeté sur lui.

3. Etym.: *flagellum*, forme diminutive de *flagrum*, fouet. Le *g* du latin a disparu comme dans *plaie*, de *plaga*, *faîne*, de *faginus*, etc. Ailleurs au contraire le français ajoute un *g* à l'original latin : *voyage* de *viaticum*, *cigogne* de *ciconia*, *oignon* de *unionem*, etc.

Puis de longs cris de joie au départ, mais d'abord
Pour se bien délasser on danse à tomber mort [1].
La ferme est entourée, au couchant, de grands ormes,
Reste des temps passés, et de chênes énormes,
Et d'ajoncs [2] fleurissant l'hiver comme l'été.
Partout c'est le bon air, le travail, la santé.
   (Id., *Histoires poétiques*, VII, 1. — A. Lemerre,
   éditeur.)

LE FOYER ROMAIN

LUCRÈCE[3], LA NOURRICE, LAODICE, servante; Esclaves.

LUCRÈCE.

Lève-toi, Laodice, et va puiser dans l'urne
L'huile qui doit brûler dans la lampe nocturne.
Les heures du repos viendront un peu plus tard.
La nuit n'a pas encore fourni [4] son premier quart,
Et je veux achever de filer cette laine,
Avant d'éteindre enfin la lampe deux fois pleine.

LA NOURRICE.

Lucrèce, écoutez-moi ; car vous n'oubliez pas
Que je vous ai longtemps portée entre mes bras :
Votre mère mourut quand vous veniez de naître ;
Je vous donnai mon lait sur l'ordre de mon maître.....
Faut-il donc que vos yeux s'usent, toujours baissés,
A suivre dans vos doigts le fil que vous tressez ?
Pourquoi vous imposer tant de pénibles veilles ?
Cherchez à vous distraire, imitez vos pareilles ;
Et que, de temps en temps, des danses, des concerts,
Ramènent la gaîté dans vos foyers déserts.

---

1. Vers vigoureux, d'allure et de couleur franchement rustique. La poésie descriptive du xviiie siècle restait, à la campagne, un peu sœur de la peinture de Boucher ; celle du xixe y est sœur de la peinture de Millet et de Breton.

2. Arbuste épineux, appelé aussi « genêt épineux ». Etym. controversée.

3. L'histoire classique de Lucrèce, femme de Tarquin Collatin, qui, outragée par Sextus Tarquin, fils de Tarquin le Superbe, se tua en présence de son père, de son mari et de Brutus, et fut vengée par une révolution et l'abolition de la royauté (509 av. J-C.), est trop connue pour qu'il soit utile d'en dire plus, Le dénouement de la tragédie de Ponsard est la mort de Lucrèce et l'appel aux armes. Arnault avait fait jouer une *Lucrèce* en 1792.

4. *Fournir* (étym. controversée), pris au sens de achever. Fournir sa course, sa carrière (en parlant des astres, d'un travail, de la vie, etc.). — Les Romains divisaient la nuit, de 6 heures du soir à 6 heures du matin, en 4 veilles (*vigilia, æ*) de 3 heures chacune.

LUCRÈCE.

Quand mon mari combat en bon soldat de Rome,
Je dois agir en femme ainsi qu'il fait [1] en homme.
Nourrice, nous avons tous les deux notre emploi :
Lui, les armes en main, doit défendre son roi ;
Il doit montrer l'exemple aux soldats qu'il commande :
Mon devoir est égal, si ma tâche est moins grande.
Moi, je commande ici, comme lui dans son camp,
Et ma vertu doit être au niveau [2] de mon rang.
La vertu que choisit la mère de famille,
C'est d'être la première à manier l'aiguille,
La plus industrieuse à filer la toison,
A préparer l'habit propre à chaque saison,
Afin qu'en revenant au foyer domestique,
Le guerrier puisse mettre une blanche tunique,
Et rendre grâce aux dieux de trouver sur le seuil
Une femme soigneuse [3] et qui lui fasse accueil.
Laisse à d'autres que nous les concerts et la danse.
Ton langage, nourrice, a manqué de prudence.
La maison d'une épouse est un temple sacré,
Où les yeux du soupçon n'ont jamais pénétré,
Et son époux absent [4] est une loi plus forte
Pour que toute rumeur se taise vers sa porte.

(PONSARD, *Lucrèce*, I, 1. — Calmann Lévy, éditeur.)

LA FENAISON [5]

Vois, par-dessus la haie où chantent les fauvettes,
Dans le foin verdoyant aux teintes violettes,
Cachés jusqu'aux genoux et montant de là-bas,

---

1. *Faire* remplaçant un verbe déjà exprimé, et prenant sa signification, est un emploi usuel au XVIIe siècle. CORNEILLE, *Horace*, II, 3 ; Curiace dit à Horace :

   Elle (Albe) m'*estime* autant que Rome vous a *fait*.

2. Voyez page 402, note 6.
3. C'est l'équivalent des adjectifs *diligens*, *sedulus*, fréquents chez les Latins.
4. C.-à-d. l'absence de son époux. Latinisme familier aux écrivains du XVIIe siècle. Voyez page 322, note 2.
5. 1° Coupe des foins, 2° saison où on la fait. — Etym. : *fenum*, foin. Cf. la lettre célèbre de Mme DE SÉVIGNÉ, connue sous le nom de *la prairie* (22 juillet 1671) : « ...Savez-vous ce que c'est que faner ? Il faut que je vous l'explique ; faner est la plus jolie chose du monde, c'est retourner du foin en batifolant dans une prairie ; dès qu'on en sait tant, on sait faner.., » Mme DE SÉVIGNÉ donne une impression gaie et fraîche. Le poète va peindre

Les faucheurs, alignés, marchant du même pas.
En cercle, à côté d'eux, frappent les faux tournantes;
Le fer siffle en rasant [1] les tiges frissonnantes,
Et, dans le vert sillon tracé par les râteaux,
L'herbe épaisse à leurs pieds se couche en tas égaux [2].
   A l'ombre, au bout du pré, chacun souffle à sa guise;
Le travailleur s'assied, et sa lame s'aiguise [3],
Et l'on entend, parmi les gais refrains [4], dans l'air,
Tinter [5] sous le marteau l'acier sonore et clair.
Plus loin, dans le soleil, qui le sèche à merveille,
Monte en cône arrondi [6] le foin coupé la veille;
Là, vous écoutez rire, autour des peupliers,
Les filles de la ferme en rouges tabliers,
Et la meule y reçoit de la fourche de frêne [7]
Les gerbes de sainfoin que le râteau lui traîne.
   Un char, dont l'essieu [8] crie en montant le coteau,
Balance, au pas des bœufs, son odorant [9] fardeau,
Aux arbres du chemin, chaque fois qu'il se penche,
Laissant fleurs et gazons pendus à chaque branche.
Un autre, vide encor, s'arrête, et les enfants,
Assiégeant le timon, y grimpent triomphants.
Appuyé sur le joug du taureau qui rumine [10],
Un robuste bouvier, jeune et de fière mine,

---

1. Voyez page 323, note 2. — *Radere* a donné *rastrum, rastellum*, râteau.
2. Cf. AUTRAN, *La vie rurale*, II, 18, *L'odeur des foins* :

    Les voyez-vous là-bas, au bord de la rivière,
    Marcher à pas égaux d'un rythme cadencé?...
    De la rapide faux l'éclair par instant brille.

3. Voyez page 165, note 3.
4. Voyez page 270, note 6.
5. *Tinter* (de *tinnitare*, fréquentatif de *tinnire*), 1° actif : faire sonner lentement une cloche; 2° neutre : sonner lentement, puis, ou : faire entendre des sons séparés et distincts tels que le tintement d'une clochette, comme ici et dans BÉRANGER :

    Ah! je voudrais qu'on entendît
    Tinter sur la vitre sonore
    Le grésil léger qui bondit.

ou : se prolonger comme un tintement :

    La même voix tintait longtemps dans mes oreilles.
                           (LAMARTINE.)

6. Ou *meule*. Voyez page 54, note 3.
7. Étym. : *fraxinus*. Cf. *faîne*, de *faginus*. Voy. p. 449, n. 3.
8. Voyez page 398, n. 5. — RACINE, *Phèdre*, V, 6 :

    L'essieu crie et se rompt....

9. AUTRAN, *loc. cit.* :

    Et chaque vent qui passe apporte par bouffées
    L'enivrante senteur des herbes en morceaux.

10. Voyez page 182, note 2

Dont la brune faneuse accuse le repos,
Sourit nonchalamment à ses joyeux propos [1].
Bientôt, parmi les cris, la joie universelle,
Le gerbier [2] tout entier sur le char s'amoncelle.
      (V. DE LAPRADE, *Idylles héroïques*. — *Franz*, l. —
   Calmann Lévy, éditeur.)

LA VENDANGE

Hier [3] on cueillait à l'arbre une dernière pêche,
Et ce matin voici, dans l'aube épaisse et fraîche,
L'automne qui blanchit sur les coteaux voisins.
Un fin givre [4] a ridé [5] la pourpre des raisins.
Là-bas voyez-vous poindre [6], au bout de la montée,
Les ceps aux feuilles d'or, dans la brume argentée [7] ?
L'horizon s'éclaircit en de vagues rougeurs,
Et le soleil levant conduit les vendangeurs [8].
  Avec des cris joyeux ils entrent dans la vigne;
Chacun, dans le sillon que le maître désigne,
Serpe en main, sous l'arbuste a posé son panier.
Honte à qui reste en route, et finit le dernier !
Les rires, les clameurs stimulent sa paresse.
Aussi, comme chacun dans sa gaîté se presse !
Presque au milieu du champ, déjà brille là-bas
Plus d'un rouge corset entre les échalas [9].

---

1. Voyez au Louvre *Les Moissonneurs* de Léopold Robert. L'attitude du bouvier italien est celle que décrit ici le poète.
2. Synonyme de *meule*. Inusité.
3. *Hier*, monosyllabe dans l'ancienne prosodie (Voyez l'APPENDICE Ier X, 12º), l'est encore dans MOLIÈRE :
    Hier j'étois chez des gens de vertu singulière.
                                 (*Mis.*, III, 5.
BOILEAU en fait un dissyllabe (*Sat.* III, 19; *Ep.* VI, 52), et un monosyllabe dans *avant-hier* (*Ep.* VI, 60). — Auj. il est dissyllabe, malgré l'exemple qu'on trouve ici.
4. Voyez page 396, note 3.
5. Voyez page 174, note 3, et page 393, note 2.
6. Voyez page 65, note 6, et page 423, n. 1. Du sens de *piquer*, le verbe passe à celui de *percer*, commencer à paraître.
7. Voyez (page 447, note 3) l'emploi que BRIZEUX fait de cette métaphore SAINT-LAMBERT : Ruisseaux argentés. LEMIERRE (Voy. p. 361, vers 1.) V HUGO :
    Ainsi que l'araignée entre deux chênes verts
    Jette un fil argentée qui flotte dans les airs.
A. DE MUSSET :
    La nuit aux pieds d'argent descend dans la rosée.
8. Vendange, de *vindemia*, —geur, de *vindemiator*. Sur l'introduction du *g*, voyez page 408, note 4, et page 449, n. 3.
9. Au moyen âge et au XVIe siècle *eschalas*. Etym. : bas-latin *eschara*

Voici qu'un lièvre part : on a vu ses oreilles.
La grive au cri perçant fuit et rase les treilles [1].
Malgré les rires fous, les chants à pleine voix,
Tout panier s'est déjà vidé plus d'une fois,
Et bien des chars ployant [2] sous l'heureuse vendange,
Escortés des enfants, sont partis pour la grange.
Au pas lent des taureaux les voilà revenus,
Rapportant tout l'essaim des marmots [3] aux pieds nus.
On descend, et la troupe à grand bruit s'éparpille [4],
Va des chars aux paniers, revient, saute et grappille,
Près des ceps oubliés se livre des combats.
Qu'il est doux de les voir, si vifs dans leurs ébats,
Préludant par des pleurs à de folles risées,
Tout empourprés du jus des grappes écrasées [5].
            (ID., *ibid.*; *Franz*, III. — Calmann Lévy, éditeur.)

BŒUFS DE NORMANDIE ET CHÈVRES DE PROVENCE

La verte Normandie a sur ses promontoires
De grands bœufs accroupis sur leurs épais genoux,
Des bœufs au manteau [6] blanc semé de taches noires,
Des bœufs aux flancs dorés, marqués de signes roux [7].

Aux heures de la trêve [8] et du sommeil des vagues,
Paisiblement couchés dans le souple gazon [9],
Ils rêvent en silence, et laissent leurs yeux vagues
D'un regard nonchalant se perdre à l'horizon.

de *carratium* avec prothèse de *es* (de χάραξ, pieu, rangée d'échalas, rang de vignes). Sur la substitution de *l* à *r*, voyez page 120, note 2.

1. Berceau de vignes ou ceps en espaliers. Etym. : *trichila*. — On sait que la grive est friande de raisin. Mme DE SÉVIGNÉ ne recule pas, dans une anecdote, à rappeler le proverbe populaire, soûl comme une grive.
2. Voyez page 135, note 6.
3. Etym. controversée. A signifié d'abord singe, puis petite figure grotesque: puis a pris et n'a gardé que le sens actuel. Employé par LA FONTAINE, IV, 5 ; X, 6, etc., Mme DE SÉVIGNÉ, etc.
4. Voyez page 439, note 3.
5. Ces tableaux précis et colorés contrastent avec les rêveries que la nature alpestre, les forêts et les hautes cimes ont souvent inspirées au poète.
6. Le mot exact, en prose, est « robe ».
7. Pierre DUPONT a dit (*Les Bœufs*, chanson) :
    J'ai deux grands bœufs dans mon étable,
    Deux grands bœufs blancs marqués de roux.
8. 1° Cessation temporaire des hostilités, *induciæ*; 2° au fig., relâche, *cessatio*. Etym.: haut-allem. *triwa*, confiance, sécurité.
9. Encore une étymologie du haut-allem. waso. FROISSARD dit wason; D'AUBIGNÉ, gason.

A quoi songent ainsi, dans leur calme attitude,
Ces anciens du troupeau, semblables à des Dieux [1] ?
Est-ce au maître inconnu de cette solitude ?
Est-ce à l'immensité de la mer et des cieux ?

Quand ils errent, le soir, au sommet des rivages,
Quand leur front vers les eaux se tourne pesamment,

1. Un maître dans l'art de peindre la nature, la campagne, la vie rustique et les impressions diverses qu'elles laissent à qui sait les voir et les sentir, GEORGE SAND, a plus d'une fois traduit celles que rend ici AUTRAN, et placé dans ses tableaux les grands bœufs et les calmes génisses à l'œil doux, profond et rêveur. — *Semblables à des Dieux*. Rappelons-nous que la religion égyptienne avait divinisé le bœuf, et que la mythologie grecque en fait prendre la forme à Jupiter et change Io en génisse.
Cf. V. HUGO, *Les Voix intérieures* (XV, *la Vache*) :

>Devant la blanche ferme où parfois, vers midi,
>Un vieillard vient s'asseoir sur le seuil attiédi,
>Où cent poules gaiment mêlent leurs crêtes rouges.
>Où, gardiens du sommeil, les dogues dans leurs bouges
>Écoutent les chansons du gardien du réveil,
>Du beau coq vernissé qui reluit au soleil,
>Une vache était là, tout à l'heure arrêtée,
>Superbe, énorme, rousse, et de blanc tachetée.
>Douce comme une biche avec ses jeunes faons,
>Elle avait sous le ventre un beau groupe d'enfants,
>D'enfants aux dents de marbre, aux cheveux en broussailles,
>Frais, et plus charbonnés que de vieilles murailles,
>Qui, sous leurs doigts pressant le lait par mille trous,
>Tiraient le pis fécond de la mère au poil roux.
>Elle, bonne et puissante, et de son trésor pleine,
>Sous leurs mains par moments faisant frémir à peine
>Son beau flanc plus ombré qu'un flanc de léopard,
>Distraite, regardait vaguement quelque part.

Et BRIZEUX :

>. . . . . La vache, avec sa blanche robe,
>Languissamment marchait, secouant son jabot,
>Et marquant sur la terre humide son sabot.
>Quelquefois s'arrêtait pour brouter un peu d'herbe,
>Puis s'en allait encor, grasse, lente et superbe.
>Sur son front étoilé des cornes en croissant
>S'arrondissaient; sa queue et son poil frémissant
>Autour d'elle chassaient les bourdons et les mouches,
>Et ses grands yeux roulaient défiants et farouches.

Les tableaux rustiques sont un des attraits et un des succès de la poésie contemporaine. Ils abondent dans BRIZEUX; on en a vu *supra* deux de LAPRADE; on admire dans *Jocelyn* (IXe Époque) de LAMARTINE l'épisode des *Laboureurs*, etc. Je lis au début des *Bœufs*, dans la *Nouvelle poésie des bêtes*, de M. François FABIÉ :

>Pendant six mois d'hiver, les bœufs, dans les étables,
>Contre les râteliers frottant leurs noirs naseaux,
>Ont poussé mille fois des appels lamentables
>Vers la prairie absente et vers les grandes eaux.
>
>Et lorsque le bouvier leur donnait la pâture,
>— La pâture d'hiver : paille hachée et foin, —
>Ils tournaient leurs gros yeux affamés de verdure
>Vers la porte entr'ouverte, et soufflaient dans leur coin.
>
>Ou, courbés deux à deux et tirant sur leurs chaînes,
>Se léchant tour à tour, ils regrettaient tout bas
>De ne pouvoir frotter leurs cols au tronc des chênes,
>Ni se heurter le front dans d'éternels combats.

Chaque mot est un trait de vérité et un coup de pinceau

L'Océan, qui déferle¹ à ces côtes sauvages,
Mêle sa voix profonde à leur mugissement.

Quand l'ouragan d'été, sous les falaises mornes,
Entre-choque les flots à travers les récifs²,
Eux aussi, furieux, souvent croisent leurs cornes,
Et, d'un effort jaloux, heurtent leurs fronts massifs.

Or, si la Normandie a les bœufs, la Provence
Garde aux flancs de ses monts les chèvres en troupeaux,
Les chèvres dont le pied, libre et hardi, s'avance,
Et dont l'humeur sans frein³ ne veut pas de repos.

La montagne au soleil, où croissent pêle-mêle
Cytise et romarin, lavande et serpolet,
Enfle de mille sucs leur bleuâtre mamelle;
On boit tous ses parfums quand on boit de leur lait.

Tandis qu'assis au pied de quelque térébinthe,
Le pâtre insoucieux chante un air des vieux jours.
Elles, dont le collier par intervalle tinte⁴,
Vont et viennent sans cesse et font mille détours.

En vain le mistral⁵ souffle et chiffonne leur soie,
Leur bande au pâturage erre des jours entiers.
Je ne sais quel esprit de conquête et de joie⁶
Les anime à gravir les plus âpres sentiers.

Ton gouffre les appelle, ô Méditerranée !
Qu'un brin de mousse y croisse, une touffe⁷ de thym,

---

1. *Déferler*, 1º actif : — les voiles, les déployer; 2º neutre : la mer déferle, ou se déferle, déplie ses lames sur le rivage, et y jette son écume. — Etym.: *dé*, et *ferler* (étym.: l'anglais *to furl*): plisser la voile et l'attacher sur la vergue.

2. *Falaise*, terres ou rochers escarpés le long de la mer; du haut-allem. *felisa*, rocher. — *Récif*, chaîne de rochers à fleur-d'eau ; venu par l'espagnol de l'arabe *ar-recif*, chaussée.

3. LA FONTAINE dit « certain esprit de liberté » qui « leur fait chercher fortune » à travers rochers et précipices :

C'est où ces dames vont promener leurs caprices.
(*Les deux chèvres*, XII, 4.)

C'est de leur nom (*capra*, chèvre) que viennent et c'est pour elles avant tout que sont faits les mots *caprice* et *capricieux*.

4. Voyez page 452, note 5.

5. Nom donné sur la Méditerranée et ses côtes provençales au vent du nord-ouest. Etym. : le provençal *maestral*, de maître : le vent maître. — HORACE (*Od.*, I, 2) appelle le Notus *arbiter* Adriæ. Id., *ibid.*, 14: *Imperiosius æquor*.

6. Voyez *suprà* la note 3.

7. Voyez p. 315, note 2.

C'est là qu'elles iront, troupe désordonnée
Que le péril attire autant que le butin.

Dans les escarpements entrecoupés d'yeuses,
Elles vont jusqu'au soir, égarant leurs ébats ;
Ou bien, le cou tendu, s'arrêtent, curieuses,
Pour voir la folle mer qui se brise là-bas [1] !

(AUTRAN, *La Vie rurale*, I, 23 : *Les Chèvres.* —
Calmann Lévy, éditeur.)

AUX PAYSANS

A ceux qui vous diront la ville et ses merveilles
N'ouvrez pas votre cœur, paysans, mes amis !
A l'appel des cités n'ouvrez pas vos oreilles ;
Elles donnent, hélas ! moins qu'elles n'ont promis.

Laissez chanter le chœur des machines stridentes ;
Laissez les noirs engins [2] hurler à pleins ressorts,
De vos sages aïeux gardez les mœurs prudentes ;
Et, comme ils ont vécu, vivez calmes et forts !

La cité pour son peuple en vain se dit féconde ;
Le pain de ses enfants est plus amer que doux.
Sous un luxe qui ment, tel rit aux yeux du monde,
Qui tout bas porte envie au dernier d'entre vous.

Paisibles et contents, la tâche terminée,
A votre cher foyer vous rentrez chaque soir.
Combien de citadins, au bout de leur journée,
Ne rapportent chez eux qu'un morne désespoir !

A vos champs, à vos bois, demeurez donc fidèles :
Aimez vos doux vallons, aimez votre métier.
Auguste est le travail de vos mains paternelles :
C'est à [3] votre sueur que vit le monde entier.

De l'air qui vous entoure une sagesse émane [4] ;
La plante vous conseille et le sol vous instruit :

---

1. Voilà, juxtaposés dans le même cadre, deux paysages rustiques, auxquels rien ne manque, la campagne, les animaux, l'homme, avec une bordure et un double horizon maritimes.
2. Voyez page 95, note 6.
3. Cf. gagner sa vie à la sueur de son front. C'est le latin *a, ab*, par le moyen de, par suite de. — De même : On devine, à son air, qu'il est malheureux.
4. Etym.: *emanare*, de *è* et *manare*, couler.

« Restez, » dit le sillon dont vous cueillez la manne [1] ;
Et le frêne du seuil : « Malheur à qui me fuit. »

Les saisons, il est vrai, vous sont parfois cruelles :
Aux caprices des cieux vos labeurs sont soumis.
Les blés, tendres encor, sont broyés par les grêles ;
Les vergers [2] sont battus par les vents ennemis.

Le désastre pourtant n'est jamais sans remède ;
Avant peu, sous vos toits, la douleur s'interrompt.
L'olive a fait défaut, les prés viendront en aide ;
Si les blés ont manqué, les pampres [3] donneront.

. . . .
La pauvreté rustique est mère des vertus [4].
. . . .

C'est elle qui revêt d'une indomptable force
Vos fils, durs à la neige [5], insensibles au feu ;
Par elle vous gardez, sous une rude écorce,
Les tendresses du cœur et la croyance en Dieu.

Si la France un matin vous aligne en phalange,
Fiers, vous faites honneur à votre humble berceau,
Vous tous, les héritiers des gloires sans mélange,
Frères de Jeanne d'Arc, de Hoche et de Marceau [6] !

Vous allez, votre foule aux frontières se rue [7] ;

---

1. Ce mot (Etym.: μάννα, *manna*, venus de deux mots hébreux), qui désigne la nourriture envoyée par Dieu aux Hébreux dans le désert, s'emploie par extension et par analogie pour signifier une nourriture abondante et salutaire.
2. Etym.: *viridarium*. Voyez la note 3, page 408.
3. *Pampre* (*pampinus*). — Voyez page 120, note 2.
4. Lucain, I, 164 :
   Fecunda virorum
   Paupertas.

— Voyez dans le *Satire* XIV de Juvénal, vers 160 sqq., l'éloge éloquent de la pauvreté laborieuse des antiques laboureurs Latins et Samnites.

5. *Durus, induratus, patiens, patientia*, καρτερία, expriment la même idée. On dit : dur à la fatigue, à la souffrance.
6. Lazare Hoche, né à Versailles en 1768, s'engagea à seize ans ; sergent aux gardes-françaises en 1789, général en chef en 1793 ; mort à 29 ans. — François Marceau, né à Chartres en 1769, s'engagea à 15 ans ; sergent en 1789, général de division en 1793, mort à 27 ans. Les Autrichiens observèrent un armistice pour lui rendre les derniers devoirs ; leurs généraux, l'archiduc Charles en tête, le visitèrent mort sur son lit funèbre, sujet d'un tableau de M. Jean-Paul Laurens (médaille d'honneur au salon de 1877).
7. Barbier, *Iambes*, I :
   La grande populace et la sainte canaille
   Se ruaient à l'immortalité.

Pieds nus, vous bondissez, vous courez en sarraux [1] ;
Et le fer se transforme, et, d'un soc de charrue,
Vous forgez en chemin la lance des héros [2] !

A ceux qui vous diront la ville et ses merveilles
Fermez bien votre cœur, paysans, mes amis !
A l'appel des cités fermez bien vos oreilles ;
Elles ne donnent pas ce qu'elles ont promis.
      (ID., *ibid.*, 3 : *Aux paysans*. — Calmann Lévy,
        éditeur.)

À LA FRANCE DE 1871

. . . .
Le désastre est complet : nous avons à refaire
De la base au sommet le travail des aïeux ;
Il s'agit aujourd'hui de le reprendre à terre,
Et de le relever à la hauteur des cieux.

Il nous faut ranimer les exemples antiques,
Aux vertus d'autrefois rendre leur large vol,
Redresser les autels et les mœurs domestiques,
Tous les débris enfin qui jonchent notre sol.

Agissons, travaillons du cœur et de l'épaule ;
Ne reconnaissons pas que le coup soit mortel.
Soyons les dignes fils de cette vieille Gaule
Qui ne craignait jadis que la chute du ciel [3].

Chaque peuple eut, un jour, sa suprême disgrâce ;
Mais celui-là n'a point à craindre les affronts,
Qui dit, en regardant son malheur face à face :
« S'il faut recommencer, nous recommencerons ! »
      (ID., *La Flûte et le Tambour. Roulements de*
        tambour, VII.— Calmann Lévy, éditeur.)

---

1. Sorte de blouse à l'usage particulier des paysans. Étym. incertaine.
2. Cf. p. 49, note 2. L'expression d'AUTRAN est métaphorique ; celles de RONSARD et de VIRGILE sont employées au propre.
3. CHATEAUBRIAND, *Les Martyrs*, VI: « Esclave romain, dit Mérovée, ne crains-tu pas ma framée ? — Je ne crains qu'une chose, repartit le Gaulois frémissant de courroux, c'est que le ciel [ne] tombe sur ma tête. » C'est la réponse des députés gaulois à Alexandre ; Arrien, I, 1. (*Note de Chateaubriand.*)

LE JAGUAR [1]

. . . .
Dans l'acajou [2] fourchu lové [3] comme un reptile,
C'est l'heure où, l'œil mi-clos et le mufle en avant,
Le chasseur au beau poil [4] flaire une odeur subtile,
Un parfum de chair vive égaré dans le vent.

Ramassé [5] sur ses reins musculeux, il dispose
Ses ongles et ses dents pour son œuvre de mort.
Il se lisse la barbe avec sa langue rose ;
Il laboure l'écorce, et l'arrache et la mord.

Tordant sa souple queue en spirale, il en fouette
Le tronc de l'acajou d'un brusque enroulement ;
Puis sur sa patte roide il allonge la tête,
Et, comme pour dormir, il râle [6] doucement.

Mais voici qu'il se tait, et, tel qu'un bloc de pierre,
Immobile, s'affaisse au milieu des rameaux ;
Un grand bœuf des pampas [7] entre dans la clairière,
Corne haute et deux jets de fumée aux naseaux.

Celui-ci fait trois pas. La peur le cloue en place :
Au sommet d'un tronc noir qu'il effleure en passant,
Plantés [8] droits dans sa chair où court un froid de glace,
Flamblent deux yeux zébrés [9] d'or, d'agate et de sang.

Stupide [10], vacillant sur ses jarrets [11] inertes,
Il pousse contre terre un mugissement fou ;

---

1. Carnassier du genre félin, moucheté comme le léopard et la panthère. « *Jaguar* ou *jaguara*, nom de cet animal au Brésil, que nous avons adopté pour le distinguer du tigre. » (BUFFON.)
2. Cet arbre est nommé au Brésil *acajaba*.
3. *Lové* « se dit de la position que prend un serpent pour s'élancer quand il roule son corps et se dresse. » (LITTRÉ.) Participe de *lover* (terme de marine), mettre un câble en cerceau pour se tenir prêt à le filer.
4. C'est le jaguar en quête de proie.
5. Voyez page 437, note 9. — Cf. LUCAIN, I, 207 :
.... Viso leo cominus hoste
Subsedit dubius totam dum colligit iram.
6. Etym.: haut-allemand *rasseln*, faire du bruit.
7. Vaste plaine de l'Amérique méridionale.
8. Cf. le latin *figere* oculis.
9. *Zébré*, marqué de bandes ou lignes foncées sur un fond clair, comme a robe du *zèbre* (mot éthiopien).
10. Paralysé par la peur ; *stupere, stupidus, attonitus*.
11. Etymol.: le celtique *garr*, jambe.

Et le jaguar du creux des branches entr'ouvertes
Se détend comme un arc et le saisit au cou.

Le bœuf cède en trouant la terre de ses cornes,
Sous le choc imprévu qui le force à plier ;
Mais bientôt, furieux, par les plaines sans bornes,
Il emporte au hasard son fauve cavalier.

Sur le sable mouvant qui s'amoncelle en dune [1],
De marais, de rochers, de buissons entravé,
Ils passent, aux lueurs blafardes [2] de la lune,
L'un ivre, aveugle, en sang, l'autre à sa chair rivé [3].

Ils plongent au plus noir de l'immobile espace,
Et l'horizon recule et s'élargit toujours ;
Et d'instant en instant leur rumeur qui s'efface
Dans la nuit et la mort enfonce ses bruits sourds.

(LECONTE DE LISLE, *Poèmes barbares*; édition 1882,
p. 208. — A. Lemerre, éditeur.)

UN ÉVANGILE

En ce temps-là Jésus, seul avec Pierre, errait
Sur la rive du lac, près de Génésareth,
A l'heure où le brûlant soleil de midi plane [4],
Quand ils virent, devant une pauvre cabane,
La veuve d'un pêcheur, en longs voiles de deuil,
Qui s'était tristement assise sur le seuil,
Retenant dans ses yeux la larme qui les mouille,
Pour bercer son enfant et filer sa quenouille [5].
Non loin d'elle, cachés par des figuiers touffus [6],
Le maître et son ami voyaient sans être vus.

Soudain un de ces vieux, dont le tombeau s'apprête,
Un mendiant portant un vase sur sa tête,

---

1. *Dune*, proprement monticule de sable sur les bords de la mer. Etym.: le celtique *dun*, tertre ; δοῦνον, *dunum* (*Augustodunum*, Autun ; *Castellodunum*, Châteaudun ; *Uxellodunum* (Cahors), etc.
2. D'un blanc terne. Etym. controversée.
3. Cf. V. HUGO, *Mazeppa*, page 410 sqq. — Tel bronze de Barye nous a donné l'analogue de ce groupe.
4. Emploi métaphorique de *planer*. Voir l'étymol. page 414, note 2.
5. Etym.: *colucula*, diminutif de *colus*. VIRGILE, Æn., VIII, 409 : Femina,

Cui tolerare colo vitam tenuique Minervâ
Impositum.

6. Voyez l'étymol. page 315, note 2.

Vint à passer et dit à celle qui filait :
« Femme, je dois porter ce vase plein de lait
Chez un homme logé dans le prochain [1] village.
Mais, tu le vois, je suis faible et brisé par l'âge,
Les maisons sont encore à plus de mille pas,
Et je sens bien que, seul, je n'accomplirai pas
Ce travail, que l'on doit me payer une obole [2]. »

La femme se leva sans dire une parole,
Laissa, sans hésiter, sa quenouille de lin
Et le berceau d'osier où pleurait l'orphelin,
Prit le vase et s'en fut [3] avec le misérable [4].

Et Pierre dit : « Il faut se montrer secourable,
Maître ! mais cette femme a bien peu de raison
D'abandonner ainsi son fils et sa maison
Pour le premier venu qui s'en va sur la route.
A ce vieux mendiant, non loin d'ici, sans doute
Quelque passant eût pris son vase, et l'eût porté. »

Mais Jésus répondit à Pierre : « En vérité,
Quand un pauvre a pitié d'un plus pauvre, mon Père
Veille sur sa demeure et veut qu'elle prospère.
Cette femme a bien fait de partir sans surseoir [5]. »

Quand il eut dit ces mots, le Seigneur vint s'asseoir
Sur le vieux banc de bois, devant la pauvre hutte [6];
De ses divines mains, pendant une minute,
Il fila la quenouille et berça le petit;
Puis, se levant, il fit signe à Pierre, et partit.

Et, quand elle revint à son logis, la veuve,
A qui de sa bonté Dieu donnait cette preuve,
Trouva — sans deviner jamais par quel ami —
Sa quenouille filée et son fils endormi.

(François COPPÉE, *Poésies* (1874-1878) : *Les Récits et les Élégies*, VI, *Un Évangile*. — A. Lemerre, éditeur.)

1. Cf. page 239, note 3.
2. L'ὀβολός, petite monnaie athénienne, valait 16 centimes de notre monnaie.
3. Voyez, sur cet emploi du verbe *être*, page 274, note 3.
4. Pris au sens de *malheureux*, comme dans le titre du roman de V. Hugo (p. 404, ligne 5).
5. Verbe actif et neutre : *surseoir* un... (emploi auj. inusité), à un voyage; c.-à-d. remettre, différer. Proprement, en justice, remettre une affaire à une autre *séance*. Etym. : *sur*, *seoir*, de *sedere*.
6. On rattache ce mot au gothique *hethjo*, où l'on trouve la racine sanscrite qui a donné aussi κεῖμα et *cubare*.

LE CHANTEUR NOMADE [1]

Vivent les nuits d'été pour faire un bon voyage !
Le soir, on a soupé dans quelque humble village,
Sous la treille, devant les splendeurs du couchant,
Et l'on part au lever de la lune. En marchant,
On chante, et l'on oublie, en chantant, la fatigue.
Vivent les nuits d'été, quand le ciel est prodigue
De clartés, et que l'astre au regard presque humain
Vous sourit à travers les arbres du chemin !
Vivent les nuits de juin et vive l'espérance !
M'y voici. Dès demain je saurai si Florence
Aime toujours le luth et les chansons d'amour.
Mais nous sommes encor bien loin du petit jour.
Et, quand on est ainsi vêtu de vieille serge [2],
   (*Montant sa guitare.*)
Et qu'on porte ceci sur l'épaule, l'auberge [3]
Est sourde au poing qui frappe, et s'ouvre avec ennui.
Où pourrais-je donc bien me coucher aujourd'hui ?
   (*Il aperçoit un banc.*)
Ce vieux banc ? Oui. C'est dur. Mais la nuit est si douce !
Et puis je les connais les oreillers de mousse :
On y dort ; et, si l'on a froid dans son sommeil,
Le matin on se chauffe en dansant au soleil.
   (*Il se dispose à dormir sur le banc.*)
C'est égal [4], on est mieux entre deux draps de toile.
Cette nuit, je te prends pour gîte, ô belle étoile,
Auberge du bon Dieu qui fait toujours crédit.
   (*Il s'étend sur le banc, à demi-caché dans son manteau.*)
             (ID., *Le Passant*, comédie, sc. II. —
             A. Lemerre, éditeur.)

---

1. Ou errant. Νομάς, άδος (νέμω, partager ; νόμος, partage, parc, pâturage) était le pasteur qui conduisait son troupeau de pâturage en pâturage. De là le nom des Numides.

2. Serge (étym. douteuse), étoffe commune de laine. MOLIÈRE, *Éc. des Maris*, I, 2 :
   Que d'une serge honnête elle ait son vêtement
   Et ne porte le noir qu'aux bons jours seulement.

3. Au moyen âge *herberge* ; même étymol. que *héberger* : le haut-allem. *heriberga*, campement militaire (*heri*, armée ; *berge*, logement), puis logis en général.

4. *C'est égal*, locution familièrement elliptique : toutes choses étant égales, c.-à-d. indifférentes ; quoi qu'il en soit. Même sens de *égal* dans : Tout m'est égal. FÉNELON (*Tél.*, XI) : Tout lui est égal pourvu qu'il accable ses ennemis.

HISTOIRE D'UNE ÂME

Dans la foule, secrètement,
Dieu parfois prend une âme neuve,
Qu'il veut amener lentement
Jusqu'à lui, d'épreuve en épreuve.

Il la choisit pour sa bonté,
Et lui donne encore en partage
La tendresse avec la fierté,
Pour qu'elle saigne davantage.

Il la fait pauvre, sans soutien,
Dans les rangs obscurs retenue,
Cherchant le vrai, voulant le bien,
Pure toujours, — et méconnue.

Il fait plier sous les douleurs
Le faible corps qui l'emprisonne ;
Il la nourrit avec des pleurs
Que nulle autre âme ne soupçonne ;

Il lui suscite chaque jour,
Pour l'éprouver, une autre peine :
Il la fait souffrir par l'amour,
Par l'injustice et par la haine ;

Jamais sa rigueur ne s'endort :
L'âme attend la paix ? il la trouble ;
Elle lutte ? il frappe plus fort ;
Elle se résigne [1] ? il redouble.

Il la blesse d'un coup certain
Dans chacun des êtres qu'elle aime,
Et fait de son cruel destin
Un mélancolique problème !

A la rude loi du travail
Il la condamne, ainsi frappée ;

---

1. *Résigner* (re, *signare*, de *signum*, marque, sceau) signifie : écarter le sceau, marque de la propriété ; renoncer à. Résigner son âme à Dieu, la lui abandonner, s'en remettre à lui de soi-même ; se résigner, se soumettre à lui.

Il la durcit comme un émail [1],
Il la trempe [2] comme une épée.

Juge inflexible, il veut savoir
Si, jusqu'au bout, malgré l'orage,
Elle accomplira son devoir
Sans démentir ce long courage.

Et s'il la voit, au dernier jour,
Sans que sa fermeté réclame,
Il lui sourit avec amour.
C'est ainsi que Dieu forge [3] une âme !

    (Eug. MANUEL, *Pages intimes*, XLIX. — Calmann
    Lévy, éditeur.)

CHANSON DE MORT

JANVIER 1871

Mon père, où donc vas-tu ? — Je vais
Demander une arme et me battre !
— Non, père ! autrefois, tu servais :
A notre tour les temps mauvais !
Nous sommes trois. — Nous serons quatre !

— Le jeune est mort : voici sa croix.
Retourne au logis, pauvre père !
La nuit vient, les matins sont froids.
Nous le vengerons, je l'espère !
Nous sommes deux. — Nous serons trois !

— Père, le sort nous est funeste,
Et ces combats sont hasardeux :
Un autre est mort. Mais, je l'atteste,
Tous seront vengés : car je reste !
Il suffit d'un. — Nous serons deux !

Mes trois fils sont là, sous la terre,
Sans avoir eu même un linceul [4].

---

1. Voyez page 61, note 9.
2. Un des sens de *tremper* est : plonger le métal rouge, fer ou acier, dans l'eau froide d'où il sort durci. De là la *trempe* du fer. Au fig. : le malheur trempe les âmes. Ame, esprit d'une bonne trempe. — Etym.: *temperare*, mélanger.
3. Tout le développement s'achemine vers ce mot qui achève, résume et couronne avec un rare bonheur l'allégorie. — Etym. : *fabricare*. Sur le *g*, voyez p. 408, note 4.
4. Etymol.: *linteolum*, diminutif de *linteum* (d'où linge); de *linus*, lin.

A toi ce sacrifice austère,
Patrie ! et moi, vieux volontaire,
Pour les venger, je serai seul !

  (Id., *Pendant la guerre*, X. — Calmann Lévy,
  éditeur.)

SOLEIL

Toute haleine s'évanouit,
La terre brûle et voudrait boire,
L'ombre est courte, immobile et noire,
Et la grande route éblouit[1].

Seules les abeilles vibrantes
Élèvent leurs bourdonnements
Qui semblent, enflés par moments,
Des sons de lyres expirantes.

On les voit, ivres de chaleur[2],
D'un vol traînant toutes se rendre
Au même tilleul et s'y pendre :
Elles tombent de fleur en fleur[3].

  (Sully-Prudhomme, *Stances et Poèmes*, 1865-1866.
  — A. Lemerre, éditeur.)

UN SONGE

SONNET

Le laboureur m'a dit en songe : Fais ton pain,
Je ne te nourris pas, gratte la terre et sème.
Le tisserand m'a dit : Fais tes habits toi-même.
Et le maçon m'a dit : Prends la truelle en main[4].

---

1. Au moyen âge, on trouve *esbloer* et *esbleuir*. Etym.: *ès*, préfixe, e *bleu* ?
2. Cf. page 421, note 2.
3. Virgile, *G.*, IV, 557 ; on voit les abeilles
      Arbore summâ
  Confluere et lentis uvam demittere ramis.
Id., *Æn.*, VII, 66 :
     Pedibus per mutua nexis
  Exam en subitum ramo frondente pependit.
4. *Maçon*. Etym. très douteuse. Le latin *maceria* (muraille) ? — *Truelle*. Etym.: *trulla*, de *trua* (cuiller).

Et seul, abandonné de tout le genre humain
Dont je traînais partout l'implacable anathème [1],
Quand j'implorais du ciel une pitié suprême,
Je trouvais des lions debout dans mon chemin.

J'ouvris les yeux, doutant si l'aube était réelle :
De hardis compagnons sifflaient sur leur échelle,
Les métiers bourdonnaient, les champs étaient semés ;

Je connus mon bonheur, et qu'au monde [2] où nous sommes
Nul ne peut se vanter de se passer des hommes ;
Et depuis ce jour-là je les ai tous aimés.
    (Id., *Poésies*, 1866-1872 : *les Épreuves*. — A. Lemerre,
      éditeur.)

LE JOUG

Quand un jeune cheval vient de quitter sa mère,
Parce qu'il a senti l'horizon l'appeler,
Qu'il entend sous ses pieds le beau son de la terre,
Et qu'on voit au soleil ses crins étinceler,
Dans le vent qui lui parle il agite la tête,
Et son hennissement trahit sa puberté :
C'est son premier beau jour, c'est la première fête
De sa vigueur naissante et de sa liberté !
Fils indiscipliné, seul devant la nature,
Il éprouve un orgueil qu'il ne connaissait pas,
Et, l'œil tout ébloui [3] de jour et de verdure,
Il ne sait où porter la fougue [4] de ses pas.
Va-t-il dans l'Océan braver les flots superbes
Sous son poitrail blanchi sans cesse reformés,
Ou lutter dans la plaine avec les hautes herbes,
Se rouler et dormir dans les foins embaumés ?
Va-t-il gravir là-bas les montagnes vermeilles [5] ?
Pour sauter les ravins ployer ses forts jarrets ?
Ou, se fouettant les flancs pour chasser les abeilles,
Sur la bruyère en fleurs courir dans les forêts ?

---

1. *Anathème.* Eym. : ἀνάθημα (ἀνά, τίθημι, placer en haut [sur l'autel]), offrande ; victime dévouée aux dieux. De là : un être réprouvé (qu'il soit anathème !) ; réprobation (Anathème sur !...).
2. Sur ce changement de tournure, voyez p. 153, n. 4 : p. 148, n. 7 ; p 155, n. 4.
3. Voyez page 468, note 2.
4. Etymol. : *fuga*? *focus* (qui a donné *feu*)?
5. Voyez page 402, note 3.

Va-t-il, sur les gazons poursuivant sa compagne,
Répandre sa jeunesse en généreux ébats [1] ?
Ou, l'ami d'un guerrier que la mort accompagne,
Respirer l'air bruyant et poudreux des combats ?
Quels seront ses plaisirs ? — Pendant qu'il délibère
Et que sur la campagne il promène les yeux,
Il sent derrière lui comme une aile légère
D'un toucher caressant flatter ses crins soyeux,
Puis un poignet soudain les saisir et les tordre...
Oh ! ce n'étaient donc pas les vents ou les oiseaux !...
Il se tourne, il voit l'homme, il trépigne [2], et veut mordre,
Et l'homme audacieux l'a pris par les naseaux.
Le quadrupède altier se rassemble [3] et recule,
Il se cabre [4], il bondit, se jette par côté,
Et, secouant la main que son haleine brûle,
Au roi majestueux résiste épouvanté.
En fatigants transports il s'use et se consume [5],
Car il est contenu par un lutteur adroit
Qui de son bras nerveux tout arrosé d'écume
Oppose à sa fureur un obstiné sang-froid.
Le cheval par ses bonds lui fait fléchir le torse,
Dans le sable foulé lui fait mettre un genou,
Puis par le poing du maître il est courbé de force,
Et touche par moments sa croupe avec son cou.
Enfin, blanc de sueur et le sang à la bouche,

---

1. Cf. Homère, *Il.*, VI, 506 sqq. :

> Εἰωθὼς λούεσθαι ἐϋρρεῖος ποταμοῖο,
> Κυδιόων· ὑψοῦ δὲ κάρη ἔχει, ἀμφὶ δὲ χαῖται
> Ὤμοις ἀΐσσονται· ὁ δ' ἀγλαΐηφι πεποιθώς,
> Ῥίμφα ἑ γοῦνα φέρει μετά τ' ἤθεα καὶ νομὸν ἵππων.

Virgile, *Æn.*, XI, 492 :

> Abruptis fugit præsepia vinclis
> Tandem liber equus, campoque potitus aperto,
> Aut ille in pastus armentaque tendit equarum,
> Aut assuetus aquæ perfundi flumine noto
> Emicat, arrectisque fremit cervicibus altè
> Luxurians, luduntque jubæ per colla, per armos.

2. De l'ancien *tréper*, *triper*, danser, d'origine celtique. Cf. *tripudiare*.
3. On dit aussi que le cheval « rassemble les quatre jambes » pour exprimer le mouvement qu'il fait en se préparant à sauter une haie, un fossé, etc.
4. Proprement se dresser comme une chèvre (*capra*). Virgile *Æn.* X, 891 :

> Tollit se arrectum quadrupes et talcibus auras
> Verberat.

5. Voyez page 301, note 2.

Le rebelle a compris qu'il fallait composer [1] :
« Je t'appartiens, tyran, dit le poulain farouche,
Quel joug deshonorant veux-tu donc m'imposer?... »
(ID., *Stances et Poëmes*, 1865-1866. — A. Lemerre, éditeur.)

LE GUÉ [2]

Ils tombent épuisés, la bataille était rude.
Près d'un fleuve, au hasard, sur le dos, sur le flanc,
Ils gisent, engourdis par tant de lassitude
Qu'ils sont bien, dans la boue et dans leur propre sang.

Leurs grandes faux sont là, luisantes d'un feu rouge.
En plein midi. Le chef est un vieux paysan,
Il veille. Or il croit voir un pli du sol qui bouge...
Les Russes ! Il tressaille et crie : « Allez-vous-en !... »

Il les pousse du pied. « Ho ! mes fils, qu'on se lève ! »
Et chacun, se dressant d'un effort fatigué,
Le corps plein de sommeil et l'esprit plein de rêve,
Tâte l'onde et s'y traine à la faveur d'un gué.

De peur que derrière eux leur trace découverte
N'indique le passage au bourreau qui les suit,
Et qu'ainsi leur salut ne devienne leur perte,
Ils souffrent sans gémir, et se hâtent sans bruit.

Hélas! plus d'un s'affaisse et roule à la dérive [3] ;
Mais tous, même les morts, ont fui jusqu'au dernier.
Le chef, demeuré seul, songe à quitter la rive,
C'est trop tard. Une main le retient prisonnier.

— Vieux ! sais-tu si le fleuve est guéable où nous sommes ?
Misérable, réponds ; vivre ou mourir, choisis.

---

1. *Composer*, neutre : venir à un accord (συνθήκη, de συντίθημι, *componere*), en faisant des concessions. D'où : être de facile composition CORNEILLE, *Menteur*, II, 5 :
   Me voyant pris, il fallut composer.

2. Episode de l'invasion de la France par les armées alliées en 1815. — *Gué.* Etym.: *vadum* (Cf. *vastare, gâter*; *bis variare*, bigarré, et réciproquement *girare*, virer, etc.); endroit d'une rivière où l'eau basse permet de passer ; bas-fonds des côtes maritimes où le bâtiment s'engrave : cause de salut dans la première acception, de perte dans la seconde. De *vadere*.

3. *S'affaisser*. Etym.: *à, faix,* fardeau ; de *fascis*, faisceau. — 1º *Dériver* quitter le rivage, de *de, ripa,* rive. 2º *Dériver,* suivre le courant, de *de rivus,* courant, ou de l'anglais *to drive ;* d'où aller *à la dérive.*

— Il y a bien douze pieds. — Voyons, dirent les hommes,
En le poussant à l'eau sous l'œil[1] noir des fusils.

L'eau ne lui va qu'aux reins, tant la terre est voisine,
Mais il se baisse un peu sous l'onde à chaque pas;
Il plonge lentement jusques à la poitrine,
Car les pâles blessés vont lentement là-bas...

La bouche close, il sent monter à son oreille
Un lugubre murmure, un murmure de flux;
Le front blanc d'une écume à ses cheveux pareille,
Il est sur ses genoux. Rien ne surnage plus.

Du reste de son souffle il vit une seconde[2],
Et les fusils couchés se sont relevés droits :
Alors, ô foi sublime! un bras qui sort de l'onde
Ébauche[3] dans l'air vide un grand signe de croix.

J'admirais le soldat qui dans la mort s'élance
Fier, debout, plein du bruit des clairons éclatants,
De quelle race es-tu? toi qui, seul, en silence,
Te baisses pour mourir et sais mourir longtemps.

(ID., *ibid.* — A. Lemerre, éditeur.)

LA CHANSON DU VANNIER [4]

Brins d'osier, brins d'osier,
Courbez-vous assouplis[5] sous les doigts du vannier.

Brins d'osier, vous serez le lit frêle[6] où la mère
Berce un petit enfant aux sons d'un vieux couplet[7];

---

1. On dit braquer son fusil sur..., et braquer ses regards sur... Cette analogie explique l'expression hardie du poète.
2. Les anciens avaient divisé l'heure en 60 parties petites, menues, *minutæ* (de *minuere*); puis chacune d'elles en 60 autres parties qu'ils appelèrent *minutæ secundæ*, d'où *secondes*.
3. *Ebaucher*, proprement terme de peinture et de sculpture : disposer, en commençant un ouvrage, ses parties principales. Etym. : *ès*, préfixe, et *baucher*, sorte de mortier à bâtir : tirer de la bauche, dégrossir.
4. Ouvrier qui tresse l'osier pour faire des vans; de *vannus*, van, instrument « fait en coquille, qui a deux anses et dont on se sert pour remuer le grain, en le jetant en l'air, afin de séparer du bon grain la paille et l'ordure. » (*Dict. de l'Acad.*)
5. Etym. : *souple*, venu de *supplex* (*sub*, *plicare*, ployer) : « un des exemples peu fréquents où un mot passe d'une acception morale à une acception physique. » (LITTRÉ.)
6. Etym.: *fragilis*. Cf. *grêle*, de *gracilis*, *allègre*, de *alacer*, *is*, *em*.
7. *Couplet*, ce qui est *couplé* (*copulatus*), « uni par le repos à la fin de la stance ; et de là, stance d'une chanson. » (LITTRÉ.)

L'enfant, la lèvre encor toute blanche de lait,
S'endort en souriant dans sa couche légère.

 Brins d'osier, brins d'osier,
Courbez-vous assouplis sous les doigts du vannier.

Vous serez le panier plein de fraises vermeilles [1]
Que les filles s'en vont cueillir dans le taillis [2] ;
Elles rentrent le soir rieuses au logis,
Et l'odeur des fruits mûrs s'exhale des corbeilles.

 Brins d'osier, etc.

Vous serez le grand van où la fermière alerte
Fait bondir le froment qu'ont battu les fléaux [3],
Tandis qu'à ses côtés des bandes de moineaux
Se disputent les grains dont la terre est couverte.

 Brins d'osier, etc.

Lorsque s'empourpreront les vignes à l'automne,
Lorsque les vendangeurs descendront des coteaux,
Brins d'osiers, vous lierez les cercles des tonneaux
Où le vin doux rougit les douves [4] et bouillonne.

 Brins d'osier, etc.

Brins d'osier, vous serez la cage où l'oiseau chante,
Et la nasse [5] perfide au milieu des roseaux,
Où la truite qui monte et file entre deux eaux
S'enfonce [6], et tout à coup se débat frémissante.

 Brins d'osier, etc.

Et vous serez aussi, brins d'osier, l'humble claie [7],
Où, quand le vieux vannier tombe et meurt, on l'étend

---

1. Voyez page 402, note 3.
2. 1° adj., bois taillis (que l'on taille et coupe de temps en temps), 2° subst. comme ici. — Etym.: *tailler*, du latin *talea*, branche coupée ; d'où *intertaliare*, tailler, *taliatura*, taille des arbres.
3. Voyez page 449, note 3.
4. *Douve*, corps du tonneau, formé par des planches disposées en rond et cerclées. — *Vin doux*, jus de raisin qui n'a pas encore fermenté ; en latin *mustum* [*vinum*], de *mustus*, nouveau.
5. Panier oblong, qui sert à prendre du poisson. *Nasse* se dit aussi d'un filet de même forme, qui sert à prendre des oiseaux. — Etym.: le latin *nassa*.
6. Cf. page 182, n. 1, et page 394, n. 5. — *Truite*, de tructa. Cf. *laitue*, de lactuca ; *fruit*, de fructus ; *fait*, de factus, etc.
7. Etymologie celtique.

Tout prêt pour le cercueil ; son convoi se répand,
Le soir, dans les sentiers où verdit l'oseraie [1].

Brins d'osier, brins d'osier,
Courbez-vous assouplis sous les doigts du vannier.
(A. THEURIET, Poésies, 1860-1874. — *Le chemin des bois*, IV. — A. Lemerre, éditeur.)

LES PAYSANS DE L'ARGONNE [2]

1792.

. . . .
Il [3] dit et se leva. Son profil [4] maigre et fier
Se découpait en noir sur le couchant d'or clair.
Ayant pris son fusil, il partit, l'air tranquille,
Comme pour une chasse, et derrière, à la file,
Dans un sentier bordé de genêts et de houx,
Graves, silencieux, ils le suivirent tous.
Ils marchaient, et la nuit tombait, et les nuées,
Où les éclairs perçaient de blafardes [5] trouées,
Dans le ciel orageux amassaient leurs plis lourds.
L'averse [6] ruisselait.... Ils avançaient toujours.
Enfin le charbonnier sur le bord d'une pente
Fit halte [7], et, leur montrant la profondeur béante [8],
Murmura lentement : « C'est par là qu'ils viendront. »
Dans la roche un ravin s'ouvrait, et d'un seul bond
Descendait brusquement au fond d'une clairière.
Un torrent s'y creusait un étroit lit de pierre,

---

1. *Oseraie*, lieu planté d'*osier* (étym. incertaine, comme celle de *brin*); le suffixe *aie* répond au latin *etum* : salicetum, saulaie ou saussaie ; alnetum, aulnaie, etc.

2. Plateau montagneux et boisé (départements de la Meuse et des Ardennes) qui sépare les bassins de la Meuse et de l'Aisne. Près d'un de ses défilés, Grand-Pré, Dumouriez battit à Valmy (20 septembre 1792) les Prussiens, qui évacuèrent la France.— Le poète réunit, sous la conduite d'un vieux « maître charbonnier », des paysans, charbonniers, bûcherons, braconniers, qui avisent à surprendre dans la montagne un régiment prussien.

3. Le « maître charbonnier ».

4. *Profil*, linéament d'un visage vu e côté. Etym. : *pro*, *filum*, fil, trait, contour.

5. Voyez page 461, note 2.

6. Substantif fait de l'expression : Il pleut à verse. Etym. ; *verser*. Le ciel « se fond en eau » (voy. p. 212, vers 6), et *verse* (*vertere*, tourner, renverser) la pluie sur la terre.

7. Etymol. : l'allemand *halten*, tenir, s'arrêter.

8. De *béer*, devenu *bayer*. (Etym. incertaine), qui a un rapport de son et de sens avec bâiller (du? bas-latin *badare*. Voyez page 292, n. 1) — Tenir la bouche ouverte. Bayer aux corneilles.

Et la route longeait à pic le cours de l'eau.
Du creux de ce couloir au sommet du plateau,
Selon l'effort du vent, la voix d'une cascade
Arrivait jusqu'aux gens placés en embuscade [1],
Tantôt comme un fracas de chevaux au galop,
Et tantôt comme un faible et limpide sanglot.
   Les paysans avaient barricadé [2] la route.
Ils attendaient, le cœur plein d'angoisse [3] et de doute,
Lorsque, vers le ravin penchant son front noirci,
Le charbonnier leur dit : « Écoutez !... Les voici... »
   En effet, à travers la pluie et la rafale [4],
On distinguait un bruit confus... Par intervalle
La rumeur s'accroissait. De brefs commandements
Retentissaient pareils à des croassements,
Et les éclairs faisaient briller les baïonnettes [5],
Et déjà des soldats les voix montaient plus nettes.
Le charbonnier cria : « Mort aux brigands !... A mort ! »
Et ce fut le signal... Sur ces hommes du Nord
Les troncs d'arbres noueux et les quartiers de roche
Croulèrent, comme si l'Argonne, à leur approche,
Eût convulsivement secoué de son front
Les rocs et les forêts pour venger son affront.

. . . .

   Lorsque tout fut fini, lorsque leur dernier homme,
Le front dans les roseaux, dormit son dernier somme,
Il se fit un silence. Alors, terrible et fier,
Debout sur le talus [6], tandis qu'un large éclair
Promenait sur les bois sa silhouette [7] immense,
Le maître charbonnier cria : « Vive la France ! »
   (ID., *Poésies*. 1860-1874. — *Les Paysans de l'Argonne.*
   — A. Lemerre, éditeur.)

1. Etymol.: l'allemand *Busch*, buisson, qui a donné bois, embûche, embûcher, d'où embusquer, embuscade.
2. Voyez page 211, note 5. — On verra que, le sens étymologique se perdant, il ne reste que celui de: obstruer un passage.
3. Etym.: *angustia* (*angere*, resserrer; *angustus*). Le cœur se *serre*.
4. *Rafale*, coup de vent *sur* terre, ou, *de* terre à l'approche des côtes élevées. De *re*, *affaler*. (Etym. incertaine), pousser vers la côte, en parlant du vent.
5. Etym.: *Bayonne*, où cette arme fut d'abord fabriquée.
6. Pente. Du bas-latin *talutum*, avance, projection (de *talus*, talon). La première orthographe a été talut, d'où le verbe *taluter*, construire ou mettre en talus.
7. Le profil de son corps (voy. p. 474, n. 4). *Silhouette*, proprement, dessin représentant un profil tracé autour de l'ombre d'un visage ; du nom d'un contrôleur général des finances (1759) qui en avait couvert les murailles des salles de son château (à Bry-sur-Marne).

CHASSEURS À PIED[1]

Le soleil du matin a chassé les étoiles;
Les flocons[2] lumineux tombent en voltigeant.
Sur la terre la neige a jeté ses longs voiles,
Et les branches du bois se couronnent d'argent.

Les petits Vitriers — c'est ainsi qu'on les nomme[3] —,
Ont mis leur baïonnette[4] au bout de leur fusil;
Ils passent lentement sous les pommiers sans pomme.
Ils vont, et leurs pieds noirs font chanter le grésil[5].

Les Prussiens sont encore installés dans la ferme;
Il s'agit de la prendre et de les débusquer[6];
Le bataillon muet s'avance d'un pas ferme;
Mais les canons sont là prêts à se démasquer.

Tout à coup, dans le fond d'un ravin où l'on saute,
Un cri de mort se fait entendre : « C'est de l'eau ! »
La glace était récente, et la neige était haute,
Et ce linceul[7] avait recouvert ce tombeau.

Ils sont ensevelis jusques à la ceinture;
Le courant les renverse et la glace les tient.
— Vaincu par les Prussiens, vaincu par la nature,
O mon pays, quel Dieu terrible que le tien ! —

Les Allemands joyeux sortent de leurs tanières[8].
Nous voilà désarmés, les voilà résolus,
Hourrah[9] ! L'heure est propice aux haines meurtrières,
Et leur canon se dresse au revers du talus[10].

---

1. Bataillons (10 sous le règne de Louis-Philippe, 20 sous l'Empire) de chasseurs, appelés d'abord d'*Orléans*, du nom du prince qui commença leur organisation au camp de Saint-Omer (1840); de *Vincennes*, du lieu où s'acheva leur organisation; d'*Afrique*, de leur destination première.
2. Voyez page 392, note 2.
3. Pourquoi? Est-ce à cause du bruit vif et sec de la marche accélérée qui leur est particulière ? Ou de l'analogie de la couleur vert-foncé d'une partie de leur uniforme avec la nuance des vitres vertes? Ou ?...
4. Voyez page 475, note 5.
5. « Variété de grêle formée de couches concentriques successivement congelées autour d'un noyau central ou grêlon. » (LITTRÉ.) V, p. 452, n. 5.
6. Voyez page 475, note 1.
7. Voyez page 465, note 4.
8. Voyez page 36, note 11.
9. Ou *hourra*, pluriel *hourras*. Proprement, cri des Russes, et particulièrement des Cosaques marchant à l'ennemi. Etym. : le slave *hu-raj*, au paradis (où conduit une mort vaillante).
10. Voyez page 475, note 6.

Pourtant leur officier apparaît sur la crête :
« Vous n'avez qu'à vous rendre, on va vous secourir. »
Cet atroce marché soulève une tempête :
« Tu peux te retirer, nous n'avons qu'à mourir. »

Mais le vieux commandant, d'un ton triste et sévère :
« Et moi je ne veux pas que vous mouriez ainsi.
« Rendez-vous, mes enfants, vous ne pouvez rien faire. »
Et tous ces moribonds se rendent à merci [1].

Les Prussiens cependant les hissent [2] sur la rive;
Déjà les dragons bleus les forment en convoi,
Quand à la fin le tour du commandant arrive :
« J'ai sauvé mes soldats, dit-il, et non pas moi! »

Et, repoussant alors la corde qu'on lui lance,
Il se laisse engloutir par le gouffre glacé;
Les pauvres prisonniers saluent le trépassé [2],
Et, voyant cette fin, ils ont cette espérance.
La France n'est pas morte encor. — « Vive la France ! »

(P. Déroulède, *Chants du soldat*, VII. —
Calmann Lévy, éditeur.)

LE BON GÎTE

Bonne vieille, que fais-tu là?
Il fait assez chaud sans cela,
Tu peux laisser tomber la flamme.
Ménage ton bois, pauvre femme,
Je suis séché, je n'ai plus froid.
Mais elle, qui ne veut m'entendre,
Jette un fagot, range la cendre :
« Chauffe-toi, soldat, chauffe-toi. »

Bonne vieille, je n'ai pas faim
Garde ton jambon et ton vin;
J'ai mangé la soupe à l'étape [4].

---

1. On dit aussi : à discrétion. Voyez p. 87, n. 4, et p. 250, n. 6.
2. Tirer en haut. Etymol. germanique.
3. Etym.: *trépas*, passage de la vie à la mort (*tra*, *tras*, *tres*, du latin *trans*; *pas*, de *passus*).
4. *Étape* a signifié successivement : 1o place publique où s'établissent les marchands, 2o ville de comptoir et d'entrepôt commercial, 3o fourniture de vivres militaires, 4o (sens usuel auj.) lieu où des troupes en marchant s'arrêtent pour passer la nuit, parce qu'on y fournissait l'étape (3e sens).
— Etym.: le bas-latin *stapula*, venu d'une racine germanique qui a donné au flamand *stapel*, entrepôt.

Veux-tu bien m'ôter cette nappe[1]!
C'est trop bon et trop beau pour moi.
Mais elle, qui n'en veut rien faire,
Taille mon pain, remplit mon verre :
« Refais-toi, soldat, refais-toi[2]. »

Bonne vieille, pour qui ces draps[3] ?
Par ma foi, tu n'y penses pas !
Et ton étable ? et cette paille
Où l'on fait son lit à sa taille ?
Je dormirai là comme un roi.
Mais elle, qui n'en veut démordre,
Place les draps, met tout en ordre :
« Couche-toi, soldat, couche-toi ! »

— Le jour vient, le départ aussi. —
Allons ! adieu..... Mais qu'est ceci ?
Mon sac est plus lourd que la veille...
Ah ! bonne hôtesse ! ah ! chère vieille,
Pourquoi tant me gâter, pourquoi ?
Et la bonne vieille de dire,
Moitié larme, moitié sourire :
« J'ai mon gars[4] soldat comme toi ! »

(Id., *Nouveaux chants du soldat*, IV. —
Calmann Lévy, éditeur.)

1. Voyez page 397, note 2.
2. Se *reficere, recreare*, se restaurer. Cf. p. 372, note 2.
3. Du bas-latin *drappus*, venu d'une racine germanique qui signifie étoffe. On a dit au moyen âge : *drap de soie ; drap linge* (pour *toile*).
4. C'est dans la langue du moyen âge le nominatif de *garçon*, accusatif. Etym. : très controversée.

FIN

TABLE DES MATIÈRES

	Pages.
AVERTISSEMENT	V

XVIe SIÈCLE

La Poésie au XVIe siècle . . . .

Ier Appendice. — Éclaircissements sur quelques particularités de la langue du xvie siècle. 4

IIe Appendice. — Définition de quelques genres poétiques du moyen âge ou autres, usités au xvie siècle. 10

CLÉMENT MAROT (1495-1544). — Notice 15
   Épîtres. I. « Au Roy. Pour le délivrer de prison » 15
      — II. « A Monseigneur le Dauphin, du temps de son exil. » 19
   Paraphrase du psaume xxxviie de David. 22
   Phœbus à Phaéton. 24
   « De trois enfans, frères ». 25
   Rondeau 26
   Épigrammes. I. A Geoffroy Bruslard. 27
      — II. D'un usurier. » 28
      — III. De soy-mesme et d'un riche ignorant. » . . . 28
      — IV. A Monsieur le grand Maistre Anne de Montmorenci, pour estre mis en l'estat. ». . . 29
      — V. A Monsieur de Juilly. 30
      — VI. Au Roy de Navarre 30
      — VII. Dixain « qu'il perdit contre Helene de Tournon » 31

MELIN DE SAINT-GELAIS (1486-1558). — Notice 31
   Épigramme en forme d'épitaphe. 32
   Épitaphe « de Madame Louise de Savoie, mère du roy François » 32
   Huitain « en une peincture de feu monsieur d'Orléans, comme il estoit en sa conqueste de Luxembourg. » 33
   Rondeau. — Méconnaissance et oubli. 33
   Comparaison 34

JOACHIM DU BELLAY (1525-1560). — Notice 35
   Comparaisons. I. Le lion. 35
      — II. La lionne. 36
      — III. Sonnet. 37

	Pages.
Allégories. I. Sonnet	38
— II. Sonnet	38
Regret et repentir. — Sonnet	39
RONSARD (1524-1585). — Notice	40
Les bois et la poésie	40
Une journée de Ronsard	41
L'aubépin	43
Contre l'or	44
« Sur les misères des hommes. »	45
Egalité devant la mort	46
La paix. I. Aux chrétiens	48
— II. Au roi Henri II	49
— III. Regrets du poète	50
— IV. A Catherine de Médicis	51
REMI BELLEAU (1528-1577). — Notice	52
L'été	53
A la paix. — Ode à la Reyne	54
Esquisses. I. L'hiver	55
— II. Le printemps	55
— III. Le vin	56
— VI. Dieu	56
VAUQUELIN DE LA FRESNAIE (1536-1607). — Notice	56
La sagesse et le bonheur	57
Vœux pour la paix	58
Portrait. — Le vaniteux	59
Description	60
Comparaisons	61
DESPORTES (1546-1606). — Notice	62
Plaisirs des champs	62
L'inconstance humaine. Chanson	63
Omnia vanitas. Sonnet	65
Repentir. Sonnet	65
Prière et espoir en Dieu	66
BERTAUT (1552-1611). — Notice	67
« Hymne du roy Saint-Loys »	68
« Complainte sur la mort du feu roy faite peu après son trespas ».	71
RÉGNIER (1573-1613). — Notice	73
Le repas ridicule	73
Poète et philosophe	81
O tempora! O mores!	82
Fabulistes. — Notice	84
CORROZET (1510-1568)	85
« Du Renard et du Corbeau »	85
« Du Cerf et des Bœufs »	87
« Du Loup et du Chevreau »	88

TABLE DES MATIÈRES 479

Pages.

« Du Cheval et de l'Asne »................. 89
HAUDENT (?.-?.)....................... 90
 « D'un Coq, d'un Chien et d'un Regnard »....... 90
GUEROULT (? — après 1561)................ 91
 « De l'Araigne, de la Guespe et de la Mousche »..... 91
 « Du Coq et du Regnard »................. 92
HÉGÉMON (1535-1595)................... 96
 « Du Regnard et des Poules »............... 96
 « D'vn Loup, d'vne Femme et son Enfant »....... 96

Poètes dramatiques. — Notice.............. 98
MYSTÈRES........................... 99
THÉODORE DE BÈZE (1517-1606)............. 99
 Départ pour le sacrifice (*Abraham sacrifiant*)...... 99
TRAGÉDIES........................... 102
GRÉVIN (1540-1576)..................... 102
 Cassius à Brutus (*Tragédie de César*)........... 102
R. GARNIER (1534-1590).................. 103
 Une mère. I. (*La Troade*)................. 103
  — II. (*Ibid.*)................
 Adieux de Cléopatre mourante à ses enfants (*Marc-Antoine*).. 106
MONTCHRESTIEN (1575-1621).............. 107
 Orgueil et colère d'Aman (*Aman ou la vanité*)...... 107

Varia Variorum...................... 110
 Marche en bataille. (JEAN MAROT)............. 111
 Triboulet. (ID.)............. 112
 Le paysan et le serpent. Fable. (J.-A. DE BAIF)...... 113
 Épigramme « d'un lion et d'un renard. » (JACQ. DE LA TAILLE).. 114
 Sur la France. Sonnet. (PASSERAT)............ 115
 La mort et l'immortalité. Sonnet. (ID.)........ 115
 « Au roy avant son sacre ». (ID.)........ 116
 Épitaphe de maître François des Nœus (ID.)....... 116
 La vérité et la flatterie dans les cours. (D'AUBIGNÉ)..... 117
 Quatrains moraux. I. (PIBRAC)............. 118
  — II. (MATHIEU)............

XVIIᵉ SIÈCLE

La poésie au XVIIᵉ siècle................. 121
MALHERBE (1555-1628). — Notice............ 123
 Consolation à M. du Périer, gentilhomme d'Aix en Provence, sur
  la mort de sa fille. Stances................ 124
 Prière pour le roi Henri le Grand allant en Limousin. Stances. 127

480 CLASSIQUES FRANÇAIS

Pages.
Odes à la reine Marie de Médicis. I. Sur sa bienvenue en France (1600)............ 130
— II. Sur les heureux succès de sa régence (1610) 13
— III. A l'occasin de la « guerre des princes » (1614) ... 133
Paraphrase du psaume CXLV. — Vanité des grandeurs humaines 135
Sonnet sur la mort de son fils (1627)................. 136
RACAN (1589-1670)............................ 137
   La retraite à la campagne. Stances............... 137
   Remerciement à Balzac. Ode.................... 141
   Paraphrase du psaume LXXX. — Les juges prévaricateurs... 142
   Épitaphe « sur la mort de son fils ». Sonnet........... 143
P. CORNEILLE (1606-1684). — Notice................. 144
   Défense d'un fils par son père. (*Le Cid*.)............ 145
   Le père et le fils. (*Ibid*.)...................... 147
   Récit de Rodrigue (le Cid). (*Ibid*.)................ 148
   L'amour du pays natal. (*Horace*)................. 151
   Sertorius. (*Sertorius*)....................... 153
   César après le meurtre de Pompée. I. César à Ptolémée. (*Pompée*). 156
   — II. César à Cornélie. (*Ibid*).. 160
   Cinna aux conjurés. (*Cinna*).................... 163
   Prière de Pauline à Sévère en faveur de Polyeucte. (*Polyeucte*). 166
   Le père du menteur. (*Le Menteur*)................ 168
LA FONTAINE (1621-1695). — Notice................. 173
   Le Chêne et le Roseau....................... 174
   Le Lion et le Moucheron...................... 176
   Le Héron.............................. 178
   Le Vieillard et les trois Jeunes Hommes.............. 179
   L'Homme et la Couleuvre..................... 181
   Philémon et Baucis........................ 184
MOLIÈRE (1622-1673). — Notice.................... 189
   Un fâcheux. (*Les Fâcheux*).................... 190
   Portraits. (*Le Misanthrope*).................... 195
   Une réconciliation. (*Ibid*)..................... 200
   A l'adresse des femmes savantes. (*Les Femmes savantes*).... 203
BOILEAU (1636-1711). — Notice.................... 207
   Dialogue. *Pyrrhus et Cinéas*.................... 207
   Description. *Les embarras de Paris*................ 209
   Tableau. *Sors ducitur*....................... 212
   Paysage. *Hautille*......................... 213
   Portraits. *Trois âges de la vie*................... 214
RACINE (1639-1699). — Notice..................... 216
   Iphigénie. I. Iphigénie à Agamemnon, son père. (*Iphigénie en Aulide*)............................. 216
   — II. Clytemnestre à Agamemnon, son mari (*Ibid*)... 219

TABLE DES MATIÈRES

Pages.

Une mère. I. (*Andromaque*.)	221
— II. (*Ibid*).	222
— III. (*Ibid*).	223
Mithridate à ses fils. (*Mithridate*.)	224
La mort de Britannicus et les pressentiments d'Agrippine	228
— I. (*Britannicus*).	228
— II. (*Ibid*).	229
Le portier d'un juge. (*Les Plaideurs*).	231
REGNARD (1655-1709). — Notice	333
Le valet d'un joueur. (*Le Joueur*)	233
Un testament. (*Le Légataire universel*).	238
La folie humaine.	245

Fabulistes. — Notice 247

FURETIÈRE (1618-1688).	248
« Du Renard et de la Fouine. ».	248
« Du Renard et des Lapins. ».	250
BOURSAULT (1638-1701).	251
La Forêt et le Paysan	251
Le Héron, les Poissons et le Limaçon.	252
L'Écrevisse et sa Fille	253
La Trompette et l'Écho.	253
PERRAULT (1628-1703)	254
Le Loup et le Renard.	254
Le Chat et le Coq	254
Le Lion, l'Ane et le Renard.	255
LE NOBLE (1643-1711).	235
La Cigale et la Fourmi.	255
Le Renard et le Loup ou l'ami de cour.	258
Le Fagot.	260
Le Bouc et le Renard.	262

Varia Variorum 263

» A monseigneur le cardinal Mazarin ». (VOITURE)	264
Clytemnestre à Agamemnon. (ROTROU, *Iphygénie*)	264
Sonnet. — Le vrai bien. (MAYNARD)	266
Les grandeurs et la mort. (DE FIEUBET)	266
Épigrammes. I. Écrivain gascon. (THÉOPHILE)	267
— II. Démangeaison d'écrire. (GOMBAULT)	267
— III. Les avares. (ID.)	268
— IV. Débiteur. (ID.).	268
— V. Sonnet. (SCARRON)	268
— VI. Sonnet. (ID.).	269
— VII. Contre une personne qui avait l'esprit mal tourné. (ID.)	270
— VIII. Rondeau. (CHAPELLE).	270
— IX. A un mauvais payeur. (DE CAILLY).	271
— X. Des juges. (ID.).	271

6e, 5e, 4e CL.

                                                                    Pages
Epigrammes XI. Des gens de guerre. (Id.)............ 271
    — XII. Contre un poète. (Saint-Pavin)....... 271
    — XIII. Contre un médisant. (Charleval)..... 272
    — XIV. Endettés. (Linière)................ 272
Une leçon de grammaire. (Boursault. *Le Mercure*)....... 272

XVIIIe SIÈCLE

La poésie au XVIIIe siècle.................. 277
J.-B. ROUSSEAU (1670-1741). — Notice............. 280
   Dieu. I............................. 281
   — II............................. 282
   — III............................. 283
   Les croisades........................ 284
   Épigrammes. I. Le véritable héros.............. 285
   — II. A un bel esprit grand parleur............ 285
VOLTAIRE (1694-1778). — Notice............... 286
   L'amitié.......................... 287
   Aimons-nous les uns les autres. I.............. 287
   — II........................... 288
   La guerre et le patriotisme.................... 289
   Universalité de goûts..................... 293
   Le dieu du goût........................ 294
   L'heure de la retraite..................... 297
   A un bavard.......................... 297
   La discrétion. — Une mère à son fils. (*L'Indiscret*)..... 298
   Récit de la mort de Polyphonte. (*Mérope*).......... 299
   Brutus jugé par César. (*La mort de César*).......... 301
   Lusignan à Zaïre, sa fille. (*Zaïre*).............. 302
DUCIS (1733-1816) — Notice................. 303
   Les enfants d'Œdipe. I. Polynice (*Œdipe chez Admète*).... 304
   — II. Antigone. (*Ibid.*)....... 307
   Épitre à l'amitié......................... 307
   A mon petit logis........................ 309
DELILLE (1738-1813). — Notice................ 311
   Le colibri........................... 311
   L'âne............................. 312
   Le coin du feu......................... 314
   L'« aï »............................ 316
   L'avalanche.......................... 317
A. CHÉNIER (1762-1794). — Notice.............. 317

TABLE DES MATIÈRES

Pages.

La jeune captive. Ode. 318
L'hospitalité antique. Idylle. 320
Les deux orphelins. Esquisse d'Idylle 323
Le départ du marin. Idylle maritime 323
Poète, pauvre, et libre. 324
La mansarde du poète 325

Fabulistes. — Notice 326
   LAMOTTE-HOUDAR (1672-1741) 227
      Les deux Chiens 327
      Le Chien et l'Ane fatigués 328
      Le Rat tenant table 329
   RICHER (1685-1748) 330
      Le Renard, le Loup et l'Ane 331
      Les deux Chiens et le Chat 332
      Le Coq et le Limaçon 333
   DORAT (1734-1780). 333
      L'Escargot et la Cigale 333
   FLORIAN (1755-1794) 334
      La Taupe et les Lapins. 334
      Le Cheval et le Poulain. 336
      Les Singes et le Léopard. 337
      Le Perroquet confiant. 338
   DUC DE NIVERNAIS (1714-1798) 340
      Le Cavalier, le Villageois et le Piéton 340
   L'abbé AUBERT (1731-1814). 341
      Le Chat et la Souris 341
      Le Bouc, l'Ane, le Renard et le Taureau. 342
   BOISARD (1744-1833). 343
      L'Autruche et le Moineau. 343
      Le Lynx et la Taupe. 344
   LE BAILLY (1756-1832) 345
      L'Éléphant, l'Hirondelle et la Pie 345
      Le Tonnerre et le Nuage. 346
      Le Saule et la Ronce. 347
   Fable attribuée à VOLTAIRE 347
      Le Loup moraliste 347

Varia Variorum. — Notice 349

   Songe de Thyeste. (CRÉBILLON, *Atrée et Thyeste*). 349
   Dernières paroles d'Inès de Castro. (LAMOTTE HOUDAR, *Inès de Castro*.). 351
   Spartacus. (J SAURIN, *Spartacus*). 352
   Maître et valet. (DESTOUCHES, *le Glorieux*). 354
   Angoisses du poète dramatique. — Monologue de Damis (PIRON, *la Métromanie*) 358
   « Cœli enarrant gloriam dei ». (L. RACINE). 359

	Page
Spiritualité et immortalité de l'âme. I. (ID.)	360
— II. (ID.)	360
Le clair de lune. (LEMIERRE)	360
Le coq. (ROSSET)	361
Moralités. (PANARD)	361
A mon habit. (SEDAINE)	363
Le vaisseau le *Vengeur*. Ode. (LE BRUN-ÉCOUCHARD)	365

XIXe SIÈCLE

La poésie française au XIXe siècle 367

ANDRIEUX (1759-1833). — Notice. 371
  Socrate et Glaucon. 371
  Le meunier de Sans-Souci 373
  La visite académique. 376
BÉRANGER (1780-1857). — Notice. 377
  Le vieux sergent. Chanson. 377
  Les hirondelles.   id. 379
  La pauvre femme. id. 380
  Le chapelet du bonhomme. Chanson 382
  Plus d'oiseaux.   id. 383
C. DELAVIGNE (1793-1843) 384
  Les parias. (*Le Paria*). 385
  Travail, santé et gaieté. (*Louis XI*). 385
  Reine et mère (*Les Enfants d'Édouard*) 387
  Donner pour recevoir. (*L'École de Vieillards*) 388
  Jeanne d'Arc sur le bûcher. 390
  Le chien du Louvre 391
LAMARTINE (1790-1869). — Notice. 393
  Le golfe de Baïa. 393
  La terre natale. 396
  Retour au foyer. — Le chien et son maître. 399
  L'aigle et le soleil 402
V. HUGO (Né en 1802). — Notice 403
  L'enfant 404
  Le vieillard mourant. 405
  L'été et le pauvre. 406
  Roland. 407
  Mazeppa. 409
A. De VIGNY (1799-1863). — Notice. 413

TABLE DES MATIÈRES

	Pages
Descriptions et tableaux. I. L'hirondelle.	414
— II. La perdrix.	414
— III. L'aigle blessé à mort.	415
— IV. Le cygne endormi.	415
Lever du soleil avant le déluge.	416
Une nuit sous le ciel de l'Espagne.	417
La maison du berger.	418

A. DE MUSSET (1810-1857). — Notice. 419
  L'aiglon 419
  Le Tyrol et la liberté. (*La coupe et les lèvres*). 420
  La chaumière incendiée. 420
  L'amitié dans le malheur. 421
  Les deux routes de la vie. 422
  La vie et l'espérance. 423
  L'espoir en Dieu 424

Fabulistes. — Notice. 425
ARNAULT (1766-1834) 426
  Le Chien de chasse et le Chien de berger. 426
  La Pierre à fusil. 427
  Le Coup de fusil 428
  La Cruche et la Bouteille. 428
  Le Chêne et les Buissons 428
DE JUSSIEU (1792-1844). 431
  Le Grillon et le Ver luisant. 431
  L'Abeille et la Fourmi 432
NAUDET (1785-1847). 434
  Les deux Mains. 434
VIENNET (1777-1868). 435
  Le Nid d'hirondelles. 435
  Les Étoiles et les Fusées 435
  Le Chien de Terre-Neuve et le Roquet 437
LACHAMBEAUDIE (1807-1872) 438
  Le Rouge-gorge 438
  La Rose mouilée 439
  La Mère, l'Enfant et le Vieillard 439

Varia Variorum 440
  La consécration de l'hostie. (Fontanes) 441
  Le café. (Berchoux) 442
  Le simoun. (Barthélemy et Méry) 443
  La curée. (A. Barbier) 444
  Les belles collines d'Irlande. (Id.) 445
  La mer. (A. Brizeux) 446
  Le vieux matelot de la *Sirène*. (Id.) 447
  Les batteurs de blé. (Id.) 449

	Pages.
Le foyer romain. (Ponsard)	450
La fenaison. (De Laprade)	451
La vendange. (Id.)	453
Bœufs de Normandie et chèvres de Provence. (Autran)	454
Aux paysans. (Id)	457
A la France de 1871. (Id.)	459
Le jaguar. (Leconte de Lisle.)	460
Un évangile. (F. Coppée)	461
Le chanteur nomade. (Id., *Le Passant*.)	463
Histoire d'une âme. (E. Manuel)	464
Chanson de mort. (Id.)	465
Soleil. (Sully-Prudhomme)	466
Un songe. (Id.)	466
Le joug. (Id.)	467
Le gué. (Id.)	469
La chanson du vannier. (A. Theuriet)	470
Les paysans de l'Argonne. (Id.)	472
Chasseurs à pied (P. Déroulède)	474
Le bon gîte. (Id.)	475

FIN DE LA TABLE DES MATIÈRES

www.ingramcontent.com/pod-product-compliance
Lightning Source LLC
Chambersburg PA
CBHW071715230426
43670CB00008B/1015